Entscheidungen der Verfassungsgerichte der Länder
Baden-Württemberg, Berlin, Brandenburg, Hamburg, Hessen,
Mecklenburg-Vorpommern, Saarland, Sachsen, Sachsen-Anhalt, Thüringen

Entscheidungen der Verfassungsgerichte der Länder

Baden-Württemberg, Berlin, Brandenburg,
Hamburg, Hessen, Mecklenburg-Vorpommern,
Saarland, Sachsen, Sachsen-Anhalt, Thüringen

Herausgegeben
von den Mitgliedern der Gerichte

2000

Walter de Gruyter · Berlin · New York

Entscheidungen der Verfassungsgerichte der Länder

Baden-Württemberg, Berlin, Brandenburg,
Hamburg, Hessen, Mecklenburg-Vorpommern,
Saarland, Sachsen, Sachsen-Anhalt, Thüringen

LVerfGE

9. Band
1. 7. bis 31. 12. 1998

2000

Walter de Gruyter · Berlin · New York

Zitierweise

Für die Zitierung dieser Sammlung wird die Abkürzung LVerfGE empfohlen,
z. B. LVerfGE 1,79 (= Band 1 Seite 79)

∞ Gedruckt auf säurefreiem Papier, das die US-ANSI-Norm über Haltbarkeit erfüllt.

Die Deutsche Bibliothek – CIP-Einheitsaufnahme

Entscheidungen der Verfassungsgerichte der Länder = LVerfGE / hrsg.
von den Mitgliedern der Gerichte. – Berlin ; New York : de Gruyter
Bd. 9. Baden-Württemberg, Berlin, Brandenburg, Bremen, Hamburg, Hessen
Mecklenburg-Vorpommern, Saarland, Sachsen, Sachsen-Anhalt,
Thüringen : 1. 7. bis 31. 12. 1998. – 2000
ISBN 3-11-016923-1

© Copyright 2000 bei Walter de Gruyter GmbH & Co. KG, D-10785 Berlin
Dieses Werk einschließlich aller seiner Teile, ist urheberrechtlich geschützt. Jede Verwertung außerhalb
der engen Grenzen des Urheberrechtsgesetzes ist ohne Zustimmung des Verlages unzulässig und
strafbar. Das gilt insbesondere für Vervielfältigungen, Übersetzungen, Mikroverfilmungen und die
Einspeicherung und Verarbeitung in elektronischen Systemen.
Printed in Germany
Satz: WERKSATZ Schmidt & Schulz, Gräfenhainichen
Druck: WB-Druck, Rieden am Forggensee
Bindung: Lüderitz & Bauer Buchgewerbe GmbH, Berlin

Inhalt

Entscheidungen des Staatsgerichtshofes für das Land Baden-Württemberg Seite

Nr. 1	5.10.98 GR 4/97	Gesetzliche Bestimmungen über Kostendeckung und Mehrlastenausgleich bei Übertragung der Tierkörperbeseitigung auf Gemeindeverbände	3

Entscheidungen des Verfassungsgerichtshofs des Landes Berlin

Nr. 1	31.7.98 VerfGH 92/95	Wahlprüfungsverfahren, Unzulässigkeit des Einspruchs, mit dem ein Wahlberechtigter eine Verletzung seines subjektiven Wahlrechts rügt; Überhang- und Ausgleichsmandate	23
Nr. 2	31.7.98 VerfGH 39/97	Einhaltung der Frist zur Erhebung der Verfassungsbeschwerde bei vorangegangener Gegenvorstellung .	29
Nr. 3	31.7.98 VerfGH 80/97	Verfassungsbeschwerde; Unterbrechung der Beschwerdefrist bei Einlegung eines vom Subsidiaritätsprinzip gebotenen außerordentlichen Rechtsbehelfs	33
Nr. 4	17.8.98 VerfGH 54 A/98	Einstweiliger Rechtsschutz gegen Anordnung des persönlichen Arrests	36
Nr. 5	3.9.98 VerfGH 61, 61 A/98	Zum Anspruch auf effektive Verteidigung im Strafverfahren; Aufhebung der Bestellung eines weiteren Pflichtverteidigers	41
Nr. 6	6.10.98 VerfGH 32/98	Inzidente Überprüfung bundesrechtlicher Bestimmungen auf ihre Übereinstimmung mit dem Bundesverfassungsrecht im landesverfassungsgerichtlichen Verfahren	45
Nr. 7	6.10.98 VerfGH 46/98	Organstreitverfahren, fehlende Parteifähigkeit der Bezirksverordnetenversammlung	56
Nr. 8	6.10.98 VerfGH 26, 2 A/98	Zur Frage des gesetzlichen Richters nach Erlaß einer Zwischenverfügung im vorläufigen Rechtsschutzverfahren	59

VI   Inhalt

Nr. 9   16.12.98   Zu den verfassungsrechtlichen Anforderungen an die
          VerfGH 78,   Abweisung einer Asylklage als offensichtlich unbe-
          78 A/98   gründet   70

Entscheidungen des Verfassungsgerichts des Landes Brandenburg

Nr. 1   17.9.98   Fehlende Rechtswegerschöpfung bei Rücknahme nicht
          VfGBbg 7/98   evident aussichtsloser Nichtzulassungsbeschwerde
                            zum Bundesarbeitsgericht   83

Nr. 2   17.9.98   Rechtsweggarantie und Berufungszulassung nach dem
          VfGBbg 17/98   Asylverfahrensgesetz   88

Nr. 3   17.9.98   Willkürverbot und fachgerichtlicher Spielraum bei der
          VfGBbg 18/98   Würdigung des Parteivortrages   95

Nr. 4   17.9.98   Verstoß gegen Art. 15 Abs. 1 LV – Unverletzlichkeit der
          VfGBbg 22/98   Wohnung – durch amtsgerichtliche Durchsuchungs-
                            anordnung ohne hinreichende Angaben zum Tatvor-
                            wurf 102

Nr. 5   17.9.98   Inkompatibilität zwischen Amt und Mandat (hier:
          VfGBbg 30/98   hauptamtlicher Bürgermeister – Kreistagsmandat) .. 111

Nr. 6   15.10.98   Erhebung und Differenzierung der Kreisumlage als
          VfGBbg 38/97,   Teil der Finanzhoheit der Landkreise; Eingriff in die
          39/97, 21/98 u.   Finanzhoheit durch gesetzlich angeordnete kreis-
          24/98   interne Ausgleichspflicht 121

Nr. 7   17.12.98   Keine Hemmung der Verfassungsbeschwerdefrist
          VfGBbg 40/98   durch Gegenvorstellung gegen abschließende straf-
                            gerichtliche Entscheidung 145

Nr. 8   17.12.98   Berücksichtigung des eigenen Verhaltens eines Be-
          VfGBbg 43/98   schwerdeführers bei der Frage einer Vorabentschei-
                            dung des Verfassungsgerichts 149

Entscheidungen des Hamburgischen Verfassungsgerichts

Nr. 1   6.11.98   Wahlanfechtungsverfahren, Wahlfehler, Frage der Ver-
          HVerfG 1/98   fassungswidrigkeit einer Wahlrechtsvorschrift, unge-
                            schriebener Landesverfassungsrechtssatz der Allge-
                            meinheit und Gleichheit des Wahlrechts auch für
                            sonstige demokratische Wahlen politischer Art, Chan-
                            cengleichheit der Parteien, 5%-Sperrklausel 157

Inhalt VII

Nr. 2   26.11.98   Wahlanfechtungsverfahren, Wahlfehler, substantiierter
        HVerfG 4/98   Vortrag zu Anfechtungstatsachen, Wählervereinigung,
                     Ernsthaftigkeit der politischen Zielsetzung und der
                     parlamentarischen Vertretung, Prüfungsmaßstab bei
                     der Zulassung von Wahlvorschlägen, Wahlfehler durch
                     Dritte 168

Entscheidungen des Staatsgerichtshofs des Landes Hessen

Nr. 1   9.9.98   Aussetzungsbeschluß im Verfahren über eine Grund-
        P.St. 1299   rechtsklage, mit der Antragsteller sich unter Berufung
                     auf mit den Prozeßgrundrechten des Grundgesetzes
                     inhaltsgleiche Verfahrensgrundrechte der Verfassung
                     des Landes Hessen gegen ein zivilgerichtliches
                     Berufungsurteil wendet 195

Nr. 2   2.11.98   Beschluß über eine Grundrechtsklage, die sich gegen
        P.St. 1328   die Versagung einer begehrten Arbeitszeitverkürzung
                     nach dem Hess. Beamtengesetz sowie gegen verwal-
                     tungsgerichtliche Streitwertfestsetzungen richtet 200

Nr. 3   9.12.98   Urteil in einer Verfassungsstreitigkeit über die Frage,
        P.St. 1297   ob ein Untersuchungsausschuß auf Antrag der Aus-
                     schußminderheit zur Vereidigung eines vernommenen
                     Zeugen verpflichtet ist 211

Entscheidungen des Landesverfassungsgerichts Mecklenburg-Vorpommern

Nr. 1   9.7.98   Verfassungsbeschwerde gegen Gesetz; unmittelbare
        LVerfG 1/97   Betroffenheit; Schülerbeförderung; kommunale
                     Selbstverwaltung 225

Entscheidungen des Verfassungsgerichtshofes des Saarlandes

Nr. 1   24.9.1998   Grundrecht auf Asyl 239
        LV 4/98

Entscheidungen des Verfassungsgerichtshofes des Freistaates Sachsen

Nr. 1   17.7.98   Widerspruch gegen einstweilige Anordnung; Prü-
        Vf. 27-X-98   fungskompetenz des Landtagspräsidenten bezüglich
                     formaler und inhaltlicher Verfassungsmäßigkeit des
                     Volksantrages; Wirkungen der Entscheidung des Land-
                     tagspräsidenten 245

Nr. 2	9.7.98 Vf. 20-IV-97	Prüfungskompetenz des Verfassungsgerichtshofes; Rechtswegerschöpfung; Anspruch auf rechtliches Gehör für förmliche Beteiligte und materiell Betroffene	250
Nr. 3	9.7.98 Vf. 53-IV-94	Schriftlichkeitserfordernis bei Verfassungsbeschwerden; Prüfungskompetenz des Verfassungsgerichtshofes; Anspruch eines Beschuldigten auf rechtliches Gehör im Strafbefehlverfahren	255
Nr. 4	17.7.98 Vf. 32-I-98	Einstweilige Anordnung; Volksantrag; Organstreitverfahren; zur Frage der Zurückstellung parlamentarischer Gesetzgebungsverfahren wegen eines eingereichten Volksantrages	260
Nr. 5	17.9.98 Vf. 56-IV-97	Gesetzlicher Richter; Entscheidung über ein Ablehnungsgesuch wegen Befangenheit durch die abgelehnten Richter selbst; Begründungserfordernis bei Selbstentscheidung	266
Nr. 6	17.9.98 Vf. 21-IV-98	Prüfungskompetenz des Verfassungsgerichtshofes bei Akten der Landesstaatsgewalt, die eine in Anwendung materiellen Bundesrechts ergangene hoheitliche Maßnahme einer Bundesbehörde inhaltlich bestätigen ...	270
Nr. 7	6.11.98 Vf. 16-IX-98	Abgeordnetenanklage; Anklagegegenstand; Frist zur Anklageerhebung; Tatbestandsmäßigkeit iSd Art. 118 Abs. 1 Nr. 2 SächsVerf; Verwerfung a limine	273
Nr. 8	3.12.98 Vf. 36-VIII-98	Normenkontrollverfahren auf kommunalen Antrag; einstweilige Anordnung; Verwaltungsverband als Antragsteller; Antragsbefugnis	310
Nr. 9	17.12.98 Vf. 12-X-98 Vf. 13-X-98	Volksantrag; Rechtsschutzbedürfnis nach Ablehnung durch den Landtag; Normenkontrollbefugnis des Verfassungsgerichtshofes; Verfassungswidrigkeit von § 11 Abs. 1 VVVG; Last der Antragstellung beim Verfassungsgerichtshof	318

Entscheidungen des Landesverfassungsgerichts Sachsen-Anhalt

Nr. 1	7.7.98 17/97	Verfassungsbeschwerde gegen ein Gestz, das Beamten oder Angestellten eines Zweckverbandes verbietet, zugleich Rat einer Mitgliedsgemeinde zu sein	329
Nr. 2	17.9.98 4/96	Verfassungsbeschwerde gegen Vorschriften des Gesetzes zur Gestaltung des öffentlichen Personennahverkehrs wegen Aufgabenübertragung auf die Kommunen ohne eine entsprechende Kostendeckungsregelung	343

Inhalt IX

Nr. 3	8.12.98 13/97	Zur Einordnung von Musikschulen unter den „Schulbegriff"	361
Nr. 4	8.12.98 10/97	Verfassungsbeschwerde gegen Vorschriften des Kinderbetreuungsgesetzes wegen Aufgabenübertragung auf die Landkreise ohne eine entsprechende Kostendeckungsregelung	368
Nr. 5	8.12.98 19/97	Verfassungsbeschwerde gegen Vorschriften des Kinderbetreuungsgesetzes wegen Aufgabenübertragung auf die Gemeinden ohne eine entsprechende Kostendeckungsregelung	390

Entscheidungen des Thüringer Verfassungsgerichtshofs

| Nr. 1 | 16.12.98 VerfGH 20/95 | Normenkontrollverfahren betreffend §§ 5 Abs. 1, 6 Abs. 2 i.V.m §§ 26, 13 Abs. 1 des Thüringer Abgeordnetengesetzes | 413 |

Sachregister 455

Gesetzesregister 471

Abkürzungsverzeichnis

aaO	am angegebenen Ort
ABM	Arbeitsbeschaffungsmaßnahme(n)
AFG	Arbeitsförderungsgesetz
AfNS	Amt für Nationale Sicherheit
AG	Aktiengesellschaft
AG KJHG-LSA	Gesetz zur Ausführung des Kinder- und Jugendhilfegesetzes Sachsen-Anhalt
AGTierKBG	Ausführungsgesetz zum Tierkörperbeseitigungsgesetz
AH-Drs.	Abgeordnetenhaus-Drucksache
AK-GG	Alternativ-Kommentar zum Grundgesetz
ÄltR	Ältestenrat
ÄltRProt	Ältestenratsprotokoll
Amtsbl.	Amtsblatt des Saarlandes
AmtsO	Amtsordnung
AnwBl	Anwaltsblatt
AP	Arbeitsrechtliche Praxis
AP	Nachschlagewerk des Bundesarbeitsgerichts – Arbeitsrechtliche Praxis –
ArbG	Arbeitsgericht
ArbGG	Arbeitsgerichtsgesetz
Art.	Artikel
ASG	Aufgabensicherungsgesetz
AsylVfG	Asylverfahrensgesetz
Aufl.	Auflage
AÜG	Arbeitnehmerüberlassungsgesetz
AuslG	Ausländergesetz
BAG	Bundesarbeitsgericht
BAT	Bundesangestellten-Tarifvertrag
BauGB	Baugesetzbuch
BayObLGZ	Entscheidungen des Bayerischen Obersten Landesgerichts in Zivilsachen
BayVerfGH	Bayerischer Verfassungsgerichtshof
Bd.	Band
BerlVerfGH	Verfassungsgerichtshof des Landes Berlin
BezWahlG	Gesetz zu den Wahlen in den Bezirksversammlungen (Hamburg)
BGB	Bürgerliches Gesetzbuch
BGBl.	Bundesgesetzblatt

BGH	Bundesgerichtshof
BGHZ	Entscheidungen des Bundesgerichtshofes in Zivilsachen
BHO	Bundeshaushaltsordnung
BK	Kommentar zum Bonner Grundgesetz (Bonner Kommentar)
BLG	Bundesleistungsgesetz
BRAGO	Bundesgebührenordnung für Rechtsanwälte
Brem.GBl.	Bremisches Gesetzblatt
BremLV	Landesverfassung der Freien Hansestadt Bremen
BremStGH	Staatsgerichtshof der Freien Hansestadt Bremen
BremStGHE	Entscheidungen des Staatsgerichtshofes der Freien Hansestadt Bremen
BremStGHG	Gesetz über den Staatsgerichtshof der Freien Hansestadt Bremen
BremVEG	Bremisches Gesetz über das Verfahren beim Volksentscheid
BStU	Bundesbeauftragter für die Unterlagen des Staatssicherheitsdienstes der ehemaligen DDR
BT-Drs.	Bundestags-Drucksache
BVerfG	Bundesverfassungsgericht
BVerfGE	Entscheidungen des Bundesverfassungsgerichts
BVerfGG	Gesetz über das Bundesverfassungsgericht
BVerwG	Bundesverwaltungsgericht
BVerwGE	Entscheidungen des Bundesverwaltungsgerichts
BWG	Bundeswahlgesetz
BWVBl.	Baden-Württembergisches Verwaltungsblatt
CCPR	UN-Pakt über bürgerliche und politische Rechte
DDR	Deutsche Demokratische Republik
DDR-GBl	Gesetzblatt der DDR
DenkmalSchG	Denkmalschutzgesetz
DJT	Deutscher Juristentag
DÖV	Die Öffentliche Verwaltung
Drs.	Drucksache
DtZ	Deutsch-Deutsche-Rechts-Zeitschrift
DVBl.	Deutsches Verwaltungsblatt
DWW	Deutsche Wohnungswirtschaft
ENeuOG	Eisenbahnneuordnungsgesetz
EOS	Erweiterte Oberschule
ESVGH	Entscheidungssammlung des Hessischen VGH und des VGH Baden-Württemberg (mit Entscheidungen der Staatsgerichtshöfe)
EuGRZ	Europäische Grundrechte-Zeitschrift
EV	Einigungsvertrag
EzKommR	Entscheidungen zum Kommunalrecht
f, ff	folgend, fortfolgende
FAG	Finanzausgleichsgesetz Baden-Württemberg

Abkürzungsverzeichnis XIII

FGG	Gesetz über die Angelegenheiten der freiwilligen Gerichtsbarkeit
Fn.	Fußnote
GFG	Gemeindefinanzierungsgesetz
GG	Grundgesetz der Bundesrepublik Deutschland
GGK II	v. Münch (Hrsg.), Grundgesetz – Kommentar Band 2
GO	Geschäftsordnung
GOBT	Geschäftsordnung des Deutschen Bundestages
GO-SLT	Geschäftsordnung des Sächsischen Landtages
GVBl.	Gesetz- und Verordnungsblatt
GVG	Gerichtsverfassungsgesetz
HdB	Handbuch
Hrsg.	Herausgeber
Hs.	Halbsatz
HStR	Isensee/Kirchhof, Handbuch des Staatsrechts
HVerfG	Hamburgisches Verfassungsgericht
i. S. v.	im Sinne von
i. V. m.	in Verbindung mit
IMS	Inoffizieller Mitarbeiter für Staatssicherheit
insbes.	insbesondere
IPbR	Internationaler Pakt über bürgerliche und politische Rechte
JbSächsOVG	Jahrbücher des Sächsischen Oberverwaltungsgerichts
JR	Juristische Rundschau
KG	Kammergericht
KiBeG	Gesetz zur Förderung und Betreuung von Kindern Sachsen-Anhalt
KiTAG	Gesetz zur Förderung von Kindern in Tageseinrichtungen Sachsen-Anhalt
KSchG	Kündigungsschutzgesetz
KV MV	Kommunalverfassung für das Land Mecklenburg-Vorpommern
KWahlG (auch: KWG)	Kommunalwahlgesetz
LAG	Landesarbeitsgericht
LBG	Landesbeamtengesetz
LG	Landgericht
LHO	Landeshaushaltsordnung
lit.	litera
LKrO	Landkreisordnung für Baden-Württemberg
LT-Drs.	Landtagsdrucksache
LuftVG	Luftverkehrsgesetz
LV	Landesverfassung
LVerfG M-V	Landesverfassungsgericht Mecklenburg-Vorpommern
LVerfGE	Entscheidungen der Verfassungsgerichte der Länder
LVerfGG	Landesverfassungsgerichtsgesetz
m. w. N.	mit weiteren Nachweisen

MdL	Mitglied des Landtages
MDR	Mitteldeutscher Rundfunk
MfS	Ministerium für Staatssicherheit der DDR
MfS/ANS	Ministerium für Staatssicherheit/Amt für Nationale Sicherheit
NDR-StaatsV	Staatsvertrag über den Norddeutschen Rundfunk
NdsStGH	Niedersächsischer Staatsgerichtshof
NJ	Neue Justiz
NJW	Neue Juristische Wochenschrift
NRS	Zweckverband Nahverkehr Region Stuttgart
NRW	Nordrhein-Westfalen
NRWVerfGH	Verfassungsgerichtshof Nordrhein-Westfalen
NStZ	Neue Zeitschrift für Strafrecht
NVA	Nationale Volksarmee
NVwZ	Neue Zeitschrift für Verwaltungsrecht
NVwZ-RR	Neue Zeitschrift für Verwaltungsrecht – Rechtsprechungsreport –
NWVBl.	Nordrhein-Westfälische Verwaltungsblätter
NZA	Neue Zeitschrift für Arbeitsrecht
OLG	Oberlandesgericht
ÖPNV	Öffentlicher Personennahverkehr
ÖPNVG-LSA	Gesetz zur Gestaltung des öffentlichen Personennahverkehrs Sachsen-Anhalt
OVG	Oberverwaltungsgericht
OVGE	Entscheidungen der Oberverwaltungsgerichte Nordrhein-Westfalen, Niedersachsen und Schleswig-Holstein
PDS	Partei des Demokratischen Sozialismus
Rdn.	Randnummer
RegG	Regionalisierungsgesetz Sachsen-Anhalt
RJWG	Gesetz zur Änderung des Reichsjugendwohlfahrtgesetzes Sachsen-Anhalt
ROG	Raumordnungsgesetz
S.	Seite
SächsAbgG	Sächsisches Abgeordnetengesetz
SächsGVBl.	Sächsisches Gesetz- und Verordnungsblatt
SächsKomZG	Sächsisches Gesetz über kommunale Zusammenarbeit
SächsPersVG	Sächsisches Personalvertretungsgesetz
SächsVerf	Verfassung des Freistaates Sachsen
SächsVerfGH	Verfassungsgerichtshof des Freistaates Sachsen
SächsVerfGHG	Gesetz über den Verfassungsgerichtshof des Freistaates Sachsen
SäKitaG	Sächsisches Gesetz über Kindertageseinrichtungen
SchulG MV	Schulgesetz für das Land Mecklenburg-Vorpommern
SchulG-LSA	Schulgesetz Sachsen-Anhalt
SGB	Sozialgesetzbuch
SGG	Sozialgerichtsgesetz

StAnz.	Staatsanzeiger Baden-Württemberg
std. Rspr.	ständige Rechtsprechung
StGB	Strafgesetzbuch
SVerf	Verfassung des Saarlandes
ThürAbgG	Thüringer Abgeordnetengesetz
ThürGOG	Gesetz über die Geschäftsordnung des Thüringer Landtages
ThürKO	Thüringer Kommunalordnung
ThürVBl.	Thüringer Verwaltungsblätter
ThürVerf	Verfassung des Freistaats Thüringen
ThürVerfGH	Thüringer Verfassungsgerichtshof
ThürVerfGHG	Thüringer Verfassungsgerichtshofsgesetz
TierKBG	Tierkörperbeseitigungsgesetz
TWh	Terrawattstunden
u. a.	unter anderem; und andere
UA	Urteilsausfertigung
UPR	Umwelt- und Planungsrecht
Urt.	Urteil
VerfGGBbg	Verfassungsgerichtsgesetz Brandenburg
VerfGHG	Gesetz über den Verfassungsgerichtshof
VerfGHNW	Verfassungsgerichtshof für das Land Nordrhein-Westfalen
VerfSachsAnh	Verfassung des Landes Sachsen-Anhalt
VG	Verwaltungsgericht
vgl.	vergleiche
VIZ	Zeitschrift für Vermögens- und Investitionsrecht
VOBl.	Verordnungsblatt
Vorb.	Vorbemerkung
VvB	Verfassung von Berlin
VVDStRL	Veröffentlichungen der Vereinigung der Deutschen Staatsrechtslehrer
VVVG	Gesetz über Volksantrag, Volksbegehren und Volksentscheid (Sachsen)
VwGO	Verwaltungsgerichtsordnung
VwZG	Hamburgisches Verwaltungszustellungsgesetz
WährG	Währungsgesetz
WDR-Gesetz	Gesetz über den Westdeutschen Rundfunk
ZaöRV	Zeitschrift für ausländisches öffentliches Recht und Völkerrecht
ZAR	Zeitschrift für Ausländerrecht
ZfB	Zeitschrift für Bergrecht
ZPO	Zivilprozeßordnung

Entscheidungen
des Staatsgerichtshofes
für das Land Baden-Württemberg

Die amtierenden Richterinnen und Richter des Staatsgerichtshofes für das Land Baden-Württemberg

Lothar Freund, Präsident
Prof. Dr. Heinz Jordan, ständiger Stellvertreter
Hans Georgii
Martin Dietrich
Prof. Dr. Thomas Oppermann
Dr. Rudolf Schieler
Sybille Stamm
Ute Prechtl
Prof. Dr. Wolfgang Jäger

Stellvertretende Richter

Dr. Siegfried Kasper
Dr. Roland Hauser
Michael Hund
Dr. Ulrich Gauß
Prof. Dr. Alexander Roßnagel
Dr. Manfred Oechsle
Prof. Dr. Dieter Walther
Prof. Dr. Günter Altner
Prof. Dr. Eberhard Jüngel

Nr. 1

1. Art. 71 Abs. 3 LV gilt nicht nur für die Übertragung von „Auftragsangelegenheiten" als Pflichtaufgaben nach – unbeschränkter – Weisung, sondern auch für die Zuweisung neuer Selbstverwaltungsaufgaben. Das gilt auch für die Kostendeckung und den Mehrlastenausgleich nach Art. 71 Abs. 3 Sätze 2 und 3 LV.

2. Art. 71 Abs. 3 Satz 2 LV erfordert, daß sich der Gesetzgeber bei der Übertragung die Frage der Deckung der aus der Aufgabenwahrnehmung erwachsenden Verwaltungs- und Sachkosten stellt und hierzu die nötigen Bestimmungen trifft. Welchen Inhalt die geforderten Bestimmungen haben müssen, läßt die Vorschrift offen. Hinsichtlich des Ergebnisses der Kostendeckung legt freilich Art. 71 Abs. 3 Satz 3 LV fest, daß eine Mehrbelastung der Gemeinden oder Gemeindeverbände aus der Aufgabenwahrnehmung entsprechend – und nicht nur angemessen – auszugleichen ist.

3. Bei der Bestimmung des Umfangs einer ausgleichspflichtigen Mehrbelastung ist in Rechnung zu stellen, ob und inwieweit die Gemeinden und Gemeindeverbände rechtlich und wirtschaftlich imstande sind, die entstehenden Kosten durch eigenverantwortliches Handeln zu beeinflussen.

4. Die Bestimmungen zur Kostendeckung und zum Mehrlastenausgleich sind in sachlichem und zeitlichem Zusammenhang mit der Aufgabenübertragung zu treffen. Diese Bestimmungen sind auf der Grundlage einer Prognose zu treffen; sie sind nicht allein deshalb verfassungswidrig, weil sich eine fehlerfrei erteilte Prognose später nicht bewahrheitet.

5. Die Verpflichtung zum Mehrlastenausgleich besteht nicht nur für den Zeitpunkt der Aufgabenübertragung selbst oder für einen mehr oder weniger eng umgrenzten Zeitraum nach der Übertragung, sondern für die gesamte Zeit, während derer die Gemeinden und Gemeindeverbände infolge der Übertragung die Aufgabe erfüllen. Ergeben sich ins Gewicht fallende Änderungen des Aufgabenzuschnitts oder der Kosten aus ihrer Erledigung, so hat sich der Gesetzgeber die Frage der Aufgabenübertragung und „dabei" die Frage des Mehrlastenausgleichs erneut zu stellen.

6. Bei zur Selbstverwaltung übertragenen Aufgaben muß ein Mehrlastenausgleich, der bei der Übertragung nicht geboten war, allein wegen sich ändernder wirtschaftlicher oder rechtlicher Rahmenbedingungen auch nicht von einem späteren Zeitpunkt an gewährt werden. Anderes gilt, wenn sich ändernde rechtliche Rahmenbedingungen vom Land zu verantworten sind.

Verfassung des Landes Baden-Württemberg Art. 71 Abs. 3, 73 Abs. 1, 76
AGTierKBG § 1
AGTierKBG § 5

Urteil vom 5. Oktober 1998 – GR 4/97 –

in dem kommunalrechtlichen Normenkontrollverfahren des Landkreises Biberach, vertreten durch Herrn Landrat Peter Schneider, Rollinstraße 9, 88400 Biberach an der Riß, betreffend das Ausführungsgesetz zum Tierkörperbeseitigungsgesetz (AG-TierKBG) vom 25.4.1978 (GBl. S. 227), soweit darin den Gemeindeverbänden die Aufgabe der Tierkörperbeseitigung übertragen, aber die Erhebung von Benutzungsgebühren oder vergleichbaren Entgelten verboten wird, ohne daß zugleich eine Bestimmung über die Deckung der Kosten getroffen wäre,

hilfsweise das Gesetz über den kommunalen Finanzausgleich (Finanzausgleichsgesetz – FAG) in der Fassung des Art. 1 des Gesetzes zur Änderung des Gesetzes über den kommunalen Finanzausgleich und der Landkreisordnung vom 5.12.1988 (GBl. S. 398) mit späteren Änderungen

Entscheidungsformel:

§ 1 Satz 1 und § 5 Abs. 3 des Ausführungsgesetzes zum Tierkörperbeseitigungsgesetz vom 25. April 1978 (GBl. S. 227) sind mit Art. 71 Abs. 3 der Verfassung des Landes Baden-Württemberg vereinbar.
Das Gesetz über den kommunalen Finanzausgleich in der Fassung des Art. 1 des Gesetzes zur Änderung des Gesetzes über den kommunalen Finanzausgleich und der Landkreisordnung vom 5. Dezember 1988 (GBl. S. 398) und seine nachfolgenden Änderungen sind insoweit mit Art. 71 Abs. 3 der Verfassung des Landes Baden-Württemberg vereinbar, als ein besonderer Ausgleich der den Gemeinden und Gemeindeverbänden aus der Aufgabe der Tierkörperbeseitigung erwachsenden Lasten nicht geschaffen wurde.
Im übrigen ist der Antrag unzulässig.
Das Verfahren ist kostenfrei. Auslagen werden nicht erstattet.

Gründe:

I.

1. Die Tierkörperbeseitigung wurde vom Reich erstmals durch das Gesetz betreffend die Beseitigung von Tierkadavern vom 17.6.1911 (RGBl. S. 248) geregelt. Hiernach sollte die Beseitigung entweder durch Vergraben oder durch Behandlung in Anstalten erfolgen (§ 2). Der Erlaß weiterer Vorschriften über die ordnungsgemäße Beseitigung sowie die Regelung von Zuständigkeiten und Verfahren wurde den Ländern überlassen (§§ 3, 4). Das Tierkörperbeseitigungsgesetz vom 1.2.1939 (RGBl. I S. 187) ordnete an, daß die unschädliche Beseitigung der Tierkörper und Tierkörperteile in Anstalten Aufgabe der Stadt- und Landkreise sei (§ 5 Abs. 1), sofern nicht das Land oder ein Gemeindeverband diese Aufgabe bereits übernommen hat und der Reichsminister des Innern es bei ihrer Regelung beläßt (§ 5 Abs. 3).

Im ehemaligen Lande Baden führten die Stadt- und Landkreise die Aufgabe der Tierkörperbeseitigung durch (vgl. bad. GVBl. 1942, S. 7); hierfür bildeten sie bis 1978 sechs Zweckverbände, von denen fünf eigene Tierkörperbeseitigungsanstalten betrieben, während der sechste sich einer hessischen Einrichtung bediente. Im ehemaligen Lande Württemberg war die Aufgabe der Tierkörperbeseitigung hingegen Landessache; das Land erließ die nötigen Bestimmungen (vgl. die Verfügung des württ. Ministeriums des Innern betreffend Ausführungsvorschriften zum Viehseuchengesetz vom 11.7.1912, RegBl. S. 293) und errichtete und betrieb landeseigene Tierkörperbeseitigungsanstalten. Mit Erlaß vom 2.6.1939 genehmigte der Reichsminister des Innern die Weiterführung dieser Regelung. 1978 betrieb das Land Baden-Württemberg in den früheren Gebieten von Württemberg und Hohenzollern fünf Tierkörperbeseitigungsanstalten als Landesbetriebe nach § 26 LHO.

2. Am 7.9.1976 trat das Gesetz über die Beseitigung von Tierkörpern, Tierkörperteilen und tierischen Erzeugnissen (Tierkörperbeseitigungsgesetz – TierKBG) vom 2.9.1975 (BGBl. I S. 2313, ber. S. 2610) in Kraft. Dieses bestimmte die nach Landesrecht zuständigen Körperschaften des öffentlichen Rechts zu Beseitigungspflichtigen, soweit die Beseitigung in Anstalten vorgeschrieben ist (§ 4 Abs. 1 Satz 1). Ausnahmsweise kann die Beseitigungspflicht auf den anderen Inhaber einer Tierkörperbeseitigungsanstalt übertragen werden (§ 4 Abs. 2, Abs. 4).

Die nötigen Ausführungsbestimmungen zu diesem Gesetz erließ das Land Baden-Württemberg mit dem Ausführungsgesetz zum Tierkörperbeseitigungsgesetz (AGTierKBG) vom 25.4.1978 (GBl. S. 227). Dieses bestimmte die Stadt- und Landkreise zu beseitigungspflichtigen Körperschaften im Sinne von § 4 Abs. 1 TierKBG (§ 1 Satz 1) und ordnete an, daß die landeseigenen Tierkörperbeseitigungsanstalten im ehemals württembergischen Landesteil binnen vier Jahren ohne Wert- und Kostenausgleich auf die dortigen Stadt- und Landkreise zu übertragen seien (§§ 9, 10). Weil sich die Erneuerung der Landeseinrichtung in Schwäbisch Hall-Sulzdorf verzögerte, erfolgte die Übertragung erst zum 1.10.1987. Seither bestehen im württembergischen Landesteil die Zweckverbände Neckar-Franken (im Norden, unter Einschluß badischer Gebietskörperschaften) und Warthausen (im Süden, mit Ausnahme des württembergischen Teils des Bodenseekreises); letzterer betreibt seit 1.10.1987 die vormals landeseigene Tierkörperbeseitigungsanstalt Warthausen und die Sammelstelle Süßen.

3. Nach § 16 Abs. 1 TierKBG regeln die Länder, inwieweit und in welchem Umfange für Tierkörper, Tierkörperteile und Erzeugnisse, die nach diesem Gesetz an Beseitigungspflichtige abzugeben sind, ein Entgelt zu gewähren oder zu entrichten ist oder Kosten (Gebühren und Auslagen) zu erheben sind. Hierzu bestimmt § 5 Abs. 1 AGTierKBG, daß die beseitigungspflichtigen Körperschaften für die Beseitigung Benutzungsgebühren nach Maßgabe des Kommunalabgabengesetzes erheben können, bei deren Bemessung die Verwertungserlöse zu berücksichtigen sind. Nach § 5 Abs. 2 haben sie nach Maßgabe einer Satzung ein Entgelt zu gewähren, wenn die Verwertungserlöse die Beseitigungskosten wesentlich übersteigen. § 5 Abs. 3 AGTierKBG bestimmt:

> (3) Benutzungsgebühren nach Absatz 1 dürfen nicht erhoben und Entgelte nach Absatz 2 nicht gewährt werden, wenn Tierkörper von Vieh im Sinne des Viehseuchengesetzes beseitigt werden.

Das Viehseuchengesetz in der seit 1978 gültigen Fassung der Bekanntmachung vom 23.2.1977 (BGBl. I S. 313) regelte die Bekämpfung von Viehseuchen, die beim Vieh oder bei anderen Tieren auftreten (§ 1 Abs. 1). Vieh im Sinne dieses Gesetzes waren alle nutzbaren Haustiere einschließlich der Hunde, der Katzen und des Geflügels sowie der Bienen (§ 1 Abs. 2). Seit 4.3.1980 sind Hunde, Katzen und Bienen nicht mehr Vieh im Sinne des – nunmehr so genannten – Tierseuchengesetzes (§ 1 Abs. 2 Nr. 2 TierSG i.d.F. der Bekanntmachung vom 28.3.1980, BGBl. I S. 386).

II.

Der Antragsteller gehört neben elf weiteren Landkreisen und dem Stadtkreis Ulm dem Zweckverband Tierkörperbeseitigung Warthausen an. Am 23.3.1997 hat er den Staatsgerichtshof für das Land Baden-Württemberg angerufen. Mit der Behauptung, die Übertragung der im württembergischen Landesteil vormals staatlichen Aufgabe der Beseitigung von Tierkörpern von Vieh im Sinne des Viehseuchengesetzes/Tierseuchengesetzes durch § 1 Satz 1 AGTierKBG ohne gleichzeitige Kostenausgleichsregelung im Finanzausgleichsgesetz und unter Verbot der Refinanzierung (§ 5 Abs. 3 AGTierKBG) verletze Art. 71 Abs. 3 Sätze 2 und 3 der Verfassung des Landes Baden-Württemberg (LV), beantragt er

festzustellen,

daß § 5 Abs. 3 des Ausführungsgesetzes zum Tierkörperbeseitigungsgesetz vom 25. April 1978 (GBl. S. 227) mit Art. 71 Abs. 3 der Verfassung des Landes Baden-Württemberg unvereinbar und nichtig ist

und daß das Land verpflichtet ist, den Stadt- und Landkreisen mit Wirkung vom 1.10.1987 den vollen Ausgleich für die durch diese Aufgaben entstandenen Mehrbelastungen zu schaffen;

hilfsweise: festzustellen, daß das Gesetz über den kommunalen Finanzausgleich in den nach dem 1.10.1987 erlassenen Fassungen mit Art. 71 Abs. 3 der Verfassung des Landes Baden-Württemberg unvereinbar und nichtig ist.

Zur Begründung bringt er vor: Die Aufgabe der Beseitigung von Tierkörpern von Vieh im Sinne des Viehseuchengesetzes/Tierseuchengesetzes (Ganztierkörpern) sei im württembergischen Landesteil bis 1978 eine staatliche Aufgabe gewesen und erst durch das Ausführungsgesetz zum Tierkörperbeseitigungsgesetz den Stadt- und Landkreisen als grundsätzlich weisungsfreie öffentliche Pflichtaufgabe übertragen worden. Diese Aufgabe sei mit einer erheblichen Mehrbelastung der Stadt- und Landkreise verbunden. So erwirtschafte die Tierkörperbeseitigungsanstalt Warthausen in diesem „hoheitlichen Bereich" Verluste in jährlich steigender Höhe, die sich von 1988 bis 1995 auf 8,76 Mio. DM summierten und auf die Verbandsmitglieder umgelegt würden. Ursache hierfür seien beständig steigende Beseitigungszahlen bei gleichzeitig rückläufigen Erlösen für Tiermehl und Tierfett. Zusätzlich müsse in der Folge der Entscheidung der Kommission der Europäischen Gemeinschaften vom 30.7.1997 über das Verbot der Verwendung von Material angesichts der Möglichkeit der Übertragung transmissibler spongiformer Enzephalopathien (97/534/EG, ABl. L 216/95) nicht nur mit weiteren Investitions-, sondern auch mit weiteren Betriebsunkosten sowie mit Erlösminderungen gerechnet werden.

Daß der „hoheitliche Bereich" nicht kostendeckend betrieben werden könne, sei bereits bei Erlaß des Ausführungsgesetzes zum Tierkörperbeseitigungsgesetz 1977/78 bekannt gewesen. Nach Art. 71 Abs. 3 Sätze 2 und 3 LV hätten deshalb Bestimmungen über die Deckung der Kosten getroffen oder ein finanzieller Ausgleich geschaffen werden müssen. Jedenfalls bis zum Vollzug der in § 9 AG-TierKBG vorgesehenen Übertragung der landeseigenen Tierkörperbeseitigungsanstalten auf die Stadt- und Landkreise im Jahre 1987, als die Unwirtschaftlichkeit des „hoheitlichen Bereichs" evident gewesen sei, hätten solche Bestimmungen nachgetragen werden müssen. Der Gesetzgeber habe jedoch bewußt von einer Kostendeckungs- oder -ausgleichsregelung abgesehen. So habe er die Refinanzierung durch Erhebung von Gebühren ausgeschlossen (§ 5 Abs. 3 AGTierKBG). Damit habe er den kommunalen Aufgabenträgern zugleich verboten, mit den Verursachern vertragliche Kostenübernahmevereinbarungen zu treffen oder die ungedeckten Kosten aus dem „hoheitlichen" Bereich in die Bemessung der Gebühren im „nichthoheitlichen" Bereich (vgl. § 5 Abs. 1 AGTierKBG) einzustellen. Die Erhebung einer Umlage unter den Tierbesitzern – etwa unter Rückgriff auf die Tierseuchenkasse – sei ebensowenig vorgesehen worden wie eine Beteiligung des Landes an den ungedeckten Kosten. Auch im Finanzausgleichsgesetz sei die Finanzausstattung der betroffenen Stadt- und Landkreise mit Blick auf diese Mehrbelastung weder 1978 noch später verbessert worden. Dann aber sei die Aufgabenübertragung, jedenfalls aber die unveränderte Beibehaltung des Finanzausgleichsgesetzes insoweit mit Art. 71 Abs. 3 Sätze 2 und 3 LV unvereinbar.

Darüber hinaus sei das Land verpflichtet, den gebotenen finanziellen Ausgleich mit Wirkung vom Beginn der Aufgabenübertragung am 1.10.1987 zu schaffen. Das ergebe sich aus Art. 71 Abs. 3 Satz 3 LV. Diese Verfassungsbestimmung stelle nicht bloß eine finanzpolitische Richtlinie dar, sondern gebe den Gemeinden und Gemeindeverbänden ein einklagbares Recht.

III.

Der Staatsgerichtshof hat dem Landtag und der Regierung von Baden-Württemberg Gelegenheit zur Äußerung gegeben. Der Landtag hat von einer Stellungnahme abgesehen. Für die Regierung ist das Ministerium Ländlicher Raum dem Antrag entgegengetreten. Es hält ihn, soweit er auf die Feststellung einer Verpflichtung des Landes zielt, schon für unzulässig, insgesamt aber jedenfalls für unbegründet und führt aus:

1978 sei den Stadt- und Landkreisen in den vormaligen Landesteilen Württemberg und Hohenzollern die dort zuvor staatliche Aufgabe der Tierkörperbeseitigung als einheitliche Aufgabe übertragen worden. Eine Aufspaltung in verschiedene Aufgaben und demzufolge eine besondere rechtliche Würdigung allein der Beseitigung von Tierkörpern von Vieh nach dem Viehseuchengesetz/Tierseuchengesetz verbiete sich, schon weil qualitätvolles

Tiermehl nur bei Einbeziehung ganzer Tierkörper produziert werden könne. Daher stelle auch das Gebührenerhebungsverbot aus § 5 Abs. 3 AGTierKBG lediglich einen Bestandteil der in § 5 AGTierKBG getroffenen Gesamtregelung der Refinanzierung dar. Diese habe nach der Einschätzung des Gesetzgebers einen wirtschaftlichen Betrieb von Tierkörperbeseitigungsanlagen sichergestellt. Entgegen der Darstellung des Antragstellers habe 1978 mit einer defizitären Entwicklung noch nicht gerechnet werden können. Erst seit 1980 sei der Marktpreis für Tiermehl und Tierfett zurückgegangen, was zu Verlusten geführt habe, die im übrigen das Land bis 1982 allein und bis 1987 zur Hälfte getragen habe. Bei dieser Sachlage aber habe der Gesetzgeber nicht gegen Art. 71 Abs. 3 LV verstoßen. Ihn treffe auch keine Nachbesserungspflicht. Eine solche könne allenfalls dann angenommen werden, wenn im Zeitpunkt der Aufgabenübertragung eine künftige Mehrbelastung der Gemeinden und Gemeindeverbände dem Grunde nach bereits vorhersehbar gewesen und von ihnen im Gesetzgebungsverfahren vorgebracht worden sei. Bei anderer Auslegung büße Art. 71 Abs. 3 LV seine Warnfunktion ein. Im übrigen habe hier nicht die Aufgabenübertragung nach 1980 zu einer Mehrbelastung der Gemeinden und Gemeindeverbände geführt, sondern die ungünstige Marktentwicklung sowie zwischenzeitlich gesteigerte immissionsschutzrechtliche Anforderungen an den Anlagenbetrieb. Art. 71 Abs. 3 Satz 3 LV wolle aber die wirtschaftliche Betätigung der Kommunalkörperschaften nicht auf Kosten des Landes vor jedem Verlustrisiko bewahren.

Keinesfalls könne das Land nach Art. 71 Abs. 3 Satz 3 LV für alle Zukunft zum Kostenausgleich verpflichtet sein. Die in den württembergischen und hohenzollerischen Landesteilen vormals staatliche Aufgabe der Tierkörperbeseitigung sei den Stadt- und Landkreisen 1978 als weisungsfreie Pflichtaufgabe übertragen und von diesen auch übernommen und eigenverantwortlich wahrgenommen worden. Jedenfalls nach einiger Zeit habe sie sich damit von einer „übertragenen" Aufgabe zu einer eigenständig kommunalen Aufgabe gewandelt, für die Art. 71 Abs. 3 LV nicht (mehr) gelte; seither verbleibe es auch insofern bei der allgemeinen Verpflichtung des Landes zum kommunalen Finanzausgleich aus Art. 73 LV.

IV.

Wegen weiterer Einzelheiten wird auf die gewechselten Schriftsätze nebst Anlagen, wegen des mündlichen Vortrags der Beteiligten auf die Niederschrift vom 5.10.1998 verwiesen.

Entscheidungsgründe:

I.

1. Der im Hauptantrag enthaltene Feststellungsantrag, daß § 1 Satz 1 und § 5 Abs. 3 des Ausführungsgesetzes zum Tierkörperbeseitigungsgesetz vom 25. 4.1978 insoweit gegen Art. 71 Abs. 3 LV verstößt, als den Stadt- und Landkreisen die Aufgabe der Tierkörperbeseitigung bezüglich Tierkörpern von Vieh im Sinne des Viehseuchengesetzes/Tierseuchengesetzes ohne hinreichende Kostendeckung übertragen wurde, ist nach Art. 76 LV zulässig. Der Antragsteller ist als Landkreis ein Gemeindeverband im Sinne des Art. 76 LV und daher beteiligungsfähig. Er ist auch antragsberechtigt, denn er macht eine Verletzung in seinen eigenen Selbstverwaltungsrechten aus Art. 71 LV geltend. Daran ändert der Umstand nichts, daß die Kostenlast, um deren Ausgleich aus Landesmitteln es ihm letztlich geht, zunächst den Zweckverband Warthausen und erst vermittels seiner Beitragspflicht auch den Antragsteller als eines der Mitglieder dieses Zweckverbandes trifft. Die zur Prüfung gestellten Bestimmungen des Ausführungsgesetzes zum Tierkörperbeseitigungsgesetz nehmen nicht die Zweckverbände, sondern die Gemeinden und Gemeindeverbände selbst in die Pflicht.

2. Dagegen ist der Hauptantrag, soweit mit ihm die Verpflichtung des Landes zur Schaffung eines vollen Kostenausgleichs seit dem 1.10.1987 begehrt wird, unzulässig. Ziel einer kommunalen Normenkontrolle kann nach Art. 76 LV nur die Feststellung sein, daß ein Gesetz gegen die Verfassung verstößt und deshalb ungültig ist; dementsprechend ist der Staatsgerichtshof nach § 23 Abs. 1 Satz 1 Buchstabe a und § 50 StGHG im Grundsatz darauf beschränkt, das zur Prüfung gestellte Gesetz für gültig oder als mit der Verfassung unvereinbar für nichtig zu erklären. Eine Verpflichtungsklage ist nicht vorgesehen. Sie wäre mit dem Grundsatz der Gewaltenteilung und dem besonderen Status des Gesetzgebers auch nicht zu vereinbaren (vgl. StGH, Urt. vom 4.6.1976 – GR 16/75 –, Umdruck S. 66).

3. Der danach zur Entscheidung gestellte Hilfsantrag auf Feststellung der Nichtigkeit des Gesetzes über den kommunalen Finanzausgleich in den nach dem 1.10.1987 erlassenen Fassungen ist wie der Hauptantrag auf Feststellung der Nichtigkeit der Bestimmungen des Ausführungsgesetzes zum Tierkörperbeseitigungsgesetz zulässig. Für ihn gilt das zu diesem Hauptantrag Gesagte entsprechend. Er schließt ein, das Finanzausgleichsgesetz lediglich für mit der Landesverfassung unvereinbar zu erklären und den Gesetzgeber zur Behebung des hierfür ursächlichen Mangels aufzufordern.

II.

Soweit die Anträge zulässig sind, sind sie jedoch nicht begründet. § 1 Satz 1 und § 5 Abs. 3 AGTierKBG sind mit Art. 71 Abs. 3 LV vereinbar. Die nach 1987 getroffenen Bestimmungen des Finanzausgleichsgesetzes sind nicht deshalb mit Art. 71 Abs. 3, Art. 71 Abs. 1 i.V.m. Art. 73 LV unvereinbar, weil ein besonderer Ausgleich der den Gemeinden und Gemeindeverbänden aus der Aufgabe der Tierkörperbeseitigung erwachsenden Lasten nicht geschaffen wurde.

1. Art. 71 Abs. 3 LV findet Anwendung.

Durch § 1 Satz 1 AGTierKBG werden die Stadt- und Landkreise zu beseitigungspflichtigen Körperschaften im Sinne von § 4 Abs. 1 TierKBG bestimmt. Für die Stadt- und Landkreise des ehemals württembergischen Landesteils stellte dies eine Übertragung der Erledigung einer bestimmten öffentlichen Aufgabe im Sinne von Art. 71 Abs. 3 LV dar. Daran ändert der Umstand, daß die Aufgabe – abgesehen von der Festlegung der Einzugsbereiche der Tierkörperbeseitigungsanstalten (§ 2 AGTierKBG) – den Stadt- und Landkreisen zur weisungsfreien Selbstverwaltung übertragen wurde, ebensowenig wie der weitere Umstand, daß sie im ehemals badischen Landesteil herkömmlich Angelegenheit der kommunalen Selbstverwaltung war.

a) Art. 71 Abs. 3 LV gilt nicht nur für die Übertragung von "Auftragsangelegenheiten" als Pflichtaufgaben nach – unbeschränkter – Weisung, sondern auch für die Zuweisung neuer Selbstverwaltungsaufgaben.

Allerdings ging der Verfassunggeber zunächst von der überkommenen dualistischen Vorstellung der Kommunalaufgaben aus: Dem eigenen Wirkungskreis der Gemeinden und Gemeindeverbände mit örtlich bezogenen Selbstverwaltungsaufgaben wurde ein übertragener Wirkungskreis "an sich staatlicher" Fremdverwaltungsaufgaben gegenübergestellt. Das zeigt sich noch in dem Nebeneinander von Art. 71 Abs. 2 und Abs. 3 LV sowie im Wortlaut von Art. 75 Abs. 2 LV (vgl. Verfassunggebende Landesversammlung, Beilage 1103, S. 70f). Dieser Grundvorstellung hätte es entsprochen, den Regelungsbereich von Art. 71 Abs. 3 LV auf solche Aufgaben zu beschränken, die vom Gesetz auch nach der Übertragung als an sich staatliche – nichtörtliche – angesehen werden, auf deren Erledigung sich also der Staat einen bestimmenden Einfluß vorbehält, die Zuweisung neuer Aufgaben zur Selbstverwaltung dagegen Art. 71 Abs. 2 LV zuzuordnen.

Von dieser Grundvorstellung ist der Verfassunggeber indes im Laufe der Verfassungsberatungen abgerückt. So wurde in Art. 75 Abs. 2 LV bestimmt, daß sich das Land bei der Übertragung von Aufgaben ein Weisungsrecht vorbehalten *kann,* aber nicht muß; ein Antrag der Landesregierung, für übertragene Aufgaben ein staatliches Weisungsrecht als Regel vorzusehen, wurde unter Hinweis auf die seinerzeitige Entwicklung des Kommunalrechts hin zu einer monistischen Konzeption der Kommunalaufgaben nicht aufgegriffen (Verfassunggebende Landesversammlung, Beilage 1103, S. 75). Vor allem aber wurde in Art. 71 Abs. 3 Satz 1 LV die zunächst beschlossene Wendung „bestimmter *staatlicher* Aufgaben" durch die dann Gesetz gewordene Fassung „bestimmter *öffentlicher* Aufgaben" ersetzt. Damit folgte das Plenum der Verfassunggebenden Landesversammlung dem Antrag des Abg. Dr. *Gönnenwein* (Beilage 1196), der sich gegen die Vorstellung einer „an sich staatlichen" Aufgabe wandte und ausführte, mit der Übertragung werde die zuvor staatliche Aufgabe zu einer kommunalen (Verhandlungen der Verfassunggebenden Landesversammlung, 54. Sitzung, S. 2343).

Hiernach findet Art. 71 Abs. 3 LV nicht nur auf eine Übertragung von Aufgaben Anwendung, die nach herkömmlichem – dualistischem – Verständnis als „Auftragsverwaltung" charakterisiert werden könnte, sondern auch auf die Zuweisung neuer Selbstverwaltungsaufgaben. Entscheidend ist allein, ob eine bestimmte Aufgabe, die zuvor von einem anderen Verwaltungsträger erfüllt wurde, nunmehr den Gemeinden oder den Gemeindeverbänden zugewiesen wird (vgl. schon StGH, Urt. vom 3.8.1961 – 9/60, 2/61 –, ESVGH 12, 6, 9; *Kühn,* DÖV 1956, 180, 181; *Spreng/Birn/Feuchte,* Die Verfassung des Landes Baden-Württemberg, 1963, S. 248 f.; *Braun,* Kommentar zur Verfassung des Landes Baden-Württemberg, 1984, Art. 71 Rdn. 48; Schoch, Der verfassungsrechtliche Schutz der kommunalen Finanzautonomie, 1997, 166 f). Soweit dem Urteil des Staatsgerichtshofs vom 29.7.1961 (– 1/61 –, ESVGH 12, 1, 5 f) eine andere Auffassung zugrunde liegen sollte, wird daran nicht festgehalten. Ob Art. 71 Abs. 3 LV auch die Zuweisung neuer Aufgaben erfaßt, die zuvor nicht als öffentliche Aufgaben galten (vgl. § 2 Abs. 2 Satz 2 GemO, § 2 Abs. 3 Satz 2 LKrO), oder gar das bloße Pflichtigmachen einer zuvor von den Gemeinden und Gemeindeverbänden freiwillig erfüllten öffentlichen Aufgabe (vgl. Art. 78 Abs. 3 LV Nordrhein-Westfalen und dazu VerfGH NW, Urt. vom 22.9.1992 – 3/91 –, OVGE 43, 216, 221), bedarf keiner Entscheidung.

b) Das Vorstehende gilt auch für die Kostendeckung und den Mehrlastenausgleich nach Art. 71 Abs. 3 Sätze 2 und 3 LV. Der Staatsgerichtshof hat bereits entschieden, daß Satz 3 nach der Gesetzessystematik und seinem Wortlaut eine weitere Detailregelung für den Fall der Übertragung öffentlicher Aufgaben durch ein Gesetz nach Satz 1 darstellt (StGH, Urt. vom 10.10.1993 – GR 3/93 –, ESVGH 44, 1, 2 f); dasselbe gilt für Satz 2. Auch nach dem Sinn und Zweck beider Vorschriften besteht kein Anlaß, sie nur auf solche Aufgaben anzuwenden, die den Gemeinden und Gemeindeverbänden als Pflichtaufgaben nach Weisung übertragen sind, und sie damit enger zu fassen als Satz 1. Allerdings sind Art. 71 Abs. 3 Sätze 2 und 3 LV Ausfluß des Verursacherprinzips. Sie tragen damit dem Gedanken Rechnung, daß das Land für einen Ausgleich derjenigen Mehrlasten Sorge zu tragen hat, die den Gemeinden und Gemeindeverbänden in der Folge einer Aufgabenübertragung erwachsen (StGH, Urt. vom 10.10.1993 – GR 3/93 –, ESVGH 44, 1, 3). Daraus läßt sich indes nicht schließen, bei einer Aufgabe, die den Gemeinden und Gemeindeverbänden zur Selbstverwaltung übertragen ist, liege die Befugnis zur Entscheidung über die Art und Weise der Aufgabenerledigung allein bei diesen, weshalb sie auch die Kostenverantwortung allein zu tragen hätten. Denn eine inhaltliche Festlegung der kommunalen Aufgabenerledigung erfolgt nicht allein über Weisungen; zahlreiche weisungsfreie Pflichtaufgaben sind mittlerweile derart gesetzlich vornormiert, daß für die Ausgestaltungsmöglichkeiten im Sinne einer kommunalen Selbstverwaltung kaum noch Raum besteht (StGH, ebd., 2; vgl. StGH Niedersachsen, Beschl. vom 15.8.1995 – 2 u. a./93 –, DVBl. 1995, 1175, 1176). Der tragende Grund für die Pflicht zum Mehrlastenausgleich, der im Sinne des Verursacherprinzips den Zusammenhang zwischen Aufgabenverantwortung und Kostenlast zu wahren sucht, greift deshalb über den Umkreis der Pflichtaufgaben nach Weisung hinaus (vgl. *Maurer,* in: Henneke/Maurer/Schoch, Die Kreise im Bundesstaat, 1994, S. 139, 150 ff.; *Schoch,* ZG 1994, 246, 260; *Schwarz,* Finanzverfassung und kommunale Selbstverwaltung, 1996, S. 196 ff.).

c) Eine andere Frage ist, ob der Gesetzgeber den Gemeinden und Gemeindeverbänden nach Art. 71 Abs. 3 Satz 1 LV beliebige öffentliche Aufgaben zur Selbstverwaltung übertragen darf oder ob die Aufgabe einen örtlichen Bezug aufweisen oder doch einer ortsbezogenen Erfüllung zugänglich sein muß, andernfalls sie nur zur Erfüllung nach unbeschränkter Weisung übertragen werden dürfte (vgl. VGH Bad.-Württ., Beschl. vom 4.9.1980 – A 12 S 14/80 –, ESVGH 30, 220, 223; Beschl. vom 7.10.1986 – A 12 S 618/86 –, ESVGH 37, 36, 37; *Spreng/Birn/Feuchte,* aaO, S. 249; *Gönnenwein,* Gemeinderecht, S. 90). Diese Frage bedarf hier keiner Entscheidung. Denn die Aufgabe der Tierkörperbeseitigung wies 1978 hinreichend örtliche bzw. kreisörtliche Bezüge auf, so daß der Landesgesetzgeber sie jedenfalls vertretbar als Selbstverwaltungsaufgabe der Stadt- und Landkreise einstufen konnte (vgl. BVerfGE 79, 127, 153 f.; 83, 363, 383 f.; VerfGH Nordrh.-Westf., Urt. vom 22.9.1992 – 3/91 –, OVGE 43, 216, 222). Das ergibt sich schon daraus, daß die Aufgabe herkömmlich in den weitaus meisten Bundesländern den Stadt- und Landkreisen zur Selbstverwaltung zugewiesen war (vgl. § 5 Abs. 1 des Tierkörperbeseitigungsgesetzes des Reichs vom 1.2.1939, RGBl. I S. 187) und daß diese Rechtslage auch im ehemals badischen Landesteil seit langem bestand (vgl. das bad. Gesetz über die Aufhebung der Abdeckereiverbände vom 9.3.1942, GVBl. S. 7); nur Württemberg nahm eine Sonderstellung ein. Wenn der Landesgesetzgeber 1978 die unterschiedliche Rechtslage im badischen und im württembergisch-hohenzollernschen Landesteil vereinheitlichen wollte, so bestanden jedenfalls genügend Anhaltspunkte, die Aufgabe nunmehr insgesamt als Kommunalaufgabe einzuordnen.

2. § 1 Satz 1 AGTierKBG ist mit Art. 71 Abs. 3 Satz 1 LV vereinbar. Diese Frage bedarf der Entscheidung, obwohl der Antragsteller die Verfassungsmäßigkeit der Aufgabenübertragung als solche nicht in Zweifel zieht. Die von ihm zur verfassungsgerichtlichen Prüfung gestellte Frage, ob die vom Gesetzgeber in § 5 AGTierKBG getroffene Kostenregelung den Anforderungen des Art. 71 Abs. 3 Sätze 2 und 3 LV genügt, wäre nämlich ohne weiteres zu verneinen, verstieße schon die Aufgabenübertragung selbst gegen Art. 71 Abs. 3 Satz 1 LV (insofern anders: VerfGH Brandenburg, Urt. vom 18.12.1997 – VfGBbg 47/96 –, DÖV 1998, 336).

Art. 71 Abs. 3 Satz 1 LV erlaubt, den Gemeinden und Gemeindeverbänden die Erledigung bestimmter öffentlicher Aufgaben durch Gesetz zu übertragen. Zum einen muß damit die Übertragung grundsätzlich durch förmliches Gesetz erfolgen; dem ist hier genügt, ohne daß der Frage weiter nachgegangen werden müßte. Zum anderen muß Gegenstand der Übertragung eine bestimmte öffentliche Aufgabe sein, nämlich ein konkretes Aufgabengebiet im Sinne bestimmter zu erledigender Verwaltungsangelegenheiten (StGH, Urt. vom 14.10.1993 – GR 2/92 –, ESVGH 44, 8, 9 m. w. N.). Auch insofern stimmt § 1 Satz 1 AGTierKBG mit Art. 71 Abs. 3 Satz 1 LV überein, ohne daß an dieser Stelle schon zu entscheiden wäre, ob die Tierkörperbeseitigung als einheitliche Aufgabe oder als Bündel mehrerer Aufgaben übertragen wurde (hierzu sogleich II.3.b).

3. § 5 AGTierKBG genügt den Anforderungen aus Art. 71 Abs. 3 Sätzen 2 und 3 LV.

a) Nach Art. 71 Abs. 3 Satz 2 LV sind bei der Übertragung bestimmter öffentlicher Aufgaben auf die Gemeinden und Gemeindeverbände Bestimmungen über die Deckung der Kosten zu treffen. Das erfordert, *daß* sich der Gesetzgeber bei der Übertragung die Frage der Deckung der aus der Aufgabenwahrnehmung erwachsenden Verwaltungs- und Sachkosten stellt und hierzu die nötigen Bestimmungen trifft. Welchen Inhalt die geforderten Bestimmungen haben müssen, läßt der Wortlaut der Vorschrift hingegen offen. Hinsichtlich der Modalität der Kostendeckung kommen damit nicht nur staatliche Zuschüsse, sondern etwa auch die Erschließung eigener aufgabebezogener Einnahmequellen für die Gemeinden und Gemeindeverbände oder auch – bei Übertragung einer bislang von dritten Verwaltungsträgern wahrgenommenen Aufgabe auf die Gemeinden oder Gemeindeverbände – die Inpflichtnahme dieses dritten Verwaltungsträgers in Betracht. Hinsichtlich des Ergebnisses der Kostendeckung legt freilich Art. 71 Abs. 3 Satz 3 LV fest, daß eine Mehrbelastung der Gemeinden oder Gemeindeverbände aus der Wahrnehmung der übertragenen Aufgabe finanziell entsprechend auszugleichen ist. Wird der hiernach gebotene Mehrlastenausgleich durch Bestimmungen zur Kostendeckung nach Satz 2 nicht erreicht, so müssen Vorkehrungen des sonstigen kommunalen Finanzausgleichs hinzutreten. Insgesamt besteht diese Pflicht zum Mehrlastenausgleich neben und unabhängig von der allgemeinen Finanzausstattungspflicht nach Art. 71 Abs. 1 i.V.m. Art. 73 LV und ohne Rücksicht auf die finanzielle Gesamtleistungsfähigkeit der Gemeinden und Gemeindeverbände (StGH, Urt. vom 10.10.1993 – GR 3/93 –, ESVGH 44, 1, 3, 5; Urt. vom 14.10.1993 – GR 2/93 –, ESVGH 44, 8, 11).

Der Verfassunggeber hat sich mit der Formulierung von Art. 71 Abs. 3 Satz 3 LV bewußt für einen der – nach einer etwaigen anderweitigen Kostendeckungsregelung verbleibenden – Mehrbelastung „entsprechenden" finanziellen Ausgleich und gegen einen bloß „angemessenen" Ausgleich entschieden (Verfassunggebende Landesversammlung, 22. Sitzung des Verfassungsausschusses am 31.10.1952, Prot. S. 49, 51 ff). Welchen Umfang der Mehrlastenausgleich für den Regelfall übertragener Weisungsaufgaben hiernach haben muß, bedarf im vorliegenden Fall keiner Entscheidung. Jedenfalls sollten die finanziellen Folgen einer etwa unwirtschaftlichen Verwaltungstätigkeit der Gemeinden und Gemeindeverbände, die diese im Rahmen eines bestehenden Wahrnehmungsspielraums zu verantworten hätten, nicht auf das Land abgewälzt werden (vgl. ebd., S. 47). In weiterer Verfolgung des Verursacherprinzips, das Art. 71 Abs. 3 Satz 3 LV insgesamt zugrundeliegt (vgl. oben II.1.b), ist daher bei der Bestimmung des Umfangs einer ausgleichspflichtigen Mehrbelastung in Rechnung zu stellen, ob und inwieweit die Gemeinden und Gemeindeverbände rechtlich und wirtschaftlich imstande sind, die entstehenden Kosten durch eigenverantwortliches Handeln zu beeinflussen. Das kommt namentlich in Betracht, wenn eine Aufgabe ihnen zur Selbstverwaltung übertragen ist. Auch dann freilich können, wie gezeigt, die gesetzlichen Vorgaben an die Aufgabenerledigung so dicht sein, daß ein wirklicher Spielraum zu eigenverantwortlichem Handeln nicht besteht, weshalb in solchen Fällen ein Mehrlastenausgleich geboten sein kann, der demjenigen bei Weisungsaufgaben gleichkommt.

Die Verfassung legt fest, daß die Bestimmungen zur Kostendeckung und zum Mehrlastenausgleich „dabei", also in sachlichem und zeitlichem Zusammenhang mit der Übertragung der Aufgabe zu treffen sind, wenn auch eine Regelung in demselben Gesetz nicht geboten und – soweit sie den kommunalen Finanzausgleich berührt – auch häufig untunlich ist (vgl. StGH, Urt. vom

3. 8.1961 – 9/60, 2/61 –, ESVGH 12, 6, 9). Dem Gesetzgeber ist damit verwehrt, die Frage der Aufgabenfinanzierung auszuklammern und späterer Entscheidung vorzubehalten; er soll sich vielmehr als eine Grundlage seiner Entscheidung über die Übertragung einer Aufgabe auch die Frage ihrer Finanzierung vor Augen führen. Zugleich zwingt die zeitliche Verknüpfung zu einer für die Zukunft tragfähigen und verläßlichen Regelung der Kostenfrage; die Verfassung sieht nicht ein System jeweils nachträglicher Erstattung tatsächlich angefallener Kosten vor. Die kommunale Selbstverwaltung wird dadurch zusätzlich gestärkt. Der Gesetzgeber soll nämlich der künftigen kommunalen Aufgabenwahrnehmung den finanziellen Rahmen vorgeben, innerhalb dessen die Gemeinden und Gemeindeverbände nach Maßgabe von Gesetz und Weisung, im übrigen aber eigenverantwortlich wirtschaften können. Daß diese Regelung nur auf der Grundlage einer Prognose getroffen werden kann, nimmt die Verfassung hin. Daraus ergibt sich freilich, daß es für sich genommen noch nicht zur Verfassungswidrigkeit einer gesetzlichen Kostendeckungsregelung führt, wenn eine fehlerfrei erstellte Prognose sich später nicht bewahrheitet (insofern zutreffend SächsVerfGH, Urt. v. 23.6.1994 – 1-VIII-93 –, SächsVBl. 1994, 280, 284; vgl. *Wahl,* SächsVBl. 1996, 298 ff). Eine andere Frage ist, unter welchen Umständen der Gesetzgeber später zur Neuregelung der Übertragung oder der Kostenfrage verpflichtet sein kann (dazu unten II.4.).

b) Der Gesetzgeber hat mit § 5 AGTierKBG eine diesen Maßstäben genügende Kostendeckungsregelung getroffen.

Bezugsgröße der zu überprüfenden Kostendeckungsregelung ist die übertragene Aufgabe. Der Antragsteller meint, von der Tierkörperbeseitigung im übrigen sei die Beseitigung von Tierkörpern von Vieh im Sinne des Tierseuchengesetzes/Viehseuchengesetzes als eigenständige Aufgabe zu unterscheiden. Dem kann nicht gefolgt werden. Die übertragene Aufgabe zu definieren und abzugrenzen, obliegt dem Gesetzgeber; der Staatsgerichtshof kann dies nur daraufhin überprüfen, ob seine Festlegung vertretbar ist (vgl. BVerfGE 79, 127, 153 f; 83, 363, 383 f; VerfGH Nordrh.-Westf., Urt. vom 22.9.1992 – 3/91 –, OVGE 43, 216, 222). Der Gesetzgeber aber hat den Stadt- und Landkreisen die Tierkörperbeseitigung nicht als Bündel unterschiedlicher Teilaufgaben, sondern als einheitliche Aufgabe übertragen. Das zeigt schon die Regelung in einem allein hierauf bezogenen Gesetz sowie dessen Anknüpfung an das Tierkörperbeseitigungsgesetz des Bundes. Indem § 5 AGTierKBG in Ansehung der Gebührenerhebung differenziert, nimmt das Gesetz auf unterschiedliche Aspekte der einheitlichen Aufgabe Rücksicht; es führt damit aber nicht zur Aufspaltung verschiedener Aufgaben. Die Zusammenfassung der Beseitigung von Ganztierkörpern mit der Beseitigung von Tierkörperteilen aus Schlachtabfällen zu einer einheitlichen Aufgabe hatte auch gute Gründe für sich. So hat die Landesregierung darauf hingewiesen, daß qualitätvolles Tiermehl nicht allein aus Schlachtabfällen erzielt werden kann, vielmehr ein hinreichend hoher Anteil von Ganztierkörpern – und damit Eiweiß und Fleisch sowie Knochen – hinzugesetzt werden muß.

Der Gesetzgeber hat Bestimmungen über die Deckung der Kosten getroffen. Hierbei ging er davon aus, daß die Stadt- und Landkreise Anstalten zur Tierkörperbeseitigung als Zweckverbände betreiben, die einen in Einnahmen und Ausgaben auszugleichenden besonderen Haushalt führen. Auf dieser Grundlage beschränkt sich § 5 AGTierKBG auf Regelungen, welche den Stadt- und Landkreisen bzw. den von ihnen zu bildenden Zweckverbänden das nötige rechtliche Instrumentarium zu eigenverantwortlichem Wirtschaften an die Hand geben; insbesondere ermächtigen sie zur Gebührenerhebung. Damit ist den Anforderungen aus Art. 71 Abs. 3 Satz 2 LV Genüge getan. Vor allem entspricht das Konzept der *eigenen* Kostendeckung durch die Aufgabenträger der gesetzlichen Grundentscheidung, die Aufgabe den Stadt- und Landkreisen zur Selbstverwaltung zu übertragen.

Ebensowenig läßt sich beanstanden, daß der Gesetzgeber einen ergänzenden Mehrlastenausgleich nicht vorgesehen hat. Dem liegt die Erwartung zugrunde, die Aufgabenträger würden bei wirtschaftlicher Aufgabenerledigung zur Ausgabendeckung hinreichende Einnahmen erzielen können, weshalb ins Gewicht fallende Mehrlasten nicht entstünden. Für die verfassungsrechtliche Überprüfung dieser Prognose kommt es, wie gezeigt, auf den Zeitpunkt an, zu dem sich der Gesetzgeber zur Aufgabenübertragung entschieden hat, also auf das Jahr 1978; eine etwa abweichende spätere Entwicklung ist gleichgültig, auch wenn sie sich bereits während eines – zeitlich gestreckten – Vollzuges der Übertragung abzeichnet. Daß der Gesetzgeber im Jahr 1978 davon ausging, die Aufgabe werde sich selbst tragen, begegnet aber keinen verfassungsrechtlichen Einwänden. Die Prognose wurde auf vollständiger Grundlage erstellt und ist auf dieser Grundlage einleuchtend begründet. In sie wurden insbesondere auch die Folgen des in § 5 Abs. 3 AGTierKBG angeordneten Gebührenerhebungsverbots für Tierkörper von Vieh im Sinne des Viehseuchengesetzes/Tierseuchengesetzes eingestellt (LT-Drs. 7/2290, S. 10, 12). Auch unter Berücksichtigung dieser Folgen wurde insgesamt mit einem wirtschaftlichen Betrieb der Tierkörperbeseitigungsanstalten gerechnet und sogar für möglich gehalten, daß die kommunalen Aufgabenträger auf jede Gebührenerhebung würden verzichten können (LT-Drs. 7/3289, S. 3). Die Begründetheit dieser Prognose wurde im Gesetzgebungsverfahren nicht in Zweifel gezogen; gestritten wurde vornehmlich um die Pflicht zur Tragung bzw. Erstattung von Investitionskosten (vgl. § 9 AGTierKBG). Daß der bayerische Landesgesetzgeber für den Freistaat Bayern etwa zur gleichen Zeit von einer anderen Einschätzung ausging, könnte allenfalls dann erheblich sein, wenn dessen Erkenntnisse die Grundlage der in Baden-Württemberg gestellten Prognose nachdrücklich in Zweifel gezogen hätten; davon kann indes keine Rede sein.

4. Es verletzt schließlich nicht Verfassungsrecht, daß der Gesetzgeber auch in der späteren Zeit keinen Mehrlastenausgleich vorgesehen hat.

a) Die Verpflichtung zum Mehrlastenausgleich nach Art. 71 Abs. 3 Satz 3 LV besteht nicht nur für den Zeitpunkt der Aufgabenübertragung selbst oder für einen mehr oder weniger eng umgrenzten Zeitraum nach der Übertragung, sondern für die gesamte Zeit, während derer die Gemeinden und Gemeindeverbände infolge der Übertragung die Aufgabe erfüllen. Das ergibt schon der Wortlaut der Vorschrift, der an die Mehrlasten aus der Erfüllung der Aufgabe anknüpft; lediglich aus sprachlichen Gründen hat der Verfassunggeber die als noch präziser erachtete Formulierung „Führt die Erledigung dieser Aufgaben ..." nicht gewählt (Verfassunggebende Landesversammlung, 52. Sitzung des Verfassungsausschusses am 29.5.1953, Prot. S. 70f). Diese Auslegung der Verfassungsbestimmung entspricht allein auch ihrem Zweck (vgl. auch VerfGH Brandenburg, Urt. vom 18.12.1997 – 47/96 –, DÖV 1998, 336 f). Damit muß zwar über die Frage, ob und mit welchem Kostenanteil ein Mehrlastenausgleich vorzusehen sei, „bei" der Aufgabenübertragung entschieden werden; zugleich aber muß diese Grundentscheidung in der Folgezeit nach Maßgabe der allgemeinen Entwicklung des kommunalen Finanzausgleichs fortgeschrieben werden. Ergeben sich ins Gewicht fallende Änderungen des Aufgabenzuschnitts oder der Kosten aus ihrer Erledigung, welche die einmal getroffene Grundentscheidung berühren, so hat sich der Gesetzgeber die Frage der Aufgabenübertragung selbst und „dabei" die Frage der Ausgleichsquote erneut zu stellen (ebenso VerfGH Brandenburg ebd., 337).

Auch für Aufgaben, die den Gemeinden und Gemeindeverbänden zur Selbstverwaltung übertragen wurden, gilt im Grundsatz nichts anderes. Insbesondere läßt sich für sie kein nach der Übertragung liegender Zeitpunkt bestimmen, zu dem sie „endgültig" zu kommunalen Selbstverwaltungsaufgaben geworden und damit dem Geltungsbereich des Art. 71 Abs. 3 Satz 3 LV entwachsen wären. Allerdings wirkt sich die bereits (oben bei II.3.a) getroffene Feststellung, daß mit dieser Vorschrift nicht die finanziellen Folgen einer Verwaltungstätigkeit der Gemeinden und Gemeindeverbände, die diese im Rahmen ihres Wahrnehmungsspielraums zu verantworten haben, auf das Land abgewälzt werden sollen, auch in der zeitlichen Dimension aus. Dies führt dazu, daß bei zur Selbstverwaltung übertragenen Aufgaben ein Mehrlastenausgleich, der bei der Übertragung nicht geboten war, allein wegen sich ändernder wirtschaftlicher oder rechtlicher Rahmenbedingungen auch nicht von einem späteren Zeitpunkt an gewährt werden muß; hier verbleibt es bei der allgemeinen Finanzausstattungsgarantie aus Art. 71 Abs. 1 i.V.m. Art. 73 LV. Anderes gilt freilich dann, wenn die sich ändernden rechtlichen Rahmenbedingungen vom Land zu verantworten sind, insbesondere wenn das Land nachträglich derart dichte Vorschriften für die Art und Weise der Aufgabenerledigung erläßt, daß von einer eigenverantwortlichen kommunalen Aufgabenerledigung nicht länger die Rede sein kann. Dann wächst dem Land die finanzielle Mitverantwortung wieder zu, so daß mit der Vornormierung verbundene oder später eintretende ins Gewicht fallende Änderungen des Aufgabenzuschnitts oder der Aufgabenkosten die Frage der Aufgabenübertragung und des Mehrlastenausgleichs neu aufwerfen können.

b) Gemessen an diesen Maßstäben ist dem Land nicht die verfassungsrechtliche Pflicht erwachsen, für die Aufgabe der Tierkörperbeseitigung nachträglich einen Mehrlastenausgleich vorzusehen, sei es durch Änderung des Ausführungsgesetzes zum Tierkörperbeseitigungsgesetz oder durch Aufnahme ausdrücklicher Bestimmungen in das Finanzausgleichsgesetz (FAG). Den Gemeinden und Gemeindeverbänden ist die Tierkörperbeseitigung zur Selbstverwaltung übertragen worden, die hierzu Zweckverbände bilden sollten und gebildet haben. Zwar hat sich das Land die Festlegung der Einzugsbereiche der Tierkörperbeseitigungsanlagen und damit des räumlichen Zuschnitts der Zweckverbände sowie die großräumige Planung vorbehalten und vorbehalten müssen (§ 15 TierKBG). Im übrigen aber wirtschaften die Zweckverbände der kommunalen Aufgabenträger eigenverantwortlich. Bei dieser Sachlage kommt nach dem Vorstehenden eine Pflicht des Landes zum Mehrlastenausgleich nur in Betracht, wenn und soweit die auszugleichenden Mehrlasten auf eine Änderung der rechtlichen Rahmenbedingungen für die Aufgabenerledigung zurückzuführen sind, welche das Land zu verantworten hat. So liegt es aber nicht. Der Antragsteller führt die nach Erlaß des Ausführungsgesetzes zum Tierkörperbeseitigungsgesetz entstandene Kostensteigerung teils auf einen zunehmenden Preisverfall, teils auf gesteigerte umweltrechtliche Anforderungen an eine ordnungsgemäße Aufgabenerfüllung zurück. Beide Umstände verantwortet das Land nicht. Insbesondere geht die Anhebung der umweltrechtlichen Standards auf Rechtsetzungsakte der Europäischen Gemeinschaften und des Bundes zurück, für die Art. 71 Abs. 3 Satz 3 LV nicht gilt (StGH, Urt. vom 10. 10. 1993 – GR 3/93 –, ESVGH 44, 1).

III.

Die Kostenentscheidung beruht auf § 55 Abs. 1, Abs. 3 StGHG. Das Verfahren ist nach § 55 Abs. 1 StGHG gerichtskostenfrei. Gründe für die Anordnung einer vollen oder teilweisen Erstattung der Auslagen nach § 55 Abs. 3 StGHG sind nicht ersichtlich.

Entscheidungen des Verfassungsgerichtshofs des Landes Berlin

Die amtierenden Richterinnen und Richter
des Verfassungsgerichtshofs des Landes Berlin

>
> Prof. Dr. Klaus Finkelnburg, Präsident
> Dr. Ulrich Storost, Vizepräsident
> Veronika Arendt-Rojahn
> Prof. Dr. Hans-Joachim Driehaus
> Klaus Eschen
> Prof. Dr. Philip Kunig
> Dr. Renate Möcke
> Prof. Dr. Albrecht Randelzhofer
> Edeltraut Töpfer (bis 25. Oktober 1998)
> Angelika Dillinger (ab 26. November 1998)

Nr. 1

1. Gegenstand der rechtlichen Beurteilung im Wahlprüfungsverfahren ist nicht die Verletzung subjektiver Rechte, sondern die objektive Gültigkeit des festgestellten Wahlergebnisses. Den Schutz seines subjektiven Rechts auf Wahlrechtsgleichheit kann der einzelne Wahlberechtigte damit im Wahlprüfungsverfahren nicht geltend machen.

2. Es spricht manches dafür, daß die Vorschriften über die Wahlprüfung in den §§ 40ff VerfGHG keine gegenüber den Vorschriften über die Verfassungsbeschwerde in §§ 49ff VerfGHG abschließenden Sonderregelungen sind, soweit es um die behauptete Verletzung des subjektiven Rechts auf Wahlrechtsgleichheit geht.

3. Die Vergrößerung des Abgeordnetenhauses durch Überhang- und Ausgleichsmandate ist nicht geeignet, die Gleichheit des Erfolgswertes der Stimmen zu beeinträchtigen.

4. Der Landesgesetzgeber ist nicht verpflichtet, bezirkliche Belange (Bezirksproporz) bei der Gestaltung des Wahlrechts zum Abgeordnetenhaus zu berücksichtigen.

Verfassung von Berlin Art. 15 Abs. 4, 84 Abs. 2

Gesetz über den Verfassungsgerichtshof § 40 Abs. 2 Ziff. 7

Beschluß vom 31. Juli 1998 – VerfGH 92/95 –

in dem Wahlprüfungsverfahren
des Herrn W. N.,

wegen
der Feststellung des Ergebnisses der 13. Wahl zum Abgeordnetenhaus von Berlin vom 22. Oktober 1995
Weitere Beteiligte:
1. der Präsident des Abgeordnetenhauses von Berlin,
2. der Landeswahlleiter,
3. die Senatsverwaltung für Inneres,
4. die Fraktionen der CDU, SPD, Bündnis90/Die Grünen, PDS des Abgeordnetenhauses von Berlin

Entscheidungsformel:

Der Einspruch wird zurückgewiesen.
Das Verfahren ist gerichtskostenfrei.
Auslagen werden nicht erstattet.

Gründe:

I.

Der Einsprechende war Wahlberechtigter bei der am 22. Oktober 1995 abgehaltenen Wahl zum Abgeordnetenhaus von Berlin. Er hat von seinem Wahlrecht Gebrauch gemacht. Mit seinem Wahleinspruch vom 29. Dezember 1995 wendet er sich im Wege der Wahlprüfung gegen die Feststellung des Wahlergebnisses durch den Landeswahlleiter vom 29. November 1995; hilfsweise hat er Verfassungsbeschwerde erhoben. Zur Begründung macht er geltend, das festgestellte Wahlergebnis verstoße gegen das Gebot der Wahlgleichheit, da infolge von 12 Überhangmandaten und 44 Ausgleichsmandaten der Erfolgswert der abgegebenen Stimmen nicht gleich sei. Die Erhöhung der Zahl der Abgeordnetenhaussitze um mehr als ein Drittel sei verfassungsrechtlich unzulässig und verstoße gegen die Erfolgswertgleichheit der Stimmen. Grund für die hohe Zahl der Überhang- und Ausgleichsmandate sei, daß 90 von 150 Sitzen im Abgeordnetenhaus als Direktmandate vergeben würden. Der Gesetzgeber sei bereits nach den Ergebnissen der vorangegangenen Abgeordnetenhauswahl verpflichtet gewesen, die Zahl der Direktmandate zu senken. Das Wahlrecht in Berlin sei nicht systemkonform ausgestaltet. Das Nebeneinander von Bezirks- und Landeslisten bei gleichzeitiger Vergabe von Ausgleichsmandaten führe zusätzlich zu einem ungleichen Erfolgswert der Stimmen. In den einzelnen Wahlkreisverbänden variiere die für ein Mandat erforderliche Zahl der Stimmen ganz erheblich. So seien in Friedrichshain für ein CDU-Mandat 5 022 Stimmen, in Hellersdorf für ein SPD-Mandat dagegen 10 104 Stimmen erforderlich gewesen. Er ist der Auffassung, er sei zum Einspruch im Wahlprüfungsverfahren berechtigt. Daß gemäß § 40 Abs. 3 Nr. 3 VerfGHG der Einspruch lediglich von Parteien und diversen Amtsträgern eingelegt werden könne, nicht aber von Wahlberechtigten, halte einer verfassungsrechtlichen Prüfung nicht stand, soweit der Wahlberechtigte den ungleichen Erfolgswert der Stimmen rüge. Die Verweigerung eines Wahlanfechtungsrechts erscheine unvereinbar mit der „Aktivbürgerschaft als Verfassungsorgan". Jedenfalls sei dann die Verfassungsbeschwerde zulässig. Das Wahlprüfungsverfahren verdränge die Verfassungsbeschwerde nur insoweit, als in ihm die Verletzung des subjektiven Wahlrechts geltend gemacht werden könne.

Gemäß § 41 VerfGHG hat der Verfassungsgerichtshof dem Präsidenten des Abgeordnetenhauses von Berlin, dem Landeswahlleiter, der Senatsverwaltung für Inneres sowie den Vorsitzenden der im Abgeordnetenhaus vertretenen Fraktionen Gelegenheit zur Äußerung gegeben. Die Senatsverwaltung für Inneres, die sich zugleich im Namen des Landeswahlleiters geäußert hat, hält sowohl den Einspruch als auch die Verfassungsbeschwerde für unzulässig. Die objektive Zielsetzung des Wahlprüfungsverfahrens rechtfertige es, dem einzelnen Wahlberechtigten grundsätzlich ein Einspruchsrecht zu versagen. Nur wenn der einzelne Wahlberechtigte ganz unmittelbar in seinem subjektiven Wahlrecht betroffen sei und diese Rechtsverletzung Einfluß auf die Mandatsverteilung an sich haben könne – wie im Fall der Nichteintragung in eine Wählerliste –, sei ihm ausnahmsweise ein Einspruchsrecht zu gewähren.

Die hilfsweise erhobene Verfassungsbeschwerde sei ebenfalls unzulässig. Das in den §§ 40 bis 42 VerfGHG geregelte Wahlprüfungsverfahren sei abschließend, so daß eine Verfassungsbeschwerde gegen das Wahlergebnis im Hinblick auf die Verletzung subjektiver Rechte ausgeschlossen sei. Zur Sache wird ausgeführt, die Erfolgswertgleichheit werde bei der personalisierten Verhältniswahl dadurch hergestellt, daß die erzielten Direktmandate auf die einer Partei aufgrund der Zweitstimmen zustehenden Sitze angerechnet würden. Die verbleibenden Überhangmandate würden dann durch Ausgleichsmandate ausgeglichen. Der zunächst durch die Überhangmandate verschobene Parteienproporz werde also – im Gegensatz zum Bundeswahlrecht – im Land Berlin durch Ausgleichsmandate wiederhergestellt. Damit entspreche das Berliner Wahlsystem gerade in besonderer Weise dem Grundsatz der gleichen Wahl.

Der Verfassungsgerichtshof hat einstimmig beschlossen, ohne mündliche Verhandlung zu entscheiden (vgl. § 24 Abs. 1 VerfGHG).

II.

Der Wahleinspruch und die hilfsweise erhobene Verfassungsbeschwerde sind unzulässig.

Der Einsprechende ist im Wahlprüfungsverfahren nicht einspruchsberechtigt. Voraussetzung der in §§ 40 bis 42 VerfGHG dem Verfassungsgerichtshof in alleiniger Zuständigkeit übertragenen Wahlprüfung ist ein zulässiger Einspruch. Nach § 40 Abs. 2 Ziffer 7 VerfGHG kommt dem Wahlberechtigten in dieser Eigenschaft nur ausnahmsweise die Einspruchsberechtigung zu, nämlich wenn er geltend macht, zu Unrecht nicht in die Wählerliste eingetragen worden zu sein oder zu Unrecht keinen Wahlschein erhalten zu haben und dadurch die Verteilung der Sitze beeinflußt worden sein könnte. Einen solchen Sachverhalt macht der Einsprechende nicht geltend. Er stützt seinen Einspruch vielmehr darauf, in seinem subjektiven Recht auf Wahrung des in Art. 6 Abs. 1 Satz 1 VvB i.V.m. Art. 26 Abs. 1 VvB 1950 ausgeformten Grundsatzes der Wahlrechtsgleichheit (vgl. Beschluß vom 21. September 1995 – VerfGH 37/95 und 39/95 – LVerfGE 3, 86, 90 f) verletzt zu sein. Damit macht er den Einspruchsgrund des § 40 Abs. 2 Nr. 8 VerfGHG geltend, wonach der Einspruch auch darauf gestützt werden kann, daß sonst Vorschriften des Grundgesetzes, der Verfassung von Berlin, des Landeswahlgesetzes und der Landeswahlordnung bei der Vorbereitung oder der Durchführung von Wahlen oder bei der Ermittlung des Wahlergebnisses in einer Weise verletzt worden seien, daß dadurch die Verteilung der Sitze beeinflußt werde. Ein derartiger Einspruch kann gemäß § 40 Abs. 3 Nr. 3 VerfGHG jedoch nur von Parteien, Wählergemeinschaften, betroffenen Einzelbewerbern und bestimmten Trägern öffentlicher Gewalt geltend gemacht werden. Die Begrenzung des Kreises der Einspruchsberechtigten ist Ausdruck dessen, daß das Wahlprüfungsverfahren als ein besonderes, eigenständiges Instrument und Verfahren der objektiven Rechtskontrolle ausgestaltet ist. Gegenstand der rechtlichen Beurteilung im Wahlprüfungsverfahren ist nicht die Verletzung subjektiver Rechte, sondern die objektive Gültigkeit des festgestellten Wahlergebnisses (Beschluß vom 2. April 1996 – VerfGH 18/96 – LVerfGE 4, 34, 37 f; vgl. zum Bundesrecht BVerfGE 1, 208 [238]; ständige Rechtsprechung). Den Schutz seines subjektiven Rechts auf Wahlrechtsgleichheit, zu dem beim Verhältniswahlrecht auch der Grundsatz des gleichen Erfolgswerts seiner Stimme gehört (BVerfGE 34, 81, 100 m. w. N.), kann der Einsprechende damit im Wahlprüfungsverfahren nicht verfolgen.

Die hilfsweise erhobene Verfassungsbeschwerde ist ebenfalls unzulässig. Die Unzulässigkeit ergibt sich allerdings nicht schon daraus, daß der in Art. 84 Abs. 2 Nr. 5 VvB verankerte Rechtsbehelf der Verfassungsbeschwerde auf Verfassungsebene durch das Wahlprüfungsverfahren ausgeschlossen wäre. Die vom Bundesverfassungsgericht zum bundesrechtlichen Wahlprüfungsverfahren nach Art. 41 Abs. 1 GG entwickelten Grundsätze, wonach das Wahlprüfungsverfahren die Verfassungsbeschwerde ausschließt und die Korrektur etwaiger Wahlfehler einschließlich solcher, die Verletzungen subjektiver Rechte enthalten, dem Rechtsweg des Art. 19 Abs. 4 GG entzogen sind, können auf das Berliner Landesrecht nicht ohne weiteres übertragen werden. Denn eine dem Art. 41 Abs. 1 GG entsprechende Vorschrift enthält die Verfassung von Berlin nicht. Vielmehr ist im Land Berlin die Wahlprüfung lediglich einfachgesetzlich geregelt (§§ 40 ff VerfGHG). Vor dem Hintergrund des Ausschlusses des Individualrechtsschutzes im Wahlprüfungsverfahren einerseits und der vom Bundesverfassungsgericht in seiner jüngeren Rechtsprechung betonten verfassungsrechtlichen Verpflichtung des Landesgesetzgebers, auch das Recht der Wahlberechtigten auf Wahlgleichheit bei den Wahlen auf Landesebene durch ein Verfahren zur gerichtlichen Überprüfung entsprechender Zweifel zu schützen (vgl. BVerfGE 85, 148, 158), andererseits sowie im Hinblick auf die in Art. 15 Abs. 4 VvB inhaltsgleich mit Artikel 19 Abs. 4 GG enthaltene Rechtsweggarantie mag daher manches dafür sprechen, daß die Vorschriften über die Wahlprüfung in den §§ 40 ff VerfGHG keine gegenüber den §§ 49 ff VerfGHG abschließenden Sonderregelungen sind, soweit es – wie hier – um die behauptete Verletzung des sich aus Art. 6 Abs. 1 Satz 1 i.V.m. Art. 26 Abs. 1 VvB 1950 ergebenden subjektiven Rechts auf Wahrung der Wahlgleichheit geht. Dies kann jedoch letztlich dahingestellt bleiben, denn selbst wenn zugunsten des Einsprechenden angenommen würde, daß die Verfassungsbeschwerde zur Wahrung des subjektiven Wahlrechts neben dem Wahlprüfungsverfahren grundsätzlich Anwendung finden könnte, wäre sie nicht zulässig. Eine Verletzung des subjektiven Rechts des Einsprechenden bzw. Beschwerdeführers auf Wahlgleichheit ist unter Zugrundelegung des von ihm vorgetragenen Sachverhalts und der von ihm vorgebrachten verfassungsrechtlichen Rügen offensichtlich und eindeutig nach keiner Betrachtungsweise gegeben; damit fehlt es an einer den Anforderungen der §§ 49, 50 VerfGHG genügenden Begründung der hilfsweise erhobenen Verfassungsbeschwerde.

Soweit der Einsprechende rügt, daß durch den hohen Anteil von Direktmandaten Überhangmandate in großer Zahl „vorprogrammiert" seien, und er erhebliche Bedenken äußert, daß ein Wahlrecht angewendet werde, das im Ergebnis zu einer Erhöhung der Parlamentssitze um ein Drittel führe, ist die Möglichkeit einer Verletzung seines subjektiven Rechts auf Wahlgleichheit nicht nachvollziehbar dargetan. Denn nach dem Berliner Wahlrecht werden, wie der Einsprechende selbst ausführt, im Unterschied zum Bundeswahlrecht die Proporzverschiebungen infolge des Entstehens von Überhangmandaten durch die Vergabe von Ausgleichsmandaten ausgeglichen. Nur Überhangmandate, die ohne Verrechnung anfallen oder ohne Ausgleichsmandate zugeteilt werden, können aber unter dem Gesichtspunkt der Wahlrechtsgleichheit bei der personalisierten Verhältniswahl verfassungsrechtlichen Bedenken begegnen (vgl. den Leitsatz der Entscheidung BVerfGE 95, 335 = NJW 1997, 1553 und die Ausführungen der vier Richter, die die gegenwärtige Erhöhung der Sitzzahl im Bundestag durch ausgleichslos gewährte Überhangmandate für verfassungswidrig halten [BVerfGE 95, 335, 377 ff, 402 ff]). Mit der Vergabe von Ausgleichsmandaten zur Wiederherstellung des nach dem Zweitstimmenergebnis erzielten Parteienproporzes entspricht das Berliner Wahlgesetz somit in besonderer Weise dem Grundsatz der Wahlrechtsgleichheit. Daß die Zahl der Überhang- und Ausgleichsmandate relativ hoch ist und sich die Gesamtzahl der Abgeordnetenhaussitze durch sie nicht unerheblich erhöht, mag Auswirkungen auf die Funktionsfähigkeit des Parlaments haben und den Gesetzgeber veranlassen können, die Zahl der Sitze weiter zu verringern. Die Vergrößerung des Parlaments durch Überhang- und Ausgleichsmandate ist aber nicht geeignet, die Gleichheit des Erfolgswerts der Stimmen zu beeinträchtigen, und daher jedenfalls im Rahmen einer Rüge der Verletzung des subjektiven Rechts auf diese Gleichheit ohne Belang.

Ebenso offensichtlich fehl geht der Einwand des Einsprechenden, aufgrund des nach dem Berliner Landeswahlgesetz möglichen Nebeneinanders von Bezirks- und Landeslisten führe die Vergabe von Ausgleichsmandaten ihrerseits zu einem ungleichen Erfolgswert der Stimmen, da es zwischen den einzelnen Bezirken zum Teil starke Unterschiede hinsichtlich der für ein Mandat erforderlichen Stimmenzahl gebe. Wie die Senatsverwaltung für Inneres in ihrer Erwiderung zutreffend hervorhebt, geht es bei der Verteilung der Mandate einer Partei auf die Bezirke um einen den Parteienproporz im Abgeordnetenhaus und damit den Erfolgswert der Stimmen nicht beeinflussenden parteiinternen Vorgang. Dabei ist das Berliner Wahlrecht, indem es Bezirks- und Landeslisten zuläßt, im Unterschied zum Bundeswahlrecht offen für verschiedene Verteilungssysteme. Bei beiden Listenarten entscheidet aber allein die jeweilige Partei über die Zusammensetzung der Listen und damit darüber, welche Personen aus welchen Bezirken ein Abgeordnetenhausmandat erhalten können. Die Zulassung von Landeslisten zeigt hierbei besonders deutlich, daß Momente der „Repräsentanz" der Bezirke bei der Sitzverteilung im Abgeordnetenhaus und damit bei der Beurteilung der Erfolgswertgleichheit der Wählerstimmen keine Rolle spielen. Dies ist im Hinblick auf den Grundsatz der Wahlrechtsgleichheit nicht zu beanstanden. Das Erfordernis eines „bezirklichen Proporzes" kann der Verfassung nicht entnommen werden. Der Landesgesetzgeber ist nicht verpflichtet, bezirkliche Belange bei der Gestaltung des Wahlrechts zum Abgeordnetenhaus als dem Parlament des Landes Berlin zu berücksichtigen (vgl. zur fehlenden Verpflichtung, föderale Belange bei den Bundestagswahlen zu berücksichtigen, BVerfGE 6, 84, 99; BVerfGE 95, 335, 402). Zwar darf der bezirklichen Gliederung bei der Gestaltung des Wahlverfahrens Rechnung getragen werden. Eine Verpflichtung, ein Wahlsystem zu schaffen, das zur gleichmäßigen Repräsentanz der Bezirke im Abgeordnetenhaus führt, besteht aber nicht und würde auch der verfassungsrechtlichen Stellung der Bezirke, die keine selbständigen Gemeinden, sondern Teil der Verwaltung der Einheitsgemeinde Berlin sind (vgl. Beschluß vom 17. März 1997 – VerfGH 90/95 – LKV 1998, 142, 143 f, und Beschluß vom 10. Mai 1995 – VerfGH 14/95 – LVerfGE 3, 28, 33), nicht entsprechen. Vor diesem Hintergrund ist es für die Frage der Erfolgswertgleichheit der Stimmen ebenfalls irrelevant, ob die gleichzeitige

Zulassung von Bezirks- und Landeslisten die Entstehung von Überhang- und Ausgleichsmandaten verstärkt und zu einer Verschiebung des „Bezirksproporzes" führt. Entscheidend ist allein, daß die Erfolgswertgleichheit der Stimmen bei der parteipolitischen Zusammensetzung des Abgeordnetenhauses insgesamt gewahrt ist.

Die Kostenentscheidung beruht auf §§ 33, 34 VerfGHG.
Dieser Beschluß ist unanfechtbar.

Nr. 2

Die Zweimonatsfrist des § 51 Abs. 1 VerfGHG für die Erhebung der Verfassungsbeschwerde gegen einen im zivilgerichtlichen Beschwerdeverfahren ergangenen Beschluß wird durch eine innerhalb dieser Frist beim Fachgericht erhobene Gegenvorstellung, mit der substantiiert die Verletzung des rechtlichen Gehörs gerügt wird, unterbrochen.

Gesetz über den Verfassungsgerichtshof § 51 Abs. 1

Beschluß vom 31. Juli 1998 – VerfGH 39/97 –

in dem Verfahren über die Verfassungsbeschwerde
des Herrn A.

gegen
1. die Beschlüsse des Landgerichts Berlin vom 3. März 1997 und 30. September 1996 – 51 T 211/96 –
2. die Beschlüsse des Amtsgerichts Wedding vom 14. Februar 1996 und 5. Juli 1996 – 18 C 515/95 –

Entscheidungsformel:

Die Verfassungsbeschwerde wird zurückgewiesen.
Das Verfahren ist gerichtskostenfrei.
Auslagen werden nicht erstattet.

Aus den Gründen:

I.

Der Beschwerdeführer kaufte am 20. April 1995 ein gebrauchtes Auto vom Beklagten des Ausgangsverfahrens. Nachdem er diesen erfolglos zur Rückabwicklung des Kaufvertrages aufgefordert hatte, erhob er am 29. September 1995 Klage beim Amtsgericht auf Zahlung von Schadensersatz wegen Nichterfüllung und beantragte die Gewährung von Prozeßkostenhilfe unter Beiordnung seines Prozeßbevollmächtigten für dieses Verfahren. Zur Begründung der Klage und des Prozeßkostenhilfeantrages machte er im wesentlichen geltend, daß dem Fahrzeug eine zugesicherte Eigenschaft fehle, denn es sei nicht mit einem normalbenzintauglichen Motor, sondern mit einem Motor ausgestattet, der die Betankung mit Super-Plus-Benzin erfordere.

Mit Beschluß vom 14. Februar 1996 wies das Amtsgericht den Prozeßkostenhilfeantrag mit der Begründung zurück, der Beschwerdeführer habe nicht dargetan, daß die unstreitig fehlende Eigenschaft eines möglichen Betriebes des Fahrzeugmotors mit bleifreiem Normalbenzin zugesichert worden sei.

Der Beschwerdeführer legte hiergegen Beschwerde ein und teilte gleichzeitig mit, daß aus Kostengründen sein Prozeßbevollmächtigter nicht am Beschwerdeverfahren beteiligt sei. Das Amtsgericht hob mit Beschluß vom 5. Juli 1996 seine Entscheidung teilweise auf und gewährte dem Beschwerdeführer Prozeßkostenhilfe, soweit dieser den Beklagten wegen Auspuffreparaturkosten in Anspruch genommen hatte. Im übrigen half es der Beschwerde nicht ab und legte sie dem Landgericht Berlin zur Entscheidung vor. Mit Beschluß vom 30. September 1996 (51 T 211/96) wies das Landgericht die Beschwerde zurück. Der Beschluß wurde am 7. Oktober 1996 dem Prozeßbevollmächtigten des Beschwerdeführers, nicht aber dem Beschwerdeführer selbst, übersandt.

Mit Schreiben vom 13. November 1996 wandte sich der Beschwerdeführer an das Landgericht und begehrte im Wege der Gegenvorstellung, der Beschwerde stattzugeben und ihm Prozeßkostenhilfe zu bewilligen. Die Entscheidung verstoße gegen sein Grundrecht auf rechtliches Gehör. Das Gericht habe sich nicht mit seinem Vortrag auseinandergesetzt, daß es sich bei den Beschaffenheitsangaben zur Kraftstoffart um verkehrswesentliche Eigenschaften handele. Sein Beweisantrag für die Zusicherung sei übergangen worden. Weiter sei nicht berücksichtigt worden, daß nach der Rechtsprechung für die Annahme einer Zusicherung beim Gebrauchtwagenkauf keine hohen Anforderungen zu stellen seien.

Das Landgericht wies die Gegenvorstellung mit Beschluß vom 3. März 1997 zurück. Zur Begründung führte es aus, daß es daran festhalte, die Position „Benzinmehrkosten" sei nicht genügend substantiiert worden.

Mit der Verfassungsbeschwerde rügt der Beschwerdeführer eine Verletzung seiner Rechte aus Art. 15 Abs. 1 und 10 Abs. 1 der Verfassung von Berlin. Die Verfassungsbeschwerde sei zulässig, insbesondere sei die Frist des § 51 Abs. 1 VerfGHG gewahrt worden. Die Möglichkeit der fristgemäßen Verfassungsbeschwerde werde durch die Erhebung einer Gegenvorstellung offengehalten, wenn die Gegenvorstellung innerhalb der Frist erhoben werde.

Die Beschlüsse verletzten seinen Anspruch auf rechtliches Gehör, weil sein unter Beweis gestellter Vortrag nicht zur Kenntnis genommen worden sei.

Amtsgericht und Landgericht hätten die Anforderungen an die Erfolgsaussichten der beabsichtigten Rechtsverfolgung überspannt und ihn daher in seinen Rechten aus Art. 15 Abs. 1 und 10 Abs. 1 VvB in Verbindung mit dem Rechtsstaatsprinzip verletzt.

Die Zurückweisung der Gegenvorstellung enthalte eine zusätzliche Beschwer. Der Beschluß verstoße gegen das Willkürverbot des Art. 10 Abs. 1 VvB, soweit ausgeführt werde, die Treibstoffmehrkosten seien dem Beklagten nicht zuzurechnen, da die Höhe des Schadens allein vom Verhalten des Käufers abhänge.

II.

Die Verfassungsbeschwerde ist zulässig, aber unbegründet.

1. Nach § 51 Abs. 1 Sätze 1 und 2 VerfGHG ist die Verfassungsbeschwerde binnen zweier Monate zu erheben, wobei die Frist mit Zustellung oder formloser Mitteilung der in vollständiger Form abgefaßten Entscheidung beginnt. Der die Beschwerde gegen die Versagung der Prozeßkostenhilfe zurückweisende Beschluß des Landgerichts Berlin vom 30. September 1996 ist dem Beschwerdeführer am 10. oder 11. Oktober 1996 von seinem Rechtsanwalt, an den die Entscheidung fälschlicherweise übersandt worden war, übergeben worden. Bei Erhebung der Verfassungsbeschwerde am 14. Mai 1997 war die Zweimonatsfrist, die bei nicht ordnungsgemäßer Zustellung oder Mitteilung mit dem Zeitpunkt beginnt, von dem an der Betroffene von der Entscheidung in zuverlässiger Weise Kenntnis nehmen konnte (vgl. BVerfGE 28, 88, 93), daher abgelaufen. Gleichwohl ist die Verfassungsbeschwerde nicht verfristet. Mit der Mitteilung der zurückweisenden Entscheidung des Landgerichts über die vom Beschwerdeführer erhobene

Gegenvorstellung ist die Zweimonatsfrist gegen die Sachentscheidung erneut in Gang gesetzt worden.

Der Verfassungsgerichtshof hat die Zulässigkeit einer Verfassungsbeschwerde, mit der die Verletzung rechtlichen Gehörs gerügt wird, in seiner bisherigen Rechtsprechung allerdings nicht von der vorherigen Erhebung einer dem Rechtsweg im Sinne des § 49 Abs. 1 VerfGHG nicht zuzuordnenden Gegenvorstellung abhängig gemacht. Daraus folgt jedoch nicht, daß derjenige, der Gegenvorstellung mit der Behauptung eines Gehörsverstoßes erhebt, zur Vermeidung von Rechtsverlusten gleichzeitig Verfassungsbeschwerde einlegen muß. Die Einlegung einer Verfassungsbeschwerde ist vielmehr auch dann nicht ausgeschlossen, wenn die Zweimonatsfrist abgelaufen ist, bevor über die Gegenvorstellung entschieden wurde (a. A. SächsVerfGH, NJW 1998, 1301 unter Hinweise auf entstehende Rechtsunsicherheit; s. auch BayVerfGH, NJW 1998, 1136). Es obliegt zunächst den Fachgerichten, die Grundrechte zu wahren und etwaige im Instanzenzug eingetretene Grundrechtsverletzungen unter Ausschöpfung aller prozeßrechtlichen Möglichkeiten zu beseitigen (ebenso zum Bundesrecht BVerfG, NJW 1997, 130; st. Rspr.). Deshalb ist es verfassungsrechtlich naheliegend, daß bei offenkundiger Verletzung des rechtlichen Gehörs Gegenvorstellungen allgemein zuzulassen sind (BVerfGE 73, 322, 329; 69, 233, 242 f). Vor diesem Hintergrund kann es einem Beschwerdeführer nicht entgegengehalten werden, wenn er zunächst versucht, die behauptete Gehörsverletzung durch eine Gegenvorstellung bei der Fachgerichtsbarkeit beseitigen zu lassen. Eine andere Beurteilung käme nur dann in Betracht, wenn die Einlegung der Gegenvorstellung nach den einschlägigen verfahrensrechtlichen Vorschriften oder aus sonstigen Gründen, z. B. wegen ganz unzureichender Darlegung eines Gehörsverstoßes, offensichtlich nicht zu einer sachlichen Nachprüfung der angegriffenen Entscheidung führen könnte (vgl. BVerfG, 1. Kammer des Ersten Senats, NJW 1995, 3248; s. auch Beschluß vom 26. September 1996 – VerfGH 76/95 – LVerfGE 5, 30, 33 f zu ordentlichen Rechtsmitteln). Um im Interesse der Rechtssicherheit Ungewißheiten über den Lauf der Verfassungsbeschwerdefrist so weit wie möglich auszuschließen, ist allerdings erforderlich, daß die Gegenvorstellung ihrerseits innerhalb der Frist des § 51 Abs. 1 VerfGHG eingelegt wird (s. auch BVerfG, NJW 1995, 3248).

Der Beschwerdeführer hat sowohl die Gegenvorstellung beim Landgericht als auch die Verfassungsbeschwerde fristgerecht eingelegt. Insbesondere ist die Frist hinsichtlich des die Gegenvorstellung zurückweisenden Beschlusses vom 3. März 1997 gewahrt. Ausweislich der Verfügung der Geschäftsstelle vom 10. März 1997 ist der Beschluß am 13. März 1997 in den Postlauf gegeben worden, so daß das Schreiben nicht vor dem 14. März 1997 beim Beschwerdeführer eingegangen sein kann, mithin die am 14. Mai 1997 eingegangene Verfassungsbeschwerde rechtzeitig erhoben wurde.

Der Beschwerdeführer hat in einer den Anforderungen der §§ 49, 50 VerfGHG genügenden Weise die Verletzung seines Grundrechts auf rechtliches Gehör (Art. 15 Abs. 1 VvB) und des in Art. 10 Abs. 1 VvB niedergelegten Gleichheitsgrundsatzes i.V.m. dem Rechtsstaatsprinzip geltend gemacht.

2. ... (wird ausgeführt).

Nr. 3

Soweit es das Subsidiaritätsprinzip gebietet, das Erfordernis der Rechtswegerschöpfung auf außerordentliche Rechtsbehelfe wie die Wiederaufnahme des Verfahrens auszudehnen, und der Beschwerdeführer form- und fristgerecht von diesem Rechtsbehelf Gebrauch macht, wird die Beschwerdefrist des § 51 Abs. 1 VerfGHG unterbrochen.

Gesetz über den Verfassungsgerichtshof §§ 49 Abs. 2 S. 1, 51 Abs. 1

Beschluß vom 31. Juli 1998 – VerfGH 80/97 –

in dem Verfahren über die Verfassungsbeschwerde
des Herrn F.,

gegen
das Urteil des Landgerichts Berlin vom 17. Juli 1997 – 67 S 7/97 –

Beteiligter gemäß § 53 Abs. 1 VerfGHG:
Der Präsident des Landgerichts Berlin,

Entscheidungsformel:

Die Verfassungsbeschwerde wird zurückgewiesen.
Das Verfahren ist gerichtskostenfrei.
Auslagen werden nicht erstattet.

Gründe:

I.

1. Der Beschwerdeführer ist Vermieter einer Wohnung in Berlin-Wedding, für die er seit Februar 1996 einen Bruttokaltmietzins von monatlich 846,10 DM fordert. Auf die Klage eines Mieters dieser Wohnung stellte das Amtsgericht Wedding durch Urteil vom 2. Dezember 1996 fest, daß der Mieter nicht verpflichtet sei, für die Wohnung derzeit einen monatlichen Bruttokaltmietzins von mehr als 781,95 DM zu zahlen. Gegen dieses Urteil legte der Beschwerdeführer Berufung beim Landgericht Berlin ein. Über die Berufung wurde am 22. Mai 1997 vor dem Vorsitzenden Richter am Landgericht H., der Richterin am Landgericht W. und dem Richter am Landgericht G. mündlich verhandelt. Aufgrund dieser Verhandlung wies das Landgericht durch Urteil vom 17. Juli 1997 durch den Vorsitzenden Richter am Landgericht H., die Richterin am Landgericht W. und den Richter L. die Berufung zurück. Dieses Urteil wurde dem Beschwerdeführer am 25. Juli 1997 zugestellt.

2. Mit der am 24. September 1997 eingegangenen Verfassungsbeschwerde gegen das Berufungsurteil rügt der Beschwerdeführer eine Verletzung der Rechte aus Art. 10, 15 Abs. 1 und 5, Art. 23, 78 und 80 VvB.

Er macht geltend, in seinem aus Art. 15 Abs. 5 VvB folgenden Recht auf den gesetzlichen Richter verletzt zu sein, weil gemäß § 309 ZPO ein Urteil nur von denjenigen Richtern gefällt werden könne, die an der zugrundeliegenden mündlichen Verhandlung teilgenommen hätten. Richter L. habe diese Voraussetzungen nicht erfüllt. Außerdem sehe er sich in seinem aus Art. 15 Abs. 1 VvB folgenden Recht auf rechtliches Gehör verletzt, da es die erkennende Kammer abgelehnt habe, die Akten eines vorangegangenen Ordnungswidrigkeitenverfahrens nach § 5 WiStG beizuziehen, seinen Einwand, der Berliner Mietspiegel 1996 gebe keine Kriterien für die Einordnung einer Wohnung in die Mietpreisspannen, kommentarlos übergehe und letztlich ohne Begründung den darin als Mittelwert ausgewiesenen Betrag als ortsüblich unterstelle. Durch die Entscheidung werde auch in sein durch Art. 23 VvB gewährleistetes Eigentumsrecht in unzulässiger Weise eingegriffen. Außerdem verletze die angegriffene Entscheidung sein aus Art. 10, 78 und 80 VvB folgendes Recht auf eine an Gesetz, Rechtsstaatlichkeit und Gerechtigkeit gebundene Ausübung der rechtsprechenden Gewalt.

II.

Die Verfassungsbeschwerde ist unzulässig; denn ihr steht der in § 49 Abs. 2 Satz 1 VerfGHG zum Ausdruck kommende Grundsatz der Subsidiarität der Verfassungsbeschwerde entgegen. Danach muß ein Beschwerdeführer die Beseitigung des Hoheitsaktes, durch den er in seinen in der Verfassung von Berlin enthaltenen Rechten verletzt zu sein meint, zunächst mit den ihm durch das Gesetz zur Verfügung gestellten anderen prozessualen Möglichkeiten zu erreichen suchen (vgl. Beschluß des Verfassungsgerichtshofs vom 16. Dezember 1993 – VerfGH 104/93 – LVerfGE 1, 199, 201; ständige Rechtsprechung). Eine Verfassungsbeschwerde ist deshalb nicht zulässig, wenn der Beschwerdeführer eine nach Lage der Sache bestehende Möglichkeit, die behauptete Grundrechtsverletzung in einem fachgerichtlichen Verfahren ohne Inanspruchnahme des Verfassungsgerichtshofs zu beseitigen, nicht genutzt hat.

Vorliegend wendet sich der Beschwerdeführer gegen ein nicht rechtsmittelfähiges Urteil des Landgerichts Berlin, das nach seiner Behauptung entgegen § 309 ZPO unter Mitwirkung eines Richters gefällt wurde, der der dem Urteil zugrundeliegenden Verhandlung nicht beigewohnt hat. Gegen ein derartiges Urteil ist gemäß § 579 Abs. 1 Nr. 1 ZPO die Nichtigkeitsklage eröffnet, weil das erkennende Gericht, wie der Beschwerdeführer behauptet, nicht vorschriftsmäßig besetzt war. Bei dem von ihm vorgetragenen Sachverhalt wäre es dem Beschwerdeführer deshalb zumutbar gewesen, durch Erhebung der nicht offenbar unbegründeten Nichtigkeitsklage eine Möglichkeit zu nutzen, vor Einleitung eines Verfassungsbeschwerdeverfahrens zunächst bei dem zuständigen Gerichtszweig die Beseitigung des Hoheitsaktes zu erreichen, dessen Grundrechtswidrigkeit er geltend macht. Hätte er damit keinen Erfolg gehabt, wäre es ihm unbenommen gewesen, nach Ergehen der entsprechenden Entscheidung innerhalb der mit deren Zustellung erneut in Gang gesetzten Zweimonatsfrist des § 51 Abs. 1 VerfGHG Verfassungsbeschwerde zu erheben und etwaige Grundrechtsverletzungen durch die vorangegangene Sachentscheidung zu rügen. Denn soweit es das Subsidiaritätsprinzip gebietet, das Erfordernis der Rechtswegerschöpfung auf außerordentliche Rechtsbehelfe wie die Wiederaufnahme des Verfahrens auszudehnen, und der Beschwerdeführer form- und fristgerecht von diesem Rechtsbehelf Gebrauch macht, wird die Beschwerdefrist des § 51 Abs. 1 VerfGHG unterbrochen (vgl. Beschluß des Verfassungsgerichtshofs vom 26. September 1996 – VerfGH 76/95 – LVerfGE 5, 30, 34). Da der Beschwerdeführer jedoch – soweit ersichtlich – innerhalb der Frist des § 586 ZPO keine Nichtigkeitsklage erhoben hat, ist der Rechtsweg nicht erschöpft, ohne daß dieser Mangel noch nachträglich geheilt werden kann (vgl. BVerfG,

Beschlüsse vom 22. Januar 1992 – 2 BvR 40/92 –, NJW 1992, S. 1030 f, und vom 9. Juni 1993 – 1 BvR 380/93 –, NJW 1993, S. 3256 f).
Die Kostenentscheidung beruht auf den §§ 33, 34 VerfGHG.
Dieser Beschluß ist unanfechtbar.

Nr. 4

1. **Eine Regelung durch einstweilige Anordnung ist grundsätzlich auch schon möglich, bevor die Hauptsache anhängig ist.**
2. **Zur verfassungsgerichtlichen Kontrolle von Entscheidungen im Arrestverfahren.**

Verfassung von Berlin Art. 8 Abs. 1

Gesetz über den Verfassungsgerichtshof § 31 Abs. 1

Beschluß vom 17. August 1998 – VerfGH 54 A/98 –

in dem Verfahren auf Erlaß einer einstweiligen Anordnung
des Herrn W.,

– Verfahrensbevollmächtigte: Rechtsanwälte K., V. –

gegen
die Vollziehung folgender Arrestbeschlüsse des Landgerichts Berlin:
1. des Beschlusses vom   5. Juni 1998 – 22.O.347/98 –
2. des Beschlusses vom   5. Juni 1998 – 22.O.345/98 –
3. des Beschlusses vom   5. Juni 1998 – 22.O.346/98 –
4. des Beschlusses vom 10. Juni 1998 – 22.O.350/98 –
5. des Beschlusses vom 12. Juni 1998 – 22.O.352/98 –

Entscheidungsformel:

Der Antrag auf Erlaß einer einstweiligen Anordnung wird abgelehnt.
Das Verfahren ist gerichtskostenfrei.
Auslagen werden nicht erstattet.

Einstweiliger Rechtsschutz gegen Anordnung persönlichen Arrests 37

Gründe:

I.

Mit seinem Antrag auf Erlaß einer einstweiligen Anordnung wendet sich der Antragsteller gegen die Vollziehung mehrerer Beschlüsse des Landgerichts Berlin vom Juni 1998, mit denen der persönliche Arrest gegen ihn angeordnet wurde und Haftbefehle erlassen worden sind. Aufgrund des in dem Arrestverfahren 22.O.347/98 erlassenen Haftbefehls ist der Antragsteller am 8. Juni 1998 in Haft genommen worden.

Der Antragsteller war von Februar 1993 bis zu seiner Abberufung im März 1998 als Liquidator zahlreicher Treuhandunternehmen tätig. Zwischen ihm und der Treuhandanstalt bzw. deren Rechtsnachfolgerin, der Bundesanstalt für vereinigungsbedingte Sonderaufgaben, kam es, nachdem der Antragsteller zunächst mit Zustimmung der Treuhandanstalt Abschläge auf das vereinbarte Honorar aus dem Vermögen der Gesellschaften vereinnahmt hatte, zu Differenzen über die Höhe der ihm letztlich zustehenden Vergütung. Nach den Feststellungen des Landgerichts in den Verfahren über den dinglichen Arrest hat der Antragsteller zwischen November 1996 und 16. März 1998 sieben Liquidationsgesellschaften insgesamt rund 24,3 Mio. DM entnommen (vgl. z. B. Urteil vom 4. Mai 1998 – 22.O.221/98 –). Mit Beschlüssen vom 5., 10. und 12. Juni 1998 ordnete das Landgericht auf Antrag mehrerer Gesellschaften den persönlichen Arrest mit der Begründung an, der zuvor am 4. Mai 1998 angeordnete dingliche Arrest reiche zur Sicherung der Gläubigerinnen nicht aus. Die Gefährdung der Gläubigerinnen resultiere daraus, daß der Verbleib der vom Antragsteller von den Konten der Gesellschaften entnommenen Beträge in Höhe von ca. 18. Mio. DM ungeklärt sei. Die vom Antragsteller in den Verfahren über den dinglichen Arrest abgegebene Erklärung, wonach die Gelder mit Ausnahme eines abgeführten Mehrwertsteueranteils noch auf einem Notaranderkonto lägen, müsse angesichts der Drittschuldnererklärung des Notars, wonach nur Gelder in Höhe von ca. 2,289 Mio. DM vorhanden seien, als unzutreffend angesehen werden. Der unbekannte und verschwiegene Verbleib erheblicher Vermögenswerte rechtfertige den Erlaß des persönlichen Arrestes.

Am 10. Juni 1998 gab der Antragsteller eine eidesstattliche Versicherung zur Offenbarung seiner Vermögensverhältnisse gemäß § 807 ZPO ab. Seine daraufhin gestellten Anträge auf einstweilige Einstellung der Vollziehung des persönlichen Arrestes wies das Landgericht Berlin mit Beschlüssen vom 15., 17., 19. und 24. Juni 1998 (22.O.347/98, 345/98, 346/98, 350/98 und 352/98) mit der Begründung zurück, die Erklärungen in der eidesstattlichen Versicherung könnten nicht als umfassende und vollständige Auskunft über

LVerfGE 9

den Verbleib der rechtswidrig abgehobenen Gelder angesehen werden. Den Termin zur mündlichen Verhandlung über den Widerspruch gegen den persönlichen Arrest setzte das Landgericht auf den 24. Juli 1998 fest.
Mit seinem am 26. Juni 1998 eingegangenen Antrag auf Erlaß einer einstweiligen Anordnung, den er mit Schriftsatz vom 3. Juli 1998 erweitert hat, rügt der Antragsteller, durch die Nichteinstellung der Vollziehung des Arrestes aus den Beschlüssen vom 5., 10. und 12. Juni 1998 und die Terminsanberaumung erst am 24. Juli 1998 werde gegen sein Grundrecht aus Art. 8 Abs. 1 VvB verstoßen. Die Vollziehung des persönlichen Arrestes sei unverhältnismäßig, nachdem er über seine Vermögensverhältnisse durch Abgabe einer eidesstattlichen Versicherung Auskunft gegeben habe. Auf Aufforderung des Verfassungsgerichtshofs legte der Antragsteller mit Schriftsatz vom 3. Juli 1998 Buchungsunterlagen für das Treuhandkonto vor. Einen beim Landgericht im Verfahren 22.O.347/98 erneut gestellten Antrag auf Aussetzung der Vollziehung lehnte das Landgericht mit Beschluß vom 9. Juli 1998 ab. Der Vortrag des Antragstellers lasse nicht erkennen, wohin die Geldmittel geflossen seien. Der beigefügten Aufstellung lasse sich zwar entnehmen, wo bzw. wie verbliebene 19.270 Mio. DM ausgegeben worden sein sollen. Es handele sich aber nicht um ein schlüssiges und vollständiges Konzept, da der Antragsteller noch über sonstige, ganz erhebliche Einkünfte verfüge, mit denen er die Ausgaben habe decken können. Es bestehe daher der Verdacht der Verschleierung. Auch Unstimmigkeiten zwischen seinen jetzigen Angaben und den Angaben in seiner eidesstattlichen Versicherung drängten den Verdacht auf, daß der Verbleib der rechtswidrig erlangten Gelder vernebelt werden solle.
Gegen den Antragsteller ist im Zusammenhang mit den Geldentnahmen inzwischen auf Antrag der Staatsanwaltschaft gemäß §§ 112 ff StPO Haftbefehl erlassen worden.
Im Termin vor dem Landgericht am 24. Juli 1998 unterbreitete das Gericht einen Vergleichsvorschlag. Die Parteien baten daraufhin, noch nicht zu entscheiden und neuen Termin nur auf Antrag anzuberaumen. Mit Schriftsatz vom 31. Juli 1998 teilten die Verfahrensbevollmächtigten des Antragstellers mit, daß dieser die in dem Vergleichsvorschlag vorgesehene Bankbürgschaft über 20 Mio. DM nicht erbringen könne und beim Landgericht um die Anberaumung eines weiteren Termins zur mündlichen Verhandlung gebeten worden sei. Über diesen Termin und seinen Ausgang hat der Antragsteller den Verfassungsgerichtshof nicht unterrichtet. Eine telefonische Anfrage beim Landgericht ergab, daß der Termin am 12. August 1998 stattgefunden hat und die Widersprüche gegen die Anordnung des persönlichen Arrests zurückgewiesen wurden. Die Entscheidungsgründe liegen noch nicht vor.

Einstweiliger Rechtsschutz gegen Anordnung persönlichen Arrests 39

II.

Nach § 31 Abs. 1 VerfGHG kann der Verfassungsgerichtshof im Streitfall einen Zustand durch einstweilige Anordnung vorläufig regeln, wenn dies zur Abwehr schwerer Nachteile, zur Verhinderung drohender Gewalt oder aus einem anderen wichtigen Grund zum gemeinen Wohl dringend geboten ist. Dies ist grundsätzlich auch schon möglich, bevor die Hauptsache anhängig ist. Gleichwohl ist im vorliegenden Fall die Zulässigkeit des Antrags auf Erlaß einer einstweiligen Anordnung nicht zweifelsfrei. Der Antragsteller bezieht sich in seinen Anträgen ausdrücklich auf eine Verfassungsbeschwerde in der Hauptsache, die er indes noch nicht erhoben hat. Seine Anträge gehen daher strenggenommen ins Leere. Dies mag jedoch ebenso dahinstehen wie weitere gegen die Zulässigkeit seines Antrages bestehende Bedenken. Denn die angekündigte Verfassungsbeschwerde gegen den Beschluß vom 15. Juni 1998 wäre jedenfalls offensichtlich unbegründet, so daß der Erlaß einer einstweiligen Anordnung nicht in Betracht kommt. Die am 12. August 1998 ergangenen Urteile des Landgerichts sind nicht Gegenstand der Nachprüfung in diesem Verfahren.

Der Beschluß des Landgerichts vom 15. Juni 1998 hält einer verfassungsrechtlichen Nachprüfung stand.

Die verfassungsgerichtliche Kontrolle fachgerichtlicher Entscheidungen beschränkt sich auf die Frage, ob die in der Verfassung von Berlin enthaltenen subjektiven Rechte in Existenz und Tragweite hinreichend für die Einzelfallentscheidung berücksichtigt worden sind. Das ist insbesondere bei ihrer willkürlichen Außerachtlassung nicht der Fall (Beschluß vom 2. Dezember 1993 – VerfGH 89/93 – LVerfGE 1, 169, 184f; ständige Rechtsprechung). Dagegen ist es nicht Aufgabe des Verfassungsgerichtshofs zu kontrollieren, wie die Gerichte den Schutz im einzelnen auf der Grundlage des einfachen Rechts gewähren und ob ihre Auslegung den bestmöglichen Schutz sichert. Die Gestaltung des Verfahrens, die Feststellung und Würdigung des Sachverhalts, die Auslegung des einfachen Rechts und seine Anwendung auf den Einzelfall sind Sache der dafür allgemein zuständigen Gerichte und insoweit der Nachprüfung durch den Verfassungsgerichtshof entzogen (vgl. Beschluß vom 30. Juni 1992 – VerfGH 9/92 – LVerfGE 1, 7ff; ständige Rechtsprechung).

Dem Beschluß vom 15. Juni 1998 lassen sich die maßgeblichen Erwägungen der Kammer, warum aus ihrer Sicht eine Einstellung der Vollziehung trotz Abgabe der eidesstattlichen Versicherung nicht in Betracht kam, entnehmen. Daß die Begründung der Entscheidung knapp gehalten ist, ist für sich genommen verfassungsrechtlich unerheblich. Sie entspricht der ebenfalls nur knappen, allein auf die Abgabe der eidesstattlichen Versicherung abstellenden Begründung der Verfahrensbevollmächtigten des Antragstellers im

Antrag vom 11. Juni 1998. Auch aus den Hinweisen in der Ladungsverfügung vom 15. Juni 1998 läßt sich nicht entnehmen, daß das Landgericht die Bedeutung des durch die Inhaftierung eingeschränkten Freiheitsgrundrechts im konkreten Fall verkannt hat. Vielmehr lassen die Hinweise erkennen, welche weiteren Angaben nach Ansicht der Kammer erforderlich waren, und zwar zusätzlich zu den Angaben in der eidesstattlichen Versicherung, damit von einer umfassenden und vollständigen Auskunft über die nach Ansicht des Landgerichts rechtswidrig entnommenen Gelder ausgegangen werden könne. Zwar dient der persönliche Arrest, wie der Antragsteller zutreffend ausführt, nicht der Erzwingung von Auskünften über das Vermögen eines Schuldners oder der Abgabe einer eidesstattlichen Versicherung analog zum Zwangsvollstreckungsverfahren. Vielmehr soll hiermit etwaigen Gläubigern die Zugriffsmasse für eine etwaige Zwangsvollstreckung zur Erfüllung der von ihnen glaubhaft gemachten Forderungen erhalten werden. Das Landgericht hat den Sachverhalt hier in durchaus nachvollziehbarer, verfassungsrechtlich nicht zu beanstandender Weise dahin gewürdigt, daß Vermögenswerte, die der Zwangsvollstreckung gegen den Antragsteller unterliegen können, dergestalt „in Sicherheit gebracht wurden, daß nur der Antragsteller weiß, wo sie sich befinden und nur er in der Lage ist, darüber zu verfügen". Es erscheint daher folgerichtig, daß das Landgericht den Anspruch der etwaigen Gläubiger auf einstweilige Sicherung ihrer Rechte dadurch zu gewährleisten suchte, daß der Antragsteller entweder dartut, wo sich die von ihm abgezogenen Beträge nunmehr im einzelnen befinden, oder die entsprechenden Mittel wieder zurückführt, so daß sie als Sicherheit für die geltend gemachten Forderungen dienen können. Damit liegt der Entscheidung des Gerichts erkennbar die Auffassung zugrunde, allein aufgrund der Angaben in der eidesstattlichen Versicherung seien die Vermögensverhältnisse nicht ausreichend geklärt, und es bestehe daher bei einer Freilassung des Antragstellers die in den Beschlüssen über die Anordnung des persönlichen Arrestes angenommene Gefahr der Gläubigergefährdung durch ein Beiseiteschaffen der entnommenen Gelder fort. Davon, daß diese Sichtweise unvertretbar wäre, kann angesichts der Komplexität des Streitstoffes, insbesondere der sich über Jahre hinziehenden Geldentnahmen durch den Antragsteller bei einer Vielzahl von Gesellschaften, der Transaktionen auf Konten des Antragstellers und der (darlehensweisen) Weitergabe von Geldern an verschiedene Gesellschaften, an denen der Antragsteller beteiligt ist, sowie schließlich angesichts der – ausweislich der nicht angegriffenen Feststellungen des Landgerichts im Tatbestand des Urteils vom 4. Mai 1998 (22.O.221/98) – widersprüchlichen Angaben des Antragstellers selbst über den Verbleib der Gelder nicht die Rede sein.

Die Kostenentscheidung beruht auf §§ 33, 34 VerfGHG.

Dieser Beschluß ist unanfechtbar.

Nr. 5

Zu den verfassungsrechtlichen Anforderungen bei der Entscheidung über die Beiordnung eines weiteren Pflichtverteidigers im Strafverfahren.

Verfassung von Berlin Art. 6, 8 Abs. 1 Satz 2, 9 Abs. 1

Beschluß vom 3. September 1998 – VerfGH 61, 61 A/98 –

in dem Verfahren über die Verfassungsbeschwerde und den Antrag auf Erlaß einer einstweiligen Anordnung
des Herrn C.,
gegen
den Beschluß des Kammergerichts vom 10. Juni 1998 – 4 Ws 121/98 – in der auf die Gegenvorstellung ergangenen Fassung vom 9. Juli 1998

Entscheidungsformel:

Die Verfassungsbeschwerde wird zurückgewiesen.
Damit erledigt sich zugleich der Antrag auf Erlaß einer einstweiligen Anordnung.
Das Verfahren ist gerichtskostenfrei.
Auslagen werden nicht erstattet.

Gründe:

I.

Gegen den Beschwerdeführer ist zur Zeit das Hauptverfahren bei dem Landgericht Berlin wegen des Vorwurfs des gemeinschaftlichen dreifachen Mordes und neunfachen versuchten Mordes in Tateinheit mit Herbeiführen einer Sprengstoffexplosion anhängig. Der Beschwerdeführer befindet sich seit dem 8. Januar 1994 in Haft, zunächst in Auslieferungshaft in der Republik L. und seit dem 24. Mai 1996 in der Justizvollzugsanstalt Berlin-Moabit. Die Anklage der Staatsanwaltschaft bei dem Kammergericht stammt vom 30. Januar 1997. Die Hauptverhandlung findet seit November 1997 statt.
Bereits am 24. Mai 1996 hatte sich Rechtsanwalt Dr. L. unter Vollmachtsvorlage als Wahlverteidiger des Angeklagten gemeldet. Mit Verfügung des Strafkammervorsitzenden vom 28. Mai 1996 war ihm Akteneinsicht

gewährt worden. Mit Schriftsatz vom 23. April 1997 teilte Rechtsanwalt Dr. L. mit, daß er den Beschwerdeführer nicht mehr vertrete. Am 29. April 1997 wurden Rechtsanwalt K. und Rechtsanwalt S. zu Pflichtverteidigern des Beschwerdeführers bestellt, nachdem innerhalb der Verteidigung Einigkeit darüber erzielt worden war, daß diese beiden Anwälte dem Beschwerdeführer als Pflichtverteidiger beigeordnet werden sollten. Mit Schriftsatz vom 29. April 1998 beantragte Rechtsanwalt Dr. L., dem Beschwerdeführer als dritter Pflichtverteidiger beigeordnet zu werden. Zuvor hatte sich der Rechtsanwalt erneut als Wahlverteidiger für den Beschwerdeführer gemeldet und ab dem 2. April 1998 als Wahlverteidiger an der Hauptverhandlung teilgenommen. Hintergrund des Antrags auf Beiordnung als dritter Pflichtverteidiger war der Umstand, daß Rechtsanwalt S. eine Kandidatur zur Wahl zum Deutschen Bundestag angenommen hatte und sich damit die Möglichkeit abzeichnete, daß er seine Aufgaben als Pflichtverteidiger ab Ende September 1998 im Hinblick auf ein Bundestagsmandat nicht mehr in ausreichendem Umfang würde wahrnehmen können. Der Vorsitzende der Strafkammer gab dem Antrag auf Beiordnung von Rechtsanwalt Dr. L. zum dritten Pflichtverteidiger des Beschwerdeführers am 5. Mai 1998 statt. Gegen diese Entscheidung erhob die Staatsanwaltschaft bei dem Kammergericht Beschwerde gemäß § 304 StPO. Das Kammergericht gab der Beschwerde mit Beschluß vom 10. Juni 1998 statt. Auf die hiergegen erhobene Gegenvorstellung vom 17. Juni 1998, mit der u. a. gerügt worden war, daß dem Beschwerdeführer bisher kein rechtliches Gehör gewährt worden war, wurde der die Bestellung aufhebende Beschluß durch weiteren Beschluß des Kammergerichts vom 9. Juli 1998 bestätigt.

Gegen den Beschluß des Kammergerichts in der auf die Gegenvorstellung ergangenen Fassung richtet sich die Verfassungsbeschwerde des Beschwerdeführers, mit der eine Verletzung seiner Grundrechte aus Art. 6, 8 Abs. 1 Satz 2 und Art. 9 Abs. 1 VvB gerügt wird. Zur Begründung trägt der Beschwerdeführer vor:

Aus den genannten Vorschriften der Verfassung von Berlin ergebe sich ein grundrechtlich abgesicherter Anspruch auf ein faires Verfahren. Zur Auslegung müsse insbesondere Art. 6 EMRK herangezogen werden, welcher den nach der VvB geltenden Grundsatz der Verfahrensfairneß konkretisiere. In Art. 6 Abs. 3 Buchstabe b EMRK sei ausdrücklich normiert, daß ein Angeklagter über ausreichende Zeit und Gelegenheit zur Vorbereitung seiner Verteidigung verfügen müsse, sowie unter Buchstabe c, daß er jederzeit die Möglichkeit des Beistands eines Verteidigers erhalten müsse. Die Beiordnung eines dritten Pflichtverteidigers zu einem möglichst frühen Zeitpunkt sei im Hinblick auf die notwendige Einarbeitung in den umfangreichen Prozeßstoff notwendig gewesen, um eine effektive Verteidigung für den Fall des Ausscheidens von Rechtsanwalt S. von vornherein sicherzustellen und Verzögerungen des Verfahrens durch Aussetzungsanträge zur Gewährleistung einer effektiven Verfahrensvorbereitung auszuschließen.

Die Senatsverwaltung für Justiz hat gemäß § 53 Abs. 1 VerfGHG Gelegenheit zur Stellungnahme erhalten.

Die Richterin Töpfer ist gemäß § 16 Abs. 1 Nr. 2 VerfGHG von der Ausübung des Richteramtes im vorliegenden Verfahren ausgeschlossen, da sie an der angegriffenen Entscheidung des Kammergerichts mitgewirkt hat.

II.

Die Verfassungsbeschwerde hat keinen Erfolg.

1. Soweit eine Verletzung von Art. 6 VvB gerügt wird, ist die Verfassungsbeschwerde unzulässig. Denn die Möglichkeit einer Verletzung der Menschenwürde des Beschwerdeführers ist nicht im Sinne der §§ 49 Abs. 1, 50 VerfGHG dargetan.

2. Der Zulässigkeit der Verfassungsbeschwerde im übrigen steht nicht entgegen, daß die angegriffene Entscheidung auf Vorschriften der Strafprozeßordnung und damit auf der Anwendung von Bundesrecht beruht. Denn die in der Verfassung von Berlin gewährleisteten Grundrechte sind auch in diesem Bereich in den Grenzen der Art. 142, 31 GG, nämlich soweit sie in inhaltlicher Übereinstimmung mit Grundrechten des Grundgesetzes stehen, von der rechtsprechenden Gewalt des Landes Berlin zu beachten und dem Schutz durch den Verfassungsgerichtshof des Landes Berlin anvertraut (std. Rspr., u. a., Beschluß vom 12. Juli 1994 – VerfGH 94/93 – LVerfGE 2, 19, 23 = DVBl. 1994, S. 1189).

Jedoch erweist sich die Verfassungsbeschwerde als unbegründet. Der angegriffene Beschluß des Kammergerichts verletzt weder das Grundrecht des Beschwerdeführers auf Freiheit der Person noch sein Grundrecht, sich in jeder Lage des Verfahrens des Beistandes eines Verteidigers zu bedienen.

Art. 8 Abs. 1 Satz 2 VvB garantiert die Unverletzlichkeit der Freiheit der Person. Nach der ständigen Rechtsprechung des Bundesverfassungsgerichts zum inhaltsgleichen Art. 2 Abs. 2 Satz 2 GG, der sich der Verfassungsgerichtshof für Art. 9 Abs. 1 VvB a. F. angeschlossen hat (vgl. Beschluß vom 23. Dezember 1992 – VerfGH 38/92 – LVerfGE 1, 44, 52 f = NJW 1993, 513), folgt daraus keine schrankenlose Garantie. Die Freiheit der Person nimmt als Basis der Entfaltungsmöglichkeiten des Menschen allerdings einen hohen Rang unter den Grundrechten ein. Insoweit ist dem Beschwerdeführer einzuräumen, daß die freiheitsichernde Funktion des Art. 8 Abs. 1 Satz 2 VvB besondere verfahrensrechtliche Anforderungen für das Strafverfahren begründet. Nach der Rechtsprechung des Bundesverfassungsgerichts, der sich der Verfassungsgerichtshof anschließt, liegen im Freiheitsgrundrecht die Wurzeln des Anspruchs auf ein faires, rechtsstaatliches Verfahren (vgl. BVerfGE 57, 250, 274 f). Hieraus ergeben sich Mindesterfordernisse für eine zuverlässige Wahrheitserforschung im Strafprozeß (vgl. BVerfGE 70, 297, 308). Sie setzen u. a. Maßstäbe für die Aufklärung des Sachverhalts und auch die Ausgestaltung des Rechts auf Verteidigung. Zur Sicherung der Verteidigung als Grundvoraussetzung eines fairen Verfahrens gehört das in Art. 9 Abs. 1 VvB gewährleistete Recht, einen Verteidiger eigener Wahl zu beauftragen und, unter bestimmten Voraussetzungen, das Recht auf unentgeltliche Beiordnung eines Pflichtverteidigers.

Den vorstehend dargelegten verfassungsrechtlichen Anforderungen trägt die angegriffene Entscheidung des Kammergerichts hinreichend Rechnung.

Es ist nicht ersichtlich, daß die Aufhebung der Bestellung von Rechtsanwalt Dr. L. zum dritten Pflichtverteidiger in die Grundrechte des Beschwerdeführers aus Art. 8 Abs. 1 und Art. 9 Abs. 1 VvB eingreift.

Die bloße Möglichkeit, daß Rechtsanwalt S. im Hinblick auf ein von ihm erstrebtes Bundestagsmandat nach den Ende September 1998 stattfindenden Bundestagswahlen als Pflichtverteidiger nicht mehr in ausreichendem Umfang zur Verfügung stehen wird, gebot die Beiordnung von Rechtsanwalt Dr. L. als drittem Pflichtverteidiger jedenfalls zum Zeitpunkt der Entscheidung des Kammergerichts nicht. Zwar verlangt der Anspruch auf Gewährung einer effektiven Verteidigung, daß bei Bestellung eines Verteidigers oder bei einem Verteidigerwechsel diesem genügend Zeit zur Einarbeitung gegeben wird, wobei dem Umfang des Prozeßstoffes Rechnung zu tragen ist. Davon geht auch das Kammergericht in seinem Beschluß aus. Jedoch reduziert sich die zu gewährende Vorbereitungsfrist, wenn mehrere Verteidiger vorhanden sind und einer die Rolle des ausgeschiedenen übernimmt (vgl. *LR-Gollwitzer,* Art. 6 EMRK Rdn. 184). Im übrigen ist Rechtsanwalt Dr. L. als Wahlverteidiger des Beschwerdeführers mit dem Prozeßstoff bereits vertraut. Er hatte Gelegenheit, sich in dem Zeitraum der ersten Periode seines Wahlmandats, Mai 1996 bis April 1997, in das umfangreiche Aktenmaterial einzuarbeiten und hat seit dem 2. April 1998 bis zu seiner Beiordnung am 5. Mai 1998 auch bereits an 5 Tagen der Hauptverhandlung teilgenommen. Bei dieser Sachlage war die Beiordnung von Rechtsanwalt Dr. L. als drittem Pflichtverteidiger zum Zeitpunkt der Entscheidung des Kammergerichts zur Gewährleistung der effektiven Verteidigung des Beschwerdeführers nicht zwingend erforderlich.

Die Kostenentscheidung beruht auf den §§ 33, 34 VerfGHG.

Dieser Beschluß ist unanfechtbar.

Überprüfung bundesrechtlicher Bestimmungen im Verfahren

Nr. 6

1. Der Verfassungsgerichtshof ist befugt, bei der Kontrolle von auf Bundesrecht beruhenden Entscheidungen der Berliner Behörden und Gerichte am Maßstab der mit den Grundrechten des Grundgesetzes inhaltsgleichen Grundrechte der Verfassung von Berlin inzident und unter Beachtung von Art. 100 Abs. 1 GG die Übereinstimmung der entscheidungserheblichen bundesrechtlichen Bestimmungen mit dem Bundesverfassungsrecht – hier: mit dem Grundrecht auf Gleichbehandlung – zu prüfen (im Anschluß an den Beschluß vom 19. Oktober 1995 – VerfGH 64/95 – LVerfGE 3, 104).

2. § 144a Kostenordnung ist mit dem Gleichbehandlungsgrundsatz (Art. 3 Abs. 1 GG und inhaltsgleich Art. 10 Abs. 1 VvB) vereinbar.

Verfassung von Berlin Art. 10 Abs. 1, 17, KostO § 144a

Beschluß vom 6. Oktober 1998 – VerfGH 32/98 –

in dem Verfahren über die Verfassungsbeschwerde des
Herrn D.,

gegen

den Beschluß des Landgerichts Berlin vom 12. Januar 1998 – 82 T 299/97 und 82 T 300/97

Entscheidungsformel:

Die Verfassungsbeschwerde wird zurückgewiesen.
Das Verfahren ist gerichtskostenfrei.
Auslagen werden nicht erstattet.

Gründe:

I.

Der Beschwerdeführer beurkundete am 7. September 1993 unter seinen Urkundennummern 220/1993 und 221/1993 zwei Verträge, mit denen die Stadt D. mehrere Grundstücke am Rathausplatz in D. an zwei Immobiliengesellschaften zur Errichtung eines Einkaufszentrums verkaufte. Er stellte für die Beurkundung und Durchführung der Verträge folgende Gebühren in Rechnung:

- UR Nr. 220/1993   58 640,11 DM
- UR Nr. 221/1993   12 635,05 DM.

Die Käufer zahlten zunächst die Rechnungen. Ihre im September 1997 unter Hinweis auf die Gebührenermäßigungsvorschrift des § 144a Satz 1 Kostenordnung – KostO – zum Landgericht Berlin erhobene Beschwerde hatte Erfolg. Mit dem durch die Verfassungsbeschwerde angegriffenen Beschluß vom 12. Januar 1998 setzte das Landgericht die Kostenrechnung auf 20 bzw. 30 v. H. der geltend gemachten Regelgebühren herab. Für die UR Nr. 220/1993 errechnete es einen Betrag von 11 927,11 DM und für die UR Nr. 221/1993 einen Betrag von 3 468,40 DM. Zur Begründung führte es aus: Der Beschwerdeführer sei zur Ermäßigung der Gebühr nach § 144a KostO verpflichtet gewesen. Die Stadt D. gehöre zu den in § 144 Abs. 1 Nr. 1 KostO genannten privilegierten Kostenschuldnern. Ob die weiteren Voraussetzungen dieser Norm erfüllt seien, könne dahinstehen. Die Verweisung auf § 144 Abs. 1 Satz 1 KostO in § 144a KostO sei nach der durch das Kammergericht bestätigten Rechtsprechung der Kammer eine Rechtsfolgenverweisung, so daß entgegen der Ansicht des Beschwerdeführers nicht nur die Treuhandanstalt, sondern auch die anderen in § 144 Abs. 1 Satz 1 KostO genannten Kostenschuldner privilegiert seien. Die weitere Beschwerde gegen den Beschluß hat das Landgericht mit der Begründung, die zur Entscheidung stehende Rechtsfrage habe keine grundsätzliche Bedeutung mehr, nicht zugelassen.

Mit seiner Verfassungsbeschwerde rügt der Beschwerdeführer eine Verletzung der in Art. 17 VvB garantierten Berufsfreiheit und einen Verstoß gegen den Gleichheitssatz des Art. 10 Abs. 1 VvB. Der Schutzbereich des Art. 17 VvB sei eröffnet, auch wenn die Berufsausübung dort nicht erwähnt werde. Das Grundrecht sei als Einheit anzusehen, die sowohl die Berufswahl als auch die Berufsausübung umfasse. Für den staatlich gebundenen Beruf des Notars seien nach der Rechtsprechung des Bundesverfassungsgerichts zwar grundsätzlich Einschränkungen der Berufsfreiheit zulässig, soweit das Tätigkeitsfeld in die Nähe der staatlichen Ämterorganisation gerückt werde. Bei der Berechnung der Gebühren sei die Stellung der Gebührennotare aber nicht der Stellung der Beamten angenähert. Ihre Tätigkeit entspreche insoweit derjenigen in einem freien Beruf, so daß das Grundrecht der Berufsfreiheit mit geringen Einschränkungen zur Geltung komme. Ein Eingriff in die Berufsfreiheit liege darin, daß Notare verpflichtet würden, Leistungen für ein Entgelt zu erbringen, das erheblich unter den als angemessen geltenden Regelgebühren liege. Der Eingriff sei nicht gerechtfertigt. § 144a KostO sei nicht geeignet, den vom Gesetzgeber verfolgten Zweck, die Investitionsbereitschaft zu fördern, zu erfüllen. Die Vermutung, Investoren ließen sich durch die Verpflichtung, die notariellen Regelgebühren zu entrichten, von ihrem Vorhaben abbringen, könne nicht widerlegt, aber auch nicht erhärtet werden. Die Notarkosten beliefen sich bei höheren Werten auf 0,5 v. H. der jeweiligen Kaufsumme. Dem stehe eine erheblich stärker belastende Grunderwerbssteuer gegenüber, die früher 2 v. H. betragen habe und sich jetzt auf 3,5 v. H. belaufe. Es werde damit deutlich, daß ein einseitiges Opfer der freiberuflichen Notare angestrebt werde.

Das gesetzgeberische Ziel, die Einschränkung von Ausgaben für die öffentliche Hand, könne praktisch nicht erreicht werden, da in mehr als 99 v. H. der Fälle Private von der Ersparnis profitierten. Soweit zur Rechtfertigung auf den regelmäßig höheren Geschäftswert im Beitrittsgebiet und darauf verwiesen werde, daß es sich um vereinigungsbedingten, zusätzlichen Geschäftsanfall handele, dürfe nicht außer Betracht bleiben, daß mit dem zusätzlichen Geschäftsanfall ein zusätzlicher Arbeitseinsatz des Notars und zusätzlicher personeller und sachlicher Aufwand verbunden seien. Die Annahme des Gesetzgebers, in den Fällen der Gebührenermäßigung würden die Notare jedenfalls keine Verluste erleiden, treffe ebenfalls nicht zu. Bei höheren Geschäftswerten liege die Jahreshaftpflichtprämie deutlich über den Gebühren, die bei Vornahme eines Notariatsgeschäfts erzielbar seien, so daß erst mit weiteren Geschäften mit hohem Geschäftswert die Verlustzone verlassen werde. Allein anerkennenswert sei das Argument, daß bei Veräußerungen im Bereich der ehemaligen Treuhandanstalt und ihrer Unternehmen teilweise Verträge abgeschlossen worden seien, die kein oder nur ein geringes Risiko und einen geringen Arbeitsaufwand für den Notar bedeuteten. § 144a KostO sei daher so zu interpretieren, daß nur Grundstücksgeschäfte, an denen die Treuhand beteiligt sei, generell privilegiert seien, während im übrigen die Ermäßigung für die öffentliche Hand nur gelte, wenn es sich um hoheitliche Tätigkeit handele. Die Gebührenermäßigung von bis zu 80 v. H. verstoße zudem gegen den Verhältnismäßigkeitsgrundsatz, da der nur geringen Entlastung der Gebührenschuldner eine intensive Belastung der Notare gegenüberstehe.

Die Gebührenermäßigung verstoße ferner gegen den Gleichbehandlungsgrundsatz. In tatsächlicher und rechtlicher Hinsicht seien die Grundstücksgeschäfte im Beitrittsgebiet mit meist deutlich höherem Aufwand verbunden als Notargeschäfte im übrigen Bundesgebiet. Der Arbeitsumfang lasse sich daher nicht als sachgerechtes Differenzierungskriterium heranziehen. Ein sachlicher Grund ergebe sich ferner nicht aus der Überlegung, im Beitrittsgebiet würden durchschnittlich höhere Geschäftswerte erzielt. Dies sei nicht zutreffend, da die Grundstücke in den neuen Ländern preiswerter seien als in den alten Ländern. Außerdem verstoße eine derart nachhaltige Schlechterstellung gegen das bestimmende Prinzip des notariellen

Gebührenrechts, daß Gebühren nach dem Geschäftswert zu errechnen seien.

Der Beschwerdeführer begehrt hilfsweise die Feststellung, daß die Nichtzulassung der Beschwerde durch das Landgericht ihn in seinen Grundrechten verletzt habe, sowie die Verweisung der Sache an das Kammergericht zur weiteren Sachbehandlung. Unter der Überschrift „Rechtsweggarantie" führt er hierzu unter anderem aus, soweit ihm bekannt sei, gebe es keine Entscheidung des Kammergerichts, die die Frage betreffe, ob ein Kaufvertrag mit einer Gemeinde der Privilegierung auch dann unterfalle, wenn es sich um ein wirtschaftliches Unternehmen handele. Dies sei aber die zentrale Frage des Verfahrens gewesen.

II.

Die Verfassungsbeschwerde hat keinen Erfolg.

1. Die Verfassungsbeschwerde ist nur insoweit zulässig, als der Beschwerdeführer mit ihr einen Verstoß gegen den Gleichheitssatz, Art. 10 Abs. 1 VvB, rügt.

a) Nach der ständigen Rechtsprechung des Verfassungsgerichtshofs steht der Zulässigkeit der Verfassungsbeschwerde nicht entgegen, daß das Landgericht bei seiner Entscheidung § 144a KostO und damit Bundesrecht angewandt hat. Der Verfassungsgerichtshof ist grundsätzlich berechtigt, Entscheidungen Berliner Gerichte am Maßstab solcher in der Verfassung von Berlin verbürgten Individualrechte zu messen, die bundesverfassungsrechtlich gewährleisteten Grundrechten entsprechen. Solche Individualrechte sind, soweit sie inhaltlich mit den Grundrechten des Grundgesetzes übereinstimmen, auch dann von der rechtsprechenden Gewalt des Landes Berlin zu beachten, wenn diese Bundesrecht anwendet (vgl. im einzelnen Beschluß vom 2. Dezember 1993 – VerfGH 89/93 – LVerfGE 1, 169, 179 = NJW 1994, 436; s. in diesem Zusammenhang auch BVerfG, Beschluß vom 15. Oktober 1997 – 2 BvN 1/95 – BVerfGE 96, 345 = NJW 1998, 1296, zur Prüfungskompetenz der Landesverfassungsgerichte bei Anwendung gerichtlichen Verfahrensrechts des Bundes).

Im vorliegenden Fall geht es allerdings nach dem Vorbringen des Beschwerdeführers nicht oder nicht in erster Linie darum, ob das mit der Beschwerde gegen die Gebühr befaßte Landgericht bei der Anwendung von materiellem Bundesrecht die Grundrechte aus Art. 17 VvB und Art. 10 Abs. 1 VvB in landesverfassungsrechtlich gebotener Weise beachtet hat. Dies spricht der Beschwerdeführer zwar auch an, indem er eine fehlerhafte, den Wortlaut und vor allem den einzig verfassungsmäßigen Zweck des Gesetzes verkennende Auslegung der Norm durch das Landgericht rügt. Erkennbar will er mit diesen Ausführungen aber nur ergänzend vortragen, das Landgericht habe bei Auslegung und Anwendung des einfachen Gesetzesrechts Bedeutung und Tragweite der Grundrechte der betroffenen Notare verkannt. Im Vordergrund des Beschwerdevorbringens steht die Frage der Verfassungsmäßigkeit der bundesrechtlichen Bestimmung des § 144a KostO selbst. Insofern macht der Beschwerdeführer grundsätzliche Bedenken gegen die Vereinbarkeit dieser Norm mit der Berufsfreiheit (Art. 12 GG) und dem Gleichbehandlungsgrundsatz (Art. 3 GG) geltend. Das führt indes nach der Rechtsprechung des Verfassungsgerichtshofs nicht zur Unzulässigkeit der Verfassungsbeschwerde insoweit. Der Verfassungsgerichtshof ist zwar – selbstverständlich – gehindert, im Wege der mittelbaren Rechtssatzverfassungsbeschwerde über die Vereinbarkeit von bundesrechtlichen Bestimmungen mit dem Grundgesetz zu entscheiden. Doch hat er von Anfang an für sich in Anspruch genommen, bei der Überprüfung der auf Bundesrecht beruhenden Entscheidungen der Berliner Behörden und Gerichte am Maßstab der mit den Grundrechten des Grundgesetzes inhaltsgleichen Grundrechte der Verfassung von Berlin inzident die Übereinstimmung des entscheidungserheblichen Bundesrechts mit dem Bundesverfassungsrecht zu prüfen. Er hat sich für befugt und verpflichtet gehalten, wie jedes andere Gericht gemäß Art. 100 Abs. 1 GG ein Gesetz, auf dessen Gültigkeit es bei seiner Entscheidung ankommt, auf seine Vereinbarkeit mit dem Grundgesetz zu überprüfen und dann, wenn er eine solche Vereinbarkeit verneinen sollte, sein Verfahren auszusetzen und das Gesetz dem Bundesverfassungsgericht zur Prüfung vorzulegen (vgl. u. a. Beschluß vom 19. Oktober 1995 – VerfGH 64/95 – LVerfGE 3, 104). Daran ist festzuhalten.

Richtig ist, daß der Bayerische Verfassungsgerichtshof die Möglichkeit einer Überprüfung der Grundgesetzmäßigkeit einer Bundesrechtsnorm mit der Begründung abgelehnt hat, die bayerische Verfassung sei sein alleiniger Prüfungsmaßstab. Es gebe im Verfassungsbeschwerdeverfahren keine entscheidungserhebliche Vorfrage, ob eine der angefochtenen gerichtlichen Entscheidung zugrundeliegende bundesrechtliche Regelung mit dem Grundgesetz vereinbar sei (BayVerfGH 42, 105, 108). Richtig ist auch, daß die in Rede stehende Frage in der Literatur nicht einheitlich beantwortet wird. So wird zum Teil für eine Vorlage nach Art. 100 Abs. 1 GG mangels Prüfungskompetenz der Landesverfassungsgerichte kein Raum gesehen (vgl. *Rozek*, AöR 119 [1994], 450, 468). Doch entspricht es der überwiegend vertretenen Ansicht, daß ein Landesverfassungsgericht wegen der umfassenden Bindung aus Art. 1 Abs. 3 und Art. 20 Abs. 3 GG vor der Grundrechtswidrigkeit von Bundesrecht nicht die Augen verschließen dürfe und dies von Art. 100 Abs. 1 GG vorausgesetzt werde (so etwa *Pestalozza*, Verfassungsprozeßrecht, 3. Aufl.

1991, § 23 Rn. 70; *Kunig,* NJW 1994, 687, 689; vgl. auch *Zierlein,* AöR 120 [1995], 205, 229). Dem ist beizupflichten.

In Übereinstimmung damit betont das Bundesverfassungsgericht in seiner Rechtsprechung zur Prüfungskompetenz der Verfassungsgerichte, es handele sich bei der vorrangigen Zuständigkeit des Bundesverfassungsgerichts für das Bundes(verfassungs)recht und der Landesverfassungsgerichte für das Landes(verfassungs)recht nicht um eine ausschließliche Prüfungszuständigkeit in dem Sinne, daß jedem anderen Gericht diese Prüfung verwehrt wäre. Schon aus Art. 100 Abs. 3 GG ergebe sich, daß die Prüfung am Maßstab des Grundgesetzes den Landesverfassungsgerichten nicht versperrt sei, sondern ihnen lediglich die abschließende Entscheidungszuständigkeit fehle. Ferner gelte Art. 100 Abs. 1 GG auch für die Landesverfassungsgerichte. Komme ein Landesverfassungsgericht zu dem Ergebnis, daß ein für seine Entscheidung maßgebliches Gesetz grundgesetz- oder bundesrechtswidrig sei, müsse es die Entscheidung des Bundesverfassungsgerichts einholen (BVerfGE 69, 112, 116). Für ihren jeweiligen Rechtskreis komme den Landesverfassungsgerichten und dem Bundesverfassungsgericht die abschließende Entscheidungszuständigkeit zu (BVerfG, a a O, 118). Diese Unterscheidung zwischen der inzidenten Prüfungszuständigkeit am Maßstab des Grundgesetzes durch ein Landesverfassungsgericht und den Entscheidungszuständigkeiten der Verfassungsgerichte der Länder und des Bundes hat das Bundesverfassungsgericht in seinem Beschluß vom 15. Oktober 1997 (2 BvN 1/95 –, a a O) unter Hinweis u. a. auf die Rechtsprechung des Verfassungsgerichtshofs zur Vorlagepflicht (Beschluß vom 23. Dezember 1992 – VerfGH 38/92 – LVerfGE 1, 44, 51 = NJW 1993, 513) bestätigt.

b) Soweit der Beschwerdeführer eine Verletzung der Freiheit der Berufsausübung rügt, ist die Verfassungsbeschwerde einer Sachentscheidung nicht zugänglich. Die Verfassung von Berlin enthält in Art. 17 kein eigenständiges Grundrecht auf Freiheit der Berufsausübung. Zwar gewährt Art. 17 VvB die Freiheit der Berufswahl. Dieses Grundrecht umfaßt jedoch grundsätzlich nicht auch die Freiheit der Berufsausübung.

Einzuräumen ist, daß der Verfassungsgerichtshof im Beschluß vom 25. April 1994 (VerfGH 34/94 – LVerfGE 2, 16f, 19), der ebenfalls die Kostenrechnung eines Notars betraf, ohne dies weiter zu vertiefen davon ausgegangen ist, das durch den mit Art. 17 VvB wörtlich übereinstimmenden Art. 11 VvB 1950 gewährleistete Grundrecht sei inhaltsgleich durch Art. 12 GG geschützt. Jedoch hat er daran in der Folgezeit nicht festgehalten. Im Urteil vom 31. Mai 1995 (VerfGH 55/93 – JR 1996, 146) hat er eine Inhaltsgleichheit von Art. 11 VvB 1950 und Art. 12 GG hinsichtlich der Berufsausübungsfreiheit verneint. Bereits der Wortlaut des Art. 11 VvB 1950 bleibe hinter dem des Art. 12 GG zurück; überdies lege die Entstehungsgeschichte des Art. 11 VvB 1950 nahe, daß diese Bestimmung nur die Berufswahlfreiheit habe erfassen sollen. Auch habe der Verfassungsgeber durch den auf die Berufswahl beschränkten Art. 11 VvB 1950 nicht gleichsam „notwendigerweise" die Berufsausübungsfreiheit mitgewährleistet. Selbst wenn zwischen der Wahl des Berufs einerseits und seiner Ausübung andererseits ein Zusammenhang bestehe, folge daraus nicht, daß eine Unterscheidung zwischen beiden Aspekten der beruflichen Tätigkeit nicht möglich sei; das zeige nicht zuletzt die Rechtsprechung des Bundesverfassungsgerichts zu den unterschiedlichen Schranken bei Eingriffen in die Berufswahlfreiheit und die Berufsausübungsfreiheit. Die Rüge einer Verletzung des Art. 11 VvB 1950 im Verfahren der Verfassungsbeschwerde sei daher nur zulässig, wenn konkret dargetan werde, daß eine Berufsausübungsregelung eine Breite oder Intensität erreiche, welche Anlaß gebe, sie wegen ihrer Rückwirkungen auf die Berufswahl ausnahmsweise als Verletzung des Schutzbereichs dieser Norm zu qualifizieren. Diese Auffassung hat der Verfassungsgerichtshof in drei Entscheidungen vom 26. September 1996 (u. a. Beschluß vom 26. September 1996 – VerfGH 46/93 – LVerfGE 5, 14, 17) ausdrücklich bestätigt und die Zulässigkeit einer Verfassungsbeschwerde verneint, mit der eine Berufsausübungsregelung unter Berufung auf Art. 11 VvB 1950 gerügt worden war. An dieser Rechtsprechung ist auch unter Geltung des Art. 17 VvB festzuhalten.

Die Bestimmungen über die Bemessung der Notargebühren in der Kostenordnung sind Regelungen, die die Berufsausübung, nicht aber die Wahl des Notarberufs betreffen (vgl. BVerfGE 47, 285, 321). Dies gilt auch für die Gebührenermäßigungsvorschrift des § 144a KostO. Der Beschwerdeführer hat nicht dargetan, daß diese Berufsausübungsregelung eine Breite oder Intensität erreicht, welche Anlaß gibt, sie wegen ihrer Rückwirkungen auf die Berufswahl ausnahmsweise als Verletzung des Schutzbereichs des Art. 17 VvB zu qualifizieren. Allein der Hinweis darauf, daß die Gebührenermäßigung wegen ihrer Höhe und der damit verbundenen Belastung für den betroffenen Notar unverhältnismäßig sei, führt nicht auf eine solche „Rückwirkung". Auch eine Ausübungsregelung, die im Ergebnis unverhältnismäßige Auswirkungen auf die Freiheit der Berufsausübung hat, bleibt grundsätzlich eine Ausübungsregelung. Daß die im vorliegenden Verfahren angegriffene Regelung den betroffenen Notaren die wirtschaftliche Grundlage ihrer Berufsausübung entzieht (vgl. zu diesem Kriterium für einen Übergang von einer Berufsausübungsregelung zur Einschränkung der Berufswahlfreiheit, BVerfGE 86, 28, 38), ist weder vorgetragen noch sonst ersichtlich.

c) Soweit der Beschwerdeführer im Rahmen seines Hilfsantrags geltend macht, das Landgericht habe dadurch, daß es eine grundsätzliche Bedeutung der Sache verneint und damit den Weg zu einer Entscheidung des Kammergerichts versperrt hat, sein durch Art. 15 Abs. 4 VvB garantiertes Grundrecht auf effektiven richterlichen Rechtsschutz gegen Akte der öffentlichen Gewalt verletzt, hat er nicht das Begründungserfordernis der §§ 49f VerfGHG erfüllt. Das Landgericht hat in diesem Zusammenhang auf veröffentlichte Rechtsprechung des Kammergerichts verwiesen und ausgeführt, danach handele es sich bei § 144a Satz 1 KostO um eine Rechtsfolgenverweisung. Vor diesem Hintergrund ist dem bezeichneten Darlegungserfordernis nicht durch das Vorbringen des Beschwerdeführers genügt, seiner Kenntnis nach gebe es keine Entscheidung des Kammergerichts, die die Frage betreffe, ob ein Kaufvertrag mit einer Gemeinde der Privilegierung auch dann unterfalle, wenn es sich um ein wirtschaftliches Unternehmen handele.

d) Der Zulässigkeit der Verfassungsbeschwerde steht nicht entgegen, daß das Bundesverfassungsgericht in seinem Beschluß vom 28. Juni 1995 (1 BvR 420/95 – DtZ 1995, 438 = DNotZ 1995, 773) die Regelung des § 144a KostO für verfassungsgemäß erachtet hat. Denn dem Beschluß kommt als Nichtannahmebeschluß keine Bindungswirkung im Sinne des § 31 BVerfGG zu (vgl. *Winter*, in: Maunz/Schmidt-Bleibtreu/Klein/Ulsamer, BVerfGG, § 93b Rn. 11).

2. Die Regelung des § 144a KostO verletzt nicht den Gleichheitssatz des Art. 3 Abs. 1 GG, der inhaltsgleich mit 10 Abs.1 VvB ist (vgl. Beschluß vom 12. Dezember 1996 – VerfGH 38/96 – LVerfGE 5, 58, 60).

Das Landgericht hat § 144a KostO in Übereinstimmung mit der Rechtsprechung des Kammergerichts dahin ausgelegt, daß es sich bei der in Satz 1 enthaltenen Verweisung auf § 144 Abs. 1 Satz 1 KostO um eine Rechtsfolgenverweisung auf die dort genannten prozentualen Ermäßigungssätze handele. Die Gebühr für Geschäfte, die im Beitrittsgebiet belegene Grundstücke betreffen, reduziert sich damit um 20 v. H. und zusätzlich um die in § 144 KostO aufgeführten Vomhundertsätze. Die Reduktion ist dabei in der Form vorzunehmen, daß der Ermäßigungssatz von 20 v. H. und die sich aus § 144 KostO ergebenden zusätzlichen Ermäßigungssätze addiert und sodann von der Gebühr abgezogen werden. Wie der vorliegende Fall zeigt, können sich damit die Gebühren um bis zu 80 v. H. mindern. Die Ermäßigung gilt nach dieser Rechtsprechung generell für alle Geschäfte, an denen die in § 144 Abs. 1 Satz 1 KostO genannten juristischen Personen beteiligt sind, und zwar auch dann, wenn es sich um wirtschaftliche Unternehmen handelt (KG, JurBüro 1996, 268; JurBüro 1996, 381; JurBüro 1995, 433; so auch *Kleist*, JurBüro, 1994, 260; *Rohs/Wedewer*, KostO, 3. Aufl. § 144a Rdnr. 5; *Mümmler*, JurBüro, 1994, 523, 525; *Tiedtke/Schmidt*, DNotZ 1995, 737; kritisch *Filzek*, JurBüro 1994, 68ff und 13). Von diesem Verständnis des § 144a KostO geht auch das Bundesverfassungsgericht in seinem Nichtannahmebeschluß vom 28. Juni 1995 (1 BvR 420/95 –, aaO) aus.

Aus dem allgemeinen Gleichheitssatz ergeben sich je nach Regelungsgegenstand und Differenzierungsmerkmalen unterschiedliche Grenzen für den Gesetzgeber, die vom bloßen Willkürverbot bis zu einer strengen Bindung an Verhältnismäßigkeitserfordernisse reichen. Da der Grundsatz, daß alle Menschen vor dem Gesetz gleich sind, in erster Linie eine ungerechtfertigte Verschiedenbehandlung von Personen verhindern soll, unterliegt der Gesetzgeber bei einer Ungleichbehandlung von Personengruppen regelmäßig einer strengen Bindung (vgl. BVerfGE 55, 72, 88; 88, 87, 96; 89, 365, 375 zu Art. 3 GG). Diese Bindung ist um so enger, je mehr sich die personenbezogenen Merkmale den in Art. 3 Abs. 3 GG genannten annähern und je größer deshalb die Gefahr ist, daß eine an sie anknüpfende Ungleichbehandlung zur Diskriminierung einer Minderheit führt. Die engere Bindung ist nicht auf personenbezogene Ungleichbehandlungen beschränkt. Sie gilt vielmehr auch, wenn eine Ungleichbehandlung von Sachverhalten mittelbar eine Ungleichbehandlung von Personengruppen bewirkt (BVerfGE 88, 87, 96). In diesen Fällen ist einerseits eine bloße Willkürkontrolle nicht ausreichend, andererseits aber auch eine strenge Verhältnismäßigkeitsprüfung nicht geboten (BVerfGE 89, 365, 375f).

§ 144a KostO knüpft nicht an den Sitz des beurkundenden Notars, sondern daran an, wo das geschäftsgegenständliche Grundstück belegen ist. Er bewirkt, daß für die im Beitrittsgebiet belegenen Grundstücke bei Beteiligung der öffentlichen Hand geringere Notargebühren anfallen als für vergleichbare Geschäftsvorgänge, die Grundstücke im übrigen Bundesgebiet betreffen. Dort kommt nach § 144 Abs. 1 KostO nur dann eine Kostenermäßigung in Betracht, wenn die öffentliche Hand außerhalb ihrer wirtschaftlichen Betätigung beteiligt ist. Die Regelung weist, indem sie die Personengruppe der Notare in den neuen Bundesländern faktisch stärker trifft, mittelbar Gruppenbezug auf (so ausdrücklich BVerfG, Beschluß vom 28. Juni 1995 – 1 BvR 420/95 –, aaO).

Die Ungleichbehandlung ist durch sachliche Gründe gerechtfertigt. Nach den Gesetzesmaterialien bezweckt die Vorschrift zweierlei: Zum einen ist es Ziel der Regelung, durch eine Verringerung der Notarkosten zur Erleichterung und Beschleunigung des Rechtsverkehrs über Grundstücke in den neuen Bundesländern beizutragen. Hierdurch sollen die Privatisierung, Reorganisation und Verwertung des volkseigenen Vermögens der früheren DDR im Zuge der erforderlichen Umgestaltung der wirtschaftlichen Strukturen im Beitrittsgebiet und die Investitionsbereitschaft gefördert werden. Zum anderen soll die Situation der öffentlichen Haushalte verbessert werden, und zwar entweder unmittelbar durch die Gebührenermäßigungen für die begünstigten Körperschaften oder mittelbar dadurch, daß infolge der reduzierten Transaktionskosten erhöhte Verkaufserlöse erzielt werden können (vgl. näher *Degenhart,* MDR 1994, 649). Ob der zuletzt genannte Zweck eine vernünftige Erwägung des Gemeinwohls ist, mag zweifelhaft sein. Auch das Bundesverfassungsgericht hat sich auf diese Begründungserwägung nicht gestützt. Mit dem Bundesverfassungsgericht ist jedoch die Förderung der Privatisierung und Investitionsbereitschaft in den neuen Bundesländern als ein sachlicher Grund anzuerkennen. Durch die Reduktion der Notarkosten werden die Erwerbsnebenkosten gesenkt. Daß die hierdurch eintretende Entlastung eher gering ist und bei einer isolierten Betrachtungsweise eine Investitionsentscheidung nicht allein auf diese Ermäßigung zurückführbar sein dürfte, führt nicht zu einer anderen Einschätzung der Frage, ob ein sachlicher Grund für die Ermäßigungsvorschrift vorliegt. Das Bundesverfassungsgericht weist zutreffend darauf hin, daß die Regelung im Zusammenhang mit anderen gesetzlich geregelten Investitionserleichterungen gesehen werden muß, die in ihrer Gesamtheit zu einer Erleichterung des Grundstückserwerbs führen. An dieser Beurteilung ändert sich nichts dadurch, daß durch die Erhöhung der Grunderwerbssteuer in der Zwischenzeit die Erwerbsnebenkosten gestiegen sind und die steuerliche Belastung höher liegt als die Entlastung durch die Senkung der Notargebühren. Abgesehen davon, daß die Grunderwerbsteuer erst durch das Jahressteuergesetz 1997 mit Wirkung vom 1. Januar 1997 auf 3,5 v. H. angehoben wurde und damit diese Erhöhung für den im vorliegenden Fall allein maßgeblichen Zeitpunkt der Beurkundung nicht von Bedeutung ist, würde selbst eine teilweise Aufhebung des Entlastungseffekts den sachlichen Grund nicht entfallen lassen.

Auch unter Berücksichtigung des vom Beschwerdeführer für das Notargebührenrecht als bestimmend erachteten Prinzips der Gebührenbemessung nach Geschäftswerten, das es nicht erlaube, maßgeblich darauf abzustellen, daß es sich im Anwendungsbereich der fraglichen Sonderregelungen regelmäßig um höhere Gegenstandswerte handele, fehlt es nicht an einem sachlichen Differenzierungsgrund. So hat das Bundesverfassungsgericht die erhöhte Geschäftstätigkeit und den wegen der überdurchschnittlichen Größe der Grundstücke erhöhten Gegenstandswert als Rechtfertigung genügen lassen. Dem schließt sich der Verfassungsgerichtshof an. Ergänzend sei darauf hingewiesen, daß nach den bei Einfügung des § 144a KostO dem Gesetzgeber vorliegenden Zahlen der durchschnittliche Kaufpreis und folglich der Wert für die Berechnung der Notargebühren im Beitrittsgebiet um gut das Achtfache über dem in den alten Bundesländern lag (vgl. BT-Drs. 12/4401, S. 97). Überdies ist der Umfang der Geschäftstätigkeit durch die Umgestaltung der bisherigen wirtschaftlichen Strukturen für die Notare, die von der Gebührenermäßigung betroffen sind, ganz besonders stark gestiegen.

Überprüfung bundesrechtlicher Bestimmungen im Verfahren   55

Gebührenermäßigungen sind dem Gebührenrecht für Notare im übrigen nicht fremd und – auch vor dem Hintergrund der besonderen rechtlichen Stellung der Notare – grundsätzlich, und zwar sowohl im Hinblick auf die freie Berufsausübung als auch im Hinblick auf den Gleichheitssatz, verfassungsrechtlich zulässig (vgl. die grundlegende Entscheidung zum Notargebührenrecht BVerfGE 47, 285, 318 ff zu Art. 12 GG und BVerfG, NJW 1991, 555 zu Betragsrahmengebühren im sozialgerichtlichen Verfahren).

Der die Gebührenermäßigung rechtfertigende Grund steht in einem angemessenen Verhältnis zur Schwere der Belastung. Die Gebührenermäßigung ist allerdings, insbesondere bei höheren Geschäftswerten, deutlich spürbar. Es kann sogar – wie der Beschwerdeführer geltend macht – davon ausgegangen werden, daß die Gebührenermäßigung teilweise dazu führt, daß Notare in einzelnen Fällen nicht kostendeckend arbeiten können. Dies allein vermag die Unzumutbarkeit aber nicht zu begründen. Zu berücksichtigen ist nämlich, daß die von der Gebührenermäßigung erfaßten Geschäfte nur einen Teil der Gesamttätigkeit des Notars darstellen. Daß dies beim Beschwerdeführer oder der Mehrzahl der Notare im Beitrittsgebiet – worauf es verfassungsrechtlich vornehmlich ankäme – anders wäre, sich die Gebührenermäßigung also in ganz erheblichem Umfang auf die Angemessenheit des Gesamteinkommens (vgl. dazu BVerfGE 47, 285, 326) auswirkt, ist weder dargetan noch erkennbar (vgl. hierzu u. a. KG, JurBüro 1996, 268, 270). Vielmehr kann davon ausgegangen werden, daß die Verringerung der Gebühren bei einzelnen Geschäften durch den als Folge der Wiedervereinigung und die Umstrukturierung der Wirtschaft in den neuen Bundesländern auftretenden Mehranfall an Geschäften jedenfalls teilweise ausgeglichen wird (so BVerfG, Beschluß vom 28. Juni 1995 – 1 BvR 420/95 –, a a O). Gerade bei denjenigen Notaren, die besonders viele der Beurkundungen vornehmen, auf die die Gebührenermäßigung Anwendung findet, ist dieser verstärkte Geschäftsanfall auf die besonderen Umstände der Wiedervereinigung zurückzuführen. Angesichts der Tatsache, daß die Geschäftswerte im Zeitpunkt des Inkrafttretens des Gesetzes ganz deutlich über denjenigen im alten Bundesgebiet lagen und nicht ersichtlich ist, daß sich dies in der kurzen Zeit bis zum Abschluß der Kaufverträge im Ausgangsverfahren einschneidend geändert hätte, sind auch die mit den in Rede stehenden Beurkundungen im Beitrittsgebiet verbundenen besonderen Schwierigkeiten nicht geeignet, die Unzumutbarkeit der Gebührenermäßigung zu begründen. Dem Umstand, daß es sich hierbei nur um ein vorübergehendes Phänomen handelt, hat der Gesetzgeber durch die Befristung des § 144a KostO bis zum 31. Dezember 2003 Rechnung getragen. Ob diese Befristung zu großzügig ist oder sich aufgrund geänderter Umstände – schnellere Privatisierung als erwartet – die Notwendigkeit einer früheren Änderung ergibt, braucht hier, da es allein auf die

Situation knapp 3 Jahre nach der Wiedervereinigung ankam, nicht entschieden zu werden.

Schließlich ist auch ein sachgerechter Grund für eine Ungleichbehandlung zwischen Beurkundungsgeschäften im Beitrittsgebiet, an denen die öffentliche Hand oder die Treuhandanstalt auf der einen Seite beteiligt ist, und Beurkundungsgeschäften von Grundstücken zwischen Personen des Privatrechts gegeben. Anlaß für den Erlaß des § 144 KostO war die als Folge der Wiedervereinigung erforderliche Umgestaltung der bisherigen wirtschaftlichen Strukturen im Gebiet der früheren DDR. Diese Umgestaltung wird aber vornehmlich durch die öffentliche Hand bewirkt (BVerfG, Beschluß vom 28. Juni 1995 – 1 BvR 420/95 –, aaO).

Die Kostenentscheidung beruht auf den §§ 33, 34 VerfGHG.

Dieser Beschluß ist unanfechtbar.

Nr. 7

Eine Bezirksverordnetenversammlung ist im Organstreitverfahren gemäß Art. 84 Abs. 2 Nr. 1 VvB nicht beteiligtenfähig.

Verfassung von Berlin Art. 99a, 84 Abs. 2 Nr. 1

Gesetz über den Verfassungsgerichtshof §§ 14 Nr. 1, 36

Beschluß vom 6. Oktober 1998 – VerfGH 46/98 –

in dem Organstreitverfahren
der Bezirksverordnetenversammlung, vertreten durch ihren Vorsteher,
gegen
das Abgeordnetenhaus von Berlin,

Entscheidungsformel:

Der Antrag wird zurückgewiesen.
Das Verfahren ist gerichtskostenfrei.
Auslagen werden nicht erstattet.

Gründe:

Das Abgeordnetenhaus von Berlin hat durch Art. 1 Nr. 15 des Zweiten Gesetzes zur Änderung der Verfassung von Berlin vom 3. April 1998 (GVBl. S. 82) die Verfassung von Berlin dahingehend geändert, daß ein Art. 99a ein-

Parteifähigkeit der Bezirksverordnetenversammlung 57

gefügt wurde, der bestimmt, daß die Bezirke, die in der 14. Wahlperiode des Abgeordnetenhauses von Berlin aus bisherigen Bezirken zusammengelegt werden, erst zum 1. Januar 2001 gebildet werden. Art. 99a Abs. 2 VvB legt ferner die Mitgliederzahl der neuen Bezirksverordnetenversammlung fest und bestimmt in Satz 2, daß diese erstmalig im Oktober 2000 zusammentritt und das neue Bezirksamt wählt. Sie besteht aus den Bezirksverordnetenversammlungen der bisherigen Bezirke, deren Mitgliederzahl dem Wahlverhältnis bei der Wahl zur 14. Wahlperiode des Abgeordnetenhauses entsprechend aus der Gesamtzahl der Mitglieder der Bezirksverordnetenversammlung des neuen Bezirks errechnet wird. Die Amtszeit der Bezirksverordnetenversammlungen der bisherigen Bezirke endet mit Ablauf des 31. Dezember 2000. Gemäß Abs. 3 des Art. 99a haben die Mitglieder der Bezirksämter, die zu Beginn der 14. Wahlperiode des Abgeordnetenhauses von Berlin im Amt sind, ihre Ämter bis zum Ablauf des 31. Dezember 2000 weiterzuführen. Eine Abwahl nach Art. 76 ist nur aus wichtigem Grund zulässig.

Durch die Einführung des Art. 99a Abs. 2 Satz 2 i.V.m. Abs. 3 VvB sieht sich die Bezirksverordnetenversammlung von Berlin in den ihr durch Art. 69 VvB übertragenen Rechten und Pflichten verletzt. Sie sieht in der Fortdauer der Tätigkeit der Bezirksämter aus der 13. Wahlperiode des Abgeordnetenhauses von Berlin eine Durchbrechung des demokratischen Legitimationszusammenhangs zwischen der Bezirksverordnetenversammlung als dem gewählten parlamentarischen Organ und zugleich oberstem Beschlußorgan des Bezirks einerseits sowie dem durch sie bestimmten Bezirksamt als kollegialer Verwaltungsspitze, die dann entsprechend dem Prinzip der Stärkeverhältnisse der in der Versammlung vertretenen Parteien und Wählergemeinschaften bestimmt wird, andererseits. Nach der neuen Regelung entspreche die Besetzung der kollegialen Verwaltungsspitze im Verlaufe der ersten zwei Jahre der 14. Wahlperiode des Abgeordnetenhauses nicht den politischen Kräfteverhältnissen.

Eine tragfähige Übergangsregelung stelle dies nicht dar. Auch aus dem zeitlichen Argument, es lohne sich nicht, Bezirksämter für nur zwei Jahre neu zu bestimmen, lasse sich nichts gegen die Rechtsverletzung durch die Regelung ableiten. Auch nach der jetzt getroffenen Regelung wäre das neue Bezirksamt nur für die Dauer von drei Jahren gewählt.

Die Antragstellerin beantragt festzustellen, daß sie

1. mit der Einfügung des Art. 99a Abs. 2 Satz 2 in Verbindung mit Art. 99a Abs. 3 Satz 1 VvB durch das Abgeordnetenhaus von Berlin in den ihr durch die Art. 66 Abs. 2 und 69 VvB übertragenen Rechten und Pflichten verletzt wird,

2. mit der Einfügung des Art. 99a Abs. 3 Satz 2 und 3 VvB durch das Abgeordnetenhaus von Berlin in den ihr durch Art. 76 und Art. 69 VvB übertragenen Rechten und Pflichten verletzt wird.

II.

Der Antrag ist unzulässig.

Im Organstreitverfahren nach Art. 84 Abs. 2 Nr. 1 VvB kann die Antragstellerin ihr Begehren auf Feststellung der behaupteten Rechtsverletzungen nicht verfolgen. Antragsteller (und Antragsgegner) eines solchen Verfahrens können gemäß § 36 VerfGHG nur die in § 14 Nr. 1 VerfGHG genannten Beteiligten sein. Die Antragstellerin ist als Bezirksverordnetenversammlung kein oberstes Landesorgan von Berlin. Sie ist auch weder durch die Geschäftsordnung des Abgeordnetenhauses noch – was allein in Betracht käme – durch die Verfassung von Berlin mit eigenen Rechten, die im Organstreitverfahren geltend gemacht werden könnten, ausgestattet. Es fehlt ihr deshalb für ein solches Verfahren an der Beteiligtenfähigkeit.

Das Verfahren nach Art. 84 Abs. 2 Nr. 1 VvB ist für Beteiligte vorgesehen, die sich in einem verfassungsrechtlichen Rechtsverhältnis befinden und über bestimmte Fragen aus diesem Rechtsverhältnis streiten. Ein derartiges Rechtsverhältnis kann nur „zwischen Faktoren bestehen, die am Verfassungsleben beteiligt sind" (so für das Bundesrecht BVerfGE 1, 208, 221; s. auch für das Land Berlin, Urteil vom 19. Oktober 1992 – VerfGH 39/92 – LVerfGE 1, 40 ff). Insbesondere „andere Beteiligte" im Sinne von Art. 84 Abs. 2 Nr. 1 VvB kommen als Parteien eines Organstreitverfahrens von vornherein nur in Betracht, wenn sie den obersten Verfassungsorganen Berlins in Rang und Funktion dadurch gleichkommen, daß sie materiell Träger vergleichbarer Rechte (und Pflichten) und damit dem „Verfassungsrechtskreis" zugehörig sind.

Diese Grundsätze sind heute in der deutschen Verfassungsrechtsprechung und im Schrifttum unumstritten (vgl. – für das Bundesrecht – statt aller Benda/Klein, Lehrbuch des Verfassungsprozeßrechts, 1991, Rdnr. 926 ff). Auch nach der Rechtsprechung der Verfassungsgerichte anderer Bundesländer geht es danach um Organe, die nach ihrem Status und ihrer Kompetenz unmittelbar von der jeweiligen Verfassung eingerichtet und insbesondere einem anderen Organ nicht untergeordnet sind (vgl. dazu Bethge in: Starck/Stern, Landesverfassungsgerichtsbarkeit, Bd. II, 1983, 17, 24 f).

Daraus, daß die Bezirksverordnetenversammlungen in Art. 69 ff VvB erwähnt sind, folgt keine Beteiligtenfähigkeit in diesem Sinne. Diese Vorschriften verschaffen den Bezirksverordnetenversammlungen nicht die Möglichkeit zu verfassungsrechtlichem und verfassungsgerichtlichem Streit im Sinne der vorgenannten Grundsätze. Die Bezirksverordnetenversammlung ist ein Organ der bezirklichen Selbstverwaltung (Art. 72 VvB), der Bezirk ein verselbständigter Teil der nachgeordneten Verwaltung. Der Bezirksverordnetenversammlung steht als Organ des Bezirks ein originäres Recht auf bezirkliche Selbstverwaltung auch nach Erweiterung und stärkerer Ausgestaltung ihrer Zuständigkeiten nach den Grundsätzen kommunaler Selbstverwaltung durch das 28. Gesetz zur Änderung der Verfassung von Berlin 1950 vom 28. Juli 1994 (GVBl. S. 217) und die Verfassung 1995 nicht zu (vgl. Urteil vom 10. Mai 1995 – VerfGH 14/95 – LKV 1995, 366 f und Beschluß vom 17. März 1997 – VerfGH 90/95 – LKV 1998, 142, 144).

Die Kostenentscheidung beruht auf §§ 33, 34 VerfGHG.

Dieser Beschluß ist unanfechtbar.

Nr. 8

Zur Frage des gesetzlichen Richters nach Erlaß einer Zwischenverfügung im vorläufigen Rechtsschutzverfahren.

Verfassung von Berlin Art. 15 Abs. 5 Satz 2

Beschluß vom 6. Oktober 1998 – VerfGH 26, 26 A /98 –

in dem Verfahren über die Verfassungsbeschwerde und den Antrag auf Erlaß einer einstweiligen Anordnung
des Herrn O. O.,
H.
– Verfahrensbevollmächtigter: Rechtsanwalt E., H.

gegen
den Beschluß des Oberverwaltungsgerichts Berlin vom 3. Februar 1998 – OVG 8 S 184/97 –

Beteiligte gemäß § 53 Abs. 1 und 2 VerfGHG:
1. Senatsverwaltung für Justiz,
2. Senatsverwaltung für Inneres,
3. Landeseinwohneramt Berlin

Entscheidungsformel:

Der Beschluß des Oberverwaltungsgerichts Berlin vom 3. Februar 1998 – OVG 8 S 184/97 – verletzt Art. 15 Abs. 5 Satz 2 VvB. Er wird aufgehoben. Die Sache wird an das Oberverwaltungsgericht Berlin zurückverwiesen.

Das Verfahren ist gerichtskostenfrei.
Das Land Berlin hat dem Beschwerdeführer seine notwendigen Auslagen zu erstatten.

Gründe:

I.

1. Der Beschwerdeführer, der die Staatsangehörigkeit von Bosnien-Herzegowina besitzt, stammt aus Vitez bei Sarajevo, ist Moslem und gehört der Volksgruppe der Roma an. Er kam 1993 mit seiner Frau und zwei Kindern als Kriegsflüchtling nach Berlin. Sein Aufenthalt wurde zunächst bis zum 19. Dezember 1996 geduldet. Während seine Familie gemäß §§ 53, 54 AuslG weitere Duldungen erhielt, wurde dies für ihn mit Bescheid des Landeseinwohneramtes vom 5. Februar 1997 abgelehnt, weil er dreimal wegen Fahrens ohne Fahrerlaubnis bzw. wegen Fischwilderei rechtskräftig verurteilt worden war und die Strafe insgesamt mehr als 50, nämlich 65 Tagessätze betrug.

Gegen den Bescheid vom 5. Februar unternahm der Beschwerdeführer nichts. Mit Schreiben vom 19. Juni 1997 beantragte er beim Landeseinwohneramt die Erteilung einer weiteren Duldung und bat um Entscheidung binnen drei Tagen. Diesen Antrag hat das Landeseinwohneramt innerhalb der gesetzten Frist und bis heute nicht beschieden. Der Beschwerdeführer stellte daraufhin am 24. Juni 1997 beim Verwaltungsgericht Berlin den Antrag, das Land Berlin durch einstweilige Anordnung zu verpflichten, ihm eine weitere Duldung zu erteilen. Er begründete diesen Antrag vor allem damit, daß sein Heimatort inzwischen ausschließlich von Kroaten bewohnt und sein ehemaliges Wohnhaus zerstört sei und er als Moslem und Roma um seine körperliche Integrität fürchten müsse und außerdem bei der Wohnungsbeschaffung, bei der Arbeitsaufnahme und bei der Versorgung mit Hilfsgütern benachteiligt werde. Mit Verfügung vom 25. Juni 1997 bat das Verwaltungsgericht das Landeseinwohneramt um Übersendung der Verwaltungsvorgänge sowie um schriftliche Äußerung binnen zwei Wochen. Erst am 20. Oktober 1997 erhielt das Verwaltungsgericht vom Landeseinwohneramt die Ausländerakte des Beschwerdeführers, verbunden mit der Mitteilung, daß dessen Abschiebung für den 31. Oktober 1997 vorgesehen sei. Eine Stellungnahme zu der Antragsschrift wurde vom Landeseinwohneramt nicht abgegeben.

Unter dem 27. Oktober 1997 erließ das Verwaltungsgericht eine als solche bezeichnete „Zwischenverfügung" in der es der Ausländerbehörde untersagte, den Beschwerdeführer vor Zustellung einer Entscheidung über den am 24. Juni 1997 gestellten Antrag auf Gewährung vorläufigen Rechtsschutzes abzuschieben.

Das Verwaltungsgericht begründete die Zwischenverfügung u. a. wie folgt:

„Der Erlaß einer Zwischenverfügung zur Verhinderung der zum 31. Oktober 1997 geplanten Abschiebung des Antragstellers ist zur Wahrung effektiven Rechtsschutzes (Art. 19 Abs. 4 GG) notwendig. Eine Abschiebung des Antragstellers nach Vitez, den früheren Wohnort des Antragstellers, scheidet aus. Vitez ist eine kroatische Enklave in Mittelbosnien (vgl. Auswärtiges Amt – 514-516 80/3 BOS – Bericht vom 30. 9. 1997, S. 2), in Teilen der bosnischen Föderation, die unter der Kontrolle von bosnischen Kroaten stehen und nunmehr fast rein kroatisch besiedelt sind, ist eine Rückkehr von Angehörigen anderer Ethnien in der Regel nicht möglich, weil die Rückkehr durch diskriminierende Maßnahmen hinsichtlich Arbeitsplatzvergabe, Ausstellung offizieller Dokumente und Verhinderung der Wohnungsrückgabe bis hin zu tätlichen Übergriffen und der Zerstörung von Häusern behindert bzw. unterbunden wird (AA, S. 7).

... Daß der Antragsteller ohne erhebliche eigene Gefährdung in das Föderationsgebiet Bosniens zurückkehren kann, erscheint schon deshalb zweifelhaft, weil die Gewährung humanitärer Hilfe – auf die der Antragsteller bei einer Rückkehr angesichts der Arbeitsmarktlage (Arbeitslosenquote von 70 %, AA, S. 4) mit größter Wahrscheinlichkeit angewiesen wäre – an die Registrierung geknüpft ist, die wiederum davon abhängt, daß der Antragsteller Wohnraum in einer Gemeinde hat (AA, S. 15), wofür – gegenwärtig – nichts ersichtlich ist.

Da bei dem nicht auszuschließenden Fehlen von Unterkunft und/oder humanitärer Hilfe davon auszugehen ist, daß dem Antragsteller – zumal im Hinblick auf den anbrechenden Winter – extreme Gefahren für Gesundheit und Leben drohen, was aus verfassungsrechtlichen Gründen (Art. 2 Abs. 1 GG) eine vorläufige Aussetzung der Abschiebung erforderlich macht (vgl. VGH Mannheim, Beschluß vom 17. 3. 1997 – 11 S 3301/96 – NVwZ Beilage Nr. 5/97), bedarf es weiterer Aufklärung, welche tatsächlichen Folgen die Abschiebung des Antragstellers für ihn hätte."

Die Zwischenverfügung endete mit dem Hinweis, daß sie unanfechtbar sei.

2. Auf Antrag des Landeseinwohneramtes, das die Zwischenverfügung für anfechtbar und sachlich unzutreffend hielt, ließ das Oberverwaltungsgericht durch Beschluß vom 8. Dezember 1997 die Beschwerde gegen die „Zwischenverfügung" des Verwaltungsgerichts gemäß §§ 146 Abs. 4, 124 Abs. 4 Nr. 3 VwGO mit der Begründung zu, die Rechtssache habe grundsätzliche Bedeutung für die Frage der Abgrenzung einer Zwischenverfügung als unanfechtbare prozeßleitende Verfügung von einer der Beschwerde unterliegenden Sachentscheidung. Zuvor hatte das Oberverwaltungsgericht die Beteiligten darauf hingewiesen, daß es eine fortlaufend ergänzte Dokumentation über die Lage in Bosnien-Herzegowina führe, die hiermit in das Verfahren eingeführt

werde und auf der Geschäftsstelle eingesehen werden könne. Es gab außerdem den Beteiligten weitere die Sache betreffende Hinweise.

Mit Beschluß vom 3. Februar 1998 hat das Oberverwaltungsgericht die Entscheidung des Verwaltungsgerichts vom 27. Oktober 1997 geändert und den Antrag auf Erlaß einer einstweiligen Anordnung abgelehnt. Es sah die Beschwerde als zulässig und begründet an. Zwar seien Zwischenverfügungen grundsätzlich unanfechtbar, weil sie der Sache nach prozeßleitenden, eine Sachentscheidung vorbereitenden Verfügungen im Sinne des § 146 Abs. 2 VwGO glichen und noch keine die Instanz abschließende Sachentscheidung enthielten, diese vielmehr dem weiteren Verfahren vorbehielten. Der Erlaß einer Zwischenverfügung komme in Betracht, wenn eine abschließende Sachentscheidung aktuell noch nicht getroffen werden könne, das vorläufige Rechtsschutzbegehren nicht offensichtlich aussichtslos sei und ein spezifisches, auf den Erlaß der Zwischenverfügung bezogenes Sicherungsbedürfnis bestehe, weil zu befürchten sei, daß anderenfalls unter Verletzung des verfassungsrechtlichen Gebots effektiver Rechtsschutzgewährung vollendete Tatsachen geschaffen würden. Der Beschluß des Verwaltungsgerichts beschränke sich jedoch nicht auf eine solche Zwischenregelung, sondern enthalte eine Sachentscheidung über das Duldungsbegehren und spreche dem Antragsteller im Ergebnis auf unabsehbare Zeit einen Duldungsanspruch zu. Daran ändere die Bezeichnung der Entscheidung als „Zwischenverfügung" nichts; sie sei für sich allein irrelevant. Auch lägen die Voraussetzungen für den Erlaß einer Zwischenverfügung nicht vor.

3. Mit seiner gegen die Entscheidung des Oberverwaltungsgerichts gerichteten Verfassungsbeschwerde rügt der Beschwerdeführer die Verletzung von Art. 15 Abs. 1, 4 und 5 Satz 2 VvB. Er ist der Auffassung, ihm sei der gesetzliche Richter entzogen worden, indem das Oberverwaltungsgericht die ausdrücklich als Zwischenverfügung erlassene Entscheidung des Verwaltungsgerichts als Sachentscheidung angesehen und diese willkürlich durch eine eigene Sachentscheidung ersetzt habe. Selbst bei Annahme der Entscheidungsreife durch das Oberverwaltungsgericht wäre allenfalls die Aufhebung der Zwischenverfügung gerechtfertigt gewesen, keinesfalls jedoch eine Sachentscheidung unter Übergehung der ersten Instanz. Auch der Grundsatz der Gewährung rechtlichen Gehörs gemäß Art. 15 Abs. 1 VvB sei verletzt. Die Entscheidung des Oberverwaltungsgerichts habe ihm die Möglichkeit weiterer Sachaufklärung durch das Verwaltungsgericht genommen. Auch habe er, wie er näher ausführt, im Beschwerdeverfahren keine hinreichende Gelegenheit zur Äußerung gehabt.

Die Senatsverwaltungen für Justiz und Inneres und das Landeseinwohneramt hatten Gelegenheit zur Äußerung.

Der gesetzliche Richter im vorläufigen Rechtsschutzverfahren 63

II.

Die zulässige Verfassungsbeschwerde ist begründet. Der angegriffene Beschluß verletzt den Beschwerdeführer in seinem Recht aus Art. 15 Abs. 5 Satz 2 VvB. Dieses Grundrecht ist inhaltsgleich mit der Gewährleistung aus Art. 101 Abs. 1 Satz 2 GG. Es ist daher von den Gerichten des Landes Berlin auch in den auf Bundesrecht beruhenden gerichtlichen Verfahren zu beachten (BVerfGE 96, 345). Dementsprechend ist der Verfassungsgerichtshof befugt, im Rahmen der Verfassungsbeschwerde die in bundesrechtlich geregelten Verfahren ergehenden Entscheidungen der Berliner Gerichte auf ihre Vereinbarkeit u. a. mit den verfahrensrechtlichen Grundrechten der Verfassung von Berlin zu überprüfen, soweit diese mit Gewährleistungen des Grundgesetzes inhaltsgleich sind (st. Rspr. seit Beschluß vom 23. Dezember 1992 – VerfGH 38/92 – LVerfGE 1, 44; ebenso BVerfGE 96, 345).

1. Nach Art. 15 Abs. 5 Satz 2 VvB darf niemand seinem gesetzlichen Richter entzogen werden. Dies bedeutet nicht nur, daß von Verfassungs wegen allgemeine Regelungen darüber bestehen müssen, welches Gericht, welcher Spruchkörper und welcher Richter zur Entscheidung eines Rechtsstreits berufen ist, sondern bedeutet auch, daß im Einzelfall kein anderes Gericht entscheiden darf als dasjenige, das in den allgemeinen Normen der Gesetze und sonstigen Vorschriften dafür vorgesehen ist (vgl. zu Art. 101 Abs. 1 Satz 2 GG BVerfGE 48, 246, 254; 21, 139, 145). Dies ist im vorliegenden Fall nicht geschehen. Zuständig zur Entscheidung über den Antrag des Beschwerdeführers, das Land Berlin durch einstweilige Anordnung zu verpflichten, ihm eine weitere Duldung zu erteilen, war nach § 123 Abs. 2 VwGO das Verwaltungsgericht. Eine Sachentscheidung über den Antrag des Beschwerdeführers hat das Verwaltungsgericht jedoch nicht getroffen. Es hat lediglich am 27. Oktober 1997 eine „Zwischenverfügung" erlassen, mit der es dem Land Berlin (Landeseinwohneramt) untersagt hat, den Beschwerdeführer vor einer Entscheidung über den Antrag auf Gewährung vorläufigen Rechtsschutzes abzuschieben. Diese Tenorierung bringt unmißverständlich zum Ausdruck, daß das Verwaltungsgericht am 27. Oktober 1997 noch keine die Instanz abschließende Entscheidung über den Antrag des Beschwerdeführers auf Erlaß einer einstweiligen Anordnung treffen wollte, sondern nur eine Zwischenentscheidung zur Sicherung der Effektivität der künftigen Sachentscheidung. Auch ihrem Inhalt nach ist die „Zwischenverfügung" vom 27. Oktober 1997 keine Sachentscheidung über den Antrag des Beschwerdeführers, das Land Berlin zur Erteilung einer Duldung zu verpflichten. Die Entscheidung behandelt lediglich die beabsichtigte alsbaldige Abschiebung des Beschwerdeführers, die sie bis zur Entscheidung des Gerichts über den Antrag des Beschwerdeführers, das Land Berlin zur Erteilung einer Duldung

zu verpflichten, untersagt. Dadurch, daß das Oberverwaltungsgericht diese „Zwischenverfügung" des Verwaltungsgerichts als „Sachentscheidung über das Duldungsbegehren" angesehen, auf die Beschwerde des Landes Berlin hin aufgehoben und den Antrag des Beschwerdeführers auf Erlaß einer einstweiligen Anordnung abgelehnt hat, wurde dem Verwaltungsgericht entgegen § 123 Abs. 2 VwGO die Möglichkeit genommen, eine Sachentscheidung über das Duldungsbegehren des Beschwerdeführers zu treffen. Das aus den §§ 45, 123 Abs. 2 VwGO einfachgesetzlich folgende Recht des Beschwerdeführers, daß über seinen Antrag das Verwaltungsgericht als das Gericht der Hauptsache eine Sachentscheidung trifft, ist dadurch verletzt worden.

2. Für die Annahme eines Verstoßes gegen Art. 15 Abs. 5 Satz 2 VvB reicht die bloße Verletzung verfahrensrechtlicher Zuständigkeitsregelungen nicht aus. Die fehlerhafte Auslegung und Anwendung einfachgesetzlicher Vorschriften über die gerichtliche Zuständigkeit ist erst dann ein Verstoß gegen Art. 15 Abs. 5 Satz 2 VvB, wenn sie willkürlich ist (so zu Art. 101 Abs. 1 Satz 2 GG BVerfGE 87, 282, 284f mit zahlreichen weiteren Nachweisen). Dies ist insbesondere der Fall, wenn die die Zuständigkeitsverletzung begründende gerichtliche Entscheidung nicht mehr verständlich erscheint und offensichtlich unhaltbar ist (vgl. BVerfGE 29, 45, 49; 19, 38, 43). So liegt es hier. Es ist offensichtlich unhaltbar und nicht nachvollziehbar, daß das als Beschwerdegericht gegen die „Zwischenverfügung" angerufene Oberverwaltungsgericht sich für die von ihm getroffene Sachentscheidung für zuständig gehalten hat. Seine Auffassung, die „Zwischenverfügung" des Verwaltungsgerichts sei eine Sachentscheidung über das Duldungsbegehren des Beschwerdeführers ist schlechterdings nicht nachvollziehbar. Die „Zwischenverfügung" des Verwaltungsgerichts trifft keine Entscheidung über das Duldungsbegehren des Beschwerdeführers, sondern betrifft ausschließlich die dem Beschwerdeführer angedrohte Abschiebung, die bis zur Entscheidung in der Sache untersagt wird. Das Wort „Duldung" kommt in der „Zwischenverfügung" des Verwaltungsgerichts kein einziges Mal vor. Es trifft deshalb auch nicht zu, daß das Verwaltungsgericht dem Beschwerdeführer „im Ergebnis auf unabsehbare Zeit einen Duldungsanspruch zugesprochen hat".

Das Verwaltungsgericht war im Zeitpunkt seiner „Zwischenverfügung" erst seit wenigen Tagen im Besitz der Ausländerakte des Beschwerdeführers. Auch hatte das Verwaltungsgericht, wie es hervorhebt, noch keine hinreichenden Erkenntnisse über die regionalen Registrierungs- und Hilfevoraussetzungen in Bosnien. Es ist daher ohne weiteres verständlich und drängt sich geradezu auf, daß für das Verwaltungsgericht das Verfahren am 27. Oktober 1997 noch nicht entscheidungsreif war und es daher noch keine Entscheidung in der Sache treffen konnte. Auch die Auffassung des Ober-

Der gesetzliche Richter im vorläufigen Rechtsschutzverfahren 65

verwaltungsgerichts, die Voraussetzungen für den Erlaß einer „Zwischenverfügung" durch das Verwaltungsgericht hätten nicht vorgelegen, vermag, wäre sie zutreffend, die willkürliche Verletzung der Zuständigkeit des Verwaltungsgerichts zur Entscheidung in der Sache nicht zu beseitigen. Das Oberverwaltungsgericht wäre in diesem Fall gehalten gewesen, die „Zwischenverfügung" des Verwaltungsgerichts aufzuheben und die Sache an das Verwaltungsgericht zurückzuverweisen, um diesem Gelegenheit zu geben, eine Entscheidung in der Sache zu treffen.

3. Da die Verfassungsbeschwerde somit bereits wegen Verletzung des Art. 15 Abs. 5 Satz 2 VvB begründet ist, kann es dahinstehen, ob die Entscheidung des Oberverwaltungsgerichts auch den Anspruch des Beschwerdeführers auf rechtliches Gehör (Art. 15 Abs. 1 VvB) verletzt, wie dieser meint.

4. Nach § 54 Abs. 3 VerfGHG ist die Entscheidung des Oberverwaltungsgerichts aufzuheben und die Sache in entsprechender Anwendung des § 95 Abs. 2 Halbs. 3 BVerfGG an das Oberverwaltungsgericht zur Entscheidung über die Beschwerde des Landes Berlin zurückzuverweisen. Mit der Aufhebung des Beschlusses des Oberverwaltungsgerichts ist die „Zwischenverfügung" vom 27. Oktober 1997 wieder wirksam, so daß dem Landeseinwohneramt untersagt ist, bis zu einer vom Verwaltungsgericht zu treffenden abschließenden Entscheidung den Beschwerdeführer abzuschieben. Angesichts dessen bedarf es des Erlasses der ebenfalls beantragten einstweiligen Anordnung zur vorübergehenden Sicherung des Aufenthalts des Beschwerdeführers nicht.

Die Entscheidung ist mit fünf zu vier Stimmen ergangen.
Die Kostenentscheidung folgt aus §§ 33, 34 VerfGHG.
Dieser Beschluß ist unanfechtbar.

Sondervotum der Richter Prof. Dr. Driehaus und Töpfer

Die den Beschluß des Verfassungsgerichtshofs tragende Mehrheit nimmt an, das Oberverwaltungsgericht habe mit seiner Entscheidung vom 3. Februar 1998 das durch Art. 15 Abs. 5 Satz 2 VvB verbürgte Recht des Beschwerdeführers auf den gesetzlichen Richter verletzt. Dem vermögen wir nicht zu folgen.

1. Einzuräumen ist, daß das Recht auf den gesetzlichen Richter dadurch verletzt werden kann, daß ein Gericht seine Zuständigkeit zu Unrecht bejaht oder verneint und dadurch eine Verschiebung der gesetzlichen Zuständigkeit im Einzelfall zum Nachteil einer Prozeßpartei bewirkt (vgl. zum Bundesrecht ebenso BVerfG, u. a. Beschlüsse vom 26. Februar 1954 – 1 BvR 537/53 –

BVerfGE 3, 359, 364 und vom 30. Juni 1970 – 2 BvR 48/70 – BVerfGE 29, 45, 48 sowie u. a. *Leibholz/Rinck/Hesselberger*, Grundgesetz, Art. 101 Rn. 206). Voraussetzung für die Annahme einer Verletzung des Art. 15 Abs. 5 Satz 2 VvB ist danach eine zu Unrecht bejahte oder verneinte Zuständigkeit und infolgedessen eine Verschiebung der sich aus dem einfachen Verfahrensrecht ergebenden Zuständigkeit; deshalb ist im Einzelfall gleichsam auf einer ersten Stufe zu prüfen, ob die zu beurteilende gerichtliche Entscheidung eine verfahrensfehlerhafte Zuständigkeitsverschiebung bewirkt hat. Ist das nicht der Fall, fehlt es von vornherein an einer Entziehung des gesetzlichen Richters und mithin an einer möglichen Verletzung des Art. 15 Abs. 5 Satz 2 VvB, und zwar völlig unabhängig davon, wie das erkennende Gericht seine – im Ergebnis richtige – Zuständig- bzw. Unzuständigkeit begründet hat und ob die für seine Zuständig- oder Unzuständigkeit angestellten Erwägungen zu überzeugen vermögen oder es ihnen gar an einer Nachvollziehbarkeit mangelt. Hat – mit anderen Worten – das erkennende Gericht mit welchen Erwägungen auch immer die Zuständigkeitsfrage in Auslegung und Anwendung des einschlägigen Verfahrensrechts zutreffend beantwortet, scheidet eine Verletzung des verfassungsrechtlich garantierten Rechts auf den gesetzlichen Richter aus. Im Ergebnis Entsprechendes gilt, wenn die vom Fachgericht behandelte Zuständigkeitsfrage in Rechtsprechung und Literatur unterschiedlich beantwortet wird, etwa weil es an einer höchstrichterlichen Rechtsprechung bisher fehlt, also offen ist, ob die Ansicht des Fachgerichts zur Zuständigkeitsfrage mit dem einschlägigen Verfahrensrecht vereinbar ist. Auch dann fehlt es bereits an einer Berechtigung des Vorwurfs, das Fachgericht habe gegen einfaches Verfahrensrecht verstoßen und damit an einer Grundlage für die Annahme eines Verstoßes gegen Verfassungsrecht. Ausschließlich dann, wenn ein Gericht die Zuständigkeitsfrage fehlerhaft beantwortet hat, kann sich folglich die Frage nach einer Verletzung des Art. 15 Abs. 5 Satz 2 VvB stellen. Indes führt nicht schon jede irrtümliche Überschreitung der einem Fachgericht zugewiesenen Zuständigkeit zu einem Verstoß gegen Art. 15 Abs. 5 Satz 2 VvB. Vielmehr ist die Grenze zur Verfassungswidrigkeit erst überschritten, wenn die – fehlerhafte – gerichtliche Zuständigkeitsentscheidung willkürlich ist (vgl. zum Bundesrecht BVerfG, statt vieler Beschluß vom 3. November 1992 – 1 BvR 137/92 – BVerfGE 87, 282, 284f), d. h. wenn – in einem Fall der hier vorliegenden Art – die Auffassung des Fachgerichts, es sei in einem bestimmten Einzelfall nach dem einschlägigen Verfahrensrecht zur Entscheidung berufen, „im Bereich des schlechthin Abwegigen anzusiedeln ist" (vgl. zu dieser Bezeichnung der durch das verfassungsrechtliche Willkürverbot gezogenen Grenze die ständige Rechtsprechung des Verfassungsgerichtshofs, u. a. Beschlüsse vom 25. April 1994 – VerfGH 34/94 – LVerfGE 2, 16, 18, vom 12. Oktober 1994 –

Der gesetzliche Richter im vorläufigen Rechtsschutzverfahren 67

VerfGH 68/94 – LVerfGE 2, 67, 71, vom 11. Januar 1995 – VerfGH 81/94 – LVerfGE 3, 3, 7, vom 25. April 1996 – VerfGH 69, 69 A/95 – LVerfGE 4, 54, 62 und vom 12. Dezember 1996 – VerfGH 38/96 – LVerfGE 5, 58, 60). Davon kann hier u. E. keine Rede sein.

2. Das Verwaltungsgericht hat im Rahmen eines einstweiligen Anordnungsverfahrens (§ 123 VwGO) am 27. Oktober 1997 eine „Zwischenverfügung" erlassen; es hat dem Antragsgegner untersagt, „den Antragsteller vor Zustellung einer Entscheidung der Kammer über den Antrag auf Gewährung vorläufigen Rechtsschutzes vom 24. Juni 1997 abzuschieben". Es hat am Ende der Gründe der „Zwischenverfügung" ausgeführt, diese sei „unanfechtbar". Gleichwohl hat der Antragsgegner die Zulassung der Beschwerde beim Oberverwaltungsgericht beantragt und nach deren Zulassung Beschwerde gegen die „Zwischenverfügung" beim Oberverwaltungsgericht eingelegt. Daraufhin hat das Oberverwaltungsgericht mit Beschluß vom 3. Februar 1998 den „Beschluß des Verwaltungsgerichts Berlin vom 27. Oktober 1997 geändert" und den „Antrag auf Erlaß einer einstweiligen Anordnung ... abgelehnt". Die Auffassung des Oberverwaltungsgerichts, bei der „Zwischenverfügung" des Verwaltungsgerichts handle es sich um eine beschwerdefähige und deshalb von ihm überprüfbare Entscheidung, könnte ausschließlich dann als eine willkürliche Entziehung des gesetzlichen Richters gewertet werden, wenn sie – erstens – eine mit dem einschlägigen Verfahrensrecht nicht vereinbare Zuständigkeitsverschiebung zur Folge hätte und sie – zweitens – über die einfachgesetzliche Rechtsverletzung hinausgehend als willkürlich zu werten, also im Bereich des schlechthin Abwegigen anzusiedeln sein sollte. Es ist schon sehr zweifelhaft, ob die erste Voraussetzung erfüllt ist, d. h. ob überhaupt eine fehlerhafte Zuständigkeitsverschiebung vorliegt, und angesichts dessen fehlt es an einer Grundlage für die Annahme einer sozusagen qualifizierten, nämlich willkürlichen Zuständigkeitsverschiebung.

„Zwischenverfügungen" der hier in Rede stehenden Art sind nach herrschender Meinung sowohl im Aussetzungsverfahren (§ 80 VwGO) als auch im einstweiligen Anordnungsverfahren (§ 123 VwGO) statthaft; durch sie soll der Zeitraum zwischen dem Eingang des Eilantrags und der endgültigen Eilentscheidung überbrückt werden (vgl. statt vieler *Schoch* in Schoch/Schmidt-Aßmann/Pietzner, VwGO, Stand Mai 1997, § 80 Rn. 242 und § 123 Rn. 164). Die Frage, ob diese „Zwischenverfügungen" nach Maßgabe des § 146 Abs. 4 VwGO mit der Beschwerde angegriffen werden können und mithin der Überprüfung durch das Oberverwaltungsgericht unterliegen, ist in Rechtsprechung und Literatur umstritten. Während u. a. der Verwaltungsgerichtshof Kassel (Beschluß vom 23. August 1994 – 1 TG 2086/94 –

LVerfGE 9

NVwZ-RR 95, 302) eine Beschwerde gegen eine derartige Zwischenentscheidung für unzulässig hält, meinen z. B. das OVG Hamburg (Beschluß vom 10. März 1988 – Bs V 10/88 – NVwZ 89, 479) und das OVG Münster (Beschluß vom 10. Oktober 1996 – 10 B 2434/96 –), eine Beschwerde sei – nach entsprechender Zulassung – zulässig. In der Literatur vertritt beispielsweise Schoch (aaO, § 123 Rn. 181) die Ansicht, „Zwischenverfügungen" seien mit der Beschwerde anfechtbar; dagegen hält etwa Schenke (*Kopp/Schenke*, VwGO, 11. Aufl., § 146 Rn. 8) sie für nicht beschwerdefähig.

Eine höchstrichterliche Entscheidung des zur Auslegung des Verwaltungsprozeßrechts berufenen Bundesverwaltungsgerichts gibt es bisher nicht, so daß gegenwärtig die Annahme geboten ist, es sei einfachrechtlich offen, ob ein Oberverwaltungsgericht für die Entscheidung über ein Rechtsmittel gegen eine „Zwischenverfügung" zuständig ist. Vor diesem Hintergrund fehlt es schon an einer Rechtfertigung für den Vorwurf, ein Oberverwaltungsgericht, das – wie im vorliegenden Fall – seine Zuständigkeit bejaht, verstoße gegen einfaches Verwaltungsprozeßrecht, und angesichts dessen mangelt es an jeder Grundlage für die Annahme einer qualifizierten, nämlich willkürlichen Rechtsverletzung (Entziehung des gesetzlichen Richters).

3. Eine ganz andere Frage ist, ob das Oberverwaltungsgericht im Rahmen der von ihm bejahten Zuständigkeit zur Überprüfung der „Zwischenverfügung" des Verwaltungsgerichts ausschließlich befugt war, diese Zwischenentscheidung zu bestätigen bzw. sie aufzuheben und die Sache zur Entscheidung über die begehrte einstweilige Anordnung selbst an das Verwaltungsgericht „zurückzugeben" oder ob es – wie es angenommen hat – eine Entscheidung in dem einstweiligen Anordnungsverfahren treffen durfte. Auf einzig diese Frage stellt die Mehrheit des Verfassungsgerichtshofs ab; ohne jede Begründung beantwortet sie sie in letzterem Sinne und läßt dabei schlicht unberücksichtigt, daß die Beantwortung dieser Frage mangels Vorliegens einer höchstrichterlichen Entscheidung einfachrechtlich ebenfalls als offen zu bezeichnen ist. Während etwa das OVG Hamburg (aaO) – ohne dies zu problematisieren – inzident die erste Alternative für zutreffend hält, meint z. B. *Schoch* (in: Schoch/Schmidt-Aßmann/Pietzner, VwGO, Stand Februar 1998, § 123 Rn. 185) unter Hinweis auf seine Ansicht stützende Stimmen in Rechtsprechung und Literatur, das Oberverwaltungsgericht habe selbst eine den Instanzenzug abschließende Entscheidung nach Maßgabe der für das Verwaltungsgericht geltenden Regeln zu treffen; die Funktion des Eilverfahrens spreche dafür, daß das Beschwerdegericht zu einer eigenen Sachentscheidung über die gestellten Sachanträge berufen sei. Auch in die-

sem Zusammenhang läßt sich gegenwärtig somit nicht einmal feststellen, das Oberverwaltungsgericht habe durch seine Entscheidung gegen einfachgesetzliches Verfahrensrecht verstoßen, und angesichts dessen kann keine Rede davon sein, es habe die durch das Willkürverbot gezogene Grenze überschritten und deshalb Art. 15 Abs. 5 Satz 2 VvB verletzt.

Sondervotum der Richter Prof. Dr. Kunig und Prof. Dr. Randelzhofer

Das Oberverwaltungsgericht, das der Auffassung ist, sogenannte Zwischenverfügungen seien grundsätzlich unanfechtbar, war zu dem Schluß gekommen, auch angesichts der Verwendung des Begriffs „Zwischenverfügung", und ungeachtet der Nichtverwendung des Begriffs der Duldung in den Gründen, handele es sich bei dem Beschluß des Verwaltungsgerichts vom 27. Oktober 1997 um eine Sachentscheidung, welche der Anfechtung unterliege. Es begründet diese Sichtweise knapp, aber nachvollziehbar. Die Mehrheit des Verfassungsgerichtshofs legt demgegenüber das Gewicht auf die von dem Vewaltungsgericht gewählte Begrifflichkeit. Sie berücksichtigt dabei nicht genügend, daß ein Gericht seine Entscheidung durch die bloße Wahl des Begriffs „Zwischenverfügung" nicht gegen die Überprüfung in einer weiteren Instanz immunisieren kann.

Dazu führt der vom Verwaltungsgericht gewählte Weg, soweit seine „Zwischenverfügung" praktisch wie eine positive Sachentscheidung wirkt. In diesem Zusammenhang ist auch von Bedeutung, daß die materielle Rechtslage dem Verwaltungsgericht grundsätzlich nicht die Befugnis einräumt, die Auswirkung allgemeiner Gefährdungslagen auf die Zulässigkeit der Abschiebung zu beurteilen (siehe BVerwGE 99, 324 ff). Nach § 53 Abs. 6 Satz 1 AuslG kann von der Abschiebung eines Ausländers in einen anderen Staat abgesehen werden, wenn dort für ihn eine erhebliche konkrete, individuelle Gefahr für Leib, Leben oder Freiheit besteht. Für das Vorliegen einer solchen konkreten, individuellen Gefahr spricht im vorliegenden Fall nichts. Der Beschwerdeführer bzw. Antragsteller im verwaltungsgerichtlichen Verfahren selbst hat dies auch nicht behauptet. Vielmehr trägt er vor, daß ihm als Muslim und Roma im serbischen Teil Bosnien-Herzegowinas Gefahren und Benachteiligungen drohen. Für einen solchen Fall aber sieht § 53 Abs. 6 Satz 2 AuslG vor, daß Gefahren, denen die Bevölkerung oder die Bevölkerungsgruppe, der der Ausländer angehört, nur bei Entscheidungen nach § 54 AuslG berücksichtigt werden.

§ 54 AuslG bestimmt, daß die oberste Landesbehörde aus völkerrechtlichen oder humanitären Gründen oder zur Wahrung politischer Interessen der Bundesrepublik Deutschland anordnen kann, daß die Abschiebung von

Ausländern aus bestimmten Staaten oder von bestimmten Ausländergruppen ausgesetzt wird. Eine solche Entscheidung ist bezüglich der hier zu beurteilenden Fallkonstellation im Lande Berlin nicht getroffen worden. Das Bundesverwaltungsgericht (BVerwGE 99, 324, 328) hat die Regelung der §§ 53 Abs. 6 Satz 2 i.V.m. § 54 AuslG aus verfassungsrechtlichen Gründen allerdings dahingehend interpretiert, daß eine Abschiebung auf dieser Grundlage dann unterbleiben müsse, wenn die Abschiebung bedeute, daß man den Ausländer dadurch „sehenden Auges dem sicheren Tod oder schwersten Verletzungen ausliefern würde." Dafür ist hier nichts ersichtlich.

Mit dem Richter Prof. Dr. Driehaus und der Richterin Töpfer meinen auch wir im Ergebnis, daß dem Oberverwaltungsgericht nicht vorgeworfen werden kann, die Garantie des gesetzlichen Richters mißachtet zu haben. Der gesetzliche Richter ist der gesetzlich zuständige Richter. Erst wenn ein unzuständiges Gericht entschieden hat, ist Raum für die weitere Frage nach der Willkürfreiheit der von dem entscheidenden Gericht hinsichtlich seiner eigenen Zuständigkeit angestellten Erwägungen.

Nr. 9

Zu den verfassungsrechtlichen Anforderungen an die Abweisung einer Asylklage als offensichtlich unbegründet.

Vefassung von Berlin Art. 15 Abs. 4, 17

Beschluß vom 16. Dezember 1998 – VerfGH 78, 78 A/98 –

in dem Verfahren über die Verfassungsbeschwerde und den Antrag auf Erlaß einer einstweiligen Anordnung
des Herrn M., A.

– Verfahrensbevollmächtigte: Rechtsanwältin A., M.

gegen
das Urteil des Verwaltungsgerichts Berlin vom 17. Juni 1998 – VG 32 X 158/96 –

Beteiligte gemäß § 53 Abs. 1 und 2 VerfGHG:
1. Senatsverwaltung für Justiz,
2. Bundesamt für die Anerkennung ausländischer Flüchtlinge,
3. Landeseinwohneramt Berlin,

Verfassungsrechtliche Anforderungen an die Abweisung einer Asylklage   71

Entscheidungsformel:

Das Urteil des Verwaltungsgerichts Berlin vom 17. Juni 1998 – VG 32 X 158/96 – verletzt den Beschwerdeführer in seinem Grundrecht aus Art. 15 Abs. 4 Satz 1 in Verbindung mit Art. 17 der Verfassung von Berlin. Es wird aufgehoben. Die Sache wird an das Verwaltungsgericht Berlin zurückverwiesen.

Damit erledigt sich zugleich der Antrag auf Erlaß einer einstweiligen Anordnung.

Das Verfahren ist gerichtskostenfrei. Das Land Berlin hat dem Beschwerdeführer die notwendigen Auslagen zu erstatten.

Gründe:

I.

1. Der am 15. Dezember 1963 in Batticaloa im Osten Sri Lankas geborene Beschwerdeführer ist srilankischer Staatsangehöriger mit tamilischer Volkszugehörigkeit. Er reiste zuletzt am 22. November 1993 nach Deutschland ein und meldete sich hier als Asylsuchender.

Zur Begründung seines Asylantrags trug er u. a. vor, er habe bis März 1986 als Busfahrer in Sri Lanka gearbeitet. Obwohl er nicht politisch tätig gewesen sei, sei er im März 1986 bei einer Straßenkontrolle durch die Armee verhaftet, verhört, geschlagen und ohne Gerichtsverfahren $1^1/_2$ Monate lang in einem Sondergefängnis für rebellierende junge Männer festgehalten worden. Im Mai 1986 sei er unter der Auflage, sich regelmäßig bei der Polizei zu melden, freigelassen worden. Statt dessen habe er jedoch Sri Lanka verlassen und seitdem in Saudi-Arabien gelebt und gearbeitet. Nachdem sein Arbeitsvertrag ausgelaufen sei, wolle er nicht nach Sri Lanka zurückkehren, weil er dort sowohl von der tamilischen Rebellenorganisation LTTE als auch von der Armee gesucht werde. Sein jüngerer Bruder sei im Alter von 18 Jahren verhaftet worden und seitdem verschwunden. Nachdem sein Vater inzwischen verstorben sei, lebten in seinem Dorf als Familienangehörige nur noch seine Mutter und ein Onkel. Weder dort noch in Colombo gebe es für ihn Sicherheit, da junge Leute immer gesucht würden.

Durch Bescheid vom 8. September 1994 lehnte das Bundesamt für die Anerkennung ausländischer Flüchtlinge den Antrag auf Anerkennung als Asylberechtigter ab, stellte fest, daß die Voraussetzungen eines Abschiebungsverbots nach § 51 Abs. 1 AuslG und Abschiebungshindernisse nach

§ 53 AuslG nicht vorlägen, forderte den Beschwerdeführer auf, Deutschland innerhalb eines Monats nach Bekanntgabe dieser Entscheidung, im Falle einer Klageerhebung innerhalb eines Monats nach unanfechtbarem Abschluß des Asylverfahrens zu verlassen, und drohte für den Fall der Nichteinhaltung dieser Frist die Abschiebung an. Der Beschwerdeführer habe nicht glaubhaft gemacht, in Sri Lanka einer politischen Verfolgung ausgesetzt gewesen zu sein oder eine solche bei Rückkehr dorthin befürchten zu müssen. Soweit er als tamilischer Volkszugehöriger seinen Antrag auf eine Gruppenverfolgung stütze, lasse sich daraus kein Asylanspruch ableiten. Der srilankische Staat gehe nämlich nicht wahllos gegen alle Tamilen jeden Alters und jeden Geschlechts vor, wie dies für eine rassische Verfolgung kennzeichnend wäre. Vielmehr richteten sich seine Maßnahmen vorwiegend gegen die jüngeren Tamilen im Alter von 11 bis 35 Jahren. Da Tamilen dieser Altersgruppe zwangsläufig aufgrund ihrer aktiven Kampf- und Aktionsfähigkeit für den Verdacht der Unterstützung der LTTE in Frage kämen, fehle diesen Maßnahmen die Asylerheblichkeit; denn sie dienten erkennbar objektiv der Bekämpfung des Bürgerkriegsgegners. Soweit der Beschwerdeführer eine Individualverfolgung geltend mache, seien seine Angaben widersprüchlich und unglaubhaft.

Mit der hiergegen erhobenen Klage beim Verwaltungsgericht Berlin verfolgte der Beschwerdeführer sein Begehren weiter. Zur Begründung führte er u. a. aus, ihm drohe bei Rückkehr in seine Heimat mit beachtlicher Wahrscheinlichkeit politische Verfolgung, da die militärischen Maßnahmen der Streitkräfte über eine reine Bekämpfung des Bürgerkriegsgegners hinausgingen und unter Billigung der Regierung bewußt auch gegen die tamilische Zivilbevölkerung gerichtet seien. Er könne auch nicht auf eine inländische Fluchtalternative verwiesen werden, da er insbesondere bei einer Einreise über den Flughafen von Colombo vor politischer Verfolgung nicht hinreichend sicher sei. Tamilen, die aus dem Ausland zurückkehrten, setzten sich dem Verdacht aus, dort mit der Exilorganisation der LTTE Kontakt gehabt zu haben. Bei der zu befürchtenden Festnahme komme es meist zu asylrelevanten Mißhandlungen und Folterungen. Hierfür reiche auch ohne Vorliegen eines konkreten Verdachts aus, daß es sich um Tamilen zwischen 11 und 35 Jahren handele.

In der mündlichen Verhandlung vom 17. Juni 1998 trug der Beschwerdeführer ergänzend vor, er habe keinen brieflichen Kontakt nach Sri Lanka und wisse deshalb nicht, was seine Verwandten machten. Im übrigen konkretisierte er sein tatsächliches Vorbringen dahingehend, daß er aufgrund seiner tamilischen Volkszugehörigkeit und der erlittenen Vorverfolgung bereits bei seiner Rückkehr damit rechnen müsse, festgenommen zu werden. Schon dabei bestehe für ihn die erhebliche und konkrete Gefahr, durch srilankische

Sicherheitskräfte mißhandelt zu werden. Außerdem wäre für ihn weder in Colombo noch sonstwo in Sri Lanka das wirtschaftliche Existenzminimum gesichert. Aufgrund seiner tamilischen Volkszugehörigkeit und der erlittenen Vorverfolgung bestehe auch die beachtliche Gefahr, in Colombo jederzeit bei Razzien festgenommen und mißhandelt zu werden. Diese Gefahr sei wegen der seit Oktober 1997 verschärften Bürgerkriegssituation und der sich daraus ergebenden Kontrollen auch bei dem Versuch gegeben, von Colombo aus in andere Landesteile zu gelangen. Zum Beweis all dessen beantragte der Beschwerdeführer die Einholung von aktuellen Sachverständigengutachten der Organisation amnesty international und des UNHCR.

Das Verwaltungsgericht lehnte diesen Beweisantrag zunächst durch in der mündlichen Verhandlung verkündeten Beschluß ab, da er auf die Ausforschung von Sachverhalten gerichtet sei, für die der Beschwerdeführer selbst keine hinreichenden Anhaltspunkte angeben könne. Im übrigen lege das Gericht einer eventuellen Entscheidung Äußerungen des UNHCR – zuletzt vom 12. Februar 1998 – zugrunde und werde, wenn es zu einem Urteil komme, auch den Jahresbericht der Organisation amnesty international für 1997 berücksichtigen.

Durch Urteil vom selben Tage – zugestellt am 23. Juli 1998 – wies das Verwaltungsgericht die Klage als offensichtlich unbegründet ab. Zur Begründung führte es im wesentlichen aus: Der Beschwerdeführer sei bei seiner Rückkehr nach Sri Lanka vor politischer Verfolgung hinreichend sicher. Deshalb könne offenbleiben, ob er Sri Lanka vorverfolgt verlassen habe und Tamilen dort zum Zeitpunkt seiner Ausreise einer staatlichen Gruppenverfolgung ausgesetzt gewesen seien. Gegenwärtig und in naher Zukunft drohe ihm wegen seiner tamilischen Volkszugehörigkeit in ganz Sri Lanka keine gruppengerichtete Verfolgung; unabhängig davon biete sich ihm jedenfalls im Süden und Westen seines Heimatlandes, insbesondere im Großraum Colombo, eine inländische Fluchtalternative. Dies ergebe sich aus den Ausführungen, die das Oberverwaltungsgericht Berlin in einem Urteil vom 15. Dezember 1997 – OVG 3 B 9/95 – zur Verfolgungssicherheit für Tamilen in Sri Lanka gemacht habe. Darin habe das Oberverwaltungsgericht für den Zeitpunkt bis zu seiner Entscheidung u.a. folgendes festgestellt:

Gegenwärtig und in naher Zukunft seien Tamilen in Sri Lanka landesweit vor staatlichen oder dem Staat zuzurechnenden Repressalien von asylerheblicher Relevanz, Dichte und Gerichtetheit allein wegen ihrer Volkszugehörigkeit hinreichend sicher. Das gelte zunächst für den Norden des Landes und für die nicht von der LTTE beherrschten Gebiete des Nordostens und Ostens. Auch im Süden und Westen seien zurückkehrende Asylbewerber vor politischer Verfolgung hinreichend sicher. Zwar würden weiterhin groß angelegte Razzien durchgeführt und viele Personen festgenommen.

Routinemäßig fänden nach wie vor Identitätskontrollen in den Straßen Colombos statt, wobei insbesondere männliche Personen im Alter zwischen 15 und 40 Jahren betroffen seien, die sich entweder nicht ausweisen könnten, keine zufriedenstellenden Erklärungen über den Zweck ihres Aufenthalts gäben oder den Sicherheitsbehörden bereits bei früheren Kontrollen aufgefallen seien. Die Mehrzahl der Verhafteten komme jedoch nach kurzer Zeit wieder frei, wenn der Verdacht einer LTTE-Unterstützung ausgeräumt sei. Zwar gebe es weiterhin Berichte über Foltermaßnahmen in den Polizeistationen und Gefängnissen. Dem wirke die Regierung jedoch entgegen, was auch Erfolge zeige. Wenngleich die Berichte über aufgefundene Leichen von der Polizei ermordeter Personen nicht abrissen, ergebe die Bewertung dieser Situation keine Anhaltspunkte dafür, daß im Süden und Westen des Landes lebende Tamilen wegen ihrer Volkszugehörigkeit einer Gruppenverfolgung ausgesetzt seien. Die in letzter Zeit erheblich gestiegene Zahl von Verhaftungen ändere an dieser Bewertung nichts. Zwar könne es sich in den Fällen, in denen Festgenommene gefoltert würden, um politische Verfolgung handeln. Soweit kein konkretisierter LTTE-Bezug bestehe, sei jedoch aufgrund der zum Schutz gegen Menschenrechtsverletzungen getroffenen Maßnahmen auch für junge Tamilen das Risiko einer Mißhandlung durch staatliche Sicherheitskräfte als äußerst gering zu veranschlagen. Trotz einiger geschilderter Einzelfälle von Verhaftungen und Mißhandlungen sei insgesamt die Einschätzung gerechtfertigt, daß auch aus Europa zurückkehrende junge Tamilen grundsätzlich im Süden und Westen des Landes vor politischer Verfolgung wegen ihrer Volkszugehörigkeit hinreichend sicher seien. Unterstelle man zugunsten zurückgekehrter Tamilen, daß diesen im Norden und Osten/Nordosten Sri Lankas politische Verfolgung drohe, wie dies das Oberverwaltungsgericht Rheinland-Pfalz für den Norden des Landes angenommen habe, dann stehe diesen hiernach jedenfalls im Süden und Westen, insbesondere im Großraum Colombo, eine inländische Fluchtalternative offen. Daraus folge weiter, daß das verfolgungsfreie Gebiet hinreichend sicher vor politischer Verfolgung erreicht werden könne. Darüber hinaus könnten zurückgekehrte Tamilen sich im Süden und Westen auf absehbare Zeit aufhalten. Daß ihnen dort wirtschaftliche Verelendung drohe, könne nicht festgestellt werden.

Das Verwaltungsgericht sehe nach Auswertung der in das Verfahren eingeführten aktuellen Auskünfte, Gutachten und Stellungnahmen keine Veranlassung, von dieser zum Jahresende 1997 maßgeblichen Einschätzung des Oberverwaltungsgerichts abzuweichen. Eine beachtliche Veränderung der Sicherheitslage habe sich nach dem neueren Quellenmaterial nicht ergeben. Vielmehr sei unverändert für aus Europa zurückkehrende Tamilen auch für die nächste Zukunft in Sri Lanka hinreichende Sicherheit vor Verfolgung

Verfassungsrechtliche Anforderungen an die Abweisung einer Asylklage 75

gegeben und unabhängig davon von einer inländischen Fluchtalternative auszugehen, soweit nicht ein auch gegenwärtig noch anhaltender konkreter Verdacht aktiver LTTE-Unterstützung bestehe. Das könne im Falle des Beschwerdeführers nicht angenommen werden. Weil er in Sri Lanka vor politischer Verfolgung hinreichend sicher sei, könne ihm auch kein Abschiebungsschutz nach § 51 Abs. 1 AuslG gewährt werden.

Die Klage sei offensichtlich unbegründet, weil an der Richtigkeit der tatsächlichen Feststellungen des Gerichts vernünftigerweise keine Zweifel bestehen könnten und sich bei einem solchen Sachverhalt nach allgemein anerkannter Rechtsauffassung die Abweisung der Klage geradezu aufdränge. Denn es entspreche der gefestigten und auch hinreichend aktuellen obergerichtlichen Rechtsprechung, daß Tamilen als Gruppe entweder in ganz Sri Lanka vor politischer Verfolgung hinreichend sicher seien oder sich ihnen wenigstens in einem Teil ihres Heimatlandes eine inländische Fluchtalternative biete, wo sie vor der behaupteten Gruppenverfolgung hinreichend sicher seien. Die vom Niedersächsischen Oberverwaltungsgericht in seinen Urteilen vom 22. Februar 1996 – 12 L 7722/95 – und 24. April 1997 – 12 L 1734/96 – vorgenommene Einschränkung, daß eine inländische Fluchtalternative für vorverfolgte 14- bis 35-jährige tamilische Volkszugehörige nicht bestehe, die nicht im oder in den Familienverband einreisten oder für die keine vergleichbaren persönlichen Bindungen beständen, stelle diese gefestigte Rechtsprechung nicht in Frage.

2. Mit der am 23. September 1998 eingegangenen Verfassungsbeschwerde rügt der Beschwerdeführer, das Urteil des Verwaltungsgerichts verletze ihn in seinen Rechten aus Art. 15 Abs. 1 und 4 der Verfassung von Berlin – VvB –.

Die Abweisung der Klage als offensichtlich unbegründet verstoße gegen Art. 15 Abs. 4 VvB, da dem Beschwerdeführer damit willkürlich der Rechtsweg zum Oberverwaltungsgericht abgeschnitten werde. Bei der Abweisung einer Asylklage als offensichtlich unbegründet, die die Unanfechtbarkeit des erstinstanzlichen Urteils zur Folge habe, seien besondere Anforderungen an die Sachverhaltsermittlung zu stellen. Die auf der Hand liegende Aussichtslosigkeit der Klage müsse sich zumindest eindeutig aus der Entscheidung selbst ergeben. Das sei hier nicht der Fall. In den Gründen dafür, daß die Klage als offensichtlich unbegründet abgewiesen wurde, habe das Verwaltungsgericht auf eine gefestigte obergerichtliche Rechtsprechung Bezug genommen und dabei selbst das Niedersächsische Oberverwaltungsgericht zitiert, das eine inländische Fluchtalternative für vorverfolgte 14- bis 35-jährige tamilische Volkszugehörige, die nicht im oder in den Familienverband einreisen oder für die keine vergleichbaren persönlichen Bindungen bestehen,

LVerfGE 9

gerade ausschließe. Nach dem Vortrag des Beschwerdeführers falle er genau unter diese Ausnahmegruppe.

Die Ablehnung seines in der mündlichen Verhandlung gestellten Beweisantrags sei rechtsfehlerhaft und verletze ihn deshalb in seinem sich aus Art. 15 Abs. 1 VvB ergebenden Anspruch auf rechtliches Gehör. Die Äußerung des UNHCR vom 12. Februar 1998, auf die das Gericht in diesem Zusammenhang verwiesen habe, beziehe sich auf Umstände des Jahres 1997 und nicht auf die unter Beweis gestellten Behauptungen. Entgegen dem Hinweis des Gerichts sei auch der Jahresbericht der Organisation amnesty international für 1997, der erst im Juli 1998 erschienen sei, nicht zum Gegenstand des Verfahrens gemacht worden. Über die Verschlechterung der Situation in Colombo seit dem Bombenanschlag vom 15. Oktober 1997 hätten dem Gericht keine Erkenntnisquellen vorgelegen.

Der Beschwerdeführer hat gleichzeitig beantragt, im Wege einstweiliger Anordnung Abschiebungsmaßnahmen gegen ihn zu untersagen.

Gemäß § 53 Abs. 1 und 2 VerfGHG ist der Senatsverwaltung für Justiz und der Beklagten des Ausgangsverfahrens sowie dem Landeseinwohneramt Berlin Gelegenheit gegeben worden, sich zu der Verfassungsbeschwerde und dem Antrag auf Erlaß einer einstweiligen Anordnung zu äußern.

II.

1. Mit der Rüge, das Verwaltungsgericht habe die Klage zu Unrecht als offensichtlich unbegründet abgewiesen und damit Art. 15 Abs. 4 VvB verletzt, ist die Verfassungsbeschwerde zulässig und begründet. Das angegriffene Urteil verletzt den Beschwerdeführer in seinem Grundrecht aus Art. 15 Abs. 4 Satz 1 in Verbindung mit Art. 17 VvB.

Der Beschwerdeführer hat sich im Ausgangsverfahren gegen die Ablehnung seines Antrags auf Anerkennung als Asylberechtigter, die Feststellung des Nichtvorliegens der Voraussetzungen eines Abschiebungsverbots und von Abschiebungshindernissen, die Ausreiseaufforderung und die Abschiebungsandrohung gewandt. Er hat also gegen einen Akt der öffentlichen Gewalt den Rechtsweg beschritten, der unter der besonderen Gewährleistung des Art. 15 Abs. 4 VvB steht. Art. 15 Abs. 4 VvB überläßt zwar die nähere Ausgestaltung dieses Rechtswegs den jeweils geltenden Prozeßordnungen und gewährleistet nicht, daß diese einen Instanzenzug zur Verfügung stellen. Jedoch darf der Rechtsweg nicht ausgeschlossen werden, und er darf auch nicht in unzumutbarer, aus Sachgründen nicht mehr zu rechtfertigender Weise erschwert werden. Das gilt nicht nur für den ersten Zugang zum Gericht, es gilt auch für die Wahrnehmung aller Instanzen, die eine Prozeß-

Ordnung jeweils vorsieht (vgl. zum insoweit inhaltsgleichen Art. 19 Abs. 4 GG: BVerfGE 40, 272, 274 f; ständige Rechtsprechung). Wie das Bundesverfassungsgericht entschieden hat (BVerfGE 65, 76 ff), ist es wegen der außerordentlichen Belastung der Verwaltungsgerichtsbarkeit mit Asylverfahren zwar verfassungsrechtlich nicht zu beanstanden, daß ein weiteres Rechtsmittel nicht stattfindet, wenn sich die Klage eines Asylsuchenden als offensichtlich unzulässig oder offensichtlich unbegründet erweist (§ 78 Abs. 1 AsylVfG), die Inanspruchnahme einer weiteren gerichtlichen Instanz mithin mutwillig wäre. Das ist nach der Rechtsprechung des Bundesverfassungs- und des Bundesverwaltungsgerichts aber nur dann der Fall, wenn im maßgeblichen Zeitpunkt der gerichtlichen Entscheidung an der Richtigkeit der tatsächlichen Feststellungen des Gerichts vernünftigerweise kein Zweifel bestehen kann und sich bei einem solchen Sachverhalt nach allgemein anerkannter Rechtsauffassung (nach dem Stand der Rechtsprechung und Lehre) die Abweisung der Klage dem Verwaltungsgericht geradezu aufdrängt (vgl. BVerfGE 71, 276, 293; BVerwG, Beschluß vom 1. März 1979 – BVerwG 1 B 24/79 – Buchholz 402.24 § 34 AuslG Nr. 1).

Die subjektive Einschätzung der offensichtlichen Aussichtslosigkeit der Klage durch den Einzelrichter reicht hierfür nicht aus. Vielmehr gebieten die in der Sache betroffenen Grundrechte – hier das im Umfang des bundesrechtlichen Mindeststandards des Art. 2 Abs. 1 GG auch Ausländern in Art. 17 VvB landesverfassungsrechtlich verbürgte Recht auf Freizügigkeit (vgl. Beschlüsse des Verfassungsgerichtshofs vom 12. Juli 1994 – VerfGH 94/93 – LVerfGE 2, 19, 24 f und vom 16. August 1995 – VerfGH 27/94 – LVerfGE 3, 50, 54 ff) – in Verbindung mit Art. 15 Abs. 4 Satz 1 VvB zur Gewährung eines angemessenen und effektiven Rechtsschutzes (vgl. Beschlüsse des Verfassungsgerichtshofs vom 12. Juli 1994 (aaO S. 31) und vom 28. Januar 1998 – VerfGH 65/97, 65 A/97 – NVwZ-Beil. 1998, S. 41, 42), daß sich die offensichtliche Unbegründetheit der Klage klar und eindeutig aus den Entscheidungsgründen ergibt (vgl. BVerfGE 65, 76 ff; 71, 276, 292 f; Beschluß vom 3. September 1996 – 2 BvR 2353/95 – NVwZ-Beil. 1997, S. 9 f zu Art. 19 Abs. 4 Satz 1 i.V.m. Art. 2 Abs. 1 GG). Beschränkt sich das Verwaltungsgericht im wesentlichen darauf, abstrakt die tatbestandlichen Voraussetzungen für die Abweisung der Klage als offensichtlich unbegründet darzulegen, ohne diesen abstrakten Maßstab im konkreten Fall auf die Situation und das Vorbringen des Klägers anzuwenden, so vermag dies die Abweisung der Klage als offensichtlich unbegründet nicht zu tragen. Vielmehr muß aus den Entscheidungsgründen nachvollziehbar deutlich werden, unter welchen Gesichtspunkten dieser abstrakte Maßstab im konkreten Fall auf die Situation und das Vorbringen des Klägers angewandt wird (vgl. BVerfG, Beschluß vom 5. Oktober 1994 – 2 BvR 2748/93 – NVwZ-Beil. 1995, S. 1 f).

Diesen verfassungsrechtlichen Anforderungen trägt das angegriffene Urteil nicht ausreichend Rechnung. Das Verwaltungsgericht hat seiner Entscheidung ausdrücklich den für vorverfolgte Asylbewerber geltenden herabgestuften Prognosemaßstab zugrundegelegt, wonach eine Asylanerkennung bzw. die Gewährung von Abschiebungsschutz erst dann ausscheidet, wenn der Asylbewerber in seinem Heimatland vor politischer Verfolgung hinreichend sicher ist. Dabei hat es das Offensichtlichkeitsurteil in bezug auf die geltend gemachte Gruppenverfolgung darauf stützen wollen, daß eine gefestigte obergerichtliche Rechtsprechung vorliege, wonach Tamilen als Gruppe entweder in ganz Sri Lanka vor politischer Verfolgung hinreichend sicher seien oder sich wenigstens in einem Teil ihres Heimatlandes eine inländische Fluchtalternative biete, wo sie vor der behaupteten Gruppenverfolgung hinreichend sicher seien. Es hat jedoch selbst darauf hingewiesen, daß das Niedersächsische Oberverwaltungsgericht insoweit die Einschränkung mache, daß eine inländische Fluchtalternative für vorverfolgte 14- bis 35-jährige tamilische Volkszugehörige nicht gegeben sei, die nicht im oder in den Familienverband einreisten und für die auch keine vergleichbaren persönlichen Bindungen beständen. Die Auffassung des Verwaltungsgerichts, diese Einschränkung stelle die vorgenannte gefestigte Rechtsprechung nicht in Frage, ist nur behauptet, aber nicht näher begründet worden. Daher kann die Bewertung der Klage als offensichtlich unbegründet nicht überzeugen. Da der Beschwerdeführer als im maßgeblichen Zeitpunkt 34-jähriger tamilischer Volkszugehöriger geltend macht, vorverfolgt zu sein und weder in den Familienverband einreisen zu können noch über vergleichbare persönliche Bindungen zu verfügen, und das Verwaltungsgericht zu diesem Vorbringen keine Feststellungen getroffen, sondern ausdrücklich offengelassen hat, ob der Beschwerdeführer vorverfolgt war, fehlt es an einer tragfähigen Begründung des Offensichtlichkeitsurteils. Dies gilt um so mehr, als das vom Verwaltungsgericht in erster Linie in Bezug genommene Urteil des Oberverwaltungsgerichts Berlin vom 15. Dezember 1997 sich nicht damit auseinandersetzt, daß das Niedersächsische Oberverwaltungsgericht durch Urteil vom 24. April 1997 seine Rechtsprechung ausdrücklich aufrechterhalten hatte, obwohl ihm dabei im wesentlichen dieselben Auskünfte und Stellungnahmen sachverständiger Stellen vorlagen wie dem Oberverwaltungsgericht Berlin. Inzwischen hat im übrigen auch das Oberverwaltungsgericht für das Land Nordrhein-Westfalen mit Urteil vom 26. Mai 1998 – 21 A 571/96 A – entschieden, daß hinreichende Sicherheit vor politischer Verfolgung in Sri Lanka für junge tamilische Männer nicht festgestellt werden könne.

2. Soweit der Beschwerdeführer darüber hinaus eine Verletzung des aus Art. 15 Abs. 1 VvB folgenden Anspruchs auf rechtliches Gehör rügt, ent-

spricht sein Vorbringen nicht den sich aus § 50 VerfGHG ergebenden Anforderungen an die Bezeichnung einer derartigen Rechtsverletzung. Art. 15 Abs. 1 VvB gewährt keinen Schutz gegen Entscheidungen, die den Sachvortrag eines Beteiligten aus Gründen des formellen oder materiellen Rechts teilweise oder ganz unberücksichtigt lassen. Das gilt auch für die Würdigung, ein bestimmter Beweisantrag sei auf die Ausforschung nicht hinreichend substantiiert dargelegter Sachverhalte gerichtet. Daß sich aus dem Jahresbericht der Organisation amnesty international für 1997, den das Verwaltungsgericht bei seinem Urteil berücksichtigen wollte, jedoch nicht berücksichtigt hat, erhebliche neue, über das vom Verwaltungsgericht zugrundegelegte Material hinausgehende Gesichtspunkte ergeben hätten, hat der Beschwerdeführer nicht dargetan. Abgesehen davon läßt sich aus Art. 15 Abs. 1 VvB kein Anspruch auf Erweiterung des gerichtlichen Aktenbestandes oder auf bestimmte Beweismittel herleiten. Der Anspruch auf rechtliches Gehör ist schließlich nicht schon dann verletzt, wenn der Richter im Zusammenhang mit seiner Pflicht zur Erforschung des Sachverhalts zu einer unrichtigen Tatsachenfeststellung gekommen sein mag. Ob diese aus § 86 VwGO folgende Pflicht in jeder Hinsicht fehlerfrei erfüllt wurde, hat der Verfassungsgerichtshof nicht nachzuprüfen. Nach § 54 Abs. 3 VerfGHG ist die Entscheidung des Verwaltungsgerichts aufzuheben und die Sache in entsprechender Anwendung des § 95 Abs. 2 Halbs. 3 BVerfGG an das Verwaltungsgericht zurückzuverweisen.

Die Kostenentscheidung beruht auf den §§ 33 f VerfGHG.
Dieser Beschluß ist unanfechtbar.

Entscheidungen des Verfassungsgerichts des Landes Brandenburg

Die amtierenden Richter des Verfassungsgerichts des Landes Brandenburg

Dr. Peter Macke, Präsident
Dr. Wolfgang Knippel, Vizepräsident
Dr. Matthias Dombert
Prof. Dr. Beate Harms-Ziegler
Prof. Dr. Rolf Mitzner
Prof. Dr. Richard Schröder
Prof. Dr. Karl-Heinz Schöneburg
Monika Weisberg-Schwarz
Prof. Dr. Rosemarie Will

Nr. 1

Vor Anrufung des Verfassungsgerichts muß sich der Beschwerdeführer einer fachgerichtlichen Rechtsschutzmöglichkeit (hier: Nichtzulassungsbeschwerde zum Bundesarbeitsgericht) auch dann bedienen, wenn die Erfolgsaussicht ungewiß ist, solange ein Erfolg nicht von vornherein aussichtslos erscheint. Es ist in einem solchen Falle nicht Aufgabe des Verfassungsgerichts, sich gleichsam an die Stelle des nicht angerufenen Fachgerichts zu setzen und zu prüfen, ob der ungenutzt gebliebene Rechtsbehelf erfolgreich gewesen wäre. Das Verfassungsgericht beschränkt sich insoweit auf eine Evidenzkontrolle.*

Verfassungsgerichtsgesetz Brandenburg § 45 Abs. 2

Arbeitsgerichtsgesetz §§ 72 Abs. 2 Nr. 2; 72a Abs. 1

Beschluß vom 17. September 1998 – VfGBbg 7/98 –

in dem Verfassungsbeschwerdeverfahren der Frau Vera S. gegen das Urteil des Landesarbeitsgerichts Brandenburg vom 28. Oktober 1997 und das Urteil des Arbeitsgerichts F. vom 25. September 1996.

Entscheidungsformel:
Die Verfassungsbeschwerde wird verworfen.

Gründe:

A.

I.

Die Beschwerdeführerin arbeitete seit 1965 als Lehrerin in der DDR und stand nach der deutschen Wiedervereinigung im Dienste des Landes Brandenburg. In einem Personalfragebogen verneinte sie 1991 alle Fragen zu einer

---

* Nichtamtlicher Leitsatz

möglichen Zusammenarbeit mit dem ehemaligen Staatssicherheitsdienst der DDR (MfS). Im August 1995 teilte der Bundesbeauftragte für die Unterlagen des Staatssicherheitsdienstes der ehemaligen DDR dem Land Brandenburg mit, daß die Beschwerdeführerin vom MfS als inoffizielle Mitarbeiterin geführt worden sei. Sie habe sich im Oktober 1979 schriftlich zur Mitarbeit verpflichtet und dem MfS bis zum Dezember 1983 in unregelmäßigen Abständen ein Zimmer ihrer Wohnung für konspirative Treffen zur Verfügung gestellt. Das Land Brandenburg sprach nach Anhörung der Beschwerdeführerin die ordentliche Kündigung des Arbeitsverhältnisses zum 31. Dezember 1996 aus personenbedingten Gründen aus, die es in der Falschbeantwortung des Personalfragebogens und der Aufrechterhaltung dieser Täuschung in den nachfolgenden Anhörungen sah. Die hiergegen erhobene Kündigungsschutzklage wies das Arbeitsgericht (ArbG) F. mit Urteil vom 25. September 1996 ab. Die Kündigung sei aus den genannten Gründen gemäß § 1 Abs. 2 Kündigungsschutzgesetz (KSchG) gerechtfertigt, weil die Klägerin bewußt wahrheitswidrige Angaben im Personalfragebogen gemacht habe.

Das Landesarbeitsgericht (LAG) Brandenburg hat die Berufung der Beschwerdeführerin mit Urteil vom 28. Oktober 1997 zurückgewiesen. Die Kündigung sei nach § 1 Abs. 2 KSchG aus personenbedingten Gründen wegen fehlender persönlicher Eignung der Beschwerdeführerin rechtswirksam. Schon die inoffizielle Tätigkeit der Beschwerdeführerin für das MfS rechtfertige die Beendigung des Arbeitsverhältnisses. Insoweit seien die gleichen Grundsätze heranzuziehen wie für eine Kündigung nach dem Einigungsvertrag wegen einer Tätigkeit für das MfS. Die Beschwerdeführerin sei in erheblichem Maße noch sieben Jahre vor der sogenannten Wende in das Unrechtsregime des Staatssicherheitsdienstes verstrickt gewesen. Dies lasse ein Festhalten am Arbeitsverhältnis als unzumutbar erscheinen. Auch die falschen Antworten im Personalfragebogen rechtfertigten eine ordentliche Kündigung. Die Prognose falle zu Ungunsten der Beschwerdeführerin aus. Durch ihre frühere Tätigkeit für das MfS habe sie gezeigt, daß sie als Lehrerin grundsätzlich ungeeignet sei. Dies gelte erst recht angesichts ihrer groben Unehrlichkeit. Bei einer Interessenabwägung unter Berücksichtigung aller Umstände des Einzelfalls überwiege das Interesse des Arbeitgebers an der Beendigung des Arbeitsverhältnisses.

Eine gegen die Entscheidung des LAG zunächst erhobene Nichtzulassungsbeschwerde zum Bundesarbeitsgericht (BAG) hat die Beschwerdeführerin wieder zurückgenommen.

II.

Mit der am 2. Februar 1998 erhobenen Verfassungsbeschwerde rügt die Beschwerdeführerin eine Verletzung ihres Grundrechts auf freie Berufswahl gemäß Art. 49 Abs. 1 Landesverfassung (LV), des Anspruchs auf Gleichheit vor Gericht und auf rechtliches Gehör gemäß Art. 52 Abs. 3 LV sowie des Anspruchs auf ein faires Verfahren gemäß Art. 52 Abs. 4 LV. Die Rücknahme der Nichtzulassungsbeschwerde stehe der Zulässigkeit der Verfassungsbeschwerde nicht entgegen. Die Nichtzulassungsbeschwerde sei lediglich ein zusätzlicher Rechtsbehelf, der erst die Möglichkeit zur Einlegung eines Rechtsmittels – der Revision – schaffen solle. Erst die Revisionsrücknahme führe zur Nichterschöpfung des Rechtswegs. Werde eine Nichtzulassungsbeschwerde zurückgenommen, so habe das Verfassungsgericht vor einer Verwerfung der Verfassungsbeschwerde mangels Erschöpfung des Rechtswegs festzustellen, daß die Nichtzulassungsbeschwerde Erfolg gehabt hätte. Dies sei hier nicht ersichtlich.

In der Sache macht die Beschwerdeführerin im wesentlichen geltend: Das LAG habe zu Unrecht personenbedingte Kündigungsgründe bejaht. Die Überlassung eines Zimmers sei nicht notwendigerweise eine Tätigkeit für das MfS. Jedenfalls müsse eine solche Aktivität als unbedeutend angesehen werden. Das ArbG und das LAG hätten ferner einen falschen Bewertungsmaßstab zugrundegelegt, indem sie für die Frage der Zumutbarkeit nur den Zeitraum bis zur sogenannten Wende zugrundegelegt hätten, statt auf den Zeitpunkt der Kündigung im Mai 1996 abzustellen. Dies widerspreche der Rechtsprechung des Bundesverfassungsgerichts. Das LAG habe auch das rechtliche Gehör verletzt, indem es einem Beweisangebot zu den näheren Umständen der Beendigung ihrer MfS-Mitarbeit nicht nachgegangen sei. Die Beantwortung des Fragebogens und ihr nachfolgendes Verhalten könnten ferner nicht als „beharrliche Lüge" gewertet werden. Vielmehr sei sie durchgängig davon ausgegangen, daß die Bereitstellung eines Zimmers nicht als Tätigkeit für das MfS zu bewerten sei.

B.

Die Verfassungsbeschwerde ist unzulässig. Die Beschwerdeführerin hat vor Erhebung der Verfassungsbeschwerde den Rechtsweg im Sinne des § 45 Abs. 2 Satz 1 Verfassungsgerichtsgesetz Brandenburg (VerfGGBbg) nicht ausgeschöpft.

1. Zum Rechtsweg gehört auch die auf eine Divergenz gestützte Nichtzulassungsbeschwerde nach §§ 72a Abs. 1, 72 Abs. 2 Nr. 2 Arbeitsgerichtsgesetz – ArbGG – (vgl. BVerfG, NJW 1996, 45 und Beschluß vom 18. März

1998 – 1 BvR 1759/96 –; s. auch VerfGH Berlin, LVerfGE 5, 30, 33 f). Ein Beschwerdeführer ist deshalb gehalten, vor Anrufung des Verfassungsgerichts auch diese Möglichkeit fachgerichtlichen Rechtsschutzes unter Beachtung der jeweiligen Zulässigkeitsvoraussetzungen in Anspruch zu nehmen, um auf eine Korrektur der geltend gemachten Grundrechtsverletzung hinzuwirken.

Die Beschwerdeführerin hat die zunächst erhobene Nichtzulassungsbeschwerde zum BAG wieder zurückgenommen. Die Rücknahme eines Rechtsbehelfs aber ist – worauf das Gericht bereits mit Schreiben vom 2. April 1998 hingewiesen hat – nach der ständigen Rechtsprechung des erkennenden Gerichts der Nichterschöpfung des Rechtswegs gleichzuachten, weil sich ein Beschwerdeführer dadurch von sich aus der Möglichkeit fachgerichtlichen Rechtsschutzes begibt (vgl. Verfassungsgericht Brandenburg, Beschluß vom 16. Oktober 1997 – VfGBbg 26/97, 26/97 EA –, LVerfGE 7, 119 ff, und Beschluß vom 20. November 1997 – VfGBbg 33/97 –).

2. Etwas anderes ergibt sich hier auch nicht unter Zumutbarkeitsgesichtspunkten. Das Gebot der vorgängigen Erschöpfung des Rechtsweges kann zwar unter dem Gesichtspunkt der Zumutbarkeit Einschränkungen erfahren, wenn der Rechtsbehelf offensichtlich aussichtslos ist (BVerfG a a O; vgl. auch BVerfGE 16, 1, 2 f). Einem Beschwerdeführer ist jedoch zuzumuten, sich auch einer fachgerichtlichen Rechtsschutzmöglichkeit zu bedienen, deren Erfolgsaussicht ungewiß ist, solange sie nicht von vornherein aussichtslos erscheint (vgl. BVerfGE 16, 1, 3; vgl. auch Verfassungsgericht des Landes Brandenburg, Beschluß vom 20. Februar 1997 – VfGBbg 30/96 –, LVerfGE 6, 91, 93 f). Wenn ein Beschwerdeführer die ihm zu Gebote stehenden prozessualen Möglichkeiten vor den Fachgerichten nicht ausschöpft, ist es nicht Aufgabe des Verfassungsgerichts, sich gleichsam an die Stelle des nicht angerufenen Fachgerichts zu setzen und zu prüfen, ob das ungenutzt gebliebene Rechtsmittel bzw. der Rechtsbehelf erfolgreich gewesen wäre. Vielmehr ist eine unter solchen Umständen erhobene Verfassungsbeschwerde bereits dann mangels Erschöpfung des Rechtswegs unzulässig, wenn dem Beschwerdeführer nach den dargelegten Maßstäben die Weiterführung des fachgerichtlichen Prozesses als nicht völlig aussichtslos zumutbar gewesen wäre. Das Verfassungsgericht beschränkt sich insoweit auf eine Evidenzkontrolle. Als „aussichtslos" stellt sich die weitere Prozeßführung dann dar, wenn im Hinblick auf eine gefestigte höchstrichterliche Rechtsprechung im konkreten Einzelfall eine von dieser Rechtsprechung abweichende Entscheidung völlig ausgeschlossen erscheint (vgl. BVerfGE 9, 3, 7; 78, 155, 160). Ob die Erfolgsaussicht in diesem Sinne aus der Sicht der Beschwerdeführerin ganz und gar negativ eingeschätzt werden konnte, ist hier schon

Fehlende Rechtswegerschöpf. bei nicht aussichtsloser Nichtzulassungsbeschwerde   87

angesichts ihrer eigenen juristischen Bewertung zweifelhaft. Immerhin weist sie selbst darauf hin, daß der vom LAG zugrunde gelegte Prüfungsmaßstab der Rechtsprechung des Bundesverfassungsgerichts widerspreche. Eine nähere Auseinandersetzung kann in diesem Punkt indes dahinstehen. Denn von einer „völligen Aussichtslosigkeit" kann auch aus anderen Gründen nicht ausgegangen werden. Es ist nicht Aufgabe des Verfassungsgerichts, die Auslegung und Anwendung einfachen Gesetzesrechts durch die zuständigen Fachgerichte an deren Stelle vorzunehmen. Es würde die unterschiedlichen Aufgaben- und Prüfungsbereiche von Verfassungs- und Fachgerichtsbarkeit verwischen, wenn bei der Beurteilung nach § 45 Abs. 2 Satz 2 VerfGGBbg das Verfassungsgericht die Entscheidung des Fachgerichts – hier über die arbeitsgerichtliche Nichtzulassungsbeschwerde – quasi mit zu treffen hätte.

Hier ist davon auszugehen, daß der Weiterführung des Verfahrens nicht von vornherein jede Erfolgsaussicht fehlte. Die auf Divergenz gestützte Nichtzulassungsbeschwerde war nicht zweifelsfrei aussichtslos. Eine Divergenz liegt nach der ständigen Rechtsprechung des BAG vor, wenn das angefochtene Urteil einen abstrakten die Entscheidung tragenden Rechtssatz enthält, der von einem abstrakten Rechtssatz einer Entscheidung im Sinne von § 72 Abs. 2 Nr. 2 ArbGG – also u.a. von einer Entscheidung des BVerfG oder des BAG – abweicht, und das angefochtene Urteil auf dem abweichenden Rechtssatz beruht (vgl. BAG, AP Nr. 3 zu § 72a ArbGG 1979 Divergenz; *Grunsky,* ArbGG, 7. Aufl. 1995, § 72 Rdn. 31 ff). Der die Entscheidung tragende Rechtssatz braucht vom Gericht nicht ausdrücklich formuliert zu werden, sondern kann sich auch aus fallbezogenen Ausführungen ergeben, solange sich eindeutig feststellen läßt, daß das Gericht den Rechtssatz wirklich vertreten wollte und nicht lediglich das Recht falsch angewendet oder ein Rechtsproblem übersehen hat (vgl. BAG, AP Nr. 9 u. 15 zu § 72a ArbGG 1979 Divergenz).

a. Eine Divergenzrüge hätte denkbarerweise darauf gestützt werden können, daß das LAG die – mit Ausnahme der Falschbeantwortung – offenbar beanstandungsfreie Durchführung des Arbeitsverhältnisses nach der Wende bis zur Kündigung nicht in seine Einzelfall- und Interessenabwägung einbezogen hat. Damit könnte es von einem Rechtsgrundsatz etwa der Art ausgegangen sein, daß es für die Rechtswirksamkeit einer Kündigung wegen einer Tätigkeit für das MfS und/oder wegen einer Falschbeantwortung von Fragen hinsichtlich einer solchen Tätigkeit auf das sonstige Verhalten eines Arbeitnehmers nach der Wende nicht mehr ankomme. Es ist auch nicht auszuschließen, daß das Urteil auf diesem Rechtssatz beruht.

Ein solcher Rechtssatz aber stünde, worauf der Prozeßbevollmächtigte der Beschwerdeführerin selbst hingewiesen hat, im Widerspruch zur Rechtsprechung des BVerfG, wonach maßgeblicher Bezugszeitpunkt der Ausspruch der Kündigung ist (BVerfGE 92, 140, 155; vgl. auch BVerfG, LKV 1998, 141). Auch das BAG hat in vergleichbarem Zusammenhang – und ebenfalls zu § 1 Abs. 2 KSchG – ausgeführt, daß die Bewährung im öffentlichen Dienst der Nach-Wende-Zeit im Rahmen der Kündigungsentscheidung mit zu berücksichtigen sei (BAG, NJ 1996, 668, 670; vgl. auch NJ 1997, 52).

b. Nachdem schon aus diesem Grunde eine Nichtzulassungsbeschwerde nicht evident aussichtslos gewesen wäre, kann dahinstehen, ob der zuständige Senat des BAG eine Divergenz möglicherweise auch in den Ausführungen des LAG zum Prüfungsmaßstab für eine Kündigung nach § 1 KSchG gesehen hätte. Immerhin hat das LAG ausgeführt, daß insoweit die zu den Sonderkündigungstatbeständen des Einigungsvertrages entwickelten Grundsätze anwendbar seien (S. 10 des Urteils), während das BAG wiederholt betont hat, daß die genannten Kündigungstatbestände nicht ohne weiteres vergleichbar seien (vgl. BAG, NJ, 1997, 606, 607; s. auch BAG, NJ 1996, 668, 669; NJ 1997, 52 und VIZ 1998, 284).

c. Soweit die Beschwerdeführerin geltend macht, daß das LAG einen Beweisantrag dazu übergangen habe, daß die Zusammenarbeit mit dem MfS seinerzeit deshalb ihr Ende gefunden habe, weil das MfS sie wegen nicht aufgegebener Westkontakte nicht mehr für verläßlich genug gehalten habe, bedarf es keiner abschließenden Entscheidung, ob ein solcher Hergang die Gesamtabwägung hätte beeinflussen und deshalb die Nichtzulassungsbeschwerde zum BAG womöglich auch unter diesem Gesichtspunkt hätte Erfolg haben können. Es genügt, daß die Nichtzulassungsbeschwerde schon aus dem dargelegten Grund nicht von vornherein aussichtslos gewesen wäre.

3. Auf Fragen der Begründetheit der Verfassungsbeschwerde, so auch auf die Ausführungen in dem Schriftsatz der Beschwerdeführerin vom 25. Juni 1998, kommt es hiernach nicht an.

Diese Entscheidung ist mit 5 gegen 2 Stimmen ergangen.

Nr. 2

Zur Frage einer Verletzung der Rechtsweggarantie bei Nichtzulassung der Berufung gegen eine die Voraussetzungen des § 51 Ausländergesetz (Verbot der Abschiebung) verneinende Entscheidung des Verwaltungsgerichts.*

* Nichtamtlicher Leitsatz

Rechtsweggarantie und Berufungszulassung nach dem AsylVfG

Grundgesetz Art. 19 Abs. 4 Satz 1
Verfassung des Landes Brandenburg Art. 6 Abs. 1; Abs. 2
Asylverfahrensgesetz § 78 Abs. 3 Nr. 1
Ausländergesetz § 51 Abs. 1

Beschluß vom 17. September 1998 – VfGBbg 17/98 –

in dem Verfassungsbeschwerdeverfahren des Herrn G. gegen den Beschluß des Oberverwaltungsgerichts für das Land Brandenburg vom 17. Februar 1998.

Entscheidungsformel:
Die Verfassungsbeschwerde wird zurückgewiesen.

Gründe:

A.

Der Beschwerdeführer wendet sich mit seiner Verfassungsbeschwerde dagegen, daß das Oberverwaltungsgericht für das Land Brandenburg seinen Antrag zurückgewiesen hat, die Berufung gegen ein erstinstanzliches verwaltungsgerichtliches Urteil zuzulassen, soweit dieses das Vorliegen der Voraussetzungen für das Verbot der Abschiebung politisch Verfolgter gemäß § 51 Ausländergesetz (AuslG) in seinem Fall verneint hat.

I.

Der Beschwerdeführer ist äthiopischer Staatsangehöriger. Nach seiner Einreise in die Bundesrepublik Deutschland beantragte er die Anerkennung als Asylberechtigter im wesentlichen mit der Begründung, die äthiopische Regierung habe versucht, alle Jugendlichen – und auch ihn – zum Militärdienst und damit zur Teilnahme am Krieg zu zwingen. Dem habe er sich durch seine Ausreise entzogen.

Unter Hinweis auf eingetretene politische Veränderungen lehnte das Bundesamt für die Anerkennung ausländischer Flüchtlinge den Asylantrag ab und stellte zugleich fest, daß die Voraussetzungen für ein Abschiebungsverbot nach § 51 Abs. 1 AuslG nicht vorlägen.

Hiergegen wandte sich der Beschwerdeführer im Wege der Klage an das Verwaltungsgericht F.. Er trug vor, wegen seines zwischenzeitlichen Beitritts zu der Ethiopian Peoples' Revolutionary Party (EPRP) und dem EPRP-Unterstützungskommitee, ferner wegen seiner Beteiligung an Veranstaltungen dieser Organisationen drohe ihm bei einer Rückkehr nach Äthiopien die politische Verfolgung.

Mit Urteil vom 30. November 1995 wies das Verwaltungsgericht F. die Klage ab. In bezug auf das Vorliegen eines Abschiebungsverbotes nach § 51 AuslG führte es aus: Dem Beschwerdeführer drohe die Gefahr einer politischen Verfolgung bei seiner Rückkehr nach Äthiopien jedenfalls nicht mit beachtlicher Wahrscheinlichkeit. Unterschiedlichen Auskünften lasse sich entnehmen, daß eine überwiegende Verfolgungswahrscheinlichkeit nur bei herausgehobenen Parteimitgliedern der EPRP bestehe, d. h. bei solchen Mitgliedern der Parteiführung, die auch im Heimatland in der Öffentlichkeit bekannt seien. Lediglich amnesty international gehe von einer umfassenden Gefährdung aller EPRP-Mitglieder dahingehend aus, daß im Falle politischer Aktivitäten mit Inhaftierung auf unbestimmte Zeit ohne Anklage und Gerichtsverfahren zu rechnen sei. Dieser Einschätzung könne jedoch nicht gefolgt werden. Amnesty international sei nicht in der Lage, eine umfassende Rückkehrgefährdung von EPRP-Mitgliedern zu belegen. Nachvollziehbare Fälle einer Verhaftung einfacher Parteimitglieder seien nicht bekannt. Ein prominentes führendes Parteimitglied der EPRP sei der Kläger nicht.

Der Beschwerdeführer beantragte, gegen die Entscheidung des Verwaltungsgerichts die Berufung wegen grundsätzlicher Bedeutung der Rechtssache gem. § 78 Abs. 3 Nr. 1 Asylverfahrensgesetz (AsylVfG) zuzulassen, soweit die Klage auf die Feststellung der Voraussetzungen des § 51 Abs. 1 AuslG in seiner Person gerichtet war. Die Sache sei von grundsätzlicher Bedeutung im Hinblick auf die tatsächliche Frage, ob unverfolgt ausgereiste Äthiopier, die sich im Exil der Bundesrepublik Deutschland über mehrere Jahre hinweg aktiv in der EPRP betätigt hätten, indem sie an zahlreichen Demonstrationen und politischen Veranstaltungen teilgenommen und diese mitorganisiert hätten und dabei auch Vertretern des herrschenden Regimes bekanntgeworden seien, mit beachtlicher Wahrscheinlichkeit mit der Gefahr politischer Verfolgung zu rechnen hätten. Diese Frage werde erstinstanzlich unterschiedlich bewertet. Das VG Ansbach habe in einer Reihe von Entscheidungen Abschiebungsschutz in vergleichbaren Fällen gewährt. Auch das VG Braunschweig und das VG Stuttgart hätten die Auffassung vertreten, eine politische Verfolgung von (einfachen) EPRP-Mitgliedern könne nicht mit hinreichender Wahrscheinlichkeit ausgeschlossen werden. Wie das VG F. habe bislang nur das VG Berlin entschieden. Die Frage sei auch für eine Vielzahl weiterer Fälle von Bedeutung.

Mit Beschluß vom 17. Februar 1998 hat das Oberverwaltungsgericht für das Land Brandenburg den Antrag auf Zulassung der Berufung zurückgewiesen. Die von dem Beschwerdeführer als grundsätzlich klärungsbedürftig bezeichnete Frage rechtfertige die Zulassung der Berufung nicht. Der Beschwerdeführer habe damit keine Tatsachenfrage von grundsätzlicher Bedeutung aufgezeigt, d. h. eine Frage, die im Interesse der Einheitlichkeit der Rechtsprechung oder der Fortentwicklung des Rechts obergerichtlicher Klärung bedürfe. Das Verwaltungsgericht habe seine Auffassung, die einfache Mitgliedschaft in der EPRP sowie die Teilnahme an Demonstrationen und Veranstaltungen reiche nicht aus, um die Gefahr politischer Verfolgung von maßgeblicher Intensität durch den äthiopischen Staat im Falle einer Rückkehr dorthin als beachtlich wahrscheinlich einzustufen, durch Auswertung verschiedener Erkenntnisquellen im einzelnen begründet. Der Beschwerdeführer lege nicht dar, warum prinzipielle Bedenken gegen den vom Verwaltungsgericht eingenommenen Standpunkt bestünden. Mit dem Hinweis auf eine widersprüchliche Auskunftslage sei die grundsätzliche Bedeutung einer Tatsachenfrage nur dann dargelegt, wenn besondere Umstände vorgetragen würden. Denn prinzipiell sei eine widersprüchliche Auskunftslage im Rahmen der Sachverhaltsermittlung und -bewertung zu würdigen. Nach der ständigen Rechtsprechung des Senats sei daher im Zulassungsantrag darzulegen, in welcher Weise ein Berufungsverfahren zusätzliche Erkenntnisquellen würde aufschließen können, welche die behauptete widersprüchliche Auskunftslage in verallgemeinerungsfähiger Weise einer grundsätzlichen Klärung näherbringen könnten, und auf diese Weise eine gewisse Wahrscheinlichkeit dafür darzutun, daß nicht die Feststellungen, Erkenntnisse und Einschätzungen des Verwaltungsgerichts, sondern die gegenteiligen Behauptungen in der Antragsschrift zutreffend seien. Hieran fehle es in der Antragsbegründung. Sämtliche Erkenntnisquellen, auf die der Beschwerdeführer im Rahmen seines Berufungszulassungsantrags hingewiesen habe, hätten bereits zur Erkenntnisgrundlage in dem verwaltungsgerichtlichen Verfahren gehört. Einer weiterreichenden Darlegung hätte es im übrigen um so mehr bedurft, als sich das Verwaltungsgericht in Übereinstimmung mit der jüngeren Rechtsprechung anderer Obergerichte befände, so daß auch der Hinweis auf unterschiedliche untergerichtliche Entscheidungen nicht geeignet sei, die grundsätzliche Bedeutung darzutun.

II.

Gegen die Entscheidung des Oberverwaltungsgerichts hat der Beschwerdeführer fristgemäß Verfassungsbeschwerde erhoben. Er rügt eine Verletzung seiner Rechtsschutzgarantie aus Art. 6 Abs. 1 Landesverfassung (LV) im wesentlichen mit der Begründung, mit der angegriffenen Entscheidung werde die Beschreitung des Rechtsweges in unzumutbarer Weise erschwert. Es sei sachlich nicht gerechtfertigt, die Darlegung grundsätzlicher Bedeutung einer Tatsachenfrage von dem Benennen weiterer – erstinstanzlich nicht ausgewerteter – Erkenntnisquellen abhängig zu machen. Grundsätzliche Bedeutung könne einer Tatsachenfrage auch dann zukommen, wenn die vorhandenen Erkenntnisquellen anders zu bewerten und gewichten seien, als das Verwaltungsgericht dies getan habe. Die im Zulassungsantrag aufgeworfene Frage sei keinesfalls geklärt.

B.

Die Verfassungsbeschwerde ist zulässig, bleibt aber in der Sache ohne Erfolg.

I.

Die Zulässigkeitsvoraussetzungen für eine Verfassungsbeschwerde gerichtet gegen eine im bundesrechtlich geordneten Verfahren ergangene Entscheidung eines Landesgerichts, wie sie das Bundesverfassungsgericht in seiner Entscheidung vom 15. Oktober 1997 (BVerfGE 96, 345) aufgestellt hat, liegen vor; das erkennende Gericht hat sich dieser Rechtsprechung des Bundesverfassungsgerichts angeschlossen (Beschluß vom 16. April 1998 – VfGBbg 1/98 –, LVerfGE 8, Teil Brandenburg, Entscheidung Nr. 2).

1. Der Rechtsweg zu den Fachgerichten ist ausgeschöpft (§ 45 Abs. 2 Satz 1 Verfassungsgerichtsgesetz Brandenburg – VerfGGBbg –). Gegen die Zurückweisung des Antrags auf Zulassung der Berufung durch das Oberverwaltungsgericht gibt es kein Rechtsmittel, auch keine Nichtzulassungsbeschwerde.

2. Bei der Auslegung und Anwendung des in Rede stehenden bundesrechtlich geregelten Berufungszulassungsgrundes nach § 78 Abs. 3 Nr. 1 AsylVfG besteht Raum für eine Überprüfung am Maßstab des hier als verletzt gerügten Landesgrundrechts aus Art. 6 Abs. 1 LV. Die Entscheidung darüber, ob die Berufung wegen grundsätzlicher Bedeutung einer Rechtssache zuzulassen ist, ist wertender Betrachtung zugänglich und öffnet sich damit der Kontrolle am Maßstab der Landesverfassung.

3. Nach Art. 6 Abs. 1 LV steht demjenigen, der durch die öffentliche Gewalt in seinen Rechten verletzt wird, der Rechtsweg offen. Diese landesverfassungsrechtliche Grundrechtsverbürgung deckt sich mit Art. 19 Abs. 4 Satz 1 GG. Der Wortlaut beider Bestimmungen ist nahezu identisch. Ihre Auslegung führt hier – wie sogleich darzulegen sein wird – zu demselben Ergebnis.

II.

Die Entscheidung des Oberverwaltungsgerichts, die Berufung nicht zuzulassen, verstößt nach Lage des Falles nicht gegen die Rechtsweggarantie. Diese beinhaltet das Recht des Bürgers auf Kontrolle ihn betreffender Maßnahmen der öffentlichen Gewalt durch den Richter. Grundsätzlich nicht umfaßt ist hingegen die Gewährleistung von Rechtsschutz *gegen* den Richter. Öffentliche Gewalt im Sinne von Art. 6 Abs. 1 LV, Art. 19 Abs. 4 Satz 1 GG ist grundsätzlich die vollziehende und nicht die rechtsprechende Gewalt. Das bedeutet, daß der einzelne grundsätzlich keinen Anspruch auf Eröffnung eines Instanzenzuges hat. Hat der Gesetzgeber allerdings ein Rechtsmittel gegen eine gerichtliche Entscheidung vorgesehen, darf der Zugang zu der jeweils nächsten Instanz nicht in sachlich nicht zu rechtfertigender Weise erschwert werden (vgl. BVerfGE 49, 329, 340 f m. w. N.; 65, 76, 90; 69, 381, 385; 81, 123, 129; für den hier in Rede stehenden Berufungszulassungsgrund nach § 78 Abs. 3 Nr. 1 AsylVerfG etwa BVerfG, NVwZ-Beilage 1996, 10 sowie DVBl. 1995, 36).

Im vorliegenden Fall hat das Oberverwaltungsgericht die Zulassung der Berufung aus sachlich zu rechtfertigenden Gründen abgelehnt. Gemäß § 78 Abs. 3 Nr. 1 AsylVfG ist die Berufung nur zuzulassen, wenn die Rechtssache grundsätzliche Bedeutung hat. Der Berufungszulassungsgrund der „grundsätzlichen Bedeutung" umfaßt in Asylrechtsstreitigkeiten auch solche Fälle, in denen sich die grundsätzliche Bedeutung der Rechtssache allein aus verallgemeinerungsfähigen Auswirkungen ergibt, welche die in der Berufungsentscheidung zu erwartende Klärung von Tatsachenfragen haben wird (vgl. BVerwGE 70, 24). Ein Antrag auf Zulassung der Berufung, bei dem es um die Klärung von Tatsachenfragen geht, genügt indes nicht den Anforderungen des § 78 Abs. 4 Satz 4 AsylVfG, wenn lediglich die Behauptung aufgestellt wird, die für die Verfolgungsprognose maßgeblichen Verhältnisse stellen sich anders dar, als das Verwaltungsgericht dies angenommen hat. Es ist vielmehr im einzelnen darzulegen, welche Anhaltspunkte für eine andere Tatsacheneinschätzung bestehen. Dabei muß die Beschwerdebegründung insbesondere erkennen lassen, warum das Verwaltungsgericht die tatsächlichen Verhältnisse unzutreffend beurteilt haben soll, daß etwa einschlägiges Erkenntnismaterial unberücksichtigt geblieben sei, daß das Gewicht einer abweichenden Einschätzung verkannt worden sei oder daß die Bewertungen des Verwaltungsgerichts nicht haltbar seien (allgemeine Meinung, vgl. etwa VGH Baden-Württemberg, Beschluß vom 6. August 1990 – A 14 S 654/89 –; Hess. VGH, DVBl. 1994, 1422 (Ls.); OVG Hamburg, Beschluß vom 16. Januar 1995 – OVG Bs V 83/94 –; *Marx*, Kommentar zum Asylverfahrensgesetz, § 78, Rdn. 21; *Schenk*, Asylrecht und Asylverfahrensrecht, 1993, Rdn. 244).

Das Oberverwaltungsgericht für das Land Brandenburg hat in der angefochtenen Entscheidung zutreffend darauf hingewiesen, daß der bloße Hinweis auf eine unterschiedliche Auskunftslage, auf den sich der Beschwerdeführer in seinem Antrag auf Zulassung der Berufung beschränkt hat, diesen Darlegungserfordernissen nicht genügt. Fehlt es, wie es hier der Fall ist, an einer näheren Auseinandersetzung mit dem vom Verwaltungsgericht eingenommenen Standpunkt, so entspricht es allgemeiner Auffassung in Literatur und Rechtsprechung (vgl. BayVGH, Beschluß vom 9. April 1997 – Nr. 25 CZ 83.30311 –; HessVGH, Beschluß vom 22. Mai 1995 – 10 UZ 1349/95 –; *Marx*, a a O, Rdn. 23), daß die Berufung wegen grundsätzlicher Bedeutung nur dann zuzulassen ist, wenn weitere Umstände hinzutreten, insbesondere wenn mit der Zulassungsrüge dargelegt wird, daß ein Berufungsverfahren zusätzliche Erkenntnisquellen aufschließen würde, welche die widersprüchliche Auskunftslage in verallgemeinerungsfähiger Weise einer grundsätzlichen Klärung zugänglich machen könnten. Das Vorliegen dieser weiteren Voraussetzungen hat das Oberverwaltungsgericht für das Land Brandenburg in vertretbarer Weise verneint.

Verfassungsrechtlich war es auch nicht geboten, die Berufung im Hinblick auf die vom Beschwerdeführer aufgezeigte unterschiedliche Rechtsprechung verschiedener Verwaltungsgerichte zuzulassen. Die Zulassungsrüge wegen Divergenz setzt eine Abweichung der dem Oberverwaltungsgericht zur Überprüfung gestellten Entscheidung von der obergerichtlichen Rechtsprechung voraus. So lag der Fall aber nicht. Das Oberverwaltungsgericht für das Land Brandenburg hat vielmehr dargelegt, daß andere Oberverwaltungsgerichte in jüngeren Entscheidungen zu einer mit der ersten Instanz übereinstimmenden Bewertung der Verfolgungswahrscheinlichkeit in ähnlich gelagerten Fällen gelangt sind (z. B. VGH Baden-Württemberg, Beschluß vom 29. Juni 1995 – A 13 S 2963/92 –; OVG Rheinland-Pfalz, Urteil vom 16. April 1996 – 6 A 12327/94 –). In einem solchen Fall erscheint eine berufungsgerichtliche Klärung dieser Frage zur Wahrung der Einheitlichkeit der Rechtsprechung nicht geboten (vgl. BVerfG, NVwZ 1993, 465).

Darauf, ob – wie der Beschwerdeführer ergänzend geltend macht – jedenfalls nunmehr (nach Beendigung des Berufungszulassungsverfahrens) bekannt gewordene Erkenntnisse eine berufungsgerichtliche Klärung der in Rede stehenden Tatsachenfrage erfordern, kann es für die Beurteilung der Verfassungsmäßigkeit der Entscheidung des Oberverwaltungsgerichts nicht ankommen. Zu überprüfen ist allein, ob sich das Oberverwaltungsgericht nach dem Erkenntnisstand im Zeitpunkt seiner Entscheidung verfassungswidrig verhalten hat. Für den Fall einer grundlegend veränderten Situation besteht gegebenenfalls die Möglichkeit eines weiteren Verwaltungsverfahrens.

Die Entscheidung ist mit 6 gegen 1 Stimme ergangen.

Nr. 3

Die Würdigung des Parteivortrags ist grundsätzlich allein Sache des Fachgerichts. Sie wird vom Verfassungsgericht unter dem Gesichtspunkt des Willkürverbots nur darauf überprüft, ob sie krass fehlerhaft und nicht mehr nachvollziehbar ist.*

Verfassung des Landes Brandenburg Art. 52 Abs. 3; 12 Abs. 1

Beschluß vom 17. September 1998 – VfGBbg 18/98 –

in dem Verfassungsbeschwerdeverfahren der Frau S. gegen das Berufungsurteil des Landgerichts P. vom 12. März 1998.

Entscheidungsformel:

Die Verfassungsbeschwerde wird zurückgewiesen.

Gründe:

A.

Die Beschwerdeführerin wendet sich gegen ein Berufungsurteil des Landgerichts P., durch das sie zur Räumung und Herausgabe einer Wohnung an die Vermieter verpflichtet wird.

I.

Die schwerbehinderte Beschwerdeführerin ist seit 1971 Mieterin eines Wohnhauses in K., das sie gemeinsam mit ihrer ebenfalls schwerbehinderten und von ihr betreuten volljährigen Tochter und einem volljährigen Sohn bewohnt und für das sie 746,58 DM Miete im Monat zahlt. Nach ihren Angaben stehen ihr und ihrer Tochter aus Rentenleistungen 1914,98 DM monatlich zur Verfügung. Die Vermieter, ein Ehepaar aus Berlin, erwarben das Hausgrundstück 1991. Anfang 1996 kündigten sie den Mietvertrag zum 31. Januar 1997 wegen Eigenbedarfs. Nachdem die Beschwerdeführerin der Kündigung widersprochen hatte, klagten sie vor dem Amtsgericht P. auf Räumung und Herausgabe der Wohnung. Das Amtsgericht wies die Klage mit Urteil vom 26. Juni 1997 ab. Der geltend gemachte Eigenbedarf sei – so das

---

* Nichtamtlicher Leitsatz

Amtsgericht in der Urteilsbegründung – nur vorgeschoben, um das Mietverhältnis beenden zu können und dadurch einen höheren Verkaufserlös zu erzielen.

Gegen die Entscheidung des Amtsgerichts legten die Kläger Berufung zum Landgericht P. ein. Im Berufungsverfahren trug der damalige Verfahrensbevollmächtigte der Beschwerdeführerin mit Schriftsatz vom 23. Januar 1998 unter anderem vor, daß die Beschwerdeführerin außerstande sei, angemessenen Ersatzwohnraum zu zumutbaren Bedingungen anzumieten. Er schilderte unter Vorlage der Rentenbescheide die Situation der Beschwerdeführerin und ihrer Tochter und führte aus, daß trotz einer möglicherweise eingetretenen Entspannung des Wohnungsmarktes in K. und Umgebung Wohnungen praktisch nur im frei finanzierten Wohnungsbau zur Verfügung stünden. Deren Mieten seien für die Beschwerdeführerin nicht bezahlbar. Preiswerten Wohnraum habe sie trotz intensiver Bemühungen bislang nicht gefunden. Hierzu führte der Verfahrensbevollmächtigte einige Mietwohnungen an, um die sich die Beschwerdeführerin beworben habe, die aber für sie zu teuer gewesen seien.

Das Landgericht P. gab der Berufung mit Urteil vom 12. März 1998, zugestellt am 27. März 1998, statt und verpflichtete die Beschwerdeführerin unter Gewährung einer Frist bis zum 30. September 1998 zur Herausgabe und Räumung der Wohnung. Das Landgericht bejahte die Voraussetzungen für eine Eigenbedarfskündigung und lehnte die Fortsetzung des Mietverhältnisses nach § 556a BGB ab. Die Erkrankung der Beschwerdeführerin und die Behinderung ihrer Tochter seien keine Härtegründe im Sinne dieser Vorschrift, die es gebieten würden, das Mietverhältnis auch nur für eine bestimmte Zeit aufrechtzuerhalten. Die Beschwerdeführerin habe auch nicht hinreichend substantiiert dargelegt, daß geeigneter Ersatzwohnraum nicht zu finden sei.

II.

Mit der am 26. Mai 1998 erhobenen Verfassungsbeschwerde gegen das Urteil des Landgerichts P. macht die Beschwerdeführerin sinngemäß eine Verletzung des rechtlichen Gehörs (Art. 52 Abs. 3 der Landesverfassung – LV –) und des Willkürverbotes (Art. 12 Abs. 1, 52 Abs. 3 LV) geltend. Sie rügt, daß der Schriftsatz ihres Prozeßbevollmächtigten vom 23. Januar 1998 erst am Tage der mündlichen Verhandlung zur Akte gelangt sei und auch ein weiterer Schriftsatz vom 10. März 1998 ebenso wie beigebrachte ärztliche Bescheinigungen vom Landgericht nicht berücksichtigt worden seien. Weiter habe das Gericht ihr Vorbringen zu den vergeblichen Bemühungen um eine Ersatzwohnung nicht bzw. nicht zutreffend gewürdigt. Es sei davon ausgegangen, daß zumutbarer Ersatzwohnraum vorhanden sei, obwohl ihr damaliger Verfahrensbevollmächtigter im Schriftsatz vom 23. Januar 1998 und auch noch in der mündlichen Verhandlung dargelegt habe, daß sie trotz intensiver Bemühungen keine bezahlbare Wohnung gefunden habe. Das Landgericht habe ferner ihre finanzielle Situation und die tatsächlichen Einkommensverhältnisse der Kläger nicht richtig gewürdigt und ihr auch insoweit kein rechtliches Gehör gewährt.

III.

Die (Berufungs-)Kläger des Ausgangsverfahrens und das Landgericht P. haben gem. § 49 Abs. 1 und 2 Verfassungsgerichtsgesetz Brandenburg (VerfGGBbg) Gelegenheit zur Stellungnahme erhalten. Die (Berufungs-)Klägerin hält die Verfassungsbeschwerde für unbegründet. Die Beschwerdeführerin sei vor dem Landgericht umfassend angehört und ihr Vortrag ausweislich der Urteilsgründe vom Gericht in vertretbarer Weise gewürdigt worden.

B.

I.

1. Die Verfassungsbeschwerde ist nach Art. 6 Abs. 2, 113 Nr. 4 LV, §§ 12 Nr. 4, 45 ff VerfGGBbg zulässig. Die Beschwerdeführerin macht gemäß § 45 Abs. 1 VerfGGBbg geltend, durch das Berufungsurteil des Landgerichts P. in ihrem Anspruch auf rechtliches Gehör aus Art. 52 Abs. 3 LV und dem Willkürverbot aus Art. 12 Abs. 1, 52 Abs. 3 LV verletzt zu sein.

2. Der Rechtsweg zu den Fachgerichten ist ausgeschöpft (§ 45 Abs. 2 VerfGGBbg). Gegen das Berufungsurteil des Landgerichts P. ist kein weiteres Rechtsmittel gegeben.

3. Der Zulässigkeit der Verfassungsbeschwerde steht nicht entgegen, daß sich die Beschwerdeführerin gegen eine gerichtliche Entscheidung wendet, die in einem bundesrechtlich – durch die Zivilprozeßordnung und das Gerichtsverfassungsgesetz – geordneten Verfahren ergangen ist. Die Voraussetzungen, die das Bundesverfassungsgericht in seiner Entscheidung vom 15. Oktober 1997 (BVerfGE 96, 345 ff) solchenfalls für eine Landesverfassungsbeschwerde aufgestellt hat, liegen vor; das erkennende Gericht hat sich dieser Rechtsprechung angeschlossen (Beschluß vom 16. April 1998 – VfGBbg 1/98, LVerfGE 8, 82 ff).

a. Die Gewährung rechtlichen Gehörs und die willkürfreie Bewertung des Parteivortrags durch ein Landesgericht erschöpfen sich nicht in der bloßen Umsetzung bundesrechtlicher – und als solcher von dem Landesverfassungsgericht nicht überprüfbarer – Prozeßvorschriften, sondern sind einer wertenden Betrachtung zugänglich. Sie öffnen sich damit der Kontrolle am Maßstab der Landesverfassung.

b. Die als verletzt gerügten Landesgrundrechte bzw. grundrechtsgleichen Gewährleistungen decken sich mit den entsprechenden Rechten des Grundgesetzes (vgl. hierzu bereits Verfassungsgericht des Landes Brandenburg, a a O). Der Grundsatz rechtlichen Gehörs aus Art. 52 Abs. 3 LV entspricht insoweit Art. 103 Abs. 1 GG. Das ebenfalls in Art. 52 Abs. 3 i. V. m. Art. 12 Abs. 1 LV verankerte Willkürverbot entspricht dem aus Art. 3 Abs. 1 GG abzuleitenden Verbot willkürlicher gerichtlicher Entscheidungen (vgl. zum Willkürverbot des Grundgesetzes etwa BVerfGE 74, 102, 127 m. w. N.). Die genannten Rechte sind in diesem Sinne inhaltsgleich. Sie führen hier, wie sogleich dargelegt, zu demselben Ergebnis.

II.

Die Verfassungsbeschwerde bleibt in der Sache ohne Erfolg.

1. Das Urteil des Landgerichts P. vom 12. März 1998 verletzt die Beschwerdeführerin nicht in ihrem Anspruch auf rechtliches Gehör aus Art. 52 Abs. 3 LV, 103 Abs. 1 GG. Diese Verfassungsbestimmungen gewähren den Beteiligten eines gerichtlichen Verfahrens das Recht, sich zu den entscheidungserheblichen Fragen vor Erlaß der Entscheidung äußern zu können (vgl. etwa Verfassungsgericht des Landes Brandenburg, Beschluß vom 15. September 1994 – VfGBbg 10/93 –, LVerfGE 2, 179, 182). Dem entspricht die Pflicht des Gerichts, die Ausführungen der Verfahrensbeteiligten zur Kenntnis zu nehmen und bei seiner Entscheidung in Erwägung zu ziehen (vgl. etwa Verfassungsgericht des Landes Brandenburg, Beschluß vom 16. Oktober 1997 – VfGBbg 25/97 –, S. 8 des Entscheidungsumdrucks; BVerfGE 27, 248, 250; 70, 288, 293). Eine Verletzung des rechtlichen Gehörs in dem so verstandenen Sinne ist hier nicht erkennbar.

a. Das Landgericht hat sich mit den Schriftsätzen des damaligen Verfahrensbevollmächtigten der Beschwerdeführerin vom 23. Januar und 10. März 1998 auseinandergesetzt. Daß der am 28. Januar 1998 bei Gericht eingegangene Schriftsatz vom 23. Januar 1998, der sich zu den erfolglosen Bemühungen der Beschwerdeführerin um Ersatzwohnraum verhält, erst am Tag der mündlichen Verhandlung (12. Februar 1998) zur Akte gelangte, ist in diesem Zusammenhang ohne Bedeutung. Der Schriftsatz lag der Kammer nach dem Verhandlungsprotokoll jedenfalls in der mündlichen Verhandlung vor und ist ausweislich der Urteilsgründe bei der Entscheidungsfindung berücksichtigt worden. In ihrem Urteil ist die Kammer auf die in dem Schriftsatz mitgeteilten Bemühungen der Beschwerdeführerin eingegangen, hat den diesbezüglichen Vortrag jedoch nicht als hinreichend substantiiert angesehen. Auch den – nicht nachgelassenen – Schriftsatz vom 10. März 1998, in dem der damalige Verfahrensbevollmächtigte im wesentlichen noch einmal zu der Einkommenssituation der Beschwerdeführerin Stellung genommen hat, hat das Gericht ausweislich der Entscheidungsgründe zur Kenntnis genommen, jedoch dieserhalb keinen Anlaß für eine Wiedereröffnung der mündlichen Verhandlung gesehen.

b. Die von der Beschwerdeführerin beigebrachten ärztlichen Bescheinigungen sind vor dem Landgericht gleichfalls nicht unberücksichtigt geblieben. Mit der in der mündlichen Verhandlung vorgelegten Bescheinigung vom 8. Februar 1998, wonach der Beschwerdeführerin eine Zwangsräumung nicht zumutet werden könne, hat sich das Landgericht in den Urteilsgründen näher auseinandergesetzt und dies zum Anlaß für die Gewährung einer Räumungsfrist nach § 721 ZPO genommen. Das bereits im amtsgerichtlichen Verfahren vorgelegte und zur Gerichtsakte gelangte ärztliche Gutachten vom 6. März 1997, das der Beschwerdeführerin ein ausgeprägtes Erschöpfungs- und Überforderungssyndrom bescheinigt, wird in den Entscheidungsgründen des angegriffenen Urteils zwar nicht erwähnt. Das Landgericht bezieht allerdings – wenn auch in allgemeiner Form – die Erkrankung der Beschwerdeführerin bzw. ihren schlechten Gesundheitszustand in seine Erwägungen ein. Dies umfaßt auch das Gutachten vom 6. März 1997. Ein Gericht braucht auf das ihm unterbreitete Material nicht in allen Einzelheiten ausdrücklich einzugehen.

c. Die Beschwerdeführerin kann sich auch nicht mit Erfolg darauf berufen, daß sie zu Behauptungen der Klägerseite in einem nachgelassenen Schriftsatz über angebliche Einkünfte aus einer Gewerbetätigkeit nicht gehört worden sei. Sie bzw. ihr Verfahrensbevollmächtigter hätte hierzu bereits nach der Vorlage des Gewerberegisterauszuges durch die Klägerseite in der mündlichen Verhandlung vortragen oder insoweit um Schriftsatznachlaß bitten können. Unbeschadet dessen hat das Landgericht die Ausführungen der Klägerseite in dem nachgelassenen Schriftsatz ebenso wie die Erwiderung des Verfahrensbevollmächtigten der Beschwerdeführerin hierauf in dem – nicht nachgelassenen – Schriftsatz vom 10. März 1998 offensichtlich nicht für entscheidungserheblich gehalten. Vielmehr hat es ausweislich der Urteilsgründe seine Entscheidung darauf gestützt, daß die Beschwerdeführerin ihre Bemühungen um preiswerten Ersatzwohnraum nicht hinreichend substantiiert dargetan habe.

2. Das angegriffene Urteil verstößt ferner nicht gegen das von der Beschwerdeführerin sinngemäß als verletzt gerügte Willkürverbot der Art. 52 Abs. 3, 12 Abs. 1 LV, 3 Abs. 1 GG. Willkürlich ist eine Entscheidung erst dann, wenn sie unter keinem rechtlichen Gesichtspunkt vertretbar ist und sich deshalb der Schluß aufdrängt, sie beruhe auf sachfremden Erwägungen (std. Rspr. des Verfassungsgerichts des Landes Brandenburg, vgl. etwa Beschluß vom 20. Januar 1997 – VfGBbg 45/96 –, NJ 1997, 307 m. w. N.; vgl. auch BVerfGE 89, 1, 13 f). Dabei ist die hier als fehlerhaft gerügte Würdigung des Vorbringens einer Prozeßpartei grundsätzlich allein Sache der Fachgerichte und vom Verfassungsgericht unter dem Aspekt des Willkürverbotes nur darauf zu überprüfen, ob das Urteil insoweit auf krass fehlerhaften und nicht mehr nachvollziehbaren Bewertungen beruht. So liegen die Dinge hier jedoch nicht.

a. Die Würdigung des Vortrags der Beschwerdeführerin zu ihren Bemühungen um Ersatzwohnraum durch das Landgericht hält sich noch im Rahmen der durch das Willkürverbot gezogenen verfassungsrechtlichen Grenzen. Das Landgericht hat insoweit ausgeführt:

„Daß die Beklagte in Anbetracht ihrer Einkommensverhältnisse oder der Wohnungsmarktlage nicht in der Lage wäre, geeigneten Ersatzwohnraum zu finden, hat sie ebenfalls nicht ausreichend substantiiert dargetan. Die von ihr vorgelegten Angebote (eines der Angebote stammt aus Moos am Bodensee) beziehen sich sämtlich auf Wohnraum, für den eine wesentlich höhere als die derzeit von der Beklagten gezahlte Miete zu zahlen wäre. Bemühungen um günstigere Wohnungen vor Ort hat die Beklagte, was in Anbetracht der gerichtsbekannten Entspannung der Wohnungsmarktlage in Brandenburg allerdings geboten wäre, nicht dargelegt."

Insoweit erscheint es allerdings nicht unbedenklich, unzureichende Bemühungen um preiswerten Wohnraum (auch) daraus zu folgern, daß die Beschwerdeführerin dem Gericht nur Wohnungsangebote mit einem deutlich teureren als dem bislang entrichteten Mietzins präsentiert habe. Die Beschwerdeführerin hat mit Schriftsatz vom 23. Januar 1998 vorgetragen, daß es eben nur diese und keine günstigeren Angebote gegeben habe. Darin steckt die Behauptung, sich auch – erfolglos – um preiswerten Ersatzwohnraum bemüht zu haben. Nicht sachangemessen erscheint auch der Hinweis des Gerichts, eines der vorgelegten Wohnungsangebote stamme aus der Bodenseeregion. Tatsächlich hatte dort lediglich die Vermittlungsagentur ihren Sitz, während das Angebot selbst eine Wohnung im Wohnort der Beschwerdeführerin betraf.

Unbeschadet dessen ist die landgerichtliche Würdigung des Parteivortrags im Ergebnis noch vertretbar und nicht willkürlich. Dabei ist zu

Willkürverbot und fachgerichtlicher Spielraum 101

berücksichtigen, daß das Landgericht den Verfahrensbevollmächtigten der Beschwerdeführerin bereits unter dem 4. Dezember 1997 ausdrücklich aufgefordert hatte, die Bemühungen um Ersatzwohnraum näher darzulegen. Der bisherige Vortrag reiche – so das Landgericht in dem Hinweis – angesichts der gerichtsbekannten Entspannung des Wohnungsmarktes nicht aus. Daraufhin hat der Verfahrensbevollmächtigte schriftsätzlich lediglich 8 für die Beschwerdeführerin nicht bezahlbare Wohnungen benannt und 3 von ihr im Laufe des Jahres 1997 eingeholte schriftliche Angebote vorlegt, sich im übrigen aber auf die bloße – von der Gegenseite bestrittene und nicht unter Beweis gestellte – Behauptung beschränkt, preiswerterer Wohnraum sei nicht vorhanden. Daß das Landgericht unter diesen Umständen die Suche nach einer angemessenen Ersatzwohnung zu zumutbaren Bedingungen (siehe § 556a Abs. 1 Satz 2 BGB) nicht als hinreichend substantiiert dargelegt angesehen hat, erscheint noch vertretbar und jedenfalls nicht geradezu willkürlich.

b. Die weitere Rüge der Beschwerdeführerin, das Landgericht habe die Einkommensverhältnisse der Parteien nicht zutreffend berücksichtigt, greift ebenfalls nicht durch. Das Landgericht hat – wie bereits erwähnt – eine Härte im Sinne des § 556a BGB, die eine Fortsetzung des Mietverhältnisses begründen könnte, auch im Hinblick darauf verneint, daß die Beschwerdeführerin Bemühungen um preiswerten Ersatzwohnraum nicht hinreichend dargelegt habe. Daß das Gericht dabei, anders als bei der Prüfung des Eigenbedarfs der Kläger, nicht im einzelnen auf die Nettoeinkünfte der Beschwerdeführerin eingegangen ist, macht die Entscheidung noch nicht willkürlich. Es wäre Sache der Beschwerdeführerin bzw. ihres Verfahrensbevollmächtigten gewesen, näher darzulegen, wieweit das Einkommen der Beschwerdeführerin den Bemühungen um eine Ersatzwohnung Grenzen setzte. Soweit das Landgericht davon ausgegangen ist, daß die Kläger getrennt lebten und deshalb ein um die Kosten der doppelten Haushaltsführung gemindertes Einkommen hätten, ist der Verfahrensbevollmächtigte der Beschwerdeführerin der Erklärung der Gegenseite nicht entgegengetreten, daß der Kläger zwar melderechtlich noch unter der ehelichen Wohnung gemeldet sei, dort jedoch tatsächlich nicht mehr wohne.

c. Die Entscheidung des Landgerichts hält auch in der Gesamtschau der verfassungsrechtlichen Überprüfung noch stand. Das Verfassungsgericht verkennt nicht, daß es angesichts der Situation der Beschwerdeführerin und ihrer Tochter im Rahmen der anzuwendenden mietrechtlichen Vorschriften gute Gründe auch für ein gegenteiliges Ergebnis gegeben hätte. Das Verfassungsgericht darf sich jedoch nicht gleichsam an die Stelle des Fachgerichts setzen. Die Verantwortung für die richtige Anwendung des einfachen Rechts – hier: des Mietrechts – liegt allein bei dem Fachgericht. Das Verfassungsgericht ist auf die Prüfung beschränkt, ob sich das Fachgericht durch eine unter keinen rechtlichen Gesichtspunkten mehr mitvollziehbare Entscheidung außerhalb der Verfassung gestellt hat. Diese Grenze ist hier – wie dargelegt – nicht überschritten.

Nr. 4

Eine amtsgerichtliche Durchsuchungsanordnung, die keine tatsächlichen Angaben über den konkreten Tatvorwurf enthält, sondern nur den gesetzlichen Tatbestand wiedergibt, genügt nicht den Mindestanforderungen, die aus Gründen der Rechtsstaatlichkeit an solche Anordnungen zu stellen sind. Sie verletzt den Betroffenen in seinem Grundrecht auf Unverletzlichkeit der Wohnung aus Art. 15 Abs. 1 LV.*

Grundgesetz Art. 13 Abs. 1 und 2

Verfassung des Landes Brandenburg Art. 15 Abs. 1 und 2

Strafprozeßordnung §§ 102; 105 Abs. 1

Beschluß vom 17. September 1998 – VfGBbg 22/98 –

in dem Verfassungsbeschwerdeverfahren des Herrn W. als Geschäftsführer der W. GmbH sowie als Inhaber der Einzelfirma W. gegen den Beschluß des Amtsgerichts O. vom 3. März 1998 und den Beschluß des Landgerichts N. vom 6. Mai 1998

Entscheidungsformel:

1. Die Durchsuchungsanordnung des Amtsgerichts O. vom 3. März 1998 verletzt, soweit sie die Einzelfirma des Beschwerdeführers erfaßt, das Grundrecht des Beschwerdeführers aus Art. 15 Abs. 1 i.V.m. dem Rechtsstaatsprinzip der Landesverfassung (LV) und wird bzgl. der Geschäftsräume insgesamt aufgehoben.

Soweit der Beschluß des Landgerichts N. vom 6. Mai 1998 die Beschwerde gegen die Durchsuchungsanordnung verworfen hat, verletzt er ebenfalls das genannte Grundrecht und wird aufgehoben.

* Nichtamtlicher Leitsatz

Die Sache wird an das Amtsgericht O. zurückverwiesen.
Im übrigen wird die Verfassungsbeschwerde verworfen.
2. Das Land Brandenburg hat dem Beschwerdeführer die notwendigen Auslagen zu erstatten.

Gründe:

A.

Der Beschwerdeführer wendet sich gegen eine Durchsuchungs- und Beschlagnahmeanordnung des Amtsgerichts O. und die diese teilweise bestätigende Beschwerdeentscheidung des Landgerichts N.

I.

Die Bearbeitungsstelle zur Bekämpfung der illegalen Beschäftigung bei dem Arbeitsamt N. ermittelt gegen den Beschwerdeführer wegen des Verdachts der unerlaubten Arbeitnehmerüberlassung. Der Verdacht ergab sich anläßlich der Überprüfung von zwei Baustellen in C. und N., auf denen mehrere, den jeweils dort bauleitenden Firmen unterstellte Beschäftigte der vom Beschwerdeführer als Geschäftsführer geleiteten GmbH angetroffen worden waren, ohne daß die GmbH über eine entsprechende Erlaubnis nach Art. 1 § 1 des Gesetzes zur Regelung der gewerbsmäßigen Überlassung von Arbeitnehmern – AÜG – verfügte. Am 3. März 1998 ordnete das Amtsgericht O. auf Antrag der Ermittlungsstelle die Durchsuchung der Wohnung des Beschwerdeführers, der Geschäftsräume der GmbH und der – unter derselben Anschrift gemeldeten – Einzelfirma des Beschwerdeführers in H. sowie einer unselbständigen Zweigstelle in C. und ferner die Beschlagnahme der „vorgefundenen Beweismittel" an. Zum Tatvorwurf heißt es in dem Beschluß, die Anordnung ergehe „wegen des Verdachts der unerlaubten gewerbsmäßigen Arbeitnehmerüberlassung (Verstoß gegen Art. 1 § 1 des Gesetzes zur Regelung der gewerbsmäßigen Arbeitnehmerüberlassung ...), Ordnungswidrigkeit nach Art. 1 § 16 Abs. 1 Nr. 1 AÜG". Als Begründung führte das Amtsgericht aus:

„Es ist zu vermuten, daß sich in den vorgenannten Objekten insbesondere die folgenden Beweismittel für den Nachweis der Ordnungswidrigkeit befinden:

Verträge mit Entleihern, Unterlagen im Vollzug dieser Verträge (z. B. Rechnungen, Stundenzettel, Tages- oder Wochenrapporte), Arbeitsverträge mit Leiharbeitnehmern und deren Lohnkonten sowie Bankunterlagen u. a."

Die Durchsuchung der Geschäftsräume in H. und C. fand am 2. April 1998 statt. Dabei nahmen die Mitarbeiter der Ermittlungsstelle ausweislich der Durchsuchungsniederschriften rund 90 Ordner und Loseblattsammlungen mit geschäftlichen Unterlagen in Verwahrung, die seitdem in den Räumen der Ermittlungsstelle durchgesehen werden. Die Wohnung des Beschwerdeführers wurde nicht durchsucht.

Am 9. April 1998 legte der Beschwerdeführer Beschwerde gegen den Beschluß des Amtsgerichts vom 3. März 1998 ein. Der Beschluß sei hinsichtlich der zu beschlagnahmenden Beweismittel zu unbestimmt. Er hätte auf Unterlagen über Geschäftsbeziehungen zu den Firmen beschränkt werden müssen, an die nach den Erkenntnissen der Baustellenüberprüfungen angeblich Arbeitnehmer unerlaubt verliehen worden seien. Die „flächendeckende" Beschlagnahme von Unterlagen komme einer unzulässigen Ausforschung gleich.

Mit Beschluß vom 6. Mai 1998 – die Ausfertigungen datieren (offenbar aufgrund eines Kanzleiversehens) vom 4. Mai 1998 – verwarf das Landgericht N. die Beschwerde. Soweit sie sich gegen die Durchsuchungsanordnung richte, sei die Beschwerde zwar zulässig, da die Durchsicht der Unterlagen in den Räumen des Arbeitsamtes N. als Teil der Durchsuchung noch andauere. Sie sei jedoch unbegründet, denn nach den Ermittlungsakten bestehe gegen den Beschwerdeführer der Anfangsverdacht der unerlaubten Arbeitnehmerüberlassung. Der Beschluß sei hinreichend bestimmt, da die gesuchten Beweismittel zumindest beispielhaft aufgezählt worden seien. Soweit sich die Beschwerde gegen die Beschlagnahme richte, gehe sie ins Leere. Die Beweismittel aufführende Passage der Anordnung des Amtsgerichts sei lediglich als Richtlinie für die Durchsuchungsbeamten bei der Auswahl der mitzunehmenden Unterlagen zu verstehen. Nach Durchsicht der Unterlagen seien diese entweder an den Beschuldigten herauszugeben oder es sei beim zuständigen Amtsgericht ein nunmehr konkret bezeichneter Beschlagnahmebeschluß zu erwirken.

II.

Der Beschwerdeführer hat am 15. Juni 1998 Verfassungsbeschwerde gegen den Beschluß des Amtsgerichts O. und die Beschwerdeentscheidung des Landgerichts N. erhoben. Er macht geltend, die Durchsuchungsanordnung verstoße gegen die Unverletzlichkeit der Wohnung (Art. 15 Abs. 1 der Verfassung des Landes Brandenburg – LV –). Sie genüge nicht den rechtsstaatlichen Anforderungen. Schon die Kennzeichnung des Tatvorwurfs sei nicht hinreichend bestimmt und lasse nicht erkennen, welche konkrete Handlung aufgeklärt werden solle. Anstelle der in Frage kommenden Tat werde nur der Wortlaut des Gesetzes wiedergegeben. Auch die aufzufindenden Beweismittel seien nicht hinreichend bestimmt, sondern lediglich in allgemeiner Form benannt. Dementsprechend seien auch Unterlagen beschlagnahmt worden, die sich nicht auf den durch die konkreten Baustellenüberprüfungen entstandenen Verdacht bezögen. Im übrigen sei die Maßnahme rechtswidrig, soweit sie sich gegen ihn – den Beschwerdeführer – als Inhaber der Einzelfirma richte, denn ausweislich des Ermittlungsergebnisses bestehe gegen diese Firma kein Anfangsverdacht. Die in dem Beschluß weiter enthaltene Beschlagnahmeanordnung verletze ihn in seinem Grundrecht aus Art. 9 Abs. 1 LV (Freiheit der Person). Sie sei ebenfalls nicht hinreichend bestimmt und verstoße gegen den Grundsatz der Verhältnismäßigkeit, weil sie sein Interesse an einem reibungslosen Geschäftsablauf nicht ausreichend berücksichtige. Durch den Umfang der Beschlagnahme und die mangelnde Bereitschaft der Ermittlungsstelle, von ihm benötigte Papiere aus den in Gewahrsam genommenen Unterlagen einsehen zu können, sei der Geschäftsbetrieb gefährdet.

Daneben rügt der Beschwerdeführer ohne nähere Darlegung eine Verletzung des Art. 7 Abs. 1 LV (Schutz der Menschenwürde) und des Anspruchs auf ein faires und zügiges Verfahren (Art. 52 Abs. 4 LV).

III.

Das Landgericht N. und die Bearbeitungsstelle zur Bekämpfung der illegalen Beschäftigung bei dem Arbeitsamt N. haben gemäß § 49 Abs. 1 und 2 Verfassungsgerichtsgesetz des Landes Brandenburg (VerfGGBbg) Gelegenheit erhalten, zu der Verfassungsbeschwerde Stellung zu nehmen. Die Ermittlungsstelle hält die Verfassungsbeschwerde für unbegründet. Die Schwere des Tatverdachts rechtfertige den Eingriff in die Geschäfts- und Privatsphäre zum Zwecke der Wahrheitserforschung. Der Grundsatz der Verhältnismäßigkeit sei gewahrt.

B.

I.

Die Verfassungsbeschwerde ist unzulässig, soweit der Beschwerdeführer eine Verletzung des Art. 52 Abs. 4 Satz 1 LV (dazu 1.) und der Art. 7 Abs. 1, 9 Abs. 1 LV rügt (dazu 2.). Dasselbe gilt, soweit sich die Verfassungsbeschwerde gegen die Anordnung zur Durchsuchung der Privatwohnung des Beschwerdeführers richten sollte (dazu 3.). Soweit der Beschwerdeführer dagegen als Inhaber der Einzelfirma einen Verstoß gegen Art. 15 Abs. 1 LV durch die Durchsuchungsanordnung geltend macht, ist die Verfassungsbeschwerde zulässig (dazu 4. bis 7.).

1. Soweit der Beschwerdeführer einen Verstoß gegen den Grundsatz des fairen und zügigen Verfahrens (Art. 52 Abs. 4 Satz 1 LV) rügt, fehlt ihm mangels hinreichender Darlegung eines dieses Grundrecht beeinträchtigenden Verhaltens des Gerichts (vgl. Art. 6 Abs. 2 LV, §§ 45 Abs. 1, 46 VerfGGBbg) bereits die erforderliche Beschwerdebefugnis. Sein Vortrag läßt nicht erkennen, inwiefern das Amtsgericht O. oder das Landgericht N. die durch Art. 52 Abs. 4 LV gewährleisteten Verfahrensanforderungen verletzt haben sollen. Eine verfahrensmäßige Handhabung, die möglicherweise andere Grundrechte verletzt, ist nicht zwangsläufig zugleich eine Verletzung von Art. 52 Abs. 4 Satz 1 LV.

Falls der Beschwerdeführer in diesem Zusammenhang nicht das gerichtliche Verfahren, sondern Art und Dauer der Durchsuchung oder das Verhalten der Ermittlungsstelle während der Durchsuchung, insbesondere die seiner Auffassung nach mangelnde Bereitschaft zur Überlassung von ihm benötigter Papiere, zum Gegenstand der Verfassungsbeschwerde machen will, was nach der Antragsschrift freilich unklar bleibt, so steht dem – unbeschadet der Frage der Beschwerdebefugnis – jedenfalls die fehlende Rechtswegerschöpfung (§ 45 Abs. 2 Satz 1 VerfGGBbg) entgegen. Einwände gegen die Art und Weise der Durchsuchung können und müssen vor Anrufung des Verfassungsgerichts zunächst der fachrichterlichen Überprüfung zugeführt werden (vgl. BVerfGE 44, 353, 368). Dabei kann hier dahinstehen, ob dies gegebenenfalls durch einen Antrag auf gerichtliche Entscheidung nach §§ 23 ff des Einführungsgesetzes zum Gerichtsverfassungsgesetz – EGGVG – oder entsprechend § 98 Abs. 2 Satz 2 Strafprozeßordnung – StPO – zu erfolgen hat (vgl. hierzu BVerfGE 96, 44, 50 und die Nachweise bei *Kleinknecht/Meyer-Goßner*, StPO, 43. Aufl. 1997, § 105, Rdn. 17). Einen Antrag dieser Art hat der Beschwerdeführer nach seinem eigenen Vortrag und ausweislich der beigezogenen Ermittlungsakten bislang nicht gestellt.

2. Die Verfassungsbeschwerde ist weiter unzulässig, soweit der Beschwerdeführer sich in Art. 7 Abs. 1 LV (Schutz der Menschenwürde) und Art. 9 Abs. 1 LV (Freiheit der Person) verletzt sieht. Auch insoweit fehlt es bereits an der erforderlichen Beschwerdebefugnis, denn der Vortrag läßt nicht erkennen, inwiefern diese Grundrechte durch die angegriffenen gerichtlichen Entscheidungen betroffen sein sollen. Die Unverletzlichkeit der Wohnung, auf die sich der Beschwerdeführer beruft, ist gesondert geschützt (s. hierzu nachfolgend 4.).

Offen bleiben kann, ob der Beschwerdeführer mit der Rüge, die „Beschlagnahmeanordnung" verletze ihn in seinem Grundrecht aus Art. 9

Abs. 1 LV, nicht in Wahrheit eine Beeinträchtigung seiner allgemeinen Handlungsfreiheit (Art. 10 LV) geltend machen will. Denn jedenfalls fehlt dem Beschwerdeführer auch insoweit die erforderliche Beschwerdebefugnis. Eine Grundrechtsverletzung durch die „Beschlagnahmeanordnung" scheidet von vornherein aus, weil diese Anordnung bereits zufolge der Beschwerdeentscheidung des Landgerichts gegenstandslos ist. Das Landgericht hat hierzu in Übereinstimmung mit der fachgerichtlichen Rechtsprechung (vgl. etwa die Nachweise bei BVerfG, NJW 1992, 551, 552) ausgeführt, daß eine derartig pauschale und unbestimmte „Beschlagnahmeanordnung" lediglich als Richtlinie für die Durchsuchungsbeamten verstanden werden könne. Erst wenn nach Abschluß der Durchsuchung feststehe, welche Unterlagen zu Beweiszwecken benötigt würden, könne ein konkreter Beschlagnahmebeschluß erwirkt werden. Mithin bleibt die „Beschlagnahmeanordnung" schon zufolge der fachgerichtlichen Klarstellung der Beschwerdeinstanz ohne Wirkung und kann den Beschwerdeführer deshalb nicht in seinen Grundrechten beeinträchtigen.

3. Soweit sich die Verfassungsbeschwerde – was sich nicht klar ergibt – auch gegen die Anordnung zur Durchsuchung der Privatwohnung des Beschwerdeführers richtet, fehlt es gleichfalls an einer Beschwerdebefugnis. Nach der Rechtsprechung des Bundesverfassungsgerichts verliert eine Durchsuchungsanordnung, wenn von ihr kein Gebrauch gemacht wird, nach 6 Monaten ihre Wirksamkeit (vgl. BVerfGE 96, 44, 52 ff). Damit ist der Beschwerdeführer in dieser Hinsicht jedenfalls inzwischen nicht mehr beschwert.

4. Die Verfassungsbeschwerde ist hingegen nach Art. 6 Abs. 2, 113 Nr. 4 LV, §§ 12 Nr. 4, 45 ff VerfGGBbg zulässig, soweit der Beschwerdeführer geltend macht, durch die Durchsuchungsanordnung und die sie bestätigende Beschwerdeentscheidung in seinem Grundrecht aus Art. 15 Abs. 1 LV (Unverletzlichkeit der Wohnung) betroffen zu sein. Sein Vortrag läßt eine solche Verletzung zumindest möglich erscheinen. Die angegriffenen Entscheidungen entfalten trotz der bereits am 2. April 1998 erfolgten Durchsuchung der Geschäftsräume noch Wirkungen zulasten des Beschwerdeführers, denn die Ermittlungsstelle sieht sich aufgrund der Durchsuchungsanordnung, solange diese nicht aufgehoben wird, zur Durchsicht der mitgenommenen Unterlagen als ermächtigt an.

5. Allerdings kann der Beschwerdeführer auch bezogen auf Art. 15 Abs. 1 LV eine Grundrechtsverletzung zulässigerweise nicht geltend machen, soweit er die Verfassungsbeschwerde „als Geschäftsführer der GmbH" erhebt. Grundrechtsträger ist bei Eingriffen in die räumliche Privatsphäre der Wohnungsbesitzer. Handelt es sich wie hier um – ebenfalls in den Schutz-

bereich des Art. 15 Abs. 1 LV fallende (vgl. zu Art. 13 Abs. 1 GG BVerfGE 32, 54, 72) – Geschäftsräume, so betrifft der Eingriff den „Geschäftsherrn", nicht aber – oder doch allenfalls mittelbar – seinen Repräsentanten (vgl. BVerfGE 44, 353, 366; *Herdegen,* in: Bonner Kommentar zum Grundgesetz, Art. 13, Rdn. 37; *Maunz,* in: Maunz/Dürig, Grundgesetz, Art. 13, Rdn. 4). Bezogen auf die in den durchsuchten Räumen ansässige GmbH ist folglich diese selbst, nicht aber ihr Geschäftsführer Grundrechtsträger (vgl. zur Grundrechtsträgerschaft juristischer Personen bei Art. 13 Abs. 1 GG *Herdegen,* aaO, Rdn. 39 m.w.N.). Als Inhaber der in denselben Räumen ansässigen und von der Durchsuchung gleichermaßen betroffenen Einzelfirma W. kann der Beschwerdeführer dagegen zulässigerweise einen Verstoß gegen Art. 15 Abs. 1 LV geltend machen.

6. Der Rechtsweg zu den Fachgerichten ist ausgeschöpft (§ 45 Abs. 2 VerfGGBbg). Gegen die Beschwerdeentscheidung des Landgerichts N. ist kein weiteres Rechtsmittel gegeben.

7. Soweit die Verfassungsbeschwerde danach zulässig ist, steht ihr nicht entgegen, daß sich der Beschwerdeführer gegen gerichtliche Entscheidungen wendet, die in einem bundesrechtlich – durch die Strafprozeßordnung – geordneten Verfahren ergangen sind. Die Voraussetzungen, die das Bundesverfassungsgericht in seiner Entscheidung vom 15. Oktober 1997 (BVerfGE 96, 345 ff) für eine solche Landesverfassungsbeschwerde aufgestellt hat, liegen vor; das erkennende Gericht hat sich dieser Rechtsprechung angeschlossen (Beschluß vom 16. April 1998 – VfGBbg 1/98, LVerfGE 8, Teil Brandenburg, Entscheidung Nr. 2).

a. Es geht nicht um materielles Bundesrecht, sondern um die Anwendung von (Bundes-)Verfahrensrecht (vgl. zu dieser Voraussetzung BVerfG, aaO). Dessen Handhabung erschöpft sich hier nicht in der bloßen Umsetzung – als solcher von dem Landesverfassungsgericht nicht überprüfbarer – zwingender Vorschriften des Bundes, sondern läßt eine Wertung zu. Sie öffnet sich damit der Kontrolle am Maßstab der Landesverfassung.

b. Das als verletzt gerügte Landesgrundrecht (Art. 15 Abs. 1 LV) ist bezogen auf die entscheidungserhebliche Frage inhaltsgleich mit dem entsprechenden Grundrecht des Grundgesetzes (Art. 13 Abs. 1 GG). Die genannten Rechte führen – unbeschadet der hier nicht maßgeblichen Änderung des Art. 13 GG vom 26. März 1998 (BGBl. I S. 610) – im konkreten Fall, wie sogleich dargelegt, zu demselben Ergebnis.

II.

Die Verfassungsbeschwerde hat, soweit sie zulässig ist, in der Sache Erfolg. Die angegriffene Durchsuchungsanordnung des Amtsgerichts O. genügt nicht den Mindestanforderungen, die aus Gründen der Rechtsstaatlichkeit an den Inhalt solcher Anordnungen zu stellen sind. Sie verletzt den Beschwerdeführer ebenso wie der Beschluß des Landgerichts, soweit dieser den Verfassungsverstoß aufrechterhält, in seinem Grundrecht aus Art. 15 Abs. 1 LV, 13 Abs. 1 GG jeweils in Verbindung mit dem Rechtsstaatsprinzip.

1. Eine Durchsuchung stellt ihrer Natur nach regelmäßig einen schwerwiegenden Eingriff in die grundrechtlich durch Art. 15 Abs. 1 LV, 13 Abs. 1 GG geschützte Lebenssphäre des Betroffenen dar. Daher hat der Richter bei Erlaß der Durchsuchungsanordnung von vornherein für eine angemessene Begrenzung der Zwangsmaßnahme Sorge zu tragen, um so sicherzustellen, daß auch deren Durchführung entsprechend dem Rechtsstaatsprinzip mit der Verfassung und den Vorschriften der Strafprozeßordnung in Einklang bleibt. Der Schutz der Privatsphäre des Betroffenen darf nicht allein den ausführenden Beamten überlassen bleiben. Vielmehr muß der Richter durch eine geeignete Formulierung der Durchsuchungsanordnung im Rahmen des Möglichen und Zumutbaren dafür Sorge tragen, daß der Eingriff in die Grundrechte meßbar und kontrollierbar bleibt. Dies entspricht der ständigen Rechtsprechung des Bundesverfassungsgerichts zu Art. 13 GG (vgl. etwa BVerfGE 20, 162, 224; 42, 212, 219 f; 44, 353, 371; 56, 247; 71, 64, 65; 96, 44, 51 f; NJW 1991, 690 f; NJW 1992, 551 f; NJW 1994, 3281 f), der sich das erkennende Gericht bezüglich des Gewährleistungsinhalts des Art. 15 LV anschließt.

Eine richterliche Durchsuchungsanordnung muß deshalb, soweit dies nach dem Stand der Ermittlungen möglich und den Zwecken der Strafverfolgung nicht abträglich ist, durch tatsächliche Angaben über den Inhalt des Tatvorwurfs den äußeren Rahmen abstecken, innerhalb dessen die Zwangsmaßnahme durchzuführen ist, und darf sich nicht in der bloßen Wiedergabe des gesetzlichen Tatbestandes erschöpfen (vgl. BVerfGE 42, 212, 220 f; 44, 353, 371; BVerfG NJW 1992, 551 f und NJW 1994, 3281 f). Die möglichst genaue Beschreibung des Tatvorwurfs hat dabei eine begrenzende, die Privatsphäre des Betroffenen schützende Funktion und soll ihn in den Stand versetzen, die Durchsuchung seinerseits zu kontrollieren und etwaigen Ausuferungen von vornherein entgegenzutreten (BVerfGE 42, 212, 220 f).

2. Diesen verfassungsrechtlichen Anforderungen wird die vorliegende Durchsuchungsanordnung nicht gerecht. Sie enthält keinerlei tatsächliche Angaben über das konkrete ordnungswidrige Verhalten, dessen Aufklärung sie dienen soll, sondern erwähnt nur schlagwortartig den „Verdacht der un-

erlaubten Arbeitnehmerüberlassung". Auch die beispielhafte und allgemein gehaltene Aufzählung möglicher Beweisstücke läßt nicht erkennen, welchem konkreten Tatvorwurf die Durchsuchung gelten soll. Es bleibt offen, wodurch der Beschwerdeführer in den Verdacht der unerlaubten Arbeitnehmerüberlassung geraten ist. Eine solche Kennzeichnung wäre aber nach dem Stand der Ermittlungen, etwa durch Angabe der bei den Baustellenüberprüfungen in C. und N. gewonnenen Erkenntnisse, aus denen sich der Verdacht ergab, durchaus möglich gewesen, ohne daß dies den Zweck der Strafverfolgung gefährdet hätte.

III.

Neben der Feststellung der Grundrechtsverletzung (§ 50 Abs. 2 Satz 1 VerfGGBbg) sind die Durchsuchungsanordnung des Amtsgerichts und der Beschluß des Landgerichts, soweit er die Grundrechtsverletzung aufrechterhält, aufzuheben (§ 50 Abs. 3 1. Hs. VerfGGBbg). Die Entscheidungen haben sich – wie ausgeführt – noch nicht erledigt. Weil die Geschäftsräume des Beschwerdeführers als Inhaber der Einzelfirma mit den Geschäftsräumen der GmbH zusammenfallen, kann die Durchsuchungsanordnung auch bzgl. der Geschäftsräume der GmbH nicht bestehen bleiben. Die Sache ist zur erneuten Entscheidung über den Erlaß einer Durchsuchungsanordnung an das Amtsgericht O. zurückzuverweisen (§ 50 Abs. 3 2. Hs VerfGGBbg).

IV.

Die Anordnung der Auslagenerstattung beruht auf § 32 Abs. 7 VerfGGBbg. Da der Beschwerdeführer mit seinem Begehren im wesentlichen durchgedrungen ist, erscheint eine volle Auslagenerstattung angezeigt.

V.

Mit dieser obsiegenden Entscheidung und angesichts dessen, daß die beigezogenen Ermittlungsakten von dem erkennenden Gericht in keiner Hinsicht zum Nachteil des Beschwerdeführers berücksichtigt worden sind, erledigt sich eine Entscheidung über das Akteneinsichtsgesuch seiner Verfahrensbevollmächtigten (vgl. *Maunz/Schmidt-Bleibtreu/Klein/Ulsamer,* Bundesgerichtsverfassungsgesetz, § 20 Rdn. 6).

Inkompatibilität zwischen Bürgermeisteramt und Kreistagsmandat

Nr. 5

1. Vorschriften über die Unvereinbarkeit zwischen Amt und Mandat führen zu einer unmittelbaren Beeinträchtigung des passiven Wahlrechts der betroffenen Amtsinhaber, wenn die Folgen der Unvereinbarkeit ohne weiteren Vollzugsakt kraft Gesetzes eintreten.

2. Eine Inkompatibilitätsregelung bedarf wegen der großen Bedeutung der Wahl- und Wählbarkeitsgleichheit für das demokratische Staatswesen trotz der Ermächtigung in Art. 22 Abs. 5 Satz 3 Landesverfassung eines rechtfertigenden Grundes, der dem Sinn der Ermächtigung Rechnung trägt.

3. Die Unvereinbarkeit zwischen dem Amt eines hauptamtlichen Bürgermeisters einer kreisangehörigen Gemeinde und der Mitgliedschaft in der Vertretung seines Landkreises (§ 12 Abs. 2 Satz 1 Ziffer 2 Kommunalwahlgesetz Brandenburg) ist von der Ermächtigung des Art. 22 Abs. 5 Satz 3 Landesverfassung gedeckt.*

Grundgesetz Art. 28 Abs. 1 Satz 2; Art. 137 Abs. 1

Verfassung des Landes Brandenburg Art. 22 Abs. 1 Satz 1, Abs. 3 Satz 1, Abs. 5 Satz 3

Kommunalwahlgesetz Brandenburg §§ 12 Abs. 2 Satz 1 Ziffer 2; 51 Abs. 2 Satz 1 und 2

Beschluß vom 17. September 1998 – VfGBbg 30/98 –

in dem Verfassungsbeschwerdeverfahren des Herrn L. gegen § 12 Abs. 2 Satz 1 Ziffer 2 des Brandenburgischen Kommunalwahlgesetzes vom 22. April 1993 – KWahlG – (GVBl. I S. 110) in der Fassung des Änderungsgesetzes vom 30. März 1998 (GVBl. I S. 54)

Entscheidungsformel:

Die Verfassungsbeschwerde wird zurückgewiesen.

---

* Nichtamtlicher Leitsatz

Gründe:

A.

Der Beschwerdeführer ist hauptamtlicher Bürgermeister einer kreisangehörigen Stadt und Amtsdirektor des Amtes, dem die Stadt angehört. Mit der am 4. August 1998 erhobenen Verfassungsbeschwerde wendet er sich gegen die Regelung in § 12 Abs. 2 Satz 1 Ziffer 2 KWahlG, der zufolge leitende Beamte und Angestellte der Gemeinden und Ämter nicht der Vertretung ihres Landkreises angehören dürfen.

I.

Das Brandenburgische Kommunalwahlgesetz – KWahlG – enthält in § 12 Regelungen über die Unvereinbarkeit zwischen öffentlichem Amt und der Mitgliedschaft in kommunalen Vertretungskörperschaften. Die ursprüngliche Fassung des Gesetzes vom 22. April 1993 sah u.a. vor, daß Beamte und Angestellte einer Gemeinde oder eines Amtes nicht Mitglied der Vertretung des Landkreises sein können. Eine Ausnahme galt nur für Beamte und Angestellte von öffentlichen Einrichtungen der Gemeinde oder des Amtes (§ 12 Abs. 1 Ziffer 5 KWahlG a. F.).

Mit Änderungsgesetz vom 30. März 1998, in Kraft getreten am 2. April 1998, hat der Gesetzgeber die bisherigen Unvereinbarkeitsregelungen modifiziert. Die Neuregelung des § 12 KWahlG unterscheidet zwischen Bestimmungen, die für alle Beamten und Angestellten einer Körperschaft gelten (Abs. 1) und solchen, die nur (noch) für leitende Beamte und leitende Angestellte gelten (Abs. 2). Während die anderen Beamten und Angestellten der Gemeinden und Ämter der Vertretung des Landkreises angehören können, bleibt dies leitenden Beamten und Angestellten verwehrt. Die hier angegriffene Vorschrift des § 12 Abs. 2 Satz 1 Ziffer 2 KWahlG lautet:

§ 12
Unvereinbarkeit (Inkompatibilität)

(1) ...

(2) Leitende Beamte oder leitende Angestellte, die im Dienst einer der in den Nummern 1 bis 5 genannten Körperschaft stehen, können in den folgenden Fällen nicht zugleich einer Vertretung angehören:

1. ...

2. Stehen sie im Dienst einer Gemeinde oder eines Amtes, so können sie nicht zugleich der Vertretung des Landkreises angehören, dem die Gemeinde oder das Amt angehört.

...

Wird ein Bewerber gewählt, dessen Amt nach § 12 KWahlG unvereinbar mit der Ausübung des Mandats ist, kann er die Wahl zufolge § 51 Abs. 2 Satz 1 KWahlG nur annehmen, wenn er nachweist, die zur Beendigung des Dienstverhältnisses erforderliche Erklärung abgegeben zu haben. Weist er dies vor Ablauf der Frist zur Annahme der Wahl nicht nach, so gilt die Wahl gemäß § 51 Abs. 2 Satz 2 KWahlG als abgelehnt. Der Sitz in der Vertretung geht in diesem Fall auf die erste Ersatzperson des jeweiligen Wahlvorschlages über (§ 60 Abs. 3 Satz 1 KWahlG).

II.

Der Beschwerdeführer sieht sich durch die angegriffene Regelung faktisch von der Wählbarkeit für den Kreistag bei den am 27. September 1998 stattfindenden Kommunalwahlen im Lande Brandenburg ausgeschlossen. § 12 Abs. 2 Satz 1 Ziffer 2 KWahlG verletze den Grundsatz der Wahlgleichheit und verstoße damit gegen Art. 12 und 22 der Landesverfassung (LV). Es gebe keinen Grund für eine Unvereinbarkeitsregelung in den Fällen, in denen Amt und Mandat auf verschiedenen Ebenen angesiedelt seien. Die Gefahr einer Interessenskollision sei hier äußerst gering. Im Verhältnis zwischen Kreis und kreisangehöriger Gemeinde bzw. Amt erfordere insbesondere die vom Kreis wahrzunehmende Kommunalaufsicht keine personelle Trennung, weil diese Aufgabe vom Landrat und nicht vom Kreistag wahrgenommen werde. Es sei außerdem sachwidrig, die Wählbarkeit hauptamtlicher Bürgermeister zu beschränken, während ehrenamtliche Bürgermeister ebenso wie andere Beamte oder Angestellte in den Kreistag gewählt werden könnten. Gleiches gelte für Angestellte einer Gesellschaft, an der der Landkreis beteiligt sei und die trotz ihrer Weisungsgebundenheit dem Kreistag angehören dürften. Selbst Gemeindevertreter, die mit größeren Entscheidungskompetenzen ausgestattet seien als der hauptamtliche Bürgermeister, seien in den Kreistag wählbar. In der Gesamtschau stelle sich die angegriffene Regelung als willkürliche Beschränkung der Wählbarkeit dar.

III.

Die Landesregierung hat zu der Verfassungsbeschwerde Stellung genommen. Sie sei mangels Beschwerdebefugnis bereits unzulässig. Die angegriffene Inkompatibilitätsregelung betreffe den Beschwerdeführer nicht unmittelbar und gegenwärtig. Die Vorschrift greife ihm gegenüber erst, wenn er in den Kreistag gewählt werde und sodann vor Ablauf der Frist zur Annahme der Wahl nicht die zur Beendigung des Dienstverhältnisses erforderliche Erklärung abgebe. Jedenfalls sei die Verfassungsbeschwerde unbegründet. Die angegriffene Vorschrift sei durch Art. 22 Abs. 5 Satz 3 LV gedeckt, wonach durch Gesetz u.a. geregelt werden könne, daß Beamte nicht zugleich Mitglied in kommunalen Vertretungskörperschaften sein könnten. § 12 Abs. 2 Satz 1 Ziffer 2 KWahlG diene der Vermeidung von Interessenskollisionen, die auch im Verhältnis der leitenden Beamten und Angestellten der Ämter und Gemeinden gegenüber dem Kreistag bestünden. Zwar übe der Landrat die Kommunalaufsicht über die kreisangehörigen Ämter und Gemeinden aus. Der Kreistag sei jedoch Dienstvorgesetzter des Landrats und habe auch im übrigen nach der Landkreisordnung die Möglichkeit, auf dessen Amtsführung einzuwirken. Weiter entscheide der Kreistag über die Kreisumlage und im Rahmen seiner Ausgleichsaufgaben über die Vergabe investiver Mittel. Es bestehe deshalb die Gefahr einer Interessenskollision, wenn leitende Beamte und Angestellte der Ämter und Gemeinden zugleich Mitglied des Kreistags seien. Darin liege keine sachwidrige Ungleichbehandlung gegenüber ehrenamtlichen Bürgermeistern. Deren Gemeinden stünden wegen der dazwischen tretenden Ebene der Ämter nicht in gleicher Weise dem Kreis gegenüber wie Gemeinden mit hauptamtlichen Bürgermeistern. Die Möglichkeit einer Interessenskollision sei hier deutlich geringer. Auch gegenüber den nichtleitenden Angestellten von Gesellschaften, an denen der Kreis beteiligt sei, werde der Beschwerdeführer nicht sachwidrig ungleich behandelt. Eventuelle Interessenskollisionen seien bei dieser Personengruppe überschaubar und könnten im Einzelfall über die Mitwirkungsverbote der Landkreisordnung geregelt werden.

B.

Die Verfassungsbeschwerde ist zulässig (dazu I.). Sie bleibt jedoch in der Sache ohne Erfolg (dazu II.).

I.

1. Der Beschwerdeführer ist beschwerdebefugt im Sinne von Art. 6 Abs. 2 LV, § 45 Abs. 1 Verfassungsgerichtsgesetz Brandenburg (VerfGGBbg). Er rügt einen Verstoß gegen den Grundsatz der Gleichheit der Wahl (Art. 22 Abs. 3 LV) und sieht sein Wählbarkeitsrecht nach Art. 22 Abs. 1 LV verletzt. Dieses Recht zählt zu den „Grundrechten" im Sinne des Art. 6 Abs. 2 LV. Es kann mit der Verfassungsbeschwerde unmittelbar gegen ein das Wahlrecht regelndes Gesetz geltend gemacht werden, wenn der Beschwerdeführer von dem Gesetz selbst, gegenwärtig und unmittelbar betroffen ist (vgl. BVerfGE 58, 177, 188 m.w.N.). So liegt es hier.

Der Beschwerdeführer kann als leitender Beamter seiner Stadt und des Amtes aufgrund der Unvereinbarkeitsregelung des § 12 Abs. 2 Satz 1 Ziffer 2

KWahlG eine Wahl in die Vertretung des Landkreises, um die er sich bewerben will, nicht annehmen, es sei denn, er würde zugleich seine dienstliche Tätigkeit aufgeben. Die angegriffene Regelung greift damit „unmittelbar" in die Rechtsposition des Beschwerdeführers ein, ohne daß es noch eines weiteren Vollzugsaktes der Verwaltung bedarf. Nach § 51 Abs. 2 Satz 2 KWahlG gilt die Wahl als abgelehnt, wenn der Bewerber nicht innerhalb der Frist zur Annahme der Wahl dem Wahlleiter nachweist, daß er die zur Beendigung des Dienstverhältnisses erforderliche Erklärung abgegeben hat. Die nachfolgende Zuweisung der Sitze an die einzelnen Bewerber und die Feststellungen der Wahlprüfungsorgane sind keine Vollzugsakte der Verwaltung im vorgenannten Sinne, sondern geben lediglich das bereits aufgrund der gesetzlichen Regelung feststehende Wahlergebnis wieder. Sie sind rein deklaratorischer Natur (BVerfG in st. Rspr., vgl. etwa BVerfGE 48, 64, 79 f; 58, 177, 189 f m.w.N.; vgl. auch LVerfG Sachsen-Anhalt, LVerfGE 2, 345, 359 f; VerfGH Berlin, LVerfGE 4, 34, 37 f).

Der Beschwerdeführer ist durch § 12 Abs. 2 Satz 1 Ziffer 2 KWahlG des weiteren „gegenwärtig" betroffen. Die angegriffene Regelung beinhaltet für ihn nicht nur die Möglichkeit einer Betroffenheit in unbestimmter Zukunft, sondern führt bereits jetzt zu einer aktuellen Beeinträchtigung (vgl. – die „Gegenwärtigkeit" der Beeinträchtigung in diesen Fällen annehmend – BVerfGE 18, 172, 180; 38, 326, 335 f; 48, 64, 79 f; 57, 43, 55). Auch unter Zumutbarkeitsgesichtspunkten kann der Beschwerdeführer nicht darauf verwiesen werden abzuwarten, bis er im Falle seiner Wahl vor die – sodann binnen einer Woche zu treffende (vgl. § 51 Abs. 1 Satz 1, Abs. 2 Satz 2 KWahlG) – Entscheidung zwischen Amt und Mandat gestellt ist.

2. Die Jahresfrist zur Erhebung der Verfassungsbeschwerde (§ 47 Abs. 3 VerfGGBbg) ist gewahrt. Daß der Beschwerdeführer als hauptamtlicher Bürgermeister und Amtsdirektor schon nach der ursprünglichen Fassung des § 12 KWahlG der Vertretung des Landkreises nicht angehören konnte, wirkt sich nicht aus. Eine solche isolierte Betrachtung der Neuregelung würde der Situation nicht gerecht. Zwar wird eine bereits bestehende Beschwer nicht dadurch erneut angreifbar, daß der Gesetzgeber sie gelegentlich der Änderung anderer Bestimmungen desselben Gesetzes erneut in seinen Willen aufgenommen hat (vgl. etwa BVerfGE 11, 255, 260; 56, 363, 379 f). Begründet die Gesetzesänderung jedoch eine neue Beschwer, wird die Frist zur Erhebung der Verfassungsbeschwerde erneut in Lauf gesetzt (Verfassungsgericht des Landes Brandenburg, Urteil vom 19. Mai 1994 – VfGBbg 9/93 –, LVerfGE 2, 93, 99; BVerfGE 17, 364, 369; 23, 229, 237; 80, 137, 149). So liegt es hier.

Der Grundsatz der Wahlrechtsgleichheit, den der Beschwerdeführer verletzt sieht, schützt auch das passive Wahlrecht vor jeglichen sachwidrigen

Beschränkungen, die sich auch daraus ergeben können, daß im Rahmen von Inkompatibilitätsvorschriften öffentliche Bedienstete unterschiedlich behandelt werden. Der Beschwerdeführer macht der Sache nach geltend, daß der Gesetzgeber mit der Neufassung des § 12 KWahlG den Kreis der mit kommunalen Mandaten unvereinbaren Ämter willkürlich gezogen und dadurch den Grundsatz der Wahlrechtsgleichheit verletzt habe. Der Beschwerdeführer hält sich u. a. mit den nichtleitenden Bediensteten für vergleichbar und beansprucht eine gleiche Behandlung. Diese Rügemöglichkeit ist erst durch die Neufassung des Gesetzes eröffnet worden. Darin tritt eine „neue" Beschwer zutage (vgl. hierzu etwa BVerfGE 26, 100, 109).

II.

Die Verfassungsbeschwerde ist jedoch unbegründet. § 12 Abs. 2 Satz 1 Ziffer 2 KWahlG schränkt zwar den Grundsatz der Wahlrechtsgleichheit und das (passive) Wahlrecht aus Art. 22 Abs. 1 LV ein (dazu 1.). Diese Einschränkung ist jedoch durch Art. 22 Abs. 5 Satz 3 LV gedeckt (dazu 2.).

1. Zufolge Art. 22 Abs. 1 LV hat jeder Bürger nach Vollendung des achtzehnten Lebensjahres das Recht, zum Landtag und zu den kommunalen Vertretungskörperschaften zu wählen und in diese gewählt zu werden. Dabei gelten die Wahlrechtsgrundsätze des Art. 22 Abs. 3 Satz 1 LV, wonach Wahlen und Abstimmungen allgemein, unmittelbar, gleich, frei und geheim sind. Diese Verfassungsnormen beziehen sich nicht nur auf den Wahlakt als solchen, sondern erfassen die Wählbarkeit im weiteren Sinne. Ein Wahlbewerber muß nicht nur die Möglichkeit haben, ein Mandat zu erwerben, sondern auch, das Mandat tatsächlich auszuüben (Verfassungsgericht des Landes Brandenburg, Urteil vom 25. Januar 1996 – VfGBbg 13/95 –, LVerfGE 4, 85, 91 f). Das passive Wahlrecht nach Art. 22 Abs. 1, Abs. 3 Satz 1 LV wird deshalb durch alle einfachgesetzlichen Vorschriften beeinträchtigt, die die Wählbarkeit beschränken. Hierzu zählt die angegriffene Regelung, die die Mandatsausübung von dem Verzicht auf das Amt abhängig macht.

2. Die Beeinträchtigung des passiven Wahlrechts durch § 12 Abs. 2 Satz 1 Ziffer 2 KWahlG findet ihre verfassungsrechtliche Rechtfertigung in Art. 22 Abs. 5 Satz 3 LV. Danach kann der Landesgesetzgeber vorsehen, daß Beamte, Angestellte des öffentlichen Dienstes und Richter nicht zugleich Mitglied im Landtag oder in kommunalen Vertretungskörperschaften seien können. Der Gesetzgeber hat von dieser Ermächtigung mit der angegriffenen Regelung in verfassungskonformer Weise Gebrauch gemacht. Sie enthält

Inkompatibilität zwischen Bürgermeisteramt und Kreistagsmandat 117

eine zulässige Inkompatibilitätsregelung (dazu a.), dient in sachlich zu vertretender Weise der Vermeidung von Interessenskollisionen (dazu b.) und ist in sich widerspruchsfrei (dazu c.).

a. Art. 22 Abs. 5 Satz 3 LV ermächtigt den Landesgesetzgeber nur zu Unvereinbarkeitsregelungen, nicht dagegen zu einem Ausschluß öffentlicher Bediensteter von Wahlen (Ineligibilität). Letzteres wäre schon kraft Bundesrecht – auch bezogen auf Kommunalwahlen (vgl. Art. 28 Abs. 1 Satz 2 Grundgesetz – GG –) – unzulässig. Art. 137 Abs. 1 GG enthält zugleich das Verbot einer über Inkompatibilitätsregelungen hinausgehenden Beschränkung der Wählbarkeit in Anknüpfung an ein Dienstverhältnis (BVerfGE 12, 73, 77; 38, 326, 336 ff; 57, 43, 66 f m. w. N.). Landesrecht kann diese Grenzen der Einschränkbarkeit der Wählbarkeit nicht erweitern (Art. 2 Abs. 5 Satz 1 LV, Art. 31 GG).

Die angegriffene Norm hält sich in diesem Rahmen. Die von ihr erfaßten Personen werden nicht von der Wählbarkeit ausgeschlossen. Sie können sich zur Wahl stellen und gewählt werden. Sie sind – wie dargestellt – freilich verpflichtet, sich im Falle der Wahl zwischen Amt und Mandat zu entscheiden. Unbeschadet der faktischen Einengung dieses Entscheidungsspielraums durch berufliche und wirtschaftliche Zwänge, die in den meisten Fällen dem Ausscheiden aus dem bisherigen Dienstverhältnis entgegenstehen werden, beinhaltet die angegriffene Vorschrift damit lediglich eine Inkompatibilität (vgl. zu einer vergleichbaren Regelung der Niedersächsischen Gemeindeordnung BVerfGE, 58, 177, 192 f m. w. N.).

b. Angesichts der faktischen Schwierigkeiten, die sich ggfls. für den Gewählten aus dem Zwang zur Aufgabe des bisherigen (hauptberuflichen) Dienstverhältnisses ergeben, ist allerdings nicht zu verkennen, daß § 12 Abs. 2 Satz 1 Ziffer 2 KWahlG in den praktischen Auswirkungen einem Ausschluß der Wählbarkeit in die Vertretung des Landkreises nahekommt. Eine Regelung wie § 12 Abs. 2 Satz 1 Ziffer 2 KWahlG bedarf deshalb mit Blick auf die große Bedeutung der Wahl- und Wählbarkeitsgleichheit für das demokratische Staatswesen trotz der Ermächtigung in Art. 22 Abs. 5 Satz 3 LV eines rechtfertigenden Grundes, der dem Sinn der Ermächtigung Rechnung trägt (vgl. BVerfGE 12, 73, 77; 38, 326, 339). Sie will das Gemeinwesen vor Interessenskollisionen bewahren helfen, wie sie bei einer Personalunion von Amt und Mandat drohen. Beschränkungen der Wählbarkeit sind deshalb nur gerechtfertigt, wenn sie erforderlich und geeignet sind, Interessenskollisionen wirksam zu begegnen (vgl. BVerfGE 48, 64, 90; 57, 43, 67; 58, 177, 193; LVerfG Sachsen-Anhalt, LVerfGE 2, 345, 365; *Magiera*, in: Sachs [Hrsg.], Grundgesetzkommentar, 1996, Art. 137 Rdn. 10). Dies ist hier der Fall.

aa. Zwischen dem Amt als leitender Beamter einer Gemeinde oder eines Amtes und der Wahrnehmung eines Mandats in der Vertretung des Kreises ergeben sich unbeschadet dessen, daß sich Amt und Mandat auf verschiedenen Ebenen gegenüberstehen, in mannigfacher Weise Interessenskollisionen (vgl. zum Verhältnis Gemeinde – Kreis BVerfGE 12, 73, 78 f; 58, 177, 193 ff). Der Kreis und seine Gemeinden bzw. Ämter bilden eine Gemeinschaft, die nicht nur territorial, sondern auch nach Zweckbestimmung und Funktion eng verbunden und verflochten ist (BVerfGE 23, 353, 368). Die rechtlichen und tatsächlichen Interessen der verschiedenen Selbstverwaltungsebenen greifen auf vielfältige Weise ineinander und können je nach Fallgestaltung in unterschiedliche Richtungen weisen.

Interessenskollisionen ergeben sich bereits im Bereich der Kommunalaufsicht, der Sonderaufsicht und der Fachaufsicht des Kreises gegenüber den kreisangehörigen Ämtern und Gemeinden. Zwar obliegt diese Aufsicht nicht dem Kreistag, sondern dem Landrat als allgemeine untere Landesbehörde (§ 69 Abs. 1 LKrO), welcher insoweit der Dienstaufsicht des Ministeriums des Innern untersteht und nur den übergeordneten staatlichen Behörden verantwortlich ist (§ 70 Abs. 2 LKrO). Dies allein schließt die Möglichkeit von Interessenskollisionen aber nicht aus. Der Landrat ist in seiner Amtsführung auf das Vertrauen des Kreistages angewiesen, der ihn gemäß § 51 Abs. 1 LKrO wählt und unter den Voraussetzungen des § 51 Abs. 3 LKrO wieder abberufen kann. Außerhalb des Aufsichtsbereichs untersteht der Landrat der Dienstaufsicht des Kreistags (§ 61 Abs. 2 Satz 2 LKrO). Die sich aus alledem ergebenden Einflußmöglichkeiten des Kreistags reichen ggfls. bis in den Bereich der Aufsichtstätigkeit hinein.

Vor allem aber können sich Interessenskollisionen zwischen kommunalem Amt und Kreistagsmandat im Bereich der Selbstverwaltungsaufgaben ergeben, die vom Kreistag wahrzunehmen sind bzw. deren Erledigung durch den Landrat vom Kreistag zu kontrollieren ist. Zum Beispiel obliegt dem Kreistag zufolge § 65 Abs. 1 LKrO die Festsetzung der von den kreisangehörigen Gemeinden zur Deckung des Finanzbedarfs des Landkreises zu leistenden Kreisumlage, wobei außer über einen Umlagesatz auch über mögliche Mehr- oder Minderbelastungen einzelner Landkreisteile zu befinden ist (vgl. § 65 Abs. 3 LKrO). Es liegt auf der Hand, daß bei solchen Entscheidungen das Interesse des Kreises an einer hinreichenden eigenen Finanzausstattung und einem angemessenen kreisinternen Lastenausgleich den Interessen der einzelnen Gemeinde zuwiderlaufen kann. Ein leitender Beamter oder Angestellter einer kreisangehörigen Gemeinde, der als Kreistagsmitglied über die Gestaltung der Kreisumlage mitzuentscheiden hätte, sähe sich diesem Interessenskonflikt ausgesetzt (vgl. BVerfGE 12, 73, 78 ff).

Entsprechendes gilt allgemein für die dem Kreis obliegenden Ergänzungs- und Ausgleichsaufgaben. Nach § 2 Abs. 1 Satz 2 LKrO fördert er die kreisangehörigen Gemeinden und Ämter in der Erfüllung ihrer Aufgaben, ergänzt durch sein Wirken die Selbstverwaltung der Gemeinden und Ämter und trägt zu einem gerechten Ausgleich zwischen den Gemeinden und Ämtern bei. Bei der Entscheidung darüber, ob und in welchem Maße er in diesem Sinne tätig wird, muß der Kreis neben den Bedürfnissen der einzelnen Gemeinden und Ämter notwendigerweise seine eigenen Bedürfnisse und die Gesamtsituation im Kreisgebiet berücksichtigen. Ein leitender Beamter oder Angestellter einer kreisangehörigen Gemeinde oder eines Amtes, der als Kreistagsmitglied an solchen Entscheidungsprozessen beteiligt wäre, könnte geneigt sein, im Interesse der „eigenen" Kommune die Bedürfnisse des Kreises und anderer Kommunen hintanzusetzen.

bb. Angesichts der vielfältigen möglichen Interessenskonflikte zwischen der gemeindlichen und der kreislichen Ebene erscheint § 12 Abs. 2 Satz 1 Ziffer 2 KWahlG sachlich gerechtfertigt. Zwar ist ein Kreistagsmitglied schon nach § 28 Gemeindeordnung – GO – i.V.m. § 32 Abs. 2 LKrO unter bestimmten Voraussetzungen von der Beratung und Abstimmung ausgeschlossen, insbesondere dann, wenn die Entscheidung einer Angelegenheit ihm selbst oder einer vom ihm vertretenen juristischen Person einen unmittelbaren Vorteil oder Nachteil bringen kann. Diese Regelung ist jedoch unbehelflich und reicht zur Vermeidung von Interessenskonflikten nicht aus. Zum einen wäre womöglich in einer Vielzahl von Fällen – über die im Zweifelsfall jeweils der Kreistag zu entscheiden hätte – zweifelhaft, ob das Kreistagsmitglied an der Mitwirkung gehindert ist und andernfalls die Gefahr einer Unwirksamkeit des Kreistagsbeschlusses besteht (vgl. § 28 Abs. 6 GO). Hierdurch könnte die Wahrnehmung des Kreistagsmandats, ggfls. auch die Arbeit des Kreistags selbst, Schaden nehmen. Zum anderen ergeben sich unerwünschte Interessenskollisionen zwischen Amt und Mandat auch außerhalb des Bereichs von „unmittelbaren" Vor- und Nachteilen für den Mandatsträger selbst oder eine von ihm vertretene juristische Person. So kann im Bereich der Ausgleichs- und Ergänzungsaufgaben die Entscheidung des Kreises über Hilfestellungen für eine bestimmte Gemeinde je nach Fallgestaltung zugleich eine – wenn auch vielleicht nur mittelbare – Benachteiligung einer anderen Gemeinde bedeuten, sei es, daß dadurch die kreislichen Mittel für die mögliche Unterstützung anderer Gemeinden gemindert oder gar verbraucht werden oder daß etwa Standortvorteile geschaffen werden, die sich ungünstig für die Nachbargemeinden auswirken. Mehr oder weniger verdeckte Interessenkonflikte dieser Art ließen sich über Mitwirkungsverbote nicht befriedigend lösen. Zur Vorbeugung gegen Interessenskollisionen konnte der Gesetzgeber deshalb eine generelle Unvereinbarkeitsregelung bestimmen (vgl. – in ähnlichem Zusammenhang – BVerfGE 12, 73, 79 f; 58, 177, 193 ff; vgl. auch – vor dem Hintergrund weitergreifender Befangenheitsregelungen – BVerfGE 18, 172, 185 f).

c. Macht der Gesetzgeber von der Ermächtigung des Art. 22 Abs. 5 Satz 3 LV Gebrauch, weil die Gefahr von Interessenskonflikten dies – wie hier – rechtfertigt (s. o.), so beruhen die sich hieraus ergebenden Unterschiede in der Wählbarkeit öffentlicher Bediensteter einerseits und anderer Bürger andererseits unmittelbar auf der Verfassung (vgl. BVerfGE 48, 64, 89 f). Der hohe Stellenwert der Wahlrechtsgleichheit verlangt allerdings, daß der Gesetzgeber innerhalb der von der Verfassungsnorm erfaßten Personengruppen keine sachwidrigen Differenzierungen vornimmt (BVerfGE 48, 64, 89 f; 18, 172, 184). Auch dem genügt § 12 Abs. 2 Satz 1 Ziffer 2 KWahlG.

aa. Der Landesgesetzgeber konnte die Unvereinbarkeitsregelung des § 12 Abs. 2 Satz 1 Ziffer 2 KWahlG auf leitende Beamte und Angestellte i. S. des § 12 Abs. 2 Satz 2 KWahlG (hauptamtliche Beamte auf Zeit, Amtsleiter und Inhaber vergleichbarer Ämter sowie ihre Vertreter) begrenzen. Nachgeordnete Bedienstete der kreisangehörigen Ämter und Gemeinden sind im Kreistag in ungleich geringerem Maße Interessenskollisionen ausgesetzt als leitende Beamte und Angestellte, denen das Geschick der Kommune anvertraut ist und deren Verantwortungsbereich durch Entscheidungen des Kreistages, die sich auf die amtsangehörigen Ämter und Gemeinden auswirken, unmittelbar berührt wird. Die Unterscheidung erscheint deshalb sachlich vertretbar. Jedenfalls ist die Gesetz gewordene Regelung geeignet, die Gefahr von Interessenskollisionen zu verringern und damit nicht sachwidrig. Wie der Wortlaut des Art. 22 Abs. 5 Satz 3 LV („kann") zeigt, muß der Gesetzgeber die Ermächtigung nicht ausschöpfen (vgl. zu Art. 137 Abs. 1 GG BVerfGE 38, 326, 340).

bb. Es stellt sich auch nicht als ungerechtfertigte Ungleichbehandlung dar, daß ehrenamtliche Bürgermeister der kreisangehörigen Gemeinden dem Kreistag angehören dürfen. Dies folgt schon daraus, daß Art. 22 Abs. 5 Satz 3 LV ehrenamtliche Bürgermeister nicht erfaßt. Die Ehrenbeamten zählen nicht zu den Beamten i. S. des Art. 137 Abs. 1 (BVerfGE 18, 172, 184 f; kritisch hierzu *Stober*, in: Bonner Kommentar zum Grundgesetz, Art. 137 Abs. 1, Rdn. 287, 317 ff). Da der Landesgesetzgeber den Ermächtigungsrahmen des Art. 137 Abs. 1 GG zwar unter-, aber nicht überschreiten darf (s. o.), bezieht sich auch Art. 22 Abs. 5 Satz 3 LV nicht auf Ehrenbeamte. Der Grundsatz der Wahlrechtsgleichheit schützt den Beschwerdeführer nur vor sachwidrigen Differenzierungen innerhalb des von Art. 22 Abs. 5 Satz 3 LV erfaßten Personenkreises.

cc. Aus dem nämlichen Grund kann der Beschwerdeführer auch nichts daraus herleiten, daß nichtleitende Angestellte einer vom Kreis beherrschten Gesellschaft dem Kreistag angehören dürfen. Art. 22 Abs. 5 Satz 3 LV erfaßt auch diesen Personenkreis nicht. Der Verfassungsgesetzgeber ist bei der Ermächtigungsnorm ausweislich der Gesetzesmaterialien unter Hinweis auf die einschlägigen Entscheidungen des Bundesverfassungsgerichts zu Art. 137 Abs. 1 GG (vgl. BVerfGE 38, 326, 339; 48, 64, 85 ff) davon ausgegangen, daß zu den „Angestellten des öffentlichen Dienstes" i. S. der Verfassungsnorm bei Bediensteten privater Gesellschaften mit mehrheitlicher Beteiligung einer Kommune nur die leitenden Angestellten zählen (vgl. Begründung zum Änderungsantrag vom 28. Januar 1997, S. 3, Anlage zu LT-Drs. 2/3752). Demgemäß hat der Gesetzgeber die Unvereinbarkeitsregelungen auf diesen Personenkreis begrenzt (vgl. § 12 Abs. 3 KWahlG).

dd. Gegenüber Gemeinderatsmitgliedern, die nicht an einer Mitgliedschaft im Kreistag gehindert sind, wird der Beschwerdeführer ebenfalls nicht sachwidrig ungleich behandelt. Auch dieser Personenkreis fällt nicht unter Art. 22 Abs. 5 Satz 3 LV und scheidet deshalb in dem hier in Rede stehenden Zusammenhang als Vergleichsgruppe aus. Unbeschadet dessen bezweckt die den Beschwerdeführer betreffende Inkompatibilitätsvorschrift speziell die personale Trennung zwischen Exekutivamt und Mitgliedschaft in einer Kommunalvertretung. Es soll der Gefahr begegnet werden, daß die Exekutive an ihrer eigenen Kontrolle beteiligt ist. Diese Gefahr besteht bei einem Doppelmandat – ungeachtet der Frage, ob es aus anderen Gründen untersagt werden könnte (vgl. etwa BVerfGE 42, 312, 327) – nicht.

III.

Damit erübrigt sich eine Entscheidung über den Antrag auf Erlaß einer einstweiligen Anordnung (VfGBbg 30/98 EA), mit dem der Beschwerdeführer eine Aussetzung der angegriffenen Inkompatibilitätsregelung bis zur Entscheidung über die Verfassungsbeschwerde erreichen wollte.

Nr. 6

1. Die den Landkreisen im Rahmen der kommunalen Selbstverwaltung gemäß Art. 97 Abs. 1 Satz 1 LV gewährleistete Finanzhoheit umfaßt das Recht zur eigenverantwortlichen Gestaltung der Kreisumlage (§ 65 Abs. 1 LKrO) einschließlich der Festsetzung möglicher Mehr- und Minderbelastung für einzelne Landkreisteile (§ 65 Abs. 3

LKrO). Ein gesetzlich zu Lasten der Landkreise angeordneter Ausgleich für einzelne kreisangehörige Gemeinden wegen der Wahrnehmung kreislicher Aufgaben greift in dieses Selbstverwaltungsrecht ein.

2. Der Gesetzgeber kann der Wahrnehmung der Selbstverwaltungsaufgaben durch die Kommunen zwar Richtung und Rahmen vorgeben. Er darf sich jedoch nicht ohne Not gewissermaßen an die Stelle der Selbstverwaltungskörperschaft setzen und eine ihr obliegende Angelegenheit gleichsam „durchentscheiden".

3. § 7 Abs. 3 GFG 1997, mit dem ein bestimmter Betrag aus den Schlüsselzuweisungen einzelner Landkreise kreisangehörigen Gemeinden als Ausgleich für die Wahrnehmung von kreislichen Aufgaben zugewiesen wird, verstößt gegen die Landesverfassung, weil er den Landkreisen insoweit keinen Gestaltungsspielraum beläßt.

4. § 7 Abs. 5 GFG 1998, der die betreffenden Landkreise zu einem innerkreislichen Ausgleich verpflichtet, beläßt in der von dem Verfassungsgericht vorgenommenen Auslegung den Landkreisen bei der Festsetzung des Ausgleichs einen hinreichenden Gestaltungsspielraum und ist in dieser Auslegung mit der Landesverfassung vereinbar.

Grundgesetz Art. 28 Abs. 2 Satz 2

Verfassung des Landes Brandenburg Art. 97 Abs. 1, Abs. 3, Abs. 4; 99 Satz 2

Landkreisordnung für das Land Brandenburg §§ 2 Abs. 1; 65 Abs. 1, Abs. 3

Gemeindefinanzierungsgesetz 1997 § 7 Abs. 3

Gemeindefinanzierungsgesetz 1998 § 7 Abs. 5

Urteil vom 15. Oktober 1998 – VfGBbg 38/97, 39/97, 21/98 u. 24/98 –

in den Verfahren über die kommunalen Verfassungsbeschwerden
1. des Landkreises Oder-Spree, vertreten durch den Landrat,
2. des Landkreises Uckermark, vertreten durch den Landrat,
betreffend § 7 Abs. 3 des Gesetzes zur Regelung der Zuweisungen des Landes Brandenburg an die Gemeinden und Landkreise im Haushaltsjahr 1997 (Gemeindefinanzierungsgesetz 1997 – GFG 1997 –) vom 18. Dezember 1996 (GVBl. I S. 382) – VfGBbg 38/97 und 39/97 – sowie § 7 Abs. 5 des Gesetzes zur Regelung der Zuweisungen des Landes Brandenburg an die Gemeinden und Landkreise im Haushaltsjahr 1998 (Gemeindefinanzierungsgesetz 1998 – GFG 1998 –) vom 22. Dezember 1997 (GVBl. I S. 154) – VfGBbg 21/98 und 24/98 –

Kreisumlage als Teil der Finanzhoheit 123

Entscheidungsformel:

1. § 7 Abs. 3 Gemeindefinanzierungsgesetz 1997 ist mit der Landesverfassung unvereinbar. Die Vorschrift bleibt jedoch aus Gründen einer verläßlichen Haushaltswirtschaft in Geltung.

2. § 7 Abs. 5 Gemeindefinanzierungsgesetz 1998 ist nach Maßgabe der Entscheidungsgründe mit der Landesverfassung vereinbar.

3. Im übrigen werden die Verfassungsbeschwerden, teilweise als unzulässig, im übrigen als unbegründet, zurückgewiesen.

4. Das Land Brandenburg hat den Beschwerdeführern jeweils die Hälfte ihrer notwendigen Auslagen zu erstatten.

Gründe:

A.

Die Beschwerdeführer wenden sich in den Kommunalverfassungsbeschwerdeverfahren VfGBbg 38/97 und 39/97 gegen § 7 Abs. 3 GFG 1997, wonach von ihren Schlüsselzuweisungen im Haushaltsjahr 1997 jeweils 9 Mio. DM den Großen kreisangehörigen Städten Eisenhüttenstadt (im Landkreis Oder-Spree) und Schwedt/Oder (im Landkreis Uckermark) zur Verfügung gestellt werden. Mit weiteren Kommunalverfassungsbeschwerden (VfGBbg 21/98 und 24/98) wenden sie sich gegen die Nachfolgeregelung in § 7 Abs. 5 GFG 1998, wonach sie im Haushaltsjahr 1998 zu einem Kostenausgleich an die genannten Städte für die von diesen wahrgenommenen kreislichen Aufgaben verpflichtet sind.

I.

Die Städte Eisenhüttenstadt und Schwedt/Oder haben durch das Kreisneugliederungsgesetz vom 24. Dezember 1992 (GVBl. I S. 546) ihre vormalige Kreisfreiheit verloren und sind seitdem sog. Große kreisangehörige Städte. Durch das Aufgabensicherungsgesetz vom 29. November 1993 – ASG – (GVBl. I S. 494) ist ihnen die Zuständigkeit für eine Reihe von ansonsten von den Landkreisen wahrzunehmenden Aufgaben erhalten geblieben. Hierzu zählen die Überwachung des Straßenverkehrs (Art. 1 ASG), die Aufgaben des örtlichen Trägers der Sozialhilfe (Art. 2 ASG), die Aufgaben des örtlichen Trägers der Jugendhilfe (Art. 3 ASG) und die Aufgaben der unteren Bauaufsichtsbehörde (Art. 4 ASG). Im Gemeindefinanzierungsgesetz 1994 wurden den Städten Eisenhüttenstadt und Schwedt/Oder zur anteiligen Deckung der durch das Aufgabensicherungsgesetz entstehenden Kosten Vorwegschlüsselzuweisungen in Höhe von 8 750 000 DM zur Verfügung gestellt (§ 8 Abs. 1 Ziffer 1 GFG 1994). Dabei ging der Gesetzgeber davon aus, daß im übrigen ein Kostenausgleich innerhalb der beschwerdeführenden Landkreise durch eine Differenzierung der Kreisumlage erfolgen werde (vgl. Beschlußempfehlung und Bericht des Innenausschusses, LT-Drs. 1/2503, S. 3; vgl. auch Protokoll der 86. Sitzung des Innenausschusses vom 24. November 1993, Ausschußprotokoll 1/918, unautorisierte Fassung). Durch die Gemeindefinanzierungsgesetze der Jahre 1995 und 1996 erhielten die beiden Städte Vorwegschlüsselzuweisungen in gleicher bzw. ähnlicher Höhe (§ 7 Abs. 1 Ziffer 2 GFG 1995: 8 750 000 DM; § 7 Abs. 1 Satz 2 Ziffer 1 GFG 1996: 8 400 000 DM).

II.

Der Beschwerdeführer zu 1. berücksichtigte für das Jahr 1994 die Wahrnehmung von Kreisaufgaben durch die Stadt Eisenhüttenstadt durch die Festsetzung einer Minderbelastung bei der Kreisumlage. Der Beschwerdeführer zu 2. setzte für das Jahr 1994 und – insoweit ebenso wie der Beschwerdeführer zu 1. für Eisenhüttenstadt – für die nachfolgenden Jahre keine zugunsten der Stadt Schwedt/Oder geminderte Kreisumlage fest. Die beiden Städte sahen hierin eine ungenügende Berücksichtigung der von ihnen wahrgenommenen Kreisaufgaben und griffen die Haushaltssatzungen der beiden Landkreise des Jahres 1994 mit Normenkontrollanträgen vor dem Oberverwaltungsgericht des Landes Brandenburg an. Dieses wies die Anträge mit Urteilen vom 7. November 1996 zurück und stellte zur Begründung unter anderem auf den Ermessensspielraum ab, den § 65 Abs. 3 der Landkreisordnung – LKrO – den Landkreisen hinsichtlich der Festsetzung von Mehr- oder Minderbelastungen bei der Kreisumlage einräume und der hier nicht überschritten worden sei (OVG Brandenburg, Urteile vom 7. November 1996 – 1 D 31/94.NE u. 1 DE 34/94.NE –).

III.

Am 11. September 1996 brachte die Landesregierung den Entwurf des Gemeindefinanzierungsgesetzes 1997 in den Landtag ein (LT-Drs. 2/3101). Die kommunalen Spitzenverbände wurden hierzu schriftlich und in der Sitzung des Innenausschusses am 17. Oktober 1996 mündlich angehört. Der Gesetzentwurf enthielt anders als die Gemeindefinanzierungsgesetze der Jahre 1994 bis 1996 keine Vorwegschlüsselzuweisungen an die Städte Eisenhüttenstadt und Schwedt/Oder. Der Grund hierfür lag in der Absicht der Landesregierung, in dem zur gleichen Zeit erarbeiteten Entwurf eines 4. Funktionalreformgesetzes eine einheitliche Regelung für die Wahrnehmung kreislicher Aufgaben durch alle drei Großen kreisangehörigen Städte (Eisenhüttenstadt, Schwedt/Oder und Eberswalde) und einen entsprechenden Kostenausgleich zu treffen. Entgegen der ursprünglichen Planung brachte die Landesregierung ihren Entwurf für das 4. Funktionalreformgesetz im Jahre 1996 nicht mehr in den Landtag ein. Im Zuge der weiteren parlamentarischen Beratungen des Gemeindefinanzierungsgesetzes 1997 wurde deshalb aufgrund eines Plenarantrages vom 11. Dezember 1996 (LT-Drs. 2/3589) die Aufnahme des – hier angegriffenen – § 7 Abs. 3 in das Gesetz beschlossen, welches am 1. Januar 1997 in Kraft trat. Die Vorschrift lautet:

§ 7
Aufteilung der Schlüsselmasse

(1) ...

(2) ...

(3) Von den errechneten Schlüsselzuweisungen für die Landkreise Oder-Spree und Uckermark nach Abs. 2 wird jeweils ein Betrag von 9 000 000 Deutsche Mark an die Großen kreisangehörigen Städte Eisenhüttenstadt und Schwedt für die von ihnen aufgrund des Gesetzes zur vorläufigen Regelung von Zuständigkeiten der Städte Eisenhüttenstadt und Schwedt/Oder und anderer Zuständigkeiten im Lande Brandenburg (Aufgabensicherungsgesetz) vom 29. November 1993 (GVBl. I S. 494) wahrgenommenen Aufgaben zur Verfügung gestellt.

(4) ...

IV.

Am 16. Juli 1997 brachte die Landesregierung den Entwurf des Gemeindefinanzierungsgesetzes 1998 in den Landtag ein (LT-Drs. 2/4301). Der Entwurf sieht als Nachfolgeregelung zu § 7 Abs. 3 GFG 1997 in § 7 Abs. 5 vor, daß die Großen kreisangehörigen Städte, deren Verpflichtung zur Wahrnehmung kreislicher Aufgaben durch das (am 1. Januar 1998 in Kraft getretene) 4. Funktionalreformgesetz vereinheitlicht werden sollte, für die von ihnen wahrgenommenen kreislichen Aufgaben von den jeweiligen Landkreisen einen Kostenausgleich erhalten, dessen Berechnung im Gesetzentwurf näher festgelegt wurde. Zu diesem Entwurf nahmen u. a. die kommunalen Spitzenverbände und die Beschwerdeführer in einer Anhörung vor dem Innenausschuß am 30. Oktober 1997 Stellung. Seine endgültige Fassung erhielt § 7 Abs. 5 in den nachfolgenden parlamentarischen Beratungen. Das GFG 1998 trat am 1. Januar 1998 in Kraft. Die hier angegriffene Vorschrift lautet:

§ 7

Aufteilung der Schlüsselmasse

(1) ...

(2) ...

(3) ...

(4) ...

(5) Sofern gesetzlich nichts anderes bestimmt ist, erhalten Große kreisangehörige Städte für die eigene Wahrnehmung von Pflichtaufgaben zur Erfüllung nach Weisung und pflichtiger Selbstverwaltungsaufgaben, die im übrigen Kreisgebiet vom Landkreis wahrzunehmen sind, von dem jeweiligen Landkreis einen Kostenausgleich. Der Landkreis berücksichtigt bei der Festsetzung dieses Kostenausgleichs insbesondere die Aufgabenart, seine Entlastung durch die Große kreisangehörige Stadt sowie die Einnahmen, die die Große kreisangehörige Stadt für die Wahrnehmung aller Aufgaben nach Satz 1 erzielt. Erfolgt die Festsetzung des Kostenausgleichs nicht bis zum 31. März 1998, so erhält die Große kreisangehörige Stadt vom Landkreis einen Abschlag, der sich nach den Nettoausgaben des Landkreises für Maßnahmen der Kinder- und Jugendhilfe, die er rechnerisch pro Kopf auf die von ihm zu versorgenden Einwohner unter 21 Jahren aufwendet, vervielfältigt mit der Zahl der Einwohner der Großen kreisangehörigen Stadt unter 21 Jahren, errechnet. Grundlage der Ermittlung ist das Ergebnis der Jahresrechnung des kreislichen Haushalts per 31. Dezember 1996.

V.

Die Beschwerdeführer haben am 16. bzw. 22. Dezember 1997 Kommunalverfassungsbeschwerden gegen § 7 Abs. 3 GFG 1997 und am 2. bzw. 18. Juni 1998 Kommunalverfassungsbeschwerden gegen § 7 Abs. 5 GFG 1998 erhoben. Sie sehen durch die angegriffenen Normen ihr Selbstverwaltungsrecht nach Art. 97 ff der Landesverfassung (LV) verletzt. Im einzelnen machen sie geltend:

1. § 7 Abs. 3 GFG 1997 stelle ebenso wie § 7 Abs. 5 GFG 1998 einen nach Art. 97 Abs. 1 Satz 1 LV unzulässigen Eingriff in ihre Finanzhoheit dar. Den Landkreisen sei grundsätzlich das gleiche Recht der Selbstverwaltung eingeräumt wie den Gemeinden. Hierzu zähle auch die kommunale Finanzhoheit, also die Befugnis zu einer eigenverantwortlichen Einnahmen- und Ausgabenwirtschaft im Rahmen eines gesetzlich geordneten Haushaltswesens. Die Landkreise seien nicht nur berechtigt, aus eigenem Recht ihre Aufgaben wahrzunehmen, sondern auch, sich die Mittel zur Bestreitung der hieraus entstehenden Lasten jedenfalls teilweise aus eigenem Recht zu ver-

schaffen. Dazu trage in besonderem Maße die Kreisumlage bei. Sie sei Ausdruck des Selbstverwaltungsrechts der Landkreise und der ihnen zukommenden Ausgleichsfunktion. Im Rahmen der Ergänzungs- und Ausgleichsaufgaben könnten die Landkreise im übrigen selbst über finanzielle Zuwendungen an einzelne Gemeinden befinden. Das Recht zur eigenverantwortlichen Erhebung der Kreisumlage und zur Wahrnehmung der Ausgleichs- und Ergänzungsaufgaben habe der Gesetzgeber durch die angegriffenen Normen willkürlich an sich gezogen, indem er statt der hierzu berufenen Kreistage systemwidrig Leistungen an zwei kreisangehörige Städte zu Lasten der Kreiskassen angeordnet habe. Eine solche „Hochzonung" einer kommunalen Selbstverwaltungsaufgabe sei nur zulässig, wenn anders die ordnungsgemäße Aufgabenwahrnehmung nicht sichergestellt werden könne. Dies sei hier jedoch nicht der Fall. Ihnen sei die rechtsfehlerfreie Handhabung ihres Gestaltungsermessens bei der Festsetzung der Kreisumlage durch das Oberverwaltungsgericht des Landes Brandenburg bestätigt worden. In der mit § 7 Abs. 3 GFG 1997 und § 7 Abs. 5 GFG 1998 bezweckten Korrektur dieser Gerichtsentscheidungen liege zugleich ein Eingriff in die Hoheit der Judikative.

2. Der Gesetzgeber verletze mit den angegriffenen Normen ferner den in Art. 97 Abs. 1 LV verankerten Grundsatz der Einheitlichkeit von Aufgaben- und Ausgabenverantwortung. Ihnen – den Beschwerdeführern – würden kreisliche Aufgaben vorenthalten, zugleich aber die den Großen kreisangehörigen Städten bei der Wahrnehmung dieser Aufgaben entstehenden Kosten auferlegt. Der Gesetzgeber könne nicht nach Jahren der Untätigkeit die Mehrkosten des Aufgabensicherungsgesetzes auf die Landkreise abwälzen. Dies laufe auf einen Verstoß gegen die Verpflichtung aus Art. 97 Abs. 3 LV zur „gleichzeitigen" Festlegung über die Deckung der Kosten hinaus.

3. Das Vorgehen des Landes sei weiter mit Art. 97 Abs. 1 Satz 2 LV unvereinbar. Danach stehe dem Land nur die Rechtsaufsicht gegenüber Gemeinden und Gemeindeverbänden zu. Die Kreise hätten bei Wahrnehmung ihrer Aufgaben einen verfassungsrechtlich geschützten Entscheidungsspielraum, in den das Land nur eingreifen dürfe, wenn sie sich rechtswidrig verhielten. So liege es hier jedoch nicht. Der Landtag habe deshalb die durch Art. 97 Abs. 1 Satz 2 LV gezogenen Grenzen der Rechtsaufsicht überschritten.

4. Die angegriffenen Normen verstießen gegen Art. 97 Abs. 4 LV, weil die danach vorgesehene Anhörung der kommunalen Spitzenverbände zu den jeweils überraschend in das Gesetzgebungsverfahren eingebrachten Änderungen des § 7 Abs. 3 GFG 1997 und des § 7 Abs. 5 GFG 1998 unterblieben sei. Der mit den angegriffenen Normen vollzogene Bruch mit dem bisheri-

gen Finanzierungssystem sei eine allgemeine Frage i. S. des Art. 97 Abs. 4 LV, die die Gemeinden und Gemeindeverbände unmittelbar berühre.

5. Der Gesetzgeber habe außerdem Art. 99 Satz 2 LV mißachtet, wonach das Land – und nicht die Kreise – durch einen Finanzausgleich dafür zu sorgen habe, daß die Gemeinden und Gemeindeverbände ihre Aufgaben erfüllen könnten. Der nach § 7 Abs. 3 GFG 1997 vorgesehene Zuschuß für die Städte Eisenhüttenstadt und Schwedt/Oder gehe ebenso wie der nach § 7 Abs. 5 GFG 1998 vorgesehene Kostenausgleich zu Lasten der jeweiligen Kreiskassen. Damit entziehe sich das Land seiner eigenen verfassungsrechtlichen Finanzausgleichsfunktion. Dies führe im Haushaltsjahr 1998 dazu, daß sie ihren Verwaltungshaushalt mit einem Fehlbetrag abschließen müßten und deshalb ihre Selbstverwaltungsaufgaben nicht mehr ordnungsgemäß erfüllen könnten. Eine weitere Erhöhung der Kreisumlage sei angesichts der Zahlungsunfähigkeit der kreisangehörigen Gemeinden nicht möglich.

6. Die angegriffenen Regelungen genügten ferner nicht den allgemeinen verfassungsrechtlichen Anforderungen an ein Gemeindefinanzierungsgesetz. Schon ihr Wortlaut sei zu unbestimmt. § 7 Abs. 3 GFG 1997 lasse nicht erkennen, wer welche Schlüsselzuweisungen wie zur Verfügung stelle. Die Formulierung des § 7 Abs. 5 GFG 1998 mache nicht deutlich, ob mit dem Begriff „Kostenausgleich" eine volle Kostenerstattung gemeint sei und welche Aufwendungen im einzelnen zu berücksichtigen seien. Es bleibe unklar, ob ihnen bei der Festsetzung des Kostenausgleichs ein Gestaltungsspielraum eingeräumt sei. Auch die Regelung der Abschlagszahlung in Satz 3 der Vorschrift werfe Fragen auf und lasse offen, wie in einem solchen Falle weiter zu verfahren sei. Hier seien neue Auseinandersetzungen vorprogrammiert.

Der Gesetzgeber habe ferner das Willkürverbot mißachtet. Er habe nicht berücksichtigt, daß die durch das Aufgabensicherungsgesetz bezeichneten Aufgaben unterschiedliche Kostendeckungsgrade und teilweise bereits eine eigenständige Finanzierungsregelung hätten. So sei die ihnen obliegende Pflicht zur Erstattung der Kosten, die den beiden Städten als örtlichen Trägern der Sozialhilfe erwüchsen, bereits anderweitig geregelt. Die Aufgaben der örtlichen Ordnungsbehörde und der Bauaufsichtsbehörde würden durch Einnahmen bzw. Gebühren finanziert, nicht aber durch Schlüsselzuweisungen. Auch könnten die Aufgaben der Jugendhilfe nach § 69 Abs. 2 Kinder- und Jugendhilfegesetz (KJHG) nur auf leistungsfähige kreisangehörige Gemeinden übertragen werden, zu denen die Städte Eisenhüttenstadt und Schwedt/Oder offenbar nicht gehörten; der Gesetzgeber führe die Leistungsfähigkeit mit den angegriffenen Vorschriften erst herbei. Während den Städten Eisenhüttenstadt und Schwedt/Oder noch im GFG 1995 zusammen

Vorwegschlüsselzuweisungen in Höhe von 8,75 Mio. DM zuerkannt worden seien, werde der Zuschuß seit 1997 nicht mehr aus Landes-, sondern aus Kreismitteln finanziert und zugleich verdoppelt. Dies führe zu einer ungerechtfertigten Besserstellung der begünstigten Städte, deren Kostendeckung für Aufgaben der Jugendhilfe sich infolge der angegriffenen Vorschriften einer Vollfinanzierung nähere und damit deutlich höher sei als auf der jeweiligen Kreisebene.

Die angegriffenen Normen seien zudem unverhältnismäßig. Der verfassungsrechtlich geschützte Gestaltungsspielraum der Landkreise bei der Wahrnehmung der Ausgleichsaufgaben werde über Gebühr eingeengt. Da insoweit auch weniger einschneidende Regelungen möglich seien, verstoße der Gesetzgeber mit §§ 7 Abs. 3 GFG 1997, 7 Abs. 5 GFG 1998 zudem gegen das Übermaßverbot.

VI.

Die Landesregierung hat zu den Kommunalverfassungsbeschwerden Stellung genommen.

1. Die Kommunalverfassungsbeschwerden seien unzulässig, soweit die Beschwerdeführer eine Verletzung des Art. 99 Satz 2 LV rügten. Sie hätten nicht dargetan, daß sie wegen § 7 Abs. 3 GFG 1997 und § 7 Abs. 5 GFG 1998 ihre Selbstverwaltungsaufgaben schlechterdings nicht mehr erfüllen könnten.

2. Jedenfalls seien die Kommunalverfassungsbeschwerden unbegründet. § 7 Abs. 3 GFG 1997 und § 7 Abs. 5 GFG 1998 seien in einem ordnungsgemäßen Verfahren erlassen worden. Insbesondere sei nicht gegen das Anhörungsgebot des Art. 97 Abs. 4 LV verstoßen worden. Die angegriffenen Vorschriften regelten keine allgemeine Frage i.S. dieser Verfassungsnorm, sondern eine Einzelfrage der Gemeindefinanzierung, die nur wenige Gemeinden und Gemeindeverbände betreffe. Im übrigen seien die kommunalen Spitzenverbände zu den Gemeindefinanzierungsgesetzen 1997 und 1998 in der Fassung der jeweiligen Entwürfe der Landesregierung angehört worden. Neuerliche Anhörungen zu den späteren Änderungen seien nicht erforderlich gewesen.

3. § 7 Abs. 3 GFG 1997 und § 7 Abs. 5 GFG 1998 verstießen nicht gegen die Garantie der kommunalen Selbstverwaltung nach Art. 97 Abs. 1 LV. Dabei könne dahinstehen, ob die Landesverfassung den Landkreisen ähnlich wie den Gemeinden einen originären Aufgabenbereich zuweise, dessen Kernbereich unantastbar sei und in den nur unter besonderen Voraussetzungen eingegriffen werden dürfe. Es könne ferner offenbleiben, ob in einen solchen Aufgabenkreis von Verfassungs wegen auch das Recht falle, durch die

Erhebung der Kreisumlage nach § 65 LKrO eine gewisse „Feinabstimmung" der Finanzausstattung der kreisangehörigen Gemeinden vorzunehmen. In jedem Fall habe der Gesetzgeber in ein solches Recht nicht eingegriffen. Durch § 7 Abs. 3 GFG 1997 werde den betroffenen Kreisen die Möglichkeit, eine Kreisumlage festzusetzen und dadurch im Rahmen der gesetzlichen Vorgaben einen finanziellen Ausgleich zwischen den Gemeinden herbeizuführen, nicht entzogen. Gleiches gelte für § 7 Abs. 5 GFG 1998. Selbst wenn man diese Norm als Spezialvorschrift zu § 65 Abs. 3 LKrO verstehe, die in ihrer Wirkung einer Differenzierung der Kreisumlage nahekomme, so sei dies durch den Gesetzesvorbehalt des Art. 97 Abs. 5 LV gedeckt. Die Regelung belasse den Beschwerdeführern den notwendigen Spielraum und sei sachlich gerechtfertigt. Sie diene der Verwirklichung des auch im Verhältnis der Gemeinden gegenüber den Landkreisen geltenden Subsidiaritätsprinzips und führe zu einer angemessenen kreisinternen Verteilung der Schlüsselzuweisungen. Insoweit sei § 7 Abs. 5 GFG 1998 hinreichend bestimmt. Der Begriff „Kostenausgleich" lasse im Kontext der Norm deutlich erkennen, daß von den Beschwerdeführern keine volle Kostenerstattung verlangt werde. Auch könne nach dem Wortlaut der Vorschrift nicht zweifelhaft sein, daß ihnen bei der Bestimmung des Kostenausgleichs ein Gestaltungsspielraum zugebilligt werde.

4. Der Gesetzgeber habe nicht gegen Art. 97 Abs. 1 Satz 2 LV verstoßen. Seine Entscheidungsbefugnisse reichten weiter als diejenigen der Kommunalaufsicht. Er könne das Recht gestalten, während die Kommunalaufsicht nur dessen Einhaltung überwache.

5. Die angegriffenen Vorschriften verstießen nicht gegen Art. 99 Satz 2 LV. Den Beschwerdeführern werde nicht die finanzielle Verantwortung für die Wahrnehmung bestimmter Kreisaufgaben durch die Städte Eisenhüttenstadt und Schwedt/Oder auferlegt. Zwar lege der Wortlaut des § 7 Abs. 3 GFG 1997 den Eindruck nahe, daß ein Teil der „an sich" den Beschwerdeführern zustehenden Schlüsselzuweisungen den beiden Städten zukomme. Dieser Eindruck sei jedoch unzutreffend. Da die beiden Städte auch 1997 aufgrund des Aufgabensicherungsgesetzes Kreisaufgaben wahrgenommen hätten und die Beschwerdeführer hierdurch entlastet worden seien, habe es sich angeboten, diese Mehr- bzw. Minderbelastungen miteinander zu verbinden. Hierdurch sei den Beschwerdeführern nur regelungstechnisch, nicht aber der Sache nach etwas von den ihnen zustehenden Schlüsselzuweisungen genommen worden. Gleiches gelte im Ergebnis für die ihnen mit § 7 Abs. 5 GFG 1998 auferlegte Verpflichtung zu einem Kostenausgleich.

6. Die angegriffenen Vorschriften verstießen nicht gegen das Willkürverbot. Der Gesetzgeber habe die Systematik der Gemeindefinanzierungs-

gesetze nicht durchbrochen, vielmehr durch § 7 Abs. 3 GFG 1997 und die Nachfolgeregelung des § 7 Abs. 5 GFG 1998 sichergestellt, daß die Schlüsselzuweisungen auch vor dem Hintergrund des Aufgabensicherungsgesetzes angemessen verteilt würden. Dies gelte auch im Hinblick auf die Höhe der durch § 7 Abs. 3 GFG 1997 umverteilten Beträge. Sie seien aufgrund einer Kostenschätzung anhand des Aufwandes für die Jugendhilfe bemessen worden und entsprächen im Groben dem real notwendigen Bedarf. § 7 Abs. 5 GFG 1998 sei schon deshalb nicht willkürlich, weil den Beschwerdeführern danach ein hinreichender Spielraum verbleibe, um unangemessene Benachteiligungen oder Bevorzugungen zu vermeiden.

VII.

Die Stadt Schwedt/Oder hat zu der Verfassungsbeschwerde des Beschwerdeführers zu 2. gegen § 7 Abs. 3 GFG 1997 (VfGBbg 39/97) Stellung genommen und im wesentlichen die Entwicklung ihrer Haushaltssituation in den letzten Jahren dargestellt.

B.

Die Kommunalverfassungsbeschwerden sind zulässig, soweit die Beschwerdeführer eine Verletzung ihrer Finanzhoheit und der ihnen obliegenden Ausgleichsaufgaben geltend machen (dazu im einzelnen I.). Die danach zulässigen Verfassungsbeschwerden haben in dem aus dem Tenor ersichtlichen Umfange Erfolg (dazu II. und III.).

I.

1. Die Verfassungsbeschwerden sind mangels Beschwerdebefugnis (vgl. Art. 100 LV, § 51 Abs. 1 Verfassungsgerichtsgesetz – VerfGGBbg –) unzulässig, soweit die Beschwerdeführer rügen, der Gesetzgeber habe mit §§ 7 Abs. 3 GFG 1997, 7 Abs. 5 GFG 1998 eine gerichtliche Entscheidung korrigieren wollen und damit unzulässigerweise in die „Hoheit der Judikative" eingegriffen. Dieser Vortrag läßt einen Verstoß gegen die kommunale Selbstverwaltung im Sinne der Art. 97 ff LV nicht erkennen. Der Gesetzgeber ist weder durch die Garantie der kommunalen Selbstverwaltung noch sonst grundsätzlich daran gehindert, gerichtliche Entscheidungen zum Anlaß für ihm notwendig erscheinende Gesetzesänderungen zu nehmen.

2. Auch ein Verstoß gegen Art. 97 Abs. 1 Satz 2 LV, den die Beschwerdeführer ebenfalls verletzt sehen, kommt von vornherein nicht in Betracht.

Nach dieser Verfassungsnorm steht dem Land (nur) die Rechtsaufsicht gegenüber Gemeinden und Gemeindeverbänden zu. Bezogen auf den Gesetzgeber stellt Art. 97 Abs. 1 Satz 2 LV verfassungsrechtliche Anforderungen an die einfachgesetzliche Ausgestaltung der Kommunalaufsicht, indem eine gesetzliche Regelung unterbunden wird, die eine über die Rechtsaufsicht hinausgehende Kontrolle zulassen würde. Danach ist die Verfassungsnorm hier nicht berührt. Der Gesetzgeber hat mit den angegriffenen Vorschriften die Instrumente der Kommunalaufsicht nicht erweitert. Art. 97 Abs. 1 Satz 2 LV schützt die Kommunen nur vor administrativer Kontrolle über eine (bloße) Rechtsaufsicht und sie gestattende Gesetze hinaus, nicht aber schlechthin vor Gesetzen, die ihren Handlungs- und Entscheidungsspielraum beeinflussen können. Die die kommunale Aufgabenwahrnehmung betreffende gesetzliche Ausgestaltung ist nicht an Art. 97 Abs. 1 Satz 2 LV, sondern an der Selbstverwaltungsgarantie als solcher zu messen.

3. Wenn und soweit die Beschwerdeführer mit ihrem Vortrag, daß das Verhalten des Gesetzgebers in dem hier in Frage stehenden Zusammenhang auf einen Verstoß gegen Art. 97 Abs. 3 LV hinauslaufe, auch eine Verletzung dieser Verfassungsnorm geltend machen wollen, fehlt ihnen ebenfalls die erforderliche Beschwerdebefugnis. Zufolge Art. 97 Abs. 3 LV kann das Land die Gemeinden und Gemeindeverbände durch Gesetz verpflichten, Angelegenheiten des Landes wahrzunehmen, wenn gleichzeitig Festlegungen über die Deckung der Kosten getroffen werden. Die Vorschrift will dazu beitragen, daß der finanzielle Spielraum der von solchen Aufgabenübertragungen betroffenen Kommunen für die Wahrnehmung ihrer Selbstverwaltungsaufgaben nicht verloren geht (vgl. Verfassungsgericht des Landes Brandenburg, Urteil vom 18. Dezember 1997 – VfGBbg 47/96 –, LVerfGE 7, 144, 155, insoweit nicht abgedruckt in LKV 1998, 195 ff). Mit dieser Schutzrichtung kann Art. 97 Abs. 3 LV in dem hier interessierenden Zusammenhang von vornherein nicht zugunsten der Beschwerdeführer eingreifen. Eine an dieser Verfassungsnorm zu messende Aufgabenübertragung vom Land auf die Beschwerdeführer steht nicht in Rede. Das Land hat mit dem Aufgabensicherungsgesetz und der Funktionalreform vielmehr kreisliche Aufgaben auf die Großen kreisangehörigen Städte verlagert und verpflichtet vor diesem Hintergrund die Beschwerdeführer mit den angegriffenen Vorschriften der Gemeindefinanzierungsgesetze zu einer kreisinternen kostenmäßigen Berücksichtigung.

4. Die Verfassungsbeschwerden sind weiter mangels Beschwerdebefugnis unzulässig, soweit die Beschwerdeführer Art. 99 Satz 2 LV verletzt sehen. Danach sorgt das Land durch einen Finanzausgleich dafür, daß die Gemeinden und Gemeindeverbände ihre Aufgaben erfüllen können. Die

Verfassungsnorm wäre verletzt, wenn die Beschwerdeführer ihre Selbstverwaltungsaufgaben infolge der angegriffenen Regelungen schlechterdings nicht mehr erfüllen könnten (vgl. Verfassungsgericht des Landes Brandenburg, Urteil vom 18. Dezember 1997 – VfGBbg 47/96 –, LVerfGE 7, 144, 152). Davon kann nach den Erörterungen in der mündlichen Verhandlung nicht ausgegangen werden.

Soweit die Beschwerdeführer bezogen auf Art. 99 Satz 2 LV weiter – und der Sache nach vorrangig – rügen, daß der Gesetzgeber die Großen kreisangehörigen Städte zu Lasten der Kreiskassen begünstige und sich dadurch seiner Verpflichtung entziehe, selbst für einen Finanzausgleich zu sorgen, so läßt auch dies nicht einmal die Möglichkeit einer Verletzung des Art. 99 Satz 2 LV erkennen. Mit den angegriffenen Normen überantwortet der Gesetzgeber die Durchführung eines Finanzausgleichs für die Städte Eisenhüttenstadt und Schwedt/Oder nicht insgesamt den Beschwerdeführern. Er verändert lediglich den Verteilungsmaßstab für den weiterhin von ihm geleisteten Finanzausgleich (§ 7 Abs. 3 GFG 1997) bzw. trifft zusätzlich zu dem allgemeinen Finanzausgleich für einen Einzelaspekt eine Regelung für den innerkreislichen Lastenausgleich (§ 7 Abs. 5 GFG 1998). Daß die dadurch erreichte Verbesserung der Finanzausstattung der beiden Städte mit einer Belastung der Beschwerdeführer einhergeht, ist – solange ihnen hierdurch die Wahrnehmung ihrer Selbstverwaltungsaufgaben nicht gänzlich unmöglich gemacht wird (s. o.) – nicht an Art. 99 Satz 2 LV, sondern an Art. 97 Abs. 1 Satz 1 LV zu messen.

5. Die Kommunalverfassungsbeschwerden sind dagegen gemäß Art. 100 LV, §§ 12 Nr. 5, 51 VerfGGBbg zulässig, soweit die Beschwerdeführer eine Verletzung ihrer Finanzhoheit und einen Eingriff in die von ihnen eigenverantwortlich wahrzunehmenden kreislichen Ausgleichsaufgaben geltend machen.

a. Insbesondere sind die Beschwerdeführer diesbezüglich beschwerdebefugt. Es erscheint zumindest möglich, daß der Gesetzgeber mit den angegriffenen Vorschriften in ihre Finanzhoheit und die ihnen obliegenden Ausgleichsaufgaben eingegriffen hat. §§ 7 Abs. 3 GFG 1997 und 7 Abs. 5 GFG 1998 bezwecken einen innerkreislichen Finanzausgleich und können dadurch den Gestaltungsspielraum der Beschwerdeführer bei der eigenverantwortlichen Einnahmenbeschaffung (hier: über die Kreisumlage) und der eigenverantwortlichen Wahrnehmung eines innerkreislichen Ausgleichs beeinträchtigen.

b. Für die kommunalen Verfassungsbeschwerden besteht ein Rechtsschutzbedürfnis für eine verfassungsgerichtliche Überprüfung nicht nur bzgl. des GFG 1998, sondern auch bzgl. des GFG 1997. Dies gilt ungeachtet dessen, daß das Haushaltsjahr 1997 bereits abgelaufen ist. Dabei kann offen bleiben, ob und inwieweit das GFG 1997 auch nach Ablauf des Haushaltsjahres noch rechtliche Wirkungen zeitigt (vgl. Verfassungsgericht des Landes Brandenburg, Urteil vom 18. Dezember 1997 – VfGBbg 47/96 –, LVerfGE 7, 144, 156). Denn ein Rechtsschutzbedürfnis für die kommunalen Verfassungsbeschwerden, auch soweit sie sich gegen das GFG 1997 richten, ist jedenfalls deshalb gegeben, weil nicht auszuschließen ist, daß eine gleiche oder ähnliche Regelung in die Gemeindefinanzierungsgesetze der kommenden Jahre aufgenommen wird (vgl. zu diesem Aspekt BVerfGE 81, 138, 140 m.w.N.). Zwar hat der Gesetzgeber § 7 Abs. 3 GFG 1997 in seiner konkreten Ausgestaltung im GFG 1998 nicht wiederholt, sondern durch eine modifizierte Vorschrift ersetzt. Ausweislich des bisherigen Ganges der Gesetzgebung hat sich aber eine bestimmte gesetzgeberische Praxis zu der Frage, wie ein kostenmäßiger Ausgleich für die Wahrnehmung kreislicher Aufgaben durch die Großen kreisangehörigen Städte erfolgen soll, noch nicht in einer Weise verfestigt, die zukünftig eine (erneute) Regelung auf der Linie des § 7 Abs. 3 GFG 1997 ausgeschlossen erscheinen lassen würde. Die Beschwerdeführer haben deshalb ein berechtigtes Interesse daran, beide bislang vom Gesetzgeber gewählten Wege verfassungsgerichtlich überprüfen zu lassen.

II.

Die Verfassungsbeschwerden sind, soweit sie sich gegen § 7 Abs. 3 GFG 1997 richten, begründet. Beide angegriffenen Vorschriften greifen in die Finanzhoheit (dazu 1.) und die den Beschwerdeführern obliegenden innerkreislichen Ausgleichsaufgaben (dazu 2.) ein. § 7 Abs. 3 GFG 1997 genügt nicht den Anforderungen, die an einen solchen Eingriff zu stellen sind; § 7 Abs. 5 GFG 1998 hält dagegen der verfassungsgerichtlichen Überprüfung stand (dazu 3.).

1. a. Kommunale Selbstverwaltung im Sinne des Art. 97 LV bedeutet die eigenverantwortliche Wahrnehmung von Angelegenheiten der örtlichen Gemeinschaft. Hierzu gehört die Finanzhoheit, also die Befugnis zu einer eigenverantwortlichen Einnahmen- und Ausgabenwirtschaft im Rahmen eines gesetzlich geordneten Haushaltswesens (vgl. Verfassungsgericht des Landes Brandenburg, Urteil vom 17. Juli 1997 – VfGBbg 1/97 –, LVerfGE 7, 74, 87; BVerfGE 26, 228, 244; 71, 25, 36). Zur Finanzhoheit zählt die Befugnis, sich die Mittel zur Bestreitung der Aufgabenwahrnehmung zumindest teilweise aus eigenem Recht verschaffen zu können. Dazu trägt bei den Kreisen, die an der bundesverfassungsrechtlichen Ertragsverteilung in Art. 106 Grundgesetz (GG) nicht (unmittelbar) beteiligt sind, in besonderem Maße

die Kreisumlage bei. Sie hat sich, ausgehend von den Regelungen der Preußischen Kreisordnung vom 13. Dezember 1872 über die „Kreissteuern", von einem Instrument zur ergänzenden Deckung des Spitzenbedarfs zu einem wesentlichen Finanzierungselement der Landkreise entwickelt (vgl. BVerfGE 23, 353, 366 ff; *Jurkschat,* Die Finanzordnung im kreisangehörigen Raum – Rechtliche Grenzen der Kreisumlage, 1995, S. 7 ff; zur heutigen tatsächlichen Bedeutung für die Kreise: *Kirchhof,* DVBl. 1995, 1057, 1061; *Schoch,* Die aufsichtsbehördliche Genehmigung der Kreisumlage, 1995, S. 17). Angesichts ihrer Bedeutung für die Landkreise und ihrer weit zurückreichenden kommunalrechtlichen Tradition zählt das Recht zur eigenverantwortlichen Erhebung der Kreisumlage, wie es in Brandenburg durch § 65 Abs. 1 LKrO geregelt ist, zur Finanzhoheit der Landkreise und unterfällt damit der kommunalen Selbstverwaltung (Nds. StGH, DVBl. 1998, 185, 189; OVG Brandenburg, LKV 1998, 23; VerfGH NW, Urteil vom 13. August 1996 – VerfGH 23/94 –, S. 7 des Entscheidungsumdrucks; OVG Schleswig, DVBl. 1995, 469, 470; *Schoch,* a a O, S. 69, m. w. N.; *Friauf/Wendt,* Rechtsfragen der Kreisumlage, 1980, S. 10 f). Eingeschlossen – neben der Befugnis zur Erhebung der Kreisumlage an sich – ist das Recht zur eigenverantwortlichen Festsetzung des Umlagesatzes (VerfGH NW, a a O; VerfGH NW, DVBl. 1983, 714, wo zugleich auf die Satzungshoheit abgestellt wird; *Henneke,* Öffentliches Finanzwesen, Finanzverfassung, 1990, Rdn. 814; *Kirchhof,* Kreisordnung für Nordrhein-Westfalen, Stand Dezember 1997, § 56, Anm. 3.2 m. w. N.).

Auch das Recht zur Festsetzung individueller Mehr- oder Minderbelastungen, wie es in Brandenburg den Landkreisen nach § 65 Abs. 3 LKrO zusteht und um dessen Beeinträchtigung es den Beschwerdeführern hier geht, kann zum verfassungsrechtlichen Schutzbereich der Finanzhoheit gezählt werden. Art. 97 LV gewährleistet auch den Landkreisen jedenfalls im Rahmen ihres gesetzlich zugewiesenen (Selbstverwaltungs-)Aufgabenbereichs in mit Art. 28 Abs. 2 GG vereinbarer Weise (vgl. hierzu Verfassungsgericht des Landes Brandenburg, Urteil vom 19. Mai 1994 – VfGBbg 9/93 –, LVerfGE 2, 93, 102) das Recht der Selbstverwaltung. Der Landesgesetzgeber hat den Landkreisen in Brandenburg zufolge § 65 Abs. 3 LKrO im Zusammenhang mit der Erhebung der Kreisumlage das Recht zur Mehr- oder Minderbelastung der kreisangehörigen Gemeinden bei der Kreisumlage eingeräumt. Das Institut der Mehr- oder Minderbelastung (sog. „gespaltene Kreisumlage") ist ein Teilaspekt des geschichtlich gewachsenen Bildes der Kreisumlage (vgl. zu den Vorläufern im preußischen Rechtskreis etwa BVerwGE 10, 224 ff), das der Minderung möglicher ungleichmäßiger Wirkungen der Kreisumlage dient (vgl. *Bodenstaff,* Die Mehr- oder Minderbelastung kreisangehöriger Gemeinden, 1963, S. 66). Es wurde früher in den meisten Flächenstaaten praktiziert (vgl. *Henneke,* Öffentliches Finanzwesen, Finanzverfassung, 1990, Rdn. 836) und findet sich weiterhin in dieser oder ähnlicher Form auch in anderen Bundesländern (vgl. im einzelnen *Henneke,* Der Landkreis, 1997, 135, 143 ff).

b. In das Recht der Beschwerdeführer zur eigenverantwortlichen Gestaltung der Kreisumlage hat der Gesetzgeber mit § 7 Abs. 3 GFG 1997 und § 7 Abs. 5 GFG 1998 eingegriffen.

aa. Durch § 7 Abs. 3 GFG 1997 ist den Beschwerdeführern das Recht zur Festsetzung der Kreisumlage zwar nicht im Sinne einer „Hochzonung" entzogen worden. Die Beschwerdeführer waren auch 1997 nicht gehindert, zur ergänzenden Finanzierung ihrer Aufgaben eine Kreisumlage zu erheben und dabei Differenzierungen nach Maßgabe des § 65 Abs. 3 LKrO vorzunehmen. Zur Selbstverwaltungsgarantie gehört aber nicht nur die Möglichkeit der Aufgabenwahrnehmung, sondern auch die Eigenverantwortlichkeit der Erledigung (Autonomie). Eben diese wollte der Gesetzgeber, wie die Entstehungsgeschichte der Norm zeigt, beschränken. Im einzelnen:

Ausgangspunkt war die zusätzliche finanzielle Belastung der beiden Städte Eisenhüttenstadt und Schwedt/Oder durch die Weiterführung von Kreisaufgaben nach dem Aufgabensicherungsgesetz, ohne daß der Gesetzgeber zugleich eine entsprechende Regelung über den Kostenausgleich getroffen hatte. Eine zunächst im Aufgabensicherungsgesetz beabsichtigte Kostenregelung wurde im Zuge der parlamentarischen Beratungen wieder verworfen, weil der Gesetzgeber die (ergänzende) Zuweisung von Mitteln durch die Gemeindefinanzierungsgesetze und – dies war wohl der wesentliche Gedanke – die Möglichkeit einer Kreisumlagedifferenzierung nach § 65 Abs. 3 LKrO für ausreichend erachtete (vgl. Protokoll der 86. Sitzung des Ausschusses für Inneres vom 24. November 1993, Ausschußprotokoll 1/918, unautorisierte Fassung). Der Gesetzgeber hat zunächst darauf vertraut, daß ein Kostenausgleich, in dessen Interesse er selbst in den Jahren 1994 bis 1996 Vorwegschlüsselzuweisungen vorgenommen hat, im übrigen auf kreislicher Ebene bei der Ausgestaltung der Kreisumlage erfolgen werde. Entgegen diesen Erwartungen haben aber die Beschwerdeführer die Wahrnehmung von kreislichen Aufgaben durch die beiden Städte bei der Kreisumlage nicht entsprechend berücksichtigt und auch sonst insoweit keine ausgleichenden Leistungen erbracht. Aus diesem Grunde hat sich der Gesetzgeber Ende 1996, nachdem den Beschwerdeführern zuvor durch das Oberverwaltungsgericht des Landes Brandenburg eine rechtsfehlerfreie Erhebung der Kreisumlage bescheinigt worden war und eine einvernehmliche Lösung zwischen den beteiligten Körperschaften nicht mehr zu erwarten stand, zu einem Eingreifen veranlaßt gesehen. Die Abgeordnete *Stark* hat hierzu bei der 2. Lesung des Gesetzes in aller Deutlichkeit ausgeführt:

Wir greifen jetzt als Landesgesetzgeber ein Stück weit in kommunale Selbstverwaltung ein und sagen: Den Konflikt, den ihr über die Jahre nicht gelöst habt, versuchen wir jetzt dahingehend zu lösen, daß wir trennen zwischen Schlüsselzuweisungen Kreis und Schlüsselzuweisungen Stadt, um diesen ewig andauernden und – so wie es uns scheint – nicht friedlich zu lösenden Konflikt sozusagen praktisch zu bewältigen (Plenarprotokoll 2/48, S. 4395, Sitzung vom 12. Dezember 1996).

Der Gesetzgeber ist mithin tätig geworden, um Entscheidungen der Beschwerdeführer zu korrigieren. Damit hat er der Sache nach in das Recht der Beschwerdeführer eingegriffen, selbst darüber zu entscheiden, ob und in welchem Maße bei der Festsetzung der Kreisumlage die Wahrnehmung kreislicher Aufgaben durch die Großen kreisangehörigen Städte Berücksichtigung findet. Ebenso wie gesetzliche Vorgaben über eine Differenzierung der Kreisumlage in die Finanzhoheit der Landkreise eingreifen, weil sie die „eigenverantwortliche" Erhebung der Kreisumlage berühren, (vgl. hierzu etwa VerfGH NW, DVBl. 1983, 714; *Henneke,* Öffentliches Finanzwesen, Finanzverfassung, 1990, Rdn. 840 f), greift auch § 7 Abs. 3 GFG 1997 in die Finanzhoheit der Beschwerdeführer ein. Die Regelung enthält zwar keine Vorgaben für eine bestimmte Gestaltung der Kreisumlage, führt aber – und eben darauf kam es dem Gesetzgeber an – ebenfalls im Ergebnis dazu, daß die Beschwerdeführer in ihrem Gestaltungsspielraum durch Festlegungen zugunsten der Städte Eisenhüttenstadt und Schwedt/Oder beschnitten werden.

bb. § 7 Abs. 5 GFG 1998 liegt – wenn auch unter Einräumung eines gewissen Spielraums für die betroffenen Landkreise (s. unten 3.b.bb.(4)) – von seiner Intention und seinem Ergebnis her auf der Linie des § 7 Abs. 3 GFG 1997. Die Norm ähnelt, wie dies auch die Landesregierung der Sache nach einräumt, in ihren Wirkungen einer gesetzlichen Differenzierung der Kreisumlage. Sie beeinträchtigt damit das von der Finanzhoheit umfaßte Recht der Beschwerdeführer, bei der Festsetzung der Kreisumlage eigenverantwortlich über Mehr- oder Minderbelastungen zu entscheiden. Ebenso greift § 7 Abs. 5 GFG 1998 in die von der Finanzhoheit umfaßte Ausgabenhoheit der Beschwerdeführer ein, indem er ihnen die Verpflichtung zu einem Kostenausgleich auferlegt und ihnen dadurch in dem Maße des durch § 7 Abs. 5 GFG 1998 Vorgegebenen die Möglichkeit nimmt, eigenverantwortlich über die Verwendung dieser Haushaltsmittel zu entscheiden.

2. Weiter greifen die angegriffenen Normen in das Selbstverwaltungsrecht der Beschwerdeführer ein, indem dadurch ihre innerkreisliche Ausgleichskompetenz beeinträchtigt wird.

a. Art. 97 LV garantiert den Landkreisen in Übereinstimmung mit Art. 28 Abs. 2 Satz 2 GG das Recht der Selbstverwaltung jedenfalls im

Rahmen ihres gesetzlich zugewiesenen (Selbstverwaltungs-)Aufgabenbereichs (s. oben 1. a.). Innerhalb dieses Bereichs ist ihnen verfassungsrechtlich die Eigenverantwortung verbürgt (BVerfGE 83, 363, 383). Der Landesgesetzgeber hat den Landkreisen in Brandenburg gemäß § 2 Abs. 1 Satz 2 LKrO neben den übergemeindlichen Aufgaben die Wahrnehmung von Ergänzungs- und Ausgleichsaufgaben zugewiesen. Sie zählen traditionell zu den überörtlichen Selbstverwaltungsangelegenheiten, die von den Kreisen wahrgenommen werden (vgl. BVerfGE 79, 127, 152; 58, 177, 196; OVG Schleswig, DVBl. 1995, 469 mit Anm. *Henneke, Vogelsang/Lübking/Jahn,* Kommunale Selbstverwaltung, 2. Aufl. 1997, Rdn. 179 ff; *Henneke,* Kreisrecht in den Ländern, 1994, S. 29 ff). Die Wahrnehmung dieser Aufgaben unterfällt der verfassungsrechtlich geschützten Selbstverwaltungsgarantie.

Dies gilt – soweit es vorliegend Bedeutung gewinnt – auch im Lichte der sog. „Rastede"-Entscheidung des Bundesverfassungsgerichts (BVerfGE 79, 127 ff). Zwar sind im Schrifttum als Reaktion auf diese Entscheidung vereinzelt verfassungsrechtliche Bedenken an der Wahrnehmung dieser Aufgaben durch und ihre Zuweisung mittels Generalklauseln (wie etwa § 2 Abs. 1 LKrO) an die Landkreise geäußert worden, weil dies die Selbstverwaltungsgarantie der Gemeinden verletze (vgl. etwa *Schmidt-Jortzig,* DÖV 1993, 973, 981). Jedenfalls für die Wahrnehmung der hier in Rede stehenden Ausgleichsaufgaben greifen diese Bedenken aber nicht durch, weil durch sie die Selbstverwaltungsaufgaben der Gemeinden lediglich unterstützt und ihnen nicht – im Sinne einer „Hochzonung" – entzogen werden (vgl. BVerwG, NVwZ 1998, 63, 64 u. DVBl. 1996, 1063; OVG Brandenburg, LKV 1998, 23, 24; OVG Schleswig, DVBl. 1995, 469, 472; *Schoch,* DVBl. 1995, 1047, 1049 ff).

Im Rahmen ihrer Ausgleichsaufgaben bestimmen die Kreise eigenverantwortlich über Art und Maß finanzieller Erleichterungen für ihre kreisangehörigen Gemeinden. Dabei kann dahinstehen, wieweit diese Befugnis im Lichte des Selbstverwaltungsrechts der kreisangehörigen Gemeinden im einzelnen reicht und welche Art der Finanzhilfen zulässig sind (vgl. hierzu *Kirchhof,* Die Rechtsmaßstäbe der Kreisumlage, 1995, S. 50 ff; s. auch OVG Rheinland-Pfalz, DVBl. 1993, 895 ff; *Henneke,* Kreisrecht der Länder, 1994, 33 f). Das Selbstverwaltungsrecht der kreisangehörigen Gemeinden hindert die Kreise jedenfalls grundsätzlich nicht daran, im Rahmen ihrer Ausgleichsaufgaben einzelnen kreisangehörigen Gemeinden wegen besonderer Belastungen zweckgebundene Zuweisungen oder finanzielle Erleichterungen zugute kommen zu lassen, weil dies die gemeindliche Selbstverwaltung nicht einschränkt, sondern stärkt (vgl. BVerwG, NVwZ 1998, 63, 65 u. DVBl. 1996, 1063).

b. Können die Kreise danach im Rahmen ihrer Ausgleichsaufgaben eigenverantwortlich über Hilfestellungen für einzelne Gemeinden entscheiden, so beeinträchtigen §§ 7 Abs. 3 GFG 1997, 7 Abs. 5 GFG 1998 dieses (Selbstverwaltungs-)Recht. Die Vorschriften nehmen ihnen die Entscheidung, ob und wie sie gegenüber den Großen kreisangehörigen Städten im Kreisgebiet ausgleichend tätig werden, aus der Hand. Insoweit greift der Einwand zu kurz, die Beschwerdeführer seien in ihren Möglichkeiten, einzelnen Gemeinden Hilfestellungen zu gewähren, nicht beeinträchtigt worden. Das Recht der eigenverantwortlichen Wahrnehmung dieser Aufgabe beinhaltet die Freiheit, selbst pflichtgemäß darüber entscheiden zu können, ob eine solche Unterstützung aus Kreismitteln erfolgt oder nicht. Eben diese Entscheidung hat der Gesetzgeber den Beschwerdeführern mit den angegriffenen Vorschriften abgenommen, indem er an ihrer Stelle und auf ihre Kosten einen solchen Ausgleich angeordnet hat.

Dem läßt sich nicht mit Erfolg entgegenhalten, daß die Möglichkeit des Ausgleichs für die Kreise nur im Rahmen der vorgefundenen Finanzausstattung der Gemeinden bestehe, die sie als gegeben hinzunehmen hätten. Zwar bleibt es dem Land, selbstverständlich, unbenommen, seinerseits aus besonderen Gründen die Finanzkraft einzelner Gemeinden zu stärken; die Kreise haben in dieser Hinsicht kein „Monopol". Vorliegend geht es aber nicht darum, daß die beiden Städte überhaupt bezuschußt werden, sondern daß dies auf Kosten der Beschwerdeführer geschieht und sich die angegriffenen Regelungen damit letztlich als gesetzgeberisch angeordneter kreisinterner Ausgleich darstellen, zu dem die Beschwerdeführer selbst keinen Anlaß gesehen haben.

3. § 7 Abs. 3 GFG 1997 genügt nicht den Anforderungen, die nach der Verfassung an einen derartigen Eingriff in die kommunale Selbstverwaltung zu stellen sind. § 7 Abs. 5 GFG 1998 ist hingegen mit der Landesverfassung vereinbar.

a. In formeller Hinsicht hat der Gesetzgeber die Anhörungspflichten aus Art. 97 Abs. 4 LV beachtet. Danach sind die Gemeinden und Gemeindeverbände in Gestalt ihrer kommunalen Spitzenverbände rechtzeitig zu hören, bevor durch Gesetz oder Rechtsverordnung allgemeine Fragen geregelt werden, die sie unmittelbar berühren. Die kommunalen Spitzenverbände sind zum Entwurf des GFG 1997 in der Sitzung des Innenausschusses am 17. Oktober 1996 und zum Entwurf des GFG 1998 in der Sitzung des Innenausschusses vom 30. Oktober 1997 – und damit rechtzeitig – angehört worden. Eine Pflicht zur nochmaligen Anhörung zu der in ihren endgültigen Fassungen jeweils erst im Laufe der weiteren parlamentarischen Beratungen eingefügten §§ 7 Abs. 3 GFG 1997, 7 Abs. 5 GFG 1998 ergibt sich aus Art. 97 Abs. 4 LV nicht. Die angegriffenen Vorschriften betreffen keine „allgemeine Frage", die „die" Gemeinden und Gemeindeverbände unmittelbar berührt, sondern nur die betreffenden Kreise und Großen kreisangehörigen Städte. Art. 97 Abs. 4 LV verpflichtet den Gesetzgeber nicht, einen Gesetzentwurf in der Fassung zu verabschieden, die den kommunalen Spitzenverbänden zur Stellungnahme vorgelegen hat. Es kann und darf ihm nicht verwehrt sein, aktuelle Entwicklungen oder neue Erkenntnisse, die er etwa durch die Anhörungen oder auf andere Weise gewonnen hat, im weiteren Gesetzgebungsverfahren aufzugreifen, soweit dadurch – wie hier – der Gesamtrahmen des Gesetzgebungsvorhabens nicht geändert wird (vgl. BVerfGE 50, 195, 203; VerfG Sachsen-Anhalt, LKV 1995, 75; StGH Baden-Württemberg, ESVGH 23, 2, 20).

Ob neben einer Anhörung der kommunalen Spitzenverbände auch eine Pflicht zur Anhörung der Beschwerdeführer selbst bestanden hat, bedarf hier keiner Entscheidung. Freilich ist in der verfassungsgerichtlichen Rechtsprechung anerkannt, daß die kommunale Selbstverwaltungsgarantie i. V. mit dem Rechtsstaatsprinzip den Normgeber verpflichtet, vor dem Erlaß von Gesetzen, die substantiell in die Rechtssphäre einzelner Kommunen eingreifen, diese Körperschaften anzuhören (vgl. etwa Verfassungsgericht des Landes Brandenburg, Urteil vom 14. Juli 1994 – VfGBbg 4/93 – LVerfGE 2, 125, 134 m.w.N.; BVerfGE 59, 216, 227; 56, 295, 320; 76, 107, 122). Es erscheint danach zumindest nicht von vornherein ausgeschlossen, daß eine solche Anhörungspflicht auch für §§ 7 Abs. 3 GFG 1997, 7 Abs. 5 GFG 1998 bestanden hat, mit denen der Gesetzgeber gezielt und für einen Einzelfall in das Selbstverwaltungsrecht der Beschwerdeführer eingegriffen hat. Letztlich kann diese Frage jedoch dahinstehen, weil bezogen auf § 7 Abs. 5 GFG 1998 eine solche individuelle Anhörung der Beschwerdeführer zu der den wesentlichen Regelungsgedanken der späteren Gesetzesfassung bereits enthaltenen Entwurfsfassung stattgefunden hat und § 7 Abs. 3 GFG 1997, zu dem die Beschwerdeführer nicht angehört worden sind, jedenfalls aus anderen – materiellen – Gründen, wie im folgenden dargelegt, nicht mit der Landesverfassung vereinbar ist.

b. Mit § 7 Abs. 3 GFG 1997 hat sich der Gesetzgeber über die ihm durch Art. 97 LV gesetzten Grenzen hinweggesetzt.

aa. Der unantastbare Kernbereich (Wesensgehalt) der Selbstverwaltungsgarantie wird durch die angegriffenen Normen nicht berührt. Der Kernbereich garantiert den Landkreisen Schutz vor einer Aushöhlung ihrer Selbstverwaltungsaufgaben (vgl. zum sog. „Aushöhlungsverbot" BVerfGE 7, 358; 21, 117, 120; 76, 107, 119; bezogen auf die Landkreise s. *Schoch,* Die aufsichtsbehördliche Genehmigung der Kreisumlage, S. 61 f.). Er ist verletzt, wenn die eigenverantwortliche Wahrnehmung der Selbstverwaltungsaufgabe gleichsam erstickt wird (vgl. BVerfG, DVBl. 1995, 290 ff). So liegt es hier nicht. Den Beschwerdeführern bleibt die eigenverantwortliche Haushaltswirtschaft und die Wahrnehmung von Ausgleichsaufgaben in ihrer Substanz erhalten. Die diesbezüglichen Befugnisse sind lediglich in einem Teilbereich, nämlich soweit es bei der Finanzsituation der Städte Eisenhüttenstadt und Schwedt/Oder um die Berücksichtigung der von ihnen wahrzunehmenden kreislichen Aufgaben geht, betroffen.

bb. Außerhalb des Kernbereichs ist der Gesetzgeber befugt, das Selbstverwaltungsrecht zu regeln und näher auszugestalten. Dabei muß sein Handeln durch tragfähige Gründe des Gemeinwohls gerechtfertigt sein (BVerfG, NVwZ 1988, 47, 49). Insoweit hat der Gesetzgeber eine Einschätzungsprärogative (BVerfG, NVwZ 1982, 367). Unbeschadet dessen muß der Eingriff in die Selbstverwaltung auch in diesem Bereich auf das sachlich notwendige Maß begrenzt bleiben, die Verhältnismäßigkeit wahren und das Willkürverbot beachten (vgl. *Gern,* Deutsches Kommunalrecht, 2. Aufl. 1997, Rdn. 84 m.w.N.). Dem wird § 7 Abs. 3 GFG 1997 nicht gerecht, wogegen § 7 Abs. 5 GFG 1998 mit der Landesverfassung vereinbar ist. Im einzelnen:

(1) Der mit den angegriffenen Vorschriften angestrebte innerkreisliche Lastenausgleich läßt sich durch tragfähige Gründe des gemeinen Wohls rechtfertigen. Der Gesetzgeber wollte auf diese Weise der finanziellen Belastung der Städte Eisenhüttenstadt und Schwedt/Oder durch die Wahrnehmung von kreislichen Aufgaben nach dem Aufgabensicherungsgesetz Rechnung tragen und sie, wenn nicht auffangen, so doch abmildern. Die hinreichende Ausstattung der Gemeinden zur Wahrnehmung der ihnen obliegenden Aufgaben liegt im öffentlichen Interesse. Sie ist vom Land in geeigneter Weise zu gewährleisten (Art. 97 Abs. 1, 99 LV). Dem wollte das Land hier nachkommen.

(2) Es lassen sich des weiteren sachgerechte Gründe dafür aufzeigen, daß die den beiden Städten nach §§ 7 Abs. 3 GFG 1997, 7 Abs. 5 GFG 1998 zugute kommenden Leistungen nur zu Lasten der Beschwerdeführer gehen und nicht wie in den Jahren 1994 bis 1996 als Vorwegschlüsselzuweisungen von dem auf alle Gemeinden und Kreise zu verteilenden Gesamtbetrag abgezogen werden. Letzteres hätte wie in den Vorjahren alle Gemeinden und Gemeindeverbände anteilig belastet, obwohl es hier der Sache nach nur um eine Frage des Ausgleichs innerhalb der betroffenen Kreise geht. Es erscheint deshalb im Grundsatz sachgerecht, nur diejenigen Landkreise zu belasten, die durch die Wahrnehmung von Aufgaben durch die Großen kreisangehörigen Städte entlastet werden.

Ob der Gesetzgeber, wie die Beschwerdeführer in diesem Zusammenhang geltend machen, durch §§ 7 Abs. 3 GFG 1997, 7 Abs. 5 GFG 1998 die „Leistungsfähigkeit" der beiden Städte, wie sie nach § 69 Abs. 2 Satz 1 KJHG

Voraussetzung für ihre Bestimmung zum örtlichen Träger der Jugendhilfe ist, erst herbeigeführt hat, betrifft nicht die Vereinbarkeit der hier angegriffenen Vorschriften mit der Landesverfassung, sondern die Frage, ob die diesbezügliche Aufgabenzuweisung an die beiden Städte unter Absicherung ihrer Leistungsfähigkeit für diese Aufgabe mit dem Bundesrecht in Einklang bleibt. Das erkennende Gericht ist der Auffassung, daß dies der Fall ist.

(3) § 7 Abs. 3 GFG 1997 verstößt jedoch gegen den Verhältnismäßigkeitsgrundsatz. Gesetzgeberische Eingriffe in das kommunale Selbstverwaltungsrecht müssen den bestehenden Gestaltungsspielraum der Kommunen so weit wie möglich und vertretbar wahren und dürfen ihn nicht durch gesetzliche Festlegungen, für die in dieser Regelungsdichte keine triftigen Gründe bestehen, auf Null schrumpfen lassen. Der Gesetzgeber kann der Wahrnehmung der Selbstverwaltungsaufgaben durch die Kommunen zwar Richtung und Rahmen vorgeben. Er darf sich jedoch nicht ohne Not gewissermaßen an die Stelle der Selbstverwaltungskörperschaft setzen und eine ihr obliegende Angelegenheit gleichsam „durchentscheiden".

So aber verhält es sich bei § 7 Abs. 3 GFG 1997. Die Regelung wirkt sich – wie ausgeführt – als ein gesetzgeberisch angeordneter kreisinterner Ausgleich auf Kosten der Kreiskassen aus, bei dem die Höhe der zu Lasten der Beschwerdeführer gehenden Ausgleichszahlung unterschiedslos für beide Landkreise durch den Gesetzgeber fixiert wird, ohne daß ihnen selbst in dieser Hinsicht noch eine eigene Gestaltungs- und Einflußmöglichkeit verbleibt. Den Beschwerdeführern wird etwa die Möglichkeit genommen, insoweit neben den bei den beiden Städten anfallenden Kosten und dem Maß der eigenen Entlastung die bei einem kreisinternen Ausgleich ebenfalls Berücksichtigung verdienende – mindestens aber zulässigerweise berücksichtigungsfähige – finanzielle Gesamtsituation im Kreis und im Verhältnis der kreisangehörigen Gemeinden untereinander in die Abwägung und Entscheidung einzubeziehen. Wie die Berechnung des Betrages von 9 Mio. DM zeigt und entsprechend dem Vorbringen der Landesregierung war der Gesetzgeber für das Jahr 1997 bestrebt, die Kosten der von den Städten Eisenhüttenstadt und Schwedt/Oder wahrzunehmenden kreislichen Aufgaben nicht nur anteilig, sondern (annähernd) vollständig abzudecken.

Diese Einschränkung des kreislichen Gestaltungsspielraums war der Sache nach nicht erforderlich und deshalb unverhältnismäßig. Der Gesetzgeber hätte, wie schon die Nachfolgeregelung des § 7 Abs. 5 GFG 1998 zeigt, auch für das Haushaltsjahr 1997 einen Weg wählen können, der die Beschwerdeführer zwar auf einen angemessenen kreisinternen Ausgleich in seinen Grundzügen festlegte, ihnen jedoch Spielraum für eine eigenverantwortliche Ausgestaltung beließ.

(4) § 7 Abs. 5 GFG 1998 läßt sich mit dem Verhältnismäßigkeitsgrundsatz in Einklang bringen. Er läßt bei sachgerechter Auslegung den betroffenen Landkreisen einen hinreichenden Gestaltungsspielraum bei der Gewährung des Kostenausgleichs.

Den Beschwerdeführern ist allerdings zuzugestehen, daß der Begriff „Kostenausgleich" in § 7 Abs. 5 Satz 1 GFG 1998 für sich genommen nicht eindeutig erkennen läßt, ob damit – ohne Abwägungsspielraum – eine Pflicht zur vollständigen Erstattung der genannten Kosten gemeint ist oder – Spielraum lassend – nur die Pflicht zu einer angemessenen Beteiligung an diesen Kosten. Die in Satz 3 der Norm vorgegebene Methode zur Berechnung des Abschlags anhand der „Nettoausgaben" könnte ein Argument dafür liefern, daß auch der Kostenausgleich insgesamt in dieser Weise, also orientiert an den tatsächlichen (vollen) Kosten festzusetzen ist. Allerdings zeigt Satz 2, wonach der Landkreis bei der Festsetzung des Kostenausgleiches „insbesondere" die Aufgabenart, seine eigene Entlastung sowie Einnahmen der Großen kreisangehörigen Stadt durch die Wahrnehmung der kreislichen Aufgaben „berücksichtigt", daß der Gesetzgeber den betreffenden Landkreisen die Möglichkeit belassen wollte, neben den im Gesetz genannten Aspekten nach eigenem Dafürhalten weitere Umstände in die Entscheidung über den Kostenausgleich einzubeziehen. Dies bestätigt sich bei einem Blick auf die Entstehung der Norm. Während die ursprüngliche Fassung im Gesetzentwurf der Landesregierung (LT-Drs. 2/4301) noch ein festes Berechnungssystem vorsah, wurde im weiteren Verlauf der parlamentarischen Beratungen im Interesse einer „kommunalfreundlichen Regelung" von derlei starren Vorgaben Abstand genommen zugunsten der dann Gesetz gewordenen Formulierung (vgl. Begründung zum Änderungsantrag vom 3. Dezember 1997, Anlage zu LT-Drs. 2/4521).

Mit diesem – von der Landesregierung geteilten – Verständnis der Norm bleibt § 7 Abs. 5 GFG 1998 im Einklang mit dem Verhältnismäßigkeitsgebot der Landesverfassung. Die Vorschrift verlangt von den Beschwerdeführern keine „Vollfinanzierung" der in Rede stehenden Aufgaben, sondern läßt Raum für einen nur anteiligen Ausgleich der den Großen kreisangehörigen Städten für die Wahrnehmung kreislicher Aufgaben entstehenden Kosten. Bei der Bestimmung der angemessenen Höhe des Ausgleichsbetrages ist ihnen ein Gestaltungsspielraum eingeräumt, in dessen Rahmen sie neben den in § 7 Abs. 5 Satz 2 GFG 1998 beispielhaft genannten Aspekten weitere ihnen sachgerecht erscheinende Umstände berücksichtigen können.

(5) In der hier vorgenommenen Auslegung verstößt § 7 Abs. 5 GFG 1998 auch nicht aus anderen Gründen gegen das verfassungsrechtlich geschützte Selbstverwaltungsrecht der betroffenen Landkreise.

(a) Das von den Beschwerdeführern als verletzt gerügte Gebot der Einheitlichkeit von Aufgaben- und Ausgabenverantwortung steht § 7 Abs. 5 GFG 1998 nicht entgegen. Dabei bedarf es hier keiner Entscheidung, ob – und ggfls. mit welchem Inhalt – der landesverfassungsrechtlichen Gewährleistung der kommunalen Selbstverwaltung ein solches kommunalrechtliches Konnexitätsprinzip zu entnehmen ist (vgl. hierzu etwa *v. Mutius/Dreher*, Reform der Kreisfinanzen, 1990, S. 86 ff, m.w.N.). § 7 Abs. 5 GFG 1998 entläßt die Großen kreisangehörigen Städte nicht aus der Finanzierungsverantwortung für die von ihnen an Stelle der Kreise wahrzunehmenden Selbstverwaltungsaufgaben und Pflichtaufgaben zur Erfüllung nach Weisung. Er verpflichtet die betreffenden Kreise lediglich zu einem angemessenen Ausgleich für die mit der Aufgabenwahrnehmung durch diese Städte einhergehenden Entlastung auf Kreisebene.

(b) Der Gesetzgeber hat mit § 7 Abs. 5 GFG 1998 das von den Beschwerdeführern als verletzt gerügte Gebot der kommunalen Gleichbehandlung gewahrt. Es liegt in der Hand der Beschwerdeführer, die von ihnen dargestellten Auswirkungen, namentlich eine ungerechtfertigte Besserstellung der Städte Schwedt/Oder und Eisenhüttenstadt, durch eine sachgerechte Bemessung des Kostenausgleichs zu vermeiden. Dies gilt auch für die von den Beschwerdeführern unter Hinweis auf § 4 Abs. 3 Ausführungsgesetz zum Bundessozialhilfegesetz gerügte Doppelfinanzierung der beiden Städte bei den Aufgaben des örtlichen Trägers der Sozialhilfe. Ein Kostenausgleich nach § 7 Abs. 5 GFG 1998 erfolgt im übrigen schon nach dem Wortlaut des Satzes 1 der Vorschrift nur, „sofern gesetzlich nichts anderes bestimmt ist", so daß ggfls. gesetzliche Sonderregelungen § 7 Abs. 5 GFG 1997 vorgehen.

(c) Die Regelung der Abschlagszahlung – § 7 Abs. 5 Satz 3 GFG 1998 – wirft keine weitergehenden verfassungsrechtlichen Fragen auf Die Vorschrift ist insbesondere hinreichend bestimmt. Es liegt in der Natur der Sache, daß im Falle einer Abschlagszahlung bei der nachfolgenden endgültigen Festsetzung des Kostenausgleichs nach § 7 Abs. 5 Satz 1 und 2 GFG 1998 eine Nachberechnung erfolgt, die ggfls. auch zu einer Rückerstattungspflicht der Großen kreisangehörigen Stadt führen kann. Im übrigen lag es in der Hand der Beschwerdeführer, eine solche Abschlagszahlung durch Festsetzung des Kostenausgleichs bis zum 31. März 1998 zu vermeiden.

III.

Das Gericht bestimmt abweichend von § 29 Abs. 2 Satz 3 Hs. 1 VerfGGBbg nach § 29 Abs. 2 Satz 3 Hs. 2 VerfGGBbg, daß § 7 Abs. 3 GFG 1997 – ungeachtet der Unvereinbarkeit mit der Landesverfassung – in Geltung bleibt. Gesichtspunkte der Rechtssicherheit und der verläßlichen Haushaltswirtschaft stehen einem rückwirkenden Eingriff in das Haushaltsgefüge und Haushaltsrecht des bereits abgelaufenen Haushaltsjahres 1997 entgegen (vgl. Verfassungsgericht des Landes Brandenburg, Urteil vom 18. Dezember 1997 – VfGBbg 47/96 –, LVerfGE 7, 144,163; LKV 1998, 195 ff).

IV.

Die Entscheidung über die Auslagenerstattung beruht auf § 32 Abs. 7 VerfGGBbg. Da die Beschwerdeführer mit den gegen § 7 Abs. 3 GFG 1997 gerichteten Verfassungsbeschwerden – unbeschadet der vom Gericht aus den genannten Gründen angeordneten Fortgeltung der Norm – in der Sache Erfolg haben, erscheint eine hälftige Auslagenerstattung angemessen.

V.

Der Gegenstandswert für die vier Kommunalverfassungsbeschwerdeverfahren (VfGBbg 38/97, 39/97, 21/98 und 24/98) beträgt je 200 000 DM, für die gemeinsame Verhandlung und Entscheidung vom 15. Oktober 1998 insgesamt 800 000 DM.

Nr. 7

Eine Gegenvorstellung gegen eine den Rechtszug abschließende strafgerichtliche Entscheidung (hier: Verwerfung der Berufung gemäß § 313 Abs. 2 Satz 2 Strafprozeßordnung) zählt nicht zum Rechtsweg im Sinne des § 45 Abs. 2 Satz 1 Verfassungsgerichtsgesetz Brandenburg. Sie läßt den Lauf der Frist zur Erhebung der Verfassungsbeschwerde unberührt.*

Verfassung des Landes Brandenburg Art. 6 Abs. 2

Verfassungsgerichtsgesetz Brandenburg §§ 45 Abs. 2; 47 Abs. 1

Strafprozeßordnung §§ 313 Abs. 2; 322a Satz 2

Beschluß vom 17. Dezember 1998 – VfGBbg 40/98 –

in dem Verfassungsbeschwerdeverfahren des Herrn B. gegen die Beschlüsse des Landgerichts P. vom 24. September 1997 und 24. Juli 1998.

* Nichtamtlicher Leitsatz

Entscheidungsformel:
Die Verfassungsbeschwerde wird verworfen.

Gründe:

A.

Der Beschwerdeführer wurde in der Folge einer 1994 vor dem Kreiswehrersatzamt durchgeführten Protestveranstaltung von dem Amtsgericht P. wegen Widerstandes gegen Vollstreckungsbeamte mit Urteil vom 18. Juni 1997 zu einer Geldstrafe von 15 Tagessätzen zu je 20,00 DM verurteilt. In der Hauptverhandlung hatte das Amtsgericht die Anregung eines Mitangeklagten, eine Videoaufnahme von der Protestveranstaltung und dem nachfolgenden Polizeieinsatz beizuziehen, als zu unbestimmt abgelehnt. In seiner Berufungsbegründungsschrift führte der Beschwerdeführer u. a. aus, auch er habe sich inzwischen die besagte Videoaufnahme angesehen; sie beweise die Unrichtigkeit der erstinstanzlichen Zeugenaussagen. Das Landgericht P. verwarf die Berufung mit Beschluß vom 24. September 1997 gemäß § 313 Abs. 2 Satz 2 Strafprozeßordnung (StPO) wegen offensichtlicher Unbegründetheit. Bezüglich der Videoaufnahme führte es aus, daß das Amtsgericht von einer Beiziehung als Beweismittel habe absehen können, weil nach den Ausführungen des Mitangeklagten nicht festgestanden habe, wo sich die Aufzeichnung befinde, ob sie überhaupt noch existiere und was mit ihr bewiesen werden solle. Unter dem 20. Oktober 1997 wandte sich der Beschwerdeführer mit einer Gegenvorstellung an das Landgericht und machte geltend, seinen Ausführungen zur Berufungsbegründung lasse sich deutlich entnehmen, daß er sich die Videoaufnahme beschafft habe und welche Tatsachen hiermit bewiesen werden könnten. Angesichts dieses Beweisangebotes sei die Berufung nicht offensichtlich unbegründet. Das Landgericht P. wies die Gegenvorstellung mit Beschluß vom 24. Juli 1998 zurück. Allein der Umstand, daß dem Beschwerdeführer nunmehr ein Video zur Verfügung stehe, mache noch keine weitergehende Überprüfung notwendig. Mit einer Videoaufzeichnung könne angesichts der technischen Manipulationsmöglichkeiten kein geeigneter Beweis angetreten werden. Der Beschluß ist dem Beschwerdeführer nach seinen Angaben am 6. November 1998 zugegangen.

Mit der am 24. November 1998 erhobenen Verfassungsbeschwerde rügt der Beschwerdeführer eine Verletzung seines Grundrechts auf ein faires Verfahren (Art. 52 Abs. 4 Satz 1 Landesverfassung – LV –) durch die Beschlüsse des Landgerichts vom 24. September 1997 und 24. Juli 1998. Bei der Verwerfung der Berufung habe das Landgericht sich nur mit der Ablehnung der Beweisanregung des Mitangeklagten durch das Amtsgericht auseinandergesetzt, aber nicht berücksichtigt, daß er selbst diese Aufzeichnung mit der Berufung als Beweismittel habe einführen wollen. Da kein Grund für die Ablehnung eines entsprechenden Beweisantrages ersichtlich sei, hätte die Berufung angenommen werden müssen. Das Landgericht habe, wie auch die Zurückweisung der Gegenvorstellung zeige, seinen Prüfungsmaßstab verkannt, gegen das Verbot der Beweisantizipation verstoßen und den Rechtsweg verkürzt.

B.

I.

Die Verfassungsbeschwerde ist gemäß § 21 Satz 1 Verfassungsgerichtsgesetz Brandenburg (VerfGGBbg) zu verwerfen. Sie ist unzulässig.

1. Soweit sich der Beschwerdeführer gegen die Verwerfung seiner Berufung durch das Landgericht wendet, wahrt die Verfassungsbeschwerde nicht die Zweimonatsfrist des § 47 Abs. 1 VerfGGBbg. Die Frist beginnt bei Verfassungsbeschwerden gegen gerichtliche Entscheidungen mit Bekanntgabe der letztinstanzlichen, den Rechtsweg i. S. d. § 45 Abs. 2 VerfGGBbg abschließenden Entscheidung, hier also mit Bekanntgabe des zufolge § 322a Satz 2 StPO nicht mehr anfechtbaren Beschlusses vom 24. September 1997. Durch die unter dem 20. Oktober 1997 erhobene formlose Gegenvorstellung und die hierauf ergangene Entscheidung des Landgerichts vom 24. Juli 1998 ist die Frist zur Erhebung der Verfassungsbeschwerde nicht unterbrochen oder neu in Gang gesetzt worden, weil eine Gegenvorstellung jedenfalls gegen eine den Rechtsweg abschließende strafrichterliche Entscheidung nicht zum Rechtsweg im Sinne des § 45 Abs. 2 VerfGGBbg gehört.

Allerdings muß der Beschwerdeführer unter dem Gesichtspunkt der Subsidiarität des verfassungsgerichtlichen Verfahrens vor Anrufung des Verfassungsgerichts vor den Fachgerichten alle ihm zu Gebote stehenden prozessualen Möglichkeiten ausnutzen, um auf eine Beseitigung der geltend gemachten Grundrechtsverletzung im fachgerichtlichen Verfahren hinzuwirken (ständige Rechtsprechung des erkennenden Gerichts, vgl. etwa Beschluß vom 21. November 1996 – VfGBbg 17/96, 18/96 und 19/96 –, LVerfGE 5, 112, 118f, m.w.N.). Er kann deshalb in Ausnahmefällen gehalten sein, sich auch außerordentlicher Rechtsbehelfe vor den Fachgerichten zu bedienen, soweit nach der einschlägigen Verfahrensordnung bzw. Rechtsprechungspraxis die Möglichkeit einer erneuten Sachprüfung nicht von vornherein ausgeschlossen ist (BVerfGE 69, 233, 242; 73, 322, 328f; NJW 1995, 3248). In einem solchen Ausnahmefall wird ggfls. die Frist zur Einlegung der Verfassungsbeschwerde durch die auf den außerordentlichen Rechtsbehelf hin ergehende Entscheidung neu in Lauf gesetzt (BVerfG, NJW 1997, 46f). Einer formlosen Gegenvorstellung kommt diese Wirkung jedoch jedenfalls bei einer den Rechtszug abschließenden strafrichterlichen Entscheidung nicht zu. Sie ist – anders als der Antrag nach § 33a StPO, der insoweit einen Gegenschluß liefert – kein Rechtsbehelf, der es dem Gericht ermöglicht, seine eigene Entscheidung wieder aufzuheben. Die Anerkennung einer solchen Gegenvorstellung als ggfls. die Frist nach § 47 Abs. 1 VerfGGBbg offenhaltender Teil des Rechtswegs würde angesichts der Ungewissheiten, die dem Gegenvorstellungsrecht anhaften (vgl. zu deren Zulässigkeit im Strafverfahren etwa *Kleinknecht/Meyer-Goßner,* StPO, 43. Aufl. 1997, Vor § 296, Rdn. 23), die Frist des § 47 Abs. 1 VerfGGBbg weitgehend der Disposition des Beschwerdeführers überlassen. Die Gegenvorstellung läßt daher die Frist des § 47 Abs. 1 VerfGGBbg unberührt (in diesem Sinne auch VerfGH Sachsen, NJW 1998, 1301; s. auch BayVerfGH, NJW 1998, 1136; vgl. weiter – für den Fall eines Berichtigungsantrags – Verfassungsgericht des Landes Brandenburg, Beschluß vom 21. November 1996 – VfGBbg 35/96 –, LVerfGE 5, 123f sowie Beschluß vom 16. April 1998 – VfGBbg 12/98 –). Soweit dies der VerfGH Berlin für den Fall von greifbarem prozessualen Unrecht anders sieht (VerfGH Berlin, Beschluß vom 31. Juli 1998 – VerfGH 39/97 – S. 7 des Entscheidungsumdrucks, bei offenkundiger Verletzung rechtlichen Gehörs), vermag sich das erkennende Gericht dem nicht anzuschließen. Einer Vorlage hierzu an das Bundesverfassungsgericht nach Art. 100 Abs. 3 Grundgesetz (GG) bedarf es nicht. Es geht nicht, wie es Art. 100 Abs. 3 GG voraussetzt, um die Auslegung des Grundgesetzes, sondern um die Auslegung von §§ 45 Abs. 2, 47 Abs. 1 VerfGGBbg.

2. Soweit sich die Verfassungsbeschwerde gegen den Beschluß des Landgerichts P. vom 24. Juli 1998 richtet, mit dem die Gegenvorstellung des Beschwerdeführers zurückgewiesen worden ist, ist sie mangels Darlegung einer Grundrechtsverletzung unzulässig (vgl. Art. 6 Abs. 2 LV, §§ 45 Abs. 1, 46 VerfGGBbg). Ungeachtet der Tragfähigkeit der vom Landgericht insoweit gelieferten Begründung konnte die Gegenvorstellung, weil sie nämlich eine Abänderung des Beschlusses vom 24. September 1997 gar nicht ermöglichte, im Ergebnis keinen Erfolg haben.

II.

Der Beschluß ist einstimmig ergangen. Er ist unanfechtbar.

Nr. 8

Bei der Frage einer Vorabentscheidung nach § 45 Abs. 2 Satz 2 Verfassungsgerichtsgesetz Brandenburg kann auch das eigene Verhalten des Beschwerdeführers zu berücksichtigen sein.*

Verfassung des Landes Brandenburg Art. 6 Abs. 2
Verfassungsgerichtsgesetz Brandenburg § 45 Abs. 2 Satz 2

Beschluß vom 17. Dezember 1998 – VfGBbg 43/98 –

in dem Verfassungsbeschwerdeverfahren des Herrn R. gegen den Beschluß des Amtsgerichts F. vom 14. Juli 1998 und den Beschluß des Landgerichts F. vom 29. September 1998 betreffend den Widerruf einer Strafaussetzung zur Bewährung.

Entscheidungsformel:

Die Verfassungsbeschwerde wird verworfen.

Gründe:

A.

Der Beschwerdeführer wurde am 18. August 1997 von dem Amtsgericht N. wegen unerlaubten Fernbleibens von der Truppe zu 3 Monaten Freiheitsstrafe verurteilt. Die Strafe wurde auf 3 Jahre zur Bewährung ausgesetzt. Als Bewährungsauflage wurde dem Beschwerdeführer aufgegeben, einen Betrag von 900 DM in monatlichen Raten zu zahlen und jeden Wohnortwechsel dem Gericht sofort unaufgefordert mitzuteilen. Die Bewährungsaufsicht wurde dem Amtsgericht F. als Wohnortgericht übertragen. Wiederholten Aufforderungen des Amtsgerichts F., die monatlichen Ratenzahlungen nachzuweisen, kam der Beschwerdeführer nicht nach. Der Ladung zu einer Anhörung auf den 10. Juni 1998 über die Erfüllung der Bewährungsauflagen, die mit dem Hinweis auf einen drohenden Widerruf der Strafaussetzung verbunden war, leistete er ebenfalls keine Folge. Mit Beschluß vom 14. Juli 1998 widerrief das Amtsgericht F. die Strafaussetzung zur Bewährung wegen gröblichen und beharrlichen Verstoßes gegen die Bewährungsauflagen. Am 8. September 1998 erhob der Beschwerdeführer sofortige Beschwerde gegen

---

* Nichtamtlicher Leitsatz

den Beschluß und bat um nochmalige Anhörung. Das Landgericht F. verwarf die Beschwerde unter Bezugnahme auf die Gründe der amtsgerichtlichen Entscheidung mit Beschluß vom 29. September 1998 als unbegründet. Unter dem 16. November 1998 beantragte der Beschwerdeführer bei dem Landgericht F. nachträgliche Gewährung rechtlichen Gehörs gemäß § 33a Strafprozeßordnung (StPO), Aufhebung des landgerichtlichen Beschlusses und Stattgabe der sofortigen Beschwerde. Hierüber ist nach seinen Angaben bislang nicht entschieden.

Mit der am 1. Dezember 1998 erhobenen Verfassungsbeschwerde rügt der Beschwerdeführer eine Verletzung des rechtlichen Gehörs (Art. 52 Abs. 3 der Landesverfassung − LV −) und des Rechts auf effektiven Rechtsschutz (Art. 6 Abs. 1 LV) durch die Beschlüsse des Amts- und des Landgerichts F. Mit Blick auf das noch nicht abgeschlossene Verfahren nach § 33a StPO beantragt er die Aussetzung des Verfassungsbeschwerdeverfahrens. Zugleich verweist er darauf, bereits eine Ladung der Staatsanwaltschaft Hannover zum Haftantritt für den 30. November 1998 erhalten zu haben und daß deshalb zur Meidung unabwendbarer Nachteile eine Entscheidung des Verfassungsgerichts vor Erschöpfung des Rechtswegs geboten sei. In der Sache führt er aus, bislang nicht über den Inhalt der Bewährungsauflagen unterrichtet worden zu sein. Zwar habe der Vorsitzende in der Hauptverhandlung hierzu Ausführungen gemacht, im übrigen aber auf das Protokoll und den Auflagenbeschluß verwiesen, welche ihn aber, ebenso wie weitere Schreiben in dieser Sache, nicht erreicht hätten. Seine Anschrift habe sich zwischenzeitlich geändert. Den Termin zur Anhörung vor dem Amtsgericht F. am 10. Juni 1998 habe er aus beruflichen Gründen nicht wahrnehmen können. Seine Arbeitgeberin habe in einem Telephonat mit der zuständigen Richterin beim Amtsgericht die Auskunft erhalten, daß er als entschuldigt gelte und ein neuer Termin anberaumt werde. Statt dessen habe das Amtsgericht, ohne ihn anzuhören und ohne daß man ihm die Bewährungsauflagen bekannt gegeben habe, mit Beschluß vom 14. Juli 1998 die Strafaussetzung zur Bewährung widerrufen. Bei der Einlegung der sofortigen Beschwerde sei er von dem Urkundsbeamten der Geschäftsstelle nicht auf die Notwendigkeit einer Begründung hingewiesen worden; vielmehr habe man ihm mitgeteilt, daß das Landgericht die mangelnde Anhörung nachholen und den Sachverhalt von Amts wegen ermitteln werde. Gleichwohl habe das Landgericht ohne Anhörung die sofortige Beschwerde verworfen.

B.

I.

Für eine Aussetzung des Verfassungsbeschwerdeverfahrens bis zur Entscheidung des Landgerichts F. über den Antrag des Beschwerdeführers nach § 33a StPO ist kein Raum; die Voraussetzungen des § 31 Abs. 1 Verfassungsgerichtsgesetz Brandenburg (VerfGGBbg) für eine Aussetzung des Verfahrens liegen nicht vor. Im übrigen hat der Beschwerdeführer zu erkennen gegeben, daß es ungeachtet des noch anhängigen Verfahrens nach § 33a StPO einer Entscheidung des Verfassungsgerichts bedürfe.

II.

Die Verfassungsbeschwerde ist gemäß § 21 Satz 1 VerfGGBbg zu verwerfen. Sie ist mangels Ausschöpfung des Rechtswegs unzulässig (vgl. § 45 Abs. 2 VerfGGBbg).

1. a. Die Anrufung des Verfassungsgerichts mit der Rüge einer Verletzung des rechtlichen Gehörs setzt in einem strafrechtlichen Beschlußverfahren voraus, daß zuvor von der durch § 33a StPO eröffneten und zum Rechtsweg i. S. des § 45 Abs. 2 Satz 1 VerfGGBbg zu zählenden Möglichkeit Gebrauch gemacht worden ist, sich durch einen dahingehenden Antrag nachträglich das rechtliche Gehör zu verschaffen (Verfassungsgericht des Landes Brandenburg, Beschluß vom 30. November 1997 – VfGBbg 29/97 –; BVerfGE 33, 192; 42, 243; *Kleinknecht/Meyer-Goßner,* StPO, 43. Aufl. 1997, Einl., Rdn. 234 m. w. N.). Diese fachgerichtliche Rechtsschutzmöglichkeit hat der Beschwerdeführer bislang nicht ausgeschöpft. Das Landgericht hat über seinen entsprechenden Antrag nach seinem eigenen Vortrag noch nicht entschieden.

b. Soweit der Beschwerdeführer neben einer Verletzung des rechtlichen Gehörs auch einen Verstoß gegen das Gebot zur Gewährung effektiven Rechtsschutzes (Art. 6 Abs. 1 LV) geltend macht, ist der Rechtsweg ebenfalls nicht ausgeschöpft. Der Beschwerdeführer stützt den insoweit geltend gemachten Grundrechtsverstoß auf dieselben Umstände wie die Rüge der Verletzung rechtlichen Gehörs, nämlich auf eine unterbliebene Anhörung vor dem Amts- und Landgericht. Dies muß er, wie dargelegt, vor Anrufung des Verfassungsgerichts in dem Verfahren nach § 33a StPO geltend machen.

2. Eine Entscheidung über die Verfassungsbeschwerde vor Ausschöpfung des Rechtswegs ist nach Lage des Falles nicht veranlaßt. Gemäß

§ 45 Abs. 2 Satz 2 VerfGGBBg kann das Verfassungsgericht im Ausnahmefall über eine vor Erschöpfung des Rechtswegs eingelegte Verfassungsbeschwerde entscheiden, wenn sie von allgemeiner Bedeutung ist oder wenn dem Beschwerdeführer ein schwerer und unabwendbarer Nachteil entstünde, falls er zunächst auf den Rechtsweg verwiesen wird. Diese Voraussetzungen liegen hier bei Mitberücksichtigung der Begleitumstände des Falles nicht vor.

Allerdings droht dem Beschwerdeführer die Vollstreckung der gegen ihn verhängten Freiheitsstrafe. Indes kann die drohende Vollstreckung rechtskräftiger Entscheidungen nicht gleichsam automatisch die Anrufung des Verfassungsgerichts vor Ausschöpfung der fachgerichtlichen Rechtsschutzmöglichkeiten eröffnen. Eine Vorab-Entscheidung des Verfassungsgerichts kommt vielmehr schon nach dem Wortlaut des § 45 Abs. 2 Satz 2 VerfGGBbg nur „im Ausnahmefall" und unter den weiteren in der Vorschrift genannten engen Voraussetzungen in Betracht. Ein solcher Fall mag auch dann angenommen werden können, wenn sich das Fachgericht unangemessen viel Zeit läßt. Das ist hier nicht ersichtlich. Der Beschwerdeführer hat unter dem 16. November 1998 den Antrag nach § 33 a StPO gestellt. Er hat dem Landgericht damit bis zur Erhebung der Verfassungsbeschwerde gerade 2 Wochen Zeit gelassen. Allein der Wunsch, bei dem Verfassungsgericht ggfls. noch eher als bei dem mit der Sache betrauten Fachgericht eine Entscheidung zu erwirken, reicht nicht aus, um die Verweisung auf den Rechtsweg unzumutbar erscheinen zu lassen.

Unbeschadet dessen muß sich der Beschwerdeführer entgegenhalten lassen, daß er für die Zuspitzung der Situation mitverantwortlich ist. Er ist nach seinen eigenen Angaben in der Hauptverhandlung von dem Strafrichter über die Bewährungsauflagen unterrichtet worden. Sodann ist ihm – ausweislich der beigezogenen Bewährungsakte – am 5. Mai 1998 von dem Amtsgericht F. eine Aufforderung zum Nachweis der Erfüllung der Bewährungsauflagen unter derjenigen Anschrift (durch Niederlegung bei der Post) zugestellt worden, unter der ihn auch spätere Zustellungen erreicht haben. Ferner ist er mit der Ladung zur Anhörung für den 10. Juni 1998 auf den möglichen Widerruf der Strafaussetzung bei Nichterfüllung der Auflagen hingewiesen worden. Es verwundert, daß er gleichwohl den Dingen ihren Lauf gelassen und nicht spätestens den Hinweis auf den möglichen Widerruf der Bewährungsfrist zum Anlaß genommen hat, von sich aus mitzuteilen, daß ihn, wie er es behauptet, nur das Strafurteil, nicht aber der Auflagenbeschluß erreicht habe und er um eine Kontonummer zur Überweisung der Geldbuße bitte. Läßt es ein Straftäter in dieser Weise „darauf ankommen", kann er nicht erwarten, daß das Verfassungsgericht dann die vorherige Erschöpfung des Rechtswegs für entbehrlich hält und unmittelbar eingreift. Auch von daher ist der Beschwerdeführer darauf zu verweisen, die fachgerichtliche Entscheidung – hier: über den Antrag nach § 33a StPO – abzuwarten. Daß das Landgericht in dem Verfahren nach § 33a StPO eine Möglichkeit der Abhilfe findet, erscheint nicht von vornherein ausgeschlossen.

III.

Der Beschluß ist einstimmig ergangen. Er ist unanfechtbar.

Entscheidungen des Hamburgischen Verfassungsgerichts

Die amtierenden Richterinnen und Richter
des Hamburgischen Verfassungsgerichts

Wilhelm Rapp, Präsident
Dr. Uwe Mückenheim
Prof. Dr. Werner Thieme
Herbert Dau
Dr. Jürgen Gündisch
Eva Leithäuser
Dr. Hans-Jürgen Grambow
Ingrid Teichmüller
Dr. Inga Schmidt-Syaßen

Nr. 1

1. Das Hamburgische Verfassungsgericht ist in einem Wahlanfechtungsverfahren befugt zu entscheiden, ob eine Wahlrechtsvorschrift verfassungsmäßig ist.

2. Aus Art. 6 Abs. 2 HVerf folgt der ungeschriebene Landesverfassungsrechtssatz, daß politische Parteien über den Bereich dieser Vorschrift hinaus auch für sonstige demokratische Wahlen politischer Art, für die das Land Hamburg Regelungskompetenz hat, chancengleich zu behandeln sind.

3. Die 5%-Sperrklausel des hamburgischen Bezirkswahlrechts ist verfassungsgemäß. Der hamburgische Gesetzgeber darf im Rahmen des ihm zustehenden Gestaltungsspielraums, in dem er die Belange der Funktionsfähigkeit der Volksvertretung mit den Geboten der Wahlrechtsgleichheit zum Ausgleich bringt, auch darüber befinden, von welchem Wahrscheinlichkeitsgrad an er Funktionsstörungen in Betracht ziehen will.

Er ist nicht darauf beschränkt, eine Sperrklausel mit der konkreten, mit einiger Wahrscheinlichkeit zu erwartenden Möglichkeit einer Funktionsbeeinträchtigung zu rechtfertigen.

4. Das hamburgische Verfassungsprozeßrecht sieht eine Auslagenerstattung im Wahlanfechtungsverfahren nicht vor.

HV Art. 6 Abs. 2, 64

HVerfGG §§ 14 Nr. 1–4, 66, 67

BezWG § 4 Abs. 1

Urteil des Hamburgischen Verfassungsgerichts vom 6. November 1998
– HVerfG 1/98 –

Entscheidungsformel:
Die Beschwerde wird zurückgewiesen.

Tatbestand:

Die Beschwerdeführer wenden sich gegen den Beschluß der Bürgerschaft, durch den ihr Einspruch gegen die Gültigkeit der Wahl vom 21. September 1997 zur Bezirksversammlung Hamburg-Mitte zurückgewiesen wurde.

Sie waren für diese Wahl wahlberechtigt und als Bewerber für die Freie Demokratische Partei in deren Bezirkswahlvorschlag benannt. Nach dem veröffentlichten Ergebnis der Wahl zur Bezirksversammlung Hamburg-Mitte (Amtl. Anz. Nr. 136 vom 19. 11. 1997 S. 2739) entfielen von 89 896 im Bezirk insgesamt abgegebenen gültigen Stimmen 2 091 auf den Wahlvorschlag der F.D.P., mithin 2,3 %. Da nach § 4 Abs. 1 des Gesetzes über die Wahl zu den Bezirksversammlungen (in der Fassung vom 22. 7. 1986, GVBl. S. 230 mit späteren Änderungen – BezWahlG –) bei der Verteilung der Sitze nur Bezirkswahlvorschläge berücksichtigt werden, die mindestens fünf vom Hundert der insgesamt im Bezirk abgegebenen gültigen Stimmen erhalten haben, blieb der Wahlvorschlag der F.D.P. bei der Sitzverteilung unberücksichtigt.

Mit einem bei der Bürgerschaft am 22. Oktober 1997 eingegangenen Schreiben erhoben die Beschwerdeführer Einspruch gegen die Gültigkeit der Wahl vom 21. September 1997 zur Bezirksversammlung Hamburg-Mitte. Sie beriefen sich darin auf die Verfassungswidrigkeit von § 4 Abs. 1 BezWahlG und begründeten diese Ansicht mit Rechtsausführungen. Insbesondere wiesen sie auf das Urteil des Verfassungsgerichtshofs des Landes Berlin vom 17. März 1997 hin, in dem die Sperrklausel des Landeswahlgesetzes für Wahlen zu den Bezirksverordnetenversammlungen in Berlin als verfassungswidrig festgestellt worden ist. Sie machten geltend, daß die Erwägungen dieses Urteils über die von einer Sperrklausel unabhängige Funktionsfähigkeit der Bezirksverordnetenversammlungen erst recht in Hamburg gelten müßten. Die F.D.P. hätte in der Bezirksversammlung Hamburg-Mitte ohne die Anwendung von § 4 Abs. 1 BezWahlG wenigstens einen Sitz erhalten. Im Rahmen der Wahlprüfung müsse es daher zu einer Sitzverteilung ohne Anwendung der verfassungswidrigen Sperrklausel kommen. Andernfalls müsse die Wahl für ungültig erklärt und ohne Sperrklausel wiederholt werden, zumal der hamburgische Gesetzgeber zwischen dem Erlaß des Urteils des Verfassungsgerichtshofs von Berlin im März 1997 und dem Wahltag im September 1997 ausreichend Zeit gehabt hätte, § 4 Abs. 1 BezWahlG zu ändern.

Durch Beschluß vom 27. April 1998 wies die Beschwerdegegnerin den Einspruch der Beschwerdeführer zurück.

Zur Begründung führte sie darin im wesentlichen aus:

Die von den Beschwerdeführern gerügte Anwendung von § 4 Abs. 1 BezWahlG sei kein Wahlfehler. Die Bürgerschaft als Wahlprüfungsorgan müsse § 4 Abs. 1 BezWahlG als geltende Vorschrift des Wahlrechts bei ihrer Entscheidung beachten und dürfe diese Norm nicht wegen Verfassungswidrigkeit außer Anwendung lassen oder gar verwerfen. Zu einer Normenkontrolle sei nach Art. 65 Abs. 3 Nr. 2 der Verfassung der Freien und Hansestadt Hamburg (v. 6.6.1952 – BL I 100-a mit späteren Änderungen – HV) ausschließlich das Hamburgische Verfassungsgericht auf Antrag des Senats oder eines Fünftels der Abgeordneten der Bürgerschaft berufen. Ob das Gericht diese Befugnis im Wahlprüfungsverfahren habe, könne dahinstehen. Die Bürgerschaft habe es in ihrer Sitzung vom 18. Juni 1997 in Kenntnis des Urteils des Verfassungsgerichtshofs von Berlin vom 17. März 1997 mit großer Mehrheit abgelehnt, § 4 Abs. 1 BezWahlG zu ändern oder aufzuheben. Es habe sich auch kein Fünftel der Abgeordneten zusammengefunden, die einen Normenkontrollantrag bei dem Hamburgischen Verfassungsgericht hätten stellen können.

Die Verfassungsmäßigkeit der Sperrklausel des § 4 Abs. 1 BezWahlG müsse am Grundsatz der Gleichheit der Wahl gemessen werden, der sich für die Bezirksversammlungswahlen in Hamburg weder aus Art. 6 Abs. 2 HV noch aus Art. 28 Abs. 1 Satz 2 GG herleiten lasse. Er ergebe sich für diesen Sachbereich vielmehr als allgemeines Rechtsprinzip aus den Art. 28 Abs. 1 Satz 1, 20 Abs. 2 GG, das für alle Wahlen zu Volksvertretungen im staatlichen und kommunalen Bereich gelte. An diesem Grundsatz gemessen erweise sich die Sperrklausel des § 4 Abs. 1 BezWahlG als verfassungsgemäß.

Eine Sperrklausel müsse nicht verfassungsrechtlich verankert sein. Nach der ständigen Rechtsprechung des Bundesverfassungsgerichts sei sie als Schutz gegen sogenannte Splitterparteien zulässig und in der konkreten Ausgestaltung durch eine 5 %-Schranke verfassungsrechtlich unbedenklich, wenn mit ihr das Ziel verfolgt werde, die Funktionsfähigkeit der Volksvertretung zu sichern. Nach dieser Rechtsprechung setze eine solche Sicherung nicht voraus, daß ein konkret drohendes und nicht anders zu verhütendes Zusammenbrechen der Arbeit der Volksvertretung festgestellt werde. Anders als vom Verfassungsgerichtshof in Berlin angenommen genüge dafür nach der Rechtsprechung des Bundesverfassungsgerichts vielmehr die abstrakte Gefahr, daß ein Notstand möglicherweise eintreten könne. Eine solche Gefahr habe das Bundesverfassungsgericht immer bei den Gemeindevertretungen der Großstädte angenommen, wo ähnlich wie bei Landesparlamenten Splitterparteien die reibungslose Erfüllung der Aufgaben der Volksvertretung gefährden könnten. In aller Regel sei dann ein Quorum von 5 % nach der Rechtsprechung des Bundesverfassungsgerichts nicht zu beanstanden.

Zwar könne die einmal angestellte Gefahrenprognose nicht ohne weiteres bei einer wesentlichen Änderung der Verhältnisse und nicht für alle Zeit Beachtung beanspruchen. Aber hier hätten sich die Verhältnisse seit Erlaß des § 4 Abs. 1 BezWahlG im Jahre 1986 bis zum 21. September 1997 nicht wesentlich geändert. Solche Veränderungen seien auch in Zukunft nicht zu erwarten.

Dieser Beschluß ist den Beschwerdeführern am 11. Mai 1998 zugestellt worden.

Dagegen wenden sie sich mit ihrer am 29. Mai 1998 bei dem Hamburgischen Verfassungsgericht eingegangenen Beschwerde.

Sie beantragen,

> die Wahl vom 21. September 1997 zur Bezirksversammlung Hamburg-Mitte für ungültig zu erklären.

Sie begründen diesen Antrag unter Hinweis auf das Urteil des Berliner Verfassungsgerichtshofs vom 17.3.1997 mit Rechtsausführungen und machen geltend, daß es auch in Hamburg keinen zwingenden Grund für die Sperrklausel in § 4 Abs. 1 BezWahlG gebe. Ergänzend wird auf die schriftsätzlichen Ausführungen verwiesen.

Die Beschwerdegegnerin beantragt,

> die Beschwerde zurückzuweisen.

Sie macht geltend: die Beschwerde sei unbegründet, die Wahl zur Bezirksversammlung gültig. Der gerügte Wahlfehler liege nicht vor. Mit Rechtsausführungen begründet sie ihre Ansicht, daß § 4 Abs. 1 BezWahlG mit allen einschlägigen Vorschriften der hamburgischen Verfassung und des Grundgesetzes im Einklang stehe. Aber auch bei Verfassungswidrigkeit der Sperrklausel könne die Wahlbeschwerde keinen Erfolg haben. Ergänzend wird auf den Schriftsatz der Beschwerdegegnerin vom 31. August 1998 Bezug genommen.

Die Sachakten der Beschwerdegegnerin waren Gegenstand der mündlichen Verhandlung.

Entscheidungsgründe:

Die Beschwerde hat keinen Erfolg und ist daher zurückzuweisen.

Der geltend gemachte Wahlfehler liegt nicht vor. § 4 Abs. 1 BezWahlG verstößt weder gegen die hamburgische Verfassung noch gegen das Grundgesetz.

Das Gericht ist in einem Wahlanfechtungsverfahren, in dem die Verfassungswidrigkeit einer Wahlrechtsvorschrift geltend gemacht wird, befugt, diese Frage zu entscheiden. Auch sonstige Gründe hindern eine solche Normenkontrolle nicht.

Nach § 14 Nr. 1 bis 4 des Gesetzes über das Hamburgische Verfassungsgericht (vom 23.3.1982, GVBl. S. 59 mit späteren Änderungen – HVerfGG) können zwar nur der Senat, ein Fünftel der Abgeordneten der Bürgerschaft und ein Gericht das Hamburgische Verfassungsgericht zur Normenkontrolle anrufen. Ein Bürger ist dazu nicht befugt. Dementsprechend kann in einem auf Antrag eines Bürgers eingeleiteten Wahlanfechtungsverfahren die Prüfung der Verfassungsmäßigkeit einer Wahlrechtsvorschrift nicht zum selbständigen Streitgegenstand gemacht werden (Hamburgisches Verfassungsgericht, Urteil vom 1.12.1958 – HVerfG 1 und 2/58). Dennoch darf das Verfassungsgericht in einem Wahlanfechtungsverfahren seine Prüfung nicht auf die Frage beschränken, ob die gegebenen Wahlvorschriften richtig angewandt worden sind. Es hat vielmehr aus gegebenem Anlaß als Vorfrage auch zu untersuchen, ob sich die für die Wahl geltenden Vorschriften als verfassungsmäßig erweisen. Denn ohne eine Aussage über deren Verfassungsmäßigkeit läßt sich eine Entscheidung über die Gültigkeit der Wahl nicht treffen (BVerfGE 16, 130, 135 f.).

Auch Art. 64 Abs. 1 HV steht einer solchen Prüfung der Gültigkeit von § 4 Abs. 1 BezWahlG nicht entgegen. Nach dieser Verfassungsbestimmung sind zwar Landesgesetze bei der Rechtsanwendung durch die Gerichte als verbindlich anzusehen. Das gilt jedoch nicht für das Hamburgische Verfassungsgericht. Der Zusammenhang dieser Bestimmung mit Art. 64 Abs. 2 Satz 1 HV zeigt vielmehr, daß die Entscheidung über den Verstoß eines Gesetzes gegen die hamburgische Verfassung gerade dem Hamburgischen Verfassungsgericht anvertraut ist. Deswegen müssen diejenigen Gerichte, die nach Art. 64 Abs. 1 HV Landesgesetze als verbindlich anzusehen haben, nach Art. 64 Abs. 2 Satz 1 HV das Verfahren aussetzen und ihre Auffassung, daß ein hamburgisches Gesetz gegen die hamburgische Verfassung verstößt, dem Hamburgischen Verfassungsgericht zur Entscheidung vorlegen. Dieser Regelungszusammenhang zeigt, daß Gerichte im Sinne des Art. 64 Abs. 1 HV nur die Fachgerichte sind. Diese Vorschrift meint nicht das Hamburgische Verfassungsgericht. Das gilt auch für das Verfassungsgericht, wenn es eine Wahlprüfung vornimmt. Anderenfalls müßte es im Wahlprüfungsverfahren eine dem Sinn und Zweck von Art. 64 Abs. 2 Satz 1 HV widersprechende Vorlage an sich selbst zur Normenkontrolle vornehmen, um den Normenkonflikt einer Lösung zuzuführen.

Art. 100 Abs. 1 GG, der den Umfang der Entscheidungsbefugnisse auch von Landesverfassungsgerichten bei der Normenkontrolle beschränkt (BVerfGE 69, 112, 117 f), steht der gebotenen Prüfung durch das Hamburgische Verfassungsgericht ebenfalls nicht entgegen. Die Verfassungsmäßigkeit von § 4 Abs. 1 BezWahlG ist an dem Verfassungsgrundsatz der gleichen Wahl und an der ebenfalls verfassungsrechtlich verbürgten Chancengleichheit der Parteien zu messen (BVerfGE 95, 408, 417; 82, 322, 337; 51, 222, 235). Diese Prüfungsmaßstäbe folgen auch aus der hamburgischen Verfassung. Sie haben denselben Inhalt wie diejenigen Verfassungsgrundsätze, die sich insoweit aus dem Grundgesetz ergeben. Da § 4 Abs. 1 BezWahlG nicht gegen die hamburgische Verfassung verstößt, scheidet auch seine Unvereinbarkeit mit dem Grundgesetz aus.

Nach der Rechtsprechung des Hamburgischen Verfassungsgerichts folgt aus Art. 6 Abs. 2 HV der ungeschriebene Landesverfassungsrechtssatz, daß die Allgemeinheit und Gleichheit des aktiven und passiven Wahlrechts über den Anwendungsbereich dieser Vorschrift hinaus auch für sonstige demokratische Wahlen politischer Art gelten, für die das Land Hamburg die Regelungskompetenz hat (Urteil vom 3.4.1998, NordÖR 1998, 146f). Dieser Rechtssatz, der inhaltlich mit einem entsprechenden ungeschriebenen Rechtssatz des Bundesverfassungsrechts (BVerfGE 60, 167) übereinstimmt, ist auch auf Wahlen zu den Bezirksversammlungen anwendbar. Daran wird festgehalten. Die Beschwerdegegnerin ist in ihrem Bescheid vom 27. April 1998 zwar der Ansicht, daß Art. 6 Abs. 2 HV unmittelbar keine verfassungsrechtlichen Wahlgrundsätze für die Wahlen zu den Bezirksversammlungen regele. Das ist zutreffend. Daraus folgen jedoch keine Bedenken gegen den aus dieser Verfassungsbestimmung hergeleiteten ungeschriebenen Verfassungsrechtssatz, dessen Geltung im Urteil vom 3.4.1998 begründet worden ist.

Die Chancengleichheit der Parteien ist ebenfalls im hamburgischen Verfassungsrecht verankert. Sie folgt als ungeschriebener Landesverfassungsrechtssatz aus Art. 6 Abs. 2 HV. Für das Bundesverfassungsrecht hat das Bundesverfassungsgericht den Grundsatz der Chancengleichheit der Parteien sowohl aus Art. 38 Abs. 1 Satz 1 GG als auch aus Art. 21 Abs. 1 GG hergeleitet (BVerfGE 73, 65; 82, 322, 335f). Dieses im Grundgesetz nicht ausdrücklich gewährleistete Recht hat seine inhaltliche Wurzel in Art. 38 Abs. 1 Satz 1 GG und erfährt seine Ausgestaltung als Anspruch der Parteien durch Art. 21 Abs. 1 GG. Dem Art. 38 Abs. 1 Satz 1 GG entspricht Art. 6 Abs. 2 HV, soweit es um den formalisierten Gleichheitssatz im Bereich der Wahlen geht. Aus Art. 6 Abs. 2 HV ist daher das ungeschriebene objektiv-rechtliche Gebot der hamburgischen Verfassung zu entnehmen, politische Parteien über den Anwendungsbereich dieser Vorschrift hinaus auch für sonstige demokratische Wahlen politischer Art, für die das Land Hamburg Regelungskompetenz hat, chancengleich zu behandeln. Das gilt auch für die Wahlen zu den Bezirksversammlungen. Daß der hamburgischen Verfassung eine dem Art. 21 Abs. 1 GG entsprechende Bestimmung fehlt, ist hier nicht entscheidungserheblich. Hier kommt es auf objektiv-rechtliche Verfassungsmaßstäbe für die Prüfung einer Wahlrechtsbestimmung an. Diesen Anforderungen genügt das dem Art. 6 Abs. 2 HV zu entnehmende ungeschriebene Verfassungsgebot, dessen soeben bezeichneter Inhalt mit der bundesverfassungsrechtlich verbürgten Chancengleichheit übereinstimmt, so daß Art. 31 GG nicht zur Anwendung kommt.

Wie im Bundesverfassungsrecht (BVerfGE 95, 408, 417; 82, 322, 337) gilt im hamburgischen Verfassungsrecht, daß das Wahlrecht im Hinblick auf jeden dieser beiden Grundsätze – der Wahlgleichheit wie der Chancengleichheit der Parteien – denselben Anforderungen zu genügen hat.

Diese verfassungsrechtlichen Anforderungen besagen bei den Wahlen zu den Bezirksversammlungen, die gemäß § 3 Abs. 1 BezWahlG nach den Grundsätzen der Verhältniswahl durchgeführt werden, folgendes: Während es bei einer Mehrheitswahl unter dem Aspekt der Wahlgleichheit nur auf den Zählwert der Stimmen ankommt und es einen gleichen Erfolgswert für alle Stimmen nicht geben kann, verwirklicht das Verhältniswahlrecht die Wahlgleichheit auch beim Erfolgswert der Stimmen. Die reine Verhältniswahl verfolgt das Ziel, daß das gewählte Parlament ein getreues Spiegelbild der politischen Gruppierungen der Wählerschaft sein soll. Jede politische Richtung soll in derjenigen Stärke im Parlament vertreten sein, die dem Gesamtanteil der für sie abgegebenen Stimmen entspricht. Die Gleichheit des Wahlrechts verlangt bei der Verhältniswahl, daß jede Stimme grundsätzlich den gleichen Erfolgswert hat (BVerfGE 95, 408, 417; 82, 322, 337). Ein Gesetzgeber, der sich für die Verhältniswahl entscheidet, muß diese grundsätzliche Forderung akzeptieren und sein Wahlgesetz danach ausrichten.

Ausnahmen sind nur in Grenzen zulässig. Für Differenzierungen des Erfolgswerts der Wählerstimmen verbleibt dem Gesetzgeber aber ein Entscheidungsspielraum (BVerfGE 95, 408, 418). Differenzierungen sind nur unter den Voraussetzungen gerechtfertigt, die das Bundesverfassungsgericht seit seiner Entscheidung im Jahre 1952 (BVerfGE 1, 208, 248 f) in der Formel eines „zwingenden Grundes" zusammengefaßt hat. Sie müssen sich nicht von Verfassungs wegen als zwangsläufig oder notwendig darstellen. Es werden auch Gründe zugelassen, die durch die Verfassung legitimiert und von einem Gewicht sind, das der Wahlrechtsgleichheit die Waage halten kann (BVerfGE 95, 408, 418; 71, 81, 96). Hierzu zählen die Verwirklichung der mit der Wahl verfolgten Ziele und die Gewährleistung der Funktionsfähigkeit der zu wählenden Volksvertretung (BVerfGE 95, 408, 418; 51, 222, 236; 82, 322, 338).

Die Verhältniswahl kann dazu führen, daß in der Volksvertretung viele kleine Gruppen vertreten sind und hierdurch die Bildung einer stabilen Mehrheit erschwert oder verhindert wird. Soweit es zur Sicherung der Handlungs- und Entscheidungsfähigkeit der Volksvertretung geboten ist, darf der Gesetzgeber deshalb bei der Verhältniswahl den Erfolgswert der Stimmen durch eine Sperrklausel von grundsätzlich nicht höher als 5 % unterschiedlich gewichten (BVerfGE 95, 408, 419).

Was in diesem Sinne geboten ist, kann nicht ein für allemal abstrakt beurteilt werden. Eine solche Wahlrechtsbestimmung kann in dem einen Gemeinwesen zu einem bestimmten Zeitpunkt gerechtfertigt sein und in einem anderen oder zu einem anderen Zeitpunkt nicht. Zu berücksichtigen sind die Verhältnisse des Landes, für das sie gelten soll (BVerfGE 82, 322, 338). Der Gesetzgeber muß sich bei seiner Einschätzung und Bewertung an der politischen Wirklichkeit orientieren, nicht aber an abstrakt konstruierten Fallgestaltungen (BVerfGE 95, 408, 418, 419). Eine erneute Beurteilung der Sperrklausel kann sich später als notwendig erweisen, wenn sich die Verhältnisse wesentlich ändern, etwa durch eine erhebliche Erweiterung des räumlichen Geltungsbereichs des Wahlgesetzes um ein Gebiet anderer Parteienstruktur (BVerfGE 82, 322, 339). Der Wahlgesetzgeber muß also eine Sperrklausel unter der Kontrolle halten, ob sich die Verhältnisse in erheblicher Weise geändert haben (Verfassungsgerichtshof NRW NVwZ 1995, 479 f).

Grundsätzlich ist es Sache des Gesetzgebers, die Belange der Funktionsfähigkeit der Volksvertretung mit den Geboten der Wahlrechtsgleichheit wie der Chancengleichheit zum Ausgleich zu bringen. Dabei besteht ein gesetzgeberischer Gestaltungsspielraum. Diesen haben die Verfassungsgerichte zu achten. Sie prüfen lediglich, ob dessen Grenzen überschritten sind, nicht aber die Zweckmäßigkeit der gefundenen Lösung. Das Verfassungsgericht kann daher einen Verstoß gegen die Wahlgleichheit nur feststellen, wenn die differenzierende Regelung nicht an einem zulässigen Ziel orientiert ist, wenn sie zur Erreichung dieses Ziels nicht geeignet ist oder das Maß des Erforderlichen überschreitet (BVerfGE 95, 408, 420).

Der Gesetzgeber bedarf keines Vorbehalts in der Verfassung, um eine Sperrklauselregelung auf der Ebene des Bezirkswahlrechts zu schaffen. Das Grundgesetz und die hamburgische Verfassung enthalten für Wahlen nur wenige Grundsätze. Die hamburgische Verfassung enthält sich auch einer Entscheidung über das Wahlsystem. Die Regelung aller Einzelheiten der Wahl ist dem einfachen Gesetzgeber überlassen (vgl. Art. 6 Abs. 4 HV). Vor diesem Hintergrund bedarf eine Modifikation des von der Verfassung nicht vorgeschriebenen Verhältniswahlrechts keines Vorbehalts in der Verfassung.

An diesen Grundsätzen gemessen erweist sich § 4 Abs. 1 BezWahlG als verfassungsgemäß.

Der hamburgische Gesetzgeber hat sich bei der Schaffung der Sperrklauselregelung im Bezirkswahlgesetz an einem Ziel orientiert, das er bei der Ausgestaltung des Wahlrechts verfolgen darf.

Im März 1956 ersuchte die Bürgerschaft den Senat, einen Gesetzentwurf zur Einführung der Verhältniswahl in Hamburg vorzulegen (Bürgerschafts-Drucksache 1956, S. 309). Der vom Senat daraufhin eingebrachte Gesetzentwurf (Bü-Drucks. Nr. 251 v. 22. 6. 1956, S. 659) war nach Inhalt und Begründung durchgängig von dem Bemühen geprägt, sich den Regelungen des Bundeswahlgesetzes vom 7. 5. 1956 (BGBl. I S. 383 – BWG) anzupassen. In

§ 5 Abs. 2 enthielt er eine 5 %-Sperrklausel, die der Regelung von § 6 Abs. 4 BWG 1956 entsprach. Dieser Entwurf wurde am 6. Dezember 1956 als Gesetz über die Wahl zur hamburgischen Bürgerschaft beschlossen (GVBl. S. 497) und galt gemäß § 1 Abs. 2 des Gesetzes vom 27. 9. 1957 (GVBl. S. 413) entsprechend für die Wahl der Bezirksverordneten.

Im Gesetzgebungsverfahren findet sich keine eigenständige Begründung für die 5 %-Sperrklausel im hamburgischen Bezirkswahlrecht. Daraus und aus der gewollten Anlehnung des hamburgischen Gesetzgebers an das Bundeswahlrecht ist aber zu schließen, daß er sich bei der Ausgestaltung des Verhältniswahlrechts mit einer 5 %-Sperrklausel von denjenigen Erwägungen hat leiten lassen, die allgemein derartigen Sperrklauseln zugrunde liegen: Bekämpfung von Splitterparteien und Sicherung der Funktionsfähigkeit der durch Verhältniswahl gewählten Volksvertretung. Das war ein Ziel, das der Gesetzgeber bei der Ausgestaltung des Wahlrechts verfolgen durfte. Es bestehen keine Anhaltspunkte dafür, daß der hamburgische Gesetzgeber bei späteren Änderungen der Wahlgesetze von dieser Motivation der Sperrklausel abgerückt ist. Auch fehlt es an besonderen Gründen des Einzelfalles, die geeignet wären, Bedenken gegen das Ausmaß der Sperrklausel in Höhe von 5 % zu erheben.

Es ist nicht Aufgabe des Verfassungsgerichts, sondern grundsätzlich Sache des Gesetzgebers, im Rahmen des ihm verfassungsrechtlich insoweit zustehenden Spielraums die oben genannten Belange und die Wahlrechtsgleichheit zum Ausgleich zu bringen. Die Sicherung der Funktionsfähigkeit der Bezirksversammlung durch Fernhalten von Splitterparteien ist ein verfassungsrechtlich legitimierter Grund von einem Gewicht, das der Wahlrechtsgleichheit die Waage halten kann. Dabei ist auch zu bedenken, daß der hamburgische Gesetzgeber verfassungsrechtlich nach Art. 56 HV nur gehalten war, das Volk an der Verwaltung mitwirken zu lassen. Er war nicht verpflichtet, Volksvertretungen in den Bezirken zu schaffen. Vor allem war es bei einem der Gleichheit verpflichteten Wahlrecht zu den Bezirksversammlungen von Verfassungs wegen nicht geboten, ein Verhältniswahlrecht einzuführen, das in reiner Ausprägung Beeinträchtigungen der Funktionsfähigkeit der Bezirksversammlungen mit sich bringen kann.

Die Funktion der Bezirksverwaltung und ihrer Bezirksversammlungen vermag keinen Grund dafür zu liefern, daß eine Sperrklausel, die im Parlamentswahlrecht unangefochten ist, im Bezirkswahlrecht unzulässig sei.

Die Verfassungswirklichkeit zeigt in Hamburg seit Jahrzehnten, daß die meisten Parteien, die für die Bürgerschaftswahlen Kandidaten aufstellen, sich auch an den Bezirksversammlungswahlen beteiligen. Die Bezirksversammlungswahl ist also vorwiegend Parteienwahl, bei der nach den Grundsätzen der Verhältniswahl Splitterparteien in Erscheinung treten können.

Maßgeblich ist die Sicherstellung eines geordneten Entscheidungsprozesses auch in den Bezirksversammlungen. Die Fraktionen haben die Aufgabe, den Entscheidungsprozeß zu rationalisieren, indem in ihnen die Entscheidungs-Alternativen diskutiert und formuliert und zwischen den Fraktionen konsensfähig gemacht werden. Dieser Prozeß wird durch Kleinstfraktionen oder einzelne Mandatsträger, die keine Fraktion bilden können, wesentlich erschwert. Hierin liegt ein Nachteil für den politischen Entscheidungsprozeß, der das Abweichen von der absoluten Erfolgsgleichheit der Wahl auch in einer Bezirksversammlung rechtfertigt.

Der hamburgische Gesetzgeber, der angesichts dieses Befundes die Funktionsfähigkeit der Bezirksversammlungen sichern durfte und wollte, mußte bei seiner Entscheidung für die Sperrklausel nicht darauf abstellen, daß die Bezirksversammlungen keine gesetzgeberischen Funktionen im eigentlichen Sinne haben und keine Regierung bilden müssen. Auch die Befugnis des Senats, allgemein oder im Einzelfall dem Bezirksamt Weisungen zu erteilen oder Bezirksangelegenheiten selbst zu erledigen, konnte dabei außer Betracht bleiben. Die Sicherung der Funktionsfähigkeit der Bezirksversammlung stellt unabhängig von der Art der übertragenen Aufgaben und ohne Rücksicht auf Aufsichts- und Eingriffsrechte des Senats allein auf die normale ordnungsmäßige Ausübung der Funktionen der Bezirksversammlung ab (vgl. BVerfGE 6, 104, 116, 117). Das normale Funktionieren der Bezirksversammlung kann aber in den großstädtischen Verhältnissen, die in den Bezirken Hamburgs herrschen, durch das Vorhandensein von Splitterparteien ebenso gestört werden wie das normale Funktionieren eines Parlaments (vgl. BVerfGE 6, 104, 118).

Da es grundsätzlich Sache des Gesetzgebers ist, die Belange der Funktionsfähigkeit der Volksvertretung mit den Geboten der Wahlrechtsgleichheit zum Ausgleich zu bringen, muß auch der Gesetzgeber entscheiden, von welchem Wahrscheinlichkeitsgrad an er Funktionsstörungen in Betracht ziehen will. Die Verfassungsgerichte haben allerdings zu prüfen, ob der Gesetzgeber sich dabei an der politischen Wirklichkeit, an den Verhältnissen im Lande und denen zur Zeit seiner Entscheidung orientiert hat. Eine Orientierung der gesetzgeberischen Entscheidung an konstruierten Fallgestaltungen wäre verfassungsrechtlich nicht zulässig (BVerfGE 1, 208, 259). Auch darf der Gesetzgeber es nicht bei seiner einmal getroffenen Entscheidung für eine Sperrklausel bewenden lassen, wenn sich die Verhältnisse im Lande wesentlich geändert haben.

Auch aus diesen Erwägungen ergeben sich keine verfassungsrechtlichen Bedenken gegen die Gültigkeit von § 4 Abs. 1 BezWahlG. Es bestehen keine Anhaltspunkte dafür, daß der hamburgische Gesetzgeber seine Entscheidung für die Sperrklausel des Bezirkswahlrechts an konstruierten Fallgestaltungen und nicht an der politischen Wirklichkeit zur Zeit seiner Entscheidung orientiert hat. Der Gesetzgeber hat sich überdies auf den Antrag der GAL-Fraktion (Drs. 15/7659), § 4 Abs. 1 BezWahlG aufzuheben, neuerlich mit seiner früheren Entscheidung für eine 5 %-Sperrklausel befaßt und den Antrag am 18. Juni 1997 (Plenarprotokoll 15/99) mit großer Mehrheit abgelehnt. Es kann unentschieden bleiben, ob ein hinreichender Kontrollanlaß bestanden hat. Die Bürgerschaft hat die Sperrklausel jedenfalls nochmals geprüft und für weiterhin richtig befunden.

Danach kann auch die Berufung auf das Urteil des Verfassungsgerichtshofes des Landes Berlin vom 17. März 1997 der Beschwerde nicht zum Erfolg verhelfen. Der in jenem Urteil festgestellte Verstoß der Berliner Sperrklausel gegen die Wahlrechtsgleichheit der Berliner Verfassung beruht auf einer Prüfung der tatsächlichen und rechtlichen Verhältnisse im Lande Berlin. Das läßt sich nicht auf Hamburg übertragen. Der hamburgische Gesetzgeber ist – wie soeben ausgeführt – nach der hamburgischen Verfassung insbesondere nicht darauf beschränkt, seine Sperrklausel mit der konkreten, mit einiger Wahrscheinlichkeit zu erwartenden Möglichkeit einer Funktionsbeeinträchtigung zu rechtfertigen. Wenn er – wie geschehen – seine Prognose über Funktionsbeeinträchtigungen an den wirklichen Verhältnissen in Hamburg und zur Zeit seiner Entscheidung orientiert, schreibt die hamburgische Verfassung nicht den Grad der Wahrscheinlichkeit vor, der für den Eintritt von Funktionsstörungen sprechen muß.

Der hamburgische Gesetzgeber hat sich mit der Sperrklausel im Bezirkswahlrecht mithin an einem Ziel orientiert, das er bei der Ausgestaltung des Wahlrechts verfolgen darf. Da die Sperrklausel auch nicht ungeeignet ist, Funktionsbeeinträchtigungen von den Bezirksversammlungen abzuwenden, und in Höhe von 5 % das Maß des Erforderlichen nicht überschreitet, ist sie verfassungsgemäß.

Eine Kostenentscheidung ist nach §§ 66, 67 HVerfGG nicht veranlaßt. Eine Auslagenerstattung kam nicht in Betracht. Das hamburgische Verfassungsprozeßrecht sieht in §§ 66 Abs. 4, 67 HVerfGG eine Anordnung über Auslagenerstattung nur für bestimmte Verfahrensarten vor, zu denen das Wahlanfechtungsverfahren nicht gehört. § 67 Abs. 2 HVerfGG meint nur Verfahren der in § 67 Abs. 1 HVerfGG genannten Art, in denen sich der Antrag – anders als in Absatz 1 vorausgesetzt – als unbegründet erweist.

Die Entscheidung ist einstimmig ergangen.

Nr. 2

1. Im Wahlanfechtungsverfahren geht das Gericht nur denjenigen Beanstandungen nach, die der Beschwerdeführer bereits im Einspruchsverfahren vor der Bürgerschaft vorgebracht und zum Gegenstand des Beschwerdeverfahrens gemacht hat.
Die vorgebrachten Gründe müssen den Tatbestand, auf den die Anfechtung gestützt wird, erkennen lassen. Dies erfordert einen substantiierten Vortrag derjenigen Tatsachen, auf welche die Anfechtung der Wahl gestützt wird (im Anschluß an BVerfGE 40, 11, 30; 59, 124; 79, 50 und HVerfG HmbJVBl. 1995, 64, 68).

2. Für eine Wählervereinigung ist zu fordern, daß diese sich mit Ernsthaftigkeit einer politischen Zielsetzung widmet und zudem den ernsthaften Willen zur parlamentarischen Vertretung hat. Für die Ermittlung, ob diese Ernsthaftigkeit in doppelter Hinsicht vorliegt, ist auf äußere Merkmale abzustellen.
Hinsichtlich der politischen Zielsetzung einer Wählervereinigung ist eine inhaltliche Bewertung der Ziele der Wählervereinigung nicht zulässig. Bei der Zulassung der Wahlvorschläge durch den Landeswahlausschuß und damit auch im Wahlanfechtungsverfahren durch Bürgerschaft und Verfassungsgericht darf lediglich geprüft werden, ob eine politische Zielsetzung offensichtlich nach keiner vernünftigen Betrachtungsweise ersichtlich ist, so daß die betreffende Gruppierung nicht als Wählervereinigung angesehen werden darf.

3. Wahlfehler können auch von Dritten begangen werden, soweit diese Wahlrechtsbestimmungen anzuwenden haben. Allerdings muß in diesen Fällen zu dem Normenverstoß des Dritten ein Handlungsfehler eines Wahlorgans hinzukommen (Bestätigung der bisherigen Rechtsprechung, HVerfG LVerfGE 3, 217, 221).
Eine Ausweitung des Wahlfehlerbegriffs auf Wahlfehler durch Dritte ohne Beteiligung von Wahlorganen kommt allenfalls bei Geschehensabläufen in Betracht, bei denen der Wahlkampf so schwerwiegend und ohne die Möglichkeit zu rechtlich zulässiger Gegenwehr – insbesondere durch den Rechtsschutz der Fachgerichte – behindert würde, daß das Wort „Wahlterror" angemessen und der Staat zur Wahrung demokratischer Grundprinzipien (Freiheit und Gleichheit der Wahl) verpflichtet gewesen wäre, die Wahlbewerber vor derartigen Behinderungen zu schützen.

Wahlanfechtungsverfahren – II – 169

HV Art. 9
HVerfGG § 14 Nr. 5
BüWG §§ 22, 23
BezWG § 23, 24

Urteil vom 26. November 1998 – HVerfG 4/98 –

Entscheidungsformel:
Die Beschwerde wird zurückgewiesen.

Tatbestand:
Der Beschwerdeführer wendet sich gegen einen Beschluß der Bürgerschaft, durch den sein Einspruch gegen die Gültigkeit der Wahlen vom 21. September 1997 zur Bürgerschaft und zur Bezirksversammlung XX zurückgewiesen wurde.

I.

Er war für diese Wahlen wahlberechtigt und als Bewerber für die Deutsche Volks-Union (DVU) in deren Wahlvorschlägen benannt. Nach dem veröffentlichten Ergebnis dieser Wahlen entfielen bei der Bürgerschaftswahl von 822 931 abgegebenen gültigen Stimmen 40 957 auf die DVU, mithin 4,977 %. Bei der Wahl zur Bezirksversammlung XX waren es von XX gültigen Stimmen XX, mithin XX%. Da nach § 5 Abs. 1 des Gesetzes über die Wahl zur hamburgischen Bürgerschaft – BüWG – i. d. F. vom 22. 7. 1986 (GVBl. S. 223, m. spät. Änd.) und nach § 4 Abs. 1 des Gesetzes über die Wahl zu den Bezirksversammlungen – BezWG – i. d. F. vom 22. 7. 1986 (GVBl. S. 230, m. spät. Änd.) bei der Verteilung der Sitze nur Wahlvorschläge berücksichtigt werden, die mindestens fünf vom Hundert der insgesamt bei der Wahl abgegebenen gültigen Stimmen erhalten haben, blieben die Wahlvorschläge der DVU bei der Sitzverteilung in der Bürgerschaft wie im Bezirk XX unberücksichtigt. Bei der Bürgerschaftswahl fehlten der DVU 190 Stimmen zur Überwindung der Sperrklausel.

Die DVU beantragte beim Landeswahlleiter vergeblich, alle abgegebenen Stimmen nachzuzählen. Er führte jedoch in dreißig Wahlbezirken, für die die DVU Unregelmäßigkeiten behauptete, sowie ohne Antrag in weiteren Wahlbezirken Nachprüfungen durch.

Eine von ihr gegen Unbekannt erstattete Strafanzeige wegen Wahlfälschung (§ 107a StGB) führte zu Ermittlungen der Staatsanwaltschaft, die zahlreiche Zeugen vernommen hat. Das Verfahren wurde ohne Anklageerhebung eingestellt, da die behaupteten Taten nicht erweisbar waren. Die dagegen eingelegte Beschwerde der DVU wurde abgewiesen.

Der Beschwerdeführer erhob mit einem bei der Bürgerschaft am 21. November 1997 eingegangenen Schreiben Einspruch gegen die Gültigkeit der Wahlen zur Bürgerschaft und zur Bezirksversammlung XX. Diese Einsprüche wies die Bürgerschaft mit Beschluß vom 27. April 1998, auf den Bezug genommen wird, zurück. Der Beschluß wurde dem Beschwerdeführer am 8. Mai 1998 zugestellt. Dagegen wendet er sich mit seiner am 8. Juni 1998 beim Hamburgischen Verfassungsgericht eingegangenen Beschwerde.

Er beantragt,

die Wahlen vom 21. September 1997 zur Bürgerschaft und zur Bezirksversammlung XX für ungültig zu erklären.

Die Beschwerdegegnerin beantragt,

die Beschwerde zurückzuweisen.

Das Gericht hat in der mündlichen Verhandlung den Landeswahlleiter XX angehört. Insoweit wird ergänzend auf das Protokoll vom 2. Oktober 1998 verwiesen. Der Landeswahlleiter hat in der mündlichen Verhandlung Ausführungen über das Verfahren der Prüfung des Zulassungsantrages der Anarchistischen Pogo-Partei Deutschlands (APPD) durch den Landeswahlausschuß gemacht. Er hat ferner dargelegt, in welcher Weise die Ergebnisse der Wahl in denjenigen Wahllokalen überprüft wurden, in denen die DVU Fehler gerügt hatte. Dabei sei die Überprüfung von anderen Personen vorgenommen worden als denjenigen, die am Wahlabend gezählt hätten. Es hätten sich keine Abweichungen ergeben. Das Gericht hat ferner folgende Akten zum Gegenstand der mündlichen Verhandlung gemacht: Die Sachakten der Beschwerdegegnerin, die Akten des Landeswahlausschusses betreffend die Zulassung der Anarchistischen Pogo-Partei Deutschlands (APPD), die Akten der Staatsanwaltschaft bei dem Landgericht Hamburg zu dem Ermittlungsverfahren 7101 UJs 337/97 und die Akten des Strafverfahrens 7101 Js 943/97 (AG Hamburg 123 a II 58/98).

II.

Der Beschwerdeführer macht geltend:

1. Schon bei der Vorbereitung der Wahlen sei es zu Fehlern gekommen, die sich zu Lasten der DVU auf das Wahlergebnis ausgewirkt hätten. Der

Landeswahlausschuß habe nämlich fehlerhafte Entscheidungen bei der Zulassung von Bewerberlisten getroffen.

2. Während des Wahlkampfes sei es zu massiven Behinderungen der DVU in ihrer Wahlwerbung durch Dritte gekommen. Diese Eingriffe hätten das Maß der in der politischen Auseinandersetzung zu tolerierenden Intensität deutlich überschritten und teilweise terroristischen Charakter gehabt.

3. Die Durchführung der Wahlen habe an einer ganzen Reihe von Mängeln gelitten, die rechtlich nicht hinnehmbar seien: Ein Teil der Wahlberechtigten sei nicht gehörig benachrichtigt worden. Ein Wahllokal habe zu spät geöffnet. Stimmzettel seien auch an nicht wahlberechtigte Personen ausgegeben worden. In einigen Wahllokalen sei die Öffentlichkeit gehindert gewesen, den ordnungsgemäßen Ablauf der Wahlen zu beobachten. Briefwahlstimmen seien erst am Tage nach der Wahl ohne Beteiligung der Öffentlichkeit ausgezählt worden.

4. Bei der Ermittlung des Wahlergebnisses sei es zu schweren Fehlern gekommen: Mitglieder von Wahlvorständen seien mit den Wahlvorschriften nicht hinreichend vertraut gewesen, so daß fehlerhaft gezählt worden sei. Stimmen für die DVU seien teils als ungültig gewertet, teils anderen Parteien zugeschrieben worden. Wahlergebnisse seien gefälscht worden.

5. Das Wahlergebnis sei schließlich auch fehlerhaft festgestellt worden. Es sei nicht plausibel, da es ungewöhnlich stark von den Wahlprognosen abweiche. Angesichts des Umstandes, daß der DVU nur 190 Stimmen zur Überwindung der Sperrklausel fehlten, sei eine Neuauszählung aller Stimmzettel notwendig. Die stichprobenartig durchgeführte Nachprüfung genüge nicht. Sie sei überdies von denselben Personen durchgeführt worden, die am Wahlabend die Auszählung vorgenommen hätten.

6. Die 5 % – Sperrklausel sei bei den Wahlen zu den Bezirksversammlungen verfassungswidrig. Die Sitze in den Bezirksversammlungen müßten ohne Anwendung der Sperrklausel verteilt werden. Diese Rechtsansicht werde durch das Urteil des Verfassungsgerichtshofes von Berlin vom 17. März 1997 gestützt.

7. Schließlich sei der Beschluß der Bürgerschaft vom 27. April 1998 rechtlich zu beanstanden. Die Mitglieder der Bürgerschaft könnten über einen Wahleinspruch nicht unvoreingenommen entscheiden. Sie seien persönlich daran interessiert, den Einspruch zurückzuweisen. Die Begründung des Beschlusses sei formelhaft, fadenscheinig und unvollständig.

Ergänzend wird auf die schriftsätzlichen Ausführungen des Beschwerdeführers Bezug genommen.

Die Beschwerdegegnerin trägt demgegenüber vor:

1. Der Landeswahlausschuß habe keine Partei oder Wählervereinigung zu Unrecht zur Wahl zugelassen. Die von ihm zu prüfenden Kriterien für die Zulassung seien in jedem einzelnen Fall erfüllt gewesen. Er habe keine inhaltliche Bewertung der Parteiprogramme vorzunehmen.

2. Mögliche Behinderungen des Wahlkampfes der DVU durch Dritte stellten keine Wahlfehler dar. Im Wahlprüfungsverfahren könnten derartige Vorgänge keine Berücksichtigung finden.

3. Die Durchführung der Wahlen sei ordnungsgemäß erfolgt. Die Wahlorgane hätten die für die Wahlen geltenden Rechtsvorschriften beachtet.

4. Das Wahlergebnis sei korrekt ermittelt worden. Wahlfälschungen habe es nicht gegeben. Die Vernehmung der von der DVU benannten Zeugen durch die Staatsanwaltschaft habe keine Unkorrektheiten ergeben. Zweifel an der Bewertung sowie der zutreffenden Zuordnung von Stimmzetteln zu einzelnen Listen in einzelnen Wahllokalen seien durch die jeweils vorgenommene Nachprüfung ausgeräumt worden. Für eine vollständige Nachzählung aller Stimmzettel habe nach der Rechtsprechung des Verfassungsgerichtes kein Anlaß bestanden.

5. Das Wahlergebnis sei fehlerfrei festgestellt worden. Die Abweichung der tatsächlichen Stimmenzahlen von Prognosen und Hochrechnungen sei nicht ungewöhnlich und gebiete es nicht, alle Stimmzettel nachzuzählen. Das gelte auch für die starken Unterschiede in den Zahlen der ungültigen Stimmen zwischen dem vorläufigen und dem endgültigen Endergebnis. Diese Unterschiede beruhten auf Übermittlungsfehlern, die nach Prüfung der Wahlniederschriften korrigiert worden seien. Es seien keine Differenzen aufgetreten, die das Maß des Üblichen überschritten hätten.

6. Die 5 % – Sperrklausel des § 4 Abs. 1 BezWG sei verfassungsgemäß.

Wegen des weiteren Sachvortrages der Beschwerdegegnerin wird ergänzend auf ihren Schriftsatz vom 31. August 1998 Bezug genommen.

Entscheidungsgründe:

Die Beschwerde ist zulässig, aber unbegründet.

Es liegt kein Wahlfehler vor, der der Beschwerde zum Erfolg verhelfen könnte.

Der Begriff des Wahlfehlers ist gesetzlich nicht definiert. Leitend für die Begriffsbestimmung waren und sind in der Rechtsprechung die Funktion der Wahl und der Zweck der Wahlprüfung, eine ordnungsgemäße Zusammensetzung der gewählten Volksvertretung zu gewährleisten. Danach ist es in den klassischen Bereichen der Wahlprüfung, in denen es um die Überprüfung der Maßnahmen von amtlichen Wahlorganen geht, sachgerecht, den Verstoß gegen verfassungsrechtliche Wahlgrundsätze sowie gegen sonstige zwingende Wahlvorschriften als Wahlfehler zu begreifen (BVerfGE 40, 11, 39; HVerfG LVerfGE 3, 217, 220). Daneben können nach der Rechtsprechung des Bundesverfassungsgerichts (NJW 1994, 992 ff) Wahlfehler auch von Dritten begangen werden, soweit diese Wahlrechtsbestimmungen anzuwenden haben. Allerdings reicht in diesen Fällen – aus Gründen des Bestandsschutzes gewählter Volksvertretungen – der Verstoß gegen eine Norm des Wahlrechts allein noch nicht aus, um einen Wahlfehler zu begründen. Vielmehr muß zu dem Normenverstoß des Dritten ein Handlungsfehler eines Wahlorgans hinzukommen. Dieser Rechtsprechung hat sich das Hamburgische Verfassungsgericht angeschlossen (LVerfGE 3, 217, 221); daran wird festgehalten. Der für eine erfolgreiche Wahlanfechtung erforderliche Wahlfehler muß mandatsrelevant sein, d. h. zumindest möglicherweise Einfluß auf die Verteilung der Sitze haben.

Das Gericht geht – dem im Wahlanfechtungsverfahren geltenden Anfechtungsprinzip entsprechend – nur denjenigen Beanstandungen nach, die der Beschwerdeführer bereits im Einspruchsverfahren vor der Bürgerschaft vorgebracht und zum Gegenstand des Beschwerdeverfahrens gemacht hat. Denn der Beschwerdeführer bestimmt mit dem Umfang seines Vorbringens im Einspruchsverfahren den Anfechtungsgegenstand. Dieser ist nach dem erklärten, verständig zu würdigenden Willen des Einspruchsführers einzugrenzen. Insoweit trifft ihn die Begründungspflicht. Die vom Beschwerdeführer vorgebrachten Gründe für seine Wahlanfechtung müssen zumindest den Tatbestand, auf den die Anfechtung gestützt wird, erkennen lassen. Dies erfordert einen substantiierten Vortrag derjenigen Tatsachen, auf welche die Anfechtung der Wahl gestützt wird (vgl. BVerfGE 40, 11, 30; 59, 124; 79, 50). Vermutungen, Andeutungen von möglichen Wahlfehlern oder allgemeine Behauptungen über solche Fehler oder nicht unwahrscheinliche Fehlerquellen genügen nach der ständigen Rechtsprechung des Bundesverfassungsgerichts und des erkennenden Gerichts (vgl. zuletzt: HVerfG HmbJVBl. 1995, 64, 68) nicht.

Da dem Antrag des Beschwerdeführers zu entnehmen ist, hilfsweise auch einzelne Teile der Wahlen für ungültig zu erklären, hat das Gericht weiterhin geprüft, ob Teile der Wahlhandlung oder von Entscheidungen der Wahlorgane fehlerhaft waren und damit die Wahl zum Teil ungültig ist. Das ist jedoch ebenfalls nicht der Fall.

Die Prüfung ergibt im einzelnen folgendes:

1. Das Vorbringen des Beschwerdeführers, der Landeswahlausschuß habe zu Unrecht Parteien zur Wahl zugelassen, kann der Beschwerde nicht

zum Erfolg verhelfen. Die Zulassungsentscheidungen sind, soweit der Beschwerdeführer sie mit konkreten Rügen angreift, nicht zu beanstanden. Zwar kann das Wahlanfechtungsverfahren auf eine rechtswidrige Zulassung von Wahlvorschlägen bestimmter Parteien und Wählervereinigungen gestützt werden, da in diesem Falle eine ordnungsgemäße Zusammensetzung der gewählten Volksvertretung nicht gewährleistet wäre. Denn die Stimmen, die auf rechtswidrig zugelassene Parteien und Wählervereinigungen entfallen, wären möglicherweise für andere Parteien und Wählervereinigungen abgegeben worden. Diese Rüge erweist sich jedoch als unbegründet.

Den rechtlichen Bedenken ist zunächst unter Heranziehung des § 22 Abs. 1 BüWG nachzugehen. Danach können Wahlvorschläge von Parteien, Wählervereinigungen und Einzelbewerbern eingereicht werden. Insoweit ist die Behauptung, daß die Träger bestimmter Wahlvorschläge nicht die Eigenschaft von Parteien gehabt hätten, irrelevant, weil in Hamburg – anders als im Bundeswahlrecht (§ 18 Abs. 1 des Bundeswahlgesetzes) – nicht nur Parteien, sondern auch Wählervereinigungen Wahlvorschläge einreichen können.

Nach § 23 Abs. 1 Satz 1 BüWG hat der Landeswahlausschuß die Eigenschaft der Antragsteller als Partei oder als Wählervereinigung festzustellen. Er muß daher vor der Zulassung die Eigenschaft der den Wahlvorschlag tragenden Organisation als Partei oder als Wählervereinigung prüfen (§ 23 Abs. 3 der Wahlordnung für die Wahlen zur hamburgischen Bürgerschaft und zu den Bezirksversammlungen – HmbWO – vom 29. 7. 1986, GVBl. S. 237, m. spät. Änd.).

Die Feststellung, ob ein Listenvorschlag von einer Partei oder einer Wählervereinigung eingereicht worden ist, darf der Landeswahlausschuß nicht durch eine inhaltliche Bewertung der Programme und Zielsetzungen der Parteien und Wählervereinigungen sowie ihrer tatsächlichen Möglichkeiten, an der Bildung des Staatswillens mitzuwirken, vornehmen. Die Entscheidung hierüber ist allein dem Wähler vorbehalten und steht staatlichen Wahlorganen nicht zu (BVerfGE 3, 19, 26; 14, 121, 133; 89, 266, 270).

Welche Eigenschaften für die Anerkennung als Partei erforderlich sind, ist in § 2 des Parteiengesetzes definiert. Welche Merkmale für den Begriff der Wählervereinigung gefordert werden, ist dagegen nicht im Gesetz geregelt. Das Bundesverfassungsgericht hat eine Rechtsprechung zu der Frage entwickelt, wann eine Organisation als Partei anerkannt werden kann (z. B. BVerfGE 3, 403; 24, 265, 361; 74, 50). Nach dieser Rechtsprechung ist ein wesentliches Merkmal einer politischen Partei, das sie von anderen politischen Vereinigungen unterscheidet, der ernsthafte Wille zur parlamentarischen Vertretung und damit auch zur Beteiligung an Parlamentswahlen. Die Ernsthaftigkeit dieser Zielsetzung darf nur anhand äußerer Merkmale ermittelt werden, von denen den im Gesetz besonders hervorgehobenen Umständen – Umfang und Festigkeit ihrer Organisation, Zahl ihrer Mitglieder und Hervortreten in der Öffentlichkeit – regelmäßig das größte Gewicht zukommt (vgl. BVerfG NJW 1994, 927, 928).

In Anknüpfung an diese Rechtsprechung des Bundesverfassungsgerichts zu den Parteien ist für eine Wählervereinigung zu fordern, daß diese sich mit Ernsthaftigkeit einer politischen Zielsetzung widmet und zudem den ernsthaften Willen zur parlamentarischen Vertretung hat. Für die Ermittlung, ob diese Ernsthaftigkeit in doppelter Hinsicht vorliegt, ist entsprechend der Rechtsprechung des Bundesverfassungsgerichts auf äußere Merkmale abzustellen, die allerdings speziell auf die Wählervereinigung abzustimmen sind und den Besonderheiten dieser Gruppierungen Rechnung tragen. Hinsichtlich der politischen Zielsetzung der Wählervereinigung ist eine inhaltliche Bewertung der Ziele der Wählervereinigung nicht zulässig. Bei der Zulassung der Wahlvorschläge durch den Landeswahlausschuß und damit auch im Wahlanfechtungsverfahren darf lediglich geprüft werden, ob eine politische Zielsetzung offensichtlich nach keiner vernünftigen Betrachtungsweise ersichtlich ist, so daß die betreffende Gruppierung nicht als Wählervereinigung angesehen werden darf.

Von den Wahlvorschlägen, deren Zulassung der Beschwerdeführer beanstandet, konnten diejenigen nicht in die Prüfung durch das Gericht einbezogen werden, bei denen der Beschwerdeführer die Mängel des Verfahrens des Landeswahlausschusses bei der Zulassung der Wahlvorschläge nicht hinreichend substantiiert hat. Der Beschwerdeführer hat nicht vorgetragen, warum er die als Partei oder Wählergemeinschaften zugelassenen Organisationen „BIG", „St. Pauli" und „dja" als nicht zulassungsfähig ablehnt. Ob die – ebenfalls vom Beschwerdeführer beanstandete – Abkürzung „St. Pauli" zulässig ist, kann dahingestellt bleiben, weil eine unzulässige Kurzbezeichnung die Zulassungsfähigkeit nicht betrifft.

Nicht zu beanstanden ist die Zulassung der Gruppierungen, die unter dem Namen „Für Kinder" und „Die Tierschutzpartei" und „Naturgesetz" auftreten. Sie haben offenkundig ein politisches Ziel, das sie mindestens als Wählervereinigung zulassungsfähig macht.

Weiter kann der Beschwerdeführer nicht damit gehört werden, daß Wahlvorschläge von Organisationen eingebracht worden sind, die nur eine kleine Zahl von Mitgliedern haben (so für die Deutsche Partei und die UDP). Die kleine Mitgliederzahl ist für diese – seit Jahren in der Öffentlichkeit bekannten und an Wahlen teilnehmenden – Organisationen jedenfalls kein äußeres Merkmal, das darauf schließen läßt, daß diese sich nicht mit Ernsthaftigkeit einer politischen Zielsetzung widmen und den ernsthaften Willen zur parlamentarischen Vertretung haben.

Auch die vom Beschwerdeführer gerügte Zulassung der „Anarchistischen Pogo-Partei Deutschlands" (APPD) ist zu Recht erfolgt. Die Zulassungsunterlagen der APPD, die das Gericht zum Gegenstand der mündlichen Verhandlung gemacht hat, lassen erkennen, daß es sich bei der APPD um eine Wählervereinigung handelt. Sie ist als rechtsfähiger Verein im Vereinsregister eingetragen und hat ein Parteiprogramm und eine Satzung. Sie besteht bereits seit 1981, ist zu Wahlen mit Wahlvorschlägen hervorgetreten und war z. B. auch zur Bundestagswahl 1998 durch den Bundeswahlausschuß zugelassen. Mag auch das Parteiprogramm der APPD teilweise in ironischem Ton abgefaßt sein, so ist doch der Mangel des ernsthaften Willens, an der politischen Willensbildung auf parlamentarischem Wege mitzuwirken, nicht offensichtlich.

Schließlich kann auch der vom Beschwerdeführer behauptete Vorgang, daß die für die Gruppierung „Wähler interessierter Reformer" (W. i. R.) eingereichten Unterstützungsunterschriften Frau XX zugerechnet worden seien, der Beschwerde nicht zum Erfolg verhelfen. Selbst wenn man diesen Vortrag als zutreffend unterstellt, kann der behauptete Vorgang nicht zu einer für die DVU günstigen, mandatsrelevanten Veränderung des Wahlergebnisses geführt haben. Auf den Vorschlag sind lediglich 116 Stimmen entfallen.

2. Soweit der Beschwerdeführer eine Behinderung des Wahlkampfes der DVU rügt, sind Wahlfehler ebenfalls nicht festzustellen.

Zu beachten ist in diesem Zusammenhang, daß es bei allen insoweit vom Beschwerdeführer beanstandeten Sachverhalten nicht darum geht, Fehler von Wahlorganen oder von Dritten bei der Anwendung der Wahlrechtsvorschriften festzustellen. Es geht vielmehr um Behinderungen im Wahlkampf durch private Dritte oder auch durch am Wahlverfahren nicht selbst beteiligte staatliche Stellen oder öffentlich-rechtliche Körperschaften.

Ob derartigen Vorgängen die rechtliche Qualifikation eines Wahlfehlers zukommen kann, der im Wahlprüfungsverfahren zu berücksichtigen ist, kann in diesem Verfahren offenbleiben. Das ergibt sich aus folgenden Erwägungen:

Grundsätzlich ist Wahlbeeinflussung aus dem nichtstaatlichen, gesellschaftlichen Raum zulässig (Seifert, Bundeswahlrecht, 3. Aufl., 1976, S. 411; Schreiber, Handbuch des Wahlrechts zum Deutschen Bundestag, 6. Aufl., 1998, S. 94). Selbst gesetzwidriges Handeln Privater führt nicht zu Wahlfehlern. Hier besteht zum einen die Möglichkeit, Rechtsschutz bei den staatlichen Gerichten zu finden. Zum anderen setzt der Gesetzgeber voraus, daß der Wähler reif genug ist, selbst massive rechtswidrige Einflüsse zu durchschauen und darauf in seiner Wahlentscheidung sachgerecht zu reagieren. Gleiches gilt, soweit es zu rechtswidrigen Beeinträchtigungen des Wahlkampfes durch staatliche Organe oder öffentlich-rechtliche Körperschaften kommt.

Es ist weiter zu berücksichtigen, daß derartige Behinderungen, wenn man sie unter den Begriff des Wahlfehlers subsumiert, zu einer erheblichen Ausweitung dieses Begriffes führen würden. Diese Ausweitung muß wegen der Nichtbeherrschbarkeit derartiger Behinderungen durch die staatlichen Organe, insbesondere durch die Wahlorgane, sowie wegen des gebotenen Bestandsschutzes der gewählten Volksvertretung in engen Grenzen gehalten werden. Eine solche Ausweitung des Wahlfehlerbegriffes kommt allenfalls bei Geschehensabläufen in Betracht, bei denen der Wahlkampf so schwerwiegend und ohne die Möglichkeit zu rechtlich zulässiger Gegenwehr behindert würde, daß das Wort „Wahlterror" angemessen und der Staat zur Wahrung demokratischer Grundprinzipien (Freiheit und Gleichheit der Wahl) verpflichtet wäre, die Wahlbewerber vor derartigen Behinderungen zu schützen. Dieser Frage braucht jedoch hier ebensowenig nachgegangen zu werden wie der Frage, von welcher Intensität der Beeinträchtigung an derartige Erwägungen möglicherweise angestellt werden müßten. Denn die vom Beschwerdeführer behaupteten Beeinträchtigungen geben – soweit sie überhaupt hinreichend substantiiert worden sind – weder einzeln noch in ihrer Summierung dazu Anlaß. Im einzelnen:

a) Der Beschwerdeführer hat vorgetragen und durch die Vorlage einer Reihe entsprechender Lichtbilder näher zu belegen versucht, während des Wahlkampfes seien etwa 25 000 Plakatstellschilder der DVU zerstört worden. Ob diese Zahl zutreffend ist, mag dahinstehen. Daß Plakatstellschilder der DVU beschädigt oder zerstört wurden, ist dem Gericht aus eigenen Beobachtungen während des Wahlkampfes bekannt. Die DVU ist dadurch nicht nur materiell geschädigt, sondern auch in ihrem Wahlkampf behindert worden. Gleichwohl reicht dieser Umstand auch dann nicht aus, um daraus einen Wahlfehler unter den soeben dargelegten besonderen Voraussetzungen herzuleiten, die ein Wahlfehler durch Dritte erfordert, wenn die Beschädigungen oder Zerstörungen der Plakatstellschilder in erheblichem Umfang erfolgt sein sollten. Alle Parteien haben im Wahlkampf unter der Zerstörung oder Beschädigung von Stellschildern zu leiden gehabt. Auch wenn der Beschwerdeführer diese Art der politischen Auseinandersetzung mit dem politischen Gegner zu Recht als unangemessen und beklagenswert empfindet, so haben diese Behinderungen nicht dazu geführt, daß die DVU im Straßenbild während des Wahlkampfes weniger präsent gewesen wäre als andere vergleichbare Parteien. Im Gegenteil: Die Plakatwerbung der DVU war während des Wahlkampfs auf den Straßen in Hamburg unübersehbar.

Aus der Tatsache, daß die Hamburger Zeitungen sich geweigert haben, Wahlanzeigen der DVU aufzunehmen, ergibt sich ebenfalls kein Wahlfehler. Die Presse ist frei und nicht zur politischen Neutralität verpflichtet (BVerfGE

42, 53, 62). Sie ist im übrigen – wie jeder Private – im Rahmen der Privatautonomie jederzeit berechtigt, Vertragsangebote abzulehnen. Dasselbe gilt auch für die – im übrigen nicht substantiierte – Behauptung, ungenannte Gastwirte seien nicht bereit gewesen, der DVU ihre Räume für Wahlkampfveranstaltungen zur Verfügung zu stellen.

Soweit der Beschwerdeführer rügt, daß zwei private Rundfunkanstalten sich geweigert hätten, Werbespots der DVU zu bringen, liegt darin möglicherweise eine Rechtsverletzung durch die Rundfunkanstalten (vgl. § 31 Abs. 1 des Hamburgischen Mediengesetzes vom 20. 4.1994, GVBl. S. 113, m. spät. Änd.). Ein Wahlfehler durch Dritte läßt sich damit schon deswegen nicht begründen, weil der Beschwerdeführer hiergegen unverzüglich hätte vorgehen und um Rechtsschutz – möglicherweise im Eilverfahren – bei den Fachgerichten hätte nachsuchen können.

Die Behauptung des Beschwerdeführers, die XX habe sich geweigert, Anzeigen für die DVU anzunehmen und zu verbreiten, war vom Gericht nicht zu berücksichtigen, weil sie in der Einspruchsschrift nicht substantiiert vorgetragen worden ist. Der Beschwerdeführer hat nicht vorgetragen, wann und für welche Verkehrsmittel er welche Art von Werbematerial hat verbreitet wissen wollen, dessen Aufnahme abgelehnt worden ist. Im übrigen ist auch insoweit auf die Privatautonomie zu verweisen.

Der Beschwerdeführer kann auch nicht mit seinem Vortrag gehört werden, die Luftwerbung der DVU sei in strafbarer Weise durch Dritte behindert worden. Unstreitig ist, daß die DVU in der Lage war, mit einem gemieteten Privatflugzeug Wahlwerbung zu betreiben. Wenn diese Wahlwerbung tatsächlich durch ein anderes Flugzeug behindert worden sein sollte, so ist dies durch private Dritte geschehen und vermag einen Wahlfehler nicht zu begründen. Gegen derartige Behinderungen hätte die DVU mit einem Rechtsbehelf bei den zuständigen Fachgerichten vorgehen können.

b) Soweit der Beschwerdeführer schließlich das Verhalten staatlicher Organe, die nicht Wahlorgane sind, beanstandet, ergeben sich auch daraus keine Wahlfehler. Auch hier geht es nämlich im wahlprüfungsrechtlichen Sinne um das Verhalten Dritter, das Wahlfehler nur unter sehr eng begrenzten Voraussetzungen zu begründen vermag. Sie liegen hier nicht vor.

Dies gilt zunächst für die – pauschale – Behauptung des Beschwerdeführers, die Polizei habe die Wahlplakate der DVU nicht hinreichend vor der Zerstörung geschützt. Zum einen ist der Vortrag des Beschwerdeführers nicht hinreichend substantiiert, zum anderen reicht er wegen der „engen und strikten Begrenzung" (HVerfG LVerfGE 3, 217, 220) der durch Dritte zu verwirklichenden Wahlfehler nicht aus, um einen Wahlfehler festzustellen.

Aus dem gleichen Grunde kommt es auch nicht darauf an, ob Polizeibeamte die DVU darauf verwiesen haben, bereits geschehene Beschädigungen oder Zerstörungen von Schildern auf der „Hauptwache" zu melden, statt die Meldung selbst entgegen zu nehmen. Ebensowenig liegt in dem in der Beschwerde vorgetragenen Überfall auf Wahlhelfer der DVU in der Kurt-Schumacher-Allee am 22. August 1997 ein Vorgang, der als Wahlfehler berücksichtigt werden kann. Der Überfall geschah durch private Dritte. Überdies sind die Täter, die DVU-Wahlhelfer körperlich verletzt haben, durch ein staatliches Gericht verurteilt worden.

Kein Wahlfehler liegt ferner in dem vom Beschwerdeführer behaupteten polizeilichen Verbot, einen Lautsprecherwagen der DVU im Ortsteil Steilshoop einzusetzen. Dabei kann dahinstehen, ob der Vortrag des Beschwerdeführers insoweit hinreichend substantiiert ist. Denn selbst wenn man davon ausgeht, daß ein solches Verbot in rechtswidriger Weise ausgesprochen worden sein sollte, so war die Lautsprecherwerbung durch dieses einmalige Verbot nicht substantiell eingeschränkt. Im übrigen hätte der Beschwerdeführer auch hier unverzüglich um Rechtsschutz – möglicherweise im Eilverfahren – bei den Fachgerichten nachsuchen können.

Daß ein Gericht den von der DVU geplanten Werbespot „Pack den Tiger in die Bürgerschaft" auf Antrag der Esso AG durch eine einstweilige Verfügung verboten hat, begründet ebenfalls keinen Wahlfehler. Es handelt sich dabei um einen Vorgang mit nur mittelbarem Bezug zur Wahl, bei dem es um Fragen des allgemeinen Wettbewerbsrechts und nicht um solche des Wahlrechts ging. Es ist nicht Sache des Verfassungsgerichts, die Entscheidung eines Fachgerichts, die es in seiner originären Zuständigkeit getroffen hat, im Rahmen einer Wahlrechtsbeschwerde zu überprüfen.

3. Auch bei der Durchführung der Wahl sind von den amtlichen Wahlorganen keine Wahlfehler begangen worden, die zur Feststellung der vollständigen oder teilweisen Ungültigkeit der Wahl führen.

Der Vortrag des Beschwerdeführers, eine Anzahl von Wählern habe keine Wahlbenachrichtigungskarte erhalten, ist für die Gültigkeit der Wahl rechtlich nicht erheblich, weil das Fehlen der Wahlbenachrichtigung kein Grund ist, Wahlberechtigte von der Wahl auszuschließen. Für die Ausübung des Wahlrechts ist nach § 8 Abs. 1 BüWG die Eintragung in das Wählerverzeichnis ausreichend. Nach § 31 Abs. 3 Satz 2 HmbWO kann sich der Wahlberechtigte auch anders als durch Vorlage der Wahlbenachrichtigungskarte ausweisen. Die Gründe für die Zurückweisung eines Wählers sind in § 31 Abs. 6 HmbWO abschließend aufgezählt. Darunter befindet sich nicht das Fehlen der Wahlbenachrichtigungskarte. Es war auch hinreichend öffentlich bekannt gemacht worden, daß am 21. September 1997 Wahltag war. Ein

Wahlberechtigter, der keine Wahlbenachrichtigungskarte erhalten hatte, konnte sich erkundigen, wo er wählen mußte, und wäre dann zur Wahl zugelassen worden.

Soweit im Wahllokal in der Wielandstraße im Bezirk Wandsbek 70 Wahlberechtigte zunächst nur einen Stimmzettel für die Bürgerschaftswahl erhalten haben, ergibt sich daraus ebenfalls kein Wahlfehler. Die Tatsache, daß ein Teil der Stimmberechtigten keinen Stimmzettel für die Bezirksversammlungswahl Wandsbek erhalten hat, konnte sich auf die Bürgerschaftswahl und auf die Bezirksversammlungswahlen anderer Bezirke nicht auswirken.

Auch die Behauptung des Beschwerdeführers, daß EU-Ausländer, die nach dem Gesetz nur zur Bezirksversammlungswahl zugelassen sind, in einigen Fällen Stimmzettel für die Bürgerschaftswahl erhalten haben, kann sich auf das Wahlergebnis nicht ausgewirkt haben, weil ein derartiger Irrtum durch die Führung der Wählerverzeichnisse und durch die Ausgabe andersfarbiger Umschläge jedenfalls korrigiert wird.

Aus der nicht rechtzeitigen Öffnung eines Wahllokals folgt ebensowenig ein Wahlfehler, weil die Wahlberechtigten, die wegen der verspäteten Nichtöffnung des Wahllokals nicht sogleich wählen konnten, später hierzu unbestritten genügend Gelegenheit hatten. Es ist ihnen zwar dadurch eine besondere Mühe aufgelastet worden, daß sie zweimal zum Wahllokal gehen oder fahren mußten. Sie sind jedoch nicht von der Wahl ausgeschlossen worden.

Die Behauptung des Beschwerdeführers, daß die Öffentlichkeit der Stimmenauszählung teilweise nicht gewahrt worden sei, führt auch dann, wenn der Vorwurf zutreffend sein sollte, nicht zur Feststellung der teilweisen oder vollständigen Ungültigkeit der Wahl. Die Öffentlichkeit des Wahlvorgangs und der Stimmenauszählung ist für demokratische Wahlen wesentlich. Durch die Öffentlichkeit der Wahlen soll Vertrauen in die Ordnungsmäßigkeit des Ablaufs der Wahlen und der Feststellung des Wahlergebnisses entstehen. Das ergibt sich aus § 31 Abs. 1 BüWG.

Der Beschwerdeführer rügt insoweit, daß bei der Auszählung in zwei Wahlbezirken in der Potsdamer Straße Vertreter der DVU daran gehindert worden seien, den Wahlvorgang angemessen zu beobachten und zu kontrollieren. Zudem sei ein Teil der Wahlbriefe in zwei Bezirken erst am Tage nach der Wahl ausgezählt worden, nachdem die Wahllokale der Öffentlichkeit nicht mehr zugänglich gewesen seien.

Wenn diese Behauptungen zuträfen, so lägen darin Wahlfehler, weil die Auszählung nicht öffentlich stattgefunden hat. Auch die vorgetragenen Behinderungen bei der Beobachtung der Stimmenauszählung dürften als Wahlfehler zu werten sein. Die behaupteten Wahlfehler haben sich aber nicht auf das Wahlergebnis ausgewirkt, da bei der vom Landeswahlleiter veranlaßten Nachprüfung des Stimmergebnisses für das Wahllokal in der Potsdamer Straße keine anderen Ergebnisse als am Wahlabend festgestellt wurden. Im Hinblick auf die behauptete fehlende Öffentlichkeit bei der Auszählung der Wahlbriefe hat der Landeswahlleiter in der mündlichen Verhandlung bekundet, daß alle 103 Wahlbriefe, die erst am 22. September 1997 ausgezählt worden seien, rechtzeitig eingegangen und hinsichtlich der Stimmenzahl nachgeprüft worden seien. Dabei hätten sich keine Fehler oder Unstimmigkeiten ergeben. Es besteht keine Veranlassung, diese Aussagen des Landeswahlleiters anzuzweifeln.

4. Auch bei der Ermittlung des Wahlergebnisses sind keine Wahlfehler gemacht worden, aus denen die Feststellung der vollständigen oder teilweisen Ungültigkeit der Wahl herzuleiten ist.

Kein Wahlfehler läßt sich aus der von dem Beschwerdeführer vorgetragenen Behauptung ableiten, daß viele Mitglieder der Wahlvorstände die anzuwendenden Vorschriften nicht hinreichend beherrscht hätten und daher davon auszugehen sei, daß Fehler, insbesondere bei der Auswertung der Stimmzettel, gemacht worden seien, die sich möglicherweise zu Lasten der DVU ausgewirkt hätten. Hier fehlt es schon an namentlicher Nennung von ungeeigneten Mitgliedern der Wahlvorstände. Der Vortrag erfüllt insoweit nicht die dargelegten Anforderungen hinsichtlich der Substantiierung von Tatsachen im Wahlanfechtungsverfahren.

Der Vorwurf des Beschwerdeführers, bestimmte Mitglieder von Wahlvorständen hätten sich als Gegner der DVU zu erkennen gegeben, indem sie bei der Auszählung der Stimmen öffentlich geäußert hätten, die DVU habe zu viele Stimmen erhalten, ist nicht geeignet, Wahlfehler zu begründen. Es ist davon auszugehen, daß alle Mitglieder der Wahlvorstände als Wähler für eine bestimmte Partei gestimmt, d.h. alle anderen Parteien mehr oder weniger stark abgelehnt haben. Diese ablehnende Haltung führt aber erfahrungsgemäß nicht zu strafbaren Wahlfälschungen. Daher kann der Beschwerdeführer mit einer allgemeinen Verdächtigung gegen Mitglieder der Wahlvorstände einen Wahlfehler nicht begründen.

Die von dem Beschwerdeführer behaupteten Wahlfälschungen, die Gegenstand des staatsanwaltschaftlichen Ermittlungsverfahrens waren, haben sich nicht erweisen lassen. Zwar sind Wahlfälschungen bei der Wahlprüfung zu berücksichtigen. Die staatsanwaltschaftlichen Ermittlungen haben aber die Vorwürfe des Beschwerdeführers nicht bestätigt. Die Staatsanwaltschaft ist auf Grund einer Strafanzeige der DVU wegen Wahlfälschung den Behauptungen im einzelnen durch Vernehmung zahlreicher Zeugen nachgegangen. Die Ergebnisse der staatsanwaltlichen Ermittlungen, die zur

Einstellung des Verfahrens geführt haben, sind der DVU bekannt gegeben worden. Diese hat gegen den Einstellungsbescheid Beschwerde erhoben, die zurückgewiesen worden ist. Die DVU hat weder versucht, das Klagerzwingungsverfahrens einzuleiten, noch insoweit dem Verfassungsgericht weitere, im staatsanwaltschaftlichen Ermittlungsverfahren nicht berücksichtigte Tatsachen vorgetragen. Es gibt somit keine Anhaltspunkte für die Erfüllung des objektiven Tatbestands einer Wahlfälschung.

Auch diejenigen weiteren Vorwürfe, mit denen der Beschwerdeführer Wahlfälschungen begründen will und die nicht Gegenstand der staatsanwaltschaftlichen Ermittlungen waren, durften vom Gericht nicht berücksichtigt werden. Es handelt sich bei diesen Vorwürfen ausschließlich um Spekulationen.

Dies gilt für die Behauptung des Beschwerdeführers, Wahlfälschungen seien dadurch veranlaßt worden, daß während der Auszählung der Stimmzettel durch den Rundfunk Teilwahlergebnisse bekannt gegeben worden seien, nach denen die DVU die Fünf-Prozent-Hürde überspringen würde. Das habe die Zähler zu Fälschungen verleitet, um das Gesamtergebnis für die DVU unter fünf Prozent zu drücken. Dieses Vorbringen ist nicht den Anforderungen im Wahlanfechtungsverfahren entsprechend substantiiert. Dasselbe gilt für die Behauptung des Beschwerdeführers, der DVU-Anteil sei bei den von den Wahlbeobachtern der DVU kontrollierten Auszählungen der Stimmzettel signifikant höher gewesen als in den anderen Wahllokalen. Auch im Hinblick auf das Vorbringen, Mitglieder von Wahlvorständen hätten auf Stimmzetteln, die für die DVU abgegeben worden seien, zusätzliche Eintragungen gemacht, durch die Stimmzettel ungültig geworden seien, ist der Beschwerdeführer seiner Substantiierungspflicht nicht nachgekommen.

Der Vortrag des Beschwerdeführers, in einzelnen Wahlbezirken sei der Prozentsatz der ungültigen Stimmen sehr unterschiedlich hoch gewesen und dies beruhe darauf, daß hier zahlreiche für die DVU abgegebene Stimmzettel ungültig gemacht worden seien, ist ebenfalls nicht zu berücksichtigen. Auch wenn es zutreffen sollte, daß bei etwa einem Prozent von ungültigen Stimmen für das ganze Wahlgebiet es in einzelnen Wahlbezirken bis zu 69,7 % ungültige Stimmen gegeben habe, ist dies kein Argument für die Annahme, daß Wahlfälschungen vorliegen.

Dasselbe gilt für den Vortrag, daß sich zwischen der Bürgerschaftswahl und der Bezirksversammlungswahl in den gleichen Wahlbezirken auffällig unterschiedliche Anteile von ungültigen Stimmen ergeben hätten und dies nur auf einer Fehlbewertung von Stimmzetteln zu Lasten der DVU beruhen könne. Ergänzend ist auch hier darauf hinzuweisen, daß der Beschwerdeführer mit einem derartigen Vorbringen seiner Substantiierungspflicht nicht genügt (vgl. schon HambVerfG LVerfGE 3, 218, 228). Wenn er in diesem

Zusammenhang zusätzlich die Nachprüfung aller Stimmzettel begehrt, verkennt er das Wesen des Wahlprüfungsverfahrens. In diesem Verfahren ist nicht allen Vermutungen auf denkbare Wahlfehler nachzugehen, sondern es sind nur die Fehler zu überprüfen, zu denen genügend substantiiert vorgetragen worden ist.

Auf das Vorbringen, daß die Zahl der ungültigen Stimmen insgesamt sehr hoch sei und zahlreiche Stimmen, die in Wirklichkeit auf die DVU entfielen, als ungültig gewertet worden seien, braucht das Gericht deshalb nicht einzugehen, weil es sich hierbei um Zahlen aus dem vorläufigen Wahlergebnis handelt, die auf Übermittlungsfehlern beruhten und die durch das endgültige Wahlergebnis korrigiert worden sind. Danach ergibt sich keine hohe, sondern insgesamt eher eine niedrige Zahl von ungültigen Stimmen.

Ferner ist der Beschwerdeführer auch im Hinblick auf die folgenden Behauptungen der im Wahlanfechtungsverfahren geltenden Substantiierungspflicht nicht nachgekommen: Bei der Auszählung der Stimmen sei es zu einer falschen Zuordnung und Bewertung von Stimmzetteln gekommen. Die Auszählung sei in großer Eile und nicht mit der notwendigen Sorgfalt durchgeführt worden. In einem Wahllokal habe bei der Auszählung Chaos geherrscht, und es seien Pannen vorgekommen, so daß eine effektive Auszählung nicht habe stattfinden können.

Soweit der Beschwerdeführer sich für Fehler im Zusammenhang mit der Ermittlung des Wahlergebnisses auf das Vorbringen des Herrn XX insbesondere in dem Wahllokal in der Schule XX beruft, hat sich das Verfassungsgericht mit diesem Vortrag in dem Beschluß vom 28. August 1998 – HVerfG 8/98 – auseinandergesetzt und die Wahlbeschwerde des Herrn XX verworfen. Hierbei hat es neben der fehlenden Substantiierung gerade auch darauf verwiesen, daß Nachzählungen für die drei Wahlbezirke in der Schule XX die Ergebnisse der Auszählung am Wahltag bestätigt hatten.

Kein Wahlfehler ergibt sich weiter aus dem Vortrag des Beschwerdeführers, die Eintragungen der Wähler auf Stimmzetteln seien von den Wahlvorständen falsch interpretiert worden, die Stimmen seien daher den falschen Parteien zugeordnet worden und dies sei vor allem zu Lasten der DVU geschehen.

Zwar lassen Stimmzettel nicht immer mit letzter Sicherheit erkennen, welcher Partei ein Wähler seine Stimme geben oder ob er eine ungültige Stimme abgeben wollte. Die Bewertung von Stimmzetteln kann daher zu Zweifeln führen, die sich nicht sämtlich im Vorwege normativ erfassen lassen. Die Wahlvorstände sind in diesen Fällen zuständig, die notwendige Entscheidung mehrheitlich zu treffen (§ 39 Abs. 5 HmbWO). Dem Gericht ist insoweit vom Beschwerdeführer nur ein konkreter Fall vorgetragen worden, in dem der Wähler neben dem Kreis für die DVU anstelle eines Kreuzes eine

Schlangenlinie gemacht hat. Zweifellos ist es nicht erforderlich, daß der Wähler die von ihm gewählte Partei dadurch kennzeichnet, daß er in dem jeweiligen Kreis ein Kreuz macht. Auch andere Zeichen, z. B. ein einfacher Strich oder das Ausmalen des Kreises lassen in der Regel mit hinreichender Deutlichkeit erkennen, was der Wählerwille war (vgl. § 40 Abs. 1 Nr. 5 HmbWO). Ob dies auch aus einer Schlangenlinie zu ersehen ist, kann nur auf Grund des Einzelfalles beurteilt werden. Es ist davon auszugehen, daß der Stimmzettel dem zuständigen Wahlvorstand zur Beurteilung vorgelegen hat und dieser über den Stimmzettel durch Mehrheitsabstimmung entschieden hat. Es ist jedenfalls nicht Aufgabe des Verfassungsgerichts, in einem solchen, nicht ergebnisrelevanten Einzelfall den Sachverhalt von Amts wegen zu erforschen.

Schließlich kann auch der folgende vom Beschwerdeführer vorgetragene Fall nicht zur Feststellung eines Wahlfehlers führen:

Herr XX, Mitglied der DVU, der im Auftrage der DVU die Auszählung in der XX-Schule beobachtet hat, soll mitgeteilt haben, daß bei der Auszählung Stimmzettel, die für die DVU abgegeben worden seien, auf den für die SPD-Stimmen gebildeten Stapel von Stimmzetteln gelegt worden seien. Der Beschwerdeführer vermutet, daß dadurch für die DVU abgegebene Stimmen der SPD zugerechnet worden sind.

Die Nachprüfung dieses Falles durch den Landeswahlleiter hat ergeben, daß DVU-Stimmzettel in der Tat auf dem Stapel der SPD-Stimmzettel gelegen haben. Eine Beisitzerin des Wahlvorstandes hat aus technischen Gründen, weil sie zu weit von dem Stapel der DVU-Stimmzettel entfernt saß, mit den anderen Mitgliedern des Wahlvorstandes verabredet, daß sie die DVU-Stimmzettel auf dem Stapel der SPD-Stimmzettel „zwischenablege", indem sie diese Zettel quer auf diesen Stapel gelegt hat. Dieser Vorgang ist sowohl von der handelnden Beisitzerin als auch von zwei anderen Beisitzern in der von der Staatsanwaltschaft veranlaßten Vernehmung bestätigt worden. Diese haben aber auch erklärt, daß die Stimmzettel für die DVU später ordnungsmäßig auf den Stapel der DVU-Stimmen gelegt und dort für die DVU gezählt worden seien. Danach liegt ein Wahlfehler nicht vor.

5. Wahlfehler, die zu einer vollständigen oder teilweisen Ungültigkeit der Wahl führen, liegen auch im Zusammenhang mit der Feststellung des Wahlergebnisses nicht vor.

Der Landeswahlleiter hat – insbesondere auch, um dem Vorbringen aus den Reihen der DVU Rechnung zu tragen – die Stimmergebnisse derjenigen Wahlbezirke nachprüfen lassen, in denen Fehler oder Unregelmäßigkeiten behauptet worden waren. Diese Nachprüfungen haben zu keinen anderen Ergebnissen geführt als den am Wahlabend festgestellten. Diese Nachprüfungen der Stimmergebnisse sind überdies nicht von den Wahlvorständen der jeweiligen Stimmbezirke durchgeführt worden, die dort die Wahl geleitet und die Stimmen ausgezählt haben. Mit der Nachprüfung sind vielmehr andere Personen betraut worden, so daß nicht – wie der Beschwerdeführer meint – eine Selbstüberprüfung vorgelegen hat.

Eine vollständige Nachzählung aller abgegebenen Stimmen, wie sie der Beschwerdeführer verlangt hat, ist nicht erforderlich. Der Umstand, daß der DVU zur Überwindung der Sperrklausel bei der Bürgerschaftswahl lediglich 190 Stimmen fehlten, reicht hierfür nicht aus. Denn allein dieses knappe Ergebnis ist keine rechtserhebliche Tatsache, die weitere Nachprüfungen zur Aufdeckung eines Wahlfehlers gebietet. Der Landeswahlleiter durfte dieses Begehren daher rechtsfehlerfrei zurückweisen. Das Verfassungsgericht ist nicht gehalten, nur wegen eines knappen Ergebnisses den Sachverhalt durch eine vollständige Nachzählung aller abgegebenen Stimmen weiter zu erforschen, zumal nach den überzeugenden Aussagen des Landeswahlleiters allen konkret benannten Fehlermöglichkeiten bereits durch Nachzählungen in einem Umfange nachgegangen wurde, der deutlich über das bei sonstigen Wahlen übliche Maß hinausging.

Ebensowenig kann es der Beschwerde zum Erfolg verhelfen, daß das Ergebnis der DVU von 4,977 % in der amtlichen Statistik nicht auf 5,0 % aufgerundet worden ist. Denn entscheidend ist allein, daß die vom Gesetz geforderten fünf vom Hundert der gültigen Wählerstimmen von der DVU nicht erreicht worden sind.

Die Wahl zur Bezirksversammlung XX leidet auch nicht deswegen an einem Wahlfehler, weil die 5%-Sperrklausel des § 4 Abs. 1 BezWG wegen eines Verstoßes gegen die hamburgische Verfassung und das Grundgesetz ungültig wäre. Wie das Gericht in seinem Urteil vom 6. November 1998 – HVerfG 1/98 – ausgeführt hat, verstößt § 4 Abs. 1 BezWG weder gegen die hamburgische Verfassung noch gegen das Grundgesetz.

Das Gericht ist in einem Wahlanfechtungsverfahren, in dem die Verfassungswidrigkeit einer Wahlrechtsvorschrift geltend gemacht wird, befugt, diese Frage zu entscheiden. Auch sonstige Gründe hindern eine solche Normenkontrolle nicht.

Nach § 14 Nr. 1 bis 4 des Gesetzes über das Hamburgische Verfassungsgericht (vom 23. 3. 1982, GVBl. S. 59 mit späteren Änderungen – HVerfGG) können zwar nur der Senat, ein Fünftel der Abgeordneten der Bürgerschaft und ein Gericht das Hamburgische Verfassungsgericht zur Normenkontrolle anrufen. Ein Bürger ist dazu nicht befugt. Dementsprechend kann in einem auf Antrag eines Bürgers eingeleiteten Wahlanfechtungsverfahren die Prüfung der Verfassungsmäßigkeit einer Wahlrechtsvorschrift nicht zum selbständigen Streitgegenstand gemacht werden (Hamburgisches Verfassungsgericht, Urteil vom 1.12.1958 – HVerfG 1 und 2/58). Dennoch darf das Verfassungsgericht in einem Wahlanfechtungsverfahren seine Prüfung nicht auf die Frage beschränken, ob die gegebenen Wahlvorschriften richtig angewandt worden sind. Es hat vielmehr aus gegebenem Anlaß als Vorfrage auch zu untersuchen, ob sich die für die Wahl geltenden Vorschriften als verfassungsmäßig erweisen. Denn ohne eine Aussage über deren Verfassungsmäßigkeit läßt sich eine Entscheidung über die Gültigkeit der Wahl nicht treffen (BVerfGE 16, 130, 135 f).

Auch Art. 64 Abs. 1 HV steht einer solchen Prüfung der Gültigkeit von § 4 Abs. 1 BezWahlG nicht entgegen. Nach dieser Verfassungsbestimmung sind zwar Landesgesetze bei der Rechtsanwendung durch die Gerichte als verbindlich anzusehen. Das gilt jedoch nicht für das Hamburgische Verfassungsgericht. Der Zusammenhang dieser Bestimmung mit Art. 64 Abs. 2 Satz 1 HV zeigt vielmehr, daß die Entscheidung über den Verstoß eines Gesetzes gegen die hamburgische Verfassung gerade dem Hamburgischen Verfassungsgericht anvertraut ist. Deswegen müssen diejenigen Gerichte, die nach Art. 64 Abs. 1 HV Landesgesetze als verbindlich anzusehen haben, nach Art. 64 Abs. 2 Satz 1 HV das Verfahren aussetzen und ihre Auffassung, daß ein hamburgisches Gesetz gegen die hamburgische Verfassung verstößt, dem Hamburgischen Verfassungsgericht zur Entscheidung vorlegen. Dieser Regelungszusammenhang zeigt, daß Gerichte im Sinne des Art. 64 Abs. 1 HV nur die Fachgerichte sind. Diese Vorschrift meint nicht das Hamburgische Verfassungsgericht. Das gilt auch für das Verfassungsgericht, wenn es eine Wahlprüfung vornimmt. Anderenfalls müßte es im Wahlprüfungsverfahren eine dem Sinn und Zweck von Art. 64 Abs. 2 Satz 1 HV widersprechende Vorlage an sich selbst zur Normenkontrolle vornehmen, um den Normenkonflikt einer Lösung zuzuführen.

Art. 100 Abs. 1 GG, der den Umfang der Entscheidungsbefugnisse auch von Landesverfassungsgerichten bei der Normenkontrolle beschränkt (BVerfGE 69, 112, 117 f), steht der gebotenen Prüfung durch das Hamburgische Verfassungsgericht ebenfalls nicht entgegen. Die Verfassungsmäßigkeit von § 4 Abs. 1 BezWahlG ist an dem Verfassungsgrundsatz der gleichen Wahl und an der ebenfalls verfassungsrechtlich verbürgten Chancengleichheit der Parteien zu messen (BVerfGE 95, 408, 417; 82, 322, 337; 51, 222, 235). Diese Prüfungsmaßstäbe folgen auch aus der hamburgischen Verfassung. Sie haben denselben Inhalt wie diejenigen Verfassungsgrundsätze, die sich insoweit aus dem Grundgesetz ergeben. Da § 4 Abs. 1 BezWahlG nicht gegen die hamburgische Verfassung verstößt, scheidet auch seine Unvereinbarkeit mit dem Grundgesetz aus.

Nach der Rechtsprechung des Hamburgischen Verfassungsgerichts folgt aus Art. 6 Abs. 2 HV der ungeschriebene Landesverfassungsrechtssatz, daß die Allgemeinheit und Gleichheit des aktiven und passiven Wahlrechts über den Anwendungsbereich dieser Vorschrift hinaus auch für sonstige demokratische Wahlen politischer Art gelten, für die das Land Hamburg die Regelungskompetenz hat (Urteil vom 3.4.1998, NordÖR 1998, 146 f). Dieser Rechtssatz, der inhaltlich mit einem entsprechenden ungeschriebenen Rechtssatz des Bundesverfassungsrechts (BVerfGE 60, 167) übereinstimmt, ist auch auf Wahlen zu den Bezirksversammlungen anwendbar. Daran wird festgehalten. Die Beschwerdegegnerin ist in ihrem Bescheid vom 27. April 1998 zwar der Ansicht, daß Art. 6 Abs. 2 HV unmittelbar keine verfassungsrechtlichen Wahlgrundsätze für die Wahlen zu den Bezirksversammlungen regele. Das ist zutreffend. Daraus folgen jedoch keine Bedenken gegen den aus dieser Verfassungsbestimmung hergeleiteten ungeschriebenen Verfassungsrechtssatz, dessen Geltung im Urteil vom 3.4.1998 begründet worden ist.

Die Chancengleichheit der Parteien ist ebenfalls im hamburgischen Verfassungsrecht verankert. Sie folgt als ungeschriebener Landesverfassungsrechtssatz aus Art. 6 Abs. 2 HV. Für das Bundesverfassungsrecht hat das Bundesverfassungsgericht den Grundsatz der Chancengleichheit der Parteien sowohl aus Art. 38 Abs. 1 Satz 1 GG als auch aus Art. 21 Abs. 1 GG hergeleitet (BVerfGE 73, 65; 82, 322, 335 f). Dieses im Grundgesetz nicht ausdrücklich gewährleistete Recht hat seine inhaltliche Wurzel in Art. 38 Abs. 1 Satz 1 GG und erfährt seine Ausgestaltung als Anspruch der Parteien durch Art. 21 Abs. 1 GG. Dem Art. 38 Abs. 1 Satz 1 GG entspricht Art. 6 Abs. 2 HV, soweit es um den formalisierten Gleichheitssatz im Bereich der Wahlen geht. Aus Art. 6 Abs. 2 HV ist daher das ungeschriebene objektiv-rechtliche Gebot der hamburgischen Verfassung zu entnehmen, politische Parteien über den Anwendungsbereich dieser Vorschrift hinaus auch für sonstige demokratische Wahlen politischer Art, für die das Land Hamburg Regelungskompetenz hat, chancengleich zu behandeln. Das gilt auch für die Wahlen zu den Bezirksversammlungen. Daß der hamburgischen Verfassung eine dem Art. 21 Abs. 1 GG entsprechende Bestimmung fehlt, ist hier nicht entscheidungserheblich. Hier kommt es auf objektiv-rechtliche Verfassungsmaßstäbe für die Prüfung einer Wahlrechtsbestimmung an. Diesen Anforderungen genügt das dem Art. 6 Abs. 2 HV zu entnehmende ungeschriebene Verfassungsgebot, dessen soeben bezeichneter Inhalt mit der bundesverfassungsrechtlich verbürgten Chancengleichheit übereinstimmt, so daß Art. 31 GG nicht zur Anwendung kommt.

Wie im Bundesverfassungsrecht (BVerfGE 95, 408, 417; 82, 322, 337) gilt im hamburgischen Verfassungsrecht, daß das Wahlrecht im Hinblick auf jeden dieser beiden Grundsätze – der Wahlgleichheit wie der Chancengleichheit der Parteien – denselben Anforderungen zu genügen hat.

Diese verfassungsrechtlichen Anforderungen besagen bei den Wahlen zu den Bezirksversammlungen, die gemäß § 3 Abs. 1 BezWahlG nach den Grundsätzen der Verhältniswahl durchgeführt werden, folgendes: Während es bei einer Mehrheitswahl unter dem Aspekt der Wahlgleichheit nur auf den Zählwert der Stimmen ankommt und es einen gleichen Erfolgswert für alle Stimmen nicht geben kann, verwirklicht das Verhältniswahlrecht die Wahlgleichheit auch beim Erfolgswert der Stimmen. Die reine Verhältniswahl verfolgt das Ziel, daß das gewählte Parlament ein getreues Spiegelbild der politischen Gruppierungen der Wählerschaft sein soll. Jede politische Richtung soll in derjenigen Stärke im Parlament vertreten sein, die dem Gesamtanteil der für sie abgegebenen Stimmen entspricht. Die Gleichheit des Wahlrechts verlangt bei der Verhältniswahl, daß jede Stimme grundsätzlich den gleichen Erfolgswert hat (BVerfGE 95, 408, 417; 82, 322, 337). Ein Gesetzgeber, der sich für die Verhältniswahl entscheidet, muß diese grundsätzliche Forderung akzeptieren und sein Wahlgesetz danach ausrichten.

Ausnahmen sind nur in Grenzen zulässig. Für Differenzierungen des Erfolgswerts der Wählerstimmen verbleibt dem Gesetzgeber aber ein Entscheidungsspielraum (BVerfGE 95, 408, 418). Differenzierungen sind nur unter den Voraussetzungen gerechtfertigt, die das Bundesverfassungsgericht seit seiner Entscheidung im Jahre 1952 (BVerfGE 1, 208, 248 f) in der Formel eines „zwingenden Grundes" zusammengefaßt hat. Sie müssen sich nicht von Verfassungs wegen als zwangsläufig oder notwendig darstellen. Es werden auch Gründe zugelassen, die durch die Verfassung legitimiert und von einem Gewicht sind, das der Wahlrechtsgleichheit die Waage halten kann (BVerfGE 95, 408, 418; 71, 81, 96). Hierzu zählen die Verwirklichung der mit der Wahl verfolgten Ziele und die Gewährleistung der Funktionsfähigkeit der zu wählenden Volksvertretung (BVerfGE 95, 408, 418; 51, 222, 236; 82, 322, 338).

Die Verhältniswahl kann dazu führen, daß in der Volksvertretung viele kleine Gruppen vertreten sind und hierdurch die Bildung einer stabilen Mehrheit erschwert oder verhindert wird. Soweit es zur Sicherung der Handlungs- und Entscheidungsfähigkeit der Volksvertretung geboten ist, darf der Gesetzgeber deshalb bei der Verhältniswahl den Erfolgswert der Stimmen durch eine Sperrklausel von grundsätzlich nicht höher als 5 % unterschiedlich gewichten (BVerfGE 95, 408, 419).

Was in diesem Sinne geboten ist, kann nicht ein für allemal abstrakt beurteilt werden. Eine solche Wahlrechtsbestimmung kann in dem einen Gemeinwesen zu einem bestimmten Zeitpunkt gerechtfertigt sein und in einem anderen oder zu einem anderen Zeitpunkt nicht. Zu berücksichtigen sind die Verhältnisse des Landes, für das sie gelten soll (BVerfGE 82, 322, 338). Der Gesetzgeber muß sich bei seiner Einschätzung und Bewertung an der politischen Wirklichkeit orientieren, nicht aber an abstrakt konstruierten Fallgestaltungen (BVerfGE 95, 408, 418, 419). Eine erneute Beurteilung der Sperrklausel kann sich später als notwendig erweisen, wenn sich die Verhältnisse wesentlich ändern, etwa durch eine erhebliche Erweiterung des räumlichen Geltungsbereichs des Wahlgesetzes um ein Gebiet anderer Parteienstruktur (BVerfGE 82, 322, 339). Der Wahlgesetzgeber muß also eine Sperrklausel unter der Kontrolle halten, ob sich die Verhältnisse in erheblicher Weise geändert haben (Verfassungsgerichtshof NRW, NVwZ 1995, 479 f).

Grundsätzlich ist es Sache des Gesetzgebers, die Belange der Funktionsfähigkeit der Volksvertretung mit den Geboten der Wahlrechtsgleichheit wie der Chancengleichheit zum Ausgleich zu bringen. Dabei besteht ein gesetzgeberischer Gestaltungsspielraum. Diesen haben die Verfassungsgerichte zu achten. Sie prüfen lediglich, ob dessen Grenzen überschritten sind, nicht aber die Zweckmäßigkeit der gefundenen Lösung. Das Verfassungsgericht kann daher einen Verstoß gegen die Wahlgleichheit nur feststellen, wenn die differenzierende Regelung nicht an einem zulässigen Ziel orientiert ist, wenn sie zur Erreichung dieses Ziels nicht geeignet ist oder das Maß des Erforderlichen überschreitet (BVerfGE 95, 408, 420).

Der Gesetzgeber bedarf keines Vorbehalts in der Verfassung, um eine Sperrklauselregelung auf der Ebene des Bezirkswahlrechts zu schaffen. Das Grundgesetz und die hamburgische Verfassung enthalten für Wahlen nur wenige Grundsätze. Die hamburgische Verfassung enthält sich auch einer Entscheidung über das Wahlsystem. Die Regelung aller Einzelheiten der Wahl ist dem einfachen Gesetzgeber überlassen (vgl. Art. 6 Abs. 4 HV). Vor diesem Hintergrund bedarf eine Modifikation des von der Verfassung nicht vorgeschriebenen Verhältniswahlrechts keines Vorbehalts in der Verfassung.

An diesen Grundsätzen gemessen erweist sich § 4 Abs. 1 BezWahlG als verfassungsgemäß.

Der hamburgische Gesetzgeber hat sich bei der Schaffung der Sperrklauselregelung im Bezirkswahlgesetz an einem Ziel orientiert, das er bei der Ausgestaltung des Wahlrechts verfolgen darf.

Im März 1956 ersuchte die Bürgerschaft den Senat, einen Gesetzentwurf zur Einführung der Verhältniswahl in Hamburg vorzulegen (Bürgerschafts-Drucksache 1956, S. 309). Der vom Senat daraufhin eingebrachte Gesetzentwurf (Bü-Drucks. Nr. 251 v. 22.6.1956, S. 659) war nach Inhalt und Begründung durchgängig von dem Bemühen geprägt, sich den Regelungen des Bundeswahlgesetzes vom 7.5.1956 (BGBl. I S. 383 – BWG) anzupassen. In § 5 Abs. 2 enthielt er eine 5 %-Sperrklausel, die der Regelung von § 6 Abs. 4 BWG 1956 entsprach. Dieser Entwurf wurde am 6. Dezember 1956 als Gesetz über die Wahl zur hamburgischen Bürgerschaft beschlossen (GVBl.

S. 497) und galt gemäß § 1 Abs. 2 des Gesetzes vom 27.9.1957 (GVBl. S. 413) entsprechend für die Wahl der Bezirksverordneten.

Im Gesetzgebungsverfahren findet sich keine eigenständige Begründung für die 5 %-Sperrklausel im hamburgischen Bezirkswahlrecht. Daraus und aus der gewollten Anlehnung des hamburgischen Gesetzgebers an das Bundeswahlrecht ist aber zu schließen, daß er sich bei der Ausgestaltung des Verhältniswahlrechts mit einer 5 %-Sperrklausel von denjenigen Erwägungen hat leiten lassen, die allgemein derartigen Sperrklauseln zugrunde liegen: Bekämpfung von Splitterparteien und Sicherung der Funktionsfähigkeit der durch Verhältniswahl gewählten Volksvertretung. Das war ein Ziel, das der Gesetzgeber bei der Ausgestaltung des Wahlrechts verfolgen durfte. Es bestehen keine Anhaltspunkte dafür, daß der hamburgische Gesetzgeber bei späteren Änderungen der Wahlgesetze von dieser Motivation der Sperrklausel abgerückt ist. Auch fehlt es an besonderen Gründen des Einzelfalles, die geeignet wären, Bedenken gegen das Ausmaß der Sperrklausel in Höhe von 5 % zu erheben.

Es ist nicht Aufgabe des Verfassungsgerichts, sondern grundsätzlich Sache des Gesetzgebers, im Rahmen des ihm verfassungsrechtlich insoweit zustehenden Spielraums die oben genannten Belange und die Wahlrechtsgleichheit zum Ausgleich zu bringen. Die Sicherung der Funktionsfähigkeit der Bezirksversammlung durch Fernhalten von Splitterparteien ist ein verfassungsrechtlich legitimierter Grund von einem Gewicht, das der Wahlrechtsgleichheit die Waage halten kann. Dabei ist auch zu bedenken, daß der hamburgische Gesetzgeber verfassungsrechtlich nach Art. 56 HV nur gehalten war, das Volk an der Verwaltung mitwirken zu lassen. Er war nicht verpflichtet, Volksvertretungen in den Bezirken zu schaffen. Vor allem war es bei einem der Gleichheit verpflichteten Wahlrecht zu den Bezirksversammlungen von Verfassungs wegen nicht geboten, ein Verhältniswahlrecht einzuführen, das in reiner Ausprägung Beeinträchtigungen der Funktionsfähigkeit der Bezirksversammlungen mit sich bringen kann.

Die Funktion der Bezirksverwaltung und ihrer Bezirksversammlungen vermag keinen Grund dafür zu liefern, daß eine Sperrklausel, die im Parlamentswahlrecht unangefochten ist, im Bezirkswahlrecht unzulässig sei.

Die Verfassungswirklichkeit zeigt in Hamburg seit Jahrzehnten, daß die meisten Parteien, die für die Bürgerschaftswahlen Kandidaten aufstellen, sich auch an den Bezirksversammlungswahlen beteiligen. Die Bezirksversammlungswahl ist also vorwiegend Parteienwahl, bei der nach den Grundsätzen der Verhältniswahl Splitterparteien in Erscheinung treten können.

Maßgeblich ist die Sicherstellung eines geordneten Entscheidungsprozesses auch in den Bezirksversammlungen. Die Fraktionen haben die Aufgabe, den Entscheidungsprozeß zu rationalisieren, indem in ihnen die Entscheidungs-Alternativen diskutiert und formuliert und zwischen den Fraktionen konsensfähig gemacht werden. Dieser Prozeß wird durch Kleinstfraktionen oder einzelne Mandatsträger, die keine Fraktion bilden können, wesentlich erschwert. Hierin liegt ein Nachteil für den politischen Entscheidungsprozeß, der das Abweichen von der absoluten Erfolgsgleichheit der Wahl auch in einer Bezirksversammlung rechtfertigt.

Der hamburgische Gesetzgeber, der angesichts dieses Befundes die Funktionsfähigkeit der Bezirksversammlungen sichern durfte und wollte, mußte bei seiner Entscheidung für die Sperrklausel nicht darauf abstellen, daß die Bezirksversammlungen keine gesetzgeberischen Funktionen im eigentlichen Sinne haben und keine Regierung bilden müssen. Auch die Befugnis des Senats, allgemein oder im Einzelfall dem Bezirksamt Weisungen zu erteilen oder Bezirksangelegenheiten selbst zu erledigen, konnte dabei außer Betracht bleiben. Die Sicherung der Funktionsfähigkeit der Bezirksversammlung stellt unabhängig von der Art der übertragenen Aufgaben und ohne Rücksicht auf Aufsichts- und Eingriffsrechte des Senats allein auf die normale ordnungsmäßige Ausübung der Funktionen der Bezirksversammlung ab (vgl. BVerfGE 6, 104, 116, 117). Das normale Funktionieren der Bezirksversammlung kann aber in den großstädtischen Verhältnissen, die in den Bezirken Hamburgs herrschen, durch das Vorhandensein von Splitterparteien ebenso gestört werden wie das normale Funktionieren eines Parlaments (vgl. BVerfGE 6, 104, 118).

Da es grundsätzlich Sache des Gesetzgebers ist, die Belange der Funktionsfähigkeit der Volksvertretung mit den Geboten der Wahlrechtsgleichheit zum Ausgleich zu bringen, muß auch der Gesetzgeber entscheiden, von welchem Wahrscheinlichkeitsgrad an er Funktionsstörungen in Betracht ziehen will. Die Verfassungsgerichte haben allerdings zu prüfen, ob der Gesetzgeber sich dabei an der politischen Wirklichkeit, an den Verhältnissen im Lande und denen zur Zeit seiner Entscheidung orientiert hat. Eine Orientierung der gesetzgeberischen Entscheidung an konstruierten Fallgestaltungen wäre verfassungsrechtlich nicht zulässig (BVerfGE 1, 208, 259). Auch darf der Gesetzgeber es nicht bei seiner einmal getroffenen Entscheidung für eine Sperrklausel bewenden lassen, wenn sich die Verhältnisse im Lande wesentlich geändert haben.

Auch aus diesen Erwägungen ergeben sich keine verfassungsrechtlichen Bedenken gegen die Gültigkeit von § 4 Abs. 1 BezWahlG. Es bestehen keine Anhaltspunkte dafür, daß der hamburgische Gesetzgeber seine Entscheidung für die Sperrklausel des Bezirkswahlrechts an konstruierten Fallgestaltungen und nicht an der politischen Wirklichkeit zur Zeit seiner Entscheidung orientiert hat. Der Gesetzgeber hat sich überdies auf den Antrag der GAL-Fraktion (Drs. 15/7659), § 4 Abs. 1 BezWahlG aufzuheben, neuerlich mit seiner früheren Entscheidung für eine 5 %-Sperrklausel befaßt und den Antrag am 18. Juni 1997 (Plenarprotokoll 15/99) mit großer Mehrheit abgelehnt. Es kann unentschieden bleiben, ob ein hinreichender Kontrollanlaß bestanden hat. Die Bürgerschaft hat die Sperrklausel jedenfalls nochmals geprüft und für weiterhin richtig befunden.

Danach kann auch die Berufung auf das Urteil des Verfassungsgerichtshofes des Landes Berlin vom 17. März 1997 der Beschwerde nicht zum Erfolg verhelfen. Der in jenem Urteil festgestellte Verstoß der Berliner Sperrklausel gegen die Wahlrechtsgleichheit der Berliner Verfassung beruht auf einer Prüfung der tatsächlichen und rechtlichen Verhältnisse im Lande Berlin. Das läßt sich nicht auf Hamburg übertragen. Der hamburgische Gesetzgeber ist – wie soeben ausgeführt – nach der hamburgischen Verfassung insbesondere nicht darauf beschränkt, seine Sperrklausel mit der konkreten, mit einiger Wahrscheinlichkeit zu erwartenden Möglichkeit einer Funktionsbeeinträchtigung zu rechtfertigen. Wenn er – wie geschehen – seine Prognose über Funktionsbeeinträchtigungen an den wirklichen Verhältnissen in Hamburg und zur Zeit seiner Entscheidung orientiert, schreibt die hamburgische Verfassung nicht den Grad der Wahrscheinlichkeit vor, der für den Eintritt von Funktionsstörungen sprechen muß.

Der hamburgische Gesetzgeber hat sich mit der Sperrklausel im Bezirkswahlrecht mithin an einem Ziel orientiert, das er bei der Ausgestaltung des Wahlrechts verfolgen darf. Da die Sperrklausel auch nicht ungeeignet ist, Funktionsbeeinträchtigungen von den Bezirksversammlungen abzuwenden, und in Höhe von 5 % das Maß des Erforderlichen nicht überschreitet, ist sie verfassungsgemäß.

7. Der Beschwerdeführer beanstandet schließlich das Wahlprüfungsverfahren der Beschwerdegegnerin. Auch dieses Vorbringen kann seiner Beschwerde nicht zum Erfolg verhelfen. Denn ein Fehler in dem der Wahl nachfolgenden Prüfungsverfahren kommt schon begrifflich als Wahlfehler nicht in Betracht

Eine Kostenentscheidung ist nach §§ 66, 67 HVerfGG nicht veranlaßt.
Die Entscheidung ist einstimmig ergangen.

Entscheidungen
des Staatsgerichtshofes
des Landes Hessen

Die amtierenden Richterinnen und Richter des Staatsgerichtshofes des Landes Hessen

Prof. Dr. Klaus Lange, Präsident
Dr. Helmut Wilhelm, Vizepräsident
Elisabeth Buchberger
Felizitas Fertig
Dr. Karl Heinz Gasser
Paul Leo Giani
Dr. Günter Paul
Rudolf Rainer
Georg Schmidt-von Rhein
Dr. Wolfgang Teufel
Dr. Manfred Voucko

Stellvertretende Richterinnen und Richter

Jörg Britzke
Werner Eisenberg
Ferdinand Georgen
Dr. Bernhard Heitsch
Dr. Harald Klein
Ursula Kraemer
Dr. Helga Laux
Dr. Wilhelm Nassauer
Karin Wolski
Prof. Dr. Johannes Baltzer
Helmut Enders
Gerhard Fuckner
Joachim Poppe
Manfred Stremplat
Elisabeth Vogelheim

Nr. 1

1. Bundesrecht steht der Geltung mit den entsprechenden Gewährleistungen des Grundgesetzes inhaltsgleicher Verfahrensgrundrechte der Hessischen Verfassung in bundesrechtlich geregelten Verfahren nicht entgegen und schließt die Zuständigkeit des Staatsgerichtshofes zur Überprüfung ihrer Beachtung durch die Gerichte des Landes Hessen nicht aus (Aufgabe der abweichenden früheren Rechtsprechung des Staatsgerichtshofes).

2. Nach hessischem Landesrecht gelten die Verfahrensgrundrechte der Hessischen Verfassung ebenso wie die Prüfungskompetenz des Staatsgerichtshofes in dem durch das Bundesrecht eröffneten Rahmen auch für Entscheidungen von Gerichten des Landes in bundesrechtlich geregelten Verfahren.

3. Ein Landesgrundrecht ist nur dann mit einem Grundrecht des Grundgesetzes inhaltsgleich, wenn es in dem zu entscheidenden Fall zu demselben Ergebnis wie das Grundgesetz führt.

4. Ist ein Urteil eines hessischen Gerichts unter Berufung auf parallele Gewährleistungen im Grundgesetz und in der Hessischen Verfassung sowohl vor dem Bundesverfassungsgericht als auch vor dem Staatsgerichtshof angegriffen, so ist grundsätzlich eine Aussetzung des Verfahrens vor dem Staatsgerichtshof angezeigt, da zur Entscheidung der von beiden Verfassungsgerichten zu prüfenden Frage der Verletzung von Bundesgrundrechten zuvörderst das Bundesverfassungsgericht als der insofern maßgebliche Interpret berufen ist.

5. Eine Aussetzung des Verfahrens vor dem Staatsgerichtshof erübrigt sich, wenn die Grundrechtsklage aus Gründen offensichtlich unzulässig ist, die von der Auslegung der grundgesetzlichen Verfahrensgrundrechte unabhängig sind.

GG Art. 31, 74 Abs. 1 Nr. 1, 100 Abs. 3 1. Alt., 142
HV Art. 20 Abs. 1 Satz 1, 26, 131 Abs. 1 und 3, 153 Abs. 2
BVerfGG §§ 31 Abs. 1, 33 Abs. 1
StGHG §§ 16 Abs. 1 Satz 2, 43, 44

Beschluß vom 9. September 1998 – P.St. 1299 –

in dem Verfahren wegen Verletzung von Grundrechten der Frau N., an dem sich beteiligt haben:
1. der Hessische Ministerpräsident, Staatskanzlei, Bierstadter Straße 2, 65189 Wiesbaden,
2. der Landesanwalt beim Staatsgerichtshof des Landes Hessen, Mühlgasse 2, 65183 Wiesbaden,
und in dem Herr S. als durch die angefochtene Maßnahme begünstigter Dritter angehört worden ist

Entscheidungsformel:

Das Verfahren wird bis zur Entscheidung des Bundesverfassungsgerichts über die Verfassungsbeschwerde der Antragstellerin – Az.: 1 BvR 426/98 – ausgesetzt.

Gründe:

I.

Die Antragstellerin wendet sich mit der Grundrechtsklage gegen das Berufungsurteil des Landgerichts Frankfurt am Main vom 9. Dezember 1997 – Az.: 2/11 S 146/97 – in einer mietrechtlichen Streitigkeit. Sie macht geltend, in ihrem Gleichheitsrecht aus Art. 1 der Verfassung des Landes Hessen (im folgenden: Hessische Verfassung – HV –) in dessen Ausprägung als Willkürverbot, in ihrem Recht auf den gesetzlichen Richter nach Art. 20 Abs. 1 Satz 1 HV sowie in ihrem Recht auf rechtliches Gehör verletzt zu sein. Gleichzeitig hat sie gegen dieses Urteil Verfassungsbeschwerde zum Bundesverfassungsgericht - Az.: 1 BvR 426/98 – erhoben, mit der sie rügt, in den gleichen auch vom Grundgesetz gewährleisteten Grundrechten verletzt zu sein.

II.

1. Das Verfahren des Staatsgerichtshofes über die Grundrechtsklage wird ausgesetzt, weil die Entscheidung des Bundesverfassungsgerichts über die dort anhängige Verfassungsbeschwerde der Antragstellerin für die vom Staatsgerichtshof zu treffende Entscheidung von Bedeutung sein kann, § 16 Abs. 1 Satz 2 des Gesetzes über den Staatsgerichtshof – StGHG – i.V.m. § 33 Abs. 1 des Gesetzes über das Bundesverfassungsgericht (Bundesverfassungsgerichtsgesetz – BVerfGG –).

2. Die angegriffene Entscheidung des Landgerichts beruht auf Bundesprozeßrecht. Dieser Umstand steht der Zulässigkeit der Grundrechtsklage grundsätzlich nicht entgegen. Die abweichende frühere Rechtsauffassung des Staatsgerichtshofes (vgl. zuletzt Beschluß vom 8.10.1997 – P.St. 1269 –, StAnz. 1997, S. 3334) wird im Hinblick auf die Bindungswirkung des Beschlusses des Bundesverfassungsgerichts vom 15. Oktober 1997 – 2 BvN 1/95 –, BVerfGE 96, 345, aufgegeben.

a) Bundesrecht schließt auf der Grundlage der genannten Entscheidung des Bundesverfassungsgerichts weder die Geltung von Verfahrensgrundrechten des Landes in bundesrechtlich geregelten Verfahren noch die Zuständigkeit des Staatsgerichtshofes zur Überprüfung ihrer Beachtung durch die Gerichte des Landes aus.

Soweit Verfahrensgrundrechte der Hessischen Verfassung mit solchen des Grundgesetzes inhaltsgleich sind, gelten sie auch, wenn die Richter des Landes Hessen bundesrechtlich geregeltes Prozeßrecht anwenden. Einfaches Bundesrecht kann ein nach Art. 142 GG prinzipiell geltendes Landesgrundrecht nicht gemäß Art. 31 GG verdrängen, wenn dieses Landesgrundrecht einen bestimmten Gegenstand im gleichen Sinn und mit gleichem Inhalt regelt wie ein Bundesgrundrecht. An diese Feststellung des Bundesverfassungsgerichts im Beschluß vom 15. Oktober 1997 (aaO) ist der Staatsgerichtshof gemäß § 31 Abs. 1 BVerfGG gebunden.

Nach der genannten Entscheidung des Bundesverfassungsgerichts hindert Bundesrecht, insbesondere Art. 31 GG, die Länder auch nicht, in Fällen, in denen Landesgerichte Bundesverfahrensrecht anwenden, kraft ihrer Gesetzgebungskompetenz ihren Landesverfassungsgerichten den Schutz von mit Bundesgrundrechten inhaltsgleichen Landesgrundrechten zuzuweisen. Das umfaßt auch die Kompetenz, eine landesverfassungswidrige Entscheidung aufzuheben.

b) In dem damit bundesrechtlich eröffneten Rahmen gelten nach hessischem Landesrecht die Verfahrensgrundrechte der Hessischen Verfassung ebenso wie die Prüfungskompetenz des Staatsgerichtshofes auch für Ent-

scheidungen von Gerichten des Landes in bundesrechtlich geregelten Verfahren.
Art. 26 HV bindet die Gerichte des Landes Hessen an die Grundrechte der Hessischen Verfassung. Art. 131 Abs. 1, 3 HV und §§ 43 f StGHG berechtigen und verpflichten den Staatsgerichtshof zum Schutz der dem einzelnen durch die Hessische Verfassung garantierten Grundrechte. In dem Umfang, in dem hessische Grundrechte bei der Anwendung bundesrechtlich geregelten Verfahrensrechts durch hessische Landesgerichte gelten, muß der Staatsgerichtshof die entsprechenden landesgerichtlichen Entscheidungen am Maßstab hessischer Grundrechte überprüfen.

Die Hessische Verfassung und das Gesetz über den Staatsgerichtshof enthalten keine Vorschrift, die den Staatsgerichtshof von der Aufgabe, hessische Grundrechte vor einer Verletzung durch hessische Staatsgewalt zu schützen, für den Fall freistellt, daß hessische Landesgerichte Bundesverfahrensrecht anwenden. Art. 153 Abs. 2 HV, der einen Bezug zu (künftigem) Bundesrecht herstellt, verweist nur darauf, daß künftiges Recht der Deutschen Republik Landesrecht bricht, regelt mithin lediglich den Fall einer Kollision. Art. 31 GG hat genau diesen Inhalt und geht damit als bundesverfassungsrechtliche Norm vor, so daß Art. 153 Abs. 2 HV gegenstandslos geworden ist (so schon StGH, Beschluß vom 4. 8. 1950 – P.St. 62 –, StAnz. 1950 Nr. 37 Beilage Nr. 7, S. 41, 44; Beschluß vom 1. 7. 1965 – P.St. 348 –). Auch weist das Gesetz über den Staatsgerichtshof keine einschränkende Regelung wie beispielsweise § 44 Abs. 2 Satz 1 des Landesgesetzes über den Verfassungsgerichtshof Rheinland-Pfalz auf, nach dem die dortige Verfassungsbeschwerde unzulässig ist, soweit die öffentliche Gewalt des Landes Bundesrecht ausführt oder anwendet.

3. Wenn auch der Vorrang des Bundesrechts nach Art. 31 GG die Geltung von Landesverfahrensgrundrechten für Entscheidungen der Landesgerichte in bundesrechtlich geregelten Verfahren und die Prüfungskompetenz des Staatsgerichtshofes nicht ausschließt, so unterwirft er sie nach der auch insofern verbindlichen Auslegung des Grundgesetzes durch das Bundesverfassungsgericht doch wesentlichen Beschränkungen. Danach sind die Gerichte des Landes bei der Anwendung von Bundesverfahrensrecht nur an solche Verfahrensgrundrechte der Landesverfassung gebunden, die mit den vom Grundgesetz gewährleisteten Grundrechten inhaltsgleich sind. Soweit es um bundesrechtlich geregelte Verfahren geht, ist der Staatsgerichtshof auf die Prüfung der Beachtung dieser Verfahrensgrundrechte beschränkt.

Ein Landesgrundrecht ist nur dann mit einem Grundrecht des Grundgesetzes inhaltsgleich, wenn es in dem zu entscheidenden Fall zu demselben Ergebnis wie das Grundgesetz führt (BVerfG, aaO, S. 373 f). Bei der Prüfung, zu welchem Ergebnis das Grundgesetz führt, ist der Staatsgerichtshof gemäß § 31 BVerfGG an die Rechtsprechung des Bundesverfassungsgerichts gebunden. Will er bei Auslegung des Grundgesetzes von einer Entscheidung des Bundesverfassungsgerichts abweichen, muß er gemäß Art. 100 Abs. 3 1. Alt. GG dessen Entscheidung einholen. Ist – wie hier – ein Urteil eines hessischen Gerichts unter Berufung auf parallele Gewährleistungen in Grundgesetz und Hessischer Verfassung sowohl vor dem Bundesverfassungsgericht als auch vor dem Staatsgerichtshof angegriffen, so ist zur Entscheidung der von beiden Verfassungsgerichten zu prüfenden Frage der Verletzung von Bundesgrundrechten zuvörderst das Bundesverfassungsgericht als der insofern maßgebliche Interpret berufen. In einem solchen Fall läßt sich nur dadurch, daß zunächst das Bundesverfassungsgericht entscheidet, sicherstellen, daß eine etwa unbeabsichtigt divergierende Auslegung des Grundgesetzes durch das Bundesverfassungsgericht einerseits und das Landesverfassungsgericht andererseits vermieden wird.

4. Die danach angezeigte Aussetzung des Verfahrens bis zur Entscheidung des Bundesverfassungsgerichts erübrigt sich nicht deshalb, weil die Grundrechtsklage aus anderen Gründen schon offensichtlich unzulässig wäre.

Wegen der Gesetzgebungszuständigkeit des Bundes aus Art. 74 Abs. 1 Nr. 1 GG auf den Gebieten der Gerichtsverfassung und des gerichtlichen Verfahrens dürfen die landesrechtlichen Regelungen der Landesverfassungsgerichtsbarkeit Befugnisse nur insoweit zuweisen, als dies unerläßlich ist, um den Zweck der landesrechtlichen Verfassungsbeschwerde zu verwirklichen. Die Landesverfassungsbeschwerde gegen Entscheidungen der Gerichte eines Landes darf demgemäß nur insoweit zugelassen werden, als ein von den Verfahrensordnungen des Bundes eröffneter Rechtsweg zuvor ordnungsgemäß ausgeschöpft worden ist und die danach verbleibende Beschwer des Beschwerdeführers auf der Ausübung der Staatsgewalt des Landes – und nicht auch der des Bundes – beruht. Das schließt es aus, eine Entscheidung zu überprüfen, die ein Landesgericht unter strikter Bindung an Vorgaben eines Bundesgerichtes getroffen hat (BVerfG, aaO, S. 371 f).

Die Verfahrensordnung des Staatsgerichtshofes in § 44 StGHG trägt diesen bundesverfassungsrechtlichen Vorgaben Rechnung. Nach § 44 Abs. 1 Satz 1 StGHG kann die Grundrechtsklage, wenn für ihren Gegenstand der Rechtsweg zulässig ist, erst erhoben werden, wenn der Rechtsweg erschöpft ist. Der Staatsgerichtshof prüft nur, ob die Entscheidung des höchsten in der Sache zuständigen Gerichts auf der Verletzung eines von der Verfassung des Landes Hessen gewährten Grundrechts beruht, § 44 Abs. 1 Satz 2 StGHG. Gemäß § 44 Abs. 1 Satz 3 StGHG ist die Grundrechtsklage unzulässig, wenn das höchste in der Sache zuständige Gericht kein Gericht des Landes Hessen ist. Hat das höchste in der Sache zuständige Gericht des Landes Hessen ein Rechtsmittel oder einen Rechtsbehelf gegen seine Entscheidung nicht zugelassen, so gilt der Rechtsweg mit dieser Entscheidung als erschöpft, § 44 Abs. 1 Satz 4 StGHG.

Die von der Antragstellerin erhobene Grundrechtsklage genügt den danach geltenden Zulässigkeitserfordernissen. Sie richtet sich gegen eine Berufungsentscheidung des Landgerichts Frankfurt am Main. Der Rechtsweg ist erschöpft, da die Zivilprozeßordnung kein Rechtsmittel gegen Berufungsentscheidungen der Landgerichte vorsieht; das Landgericht Frankfurt am Main als höchstes in der Sache zuständiges Gericht ist ein Gericht des Landes Hessen. Das Landgericht war bei seiner Entscheidung auch nicht im Sinne des Beschlusses des Bundesverfassungsgerichts an die Vorgaben eines Bundesgerichtes vollständig gebunden.

Nr. 2

1. Prüfungsgegenstand der Grundrechtsklage ist die Entscheidung des höchsten in der Sache zuständigen Gerichts des Landes Hessen gemäß § 44 Abs. 1 Satz 2 StGHG auch dann, wenn durch sie lediglich ein Antrag auf Zulassung eines Rechtsbehelfs abgelehnt worden ist.

2. Eine Verletzung des Art. 2 Abs. 3 HV (Rechtsweggarantie) durch die Anwendung und Auslegung des einfachgesetzlichen Prozeßrechts kann nur angenommen werden, wenn das Fachgericht die Bedeutung dieses Grundrechts eindeutig verkannt hat.

3. Die Grundsätze der Mündlichkeit und der Öffentlichkeit der Verhandlung sind keine Verfassungsgrundsätze der Hessischen Verfassung, sondern gelten nur nach Maßgabe des einfachen Prozeßrechts.

4. Die rechtswidrige Versagung eines einfachgesetzlichen Anspruchs kann nur dann eine Grundrechtsverletzung darstellen, wenn Grundrechte selbst den Anspruch auf die begehrte Leistung gewähren.

5. Eine unterschiedliche Rechtsanwendung durch Exekutive oder Rechtsprechung überschreitet die Schwelle zum verfassungsrechtlich

relevanten Verstoß gegen den Gleichheitssatz erst dann, wenn die Rechtsanwendung nicht mehr verständlich ist und sich daher der Schluß aufdrängt, daß die jeweilige Entscheidung auf sachfremden Erwägungen beruht.

HV Art. 1, 2 Abs. 1, 2 Abs. 3, 4, 126 Abs. 2

StGHG §§ 43, 44

Beschluß vom 2. November 1998 – P.St. 1328 –

Auf die Anträge des Steueroberinspektors K. wegen Verletzung von Grundrechten

Entscheidungsformel:
Die Anträge werden zurückgewiesen.
Gerichtskosten werden nicht erhoben, außergerichtliche Kosten werden nicht erstattet.

Gründe:

A.

I.

Der Antragsteller wendet sich mit der Grundrechtsklage gegen die Versagung einer begehrten Arbeitszeitverkürzung nach dem Hessischen Beamtengesetz – HBG – sowie gegen verwaltungsgerichtliche Streitwertfestsetzungen.

Der Antragsteller ist Beamter des Landes Hessen. In seinem Haushalt leben seine Lebensgefährtin und seine zwei minderjährigen Töchter. Die Arbeitszeit des Antragstellers wurde in der Vergangenheit mehrfach gemäß § 92a HBG auf 50 % reduziert. Zwei den Zeitraum Januar bis November 1998 betreffende Anträge des Antragstellers auf Halbierung seiner Arbeitszeit wurden bestandskräftig abgelehnt. Mit Antrag vom 29. Dezember 1997 begehrte der Antragsteller die Halbierung der Arbeitszeit vom 13. Januar 1998 bis zum 14. November 1998. Diesem Hauptantrag stellte er 59 Hilfsanträge zur Seite, mit denen er Beurlaubung ohne Bezüge, Arbeitszeitverkürzungen für andere Zeiträume im Jahr 1998 sowie Reduzierungen seiner Arbeitszeit in unterschiedlichem Umfang begehrte. Die Oberfinanzdirektion Frankfurt am Main lehnte mit Verfügung vom 9. April 1998 die 60 Anträge ab. Der Widerspruch des Antragstellers wurde mit Widerspruchsbescheid vom 5. Juni 1998 zurückgewiesen. Mit Schreiben vom 1. Juli 1998 erhob der Antragsteller beim Verwaltungsgericht Frankfurt am Main eine Klage mit 62 Anträgen – Az.: 9 E 1900/98 (2) –, über die noch nicht entschieden ist.

Bereits mit Schriftsatz vom 6. Februar 1998 stellte der Antragsteller beim Verwaltungsgericht Frankfurt am Main einen Antrag auf Erlaß einer einstweiligen Anordnung mit dem Ziel einer Arbeitszeitreduzierung bzw. Beurlaubung ab sofort bis zum 30. November 1998. Neben diesem Hauptantrag verfolgte der Antragsteller im Eilverfahren – Az.: 9 G 393/98 (V) – 59 Hilfsanträge. Wegen deren Inhalt wird auf den Schriftsatz des Antragstellers vom 6. Februar 1998 (Bl. 14 der Verfahrensakte des Staatsgerichtshofes) Bezug genommen. Das Verwaltungsgericht Frankfurt am Main lehnte die Anträge des Antragstellers mit Beschluß vom 6. März 1998 – Az.: 9 G 393/98 (V) – ab und setzte den Wert des Streitgegenstandes auf DM 8 000,– fest. Für das Begehren des Antragstellers fehle der Anordnungsgrund. Zwar könne bei weiterem Zeitablauf sein auf Arbeitszeitermäßigung gerichtetes Begehren nicht mehr realisiert werden. Der erforderlichen besonderen Eilbedürftigkeit stehe jedoch entgegen, daß der Antragsteller den Widerspruchsbescheid der Oberfinanzdirektion Frankfurt am Main vom 9. Dezember 1997, mit dem über seinen Arbeitszeitermäßigungsanspruch für 1998 entschieden worden sei, habe bestandskräftig werden lassen. Im übrigen fehle es auch an einem Anordnungsanspruch. Dies belege schon das Urteil des Verwaltungsgerichts Frankfurt am Main vom 5. August 1997 – Az.: 3 E 1855/97 (1) –, das ein Begehren ähnlicher Art wie es der Antragsteller hier verfolge, als rechtsmißbräuchlich verworfen habe. Ergänzend sei darauf hinzuweisen, daß die Ausführungen des Antragstellers zur tatsächlichen Kinderbetreuung unzureichend seien. Die Zweifel des Gerichts an der Verwendung durch eine Arbeitszeitermäßigung gewonnener Freizeit zur Kinderbetreuung durch den Antragsteller würden dadurch verstärkt, daß er Arbeitszeitermäßigungen unterschiedlichen Umfangs bis hin zu einer Reduzierung von nur 10% anstrebe. Die Streitwertfestsetzung auf den Hauptsachestreitwert folge daraus, daß der Antragsteller im Eilverfahren die Vorwegnahme der Hauptsache begehre.

Mit Schreiben vom 22. März 1998 stellte der Antragsteller den Antrag auf Zulassung der Beschwerde gegen diese Entscheidung durch den Hessischen Verwaltungsgerichtshof und erhob zugleich Streitwertbeschwerde. Zur Begründung des Antrags auf Zulassung der Beschwerde führte er unter Ziffer 1 aus, im Verwaltungsgerichtsbeschluß vom 6. März 1998 werde die Sach- und Rechtslage verkannt. Im Hinblick auf den Anordnungsanspruch habe er ausreichend vorgetragen. Soweit das Verwaltungsgericht detailliertere Angaben zu Art und Umfang der Betreuung verlangt habe, habe es seinen durch Art. 8 Abs. 2 der Europäischen Menschenrechtskonvention – EMRK – und Art. 6 Nr. 1 der Erklärung des Europäischen Parlaments über die Grundrechte und Grundfreiheiten garantierten Anspruch auf Achtung der Privatsphäre und des Familienlebens verkannt. Für die nach § 92 a HBG zu treffende Entscheidung komme es auf Art und Umfang der Kinderbetreuung nicht an. Die Berufung auf das frühere Verwaltungsgerichtsurteil vom 5. August 1997 gehe fehl. In diesem Verwaltungsgerichtsurteil sei aus dem Mißverhältnis zwischen Weihnachtsgeld (etwa 92% des Monatsgehalts) und der Jahresarbeitszeit (etwa 54% der Jahresarbeitszeit) auf die Rechtsmißbräuchlichkeit eines Antrags auf Arbeitszeitreduzierung geschlossen worden. Der Umstand, daß er 1998 bereits mehrere Monate voll gearbeitet habe sowie seine abgestuft höhere Arbeitszeiten beinhaltenden Hilfsanträge führten zu Verhältnissen von Weihnachtsgeld und Jahresarbeitszeit, die nicht mehr als rechtsmißbräuchlich zu werten seien. Ferner habe das Verwaltungsgericht nicht geprüft, ob ihm unter dem Gesichtspunkt des Gleichbehandlungsgrundsatzes die begehrte Arbeitszeitverkürzung zu gewähren sei. Einer Reihe von Bediensteten der Finanzbehörden sei Teilzeitbeschäftigung ohne Kinderbetreuung und ohne Angehörigenpflege – wenn auch wohl nach § 85 a HGB – gewährt worden. Anderen Bediensteten seien Arbeitszeitermäßigungen wegen Kinderbetreuung ohne weitere Nachweise über deren Art und Umfang bewilligt worden. Im Hinblick auf die Verneinung des Anordnungsgrundes führte der Antragsteller unter Ziffer 2 aus, die Feststellung des Verwaltungsgerichts, nach der die Hinnahme einer Verwaltungsentscheidung in einer anderen Sache dieser Sache die Eilbedürftigkeit nehme, entbehre jeglicher Logik. Unter Ziffer 3 seines Zulassungsantrags trug der Antragsteller vor, die Rechtssache weise besondere rechtliche Schwierigkeiten auf und habe grundsätzliche Bedeutung. Nach dem Gesetz, der Erlaßlage, der Kommentarliteratur sowie nach dem Urteil des Bundesverwaltungsgerichts vom 6. Juli 1989 – BVerwG 2 C 52.87 –, BVerwGE 82, 196 bestehe sein Anspruch auf Arbeitszeitermäßigung. Das Verwaltungsgericht vertrete demgegenüber eine eindeutige Minderheitenmeinung. Das Arbeiten mit dem Begriff „Rechtsmißbrauch" ohne Benennung einer gesetzlichen Grundlage weise die Sache als rechtlich schwierig aus. In Ziffer 4 des Zulassungsantrags berief sich der Antragsteller darauf, daß die Entscheidung des Verwaltungsgerichts vom Urteil des Bundesverwaltungsgerichts vom 6. Juli 1989 abweiche. Das Bundesverwaltungsgericht habe in diesem Urteil klargestellt, daß der Beamte die Wahl hinsichtlich der Teilzeitbeschäftigung habe. Dies legitimiere auch seine 59 Hilfsanträge. Das Verwaltungsgericht habe dies zu Unrecht in Abrede gestellt. Schließlich rügte der Antragsteller unter Ziffer 5 seines Zulassungsantrags als Verfahrensmangel einen Verstoß des Verwaltungsgerichts gegen seinen Anspruch auf rechtliches Gehör, da das Verwaltungsgericht von ihm keine weiteren Angaben zur Betreuung seiner Kinder gefordert habe. Zur Begründung der Streitwertbeschwerde legte der Antragsteller dar, die Ablehnung des 50%igen Abschlags auf den Streitwert sei zu Unrecht erfolgt. Es handele sich lediglich um eine vorläufige Regelung, eine Vorwegnahme der Hauptsache liege nicht vor.

Der Hessische Verwaltungsgerichtshof lehnte mit dem Antragsteller am 29. Juli 1998 zugestellten Beschluß vom 21. Juli 1998 – Az.: 1 TZ 1212/98 – den Antrag auf Zulassung der Beschwerde gegen die Entscheidung des Verwaltungsgerichts Frankfurt am Main ab. Zur Begründung führte er aus, soweit der Antragsteller in der Antragsschrift vom 22. März 1998 in mehreren Teilziffern dargelegt habe, aus welchen Gründen er den angefochtenen Beschluß für unrichtig halte, genüge dies nicht den an einen Antrag auf Zulassung der Beschwerde zu stellenden Begründungserfordernissen. Es fehle insofern an jeglicher Zuordnung zu einem der Zulassungsgründe. Diese Zuordnung sei gemäß § 146 Abs. 5 Satz 3 VwGO Aufgabe des Antragstellers und nicht des Gerichts. Nach dem Willen des Gesetzgebers diene der Begründungszwang nach § 146 Abs. 5 Satz 3 VwGO dem Zweck, den Bearbeitungsaufwand für Zulassungsanträge zu verringern und so die Berufungs- und Beschwerdeinstanz zu entlasten. Unter Berücksichtigung des gleichzeitig eingeführten Vertretungszwangs vor dem Oberverwaltungsgericht (§ 67 Abs. 1 VwGO) erfordere die Begründung des Zulassungsantrags, daß der rechtskundige Prozeßbevollmächtigte dem Gericht die im Zulassungsverfahren entscheidungserheblichen Gesichtspunkte nach den genau bezeichneten Zulassungsgründen geordnet darlege. Die Beschwerde sei auch nicht wegen besonderer tatsächlicher oder rechtlicher Schwierigkeiten der Rechtssache (§ 124 Abs. 2 Nr. 2 VwGO) zuzulassen. Mit der bloßen Rechtsbehauptung, nach §§ 85a, 92a HBG, nach dem Gemeinsamen Erlaß der Bevollmächtigten der Hessischen Landesregierung für Frauenangelegenheiten und des Hessischen Ministeriums des Innern vom 18. Dezember 1989 (StAnz. 1990, 24), nach dem Urteil des Bundesverwaltungsgerichts vom 6. Juli 1989 – BVerwG 2 C 52.87 –, BVerwGE 82, 196 sowie nach dem Kommentar von *Maneck/Schirrmacher* zum Hessischen Beamtengesetz sei der geltend gemachte Anspruch begründet, wohingegen das Verwaltungsgericht eine Mindermeinung vertrete, sei eine besondere rechtliche Schwierigkeit nicht dargelegt. Soweit der Antragsteller dieses Vorbringen zugleich auf den Zulassungsgrund nach § 124 Abs. 2 Nr. 3 VwGO (grundsätzliche Bedeutung der Rechtssache) beziehe, seien dessen Voraussetzungen ebenfalls nicht hinreichend dargelegt worden. Der Antragsteller formuliere keine konkrete, in einem Beschwerdeverfahren entscheidungserhebliche Rechtsfrage, die über den Einzelfall hinaus im Interesse der Einheitlichkeit der Rechtsprechung oder der Fortbildung des Rechts einer Klärung bedürfe. Die Beschwerde sei auch nicht wegen einer Abweichung des erstinstanzlichen Beschlusses von einer Entscheidung des Bundesverwaltungsgerichts zuzulassen (§ 124 Abs. 2 Nr. 4 VwGO). Die zitierte Entscheidung des Bundesverwaltungsgerichts sei zur sog. Zwangsteilzeitbeschäftigung neu eingestellter Beamter ergangen. Damit sei ein völlig anderer rechtlicher Aspekt der Teilzeitbeschäftigung angesprochen als im vorliegenden Verfahren. Eine Zulassung der Beschwerde wegen eines Verfahrensmangels (§ 124a Abs. 2 Nr. 5 VwGO) komme nicht in Betracht, weil die Entscheidung des Verwaltungsgerichts nicht auf der vom Antragsteller geltend gemachten Verletzung seines Rechts auf rechtliches Gehör beruhen könne. Die durch die tatsächlichen Angaben des Antragstellers veranlaßten Zweifel des Verwaltungsgerichts, ob sein Antrag der familienpolitischen Zwecksetzung des § 92a Abs. 1 HBG genüge, seien lediglich im Rahmen ergänzender Hinweise geäußert worden.

Die Streitwertbeschwerde des Antragstellers wies der Hessische Verwaltungsgerichtshof mit dem Antragsteller gleichfalls am 29. Juli 1998 zugestelltem Beschluß vom 21. Juli 1998 – Az.: 1 TE 1233/98 – zurück. Das Verwaltungsgericht habe den Streitwert mangels näherer Anhaltspunkte zu Recht gemäß §§ 20 Abs. 3, 13 Abs. 1 Sätze 1 und 2 GKG in Höhe des vollen Auffangstreitwertes von DM 8 000,– festgesetzt. Eine Reduzierung des Streitwertes auf die Hälfte des in einem Hauptsacheverfahren festzusetzenden Wertes komme nicht in Betracht, da der Antragsteller mit seinen im vorläufigen Rechtsschutzverfahren gestellten Anträgen auf Arbeitszeitermäßigung zumindest bis zur Entscheidung in der Hauptsache so gestellt werden wolle, als hätte er in der Hauptsache bereits obsiegt. Darin liege eine Vorwegnahme der Hauptsache.

Am 30. August 1998 – einem Sonntag – hat der Antragsteller beim Staatsgerichtshof des Landes Hessen Grundrechtsklage erhoben.

Der Antragsteller sieht in der gerichtlich bestätigten Ablehnung seiner Anträge auf Arbeitszeitreduzierung zunächst Verletzungen seines Grundrechts auf Schutz von Ehe und Familie aus Art. 4 der Verfassung des Landes Hessen – HV – sowie seines Grundrechts auf freie Entfaltung der Persönlichkeit aus Art. 2 Abs. 1 HV. Die Voraussetzungen des § 92a HBG für den gebundenen Anspruch auf Gewährung von Betreuungsteilzeit lägen in seiner Person ebenso vor wie die Voraussetzungen des Ermessensanspruchs auf Gewährung von Arbeitsmarktteilzeit nach § 85a HBG. Der Anspruch nach § 85a HBG bleibe zwar ein Ermessensanspruch, wegen der tatsächlichen Handhabung dieser Regelung durch den Dienstherrn könne die Ablehnung in seinem Fall jedoch nur gleichheitswidrig und damit ermessensmißbräuchlich erfolgt sein. Die rechtswidrige Ablehnung seiner Anträge auf Arbeitszeitverkürzung stelle eine Verletzung der Art. 4 und 2 Abs. 1 HV dar. Verletzt sei ferner der Gleichheitssatz des Art. 1 HV, da bei der hessischen Steuerverwaltung Anträge von Bediensteten auf Teilzeitarbeit und Beurlaubungen ohne weiteres bewilligt würden. Da keiner seiner 60 Antragsvarianten stattgegeben worden sei, seien allein für ihn die §§ 85 a, 92 a HBG faktisch abgeschafft worden. Die Ablehnung seiner Begehren auf Arbeitszeitreduzierung durch die Gerichte trotz Vorliegens der gesetzlichen Anspruchsvoraussetzungen verstoße zugleich gegen die in Art. 126 Abs. 2 HV normierte Bindung der Richter an das Gesetz. Die Entscheidung des Hessischen Verwaltungsgerichtshofs verletze die Rechtsweggarantie des Art. 2 Abs. 3 HV. Bereits der Vertretungszwang vor dem Verwaltungsgerichtshof sei verfassungswidrig und verstoße überdies gegen Art. 6 Abs. 3 c EMRK. Der Vertretungszwang könne auch nicht zu den vom Hessischen Verwaltungsgerichtshof aufgestellten Darlegungsanforderungen führen. Durch diese Darlegungsanforderungen im Rahmen des Antrags auf Zulassung der Beschwerde werde das Grundrecht auf effizienten Rechtsschutz in sein Gegenteil verkehrt. Der Verwaltungsgerichtshof habe unbeachtet gelassen, daß der Untersuchungsgrundsatz auch von dem 6. VwGO-Änderungsgesetz unangetastet geblieben sei. Die Verletzung des Untersuchungsgrundsatzes und das vorsätzliche Nichtzurkenntnisnehmen von Rechtsausführungen indiziere die Verletzung des Grundsatzes des rechtlichen Gehörs. Auch das Unterlassen einer Prüfung der gesetzlichen Voraussetzungen seines Anspruchs auf Arbeitszeitverkürzung für das Jahr 1998 durch das Verwaltungsgericht und den Verwaltungsgerichtshof trotz infolge Zeitablaufs fortschreitender Erledigung dieses Anspruchs sei mit dem Grundsatz effizienten Rechtsschutzes unvereinbar. Die Entscheidung über den Antrag auf Erlaß einer einstweiligen Anordnung im Beschlußverfahren ohne mündliche Verhandlung verstoße schließlich gegen Art. 6 Abs. 1 EMRK.

Die Festsetzung des Streitwerts durch das Verwaltungsgericht und den Verwaltungsgerichtshof auf DM 8 000,– verstoße gegen den Gleichheitssatz. Im Streitwertkatalog der Verwaltungsgerichte sei für das Verfahren auf einstweilige Anordnung als maßgeblicher Streitwert die Hälfte des Regelstreitwerts – also DM 4 000,– angegeben. Der Begründung, daß die Hauptsache vorweggenommen werden solle, stehe bereits die Aussage des Verwaltungsgerichts entgegen, daß in diesem Jahr nicht mehr über die Hauptsache entschieden werde.

Der Antragsteller erhebt Grundrechtsklage

unter Aufrechterhaltung der Anträge und Hilfsanträge vom 6. Februar 1998 im Antrag auf einstweilige Anordnung und vom 22. März 1998 im Antrag auf Zulassung der Beschwerde und der Streitwertbeschwerde.

Arbeitszeitverkürzung nach Hess. Beamtengesetz

II.

Landesregierung und Landesanwalt ist Gelegenheit zur Äußerung gegeben worden. Sie haben nicht Stellung genommen.

B.

I.

Die Grundrechtsklage ist mit den gestellten Anträgen unzulässig.

Der Staatsgerichtshof legt das Begehren des Antragstellers dahin aus, daß er beantragt festzustellen,

1. daß die Ablehnung des Antrags auf Zulassung der Beschwerde gegen den Beschluß des Verwaltungsgerichts Frankfurt am Main vom 6. März 1998 – 9 G 393/98 (V) – im Beschluß des Hessischen Verwaltungsgerichtshofs vom 21. Juli 1998 – 1 TZ 1212/98 – ihn in seinen Grundrechten aus Art. 1, 2 Absätze 1 und 3, Art. 3, 4, 126 Abs. 2 HV sowie dem Recht auf öffentliche Verhandlung verletzt hat;
2. daß die Streitwertfestsetzung im Beschluß des Hessischen Verwaltungsgerichtshofes vom 21. Juli 1998 – 1 TZ 1212/98 – und der die Beschwerde gegen die Streitwertfestsetzung in dem Beschluß des Verwaltungsgerichts Frankfurt am Main vom 6. März 1998 – 9 G 393/98 (V) – zurückweisende Beschluß des Hessischen Verwaltungsgerichtshofes vom 21. Juli 1998 – 1 TE 1233/98 – ihn in seinem Grundrecht aus Art. 1 HV verletzt haben.

Diese Auslegung des Begehrens des Antragstellers findet ihren Grund in § 44 Abs. 1 Satz 2 des Gesetzes über den Staatsgerichtshof – STGHG –, nach dem der Staatsgerichtshof nur prüft, ob die Entscheidung des höchsten in der Sache zuständigen Gerichts auf der Verletzung eines von der Hessischen Verfassung gewährten Grundrechts beruht. Diese Beschränkung der Grundrechtsklage auf die letztinstanzliche Entscheidung eines Gerichts des Landes Hessen gilt auch, wenn sich diese – wie bei einem Beschluß über die Nichtzulassung eines Rechtsmittels – nicht als Entscheidung in der Sache selbst darstellt, sondern vordergründig als bloße prozessuale Entscheidung, die in Anwendung bundesrechtlicher, die Zulassung eines Rechtsmittels regelnder Verfahrensvorschriften (hier der §§ 124 Abs. 2, 146 VwGO) ergangen ist. Soweit der Entscheidung des Rechtsmittelgerichts selbst Grundrechtsverletzungen zugrunde liegen, versteht sich dies von selbst. Nichts anderes kann aber gelten, wenn Grundrechtsverletzungen dem Verfahren oder der Entscheidung erster Instanz anhaften, da diese jedenfalls durch eine die Zulassung des Rechtsmittels – trotz ordnungsgemäßer und dem Gesetz entsprechender Darlegung der Zulassungsgründe – ablehnende Entscheidung des

Rechtsmittelgerichts gleichsam perpetuiert werden, so daß der Staatsgerichtshof der ihm obliegenden verfassungsrechtlichen Überprüfung gegebenenfalls durch Aufhebung dieser letztinstanzlichen Entscheidung gerecht werden kann (vgl. StGH, Beschluß vom 26.8.1998 – P.St. 1319 –).

Die Zulässigkeit der Grundrechtsklage scheitert – soweit der Antragsteller die Verletzung von Verfahrensgrundrechten der Hessischen Verfassung rügt – nicht daran, daß sich diese im Rahmen eines bundesrechtlich – nämlich durch die Verwaltungsgerichtsordnung – geregelten Verfahrens zugetragen haben soll. Der Staatsgerichtshof ist nämlich zur verfassungsrechtlichen Überprüfung auch solcher angeblicher Grundrechtsverletzungen anhand des Maßstabs der Hessischen Verfassung insoweit berechtigt und verpflichtet, als die in Betracht kommenden Landesgrundrechte einen bestimmten Gegenstand im gleichen Sinne und mit gleichem Inhalt regeln wie Bundesgrundrechte (so nunmehr StGH, Beschluß vom 9.9.1998 – P.St. 1299 –, unter Bezugnahme auf BVerfG, Beschluß vom 15.10.1997 – 2 BvN 1/95 –, BVerfGE 96, 345).

Die Unzulässigkeit beider mit der Grundrechtsklage verfolgter Anträge folgt aber daraus, daß der Antragsteller der Darlegungspflicht aus § 43 Abs. 1 und 2 StGHG nicht genügt hat. Diese Vorschriften verlangen vom Grundrechtskläger die substantiierte Schilderung eines Lebenssachverhalts, aus dem sich – seine Richtigkeit unterstellt – plausibel die Möglichkeit einer Grundrechtsverletzung ergibt (vgl. StGH, Beschluß vom 26.8.1998 – P.St. 1319 –).

Der Antrag zu 1. ist unzulässig, weil auf der Grundlage des Vorbringens des Antragstellers eine Grundrechtsverletzung durch den Beschluß des Hessischen Verwaltungsgerichtshofs vom 21. Juli 1998 – 1 TZ 1212/98 –, mit dem sein Antrag auf Zulassung der Beschwerde abgelehnt wurde, von vornherein ausgeschlossen werden kann. Die vom Antragsteller gerügte Verletzung der Rechtsweggarantie des Art. 2 Abs. 3 HV durch den Nichtzulassungsbeschluß des Hessischen Verwaltungsgerichtshofs ist nicht plausibel geltend gemacht. Art. 2 Abs. 3 HV ist verletzt, wenn der Zugang zu den Gerichten ausgeschlossen oder in unzumutbarer Weise erschwert wird (ständige Rechtsprechung des StGH, vgl. zuletzt Beschluß vom 12.6.1996 – P.St. 1213 –, StAnz. 1996, 2188, 2190). Darüber hinaus garantiert Art. 2 Abs. 3 HV einen effektiven Rechtsschutz, d.h. eine wirksame Kontrolle der Maßnahmen der Exekutive durch die Gerichte in tatsächlicher und rechtlicher Hinsicht (vgl. StGH, Beschluß vom 21.8.1991 – P.St. 1112 –, StAnz. 1991, 2107, 2108). Verfassungsrechtlich garantiert ist eine gerichtliche Instanz; sind allerdings einfachgesetzlich mehrere Instanzen gegeben, verletzt eine Anwendung der jeweiligen Verfahrensnormen durch das Gericht, die den Zugang zu den Instanzen in unzumutbarer, aus Sachgründen nicht mehr zu rechtfertigender Weise erschwert, die Rechtsweggarantie (ständige Rechtsprechung des

BVerfG, vgl. zuletzt Beschluß vom 30.4.1997 – 2 BvR 817/90, 728/92, 802 und 1065/95 –, BVerfGE 96, 27, 39). Die Ausgestaltung der Rechtsweggarantie ist Sache des einfachen Gesetzgebers. Der Rechtsschutz wird daher im Rahmen der jeweils geltenden Prozeßordnung gewährleistet. Eine Verletzung des Art. 2 Abs. 3 HV durch die Anwendung und Auslegung des einfachgesetzlichen Prozeßrechts kann nur angenommen werden, wenn das Fachgericht die dargelegte Bedeutung dieses Grundrechts eindeutig verkannt hat. Nach diesem verfassungsrechtlichen Maßstab ist für eine Verletzung der Rechtsweggarantie durch den Hessischen Verwaltungsgerichtshof im Nichtzulassungsbeschluß nichts erkennbar. Seine Anwendung der maßgeblichen bundesrechtlichen Verfahrensnormen – hier der Vorschriften der §§ 146 Abs. 4 bis 6, 124 Abs. 2 VwGO über die Zulassung der Beschwerde – stellt entgegen der Auffassung des Antragstellers keine unzumutbare Beeinträchtigung seiner Rechtsverteidigung gegenüber der Exekutive dar. Weder die im Wege der Auslegung des § 146 Abs. 5 Satz 3 VwGO durch den Hessischen Verwaltungsgerichtshof festgelegten Anforderungen an die Darlegung der Zulassungsgründe noch die Überprüfung des Vorbringens des Antragstellers durch den Hessischen Verwaltungsgerichtshof an diesem Maßstab sind verfassungsrechtlich zu beanstanden. Der Hessische Verwaltungsgerichtshof hat die an die Darlegung der Zulassungsgründe zu stellenden Kriterien in jedenfalls vertretbarer Weise aus Entstehungsgeschichte und Zweck des Zulassungsverfahrens hergeleitet. Das vom Verwaltungsgerichtshof aufgestellte Erfordernis eines nach den in Betracht kommenden Zulassungsgründen geordneten Vortrags, in dem erläutert wird, aus welchen Gründen der jeweils benannte Zulassungsgrund als gegeben angesehen wird, überfordert auch nicht in mit Art. 2 Abs. 3 HV unvereinbarer Weise die Möglichkeiten eines im Zulassungsverfahren gemäß § 67 Abs. 1 Satz 2 VwGO notwendig anwaltlich vertretenen Antragstellers. Die Anforderungen des Hessischen Verwaltungsgerichtshofes an die Darlegung der Zulassungsgründe machen den Rechtsbehelf des Antrags auf Zulassung der Beschwerde deshalb auch nicht grundsätzlich ineffektiv. Die Anlegung dieses – sonach verfassungsrechtlich nicht angreifbaren – Maßstabes an das Zulassungsvorbringen des Antragstellers und die Wertung des Verwaltungsgerichtshofs, der Vortrag des Antragstellers auf den Seiten 2 bis 7 der Antragsschrift vom 22. März 1998 genüge diesen Darlegungserfordernissen nicht, begründet gleichfalls keine Verletzung des Art. 2 Abs. 3 HV durch den angegriffenen Nichtzulassungsbeschluß. Die Auffassung des Verwaltungsgerichtshofes, daß das Vorbringen des Antragstellers auf den angegebenen Seiten keinen in dem genannten Sinne erforderlichen Vortrag darstelle, ist verfassungsrechtlich nicht zu beanstanden.

Der Rüge der Verletzung rechtlichen Gehörs durch den Beschluß des Hessischen Verwaltungsgerichtshofes vom 21. Juli 1998, soweit dieser die

Nichtzulassung der Beschwerde auf die fehlende Darlegung von Zulassungsgründen durch den Antragsteller stützt, fehlt gleichfalls die nach § 43 Absätze 1 und 2 StGHG notwendige Plausibilität. Das Gebot des rechtlichen Gehörs ist ein Prozeßgrundrecht der Hessischen Verfassung (ständige Rechtsprechung des StGH, vgl. zuletzt Beschluß vom 8.10.1997 – P.St. 1269 –, StAnz. 1997, 3334), das den Beteiligten vor Gericht u.a. garantiert, daß ihr Vortrag vom Gericht zur Kenntnis genommen und bei dessen Entscheidung in Erwägung gezogen wird. Eine Verletzung des Rechts des Antragstellers auf rechtliches Gehör durch den Nichtzulassungsbeschluß des Hessischen Verwaltungsgerichtshofes ist danach auszuschließen. Denn in dem Umfang, in dem der Vortrag des Antragstellers ohne Verletzung der Rechtsweggarantie aufgrund einfachgesetzlichen Prozeßrechts – hier der Vorschrift des § 146 Abs. 5 Satz 3 VwGO – als für die Zulassung des Rechtsmittels unzureichend gewertet worden ist, ist er vom Gericht bei seiner Entscheidung notwendig berücksichtigt und gewürdigt worden.

Eine vom Antragsteller gerügte Verletzung der Rechtsweggarantie der Hessischen Verfassung durch den bundesrechtlich in § 67 Abs. 2 Satz 1 VwGO angeordneten Vertretungszwang für den Zulassungsantrag kommt bereits deshalb nicht in Betracht, weil der Bundesgesetzgeber nicht an die Hessischen Verfassung gebunden ist.

Eine Verletzung hessischer Grundrechte durch den gemäß § 101 Abs. 3 VwGO ohne öffentliche mündliche Verhandlung ergangenen Nichtzulassungsbeschluß des Hessischen Verwaltungsgerichtshofs scheidet bereits deshalb aus, weil die Grundsätze der Mündlichkeit und der Öffentlichkeit der Verhandlung keine Verfassungsgrundsätze der Hessischen Verfassung sind, sondern nur nach Maßgabe des einfachen Prozeßrechts gelten (vgl. StGH, Beschluß vom 9.12.1992 – P.St. 1139 –, StAnz. 1993, 143).

Der vom Antragsteller gleichfalls als durch den Nichtzulassungsbeschluß des Hessischen Verwaltungsgerichtshofes verletzt gerügte Art. 126 Abs. 2 HV, nach dem die Richter unabhängig und nur dem Gesetz unterworfen sind, stellt kein Grundrecht dar, auf dessen Verletzung der Antragsteller eine Grundrechtsklage stützen könnte.

Auch soweit der Antragsteller eine Verletzung seiner Grundrechte aus Art. 2 Abs. 1 HV (allgemeine Handlungsfreiheit) und Art. 4 HV (Ehe und Familie) in der Perpetuierung einer rechtswidrigen Anwendung der §§ 85a, 92a HBG durch den Nichtzulassungsbeschluß des Hessischen Verwaltungsgerichtshofes sieht, scheitert die Zulässigkeit der Grundrechtsklage daran, daß die Grundrechtsverletzungen nicht gemäß § 43 Absätze 1 und 2 StGHG plausibel geltend gemacht worden sind. Die rechtswidrige Versagung eines einfachgesetzlichen Anspruchs könnte nur dann eine Grundrechtsverletzung darstellen, wenn die Grundrechte selbst den Anspruch auf die begehrte Leistung gewährten. Weder aus Art. 2 Abs. 1 HV noch aus Art. 4 HV ergibt sich verfassungsunmittelbar ein Anspruch auf Arbeitszeitermäßigung bzw. Beurlaubung aus familien- bzw. arbeitsmarktpolitischen Gründen. Schließlich ist eine durch den Nichtzulassungsbeschluß des Hessischen Verwaltungsgerichtshofes perpetuierte Verletzung des Art. 1 HV bei der Anwendung der §§ 85a, 92a HBG im Falle des Antragstellers von vornherein auszuschließen. Eine unterschiedliche Rechtsanwendung durch Exekutive oder Rechtsprechung überschreitet die Schwelle zum verfassungsrechtlich relevanten Verstoß gegen den Gleichheitssatz erst dann, wenn die Rechtsanwendung nicht mehr verständlich ist und sich daher der Schluß aufdrängt, daß die jeweilige Entscheidung auf sachfremden Erwägungen beruht (vgl. StGH, Beschluß vom 10.7.1996 – P.St. 1208 –). Eine solche willkürliche Anwendung der einfachgesetzlichen beamtenrechtlichen Vorschriften im Falle des Antragstellers ist nicht erkennbar.

Der mit der Grundrechtsklage verfolgte Antrag zu 2. ist mangels möglicher Verletzung des Art. 1 HV durch die angegriffenen Streitwertentscheidungen des Hessischen Verwaltungsgerichtshofes gleichfalls unzulässig. Die jeweils vorgenommene Festlegung des Streitwerts in Höhe des vollen Auffangstreitwertes von DM 8 000,– ist nicht willkürlich erfolgt, sondern beruht auf der verfassungsrechtlich nicht zu beanstandenden Erwägung, daß das Begehren des Antragstellers im Verfahren der einstweiligen Anordnung auf Anspruchserfüllung und damit auf eine Vorwegnahme der Hauptsache gerichtet war.

II.

Die Kostenentscheidung beruht auf § 28 StGHG.

Nr. 3

1. Der Beschluß des Untersuchungsausschusses, einen von ihm als Zeugen vernommenen Beamten unvereidigt zu lassen, ist dem Landtag zuzurechnen.

2. Das Rechtsschutzinteresse für eine Verfassungsstreitigkeit, die Vorgänge im Untersuchungsverfahren betrifft, entfällt nicht durch die Beendigung des Untersuchungsauftrags und die damit verbundene Auflösung des Untersuchungsausschusses.

3. **Art. 92 HV gewährt einem Fünftel der Mitglieder des Landtags nicht nur den Anspruch auf Einsetzung eines Untersuchungsausschusses, sondern auch auf wirksame Durchführung des Untersuchungsauftrags.**

4. **Untersuchungsausschüsse können Zeugen vereidigen.**

5. **Die Ablehnung einer von der Ausschußminderheit beantragten Zeugenvereidigung durch den Untersuchungsausschuß kann das Recht auf wirksame Durchführung des Untersuchungsauftrags aus Art. 92 HV verletzen.**

HV Art. 92

StGHG § 42

Urteil vom 9. Dezember 1998 – P.St. 1297 –

in der Verfassungsstreitigkeit der Abgeordneten des Hessischen Landtags gegen den Hessischen Landtag, vertreten durch den Präsidenten, an der sich beteiligt haben:
 1. die Hessische Landesregierung, vertreten durch den Ministerpräsidenten, Staatskanzlei, Bierstadter Str. 2, 65189 Wiesbaden,
 2. der Landesanwalt bei dem Staatsgerichtshof des Landes Hessen, Mühlgasse 2, 65183 Wiesbaden,
wegen Verletzung von Minderheitenrechten im Untersuchungsausschuß.

Entscheidungsformel:

Der Antragsgegner hat durch den Beschluß des Parlamentarischen Untersuchungsausschusses 14/3 vom 19. Januar 1998, mit dem der Antrag auf Vereidigung des im Untersuchungsverfahren als Zeugen vernommenen Polizeipräsidenten T. abgelehnt worden ist, das Recht der Antragsteller als Einsetzungsminderheit auf effektive Erfüllung des Untersuchungsauftrags durch den Untersuchungsausschuß aus Art. 92 der Verfassung des Landes Hessen verletzt.

Gerichtskosten werden nicht erhoben, außergerichtliche Kosten nicht erstattet.

Gründe:

A.

I.

Gegenstand der Verfassungsstreitigkeit ist die Frage, ob der Untersuchungsausschuß 14/3 – wie von der Ausschußminderheit beantragt – zur Vereidigung des Polizeipräsidenten T. als Zeuge verpflichtet war. Auf Antrag von Abgeordneten der Fraktionen der CDU und der F.D.P. setzte der Antragsgegner am 10. Juli 1997 den Untersuchungsausschuß 14/3 mit dem Auftrag ein zu klären,

> wie und in welchem Umfang das Verwaltungsverfahren und die disziplinarrechtlichen Vorermittlungen gegen Polizeipräsident H. geführt wurden und

> ob die Entscheidung zur Einstellung des disziplinarrechtlichen Vorermittlungsverfahrens gegen Polizeipräsident H., insbesondere im Vergleich mit der sonstigen Handhabung von Vorermittlungsverfahren im Hessischen Ministerium des Innern und für Landwirtschaft, Forsten und Naturschutz, nach Recht und Gesetz erfolgte.

Die Vorermittlungen gegen Polizeipräsident H., die unter anderem die Inanspruchnahme von Reitunterricht und das Reiten von Dienstpferden in W. betrafen, hatte das Ministerium des Innern und für Landwirtschaft, Forsten und Naturschutz mit der Begründung eingestellt, daß Herr H. kein Unrechtsbewußtsein gehabt habe, als er nach seiner Versetzung von W. nach F. weiterhin Pferde der Polizeireiterstaffel in W. ritt.

Der Untersuchungsausschuß setzte sich aus elf Abgeordneten zusammen, vier der CDU-Fraktion, vier der SPD-Fraktion, zwei der Fraktion Bündnis 90/Die Grünen und einem Abgeordneten der F.D.P.-Fraktion. Für das Verfahren beschloß er die Anwendung der „IPA-Regeln des Deutschen Bundestages" (Gesetzentwurf der Interparlamentarischen Arbeitsgemeinschaft (IPA) vom 14.5.1969 über Einsetzung und Verfahren von Untersuchungsausschüssen des Bundestages, BT-Drs. V/4209).

Polizeipräsident H. wurde im Untersuchungsverfahren der Status eines Betroffenen zuerkannt. Sein Amtsnachfolger im Polizeipräsidium W., Polizeipräsident T., wurde vom Untersuchungsausschuß am 22. Oktober 1997 als Zeuge vernommen. Dabei wurde ihm ein Vermerk des Leitenden Kriminaldirektors N. über ein im Rahmen der Vorermittlungen mit ihm am 22. Februar 1996 geführtes Gespräch im Hessischen Innenministerium vorgehalten, in dem es u. a. heißt: „Soweit es um die Benutzung der Dienstpferde beim Polizeipräsidenten geht, erklärte Herr T., daß er Herrn H. nach seinem Amtsantritt inständigst gebeten habe, dieses zu unterlassen bzw. einschlafen zu lassen." Polizeipräsident T. erkärte zunächst, er halte diesen Vermerk für schlicht nicht wahr; in dieser Form habe das Gespräch nicht stattgefunden. Im weiteren Verlauf der Vernehmung räumte er im Hinblick auf Herrn H. jedoch ein: „Was ich ihm gesagt habe aufgrund der verschiedenen Spannungen, die es gab, war, daß er das doch bitte nach und nach einschlafen lassen sollte, in dieser Terminologie etwa." Auf Fragen, warum dann der Gesprächsvermerk falsch sei, gab er an, der Vermerk sei unvollständig. Primär sei es nicht um das Reiten des Herrn H. gegangen. In dem Vermerk hätte stehen müssen: „Herrn T. wurde vorgehalten, daß Hinweise bestehen, daß Frau H. und Sohn H. da hinten regelmäßig Pferde benutzen."

In der Ausschußsitzung vom 13. November 1997 erklärten Ministerialdirigent Dr. S., Ministerialrat K. und Kriminalpolizeidirektor K. als Zeugen, die an dem Gespräch mit Polizeipräsident T. im Hessischen Innenministerium am 22. Februar 1996 teilgenommen hatten, daß der Vermerk des Leitenden Kriminaldirektors N. den Inhalt des Gesprächs richtig wiedergebe. Am 26. November 1997 wurde Polizeipräsident T. deshalb nochmals vor dem Untersuchungsausschuß vernommen. In einer vorbereiteten Stellungnahme führte er zu der Behauptung im Gesprächsvermerk, er habe den Betroffenen inständig gebeten, das Reiten mit Polizeidienstpferden zu unterlassen bzw. einschlafen zu lassen, aus:

„Dieser Punkt ist schon deshalb verfälschend niedergelegt, weil das eigentliche Gesprächsthema nicht die allgemein bekannte Nutzung der Dienstpferde durch Herrn H. selbst, sondern die angebliche Erweiterung auf die Nutzung durch Familienangehörige H. war. Daß Herr H. ritt, war in W. und auch bei HMdI seit Jahren allgemein bekannt. Tatsache ist, daß ich Herrn H. vor meinem Amtsantritt als Polizeipräsident in W. erlaubt hatte, weiter zu reiten. Allerdings habe ich mich bei meinem Dienstantritt sofort sorgfältig erkundigt, ob es von Seiten der Reiterstaffel Einwände oder zu befürchtende Schäden geben würde. Dies wurde allseits verneint. Erst nachdem ich wenige Wochen nach meinem Amtsantritt die innerbehördliche Unzufriedenheit zwischen der Reiter- und der Hundestaffel bemerkte, bat ich Herrn H., die Reiterei in W. einschlafen zu lassen oder eventuell auch zu unterlassen."

Im weiteren Verlauf der Vernehmung wurde Polizeipräsident T. mehrfach mit seiner ersten Aussage, der Vermerk sei „schlicht nicht wahr" konfrontiert. Am Ende der Vernehmung beantragten die Mitglieder der CDU- und der F.D.P.-Fraktion im Untersuchungsausschuß, den Zeugen T. zu vereidigen. Die Entscheidung hierüber wurde vertagt. In der Sitzung vom 19. Januar 1998 lehnte die Mehrheit im Untersuchungsausschuß den Antrag auf Vereidigung des Zeugen T. endgültig ab. Am 18. Februar 1998 begründete die Untersuchungsausschußmehrheit die ablehnende Entscheidung damit, daß von einer Vereidigung des Zeugen T. gemäß § 61 Nr. 3 der Strafprozeßordnung – StPO – abzusehen sei. Seiner Aussage komme für den

Untersuchungsauftrag keine wesentliche Bedeutung zu. Auch sei nicht davon auszugehen, daß der Zeuge T. unter Eid eine andere wesentliche Aussage machen werde. Der Abschlußbericht des Untersuchungsausschusses 14/3 wurde am 6. Mai 1998 vom Antragsgegner angenommen.

Am 3. Februar 1998 haben die Antragsteller beim Staatsgerichtshof um Rechtsschutz nachgesucht. Sie machen ihr Recht auf wirksame parlamentarische Kontrolle durch Untersuchungsausschüsse gemäß Art. 90 der Verfassung des Landes Hessen (kurz: Hessische Verfassung – HV –) geltend. Als Verletzung dieses Rechts sehen sie den Beschluß des Untersuchungsausschusses an, den Zeugen T. nicht zu vereidigen. Diese Entscheidung sei dem Antragsgegner zuzurechnen. Untersuchungsausschüsse seien nur Hilfsorgane des Landtags, durch die er sein Untersuchungsrecht ausübe. An der begehrten Feststellung bestehe auch nach Beendigung des Untersuchungsverfahrens am 6. Mai 1998 ein Rechtsschutzinteresse, da eine Wiederholung des angegriffenen Vorkommnisses in einem anderen Untersuchungsverfahren nicht fernliegend erscheine.

Aus dem Demokratieprinzip des Art. 65 HV, aus Art. 92 Abs. 1 HV in seiner Ausprägung als Minderheitenrecht sowie aus dem Gewaltenteilungsprinzip leiten die Antragsteller ein Recht der parlamentarischen Minderheit zur Ausübung effektiver parlamentarischer Kontrolle her. Dieses Recht aber gebiete, Art. 92 Abs. 1 Satz 2 HV so auszulegen, daß er auch das Verlangen der Einsetzungsminderheit auf Vereidigung eines Zeugen umfasse. Eine wirkungsvolle Arbeit des Untersuchungsausschusses setze voraus, daß sich der Ausschuß in Zweifelsfällen Gewißheit verschaffe, ob die Aussage eines Zeugen der Wahrheit entspreche. Eine von der Verfassung gebotene Pflicht des Untersuchungsausschusses, einen Zeugen zu vereidigen, sei daher zu bejahen, wenn dies zur Herbeiführung einer wahrheitsgemäßen Aussage oder wegen der Bedeutung der Aussage nötig erscheine.

Die Vereidigung des Polizeipräsidenten T. sei sowohl wegen der Bedeutung seiner Aussage als auch zur Herbeiführung einer wahrheitsgemäßen Aussage geboten gewesen. Die Bedeutung der Aussage des Polizeipräsidenten T. folge aus der Beantwortung der Frage, ob für das Reiten der Dienstpferde durch den Polizeipräsidenten H. nach seinem Ausscheiden aus dem Dienst in W. eine Erlaubnis vorgelegen habe oder ob er durch Polizeipräsident T. sogar gebeten worden sei, die Polizeipferde in W. nicht weiter für seine privaten Belange zu nutzen. Das erlaube Rückschlüsse auf das Unrechtsbewußtsein des Polizeipräsidenten H. bei der privaten Nutzung von Landeseigentum. Die Überprüfung der Einstellungsentscheidung im Disziplinarverfahren wegen fehlenden Unrechtsbewußtseins des Polizeipräsidenten H. sei vom Ergebnis der Aussage des Polizeipräsidenten T. abhängig. Die Vereidigung sei auch zur Herbeiführung einer wahrheitsgemäßen Aussage des Zeugen geboten, da diese Aussage durch massive Unklarheiten und Widersprüche gekennzeichnet gewesen sei.

Die Antragsteller beantragen,

festzustellen, daß der Beschluß des Untersuchungsausschusses 14/3 vom 19. Januar 1998, die beantragte Vereidigung des Zeugen T. abzulehnen, wegen Verletzung des Art. 92 der Verfassung des Landes Hessen in Verbindung mit dem Demokratieprinzip nach Art. 65 der Hessischen Verfassung verfassungswidrig ist.

Der Antragsgegner beantragt,

den Antrag abzuweisen.

Er verneint schon die Antragsbefugnis der Antragsteller, weil er – der Landtag – verfassungsmäßige Minderheitenrechte nicht beeinträchtigt habe. Für die Entscheidung über die Vereidigung von Zeugen im Untersuchungsverfahren kämen ihm keine verfassungsmäßigen Befugnisse zu. Das Recht der Beweisaufnahme, einschließlich der Anordnung einer Zeugenvereidigung, stehe nach dem eindeutigen Wortlaut des Art. 92 Abs. 1 S. 2 und Abs. 3 HV ausschließlich dem Untersuchungsausschuß zu.

Die Entscheidung der Ausschußmehrheit, Polizeipräsident T. nicht zu vereidigen, verletze auch nicht das Minderheitenrecht der Antragsteller aus Art. 92 HV. Dies gelte unabhängig davon, ob der Staatsgerichtshof diese Entscheidung lediglich am Maßstab des Willkürverbots überprüfe oder eine gesteigerte Kontrolldichte zugrundelege. Für das Untersuchungsverfahren gelte zwar das Prinzip der Effektivität der parlamentarischen Kontrolle. Soweit es um den Zeugenbeweis und die Vereidigung von Zeugen gehe, sei dieses Verfassungsprinzip jedoch mit dem Grundrechtsschutz des Zeugen abzuwägen. Die Verweisung des Art. 92 Abs. 3 HV auf die Strafprozeßordnung erfasse zwingend auch die Vereidigungsverbote des § 60 StPO. Im übrigen sollten nach § 16 Abs. 4 der IPA-Regeln wegen der erforderlichen Abwägung zwischen den Erfordernissen des Untersuchungsverfahrens und des Zeugenschutzes Zeugen nur vereidigt werden, wenn der Untersuchungsausschuß es wegen der Bedeutung der Aussage oder zur Herbeiführung einer wahrheitsgemäßen Aussage für erforderlich halte. Die Mehrheit der Mitglieder des Untersuchungsausschusses habe beschlossen, von der Vereidigung des Polizeipräsidenten T. abzusehen, da aus ihrer Sicht kein Grund für eine Vereidigung vorgelegen habe. Polizeipräsident T. habe sich nach Ansicht der Mehrheit als Zeuge bemüht, alles ihm subjektiv Mögliche und seinem Erinnerungsvermögen Entsprechende auszusagen. Außerdem dürfe der Nacheid nicht als Druckmittel gegen einen Zeugen verwandt werden. Neben dem Gesichtspunkt der Effektivität des Untersuchungsverfahrens sei auch der Gesichtspunkt des Zeugenschutzes geeignet gewesen, eine Entscheidung über die Nichtvereidigung mitzutragen.

II.

Die Landesregierung hält eine Stellungnahme zu Vorgängen im innerparlamentarischen Bereich für nicht angezeigt.

III.

Der Landesanwalt ist der Auffassung, der Hessische Landtag sei der richtige Antragsgegner, da er das für die Tätigkeit von Untersuchungsausschüssen verantwortliche Organ darstelle.

Die Ablehnung der Vereidigung des Polizeipräsidenten T. als Zeugen durch die Ausschußmehrheit verletze auch die verfassungsmäßigen Rechte der Einsetzungsminderheit aus Art. 92 Abs. 3 HV. Nach § 16 Abs. 4 der IPA-Regeln hätte Polizeipräsident T. als Zeuge vereidigt werden müssen, und zwar sowohl wegen der Bedeutung seiner Aussage als auch zur Herbeiführung einer wahrheitsgemäßen Aussage. Gegenstand des Untersuchungsverfahrens sei u. a. die Frage gewesen, ob die Einstellung der disziplinarischen Vorermittlungen gegen Polizeipräsident H. mit der Begründung, dieser habe kein Unrechtsbewußtsein gehabt, nach Recht und Gesetz erfolgt sei. Für das Unrechtsbewußtsein des Polizeipräsidenten H. aber sei von erheblicher Bedeutung, ob er nach seinem Wechsel nach F. vom Polizeipräsidenten T. als seinem Amtsnachfolger aufgefordert worden sei, das Reiten künftig zu unterlassen bzw. einschlafen zu lassen. Eine Vereidigung zur Herbeiführung einer wahrheitsgemäßen Aussage sei geboten gewesen, weil die Aussage des Polizeipräsidenten T. in sich inkonsistent und konfus gewesen sei und im Widerspruch zu übereinstimmenden Aussagen dreier anderer Zeugen gestanden habe.

B.

I.

Der Antrag ist zulässig.

Nach Art. 131 Abs. 1 HV i. V. m. § 42 Abs. 1 des Gesetzes über den Staatsgerichtshof – StGHG – entscheidet der Staatsgerichtshof auf Antrag über die Auslegung der Verfassung des Landes Hessen aus Anlaß von Streitigkeiten über den Umfang der Rechte und Pflichten eines obersten Landesorgans oder anderer Beteiligter, die durch die Verfassung des Landes Hessen, durch ein Gesetz oder in der Geschäftsordnung eines obersten Landesorgans mit eigenen Rechten ausgestattet sind. Im Sinne dieser Bestimmungen liegt eine verfassungsrechtliche Streitigkeit vor. Das Verfahren betrifft die Beziehungen zwischen dem Antragsgegner als Träger des parlamentarischen

Untersuchungsrechts und den Antragstellern als einer Minderheit seiner Mitglieder, die sich im Hinblick auf die Durchführung des Untersuchungsauftrags durch den Untersuchungsausschuß bestimmter Rechte berühmen. Prüfungsmaßstab für die insofern zwischen dem Antragsgegner und den Antragstellern bestehende Kontroverse ist in erster Linie Art. 92 HV.

Die 44 Antragsteller sind gemäß § 42 Abs. 2 StGHG antragsberechtigt. Sie erfüllen das Quorum dieser Vorschrift für die Antragsberechtigung in Höhe von einem Zehntel der gesetzlichen Zahl der Mitglieder des Landtags, da der Hessische Landtag nach § 1 Abs. 1 des Gesetzes über die Wahlen zum Landtag des Landes Hessen aus 110 Abgeordneten besteht. Die Antragsteller können ihren Antrag nach § 42 Abs. 2 StGHG auch gegen den Landtag richten, da dessen Beteiligtenfähigkeit in der Norm ausdrücklich vorgesehen ist.

Die Antragsteller sind als Personenmehrheit, die auch das Quorum des Art. 92 Abs. 1 HV in Höhe von einem Fünftel der gesetzlichen Zahl der Mitglieder des Antragsgegners erfüllt, gemäß § 42 Abs. 3 StGHG antragsbefugt. Nach dieser Bestimmung entscheidet der Staatsgerichtshof, wenn ein Antragsteller geltend macht, durch eine Maßnahme oder Unterlassung anderer Antragsberechtigter in den durch die Verfassung des Landes Hessen übertragenen Rechten und Pflichten verletzt oder unmittelbar gefährdet zu sein. Die Antragsteller haben nachvollziehbar die Möglichkeit dargelegt, daß der Antragsgegner sie durch den Beschluß des Untersuchungsausschusses vom 19. Januar 1998 über die Nichtvereidigung des Polizeipräsidenten T. in den ihnen zustehenden Befugnissen aus Art. 92 HV verletzt hat.

Der von den Antragstellern angegriffene Beschluß des Untersuchungsausschusses vom 19. Januar 1998 stellt eine Maßnahme des Antragsgegners dar. Der Beschluß des Untersuchungsausschusses ist dem Antragsgegner zuzurechnen (vgl. BVerfG, Beschl. v. 17.7.1995 – 2 BvH 1/95 –, BVerfGE 93, 195, 203; BayVerfGH, Entscheidung v. 17.2.1998 – Vf. 81 – IV a – 96 –, BayVBl. 1998, 365, 366). Untersuchungsausschüsse sind Hilfsorgane des Parlaments, durch die das Parlament unabhängig von Regierung, Behörden und Gerichten mit hoheitlichen Mitteln selbständig diejenigen Sachverhalte prüfen kann, die es in Erfüllung seines Verfassungsauftrags als Vertretung des Volkes für aufklärungsbedürftig hält (vgl. StGH, Urt. v. 24.11.1966 – P.St. 414 –, ESVGH 17, 1, 12; Beschl. v. 9.2.1972 – P.St. 665 –, ESVGH 22, 136, 138 f). Der Sachvortrag der Antragsteller läßt es i. S. d. § 42 Abs. 3 StGHG als möglich erscheinen, daß durch den Beschluß des Untersuchungsausschusses über die Nichtvereidigung des Polizeipräsidenten T. ein Recht auf effektive Durchführung des parlamentarischen Untersuchungsauftrags verletzt worden ist, das ihnen als qualifizierter Minderheit aus Art. 92 HV zustand.

Das Rechtsschutzinteresse der Antragsteller an einer Entscheidung des Staatsgerichtshofes besteht fort, obwohl der Landtag den Abschlußbericht des Untersuchungsausschusses am 6. Mai 1998 angenommen hat und damit der Untersuchungsausschuß zu bestehen aufhörte. Die Verfassungsstreitigkeit dient nicht nur dazu, daß die Beteiligten im konkreten Fall ihre Rechte durchsetzen, sondern gerade auch der Klärung des objektiven Verfassungsrechts. Hier ist eine Sachentscheidung des Staatsgerichtshofes unabhängig davon, ob der Antragsgegner aus ihr noch Konsequenzen ziehen könnte, jedenfalls zur Wahrung und Klärung des objektiven Verfassungsrechts angezeigt.

II.

Der zulässige Antrag ist auch begründet. Der Beschluß des Untersuchungsausschusses vom 19. Januar 1998, die Vereidigung des Polizeipräsidenten T. als Zeugen abzulehnen, verletzt das Minderheitenrecht der Antragsteller aus Art. 92 HV auf effektive Durchführung des Untersuchungsauftrags.

Die Verfassung des Landes Hessen sieht in Art. 92 Abs. 1 Satz 1 in Übereinstimmung mit dem Grundgesetz und den übrigen Landesverfassungen vor, daß der Landtag auf Verlangen eines Quorums seiner Mitglieder zur Einsetzung eines Untersuchungsausschusses verpflichtet ist. Diese verfassungsrechtliche Verpflichtung des Parlaments und der ihr korrespondierende Anspruch der sog. Einsetzungsminderheit sind Ausdruck des im Demokratieprinzip und im Rechtsstaatsprinzip wurzelnden Minderheitenschutzes. Art. 92 Abs. 1 Satz 1 HV soll der parlamentarischen Minderheit die Rechtsmacht geben, die Aufklärung von Sachverhalten auch gegen den Willen der Regierung und der sie tragenden Parlamentsmehrheit herbeizuführen. Durch die Zuweisung dieser Kompetenz an ein Quorum von Abgeordneten des Parlaments will die Verfassung des Landes Hessen zugleich eine wirksame Wahrnehmung parlamentarischer Kontrollaufgaben durch den Landtag, insbesondere auch gegenüber der von der Landtagsmehrheit getragenen Landesregierung gewährleisten. Dieser verfassungsrechtlichen Zielsetzung entsprechend bestehen Befugnisse der qualifizierten Minderheit nicht nur bei der Einsetzung eines Untersuchungsausschusses. Minderheitenschutz und wirksame Wahrnehmung parlamentarischer Kontrollaufgaben als Verfassungsgebote steuern vielmehr auch die gesamte Durchführung des Untersuchungsauftrags. Andernfalls könnte ein aufgrund qualifizierten Minderheitenantrags vom Parlament eingesetzter Untersuchungsausschuß letztlich wirkungslos bleiben.

Art. 92 Abs. 1 Satz 2 HV sieht deshalb ausdrücklich vor, daß Untersuchungsausschüsse auch diejenigen Beweise zu erheben haben, die die Einsetzungsminderheit für erforderlich erachtet. Darüber hinaus hat sich auch die übrige Verfahrensgestaltung der Untersuchungsausschüsse insgesamt an den genannten Verfassungsgeboten auszurichten. So ist Art. 92 Abs. 3 HV, der die sinngemäße Geltung der Vorschriften der Strafprozeßordnung für die Beweiserhebung der Untersuchungsausschüsse vorsieht, folgerichtig als Verweis auf alle diejenigen Vorschriften über den Strafprozeß zu verstehen, die Untersuchungsausschüsse zur effektiven Erfüllung ihres Verfassungsauftrags benötigen (ebenso für den dem Art. 92 Abs. 3 HV entsprechenden Art. 44 Abs. 2 Satz 1 GG: BVerfG, Beschl. v. 1.10.1987 – 2 BvR 1165/86 –, BVerfGE 76, 363, 383 f; Beschl. v. 1.10.1987 – 2 BvR 1178, 1179, 1191/86 –, BVerfGE 77, 1, 48). Soweit Art. 92 Abs. 1 Satz 4 HV auf eine Geschäftsordnung für das Untersuchungsverfahren verweist, ergibt sich nichts anderes. Sie findet sich derzeit in §§ 54, 97 der Geschäftsordnung des Hessischen Landtags. Das Verfahren der Untersuchungsausschüsse bestimmt sich somit nach der Hessischen Verfassung und den geltenden Gesetzen sowie der nur ansatzweise verwirklichten geschäftsordnungsmäßigen Verfahrensordnung des Hessischen Landtags. Auch diese Verfahrensbestimmungen sind an den Verfassungsgeboten des Minderheitenschutzes und der effektiven Erfüllung des parlamentarischen Untersuchungsauftrags zu messen.

Der so umrissenen verfassungsrechtlichen Pflicht des Untersuchungsausschusses zur wirksamen Durchführung des Untersuchungsauftrags entspricht ein inhaltsgleicher verfassungsrechtlicher Anspruch der Einsetzungsminderheit. Diesen Anspruch der Antragsteller in ihrer Eigenschaft als qualifizierter Minderheit im Sinne des Art. 92 Abs. 1 HV hat der Beschluß des Untersuchungsausschusses über die Nichtvereidigung des Polizeipräsidenten T. verletzt.

Aus dem Verfassungsgebot der Effektivität parlamentarischer Untersuchungsverfahren folgt, daß Untersuchungsausschüssen bei der Sachverhaltsaufklärung die Abnahme des Zeugeneids als Mittel der Wahrheitsfindung grundsätzlich zu Gebote steht (vgl. BVerfG, Urt. v. 17.7.1984 – 2 BvE 11, 15/83 –, BVerfGE 67, 100, 131; *Jarass/Pieroth*, Grundgesetz, 4. Aufl., 1997, Art. 44 Rdn. 8; *Maunz/Dürig/Herzog/Scholz*, GG, Art. 44 Rdn. 53; *Vetter*, ZParl 19, 1988, 70, 75). Die Verweisung in Art. 92 Abs. 3 HV auf die Bestimmungen der Strafprozeßordnung für die Beweiserhebung erstreckt sich demgemäß – befugnisbegründend wie auch befugnisbegrenzend (vgl. zum Art. 92 Abs. 3 HV entsprechenden Art. 44 Abs. 2 Satz 1 GG: BVerfG, Urt. v. 17.7.1984 aaO, 133; Beschl. v. 1.10.1987 aaO, 287) – auf die strafprozessualen Vorschriften über die Zeugenvereidigung, soweit deren Anwendung im Einzelfall dem Sinn und Zweck des Untersuchungsausschußverfahrens entspricht. § 59 Satz 1 StPO schreibt vor, daß die Zeugen nach ihrer Vernehmung zu vereidigen sind. § 61 StPO läßt zu, daß von der Vereidigung nach dem Ermessen des Gerichts unter anderem – nach Nr. 3 – dann abgesehen werden kann, wenn das Gericht der Aussage keine wesentliche Bedeutung beimißt und auch keine wesentliche Aussage unter Eid erwartet. In Umkehrung des danach gegebenen Verhältnisses von Regel und Ausnahme sieht § 16 Abs. 4 1. Halbsatz der IPA-Regeln vor, daß Zeugen und Sachverständige nur vereidigt werden, wenn es der Untersuchungsausschuß wegen der Bedeutung der Aussage oder zur Herbeiführung einer wahrheitsgemäßen Aussage für erforderlich hält. Für den Fall, daß einer Aussage wesentliche Bedeutung beigemessen oder unter Eid eine wesentliche Aussage erwartet wird, führen beide Regelungen grundsätzlich zum selben Ergebnis. So ist es auch hier. Das Recht der Antragsteller aus Art. 92 HV auf wirksame Durchführung des Untersuchungsauftrags schließt in diesem Rahmen das Recht ein, zur Aufklärung des Sachverhalts auch die Vereidigung eines Zeugen zu verlangen. Dieser verfassungsrechtliche Anspruch ist jedenfalls dann verletzt, wenn die Vereidigung eines Zeugen von Mitgliedern des Untersuchungsausschusses beantragt und dieser Antrag vom Untersuchungsausschuß in nicht mehr vertretbarer Weise abgelehnt worden ist. Dies ist hier der Fall.

Die vom Untersuchungsausschuß gegebene, auf § 61 Nr. 3 StPO gestützte Begründung des Beschlusses vom 19. Januar 1998 kann die Ablehnung des Antrags auf Vereidigung des als Zeugen vernommenen Polizeipräsidenten T. verfassungsrechtlich nicht tragen. Ein Absehen von der Vereidigung in sinngemäßer Anwendung des § 61 Nr. 3 StPO setzt kumulativ voraus, daß der Untersuchungsausschuß der Aussage im Rahmen zulässiger Ermessensausübung keine wesentliche Bedeutung beimißt und nach seiner Überzeugung auch unter Eid keine wesentliche Aussage des Zeugen zu erwarten ist. Jedenfalls die Verneinung der wesentlichen Bedeutung der Aussage durch den Mehrheitsentscheid des Untersuchungsausschusses ist durchgreifenden verfassungsrechtlichen Zweifeln ausgesetzt. Eine Aussage ist für das Untersuchungsverfahren unwesentlich, wenn ihr für die Durchführung des Untersuchungsauftrags keine Bedeutung zukommt, d.h. ein entscheidungserheblicher Zusammenhang zwischen der Aussage und dem durch den Untersuchungsausschuß aufzuklärenden Sachverhalt zu verneinen ist. Die im Untersuchungsausschuß beantragte Vereidigung des als Zeugen vernommenen Polizeipräsidenten T. betraf insbesondere dessen Aussagen vor dem Untersuchungsausschuß zur Frage, ob er nach seinem Amtsantritt in W. den Betroffenen inständig gebeten habe, Ausritte mit W. Polizeidienstpferden zu unterlassen bzw. einschlafen zu lassen.

Eine eindeutige Aussage des Polizeipräsidenten T. zu dieser Frage war für die wirksame Durchführung des Untersuchungsauftrags bedeutsam, um die Ordnungsgemäßheit des disziplinarischen Vorermittlungsverfahrens gegen Herrn H. und die Rechtmäßigkeit der Verfahrenseinstellung zu klären. Die Einstellung des Disziplinarverfahrens gegen Herrn H. wegen des Vorwurfs des Reitens von W. Polizeidienstpferden nach dessen Ausscheiden aus dem Amt des W. Polizeipräsidenten wurde nämlich mit fehlendem Unrechtsbewußtsein des Betroffenen begründet. Ob dies aber eine rechtlich vertretbare Wertung der Disziplinarbehörde war, hatte der Untersuchungsausschuß zu prüfen. Die Annahme fehlenden Unrechtsbewußtseins in der Einstellungsverfügung des Hessischen Ministeriums des Innern und für Landwirtschaft, Forsten und Naturschutz könnte erheblichen Bedenken begegnen, wenn Polizeipräsident T. tatsächlich gegenüber Polizeipräsident H. die inständige Bitte geäußert hätte, die Nutzung der W. Polizeipferde zu unterlassen bzw. einschlafen zu lassen. Hätte Polizeipräsident T. dagegen eine Äußerung dieser Art überhaupt nicht abgegeben, könnte jedenfalls im Ergebnis die Annahme fehlenden Unrechtsbewußtseins nicht zu beanstanden sein. Damit könnte aber die Aussage des Zeugen T. das Ergebnis des Untersuchungsausschusses maßgeblich beeinflussen.

Die Vereidigung war auch nicht nach § 60 StPO in entsprechender Anwendung ausgeschlossen. Ein Sachverhalt, der ein Verbot der Vereidigung des Polizeipräsidenten T. im Untersuchungsverfahren hätte begründen können, ist nicht erkennbar, auch nicht unter dem zuletzt vom Antragsgegner angeführten Gesichtspunkt des Zeugenschutzes, auf den der Untersuchungsausschuß seine Entscheidung auch nicht gestützt hat.

III.

Die Kostenentscheidung beruht auf § 28 StGHG.

Entscheidungen des Landesverfassungsgerichts Mecklenburg-Vorpommern

Die amtierenden Richterinnen und Richter
des Landesverfassungsgerichts Mecklenburg-Vorpommern

Dr. Gerhard Hückstädt, Präsident
Helmut Wolf, Vizepräsident
Peter Häfner
Dr. Dietmar Schneider
Brunhild Steding
Joachim von der Wense
Prof. Dr. Maximilian Wallerath

Stellvertretende Richterinnen und Richter

Dr. Siegfried Wiesner
Klaus-Dieter Essen
Matthias Lipsky
Dr. Christa Unger
Karin Schiffer
Rolf Christiansen
Gudrun Köhn

Nr. 1

1. Zur unmittelbaren Betroffenheit bei einer Verfassungsbeschwerde gegen ein Gesetz.

2. Jede Zulassung zur Schülerbeförderung in Mecklenburg-Vorpommern setzt ein Handeln des jeweiligen Landkreises voraus. Erst dessen Handeln ist geeignet, Rechte von Schülern und Eltern zu verletzen; sie können dagegen den Rechtsweg zu den Verwaltungsgerichten beschreiten und müssen dies tun, ehe sie das Landesverfassungsgericht anrufen.

Landesverfassung Mecklenburg-Vorpommern Art. 53 Nr. 6, Art. 72 Abs. 1

Landesverfassungsgerichtsgesetz § 11 Abs. 1 Nr. 8, § 51 Abs. 1

Schulgesetz Mecklenburg-Vorpommern § 113

Kommunalverfassung Mecklenburg-Vorpommern § 89 Abs. 1

Urteil vom 9. Juli 1998 – LVerfG 1/97 –

in dem Verfahren über die Verfassungsbeschwerde des Herrn M. W. und des Herrn A. W. gegen § 113 Abs. 2 des Schulgesetzes für das Land Mecklenburg-Vorpommern vom 15. Mai 1996

Entscheidungsformel:

Die Verfassungsbeschwerde wird als unzulässig verworfen.
Die Entscheidung ergeht kostenfrei; Auslagen werden nicht erstattet.

Gründe:

A.

Mit der Verfassungsbeschwerde machen die Beschwerdeführer geltend, daß § 113 Abs. 2 des Schulgesetzes für das Land Mecklenburg-Vorpommern (SchulG M-V) vom 15.5.1996 (GVOBl. M-V S. 205) gegen Vorschriften der Verfassung des Landes Mecklenburg-Vorpommern – LV – verstößt, insbesondere gegen das in Art. 8 der Verfassung verbürgte Recht auf freien Zugang zu allen öffentlichen Bildungseinrichtungen.

I.

Das Schulgesetz für das Land Mecklenburg-Vorpommern ist am 22.5.1996 im Gesetz- und Verordnungsblatt für Mecklenburg-Vorpommern verkündet worden und nach der Regelung des § 144 Abs. 1 am 1.8.1996 in Kraft getreten.

§ 1 des Schulgesetzes lautet wie folgt:

§ 1 Schulische Bildung für jeden

(1) Jeder hat ein Recht auf schulische Bildung. Dieses Recht wird durch Schulen gewährleistet, die nach Maßgabe dieses Gesetzes einzurichten und zu unterhalten sind. Aus diesem Recht auf schulische Bildung ergeben sich einzelne Ansprüche, soweit sie durch oder aufgrund dieses Gesetzes bestimmt sind.

(2) Jeder hat nach seiner Begabung das Recht auf freien Zugang zu allen öffentlichen Bildungseinrichtungen, unabhängig von seiner wirtschaftlichen und sozialen Lage sowie seiner weltanschaulichen oder politischen Überzeugung.

§ 1 Abs. 2 des Schulgesetzes ist wortgleich mit Art. 8 Satz 1 LV.
§ 113 des Schulgesetzes lautet wie folgt:

§ 113 Schülerbeförderung

(1) Die Landkreise sind Träger der Schülerbeförderung in ihrem Gebiet. Die Schülerbeförderung zählt zu ihrem eigenen Wirkungskreis.

(2) Die Landkreise haben für die in ihrem Gebiet wohnenden Schüler vom Beginn der Schulpflicht an bis zum Ende
1. der Jahrgangsstufe 10 der allgemeinbildenden Schulen,
2. des Berufsgrundbildungs- und des Berufsvorbereitungsjahres und
3. der ersten Klassenstufe der Berufsfachschule, die nicht den Realschulabschluß oder einen gleichwertigen Abschluß voraussetzt,
eine öffentliche Schülerbeförderung durchzuführen oder die notwendigen Aufwendungen der Schüler oder ihrer Erziehungsberechtigten für den Schulweg zu tragen. Satz 1 gilt entsprechend in den Fällen des Besuchs einer Ersatzschule.

(3) Die Landkreise bestimmen für die Schülerbeförderung gemäß Absatz 2 die Mindestentfernung zwischen Wohnung und Schule; sie haben dabei die Belastbarkeit der Schüler und die Sicherheit des Schulwegs zu berücksichtigen. Die Schülerbeförderung soll möglichst zeitnah an den Unterricht anschließen.

(4) Abweichend von den Absätzen 1 und 2 besteht in den Landkreisen und kreisfreien Städten die Beförderungs- oder Erstattungspflicht für Schüler, wenn diese wegen einer dauernden oder vorübergehenden Behinderung befördert werden müssen.

Öffentliche Schülerbeförderung 227

II.

Der Beschwerdeführer zu 1. ist der Vater des Beschwerdeführers zu 2. Dieser besucht die 12. Klasse des Gymnasiums in .... Um die Schule von seinem Wohnort .... aus zu erreichen, benutzt er einen Bus der .... Die monatlichen Fahrtkosten belaufen sich nach Angaben der Beschwerdeführer auf 168,– DM. Gemäß § 1 Abs. 2, § 8 Abs. 3 der Satzung über die Schülerbeförderung im Landkreis .... vom 21. 3. 1997 erhalten die Schülerinnen und Schüler ab der Jahrgangsstufe 11 an allgemeinbildenden Schulen des Landkreises, deren notwendige Aufwendungen für öffentliche Verkehrsmittel zum jeweils günstigsten Monatstarif einen Betrag von 50,– DM übersteigen, gegen Zahlung eines Selbstkostenbeitrages von monatlich 50,– DM eine Monatsfahrkarte.

Der Beschwerdeführer zu 1. hat am 13. 5. 1997, der Beschwerdeführer zu 2. am 25. 6. 1997 Verfassungsbeschwerde erhoben. Sie machen geltend: § 113 Abs. 2 SchulG M-V sei wegen der Beschränkung der Schülerbeförderung bzw. der Kostenübernahme auf die ersten zehn Jahrgangsstufen der allgemeinbildenden Schulen verfassungswidrig. Durch die Begrenzung der Kostenübernahme und die damit entstehende Ungleichbehandlung zwischen Schülern der 10. Jahrgangsstufe einerseits und der 11. Jahrgangsstufe andererseits seien die Beschwerdeführer unmittelbar in ihren Grundrechten verletzt. Die Belastung mit Kosten von 600,– DM jährlich verstoße gegen das durch Art. 8 LV verbriefte Recht auf Chancengleichheit im Bildungswesen. Der weitere Schulbesuch des Beschwerdeführers zu 2. sei gefährdet bzw. gefährdet gewesen, da nicht gesichert gewesen sei, daß die zusätzlichen Mittel vom Landkreis zur Verfügung gestellt würden. Der freie Zugang zu einer Bildungseinrichtung setze voraus, daß die Schüler überhaupt dorthin gelangen könnten. § 113 Abs. 2 SchulG M-V verstoße ferner gegen den allgemeinen Gleichheitssatz, weil ein sachlich gerechtfertigter Grund für die Beschränkung der öffentlichen Schülerbeförderung auf die ersten zehn Jahrgangsstufen der allgemeinbildenden Schulen und auf die Berufsschüler nicht vorliege. Schließlich sei die Norm auch mit dem Sozialstaatsprinzip nicht vereinbar. Das wesentliche Element des Sozialstaatsprinzipes sei zunächst die Fürsorge für Hilfsbedürftige, daneben ergebe sich aber aus dem Zusammenspiel mit den Freiheitsrechten auch das Ziel der Chancengleichheit. Damit sei nicht nur die in Art. 3 Abs. 1 GG verankerte Gleichbehandlung gemeint, sondern die Angleichung der tatsächlichen Voraussetzungen zum Erwerb materieller und immaterieller Güter. Die Konkretisierung sei dabei dem Gesetzgeber als bindende Aufgabe übertragen. Vorliegend habe der Gesetzgeber in § 113 SchulG M-V dem Sozialstaatsprinzip nicht Genüge getan, indem er die kostenlose Schülerbeförderung ohne sachlichen Grund befristet habe. Unabhängig davon sei die Satzung des Landkreises .... vom 20. 3.1997 zu sehen. Insoweit könne auch nicht von einer Normausfüllung durch den Landkreis .... gesprochen werden. Es sei darüber hinaus ungewiß, ob die in der Satzung getroffenen Regelungen auf Dauer Bestand haben würden. Mit der jetzigen Übernahme der Kosten, soweit sie über 50,- DM monatlich hinausgingen, sei lediglich die wirtschaftliche Belastung der Familien auf 600,- DM jährlich beschränkt, nicht jedoch aufgehoben. Allein die kostenfreie Beförderung der Schüler der Jahrgangsstufen 11 und 12 würde dem Sozialstaatsprinzip bzw. der Wertentscheidung, die hinter dem Sozialstaatsprinzip stehe, gerecht werden.

Sie, die Beschwerdeführer, seien durch § 113 Abs. 2 SchulG M-V auch unmittelbar in ihren Grundrechten verletzt. Der Gesetzgeber habe es unterlassen, die Landkreise zu verpflichten, auch die Schüler der Schulklassen 11 und 12 zu befördern bzw. die Kosten für die Beförderung zu erstatten. Ein Handlungsbedarf und Entscheidungsspielraum bestehe für die vollziehende Gewalt außerhalb der Regelung des § 113 SchulG M-V nicht.

Die Beschwerdeführer beantragen,

> festzustellen, daß § 113 Abs. 2 des Schulgesetzes für das Land Mecklenburg-Vorpommern vom 15. 5.1996 insoweit verfassungswidrig und damit nichtig ist, als sich die Regelung der Schülerbeförderung nicht auf die Jahrgangsstufen 11 und 12 der allgemeinbildenden Schulen bezieht.

III.

Die Landesregierung Mecklenburg-Vorpommern hält die Verfassungsbeschwerde für unzulässig, jedenfalls aber für unbegründet. Sie begründet dies wie folgt:

Die Beschwerdeführer seien nicht beschwerdebefugt. Die Beschwerde sei eine solche gegen ein Landesgesetz im Sinne des Art. 53 Nr. 6 LV i.V.m. § 11 Abs. 1 Nr. 8 des Gesetzes über das Landesverfassungsgericht Mecklenburg-Vorpommern (Landesverfassungsgerichtsgesetz – LVerfGG –). Zwar wendeten sich die Beschwerdeführer im Kern dagegen, daß die Vorschrift keine Verpflichtung zur Durchführung einer öffentlichen Schülerbeförderung bzw. zur Fahrtkostenerstattung für den Besuch weiterführender Schulen jenseits der Jahrgangsstufe 10 enthalte. Streitgegenstand sei jedoch kein Unterlassen des Gesetzgebers, sondern eine positive gesetzliche Entscheidung, nämlich die Begrenzung der Pflicht zur öffentlichen Schülerbeförderung bzw. zur Erstattung der notwendigen Aufwendungen. Die Frage der Beschwerdebefugnis sei damit nach § 51 Abs. 1 LVerfGG zu beurteilen. Diese Vorschrift setze eine unmittelbare Rechtsbeeinträchtigung voraus. Daran fehle es hier.

Öffentliche Schülerbeförderung 229

Bedürfe ein Gesetz rechtsnotwendig oder nach der tatsächlichen Verwaltungspraxis der Umsetzung durch einen besonderen Verwaltungsakt, berühre erst dieser die Rechtssphäre des Einzelnen. So liege es hier. Adressaten des § 113 Abs. 2 Satz 1 Nr. 1 SchulG M-V seien allein die Landkreise als Träger der Schülerbeförderung (§ 113 Abs. 1 Satz 1 SchulG M-V). Diese hätten über die Schülerbeförderung als eigene Angelegenheit zu entscheiden (Satz 2 aaO). § 113 Abs. 2 Satz 1 Nr. 1 SchulG M-V wirke sich lediglich dahin aus, daß der Entscheidungsspielraum der Landkreise eingeschränkt sei. Er ändere aber nichts an der Notwendigkeit, die gesetzlichen Vorschriften durch einen behördlichen Vollzugsakt umzusetzen.

Die Verfassungsbeschwerde wäre auch dann unzulässig, wenn mit ihr ein gesetzgeberisches Unterlassen angegriffen würde. In diesem Fall bestimme sich die Beschwerdebefugnis nach § 57 Abs. 1 LVerfGG. Zwar sei auch der Gesetzgeber öffentliche Gewalt im Sinne der Vorschrift. Der einzelne Staatsbürger könne jedoch naturgemäß keinen Anspruch auf ein Handeln des Gesetzgebers haben. Die Prüfungskompetenz des Landesverfassungsgerichtes beschränke sich damit lediglich auf erlassene Gesetze. Etwas anderes gelte jedoch, wenn einem Beschwerdeführer ausnahmsweise ein subjektives Recht auf positives Handeln des Gesetzgebers zustehe. Ein in diesem Sinne relevantes Unterlassen liege nur vor, wenn die im § 57 Abs. 1 LVerfGG abschließend aufgezählten Grundrechte einen ausdrücklichen Verfassungsauftrag enthielten und den Gesetzgeber zum Erlaß einer bestimmten Regelung verpflichteten, aus der der Einzelne einen Handlungsanspruch herleiten könne. Ein solcher Verfassungsauftrag bestehe jedoch nicht. Er könne insbesondere nicht in dem in Art. 8 Satz 1 LV enthaltenen Gleichheitssatz erblickt werden. Dieser begründe keine Handlungspflichten. Nach der Rechtsprechung des Bundesverfassungsgerichtes könne der für die Zulässigkeit einer Verfassungsbeschwerde gegen legislatorisches Unterlassen erforderliche ausdrückliche Verfassungsauftrag nicht bereits in der verpflichtenden Wirkung angeblich verletzter Grundrechte gesehen werden.

Die Verfassungsbeschwerde sei zudem unbegründet. § 113 SchulG M-V verstoße nicht gegen Grundrechte oder sonstige Verfassungsbestimmungen. So werde der Schutzbereich des Art. 8 LV durch eine Regelung über die Durchführung der Schülerbeförderung bzw. Erstattung der Kosten überhaupt nicht berührt. Mit dem Recht auf freien Zugang sei alleine die kostenlose Unterrichtung als solche, das heißt die unentgeltliche Anstaltsnutzung im engeren Sinne, gemeint. Als Gleichheitsgrundrecht sei Art. 8 Satz 1 LV auf die Abwehr gleichheitswidriger Differenzierung gerichtet und benenne dabei unzulässige Differenzierungskriterien wie wirtschaftliche und soziale Lage, weltanschauliche und politische Überzeugung, aber auch zulässige Kriterien wie Begabung. Mit dieser Benennung zulässiger und unzulässiger Zugangskriterien habe es jedoch sein Bewenden. Handlungspflichten des Gesetzgebers würden durch die Vorschrift nicht begründet, somit auch keine Verpflichtung zur staatlichen Subventionierung sämtlicher Ausbildungskosten.

Die angegriffene Vorschrift über die Schülerbeförderung verstoße auch nicht gegen den allgemeinen Gleichheitssatz. Dieser verlange keine schematische Gleichbehandlung, sondern lasse Differenzierungen zu, soweit diese durch sachliche Erwägungen gerechtfertigt seien. Dabei bleibe es dem Ermessen des Normgebers überlassen, zu entscheiden, in welcher Weise dem allgemeinen Gedanken der Angemessenheit, Billigkeit und Zweckmäßigkeit Rechnung zu tragen sei. Der Gleichheitssatz sei erst verletzt, wenn für eine Gleich- oder Ungleichbehandlung jeder sachlich einleuchtende Grund fehle. Ein derartiger sachlich gerechtfertigter Differenzierungsgrund sei vorliegend aber gegeben. Die Beschränkung der Pflicht zur Durchführung der öffentlichen Schülerbeförderung bzw. Erstattung der notwendigen Aufwendungen auf den Beginn der Schulpflicht bis zum Ende der Jahrgangsstufe 10 der allgemeinbildenden Schulen korrespondiere ersichtlich mit der Dauer der Schulpflicht gemäß § 41 Abs. 2 SchulG M-V. Der Gesetzgeber habe sich vornehmlich aus Kostenerwägungen dafür entschieden, die obligatorisch kostenfreie Schülerbeförderung auf den Bereich der schulischen Grundversorgung zu beschränken und diese Frage im übrigen in das Ermessen des Trägers der Schülerbeförderung zu stellen. Die Beschränkung der zwingend kostenlosen Schülerbeförderung auf den Zeitraum der Schulpflicht sei sachgerecht. Die Zulässigkeit einer Anknüpfung der kostenfreien Schülerbeförderung an die schulische Grundversorgung sei in der Rechtsprechung des Bundesverwaltungsgerichtes anerkannt.

Schließlich verletze die angegriffene Bestimmung auch nicht das Sozialstaatsprinzip. Aus der Begrenzung der obligatorisch kostenfreien Schülerbeförderung folge nämlich nicht, daß in den Jahrgangsstufen 11 bis 13 keine Schülerbeförderung durchgeführt bzw. eine Aufwendungserstattung nicht erfolgen dürfe. Die Begrenzung des Regelungsbereiches des § 113 Abs. 1 Satz 1 Nr. 1 SchulG M-V führe lediglich dazu, daß in den nicht erfaßten Fällen den Landkreisen als den Trägern der Schülerbeförderung ein Ermessensbereich verbleibe. Der Landkreis .... habe dieses Ermessen dahingehend ausgeübt, daß die notwendigen Aufwendungen für Beförderungsmittel des öffentlichen Personennahverkehrs für Schülerinnen und Schüler ab der Jahrgangsstufe 11 an den allgemeinen Schulen übernommen würden, soweit diese einen Selbstkostenbetrag von monatlich 50,– DM überstiegen. Zudem gebiete das Sozialstaatsprinzip keine gesetzliche Einführung einer kostenfreien Schülerbeförderung oder zumindest anteiligen Kostenerstattung auch für Schüler der Jahrgangsstufen 11 bis 13. Aber selbst wenn das Sozialstaatsprinzip solche Anforderungen stellen würde, könnten und müßten sie im Rahmen der Schülerbeförderungssatzung der Landkreise berücksichtigt werden.

IV.

Dem Landtag Mecklenburg-Vorpommern ist Gelegenheit zur Äußerung gegeben worden.

V.

Auf Fragen des Landesverfassungsgerichts hat sich der Landkreistag Mecklenburg-Vorpommern zu der Verfassungsbeschwerde geäußert:
Die Gesamtbelastung der 12 Landkreise durch Schülerbeförderung bzw. Kostenersatz habe sich im Haushaltsjahr 1997 auf etwa 76,6 Millionen DM belaufen. Für die nach dem Gesetz zwingend vorgeschriebenen Leistungen seien je Landkreis durchschnittlich mehr als 6 Millionen DM jährlich aufgewendet worden. Das bedeute angesichts einer durchschnittlichen Gesamthöhe der Verwaltungshaushalte von etwa 200 Millionen DM eine sehr spürbare Belastung. Die darüber hinaus gehenden Leistungen für Schülerbeförderung in den Klassen 11 bis 13 beliefen sich im Landkreis .... auf 342 000,– DM, im Landkreis .... auf auf 430 000,– DM sowie im Landkreis .... auf 285 000,– DM. Sollte die Pflicht zur reinen Schülerbeförderung bzw. zum Kostenersatz auf die Jahrgangsstufen 11 und 12 der allgemeinbildenden Schulen ausgedehnt werden, dürften landesweit zusätzliche Kosten von etwa 4,6 Millionen DM entstehen. Bei Einbeziehung der Schüler der Berufsschulen und der Berufsfachschulen wären etwa weitere 12,4 Millionen DM anzusetzen.
Verläßliche Einschätzungen, ob Schülern mangels öffentlicher Schülerbeförderung der Schulbesuch unmöglich oder wesentlich erschwert werde, gebe es bei den Landkreisen nicht. Generell könnten Schüler, die nicht an einer öffentlichen Schülerbeförderung teilnähmen, den Schulweg mit öffentlichen Verkehrsmitteln zurücklegen. Die maximalen Kosten für den Schulweg von ungünstig wohnenden Schülern bewegten sich zwischen 125,– DM und 151,30 DM monatlich. In zahlreichen Fällen sei der Besuch einer Schule in einem anderen Landkreis oder in einer kreisfreien Stadt genehmigt worden.
Bei der angespannten Finanzlage der Landkreise müßte eine Belastung mit weiteren jeweils 300 000,– DM bis 500 000,– DM für die Schülerbeförderung zu Lasten von deren freiwilligen Aufgaben, insbesondere auch der Jugendarbeit gehen.

B.

Die Verfassungsbeschwerde ist unzulässig. Die Beschwerdeführer sind durch § 113 Abs. 2 SchulG M-V nicht unmittelbar betroffen.

I.

1. Die Verfassungsbeschwerde ist als Rechtssatzverfassungsbeschwerde gemäß Art. 53 Nr. 6 LV, § 11 Abs. 1 Nr. 8 LVerfGG statthaft. Sie richtet sich gegen § 113 Abs. 2 SchulG M-V, also eine landesgesetzliche Vorschrift. Die Beschwerdeführer machen geltend, durch Landesgesetz in Grundrechten verletzt zu sein.

Sie wenden sich nicht dagegen, daß der Gesetzgeber den Erlaß eines Gesetzes unterlassen habe, sondern sie sind der Auffassung, daß er im erlassenen Schulgesetz den Kreis der bei der unentgeltlichen Schülerbeförderung begünstigten Schüler zu eng gefaßt habe. Damit wird nicht ein schlichtes Unterlassen, sondern ein Handeln des Gesetzgebers gerügt. Macht ein Beschwerdeführer geltend, daß er zu Unrecht von einer gesetzlichen Begünstigung ausgeschlossen sei, so ist Verfahrensgegenstand die Norm, durch die dieses geschehen ist (BVerfGE 29, 268, 273; 56, 54, 71). Die Nichteinbeziehung in die vorteilhafte Regelung ist dann ein nur scheinbares Unterlassen (Benda/Klein, Lehrbuch des Verfassungsprozeßrechts, 1991, § 18 Rdn. 432 unter Bezugnahme auf BVerfGE 6, 257, 264).

2. Die Jahresfrist des § 52 Satz 1 LVerfGG ist eingehalten. Die Begründung genügt den Anforderungen des § 53 LVerfGG. Die Beschwerdeführer haben bereits in ihren Beschwerdeschriften das Grundrecht aus Art. 8 LV als verletzt und § 113 SchulG M-V als die verletzende Vorschrift bezeichnet. Auch haben sie verdeutlicht, weshalb aus ihrer Sicht die gesetzliche Regelung nicht der Landesverfassung genügt.

3. Nach der ständigen Rechtsprechung des Bundesverfassungsgerichts (seit BVerfGE 1, 97, 101 f), der das Landesverfassungsgericht sich für das Landesverfassungsrecht anschließt, muß ein Beschwerdeführer durch die angefochtene Rechtsnorm selbst und gegenwärtig betroffen sein. Für den Beschwerdeführer zu 2. ist dies zu bejahen, da er gegenwärtig eine allgemeinbildende Schule im Lande Mecklenburg-Vorpommern besucht und zu einem Personenkreis gehört, der nicht in § 113 Abs. 2 SchulG M-V einbezogen worden ist. Hinsichtlich des Beschwerdeführers zu 1. kann zweifelhaft sein, ob er selbst betroffen ist. Es muß eine Betroffenheit in der Weise vorliegen, daß ein eigenes Grundrecht verletzt sein könnte. Ob dies für die Eltern eines Schülers zutrifft, der sein Grundrecht aus Art. 8 LV geltend macht, bleibt dahinge-

Öffentliche Schülerbeförderung 233

stellt, weil sich jedenfalls aus anderen Gründen ergibt, daß die Verfassungsbeschwerde beider Beschwerdeführer unzulässig ist.

4. Denn das Landesverfassungsgericht gelangt deshalb nicht zur Sachprüfung, weil die Beschwerdeführer durch § 113 Abs. 2 SchulG M-V nicht unmittelbar betroffen sind.

Das Bundesverfassungsgericht verlangt seit der genannten Entscheidung in ständiger Rechtsprechung, daß ein Beschwerdeführer durch den angegriffenen Hoheitsakt unmittelbar betroffen sein muß. In Mecklenburg-Vorpommern ist dieses Erfordernis für die Verfassungsbeschwerde gegen Landesgesetze ausdrücklich in Art. 53 Nr. 6 LV und in § 51 Abs. 1 LVerfGG niedergelegt.

Eine unmittelbare Betroffenheit ist dann gegeben, wenn eine Vorschrift, ohne daß es eines Vollziehungsaktes bedarf, in der Weise auf den Rechtskreis des Beschwerdeführers einwirkt, daß konkrete Rechtspositionen unmittelbar kraft Gesetzes erlöschen oder genau bestimmte Verpflichtungen begründet werden (BVerfGE 53, 366, 389). Das muß auch gelten, wenn der Gesetzgeber bestimmte Personengruppen von einer Begünstigung ausschließt. Setzt hingegen das Gesetz zu seiner Durchführung rechtsnotwendig oder auch nur nach der tatsächlichen Verwaltungspraxis einen besonderen, vom Willen der vollziehenden Gewalt zu beeinflussenden Vollziehungsakt voraus, so kann sich die Verfassungsbeschwerde nur gegen diesen Vollziehungsakt als den unmittelbaren Eingriff richten (BVerfGE 1, 97, 101 ff; 72, 39, 43; 74, 69, 74; 74, 297, 318; 75, 78, 95; 79, 174, 187; 90, 128, 135 und öfter).

Nach diesen Maßstäben sind die Beschwerdeführer nicht durch § 113 Abs. 2 SchulG M-V unmittelbar betroffen. Denn jede Zulassung zur Schülerbeförderung in Mecklenburg-Vorpommern setzt ein Handeln des jeweiligen Landkreises voraus. Erst dessen Handeln ist geeignet, Rechte von Schülern und Eltern zu verletzen; sie können dagegen den Rechtsweg beschreiten und müssen dies tun, ehe sie das Landesverfassungsgericht anrufen.

Die Landkreise haben das Recht, die Schülerbeförderung durch Erlaß von Satzungen und durch Verwaltungspraxis auszugestalten. Denn nach § 113 Abs. 1 Satz 1 SchulG M-V sind die Landkreise Träger der Schülerbeförderung in ihrem Gebiet; nach Satz 2 aaO zählt die Schülerbeförderung zum eigenen Wirkungskreis der Landkreise. Sie ist eine gemeindeübergreifende Angelegenheit, welche die Landkreise in eigener Verantwortung regeln (§ 89 Abs. 1 der Kommunalverfassung für das Land Mecklenburg-Vorpommern Kommunalverfassung [KV M-V] in der Fassung der Bekanntmachung vom 13.1.1998 [GVOBl. M-V S. 29]). Dabei ist unter Schülerbeförderung die Beförderung zu und von allen Schulen im Sinne von § 11 SchulG M-V zu verstehen.

Eine Grenze ist der Gestaltungsfreiheit der Landkreise allerdings durch § 113 Abs. 2 SchulG M-V gesetzt. Durch diese Vorschrift sind die Landkreise gesetzlich verpflichtet worden (§ 89 Abs. 4 KV M-V), für den aufgeführten Personenkreis eine öffentliche Schülerbeförderung durchzuführen oder die notwendigen Aufwendungen für den Schulweg zu tragen. Hierbei ist ihnen in § 113 Abs. 3 SchulG M-V für ihre Satzungen ein gewisser Spielraum gelassen worden. Ferner ordnet § 113 Abs. 4 SchulG M-V eine Beförderungs- oder Kostenerstattungspflicht für behinderte Schüler an.

Der Regelungsgehalt des § 113 Abs. 2 und 4 SchulG M-V erstreckt und beschränkt sich danach darauf, daß für einen Ausschnitt aus dem Gesamtbereich der Schülerbeförderung diese zu einer Pflichtaufgabe gemacht worden ist; in diesem Regelungsrahmen dürfen Fahrtkosten für die Schüler bzw. ihre Eltern nicht entstehen. Der Gesetzgeber hat indessen entgegen dem schriftsätzlichen Vorbringen der Beschwerdeführer nicht etwa auch entschieden, daß die Landkreise anderen Schülergruppen Entsprechendes versagen müßten. Eine dahingehende Regelung wäre mit der Verfassungsgarantie der kommunalen Selbstverwaltung (Art. 72 Abs. 1 LV) nicht vereinbar.

Da die Schülerbeförderung für andere Personengruppen im Schulgesetz nicht geregelt ist, liegt die Regelungsbefugnis insoweit bei den Landkreisen, die hiervon auch – wie sich aus der Stellungnahme des Landkreistages Mecklenburg-Vorpommern ergibt – in unterschiedlicher Weise Gebrauch gemacht haben. Dem jeweiligen sich selbst verwaltenden Landkreis obliegt also die Entscheidung, ob er überhaupt eine Schülerbeförderung für andere als die in § 113 Abs. 2 und Abs. 4 SchulG M-V genannten Schülergruppen sicherstellt, ob er die Kosten von deren Beförderung übernimmt oder ob er sie ganz oder teilweise bei den Schülern bzw. ihren Eltern beläßt.

Für den Schüler kann sich danach erst aus der Satzung des jeweiligen Landkreises oder aus der Ablehnung eines Antrags auf freie Beförderung bzw. auf Kostenersatz ergeben, daß er den begehrten freien Schulweg nicht erhält. § 113 SchulG M-V trifft darüber für die in seinen Abs. 2 und 4 nicht genannten Gruppen keine Festlegung.

Letztlich zeigt auch der Vortrag der Beschwerdeführer, daß sie sich durch die Satzung des Landkreises .... beeinträchtigt sehen. Auch sie erkennen, daß ihre Belastung sich nicht auf die vollen Kosten des Schulwegs von – nach ihrer Angabe – 168,– DM monatlich, sondern nur auf 50,– DM monatlich beläuft. Dieser Umfang der Belastung folgt aber nicht aus dem Gesetz, sondern aus der Satzung.

Mit ihrer Auffassung, es sei verfassungswidrig, daß der Gesetzgeber den Anwendungsbereich des § 113 Abs. 2 nicht auch auf Schüler jenseits der Jahrgangsstufe 10 der allgemeinbildenden Schulen erstreckt habe, können die Beschwerdeführer nicht gehört werden. Die Geltendmachung der Verfassungswidrigkeit einer Norm ist für sich allein nicht geeignet, eine Verfassungsbeschwerde unmittelbar gegen das Gesetz zu rechtfertigen. Diese allgemeine Frage konnte Gegenstand einer hier freilich wegen fehlender Antragsberechtigung der Beschwerdeführer ausgeschlossenen abstrakten Normenkontrolle (Art. 53 Nr. 2 LV, § 11 Abs. 1 Nr. 2 LVerfGG) sein, nicht aber einer unmittelbar gegen das Gesetz gerichteten Verfassungsbeschwerde. Gegenstand einer Verfassungsbeschwerde ist jeweils die Frage, ob nach den jeweiligen konkreten Umständen des Falles, unter Berücksichtigung aller für seine Beurteilung maßgebenden Gesichtspunkte, ein hoheitliches Handeln Grundrechte verletzt. Wegen dieses konkreten Gegenstandes einer Verfassungsbeschwerde kann es auch nicht auf die weitere Erwägung der Beschwerdeführer ankommen, es sei ungewiß, ob die Kostenbeteiligung des Landkreises dauerhaft Bestand haben werde. Die Befürchtung, eine Rechtslage könne sich ändern, legitimiert eine Verfassungsbeschwerde nicht.

Nach alledem ist die Verfassungsbeschwerde unzulässig. Die Beschwerdeführer sind darauf zu verweisen, den von ihnen behaupteten Anspruch auf dem Verwaltungsrechtsweg – sei es über ein Normenkontrollverfahren nach § 47 Abs. 1 Nr. 2 VwGO i. V. m. § 13 des Gerichtsorganisationsgesetzes vom 10.6.1992 (GVOBl. M-V S. 314), sei es nach § 42 VwGO – geltend zu machen.

II.

Die Kostenentscheidung beruht auf §§ 32 Abs. 1 und 2 sowie 33 Abs. 2 LVerfGG.

Entscheidungen
des Verfassungsgerichtshofes
des Saarlandes

Die amtierenden und stellvertretenden Richterinnen und Richter des Verfassungsgerichtshofes des Saarlandes

Prof. Dr. Roland Rixecker, Präsident
(Prof. Dr. Heike Jung)
Prof. Dr. Elmar Wadle, Vizepräsident
(Winfried Adam)
Otto Dietz
(Günther Hahn)
Prof. Dr. Günter Ellscheid
(Dieter Knicker)
Karl-Heinz Friese
(Ulrich Sperber)
Dr. Jakob Seiwerth
(Jürgen Grünert)
Hans-Georg Warken
(Wolfgang Schild)
Prof. Dr. Rudolf Wendt
(Jakob Lang)

Grundrecht auf Asyl 239

Nr. 1

Zur Bedeutung des von Art. 11 Abs. 2 und 3 der Verfassung des Saarlandes gewährleisteten Grundrechts auf Asyl.*

Grundgesetz Art. 142, Art. 31
Verfassung des Saarlandes Art. 11 Abs. 2, 3
Gesetz über den Verfassungsgerichtshof des Saarlandes § 55 Abs. 3

Beschluß vom 24. September 1998 – Lv 4/98 –

in dem Verfassungsbeschwerdeverfahren des Antragstellers zu 1) und des Antragstellers zu 2)

Entscheidungsformel:

Der Antrag auf Gewährung von Prozeßkostenhilfe wird zurückgewiesen.
Die Verfassungsbeschwerden werden verworfen.

Gründe:

I.

Der Antragsteller zu 1) ist türkischer Staatsangehöriger kurdischer Volkszugehörigkeit. Sein Antrag auf Gewährung von Asyl ist durch das Bundesamt für die Anerkennung ausländischer Flüchtlinge mit Bescheid vom 5.6.1992 abgelehnt worden. Die dagegen erhobene Klage hat das Verwaltungsgericht des Saarlandes (6 K 197/92) durch Urteil vom 7.6.1996 zurückgewiesen. Das Oberverwaltungsgericht des Saarlandes (9 Q 196/96) hat durch Beschluß vom 8.12.1997, dessen Zustellungszeitpunkt nicht feststeht, den Antrag auf Zulassung der Berufung zurückgewiesen. Dagegen wendet sich der Antragsteller zu 1) mit seiner am 5.8.1998 eingegangenen Verfassungsbeschwerde und dem mit ihr verbundenen Antrag auf Gewährung

* Nichtamtlicher Leitsatz

von Prozeßkostenhilfe unter Berufung auf Grundrechte der Verfassung des Saarlandes, vor allem die Verbürgung des Asylrechts in Art. 11 Abs. 2, 3 SVerf. Zur Begründung trägt er – im Rahmen allgemein gehaltener Ausführungen seines Verfahrensbevollmächtigten zum Verhalten von Staatsorganen und unter Vorlage von Zeitungsmeldungen über das Schicksal abgeschobener Kurden – vor, zu den Pflichten des Verfassungsgerichtshofes des Saarlandes zähle, „Menschen wie ihm" den Genuß der „Schutzrechte" der Verfassung des Saarlandes zu verschaffen.

Der Antragsteller zu 2), der Verfahrensbevollmächtigte des Antragstellers zu 1), erhebt desweiteren eine als „Kollektivbeschwerde" bezeichnete Verfassungsbeschwerde zugunsten von 13 anderen türkischen Staatsangehörigen kurdischer Volkszugehörigkeit.

II.

1.) Dem Antragsteller zu 1) kann keine Prozeßkostenhilfe für die Durchführung eines Verfassungsbeschwerdeverfahrens gewährt werden, weil die beabsichtigte Rechtsverfolgung keine Aussicht auf Erfolg bietet (§ 58 VerfGHG i.V. m. § 114 ZPO).

Insoweit kann dahinstehen, ob die Frist für die Einlegung der Verfassungsbeschwerde nach § 56 Abs. 1 VerfGHG gewahrt ist oder ob die Verfassungsbeschwerde schon deshalb aufgrund ihrer nach § 55 Abs. 3 VerfGHG gegenüber einer Verfassungsbeschwerde zum Bundesverfassungsgericht bestehenden Subsidiarität unzulässig ist, weil der Bescheid des Bundesamtes für die Anerkennung ausländischer Flüchtlinge noch vor der Neuregelung des Asylrechts im Jahre 1993 ergangen ist und damit möglicherweise einen bundesrechtlichen Grundrechtsschutz – Art. 16 Abs. 2 Satz 2 GG a. F. – zu beachten hatte, der dem von Art. 11 Abs. 2, 3 SVerf beabsichtigten nicht nachstand.

Aussicht auf Erfolg mit seinem Begehren kann der Antragsteller zu 1) schon deshalb nicht haben, weil niemand unter Berufung auf das von Art. 11 Abs. 2, 3 SVerf gewährte Asylrecht eine zulässige Verfassungsbeschwerde zum Verfassungsgerichtshof des Saarlandes mit dem Ziel erheben kann, die Ablehnung eines Antrags auf Anerkennung als Asylberechtigter und die Feststellung des Fehlens von Abschiebungshindernissen durch das Bundesamt für die Anerkennung ausländischer Flüchtlinge zu korrigieren.

Allerdings bestimmt Art. 11 Abs. 2, 3 SVerf:

> „Asylrecht genießt, wer unter Verletzung der in dieser Verfassung niedergelegten Grundrechte verfolgt wird und in das Saarland geflohen ist.
> Das Nähere regelt das Gesetz"

Damit konkurriert dieses landesverfassungsrechtlich geregelte Grundrecht mit dem durch Art. 16 a GG gewährleisteten Grundrecht politisch Verfolgter auf Asyl und mit den bundesrechtlichen Regelungen des Aufenthalts- und Niederlassungsrechts von Ausländern. Nach dem Wortlaut und dem historischem Hintergrund des durch Art. 11 Abs. 2, 3 SVerf verbürgten Asylrechts, das die Erinnerung an Jahre bewahrt, in denen das Gebiet des Saarlandes für kurze Zeit einzige Stätte der Zuflucht in Deutschland war, ist davon auszugehen, daß der sachliche und persönliche Schutzbereich des Art. 11 Abs. 2, 3 SVerf weiter reicht als jener des Asylrechts nach Art. 16 a GG (zur Bedeutung dieser Frage für die Zulässigkeit der Verfassungsbeschwerde nach § 55 Abs. 3 VerfGHG vgl. SVerfGH NVwZ 1983, 604).

Grundrechte, die die Verfassung eines Bundeslandes gewährleistet, bleiben nach Art. 142 GG in Kraft, soweit sie mit Grundrechten, die das Grundgesetz gewährleistet, übereinstimmen. Sie gelten also, wenn der Gewährleistungsbereich der jeweiligen Grundrechte und ihre Schranken einander nicht widersprechen, wenn es sich folglich um Grundrechte handelt, die „den gleichen Gegenstand in gleichem Sinne, mit gleichem Inhalt und in gleichem Umfang regeln" (vgl. BVerfG NJW 1998, 1296 m. w. N.). Das versagt der Verfassung eines Bundeslandes nicht, seinen Bürgerinnen und Bürgern einen weitergehenden grundrechtlichen Schutz zu gewähren (vgl. nur u. a. *Jarass/Pieroth*, GG, 4. Aufl. 1997, Art. 142 Rdn. 3). Enthält allerdings eine Regelung des Bundesrechts erkennbar den Normbefehl, einen weitergehenden Schutz zu unterlassen, „bricht" sie nach Art. 31 GG ein dem Betroffenen günstigeres landesverfassungsrechtliches Grundrecht (vgl. BVerfG NJW 1998, 1296, 1298 m. w. N.).

Ob den Stimmen gefolgt werden könnte, die ungeachtet des mit der Asylrechtsreform des Jahres 1993 verfolgten Ziels einer umfassenden und einheitlichen Neugestaltung der Schutzgewährung für Flüchtlinge im europäischen Rahmen Raum für eine rechtliche Bedeutung landesverfassungsrechtlichen Schutzes sehen (vgl. u. a. BerlVerfGH NVwZ 1995, 784; *Göbel-Zimmermann*, Asylrechte der Landesverfassungen im Verhältnis zum Bundesrecht, NVwZ 1995, 763; abl. u. a. VG Darmstadt NVwZ Beil. 1993, 23; *Stern*, Der Aufschwung der Landesverfassungsbeschwerde im wiedervereinigten Deutschland, Festschrift zum 50-jährigen Bestehen des Bayerischen Verfassungsgerichtshofs, 1997, 241, 255), kann aber dahinstehen. Denn jedenfalls in Fällen, in denen sich ein Verfassungsbeschwerdeführer gegen auf die Entscheidung einer Bundesbehörde – des Bundesamtes für die Anerkennnung ausländischer Flüchtlinge – zurückzuführende Eingriffe oder Versagungen wendet, Gegenstand der Verfassungsbeschwerde also allein die Anwendung materiellen Bundesrechts durch eine Bundesbehörde und deren gerichtliche Kontrolle – wenn auch durch Gerichte eines Bundeslandes –

wäre, steht Art. 31 GG einer Berufung auf den bundesrechtlichen Grundrechtsstandard überschreitende Grundrechte der Landesverfassung entgegen (zu der ähnlichen Problematik der Zulässigkeit der Landesverfassungsbeschwerde in bundesrechtlich geregelten Verfahren BVerfG NJW 1998, 1296, 1300, 1301). Denn die Entscheidung des Bundesamtes für die Anerkennung ausländischer Flüchtlinge wird – selbstverständlich – allein auf der Grundlage von Bundesrecht getroffen; an der Verfassung eines Bundeslandes kann und darf sie nicht gemessen werden. Das muß dann auch für die Beurteilung ihrer gerichtlichen Überprüfung durch die Gerichte eines Bundeslandes gelten. Daher kann sich insoweit ein Antragsteller von vornherein nicht im Sinne des § 55 Abs. 1 VerfGHG auf ein Grundrecht der Landesverfassung berufen.

Soweit sich der Antragsteller auf eine Verletzung der Art. 1, 2, 3 und 12 SVerf beruft, steht § 55 Abs. 3 VerfGHG seinem Begehren entgegen. Soweit er Art. 21 und Art. 61 SVerf anführt, handelt es sich nicht um verfassungsbeschwerdefähige Grundrechte.

Da dem Antragsteller zu 1) keine Prozeßkostenhilfe gewährt werden kann, ist seine Verfassungsbeschwerde nach § 56 Abs. 1 VerfGHG als unzulässig zu verwerfen.

2.) Die Verfassungsbeschwerden des Antragstellers zu 2) sind schon deshalb unzulässig, weil er nicht geltend machen kann, in einem eigenen Grundrecht oder sonstigen verfassungsmäßigen Recht verletzt zu sein. Das saarländische Verfassungsprozeßrecht kennt keine treuhänderisch für andere zulässige „Kollektivbeschwerde".

Entscheidungen des Verfassungsgerichtshofes des Freistaates Sachsen

Die amtierenden Richter des Verfassungsgerichtshofes des Freistaates Sachsen

Dr. Thomas Pfeiffer, Präsident
Klaus Budewig, Vizepräsident
Ulrich Hagenloch
Alfred Graf von Keyserlingk
Hans Dietrich Knoth
Prof. Dr. Hans v. Mangoldt
Siegfried Reich
Prof. Dr. Hans-Peter Schneider
Prof. Dr. Hans-Heinrich Trute

Stellvertreterinnen und Stellvertreter

Heinrich Rehak
Martin Burkert
Jürgen Niemeyer
Dr. Andreas Spilger
Hannelore Leuthold
Susanne Schlichting
Heide Boysen-Tilly
Prof. Dr. Christoph Degenhart

Nr. 1

1. Zur Prüfungskompetenz des Landtagspräsidenten bezüglich formaler und inhaltlicher Verfassungsmäßigkeit des Volksantrages*

2. Zu den Wirkungen der Entscheidung des Landtagspräsidenten nach Art. 71 Abs. 2 Satz 2 SächsVerf.*

Verfassung des Freistaates Sachsen Art. 70 Abs. 1, 71, 72 Abs. 1

Sächsisches Verfassungsgerichtshofsgesetz § 10

Bundesverfassungsgerichtsgesetz § 32 Abs. 3

Urteil vom 17. Juli 1998 – Vf. 27-X-98 –

in dem Verfahren über den Erlaß einer einstweiligen Anordnung zu dem Antrag an den Sächsischen Verfassungsgerichtshof gem. § 11 Abs. 1 des Gesetzes über Volksantrag, Volksbegehren und Volksentscheid

Entscheidungsformel:

Der Widerspruch des Präsidenten des Sächsischen Landtages gegen den Beschluß des Sächsischen Verfassungsgerichtshofes vom 25. Juni 1998 wird zurückgewiesen.

Der Freistaat Sachsen hat der Antragstellerin die weiteren notwendigen Auslagen zu erstatten.

Gründe:

I.

Die Antragstellerin übergab als Vertrauensperson dem Präsidenten des Sächsischen Landtages am 18. Dezember 1997 einen Volksantrag zum Entwurf eines Gesetzes über das Leitbild, die Leitlinien und die Durchführung der Gemeindegebietsreform im Freistaat Sachsen. Dem Volksantrag waren 58 691 Unterschriften von Unterstützern beigefügt, die von den Melde-

---
* Nichtamtlicher Leitsatz

behörden als von Stimmberechtigten stammend bestätigt waren. Nach Einholung einer Stellungnahme der Staatsregierung erklärte der Präsident des Sächsischen Landtages mit Bescheid vom 17. Februar 1998 den Volksantrag für unzulässig. Seine Überprüfung habe ergeben, daß der Volksantrag nicht formell wirksam von mindestens 40 000 Stimmberechtigten unterstützt werde. Mindestens 31 696 Stimmen seien ungültig, weil der Unterschriftsbogen z. T. unvollständig, nicht eigenhändig oder unleserlich ausgefüllt worden sei. Gegen diesen Bescheid hat die Antragstellerin in dem Verfahren 12-X-98 den Verfassungsgerichtshof des Freistaates Sachsen angerufen und im wesentlichen beantragt, den Bescheid des Präsidenten des Sächsischen Landtags vom 17. Februar 1998 aufzuheben und festzustellen, daß die formellen Voraussetzungen des Volksantrages vorliegen. Der Landtagspräsident habe den Zweck der Stimmrechtsbestätigung verkannt. Sie solle nur klarstellen, daß der jeweilige Unterzeichner am Tag der Unterzeichnung des Volksantrages das Wahlrecht zum Sächsischen Landtag habe. Dementsprechend solle § 5 Abs. 2 VVVG lediglich gewährleisten, daß der jeweilige Unterzeichner eindeutig identifizierbar sei, damit die Meldebehörde anhand des Wählerverzeichnisses und der Melderegister prüfen könne, ob er die Voraussetzungen des § 2 VVVG erfülle. Die Gemeinden seien zu einer Identifizierung der Stimmberechtigten, was der Landtagspräsident nicht bestreitet, in der Lage gewesen.

Mit Schriftsatz vom 29. Mai 1998 beantragte die Antragstellerin, dem Präsidenten des Landtages des Freistaates Sachsen durch einstweilige Anordnung aufzugeben, den Volksantrag mit Begründung im Sächsischen Amtsblatt zu veröffentlichen, eine Sitzung des Landtages des Freistaates Sachsen einzuberufen und die Tagesordnung dieser Sitzung dahin festzusetzen, daß der Volksantrag betreffend den Entwurf eines Gesetzes über das Leitbild, die Leitlinien und die Durchführung der Gemeindegebietsreform im Freistaat Sachsen entsprechend § 51 der Geschäftsordnung des Landtages des Freistaates Sachsen zu behandeln ist. Wegen des Wortlauts von Hilfsanträgen wird auf den Schriftsatz der Antragstellerin vom 29. Mai 1998 verwiesen. Zur Begründung hat sie vorgetragen: Die einstweilige Anordnung sei zur Abwendung schwerer Nachteile und aus wichtigen Gründen des Gemeinwohles dringend erforderlich. Dem Landtag lägen die Gesetze zur Gemeindegebietsreform zur Beratung vor, deren Leitbild und System der Umsetzung dem von dem Bürgerantrag vertretenen Gesetz grundlegend widersprächen. Mit ihrer Verabschiedung würden vollendete Tatsachen geschaffen; das Anliegen des Volksantrages könnte, auch wenn das Hauptsacheverfahren Erfolg habe, nicht mehr erreicht werden. Die Veröffentlichung eines erledigten Volksantrages und einer Anhörung dazu seien eine untaugliche Abhilfe. Gegenüber dem Eingriff in parlamentarische Mitwirkungsrechte des Volkes seien die

Nachteile, die einträten, wenn die einstweilige Anordnung erginge, das Hauptsacheverfahren aber später erfolglos bliebe, gering. Der Aufwand für die Veröffentlichung des Volksantrages, die Befassung des Landtages mit dem Volksantrag und die – ggf. erfolgte – Anhörung der Antragstellerin sei gering. Dies bewirke auch keine Nachteile. Dies ergebe sich schon aus Art. 71 Abs. 2 Satz 4 SächsVerf, der diese Folgen für den Fall eines als verfassungswidrig erkannten, aber vom Verfassungsgerichtshof noch nicht für unzulässig erklärten Volksantrages ohne weiteres in Kauf nehme. Mit der einstweiligen Anordnung werde auch nicht die Hauptsache vorweggenommen. Die Hauptsache sei die Aufhebung des Bescheids des Landtagspräsidenten und die Feststellung der Zulässigkeit des Volksantrages. Beides nehme die beantragte einstweilige Anordnung nicht vorweg. Im übrigen gelte dieses Verbot nicht, wenn – wie hier – unter den obwaltenden Umständen eine Entscheidung in der Hauptsache zu spät komme und dem Antragsteller in anderer Weise ausreichender Rechtsschutz nicht mehr gewährleistet werden könne.

Der Präsident des Sächsischen Landtags erachtete den Antrag für unbegründet. Er beinhalte eine Vorwegnahme der Hauptsache, da er eine – von der Sächsischen Verfassung nicht vorgesehene – parlamentarische Weiterbehandlung des nach seiner Auffassung unzulässigen Volksantrages bedeute. Die Antragstellerin erleide ohne die einstweilige Anordnung keinen irreparablen Schaden. Auch ein zulässiger Volksantrag entfalte keine rechtliche Sperrwirkung für eine Behandlung und Verabschiedung der von der Staatsregierung dem Landtag zugeleiteten Entwürfe der Gemeindegebietsreformgesetze. Der Landtag sei in seiner Entscheidung frei, ob und wann er – auch inhaltlich vorgreiflich – andere Gesetzesentwürfe zu konkreten Gebietsreformmaßnahmen behandle und ggf. beschließe. Inwieweit mit Rücksicht auf einen laufenden Volksantrag anderweitige Gesetzgebungsverfahren zurückgestellt würden, sei eine rein politische Entscheidung, in die auch der Landtagspräsident nicht eingreifen könne. Durch eine spätere Behandlung des Volksantrages werde allenfalls die politische Durchsetzung des Anliegens erschwert.

Die Sächsische Staatsregierung hat sich zum Verfahren nicht geäußert.

Mit Beschluß vom 25. Juni 1998 hat der Verfassungsgerichtshof des Freistaates Sachsen die einstweilige Anordnung antragsgemäß erlassen. Zur Begründung hat er im wesentlichen ausgeführt, daß nach Art. 71 Abs. 2 Satz 4 SächsVerf ein Volksantrag bis zu einer gegenteiligen Entscheidung des Verfassungsgerichtshofes nicht als unzulässig behandelt werden dürfe. Art. 71 Abs. 2 Satz 4 SächsVerf beziehe sich nach Wortlaut und Entstehungsgeschichte auf alle Fälle der Verfassungswidrigkeit eines Volksantrages, umfasse also auch den möglicherweise formell fehlerhaften Volksantrag. Des-

LVerfGE 9

halb habe zur Wahrung der Verfassung die beantragte einstweilige Anordnung zu ergehen.

Der Präsident des Sächsischen Landtages ist dem Verfahren beigetreten und hat am 6. Juli 1998 Widerspruch erhoben. Er beantragt: „nach mündlicher Verhandlung (§ 10 Abs. 1 SächsVerfGHG i.V.m. § 32 Abs. 3 Satz 3 BVerfGG) die einstweilige Anordnung aufzuheben und den Hauptantrag sowie sämtliche Hilfsanträge auf Erlaß einer einstweiligen Anordnung abzulehnen." Zur Begründung trägt er vor: Im Plenum des Landtages sei die Rechtsansicht, die im Verfassungs- und Rechtsausschuß zu Art. 71 Abs. 2 SächsVerf vertreten worden sei, nicht erörtert worden. Es könne daher nicht auf eine Billigung und Übernahme dieser Rechtsmeinung durch die parlamentarischen Gremien geschlossen werden.

Die vom Verfassungsgerichtshof in seinem Beschluß vom 25. Juni 1998 vertretene Argumentation habe schwierig zu lösende Abgrenzungsfragen zur Folge. Insbesondere bedürfe der Klärung, auf welche Weise der Landtagspräsident gesichert feststellen könne, ob das gegen seinen Ablehnungsbescheid eingeleitete Verfahren „unzulässig oder offensichtlich unbegründet" sei. Ebenso sei fraglich, was in der Zeit bis zur Einleitung des Verfahrens nach § 11 Abs. 1 VVVG zu gelten habe. Fraglich sei auch, ob der Landtagspräsident überhaupt befugt sei, einen negativen Bescheid zu erlassen oder ob er auf der Grundlage der Rechtsansicht des Sächsischen Verfassungsgerichtshofes nicht vielmehr verpflichtet sei, auch Volksanträge mit den krassesten formellen Mängeln dem Verfassungsgerichtshof vorzulegen. Hiergegen stehe jedoch der klare Wortlaut und Inhalt der §§ 10 Abs. 2 und 11 VVVG, die wegen der Rechtsansicht des Verfassungsgerichtshofes zu Art. 71 Abs. 2 S. 4 SächsVerf als verfassungswidrig qualifiziert werden müßten.

Die geschaffene Rechtsunsicherheit über die Gültigkeit der genannten Vorschriften bedürfe deshalb der Klärung und Erörterung.

Die Antragstellerin hält den Widerspruch für unbegründet. Der Wortlaut des Art. 71 Abs. 2 Satz 4 SächsVerf sei eindeutig. Es komme deshalb nicht darauf an, ob die Unzulässigkeit auf einer Nichterfüllung der in Art. 71 Abs. 1 S. 2 und 3 SächsVerf i.V.m. den ergänzenden Regelungen des VVVG bestimmten formellen Voraussetzungen oder auf einer inhaltlichen Unvereinbarkeit mit der Verfassung beruhe. Zu Recht habe der Verfassungsgerichtshof auf die Entstehungsgeschichte und die Materialien der Verfassung zurückgegriffen. Die einstweilige Anordnung sei im übrigen auch gerechtfertigt, falls Art. 71 Abs. 2 Satz 4 SächsVerf auf einen formell als unzulässig gehaltenen Volksantrag nicht Anwendung fände. Schwierigkeiten in der Anwendung einer Norm würden es nicht rechtfertigen, ihr einen Wortlaut und Entstehungsgeschichte widersprechenden Sinn beizulegen. Eine Entscheidung über die Verfassungswidrigkeit der §§ 10 Abs. 2, 11 VVVG habe der Verfassungsgerichtshof weder ausdrücklich noch mittelbar getroffen. Die Klärung von Abgrenzungsproblemen müsse dem Hauptsacheverfahren vorbehalten bleiben. Die Funktion einer einstweiligen Anordnung sei es, die Endentscheidung des Verfassungsgerichtshofes zu sichern und nicht sie vorwegzunehmen.

Die Sächsische Staatsregierung hat sich zum Widerspruch nicht geäußert.

II.

Der nach § 10 SächsVerfGHG, § 32 Abs. 3 BVerfGG zulässige Widerspruch des Präsidenten des Landtages des Freistaates Sachsen gegen die durch Beschluß des Sächsischen Verfassungsgerichtshofes vom 25. Juni 1998 erlassene einstweilige Anordnung ist unbegründet.

Nach Art. 71 Abs. 2 Satz 4 SächsVerf darf ein vom Landtagspräsidenten für verfassungswidrig gehaltener Volksantrag bis zu einer gegenteiligen Entscheidung des Verfassungsgerichtshofes nicht als unzulässig behandelt werden. Diese Vorschrift bezieht sich nach ihrem Wortlaut auf alle Fälle der Verfassungswidrigkeit eines Volksantrages. Umfaßt wird auch der formell fehlerhafte Volksantrag, der entgegen Art. 71 Abs. 1 SächsVerf die Zahl von 40 000 wahlberechtigten Bürgern, die den Antrag durch Unterschrift unterstützen, nicht erreicht. Ein solcher Volksantrag steht mit der Verfassung in Widerspruch und ist damit verfassungswidrig.

Nach Art. 71 Abs. 2 Satz 2 SächsVerf entscheidet der Landtagspräsident unverzüglich über die Zulässigkeit der bei ihm einzureichenden Volksanträge. Die Zulässigkeitsprüfung umfaßt schon nach dem Wortlaut der Vorschrift nicht nur die formale Verfassungsmäßigkeit des Volksantrages (ausreichende Unterstützung, Vorliegen eines Gesetzentwurfes nebst Begründung – Art. 71 Abs. 1 SächsVerf). Ebenso erfaßt ist die Prüfung der sich gegebenenfalls nach dem Inhalt des Volksantrages stellenden Fragen seiner Verfassungsmäßigkeit. Diese (materielle) Prüfungskompetenz und -pflicht des Landtagspräsidenten ist in Art. 71 Abs. 2 Satz 3 SächsVerf nicht etwa nur stillschweigend vorausgesetzt, wie sich insbesondere aus der unmittelbaren Anknüpfung des Satzes an die Kompetenz des Landtagspräsidenten ergibt, über die Zulässigkeit des Volksantrages zu entscheiden. Hält der Landtagspräsident den Volksantrag formal und inhaltlich für verfassungsmäßig, so kommt beiden Feststellungen sachliche Entscheidungswirkung zu: insbesondere werden die Rechtsfolgen der Art. 70 Abs. 1 letzter Fall, Art. 71 Abs. 3 und 4 sowie der Beginn der Frist gemäß Art. 72 Abs. 1 SächsVerf ausgelöst. Hält der Landtagspräsident den Volksantrag inhaltlich nicht für verfassungsgemäß, hat auch diese Entscheidung über die Zulässigkeit sachliche Wirkung: Die vorbezeichneten Wirkungen für den zulässigen Volksantrag treten nicht ein, statt dessen entsteht die Pflicht zur Anrufung des Verfassungsgerichtshofes gemäß Art. 71 Abs. 2 Satz 3 SächsVerf.

Auch nach dem Zweck des Artikels 71 Abs. 2 SächsVerf ist der Landtagspräsident gehindert, den vorliegenden Volksantrag als unzulässig zu behandeln. Art. 71 Abs. 2 Satz 4 SächsVerf soll bei einem Konflikt über die Verfassungswidrigkeit eines Volksantrages Verzögerungen bei der parlamentarischen Beratung des Volksantrages ausschließen, indem bis zur Entscheidung des Verfassungsgerichtshofes der vom Landtagspräsidenten für verfassungswidrig gehaltene Volksantrag als zulässig zu behandeln ist. Der Streit über die Gültigkeit des Volksantrages, der nach dem äußeren Erscheinungsbild von mehr als 40 000 Unterschriften unterstützt wird, deren Stimmberechtigung durch die Gemeinden bestätigt worden ist, soll bei der parlamentarischen Behandlung nicht zu Verzögerungen führen, die durch Zeitablauf geeignet sind, das verfassungsrechtlich verbürgte Recht des Volksgesetzgebers auf Mitwirkung an der Gesetzgebung zu erschweren.

III.

Die Kostenentscheidung beruht auf § 16 Abs. 1 und 4 SächsVerfGHG.

Nr. 2

1. **Zur Prüfungskompetenz des Verfassungsgerichtshofes bei Akten der Landesstaatsgewalt, die auf der Anwendung gerichtlichen Verfahrensrechts des Bundes beruhen.***

2. **Zum Anspruch auf rechtliches Gehör für förmlich Beteiligte und materiell Betroffene.***

Grundgesetz Art. 103 Abs. 1

Gesetz über die Angelegenheiten der freiwilligen Gerichtsbarkeit:

§§ 27 Abs. 1 Satz 1, 56 e Satz 3

Bürgerliches Gesetzbuch § 1772 Abs. 1 Satz 2

Verfassung des Freistaates Sachsen Art. 78 Abs. 2

Sächsisches Verfassungsgerichtshofsgesetz §§ 27 Abs. 2 Satz 1, 31 Abs. 2

* Nichtamtlicher Leitsatz

Beschluß vom 9. Juli 1998 – Vf. 20-IV-97 –
in dem Verfahren über die Verfassungsbeschwerde der Frau D.

Entscheidungsformel:

1. Der Beschluß des Landgerichts Leipzig vom 18. März 1997 verletzt die Beschwerdeführerin in ihrem Grundrecht aus Art. 78 Abs. 2 der Verfassung des Freistaates Sachsen. Er wird aufgehoben. Die Sache wird an das Landgericht zurückverwiesen.

2. Der Freistaat Sachsen hat der Beschwerdeführerin ihre notwendigen Auslagen zu erstatten.

Gründe:

I.

Die Beschwerdeführerin wendet sich gegen den Beschluß des Landgerichts Leipzig vom 18. März 1997. Mit diesem Beschluß wurde – unter Aufhebung des ablehnenden Beschlusses des Amtsgerichts Leipzig vom 18.7.1996 – die Adoption der volljährigen leiblichen Tochter der Beschwerdeführerin, K., durch C. mit den Wirkungen nach den Vorschriften der Annahme eines Minderjährigen nach §§ 1754–1756, 1772 Abs. 1 c BGB ausgesprochen. Frau C. ist mit dem früheren Ehemann der Beschwerdeführerin R. verheiratet.

Die Beschwerdeführerin sieht sich durch den Beschluß des Landgerichts Leipzig in ihren Rechten aus Art. 78 Abs. 2, Abs. 3 SächsVerf verletzt. Sie sei zwar in dem Beschluß des Landgerichts Leipzig als Beteiligte zu 1. aufgeführt, sie habe aber weder Kenntnis davon gehabt, daß Frau K., ihre leibliche Tochter, und Frau C., die Annehmende, gegen den die Annahme als Kind ablehnenden Beschluß des Amtsgerichts Leipzig Beschwerde eingelegt hatten, noch sei die Beschwerdeführerin in dem zweitinstanzlichen Verfahren in irgend einer Weise hinzugezogen oder angehört worden.

Für den Fall ihrer Hinzuziehung hätte sie erheblich zur Entscheidungsfindung des Landgerichts beitragen können, indem sie die dem Beschluß zur Grundlage gewordenen Sachvorträge inhaltlich richtiggestellt hätte. So sei es unzutreffend, daß die Annehmende über mehrere Monate die Tochter der Beschwerdeführerin betreut hätte, ein inniges Mutter-Tochter-Verhältnis habe sich zwischen der Annehmenden und der Anzunehmenden nach Kenntnis der Beschwerdeführerin nicht herausgebildet, wofür sie Zeugen anzubieten habe. Vielmehr habe die Betreuung der Anzunehmenden von deren 3. bis zum 20. Lebensjahr allein in den Händen der Beschwerdeführerin gelegen und die alleinerziehende Mutter sei in wesentlichem Umfang dafür verantwortlich, daß die Anzunehmende 10 Jahre lang zu den besten Schülerinnen der Klasse gehörte. Sie habe – anders als die Annehmende – ihr eine erhebliche Unterstützung beim Lernen und der Vorbereitung der in der Schul- und Lehrausbildung anzufertigenden Aufgaben gegeben und sich um ihre Ausbildung gekümmert. Sie habe darüber hinaus weitere – im einzelnen hier nicht darzulegende – Aspekte zur sittlichen Rechtfertigung der Ablehnung der beantragten Annahme an Kindes statt beizutragen.

Die Beteiligten des Ausgangsverfahrens haben sich geäußert.

II.

1. Die Verfassungsbeschwerde ist zulässig.

a) Der Verfassungsgerichtshof ist zur Entscheidung über die Verfassungsbeschwerde befugt. Er kann ohne Verstoß gegen das Grundgesetz prüfen, ob der angegriffene Beschluß des Landgerichts Leipzig vom 18. März 1997 gegen den Anspruch auf rechtliches Gehör aus Art. 78 Abs. 2 SächsVerf verstößt (vgl. BVerfG NJW 1998, 1298; SächsVerfGH, Beschl. v. 14. Mai 1998, Vf. 1-IV-95).

aa) Das Landgericht Leipzig ist ein Gericht des Freistaates Sachsen; sein Urteil stellt einen Akt der Landesstaatsgewalt dar. Dieser beruht auf der Anwendung von gerichtlichem Verfahrensrecht des Bundes. Allerdings ist die Gewährung rechtlichen Gehörs im Gesetz über die Angelegenheiten der freiwilligen Gerichtsbarkeit nicht ausdrücklich vorgeschrieben. Eine Pflicht zur Anhörung ergibt sich aber aus Art. 103 Abs. 1 GG unmittelbar (vgl. BVerfGE 19, 49, 51). Es ist nicht auszuschließen, daß die Entscheidung anders ausgefallen wäre, wenn die Beschwerdeführerin gehört worden wäre.

bb) Bei der Anwendung der Vorschriften des Gesetzes über die Angelegenheiten der freiwilligen Gerichtsbarkeit war das Landgericht Leipzig an die Grundrechte der Landesverfassung gebunden, die nach Art. 142 GG „ungeachtet der Vorschrift des Art. 31" wirksam sind. Dazu zählt der Anspruch auf rechtliches Gehör aus Art. 78 Abs. 2 SächsVerf. Die Behauptung der Beschwerdeführerin, ihr sei zu Unrecht rechtliches Gehör verweigert worden, könnte einen Verstoß gegen die Landesverfassung begründen.

cc) Der Anspruch auf rechtliches Gehör aus Art. 78 Abs. 2 SächsVerf ist in bezug auf den vorliegend zu entscheidenden Fall auch im Grundgesetz inhaltsgleich gewährleistet. Die Nichtgewährung von rechtlichem Gehör für die Beschwerdegegnerin könnte einen Verstoß nicht nur gegen Art. 78 Abs. 2

SächsVerf, sondern mit gleicher Maßgabe und im selben Umfang ebenso gegen Art. 103 Abs. 1 GG darstellen (vgl. BVerfGE 19, 49, 51; 89, 381, 390f; 92, 158, 183f). Würde der Fall nach dem Grundgesetz zu entscheiden sein, müßte daher der Verfassungsgerichtshof, wenn das angegriffene Urteil gegen Art. 78 Abs. 2 SächsVerf verstößt, bei Art. 103 Abs. 1 GG als Prüfungsmaßstab ebenfalls zur Begründetheit der Verfassungsbeschwerde gelangen (vgl. unten 2.).

b) Die Antragstellerin hat auch den Rechtsweg i. S. d. § 27 Abs. 2 S. 1 SächsVerfGHG erschöpft. Zwar ist in Angelegenheiten der freiwilligen Gerichtsbarkeit nach § 27 Abs. 1 S. 1 FGG das Rechtsmittel der weiteren Beschwerde gegen Entscheidungen des Beschwerdegerichts zulässig, wenn die Entscheidung auf einer Verletzung des Gesetzes beruht. Indes ist nach § 56e S. 3 FGG der Beschluß über die Annahme als Kind unanfechtbar; er kann durch das Gericht nicht geändert werden. Eine außerordentliche Beschwerde wegen greifbarer Gesetzwidrigkeit, wie sie von der Rechtsprechung entwickelt worden ist, ist in Fällen der Verletzung rechtlichen Gehörs nicht eröffnet (vgl. BGH NJW 1995, 402; 1995, 2497). Es kann daher dahingestellt bleiben, ob eine solche angesichts des erkennbaren Regelungsziels des Gesetzgebers, Entscheidungen über die Annahme als Kind keinen durch weitere Rechtsmittel veranlaßten Ungewißheiten auszusetzen, überhaupt eröffnet wäre. Ebenso kann dahinstehen, ob eine Eröffnung der außerordentlichen Beschwerde die Subsidiarität der Verfassungsbeschwerde zur Folge hätte.

2. Die Verfassungsbeschwerde ist auch begründet. Der mit der Verfassungsbeschwerde angefochtene Beschluß des Landgerichts Leipzig vom 18. 3. 1997 verstößt gegen Art. 78 Abs. 2 der Sächsischen Verfassung.

Nach Art. 78 Abs. 2 SächsVerf hat jede Person vor Gericht Anspruch auf rechtliches Gehör. Sowohl die normative Ausgestaltung des Verfahrensrechts als auch das gerichtliche Verfahren im Einzelfall müssen danach ein Ausmaß an rechtlichem Gehör eröffnen, das sachangemessen ist, um dem aus dem Rechtsstaatsprinzip folgenden Erfordernis des wirkungsvollen Rechtsschutzes gerecht zu werden und den Beteiligten die Möglichkeit zu geben, sich im Verfahren mit tatsächlichen und rechtlichen Argumenten zu behaupten (vgl. BVerfGE 60, 305, 310; 74, 228, 233; SächsVerfGH, Beschluß vom 9. Juli 1998, Vf. 24-IV-96).

Das Recht aus Art. 78 Abs. 2 SächsVerf steht demjenigen zu, der an einem gerichtlichen Verfahren als Partei oder in ähnlicher Stellung beteiligt ist oder unmittelbar rechtlich von dem Verfahren betroffen wird (vgl. BVerfGE 65, 227, 233). Die Beschwerdeführerin war im vorliegenden Verfahren sowohl förmliche Beteiligte wie auch materiell Betroffene, da gemäß § 1772

Abs. 1 S. 2 BGB eine gerichtliche Bestimmung über die Annahme eines Volljährigen mit Wirkungen wie bei der Annahme Minderjähriger nicht getroffen werden darf, wenn ihr überwiegende Interessen der Eltern des Anzunehmenden entgegenstehen. Das mögliche Interesse der leiblichen Eltern, hier der leiblichen Mutter der Anzunehmenden, an der Aufrechterhaltung des Verwandtschaftsverhältnisses war daher in die Abwägung einzustellen. Dazu mußte der Beteiligten rechtliches Gehör eingeräumt werden, was ausweislich der Akten des Verfahrens nicht geschehen ist. Das Landgericht Leipzig hat sich vielmehr darauf beschränkt, Darlegungen der Beschwerdeführer in dem Verfahren vor dem Amtsgericht – Vormundschaftsgericht – zu verwerten. Es hat auf der anderen Seite eine Anhörung der Annehmenden und Anzunehmenden durchgeführt, ohne daß der Beschwerdeführerin die Möglichkeit eingeräumt worden wäre, hierzu Stellung zu nehmen.

Da nicht ausgeschlossen werden kann, daß das potentiell erhebliche Vorbringen der Beschwerdeführerin zu einer ihr günstigeren Entscheidung geführt hätte, beruht die angegriffene Entscheidung auf diesem Fehler.

3. Der festgestellte Verstoß führt auch zur Aufhebung des Beschlusses. Zwar hat das Bundesverfassungsgericht in ähnlichen Fällen den Rechtsfolgenausspruch auf die Beseitigung der Rechtskraft des Adoptionsbeschlusses und die Zurückweisung an das Landgericht beschränkt, um der Beschwerdeführerin rechtliches Gehör zu gewähren und dem zuständigen Gericht aufgegeben, unter Berücksichtigung ihres Vorbringens darüber zu entscheiden, ob der Adoptionsbeschluß aufzuheben oder aufrechtzuerhalten ist (vgl. BVerfGE 89, 381, 390; 92, 158, 186f). Eine Abweichung vom Wortlaut des Art. 31 Abs. 2 SächsVerfGHG kommt jedenfalls nicht in Betracht, wenn – wie vorliegend – die leibliche Mutter überhaupt nicht an dem zweitinstanzlichen Verfahren beteiligt worden ist. In diesen Fällen geht es nicht allein um eine Nachholung des rechtlichen Gehörs, sondern um die Herstellung einer Verfahrensposition, die die Beschwerdeführerin überhaupt erst in die Lage versetzt, ihre Rechte im Verfahren wahrzunehmen und nicht zum Objekt desselben zu werden. Anders wäre möglicherweise zu entscheiden, wenn schwere und unerträgliche Folgen eintreten würden, die mindestens das gleiche Gewicht haben, wie die Beachtung der Rechtsposition der Beschwerdeführerin in einem Adoptionsverfahren, das der leiblichen Mutter das Kind entzieht (vgl. auch BVerfGE 89, 381, 394). Dazu ist aber nichts vorgetragen oder sonst ersichtlich.

III.

Die Entscheidung ist kostenfrei (§ 16 Abs. 1 Satz 1 SächsVerfGHG). Der Beschwerdeführerin sind die notwendigen Auslagen zu erstatten (§ 16 Abs. 3 SächsVerfGHG).

Nr. 3

1. Zum Anspruch eines Beschuldigten auf rechtliches Gehör im Strafbefehlsverfahren.*
2. Zu den Anforderungen für eine Wiedereinsetzung in den vorigen Stand aus verfassungsrechtlicher Sicht.*

Grundgesetz Art. 103 Abs. 1

Bundesverfassungsgerichtsgesetz § 23 Abs. 1

Strafprozeßordnung §§ 44, 45

Verfassung des Freistaates Sachsen Art. 78 Abs. 2

Sächsisches Verfassungsgerichtshofsgesetz §§ 10, 31 Abs. 2

Beschluß vom 9. Juli 1998 – Vf. 53-IV-94 –

in dem Verfahren über die Verfassungsbeschwerde des Herrn F.

Entscheidungsformel:

1. Die Beschlüsse des Amtsgerichts Dresden vom 19. Mai 1994 und des Landgerichts Dresden vom 20. Oktober 1994 verletzen den Beschwerdeführer in seinem Grundrecht aus Art. 78 Absatz 2 der Verfassung des Freistaates Sachsen. Sie werden aufgehoben. Die Sache wird an das Amtsgericht zurückverwiesen.

2. Der Freistaat Sachsen hat dem Beschwerdeführer die notwendigen Auslagen zu erstatten.

* Nichtamtlicher Leitsatz

Gründe:

I.

1. Die nicht unterschriebene, am 24. November 1994 eingegangene Verfassungsbeschwerde richtet sich gegen einen Beschluß des Amtsgerichts Dresden vom 19. Mai 1994, mit dem ein Einspruch des Beschwerdeführers gegen einen gegen ihn gerichteten Strafbefehl als unzulässig und sein Antrag auf Wiedereinsetzung in den vorigen Stand als unbegründet verworfen wurde, sowie gegen einen ihm am 24. Oktober formlos mitgeteilten Beschluß des Landgerichts Dresden vom 20. Oktober 1994, durch den seine Beschwerde gegen die Verwerfung seines Wiedereinsetzungsantrages als unbegründet verworfen wurde. Der Beschwerdeschrift im Anhang beigegebene, auf die Verfassungsbeschwerde bezogene Erklärungen des Beschwerdeführers sind von ihm eigenhändig unterschrieben, außerdem hat er am 18. April 1995 mit eigenhändiger Unterschrift die „Gültigkeit" seiner Verfassungsbeschwerde bestätigt.

Das Amtsgericht Dresden erließ am 14. Februar 1994 gegen den Beschwerdeführer einen Strafbefehl wegen übler Nachrede unter Festsetzung einer Geldstrafe von 100 Tagessätzen, der ihm am 23. Februar 1994 durch Niederlegung zugestellt wurde. Der Beschwerdeführer sieht sein Leben durch gegen ihn gerichtete Mordpläne bedroht. Bei der polizeilichen Vernehmung als Beschuldigter machte er teilweise einen geistig abwesenden Eindruck und war nicht von dem Gedanken, „beseitigt werden" zu sollen, abzubringen. Er wechselte deshalb ständig seinen Aufenthaltsort und wurde in den polizeilichen Ermittlungsakten als „ohne festen Wohnsitz, zu erreichen über ..." geführt. Diesem Ermittlungsverfahren entzog er sich nie, ungeachtet seiner eingeschränkten Erreichbarkeit. Zur Zeit der Ersatzzustellung des Strafbefehls hielt er sich in der Tschechischen Republik auf. Nach Rückkehr an seine Zustellanschrift am 22. März 1994, seinen melderechtlichen Wohnsitz, unter dem er auch im polizeilichen Ermittlungsverfahren zu erreichen war, legte er am nächstfolgenden Tag Einspruch gegen den Strafbefehl ein. Seinen Antrag auf Wiedereinsetzung in den vorigen Stand begründete er damit, daß er wegen gegen ihn gerichteter Mordpläne habe „untertauchen" müssen und deshalb keine feste Wohnanschrift habe angeben können. Aus den Strafbefehlsakten ergibt sich außerdem, daß der Beschwerdeführer im Januar und Anfang Februar 1994 von sich aus mehrfach sowohl mit dem im polizeilichen Ermittlungsverfahren zuständigen Polizeibeamten als auch mit dem ermittelnden Staatsanwalt telefonischen Kontakt hatte – wie er im Verfassungsbeschwerdeverfahren vorträgt, selbst am Tage des Strafbefehlsantrages und später, immer mit der Auskunft, daß die Akte noch nicht bearbeitet worden sei.

Das Amtsgericht hielt den Wiedereinsetzungsantrag für unbegründet, weil der Beschwerdeführer nicht ohne sein Verschulden gehindert gewesen sei, die Einspruchsfrist einzuhalten. Eine andere als die vom polizeilichen Ermittlungsverfahren bekannte Zustellanschrift habe er nicht angegeben, obwohl er sich nach eigener Einlassung an ständig wechselnden Wohnorten im Raum Dresden aufgehalten habe. Außerdem habe er mit Zustellungen an seine Anschrift rechnen müssen, da ihm bekannt gewesen sei, daß die Staatsanwaltschaft in dieser Sache gegen ihn ermittelte. Der Beschwerdebeschluß des Landgerichts Dresden trat diesen Gründen bei und stellte fest, der Beschwerdeführer hätte insbesondere durch Nachsendeauftrag Sorge dafür tragen müssen, daß Zustellungen ihn erreichen können – auch wenn ihm Polizei und Staatsanwaltschaft anläßlich der von ihm geführten Telefongespräche mitgeteilt hätten, daß eine abschließende Bearbeitung des Falles noch nicht erfolgt sei.

2. Der Beschwerdeführer rügt die Verletzung des rechtlichen Gehörs (Art. 78 Abs. 2 SächsVerf).

3. Der Staatsminister der Justiz hält die Verfassungsbeschwerde für nicht begründet. Der Beschwerdeführer habe in seinem Wiedereinsetzungsantrag keine Gründe vorgetragen, aus denen sich ein unverschuldetes Hindernis ergeben habe.

II.

Die Verfassungsbeschwerde ist zulässig.

1. Sie ist wirksam eingelegt.

Gemäß § 10 VerfGHG i. V. mit § 23 Abs. 1 Satz 1 BVerfGG sind verfahrenseinleitende Anträge, also auch die Verfassungsbeschwerde, schriftlich beim Verfassungsgerichtshof einzureichen, damit Antragsteller, Gegenstand des Verfahrens und Antragsbegründung eindeutig feststehen. Die Identität des Antragstellers ergibt sich grundsätzlich aus der eigenhändigen Unterzeichnung der Antragsschrift. Dem Schriftlichkeitserfordernis ist insoweit aber auch genügt, wenn der Urheber der Erklärung auf andere Weise hinreichend zuverlässig feststeht (Beschluß des SächsVerfGH vom 16. 9. 1994, Vf. 21-IV-93). Dies ist hier der Fall, wie insbesondere der verwendete Briefkopf, die maschinenschriftliche Unterzeichnung und eine ersichtlich auf derselben Maschine geschriebene, eigenhändig vom Beschwerdeführer unterzeichnete, der Beschwerdeschrift in der Anlage beigefügte Erklärung zum Verfahren erkennen lassen.

2. Der Verfassungsgerichtshof ist zur Entscheidung über die Verfassungsbeschwerde befugt. Er kann ohne Verstoß gegen das Grundgesetz

prüfen, ob die angegriffenen Beschlüsse des Amtsgerichts Dresden vom 19. Mai 1994 und des Landgerichts Dresden vom 20. Oktober 1994 bei der Auslegung und Anwendung des § 44 StPO, auf den gestützt beide Gerichte den Wiedereinsetzungsantrag für unbegründet hielten, gegen den Anspruch des Beschwerdeführers auf rechtliches Gehör aus Art. 78 Abs. 2 SächsVerf verstoßen (vgl. den Beschluß des SächsVerfGH vom 14. 5. 1998, Vf. 1-IV-95).

Das Amts- und das Landgericht Dresden sind Gerichte des Freistaates Sachsen; ihre Beschlüsse sind Akte der Landesstaatsgewalt. Sie beruhen angesichts ihrer Abstützung auf § 44 StPO auf gerichtlichem Verfahrensrecht des Bundes.

Bei der Anwendung dieser Vorschrift waren das Amts- und das Landgericht Dresden an Grundrechte und grundrechtsähnliche Rechte der Verfassung des Freistaates Sachsen gebunden, die nach Art. 142 GG wirksam sind. Dazu gehört der Anspruch auf rechtliches Gehör aus Art. 78 Abs. 2 SächsVerf, den die angegriffenen Beschlüsse verletzt haben könnten, weil sie dem Beschwerdeführer die Möglichkeit versagen, seine Sichtweise vor Gericht zu Gehör zu bringen und sich zu verteidigen.

Der Anspruch auf rechtliches Gehör aus Art. 78 Abs. 2 SächsVerf ist in bezug auf den vorliegend zu entscheidenden Fall auch im Grundgesetz inhaltsgleich gewährleistet. Eine aus verfassungsrechtlicher Sicht fehlerhafte Auslegung und Anwendung des § 44 StPO im Strafbefehlsverfahren verstieße deshalb nicht nur gegen Art. 78 Abs. 2 SächsVerf, sondern mit gleicher Maßgabe und im selben Umfang auch gegen Art. 103 Abs. 1 GG (vgl. BVerfGE 25, 158, 164 f). Würde der Fall nach dem Grundgesetz zu entscheiden sein, müßte daher der Verfassungsgerichtshof, wenn die angegriffenen Beschlüsse gegen Art. 78 Abs. 2 SächsVerf verstoßen, bei Heranziehung des Art. 103 Abs. 1 GG als Prüfungsmaßstab ebenfalls zur Begründetheit der Verfassungsbeschwerde gelangen (unten III.).

III.

Die Verfassungsbeschwerde ist auch begründet. Die angegriffenen Beschlüsse des Amtsgerichts Dresden und des Landgerichts Dresden verletzen den Beschwerdeführer in seinem Anspruch auf rechtliches Gehör aus Art. 78 Abs. 2 SächsVerf. Sie haben die an die Wiedereinsetzung in den vorigen Stand zu stellenden Anforderungen überspannt.

Aus Art. 78 Abs. 2 SächsVerf ergibt sich für den in einem Strafverfahren Beschuldigten in jedem Falle das Recht, sich vor dem für ihn zuständigen, erkennenden Richter zu verteidigen. Nach der gesetzlichen Ausgestaltung des Strafbefehlsverfahrens ist dieses Recht nur durch die Möglichkeit des Einspruches gegen den Strafbefehl gewährleistet. Wird die dafür maßgebliche Frist versäumt, hängt die Verwirklichung des Anspruches auf rechtliches Gehör davon ab, daß dem Betroffenen die Wiedereinsetzung in den vorigen Stand gewährt wird. Das Rechtsinstitut dient in diesen Fällen des „ersten Zugangs" zum Gericht der Verwirklichung der fundamentalen Rechtsschutzgarantie des rechtlichen Gehörs. Deshalb dürfen bei der Auslegung und Anwendung der dafür maßgeblichen Vorschriften die Anforderungen daran nicht überspannt werden, was der Betroffene veranlaßt haben und vorbringen muß, um nach einer Fristversäumung die Wiedereinsetzung in den vorigen Stand zu erhalten (vgl. BVerfGE 40, 88, 90 f; 25, 158, 166). Die Wiedereinsetzung ist in diesen Fällen die verfassungsrechtlich geforderte Ergänzung des nur „summarischen" Charakters des Strafbefehlsverfahrens und der Risiken, die für den Betroffenen in der Zulässigkeit der Ersatzzustellung liegen (vgl. BVerfGE 41, 23, 26).

Zwar sind für die Voraussetzungen der Wiedereinsetzung die §§ 44, 45 StPO maßgebend, deren richtige Auslegung und Anwendung als einfaches Recht Aufgabe der Fachgerichte ist, nicht des Verfassungsgerichtshofes; denn er ist kein Rechtmittelgericht. Der Verfassungsgerichtshof hat jedoch zu prüfen, ob die Auslegung und Anwendung einfachen Rechts auf einer grundsätzlich unrichtigen Anschauung von der Bedeutung des Anspruchs auf rechtliches Gehör beruht.

Dies ist der Fall, wenn in schematischer Betrachtungsweise davon ausgegangen wird, demjenigen, dem bekannt ist, daß Ermittlungen gegen ihn geführt werden, sei zuzumuten, Vorkehrungen dafür zu treffen, daß er rechtzeitig von einer gegebenenfalls erfolgten Zustellung Kenntnis erhält. Das gilt schon nicht für Personen, die eine ständige Wohnanschrift haben und diese nur vorübergehend während eines Urlaubs nicht benutzen (vgl. BVerfGE 40, 88, 91 f), wenn keine Anhaltspunkte dafür gegeben sind, daß sich der Betroffene dem Verfahren entziehen wollte.

Bereits hiergegen haben das Amtsgericht und das Landgericht verstoßen, indem sie schematisch auf die Erforderlichkeit von Vorkehrungen des Beschuldigten abgestellt haben, ohne zu würdigen, daß er durch die wiederholte telefonische Kontaktaufnahme zu Polizei und Staatsanwaltschaft alles nach seiner Vorstellung Mögliche getan hatte, um seine Rechte im Verfahren zu wahren, dem er sich ersichtlich nicht entziehen wollte.

Aus verfassungsrechtlicher Sicht überspannt sind die Anforderungen in bezug auf eine Wiedereinsetzung zum Ausgleich der verminderten Möglichkeit rechtlichen Gehörs im Strafbefehlsverfahren ferner, wenn nicht berücksichtigt wird, daß sich der Beschuldigte jedenfalls subjektiv in einer für ihn ernsthaften, lebensbedrohenden Situation befindet, davon auch durch staatliche Hilfe nicht befreit werden kann und deshalb alles unternimmt, seinen tatsächlichen Aufenthaltsort zu verschleiern, ohne sich deshalb einem gegen ihn gerichteten Strafverfahren entziehen zu wollen. Es ist nicht nachvollziehbar, einen Betroffenen, der einen festen Wohnsitz hat und nicht umgezogen ist, auf einen Nachsendeauftrag zu verweisen. Auch dagegen haben das Amtsgericht und das Landgericht verstoßen.

Da die angegriffenen Beschlüsse auf diesen Mängeln beruhen, waren sie aufzuheben. Gemäß § 31 Abs. 2 SächsVerfGHG war die Sache an das Amtsgericht Dresden zurückzuverweisen.

IV.

Die Entscheidung ist kostenfrei (§ 16 Abs. 1 SächsVerfGHG).

Die Entscheidung über die Erstattung der notwendigen Auslagen beruht auf § 16 Abs. 2 SächsVerfGHG.

Nr. 4

Der Volksgesetzgeber hat keinen Anspruch darauf, daß der Landtag vor Abschluß des Volksgesetzgebungsverfahrens andere im Gesetzgebungsverfahren befindliche Gesetzentwürfe, die denselben Gegenstand betreffen, nicht behandelt.[*]

Verfassung des Freistaates Sachsen:

Art. 70 Abs. 2, 71, 72 Abs. 2 Satz 2, 81 Abs. 1 Nr. 1

Sächsisches Verfassungsgerichtshofsgesetz § 10 Abs. 1

Bundesverfassungsgerichtsgesetz § 32

Gesetz über Volksantrag, Volksbegehren und Volksentscheid:

§§ 3 Satz 2, 10 Abs. 1, Abs. 2 Satz 2, 11 Abs. 1

Beschluß vom 17. Juli 1998 – Vf. 32-I-98 –

in dem Verfahren über den Antrag auf Erlaß einer einstweiligen Anordnung der Frau M.

---

[*] Nichtamtlicher Leitsatz

Volksantrag – Zurückstellung parlamentarischer Gesetzgebungsverfahren 261

Entscheidungsformel:

Der Antrag auf Erlaß einer einstweiligen Anordnung wird abgelehnt.

Gründe:

I.

I. Die Antragstellerin begehrt, dem Landtag des Freistaates Sachsen im Wege einer einstweiligen Anordnung Beratungen und Abstimmungen im Gesetzgebungsverfahren zur Gemeindegebietsreform vorerst zu untersagen. Die Antragstellerin übergab als Vertrauensperson dem Präsidenten des Sächsischen Landtages am 18. Dezember 1997 einen Volksantrag zum Entwurf eines Gesetzes über das Leitbild, die Leitlinien und die Durchführung der Gemeindegebietsreform im Freistaat Sachsen. Dem Volksantrag waren 58 691 Unterschriften von Unterstützern beigefügt, die von den Meldebehörden als von Stimmberechtigten stammend bestätigt waren. Nach Einholung einer Stellungnahme der Staatsregierung erklärte der Präsident des Sächsischen Landtages mit Bescheid vom 17. Februar 1998 den Volksantrag für unzulässig, da dieser nicht – wie in Art. 71 Abs. 1 SächsVerf gefordert – von mindestens 40 000 Stimmberechtigten formell wirksam unterstützt werde. Wenigstens 31 696 Unterzeichner hätten die Unterschriftsbogen unvollständig ausgefüllt, Ortsangaben unterlassen, die Unterschrift nicht eigenhändig vollzogen oder unleserliche Angaben vorgenommen. Gegen diesen Bescheid hat die Antragstellerin im Verfahren Vf. 12-X-98 den Verfassungsgerichtshof des Freistaates Sachsen angerufen und im wesentlichen beantragt, den Bescheid des Präsidenten des Sächsischen Landtages vom 17. Februar 1998 aufzuheben und festzustellen, daß die formellen Voraussetzungen des Volksantrages vorliegen.

Auf einen am 29. Mai 1998 eingegangenen Antrag auf Erlaß einer einstweiligen Anordnung hat der Verfassungsgerichtshof des Freistaates Sachsen durch Beschluß vom 25. Juni 1998 (Vf. 27-X-98) dem Präsidenten des Landtages des Freistaates Sachsen aufgegeben, den Volksantrag betreffend den Entwurf eines Gesetzes über das Leitbild, die Leitlinien und die Durchführung der Gemeindegebietsreform im Freistaat Sachsen nicht als unzulässig zu behandeln. Zur Begründung hat er im wesentlichen ausgeführt, daß nach Art. 71 Abs. 2 Satz 4 SächsVerf ein Volksantrag bis zu einer gegenteiligen Entscheidung des Verfassungsgerichtshofes – selbst bei möglichen formellen Mängeln – nicht als unzulässig behandelt werden dürfe. Den hiergegen gerichteten Widerspruch des Präsidenten des Sächsischen Landtages hat der Verfassungsgerichtshof des Freistaates Sachsen durch Urteil vom 17. Juli 1998 zurückgewiesen.

Mit ihrem im vorliegenden Verfahren am 8. Juli 1998 gestellten Antrag auf Erlaß einer einstweiligen Anordnung will die Antragstellerin erreichen, daß der Landtag des Freistaates Sachsen seine Gesetzgebungsverfahren zur Gemeindegebietsreform bis zum Abschluß des Volksgesetzgebungsverfahrens oder zur Entscheidung über die Hauptsache nicht weiter betreibt.

Sie trägt vor, daß die Behandlung der im parlamentarischen Gesetzgebungsverfahren befindlichen Entwürfe der Gesetze zur Gemeindegebietsreform trotz des Volksantragsverfahrens Fortgang nehme. So habe der Innenausschuß des Sächsischen Landtages mehrheitlich beschlossen, die Entwürfe der sog. Stadt-Umland-Gesetze in der Sitzung des Sächsischen Landtages vom 22./23. Juli 1998 in zweiter und dritter Lesung zu behandeln und danach über sie zu beschließen. Dieses Vorgehen enthebe die in Artikel 3 Abs. 2 Satz 1, 72 Abs. 2 Satz 2 und 3 SächsVerf verankerten Rechte des Volksgesetzgebers ihres Sinnes.

Die Antragstellerin begehrt, im Wege der einstweiligen Anordnung,

> dem Landtag des Freistaates Sachsen zu untersagen, die bisher im Gesetzgebungsverfahren befindlichen Entwürfe der Gesetze zur Gemeindegebietsreform im Freistaat Sachsen erneut zu beraten (§§ 43, 44, 46 der Geschäftsordnung des Landtages – GO-SLT –) und eine Schlußabstimmung über die Gesetzentwürfe als Ganzes durchzuführen (§ 48 GO-SLT), ehe nicht das Volksgesetzgebungsverfahren betreffend den „Entwurf eines Gesetzes über das Leitbild, die Leitlinien und die Durchführung der Gemeindegebietsreform im Freistaat Sachsen" seinen Abschluß gefunden hat, oder über die Hauptsache entschieden ist.

Der Präsident des Sächsischen Landtages beantragt, den Antrag abzulehnen.

Er hält das Begehren der Antragstellerin für offensichtlich unbegründet. Die Volksgesetzgebung und die parlamentarische Gesetzgebung stünden sich gleichrangig gegenüber, so daß ein vom Parlament eingeleitetes Gesetzgebungsverfahren nicht durch einen Volksantrag blockiert werden könne.

Der Staatsminister der Justiz hält den Antrag für unbegründet.

II.

Der Antrag auf Erlaß einer einstweiligen Anordnung bleibt ohne Erfolg, weil das angekündigte Hauptsachebegehren offensichtlich unbegründet ist.

1. Der von der Vertrauensperson gestellte Antrag auf Erlaß einer einstweiligen Anordnung ist zulässig.

a) Eine einstweilige Anordnung (§§ 10 Abs. 1 SächsVerfGHG, 32 BVerfGG) ist in einem Organstreitverfahren, wie es die Antragstellerin anstrengt, statthaft (vgl. *Berkemann,* in: Umbach/Clemens, BVerfGG, § 32 Rdn. 37 m. w. N.).

b) Die Antragstellerin ist als Vertrauensperson für den Volksgesetzgeber in entsprechender Anwendung von Artikel 81 Abs. 1 Nr. 1 SächsVerf in dem noch anzurufenden Organstreitverfahren beteiligtenfähig.

aa) Zwischen dem parlamentarischen Gesetzgeber und dem Volksgesetzgeber beim Verfassungsgerichtshof des Freistaates Sachsen anhängig werdende Verfahren sind zumindest dann als Organstreitigkeiten i. S. v. Art. 81 Abs. 1 Satz 1 SächsVerf zu behandeln, wenn sich der Volksgesetzgeber – auch schon im Stadium des Volksantrages – bei seiner Gesetzgebungsinitiative durch den Landtag des Freistaates Sachsen verfassungswidrig behindert sieht:

In den ihnen durch die Sächsische Verfassung zugewiesenen Gesetzgebungskompetenzen stehen sich der Volksgesetzgeber und der Landtag gleichrangig gegenüber (vgl. *Meissner,* in: Degenhart/Meissner, HdbSächsVerf, § 13 Rdn. 24; *Kunzmann/Haas/Baumann-Hasske,* Die Verfassung des Freistaates Sachsen, 2. Aufl., Art. 70, Rdn. 4 f; BayVerfGH VerfGHE 40, 94, 103), so daß bei Streitigkeiten verfassungsrechtlicher Art (vgl. BVerfGE 60, 175, 199 f; BVerfGE NJW 1998, 293, 294, zur Veröffentlichung in BVerfGE 96, 231; bestimmt; BayVerfGH, Entscheidung vom 4. 2.1991 – Vf. 4-IV-91 – unter IV 2 d –) zwischen ihnen eine Konfliktsituation entsteht, die jener herkömmlicher Organstreitverfahren vergleichbar ist.

bb) Dies gebietet es, den Volksgesetzgeber als anderen Beteiligten i. S. v. Artikel 81 Abs. 1 Nr. 1 SächsVerf zu verstehen und ihm die Einleitung eines Organstreitverfahrens beim Verfassungsgerichtshof des Freistaates Sachsen zu eröffnen, wenn er seine verfassungsmäßigen Rechte durch den Landtag als verletzt erachtet (vgl. BVerfGE 60, 175, 200 ff; BayVerfGH, Entscheidung vom 4. 2.1991 – Vf. 4-IV-91 – unter IV 2a; zur Abgrenzung: BVerfGE 13, 54, 81 ff; *Evers,* in: Bonner Kommentar zum Grundgesetz, Art. 29 Rdn. 71 a. E.).

c) In entsprechender Anwendung von § 11 Abs. 1 VVVG ist die Antragstellerin als Vertrauensperson berechtigt, einen Organstreitantrag in gesetzlicher Prozeßstandschaft für den Volksgesetzgeber beim Verfassungsgerichtshof des Freistaates Sachsen zu stellen (vgl. BVerfG NVwZ 1998, 167, zur Veröffentlichung in BVerfGE 96, 139 bestimmt; BVerfGE 60, 175, 201; zur Abgrenzung: BVerfGE 13, 54, 81 ff).

Zwar beschränkt sich die in § 11 Abs. 1 VVVG normierte Antragsbefugnis nach ihrem Wortlaut auf die Anfechtung eines vom Präsidenten des Sächsischen Landtages gemäß § 10 Abs. 1 VVVG erlassenen Bescheides. In seinem Gesamtzusammenhang läßt das Gesetz über Volksantrag, Volksbegehren und Volksentscheid jedoch erkennen, daß die Vertrauensperson in allen verfassungsrechtlichen Angelegenheiten den Volksgesetzgeber gegenüber dem Sächsischen Landtag repräsentiert (vgl. § 3 Satz 2, 10 Abs. 2 Satz 2

VVVG). Diese materiell-rechtliche Sachwalterbefugnis bliebe aber unvollkommen, wenn aus ihr bei sich anschließenden verfassungsgerichtlichen Verfahren keine gesetzliche Prozeßstandschaft erwüchse. Dies gilt um so mehr, als ansonsten der Volksgesetzgeber keine effektive Möglichkeit besäße, um seine verfassungsmäßigen Rechte gegenüber dem Parlament zu verfolgen. Insbesondere kann er nicht darauf verwiesen werden, daß sämtliche Unterzeichner des Volksantrages oder wenigstens das in Artikel 71 Abs. 1 Satz 2 SächsVerf vorgesehene Quorum von 40 000 Unterstützern den Antrag beim Verfassungsgerichtshof einreichen, da dies den Zugang zum verfassungsgerichtlichen Verfahren in verfassungsrechtlich unzulässiger Weise erschwerte oder vereitelte (vgl. BayVerfGH, Entscheidung vom 4. 2. 1991 – Vf. 4-IV-91 – unter IV 2 a).

d) Dem Antrag auf Erlaß einer einstweiligen Anordnung steht zumindest unter den vorliegenden Gegebenheiten nicht entgegen, daß ein Hauptsacheverfahren noch nicht anhängig ist (vgl. *Berkemann,* in: Umbach/Clemens, BVerfGG, § 32 Rdn. 56 ff).

2. Der Antrag auf Erlaß einer einstweiligen Anordnung ist jedoch abzuweisen, weil das angekündigte Hauptsachebegehren beim gegenwärtigen Sachstand offensichtlich unbegründet erscheint (vgl. zur Abwägung: Beschluß des Verfassungsgerichtshofes des Freistaates Sachsen vom 19. 5. 1994 – Vf. 4-VIII-94; Beschluß des Verfassungsgerichtshofes des Freistaates Sachsen vom 9.11.1995 – Vf. 20-VIII-95 –; vgl. BVerfGE 91, 70, 75).

Der Landtag des Freistaates Sachsen verletzt die dem Volksgesetzgeber aus der Sächsischen Verfassung zustehenden Rechte ersichtlich nicht, wenn er die bei ihm anhängigen Gesetzgebungsverfahren zur Gemeindegebietsreform auf der Sitzung vom 22./23. Juli 1998 in zweiter und dritter Lesung berät und sodann eine Schlußabstimmung durchführt.

a) Der Wortlaut von Artikel 71 SächsVerf gibt keinen Anhalt dafür, daß der Landtag des Freistaates Sachsen parlamentarische Gesetzgebungsvorhaben wegen eines beim Landtagspräsidenten eingereichten Volksantrages zurückzustellen oder zu verzögern hätte.

Die Systematik der Sächsischen Verfassung und der Regelungszweck von Artikel 71, 72 SächsVerf sprechen ebenfalls dagegen, daß ein Volksantrag auf ein parlamentarisches Gesetzgebungsverfahren einwirkt. Die in Artikel 70 Abs. 2 SächsVerf dem Landtag des Freistaates Sachsen und dem Volk zugewiesenen Gesetzgebungskompetenzen sind materiell gleichrangig und in ihrer verfahrensrechtlichen Ausgestaltung voneinander unabhängig. In gleicher Weise wie auf Artikel 71 f SächsVerf gestützte Gesetzgebungsinitiativen keine Rücksichtnahme auf konkurrierende parlamentarische Verfahren erfordern, bleibt es dem Landtag des Freistaates Sachsen grundsätzlich unbenommen, seine Gesetzgebungsziele losgelöst von einem anhängigen Volksantrag oder einem Volksbegehren zu verwirklichen. Artikel 72 Abs. 2 Satz 2 SächsVerf besagt entgegen den Erwägungen der Antragstellerin nichts Gegenteiliges. Abgesehen davon, daß diese Vorschrift ersichtlich nicht auf das Volksantragsverfahren nach Artikel 71 SächsVerf ausstrahlt, liegt ihr Zweck allein darin, den Antragstellern eines Volksbegehrens durch eine großzügig bemessene Frist die Möglichkeit zu eröffnen, das für ein Volksbegehren erforderliche Quorum von 450 000 Unterstützern zu erreichen (vgl. *Kunzmann/Haas/Baumann-Hasske,* Die Verfassung des Freistaates Sachsen, 2. Aufl., Art. 72 Rdn. 8; vgl. auch *Schimpff/Rühmann* (Hrsg.), Die Protokolle des Verfassungs- und Rechtsausschusses zur Entstehung der Verfassung des Freistaates Sachsen, 3. Klausurtagung, S. 95 f). Hingegen soll Artikel 72 Abs. 2 Satz 2 SächsVerf nicht ein parlamentarisches Gesetzgebungsverfahren behindern oder gar lähmen.

b) Ein Anspruch auf Suspendierung der beim Landtag des Freistaates Sachsen zur zweiten und dritten Lesung sowie zur anschließenden Schlußabstimmung vorgesehenen Gesetzgebungsverfahren zur Gemeindegebietsreform läßt sich ebensowenig aus dem Gedanken der Organtreue (vgl. BVerfGE 89, 155, 190; BVerfG EuZW 1998, 279, 283 = NJW 1998, 1934, 1937 unter II 2 C bb a. E.; BVerfGE 68, 1, 67, 86 f; BVerfG, Beschl. v. 17. 7. 1996 – 2 BvF 2/93 – JZ 1997, 300) ableiten, der sinngemäß im Verhältnis zwischen parlamentarischem und plebiszitärem Gesetzgeber gilt.

Zwar obliegt es dem durch das Volk legitimierten Landtag, auf dieses bei seinen Gesetzgebungsverfahren auch insoweit in angemessener Weise Rücksicht zu nehmen, als es sich zur Durchführung eines Volksantrages oder Volksbegehrens organisiert und damit in Konkurrenz zu parlamentarischen Kompetenzen tritt. Die Zurückstellung eigener Gesetzgebungsvorhaben kann vom Landtag jedoch allenfalls ganz ausnahmsweise verlangt werden, etwa wenn ein in Widerstreit zum parlamentarischen Verfahren stehender Volksentscheid kurz vor seinem Abschluß steht – zumindest aber bereits ein Volksbegehren erfolgreich abgeschlossen ist –, ein parlamentarisches Gesetz aus verfassungsrechtlichen oder tatsächlichen Gründen nicht ohne weiteres revidiert werden kann und das parlamentarische Verfahren Aufschub verträgt, ohne daß wesentliche Nachteile drohen.

Hierfür ist vorliegend aber nichts erkennbar. Der Antragstellerin ist zwar zuzugeben, daß parlamentarische Entscheidungen über die kommunale Neugliederung nur unter qualifizierten Voraussetzungen geändert werden können (vgl. Beschluß des Verfassungsgerichtshofes des Freistaates Sachsen vom 9. 11. 1995 – Vf. 20-VIII-95 – unter B II 2 b cc (2), S. 23 des Umdruckes a. E.; BVerfGE 91, 70, 77; BVerfGE 82, 310, 314; Nordrhein-Westfälischer

Verfassungsgerichtshof DVBl. 1976, 391, 392f). Selbst wenn dies auf die Volksgesetzgebung zu übertragen wäre, genügt es aber bei Würdigung der anerkennenswerten Belange von parlamentarischem und plebiszitärem Gesetzgeber offensichtlich nicht, um vom Landtag des Freistaates Sachsen eine vorläufige Aussetzung seiner Gesetzgebungsverfahren zu verlangen. Sollte der Volksantrag unzulässig sein, verstünde sich dies von selbst. Wäre er zulässig, vergingen bis zu einem Volksentscheid selbst dann zumindest neun Monate, wenn der Landtag des Freistaates Sachsen dem Volksantrag kurzfristig zustimmen sollte.

III.

Die Entscheidung ergeht kostenfrei. Von einer Erstattung der notwendigen Auslagen war abzusehen (§ 16 Abs. 1 und 4 SächsVerfGHG).

Nr. 5

Zu den verfassungsrechtlichen Anforderungen an eine Selbstentscheidung der abgelehnten Richter über einen Ablehnungsantrag.*

Verfassung des Freistaates Sachsen Art. 18 Abs. 1, 78 Abs. 1 Satz 1

Beschluß vom 17. September 1998 – Vf. 56-IV-97 –

in dem Verfahren über die Verfassungsbeschwerde des Herrn S. und des Herrn S.

Entscheidungsformel:

1. Das Urteil des Oberlandesgerichts Dresden vom 30. Oktober 1997 verletzt die Beschwerdeführer in ihrem Grundrecht aus Art. 78 Abs. 1 Satz 1 der Verfassung des Freistaates Sachsen und wird aufgehoben.
Die Sache wird an das Oberlandesgericht Dresden zurückverwiesen.

2. Der Freistaat Sachsen hat den Beschwerdeführern die notwendigen Auslagen zu erstatten.

* Nichtamtlicher Leitsatz

Gründe:

I.

Mit ihrer Verfassungsbeschwerde wenden sich die Beschwerdeführer gegen ein Urteil des Oberlandesgerichts Dresden vom 30. Oktober 1997, durch das sie verurteilt wurden, an die Klägerin des Ausgangsverfahrens 24 490,00 DM nebst Zinsen zu bezahlen. Sie rügen vor allem, daß in einem früheren Verhandlungstermin über Ablehnungsgesuche unzuständige Richter befunden hätten und deshalb auch die angegriffene Entscheidung nicht durch die gesetzlichen Richter ergangen sei.

Im ersten Verhandlungstermin vom 25. September 1997 hatten die Beschwerdeführer die drei geschäftsplanmäßig zur Mitwirkung berufenen Richter wegen Besorgnis der Befangenheit abgelehnt. Nachdem dieses Gesuch von den Vertretern der abgelehnten Richter während einer Sitzungsunterbrechung zurückgewiesen worden war, beschloß der Senat in seiner ursprünglichen Besetzung, einen Zeugen zu vernehmen, den die Klägerin des Ausgangsverfahrens in die Sitzung gestellt hatte. Ein deswegen von den Beschwerdeführern erneut gestelltes Befangenheitsgesuch wies der Senat durch die abgelehnten Richter als unzulässig zurück, da es offensichtlich rechtsmißbräuchlich sei und nur einer Vertagung der Verhandlung diene. Dies folge daraus, daß der Antrag mit bewußt wahrheitswidrigen Tatsachenbehauptungen begründet worden sei und der Senat vor Erlaß des Beweisbeschlusses erläutert habe, weshalb er den in die Sitzung gestellten Zeugen vernehmen werde.

Die gegen diese Entscheidung zu Protokoll eingelegte sofortige Beschwerde wies der Senat durch die abgelehnten Richter ebenso wie ein darauf gestelltes neuerliches Ablehnungsgesuch als unzulässig zurück.

Nach Vertagung des Verhandlungstermins erging auf die mündliche Verhandlung vom 16. Oktober 1997, an der zwei der abgelehnten Richter teilgenommen haben, ein der Klage weitgehend stattgebendes Urteil vom 30. Oktober 1997. Gegen dieses richtet sich die Verfassungsbeschwerde, mit der die Beschwerdeführer die Verletzung des Rechts auf den gesetzlichen Richter (Art. 78 Abs. 1 Satz 1 SächsVerf) und die Verletzung des Willkürgebots (Art. 18 Abs. 1 SächsVerf) rügen. Im übrigen rügen die Beschwerdeführer die Verletzung rechtlichen Gehörs.

Der Staatsminister der Justiz hält die Verfassungsbeschwerde für zulässig, aber unbegründet.

II.

Die Verfassungsbeschwerde ist zulässig.

Der Verfassungsgerichtshof kann überprüfen, ob das in Anwendung von Verfahrensrecht des Bundes ergangene Urteil vom 30. Oktober 1997 den Anspruch auf den gesetzlichen Richter verletzt, da die entsprechenden Gewährleistungen in Art. 78 Abs. 1 Satz 1 SächsVerf und in Art. 101 Abs. 1 Satz 2 GG inhaltsgleich ausgestaltet sind (vgl. BVerfG NJW 1998, 1296; SächsVerfGH, Beschlüsse vom 9.7.1998 – Vf. 20-IV-97, Vf. 24-IV-96, Vf. 3-IV-98 und Vf. 4-IV-98 –).

III.

Die Verfassungsbeschwerde ist begründet.

Der zuständige Zivilsenat des Oberlandesgerichts Dresden war bei der dem Erlaß des Urteils vorausgegangenen mündlichen Verhandlung in einer mit Art. 78 Abs. 1 Satz 1 SächsVerf unvereinbaren Weise besetzt, da in dem über das zweite Ablehnungsgesuch vom 25. September 1997 ergangenen Beschluß willkürlich von den Bestimmungen über den gesetzlichen Richter abgewichen worden war (vgl. BVerfGE 31, 145, 164f; BVerfGE 95, 322, 327 ff) und sich diese Fehlbehandlung auf die am Urteil vom 30. Oktober 1997 beteiligten Richter auswirkte.

1. Entgegen der Auffassung der Beschwerdeführer wurde diesen allerdings durch die Entscheidung über das erste Befangenheitsgesuch der gesetzliche Richter nicht vorenthalten, da die von den Vertretern der abgelehnten Richter vertretene Auffassung, wonach die Behandlung des Protokollierungsantrages eine Besorgnis der Befangenheit nicht begründe, verfassungsrechtlich nicht zu beanstanden ist.

2. Den Beschwerdeführern wurde der gesetzliche Richter aber dadurch entzogen, daß über das zweite, am 25. September 1997 gestellte Ablehnungsgesuch die abgelehnten Richter selbst befunden haben.

Abgelehnte Richter können selbst über das Ablehnungsgesuch entscheiden, wenn dieses ausschließlich in Prozeßverschleppungsabsicht gestellt wird (BGH NJW 1992, 983). In diesen Fällen ist indes von Verfassungs wegen eine Begründung erforderlich, durch die nachvollziehbar wird, daß die abgelehnten Richter sich der an die Selbstentscheidung verfassungsrechtlich zu stellenden Anforderungen bewußt waren (vgl. zur verfassungsrechtlich gebotenen Begründung BVerfGE 71, 122, 135 f; BVerfGE 81, 97, 106).

Weder den der Entscheidung beigegebenen Gründen noch den sonstigen Umständen läßt sich in nachvollziehbarer Weise entnehmen, woraus die abgelehnten Richter geschlossen haben, daß das zweite Ablehnungsgesuch allein auf eine Prozeßverschleppung und eine Vertagung des Verhandlungstermins zielte. Prozeßverschleppungsabsicht hat der Senat ausweislich der Gründe des Beschlusses ausschließlich deshalb angenommen, weil der Beklagtenvertreter seinen Ablehnungsabtrag „mit bewußt wahrheitswidrigen Tatsachenausführungen" begründet habe, der Senat seine „Vorgehensweise im Zusammenhang mit dem Erlaß des Beweisbeschlusses" erläutert habe und im übrigen der Klägervertreter auch spontan den Zeugen Sch. als weiteren Zeugen benannt habe. Weder aus diesen Ausführungen noch aus dem Verhandlungsprotokoll noch aus dienstlichen Äußerungen wird hinreichend klar, welches die wahrheitswidrigen Tatsachenbehauptungen waren und woraus sich ergibt, daß der Beklagtenvertreter bewußt die Unwahrheit erklärte, nicht vielmehr lediglich die prozessuale Erörterung darüber, ob der Zeuge Sch. zu vernehmen war, rechtlich anders verstand oder wertete als der Senat. Infolge dessen läßt sich nicht feststellen, ob der Senat in Verkennung der verfassungsrechtlichen Anforderungen, die sich aus dem Grundsatz des gesetzlichen Richters (Art. 78 Abs. 1 Satz 1 SächsVerf) und dem Willkürverbot (Art. 18 Abs. 1 SächsVerf) ergeben, willkürlich die Befugnis zur Selbstentscheidung annahm.

3. Hat aber der Verfassungsgerichtshof davon auszugehen, daß über das zweite Ablehnungsgesuch nicht durch den gesetzlichen Richter erkannt wurde, wirkt dieser Verfassungsverstoß sich auch auf die Besetzung des Senates aus, der das angegriffene Urteil erlassen hat.

IV.

Ob die weitergehenden Angriffe der Beschwerdeführer zulässig und begründet sind, bedarf keiner Entscheidung.

V.

Die Entscheidung ergeht kostenfrei (§ 16 Abs. 1 SächsVerfGHG). Gemäß § 16 Abs. 4 SächsVerfGHG hat der Freistaat Sachsen den Beschwerdeführern die notwendigen Auslagen zu erstatten.

Nr. 6

Zur Prüfungskompetenz des Verfassungsgerichtshofes betreffend Akte der Landesstaatsgewalt, die eine in Anwendung materiellen Bundesrechts ergangene hoheitliche Maßnahme einer Bundesbehörde inhaltlich bestätigen.*

Verfassung des Freistaates Sachsen Art. 81 Abs. 1 Nr. 4

Sächsisches Verfassungsgerichtshofsgesetz § 27 Abs. 1

Beschluß vom 17. September 1998 – Vf. 21-IV-98 –

in dem Verfahren über die Verfassungsbeschwerde des Herrn S.

Entscheidungsformel:

Die Verfassungsbeschwerde wird verworfen.

Gründe:

I.

Der Beschwerdeführer wendet sich mit seiner Verfassungsbeschwerde gegen den Beschluß des Sächsischen Landessozialgerichts vom 23. März 1998 sowie gegen das Urteil des Sozialgerichts Chemnitz vom 27. September 1997.

Der Beschwerdeführer bezog seit dem Ableben seines Vaters am 12. Juli 1985 eine Halbwaisenrente nach der 1. Rentenverordnung der DDR vom 23. November 1979 (1. RentenVO) (GBl. DDR I, S. 401 ff), die zum 1. Januar 1992 nach den Bestimmungen des SGB VI umbewertet wurde. Bis Januar 1996 wurde ihm zusätzlich ein Auffüllbetrag gemäß § 315a Satz 1 SGB VI gewährt, da der nach den Vorschriften des SGB VI ermittelte Halbwaisenrentenbetrag geringer war als die ihm nach dem übergeleiteten Recht der DDR zustehende Rente. Zuletzt bezog der Beschwerdeführer eine dynamisierungsfähige Halbwaisenrente von 222,94 DM monatlich, zzgl. eines Auffüllbetrages von 145,13 DM.

Die Bundesversicherungsanstalt für Angestellte hob mit Bescheid vom 11. Februar 1997 in der Form des Widerspruchsbescheids vom 9. Juni 1997 die Bewilligung des Auffüllbetrages ab Februar 1996 mit der Begründung auf,

---

* Nichtamtlicher Leitsatz

daß dieser dem Beschwerdeführer seit der am 19. Januar 1996 an der Technischen Universität Dresden erfolgreich abgelegten Ersten Juristischen Staatsprüfung nicht mehr zustehe.

Gegen diesen Bescheid erhob der Beschwerdeführer beim Sozialgericht Chemnitz Klage, mit der er die Aufhebung des Bescheids und die Zahlung des Auffüllbetrages für die Monate Februar bis April 1996 begehrte. Das Sozialgericht Chemnitz wies diese Klage mit Urteil vom 29. September 1996 ab, da der Beschwerdeführer den Auffüllbetrag nach § 315a Satz 1 SGB VI nur solange zu beanspruchen habe, wie sich nach dem bis zum 31. Dezember 1991 im Beitrittsgebiet fortgeltenden Rentenrecht der DDR ein Anspruch auf Waisenrente ergeben hätte. In § 21 Abs. 2 i.V.m. § 18 Abs. 3 Buchstabe c 1. RentenVO sei aber ein Anspruch auf Waisenrente nur für die Dauer eines Direktstudiums an einer Universität vorgesehen gewesen. Die gegen die Nichtzulassung der Berufung gerichtete Beschwerde wies das Sächsische Landessozialgericht mit Beschluß vom 23. März 1998, dem Beschwerdeführer nach eigenen Angaben am 30. März 1998 zugegangen, zurück.

Mit seiner am 30. April 1998 beim Verfassungsgerichtshof eingegangenen Verfassungsbeschwerde wendet sich der Beschwerdeführer gegen die sozialgerichtlichen Entscheidungen. Er meint, das Sächsische Landessozialgericht und das Sozialgericht Chemnitz hätten verkannt, daß das Recht der DDR eine zweistufige Ausbildung von Akademikern nicht gekannt habe und hierdurch bei der Überleitung des Rentenrechts der DDR eine Regelungslücke für jene akademischen Ausbildungen entstanden sei, bei denen nach bundesdeutschem Recht dem Hochschulstudium eine Referendarzeit folge. Aus Gründen der Gleichbehandlung mit anderen akademischen Ausbildungen (Art. 18 SächsVerf), des Eigentumsschutzes (Art. 31 SächsVerf) und der Rechtsstaatsgarantie hätten die Sozialgerichte diese Regelungslücke dahin schließen müssen, daß der Anspruch des Beschwerdeführers auf Gewährung eines Auffüllbetrages erst mit Ablegen der Zweiten Juristischen Staatsprüfung ende, also während der Referendarzeit fortbestehe.

Der Staatsminister der Justiz hält die Verfassungsbeschwerde für unzulässig.

II.

Die Verfassungsbeschwerde ist unzulässig.

Die Unzulässigkeit der Verfassungsbeschwerde folgt schon daraus, daß dem Verfassungsgerichtshof des Freistaates Sachsen nicht die Befugnis zukommt, sozialgerichtliche Entscheidungen, in denen Bescheide der Bundesversicherungsanstalt für Angestellte angefochten werden, daraufhin zu überprüfen, ob das ihnen zu Grunde gelegte Verständnis des materiellen Bundesrechts vor der Sächsischen Verfassung stand hält.

1. Dem Verfassungsgerichtshof des Freistaates Sachsen fehlt es für Verfassungsbeschwerden dieser Art an der Gerichtsbarkeit, da Art. 81 Abs. 1 Nr. 4 SächsVerf, § 27 Abs. 1 SächsVerfGHG Verfassungsbeschwerden gegen Akte der Landesstaatsgewalt insoweit nicht eröffnen, als sich diese in der inhaltlichen Bestätigung einer in Anwendung materiellen Bundesrechts ergangenen hoheitlichen Maßnahme einer Bundesbehörde erschöpfen. Dies folgt daraus, daß sich der Sächsische Verfassungsgerichtshof nach der grundgesetzlichen Kompetenzordnung (dazu BVerfG NJW 1998, 1296, 1298 ff) jeder Kontrolle der Bundesstaatsgewalt jedenfalls dann zu enthalten hat, wenn deren Entscheidung auf Bundesrecht beruht. Deshalb kann ihm auch nicht zukommen, Entscheidungen von Sozialgerichten, die einen Bescheid der Bundesversicherungsanstalt als materiell-rechtlich zutreffend erachten, an der Sächsischen Verfassung zu messen. Zu einer solchen mittelbaren Überprüfung des Verhaltens der Bundesversicherungsanstalt für Angestellte käme es aber, wenn der Verfassungsgerichtshof die angegriffenen Entscheidungen des Sozialgerichts Chemnitz und des Sächsischen Landessozialgerichts in ihrem – vom Beschwerdeführer allein beanstandeten – materiell-rechtlichen Bereich an den mit grundgesetzlichen Verbürgungen inhaltsgleichen Grundrechten der Sächsischen Verfassung messe und hierdurch inzident zu beurteilen hätte, ob die Bundesversicherungsanstalt für Angestellte insoweit ihrer Grundrechtsbindung gerecht geworden ist.

2. Hiervon ausgehend unterliegen die angegriffenen Entscheidungen nicht der Prüfungskompetenz des Verfassungsgerichtshofes des Freistaates Sachsen, da sämtliche vom Beschwerdeführer erhobenen Rügen den Bereich der materiellen Rechtsanwendung betreffen und auf Grundrechte gestützt werden, die in der Sächsischen Verfassung und im Grundgesetz inhaltlich übereinstimmend ausgestaltet sind.

III.

Der Verfassungsgerichtshof ist zu dieser Entscheidung einstimmig gelangt und trifft sie deshalb durch Beschluß gemäß § 10 SächsVerfGHG i. V. m. § 24 BVerfGG.

IV.

Die Entscheidung ergeht kostenfrei (§ 16 Abs. 1 SächsVerfGHG).

Abgeordnetenanklage

Nr. 7

1. Die Möglichkeit, Anträge gemäß § 10 Abs. 1 SächsVerfGHG i. V. m. § 24 BVerfGG ohne mündliche Verhandlung durch Beschluß zu verwerfen, besteht auch im Anklageverfahren nach Art. 118 SächsVerf, §§ 37 ff SächsVerfGHG.

2. Gegenstand des Anklageverfahrens nach Art. 118 SächsVerf, §§ 37 ff SächsVerfGHG ist der dem Landtagsbeschluß über die Anklageerhebung zugrundeliegende, in ihm selbst oder der Beschlußvorlage im einzelnen abgegrenzte und in der Anklage bezeichnete Sachverhalt.

3. Bekanntgeworden im Sinne der Fristregelung des § 38 Abs. 1 SächsVerfGHG ist ein der Anklage zugrundeliegender Sachverhalt nicht erst, wenn dem Landtag als Ganzem Erkenntnisquellen und Lebenssachverhalt förmlich zur Kenntnis gebracht werden. Es genügt, daß die Mitglieder des Landtages den Sachverhalt jederzeit zur Kenntnis nehmen können. Dies ist der Fall, wenn er in der laufenden oder einer früheren Legislaturperiode Gegenstand öffentlicher Erörterung in einer Plenarsitzung des Sächsischen Landtages war.

4. Tätigkeit für das frühere Ministerium für Staatssicherheit der DDR im Sinne des Art. 118 Abs. 1 Nr. 2 SächsVerf ist jede bewußte, finale Mitarbeit beim MfS. Sie kommt nicht nur bei formaler Einbindung in die Dienststruktur des MfS oder bei inoffizieller Mitarbeit in Betracht, sondern kann auch bei dienstlicher Zusammenarbeit mit dem MfS gegeben sein. Sie kann jedoch im reinen Auftragsverhältnis einer Parteileitung der SED zum MfS fehlen, soweit es nicht mit Zuarbeit oder Informationsbeschaffung für die Zwecke des MfS verbunden ist.

5. Verstoß gegen die Grundsätze der Menschlichkeit oder Rechtsstaatlichkeit im Sinne des Art. 118 Abs. 1 Nr. 1 SächsVerf ist die Verletzung von Regeln, die den Kerngehalt der Menschlichkeit oder der Rechtsstaatlichkeit betreffen. Es muß sich um eine schuldhafte, schwerwiegende Verletzung elementarer Grundsätze handeln.

Verfassung des Freistaates Sachsen Art. 118

Sächsisches Verfassungsgerichtshofsgesetz:

§§ 7 Nr. 9, 10 37, 38 Abs. 1, 42 Abs. 1, 43 Abs. 1

Bundesverfassungsgerichtsgesetz § 24

Beschluß vom 6. November 1998 – Vf. 16-IX-98 –

in dem Verfahren auf Aberkennung des Mandats auf Antrag des Sächsischen Landtages gegen Herrn B.

Entscheidungsformel:

Der Antrag wird verworfen.

Der Freistaat Sachsen hat dem Angeklagten die notwendigen Auslagen einschließlich der Kosten der Verteidigung zu erstatten.

Gründe:

A.

I.

Der Sächsische Landtag beschloß am 19. März 1998, Anklage gegen den im Jahr 1950 in O. geborenen Angeklagten zu erheben mit dem Ziel festzustellen, daß dessen fortdauernde Innehabung des Mandats aus Gründen des Art. 118 Abs. 1 Nrn. 1 und 2 SächsVerf als untragbar erscheint. Damit nahm der Sächsische Landtag die Beschlußempfehlung des Ausschusses für Geschäftsordnung und Immunitätsangelegenheiten (LT-Drs. 2/8214) an. Auf dieser Grundlage fertigte der Landtagspräsident die Anklage vom 30. März 1998, die beim Verfassungsgerichtshof am gleichen Tage einging. Die Anklage wirft dem Angeklagten vor, er habe in drei rechtlich getrennten Handlungen

1. in der in LT-Drs. 2/5413 dargestellten Art und Weise als Inoffizieller Mitarbeiter (Kategorie IMS – Informeller Mitarbeiter für Sicherheit) für das Ministerium für Staatssicherheit gearbeitet,

2. den Bürger G. M. aus W., der als Teilzeitbediensteter (Hauswirtschaftspfleger) bei der Volkssolidarität mit der Pflege seiner – Herrn M.s – kranken Großmutter betraut war, durch Schreiben vom 16. September 1988 an den Leiter der Bezirksverwaltung K. des Ministeriums für Staatssicherheit in politischer Hinsicht überprüfen lassen, mit dem Ziel, der Volkssolidarität einen Vorwand für die Beendigung des Arbeitsrechtsverhältnisses mit dem – von der Volkssolidarität offenbar wegen verschiedener Eingaben als renitent angesehenen – Bürger zu liefern,

3. in seiner Eigenschaft als Leiter der Abteilung Staats- und Rechtsfragen der SED-Bezirksleitung K. im Spätsommer/Herbst 1989 den Vorsitz

einer Arbeitsgruppe des 1. Sekretärs dieser Bezirksleitung geführt, welcher neben anderen hohen SED-Funktionären (Abteilungsleiter Sicherheit, Chef der Bezirksverwaltung der Volkspolizei, Stellvertreter Inneres und Stellvertreter Abteilungsleiter Parteiorgane) auch der Leiter der Bezirksverwaltung des MfS angehört habe; Aufgabe dieser Arbeitsgruppe sei – im Lichte der seinerzeitigen Ausreisebestrebungen breiter Bevölkerungskreise aus der DDR – der „Zurückdrängungsprozeß" gegenüber den Ausreisewilligen gewesen; die Bezeichnung der Arbeitsgruppe habe „Reisebüro" gelautet.

Dies verstoße im Sinne des Art. 118 Abs. 1 Nr. 1 SächsVerf gegen die Grundsätze der Menschlichkeit oder Rechtsstaatlichkeit, insbesondere gegen Menschenrechte des Internationalen Paktes über bürgerliche und politische Rechte und der Allgemeinen Erklärung der Menschenrechte,

zu 1. Art. 12 Abs. 2, Art. 17 Abs. 1, Art. 19 Abs. 1 und Art. 26 IPBPR sowie Art. 12, 13 Nr. 2 und Art. 19 AEMR,

zu 2. Art. 17 Abs. 1, Art. 19 Abs. 1 und Art. 26 IPBPR sowie Art. 12 und 19 AEMR,

zu 3. Art. 12 Abs. 2, Art. 17 Abs. 1, Art. 19 Abs. 1 und Art. 26 IPBPR sowie Art. 12, 13 Nr. 2 und Art. 19 AEMR,

und sei zugleich im Sinne des Art. 118 Abs. 1 Nr. 2 SächsVerf Tätigkeit für des frühere Ministerium für Staatssicherheit der DDR.

II.

Der Angeklagte wurde über die Landesliste der Linken Liste/PDS in den 2. Sächsischen Landtag gewählt und gehört diesem seit dem 6. Oktober 1994 an. Er war bereits während der gesamten Legislaturperiode Mitglied des 1. Sächsischen Landtages.

1. Aufgrund der vom Angeklagten gemäß § 1 Abs. 2 des Gesetzes über die Rechtsverhältnisse der Mitglieder des Sächsischen Landtages (Abgeordnetengesetz) i. d. F. der Bekanntmachung vom 2. Mai 1994 (SächsGVBl. 2)/ § 44 Abs. 2 Satz 1 des Gesetzes über die Wahlen zum Sächsischen Landtag (Sächsisches Wahlgesetz) vom 5. August 1993 (SächsGVBl. 723 – i. d. F. des 2. ÄnderungsG vom 17. 3. 1994, SächsGVBl. 461) mitgeteilten personenbezogenen Daten erhielt der gemäß § 1 Abs. 3 AbgG/§ 44 Abs. 3 SächsWahlG gebildete Bewertungsausschuß des 2. Sächsischen Landtages vom Bundesbeauftragten für die Unterlagen des Staatssicherheitsdienstes der ehemaligen DDR (BStU) Auskunft über den Angeklagten (LT-Drs. 2/5413, Mitteilung vom 1. 8. 1996).

a) Nach der von dort mitgeteilten Aktenlage war der Angeklagte im Anschluß an eine am 23.September 1968 begonnene Vorlaufphase vom 6. November 1968 bis zum 29. August 1972 bei der Bezirksverwaltung K. des MfS, Kreisdienststelle A., bzw. ab November 1969 bei der Hauptabteilung I (Abwehrarbeit in der Nationalen Volksarmee [NVA] und Grenztruppen), Militärbezirk III/4, motorisierte Schützendivision, als Inoffizieller Mitarbeiter für Sicherheit (IMS) mit Decknamen erfaßt. Am 6. November 1968 sei er, wie sich aus der in der Anlage zur Mitteilung übersandten Verpflichtung und der ebenfalls übersandten Aufzeichnung vom 13. November 1968 über seine Werbung ergebe, persönlich mit Unterschrift zur Tätigkeit für das MfS verpflichtet worden. Die zum IM-Vorgang geführten Akten bestünden laut MfS-Zählung aus einem Band mit 69 Blatt (Teil I, Personalakte) sowie einem Band mit 75 Blatt (Teil II, Arbeitsakte). Aufklärung und Absicherung in den Kreisen der Jugend sowie Absicherung der Staatsgrenze zur CSSR seien nach Darstellung des Staatssicherheitsdienstes in zwei, in der Anlage zur Mitteilung übersandten Abschlußberichten vom Oktober 1969 und vom August 1972 das Ziel der Werbung gewesen. Sie sei aus der Sicht des Staatssicherheitsdienstes auf der Grundlage der politischen Überzeugung des Angeklagten erfolgt. Die ihm übertragenen Aufgaben hätten dem Ziel der Werbung entsprochen. Zur Durchführung eines Auftrags habe der Angeklagte laut der in der Anlage zur Mitteilung übersandten Quittung vom 20. Januar 1969 eine Zuwendung/Prämie von 10,– M erhalten; Auslagenerstattungen und Auszeichnungen durch den Staatssicherheitsdienst seien nicht ersichtlich. Nach Darstellung des MfS sei Grund für die Beendigung der Tätigkeit des Angeklagten seine Versetzung in die Reserve der NVA nach Beendigung seines Wehrdienstes gewesen, für eine weitere operative Nutzung des Angeklagten habe nach dem Beschluß zum Einstellen des IM-Vorganges vom 29. August 1972 keine Möglichkeit bestanden.

Nach der Mitteilung des BStU liegen 16 Treffberichte des Führungsoffiziers sowie 38 handschriftliche Berichte und ein maschinenschriftlicher, mit Decknamen unterschriebener Bericht des Angeklagten vor, ferner eine maschinenschriftliche Verbindungsliste, ebenfalls mit Decknamen unterschrieben. Die Berichte hätten zum Inhalt

– Informationen und Einschätzungen zu Personen (Schüler, Lehrer, Bewohner des Ortes),

– Informationen über Beobachtungen im Grenzabschnitt (Vorkommnisse, Lagebeschreibungen von Gebäuden im Grenzbereich),

– Stimmungen und Meinungen im Wohnbereich sowie

– Informationen über Pfingsttreffen in Aue (3 in der Anlage zur Mitteilung übersandte handschriftliche Berichte vom 18.12.1968, 27.2.1969 und 2.4.1969 sowie 1 Treffbericht vom 27.5.1969).

Zusammenfassend bemerkt der BStU, der Angeklagte habe nach einer Kontaktphase, in der er bereits auf die Berichterstattung über Jugendliche aus seinem Umfeld und auf die Bildung einer Ordnungsgruppe zum Einsatz an der Grenze zur CSSR orientiert worden sei, seit seiner Werbung als IM schriftlich und mündlich gemäß Einsatzrichtung berichtet. Die Treffen hätten zum großen Teil in konspirativen Wohnungen stattgefunden. Im November 1969 sei der Angeklagte zur NVA einberufen worden. Aus dieser Zeit enthalte die Akte nur zwei Berichte vom April 1970, die ebenfalls in der Anlage zur Mitteilung übersandt wurden. Berichte des Führungsoffiziers über Treffen mit dem Angeklagten lägen nicht vor. Laut Abschlußeinschätzung vom 29. August 1972 sei aufgrund von objektiven Schwierigkeiten keine systematische Zusammenarbeit zustandegekommen. Mit Entlassung des Angeklagten aus der NVA sei die Zusammenarbeit eingestellt und die Akte archiviert worden. Der BStU betont abschließend, alle Aussagen in der Mitteilung bezögen sich nur auf die Tätigkeit für den Staatssicherheitsdienst nach Vollendung des 18. Lebensjahres.

Die in der Mitteilung bezeichneten und teilweise in bezug genommenen Anlagen wurden dem Plenum des Sächsischen Landtages mit Beschlußempfehlung und Bericht des Bewertungsausschusses in LT-Drs. 2/5413 nicht vorgelegt, anders als die Mitteilung selbst.

Durch diese, mit den Stimmen seiner vier Mitglieder einstimmig angenommene Beschlußempfehlung, als Landtagsdrucksache ausgegeben am 9. April 1997, empfahl der Bewertungsausschuß auf Grund der Auswertung aller ihm vom BStU zugesandten Unterlagen und nach Gewährung der Möglichkeit von Einsicht- und Stellungnahme durch den Angeklagten, „den Antrag auf Erhebung der Anklage vor dem Verfassungsgerichtshof des Freistaates Sachsen mit dem Ziel der Aberkennung des Mandats zu empfehlen". Dazu bemerkte der Ausschuß, er habe sich in seiner Bewertung „von dem Prinzip leiten lassen, ob die Zusammenarbeit mit dem MfS für andere Personen von Schaden hätte sein können, die deren Lebensbedingungen in der DDR nachhaltig negativ beeinflußt haben oder hätten".

b) Auf der Grundlage dieses Berichts des Bewertungsausschusses beantragten die CDU- und die SPD-Fraktion, der Landtag möge beschließen, den Angeklagten aufzufordern, sein Mandat niederzulegen (LT-Drs. 2/6752). Dieser Antrag wie die Beschlußempfehlung des Bewertungsausschusses waren Gegenstände der Tagesordnung des nichtöffentlichen Teils der 62. Sitzung des 2. Sächsischen Landtages vom 11. September 1997. Nach gesonderter Debatte zu dem erstgenannten Beschlußantrag und Annahme des Antrages mit 87 zu 16 Stimmen bei 8 Stimmenthaltungen wurden Beratung und Beschlußfassung über die Beschlußempfehlung des Bewertungsausschusses auf Antrag der CDU-Fraktion vertagt. Der Angeklagte legte das Mandat nicht nieder. Darauf stimmte der 2. Sächsische Landtag im nichtöffentlichen Teil seiner 66. Plenarsitzung am 13. November 1997 der Beschlußempfehlung des Bewertungsausschusses (LT-Drs. 2/5413) mit Mehrheit zu.

c) Am 14. November 1997 beantragten die vier Mitglieder des Bewertungsausschusses und 69 weitere Abgeordnete des 2. Sächsischen Landtages mit LT-Drs. 2/7380, Anklage gegen den Angeklagten mit dem Ziel der Aberkennung des Mandats zu erheben. Zur Begründung verwiesen sie auf das in der Beschlußempfehlung beschriebene Verhalten des Angeklagten und stellten unter Berufung auf das Bundesverfassungsgericht (vgl. BVerfGE 94, 351, 368) fest, daß das Vertrauen in den Landtag „in besonderer Weise gestört wäre, wenn ihm Repräsentanten angehören, bei denen der Verdacht besteht, daß sie in der beschriebenen Weise (sc. für das MfS durch Bespitzelung der Bevölkerung tätig werdend) eine Diktatur unterstützt und Freiheitsrechte der Bürger verletzt haben". Eine Überprüfung hinsichtlich des Angeklagten habe nicht nur einen Verdacht der Zusammenarbeit mit dem MfS, sondern zur Überzeugung des Landtages die entsprechende Gewißheit erbracht. Die fortdauernde Innehabung des Mandats durch den Angeklagten erscheine angesichts der Schwere seines Verhaltens und des hohen Ranges der Vertrauenswürdigkeit des Landtages untragbar.

Der Antrag wurde vom Landtag in erster Beratung am 14. November 1997 in öffentlicher Sitzung behandelt und an den Ausschuß für Geschäftsordnung und Immunitätsangelegenheiten überwiesen (Plenarprot. 2/67, S. 4881 ff). Der Ausschuß beschloß am 1. Dezember 1997 nach Beratung und Beschlußfassung über das weitere Verfahren, den Angeklagten am 6. Januar 1998 zu hören. Dies sowie die Möglichkeit, zur Anhörung eine Person seines Vertrauens mitzubringen, wurde dem Angeklagten durch Schreiben des Ausschußvorsitzenden vom 2. Dezember 1997, zugegangen am 4. Dezember 1997, mitgeteilt.

Durch weiteres Schreiben des Ausschußvorsitzenden vom 29. Dezember 1997, dem Angeklagten am selben Tage durch Telefax übermittelt, wurde er davon unterrichtet, daß ein weiterer, ihn betreffender Vorgang durch den Herrn G. M. aus W. dem Ausschuß zur Kenntnis gebracht worden sei. Er werde den Vorgang möglicherweise in die Anhörung des Angeklagten am 6. Januar 1998 einbeziehen. Ebenso wurden ihm die dazu vorliegenden Unterlagen übermittelt. Danach schrieb der Angeklagte als seinerzeitiger Leiter der Abteilung Staats- und Rechtsfragen bei der Bezirksleitung K. der SED unter dem 16. September 1988 an den Leiter der Bezirksverwaltung des MfS:

„Mit einer Bitte um Unterstützung in der Angelegenheit des Bürgers G. M., ..., wandte sich die Vorsitzende des Bezirksausschusses der Volkssolidarität, ..., an mich.

M. ist als Hauswirtschaftspfleger für täglich zwei Stunden bei der Volkssolidarität beschäftigt und erfüllt seine Aufgaben ungenügend. Genossin H. möchte wissen, ob sie ihm bedenkenlos kündigen darf.

Zur Person des M. ist beachtlich, daß er in den Jahren 1981, 1983 und 1984 wegen beleidigender, verleumderischer und staatsfeindlicher Äußerungen in der Öffentlichkeit zur Bewährung und Freiheitsstrafen von 1 Jahr und 10 Monaten bzw. 10 Monaten verurteilt wurde. Sein Persönlichkeitsbild charakterisiert er hinlänglich selbst in dem beiliegenden ‚Lebenslauf'.

Ich bitte Dich, prüfen zu lassen, ob die Vermutung gegenwärtiger staatsfeindlicher bzw. ungesetzlicher Aktivitäten des M. Ansätze bietet, um Genossin H. zu helfen.

Vielen Dank für Deine Unterstützung."

Nach den Unterlagen veranlaßte der Brief das MfS zur Einholung ausführlicher Berichte über den Betroffenen. Der zusammenfassende Bericht der Kreisdienststelle Z. vom 28. November 1988 an die Bezirksverwaltung K. des MfS ergab jedoch nichts Nachteiliges über den Betroffenen, das als Grund für die Beendigung des Arbeitsrechtsverhältnisses hätte herangezogen werden können.

Am 6. Januar 1998 beschloß der Ausschuß für Geschäftsordnung und Immunitätsangelegenheiten mit 7 zu 2 Stimmen ohne Stimmenthaltung die Einbeziehung des vorgenannten Materials in die Anhörung. Sie fand in Anwesenheit von zwei Mitgliedern des Bewertungsausschusses statt. Der Angeklagte erschien allein und stellte fest, daß er die Materialien des BStU, „wie sie dem Bewertungsausschuß übersandt worden sind und wie sie (ihm) dort analog dem Verfahren von 1991 auch zur Kenntnis gebracht wurden, inhaltlich im grundsätzlichen nicht anzweifle", auch wenn einzelne Fakten unrichtig seien, so die Darstellung der Abschlußeinschätzung vom 29. August 1972. Tatsächlich habe er den Kontakt zum sogenannten Sicherheitsoffizier des Mot-Schützenregimentes, in dem er im Zeitraum von November 1969 bis April 1971 seinen Grundwehrdienst versehen habe, etwa im April 1970 abgebrochen, d. h. er sei zu Gesprächsterminen, zu denen er bestellt gewesen sei, von sich aus nicht mehr erschienen. Mit einer Veröffentlichung der Materialien des Herrn M. erkläre er sich einverstanden, werde sich dazu aber vor dem Ausschuß nicht äußern, da der Ausschuß nicht befugt sei, dienstliche Kontakte zum MfS in sein Verfahren einzuführen. Dessen ausschließliche Aufgabe sei es, im Rahmen seiner gesetzlichen Kompetenzen zu prüfen, ob die sachlichen Feststellungen des Bewertungsausschusses ausreichten, die Abgeordnetenanklage gegen ihn zu erheben. Das sei nach keinem der Kriterien des Art. 118 SächsVerf der Fall.

Am 28. Januar 1998 beschloß der Ausschuß für Geschäftsordnung und Immunitätsangelegenheiten mit 9 zu 2 Stimmen ohne Stimmenthaltung, den

Angeklagten am 16. Februar 1998 erneut anzuhören, nun zu einem am gleichen Sitzungstage im Ausschuß ausgereichten Protokoll des MfS vom 31. August 1989 über eine Dienstbesprechung beim Minister für Staatssicherheit. Dies sowie die Möglichkeit, zur Anhörung eine Person seines Vertrauens mitzubringen, wurde dem Angeklagten durch Schreiben des Ausschußvorsitzenden vom 28. Januar 1998, zugegangen am 29. Januar 1998, mitgeteilt, dem eine Kopie des Buchauszugs beigefügt war. Nach diesem Protokoll kam es im Zusammenhang der zahlreichen Ausreiseanträge und dem damit verbundenen „Zurückdrängungsprozeß" zu folgendem Wortwechsel zwischen dem Leiter der Bezirksverwaltung K. des MfS und dem Minister für Staatssicherheit:

„Genosse Generalleutnant G. ...

Es existiert im Bezirk K. eine Arbeitsgruppe des 1. Sekretärs der Bezirksleitung und es existiert in jedem Kreis eine Arbeitsgruppe des 1. Sekretärs der Kreisleitung. Diese Arbeitsgruppe setzt sich zusammen unter Leitung des Abteilungsleiters Staats- und Rechtsfragen, Abteilungsleiter Sicherheit, Chef BdVP, Stellvertreter Inneres, Stellvertreter Abteilungsleiter Parteiorgane und Leiter Bezirksverwaltung für Staatssicherheit. Diese Arbeitsgruppe tagt jeden Dienstag, nennt sich Reisebüro.

Diese Arbeitsgruppe hat also auch die Vollmacht, Abteilungsleiter der SED-Bezirksleitung zu sich zu laden und dort Berichte abzuverlangen oder Berichterstattungen entgegenzunehmen, was denn nun beispielsweise die Abteilung Industrie oder die Abteilung Landwirtschaft bisher entsprechend den Festlegungen des Sekretariats der SED-Bezirksleitung getan hat, konkret vordergründig natürlich im Zusammenhang mit dem Zurückdrängungsprozeß. Die Arbeitsgruppe hat auch das Recht, in die Kreise zu fahren und sogenannte Lageberichte von den 1. Sekretären der Kreisleitungen entgegenzunehmen. Die Arbeitsgruppe hat auch das Recht, in Betriebe zu gehen und sie war in der vorigen Woche in einem absoluten Schwerpunkt, was das Antragsgeschehen betrifft; nämlich im Bezirkskrankenhaus der Stadt K. In diesem Krankenhaus gibt es 70 und in der Stadt K. insgesamt 200 Antragsteller unter dem medizinischen Personal. Ich möchte aber hier auch nicht verschweigen, daß sowohl der ärztliche Direktor als auch der Parteisekretär dieses Krankenhauses eine ganze Reihe Ursachen und begünstigende Bedingungen der Arbeitsgruppe mit auf den Weg gegeben hat, die zwar nicht letztendlich bei den Antragstellern als Ursache für die Antragstellung dargestellt werden, aber die wesentlich dazu beitragen, die Unzufriedenheit unter dem medizinischen Personal und natürlich auch unter den Patienten weiterhin zu forcieren. Es wird also seit 1980 dem Chefarzt der Frauenklinik K. versprochen, daß sein Dach gedeckt wird. Die Krankenschwestern müssen, wenn es regnet, mit Eimern durchs Krankenhaus.

Genosse Minister

Hör mal zu. Ich will mal was sagen. Wenn Du es seit 1980 weißt, dann hättest Du ein paar Dachdecker schon organisieren können. Das ist auch nicht richtig, wie Du das hier darstellst. Du kannst mir doch nicht erzählen, daß seit 1980 das Dach undicht ist. Da muß man Initiative ergreifen. Wir machen das auch. Wenn Du das hier so konkret stellst, dann steht im Raum, wo wir uns gerade unterhalten haben. Man darf von Einzelerscheinungen nicht darauf schließen, als wenn das überall so ist. Aber daß es seit 1980 so ist, so etwas kann man doch ändern. Da würde ich mobilisieren gute Menschen, die das können.

Genosse Generalleutnant G.
Wir haben bereits mobilisiert. Der Ärztliche Direktor wurde von Jahr zu Jahr ..."

Zu seiner ergänzenden Anhörung durch den Ausschuß für Geschäftsordnung und Immunitätsangelegenheiten am 16. Februar 1998 erschien der Angeklagte wiederum ohne eine Person seines Vertrauens und verwies auf seine bereits geäußerte Rechtsauffassung, daß der Ausschuß nicht berechtigt sei, neben bzw. über den Bewertungsausschuß hinaus Sachverhaltsfeststellungen zu treffen, bzw. vom BStU übersandte Unterlagen einer Bewertung zu unterziehen. Deshalb verweigere er die Antwort auf die Frage, ob er Vorsitzender der Arbeitsgruppe „Reisebüro" gewesen sei, welche Aufgaben sie gehabt habe, ob MfS-Informationen genutzt worden seien und das MfS gegen Oppositionelle eingesetzt worden sei. Im übrigen wurde er zu dem Sachverhalt befragt, der Gegenstand der Mitteilung des BStU war. Ihm wurde vorgehalten, daß in seiner handschriftlich verfaßten Verpflichtungserklärung stehe:

„Mir ist bekannt, daß die imperialistischen Kräfte alles versuchen, die sozialistische Entwicklung der DDR zu hemmen und zu untergraben. Aus dieser Erkenntnis werde ich in Zukunft alle negativen Erscheinungen einer Feindtätigkeit unverzüglich den Beauftragten des Ministeriums des Staatssicherheitsdienstes mitteilen. Dabei werde ich auf keine Person Rücksicht nehmen."

Weiter ergebe sich aus den Unterlagen des BStU, daß das operative Einsatzgebiet des Angeklagten die Staatsgrenze und die Erweiterte Oberschule (EOS) betreffe und daß es Einschätzungen über 16 Studienbewerber gegeben habe. Dann werde über seine Tätigkeit gesagt:

„Seit über einem Jahr ist die Zusammenarbeit aufrechterhalten. Und es kann eingeschätzt werden, daß es sich bei dem IM um einen zuverlässigen, stets einsatzbereiten IM handelt. IM hat stets umfangreich und schriftlich berichtet."

Dann komme es zu der in der Begründung zur Beschlußempfehlung des Bewertungsausschusses wiedergegebenen Abschlußeinschätzung vom 29. August 1972, in der es abschließend heiße:

„Der IM-Vorgang wird nicht gesperrt. Der Kreisdienstleiter fordert bei Bedarf an."

Dazu wurde der Angeklagte gefragt, ob hier etwas zusammengetragen worden sei, das er so nicht bestätigen könne. Der Angeklagte berief sich darauf, daß dies nach der Ladung nicht Gegenstand seiner Anhörung sei. Gleichwohl verwies er nochmals darauf, daß er die Aktenlage, wie sie beim Bewertungsausschuß vorliege, grundsätzlich nicht bezweifle. Jedoch sei die Akte insofern inkorrekt, als sie den Eindruck erwecke, daß er 1972 aus dem Armeedienst entlassen worden sei – statt im April 1971. Im übrigen habe er schon früher gesagt, daß er „seinerzeit gewissermaßen nicht mehr zu diesen Gesprächen" mit der Staatssicherheit gegangen sei, nachdem ihm Personenberichte zu Diensttuenden abgefordert worden seien, und daß deshalb die Kontakte geendet hätten und nicht durch irgendwelche Kommandierungen.

Der Ausschuß für Geschäftsordnung und Immunitätsangelegenheiten beriet am 3. März 1998 über die Beschlußempfehlung des Bewertungsausschusses und das Ergebnis der Anhörung des Angeklagten und empfahl mit 8 zu 2 Stimmen ohne Stimmenthaltung dem Landtag, den Antrag auf Erhebung der Abgeordnetenanklage – LT-Drs. 7380 – anzunehmen (LT-Drs. 2/8214).

d) In Beschlußempfehlung und Bericht des Ausschusses für Geschäftsordnung und Immunitätsangelegenheiten (LT-Drs. 2/8214, S. 3ff) heißt es:

„...
Der dringende Verdacht einer Tätigkeit nach Art. 118 Abs. 1 Nr. 1 und 2 SächsVerf. ist bei Herrn B., MdL, in mehrfacher Weise gegeben:

1.) a) Herr B., MdL, hat in der in der LT-Drs. 2/5413 dargestellten Art und Weise als Inoffizieller Mitarbeiter (Kategorie IMS – Informeller Mitarbeiter für Sicherheit) für das Ministerium für Staatssicherheit der ehemaligen DDR gearbeitet. Diesen Sachverhalt hat er im Grundsatz auch gegenüber dem Ausschuß für Geschäftsordnung und Immunitätsangelegenheiten eingeräumt.

Soweit er bei seiner Anhörung am 6. Januar 1998 darauf hingewiesen hat, eine systematische Zusammenarbeit mit dem MfS sei nicht – wie in der Abschlußeinschätzung des MfS vom 29.8.1972 dargestellt – „aufgrund objektiver Schwierigkeiten", sondern deshalb nicht zustandegekommen, weil er den Kontakt zum sogenannten Sicherheitsoffizier des Mot-Schützenregiment, in dem er vom 3.11.1969 bis 30.4.1971 seinen Grundwehrdienst versehen habe, etwa im April 1970 abgebrochen habe, d.h. zu Gesprächsterminen, zu denen er bestellt worden sei, von sich aus nicht mehr erschienen sei, hat sich Herr B., MdL, aus verfahrensrechtlichen Gründen gegenüber dem

Ausschuß für Geschäftsordnung und Immunitätsangelegenheiten geweigert, für diese seine Darstellung Beweis anzutreten. Diese Darstellung konnte daher vom Ausschuß für Geschäftsordnung und Immunitätsangelegenheiten nicht weiter untersucht werden.

Danach bleibt festzuhalten, daß Herr B., MdL, sich – bereits vor seiner Wehrdienstzeit bei der NVA – zur inoffiziellen Zusammenarbeit mit dem MfS schriftlich verpflichtet hat und daraufhin schriftlich und mündlich zahlreiche Berichte geliefert hat, und zwar vor allem auch zu konkreten Verhältnissen natürlicher Personen, sowohl in der Nachbarschaft als auch ansonsten am Wohnort, insbesondere im Hinblick auf mögliche „Fluchtwünsche" in die damalige CSSR nach dem Einmarsch der Truppen des Warschauer Vertrages im Sommer 1968, und später auch zu Personen in seiner Einheit bei der NVA. Dabei wurde er von seinen Führungspersonen als zuverlässiger, stets einsatzbereiter Inoffizieller Mitarbeiter eingeschätzt, der stets umfangreich und schriftlich berichte (dazu im einzelnen die dem Bewertungsausschuß zugegangenen Unterlagen des Bundesbeauftragten für die Unterlagen des Staatssicherheitsdienstes der ehemaligen DDR – BStU – zu Herrn B., MdL, s. LT-Drs. 2/5413). Daß Herr B., MdL, bei alledem aus freien Stücken gehandelt hat, ergibt sich aus der Werbungsgrundlage, die vom MfS in der politischen Überzeugung von Herrn B., MdL, gefunden wurde (s. auch dazu die Auskunft des BStU in LT-Drs. 2/5413).

Ob sich die inoffizielle Zusammenarbeit von Herrn B., MdL, mit dem MfS bis 1972 oder – wie er vorträgt – nur bis 1970 erstreckte, bedarf keiner abschließenden Klärung. Denn jedenfalls ist über eine Weigerung oder Entziehung gegenüber der Zusammenarbeit mit dem MfS durch Herrn B., MdL, etwa ab April 1970, der Auskunft des BStU nichts zu entnehmen. Im Gegenteil heißt es in dem Abschlußbericht des MfS vom 29.8.1972 zu der Tätigkeit von Herrn B., MdL, für das MfS während seiner NVA-Zeit: „In den ersten Wochen der Zusammenarbeit mit dem OM im MSR-22 erfüllte der IMS seine Aufgaben. Auf Grund objektiver Schwierigkeiten, wie Kommandierungen des Mitarbeiters sowie Kommandierungen des IMS kam keine systematische inoffizielle Zusammenarbeit zustande. Die Verbindung zum IMS war mehrfach unterbrochen und es gab Schwierigkeiten bei der Verbindungsaufnahme und Treffvereinbarung. Auf Grund dieser genannten Problematik wurde der IMS nicht weiter genutzt und die Entlassung aus der NVA zum Anlaß genommen, die Zusammenarbeit einzustellen. ... Der IM-Vorgang wird im Archiv *nicht gesperrt* zur Ablage gebracht. Die KD A. fordert bei Notwendigkeit den IM-Vorgang von dort an." Gerade auch der letzte Satz steht im Widerspruch zu einer vorgeblichen Entziehung oder Weigerung von Herrn B., MdL, gegenüber einem Ansinnen auf weitere inoffizielle Kontakte zum MfS.

b) Durch dieses Verhalten war Herr B., MdL, im Sinne des Art. 118 Abs. 1 Nr. 2 SächsVerf für das frühere Ministerium für Staatssicherheit der DDR tätig. Zugleich hat er dadurch im Sinne des Art. 118 Abs. 1 Nr. 1 SächsVerf gegen die Grundsätze der Menschlichkeit oder Rechtsstaatlichkeit verstoßen, insbesondere die im Internationalen Pakt über bürgerliche und politische Rechte vom 19. Dezember 1966 (IPbR) und in der Allgemeinen Erklärung der Menschenrechte vom 10. Dezember 1948 (UN-AMR) enthaltenen Grundrechte verletzt. Denn mit seinen personenbezogenen Berichten über Familienverhältnisse, kirchliche bzw. religiöse Einstellung und Handlungen, politische Denkungsweisen, Umgang mit anderen Menschen, Westverwandtschaft bzw. -kontakte usw. von Mitbürgern an den staatlichen Geheimdienst der DDR zum Zwecke der politischen Überwachung der Betroffenen (s. dazu im einzelnen die vom BStU an den Bewertungsausschuß übermittelten Unterlagen) hat er die Betroffenen – ohne deren Wissen – insbesondere verletzt in ihren Grundrechten

– aus Art. 12 UN-AMR, der lautet: „Niemand darf willkürlichen Eingriffen in sein Privatleben, seine Familie, sein Heim oder seinen Briefwechsel noch Angriffen auf seine Ehre und seinen Beruf ausgesetzt werden. Jeder Mensch hat Anspruch auf rechtlichen Schutz gegen derartige Eingriffe oder Anschläge.";

– aus Art. 13 Nr. 2 UN-AMR, der lautet: „Jeder Mensch hat das Recht, jedes Land, einschließlich seines eigenen, zu verlassen sowie in sein Land zurückzukehren.";

– aus Art. 19 UN-AMR, der lautet: „Jeder Mensch hat das Recht auf freie Meinungsäußerung; dieses Recht umfaßt die Freiheit, Meinungen unangefochten anzuhängen und Informationen und Ideen mit allen Verständigungsmitteln ohne Rücksicht auf Grenzen zu suchen, zu empfangen und zu verbreiten.";

– aus Art. 12 Abs. 2 IPbR, der lautet: „Jedermann steht es frei, jedes Land einschließlich seines eigenen zu verlassen.";

– aus Art. 17 Abs. 1 IPbR, der lautet: „Niemand darf willkürlichen oder rechtswidrigen Eingriffen in sein Privatleben, seine Familie, seine Wohnung und seinen Schriftverkehr oder rechtswidrigen Beeinträchtigungen seiner Ehre und seines Rufes ausgesetzt werden.";

– aus Art. 19 Abs. 1 IPbR, der lautet: „Jedermann hat das Recht auf unbehinderte Meinungsfreiheit.", und

– aus Art. 26 IPbR, der lautet: „Alle Menschen sind vor dem Gesetz gleich und haben ohne Diskriminierung Anspruch auf gleichen Schutz durch das Gesetz. In dieser Hinsicht hat das Gesetz jede Diskriminierung zu verbieten und allen Menschen gegen jede Diskriminierung, wie insbesondere wegen der Rasse, der Hautfarbe, des Geschlechts, der Sprache, der Religion, der politischen oder sonstigen Anschauung, der nationalen oder sozialen Herkunft, des Vermögens, der Geburt oder des sonstigen Status, gleichen und wirksamen Schutz zu gewährleisten."

Auf die Frage, ob und inwieweit diese Aktivitäten den betroffenen Bürgern – unmittelbar oder mittelbar – noch weitergehend zum Schaden gereicht haben, kommt es bei alledem nicht an. Denn diese Frage lag außerhalb des Einwirkungsbereichs des Inoffiziellen Mitarbeiters. Dieser mußte wissen – und nahm mithin durch sein Handeln billigend in Kauf –, daß er schon durch seine Berichterstattung als solche Grundrechte der Betroffenen verletzte und daß er dem MfS dadurch zugleich Gelegenheit gab, im Bedarfsfall weitere Grundrechtsverletzungen, insbesondere durch noch gezieltere Überwachungsmaßnahmen oder offene Repressalien, ins Werk zu setzen.

2.) a) Herr B., MdL, hat den Bürger G. M. aus W., der als Teilzeitbediensteter (Hauswirtschaftspfleger) bei der Volkssolidarität mit der Pflege seiner – Herrn M.s – kranken Großmutter betraut war, durch Schreiben vom 16.9.1988 an den Leiter der Bezirksverwaltung K. des MfS in politischer Hinsicht überprüfen lassen, mit dem Ziel, der Volkssolidarität einen Vorwand für die Beendigung des Arbeitsrechtsverhältnisses mit dem – von der Volkssolidarität offenbar wegen verschiedener Eingaben als renitent angesehenen – Bürger zu liefern. Dies geschah auf Initiative der Vorsitzenden des Bezirksausschusses der Volkssolidarität.

Das Überprüfungsersuchen von Herrn B., MdL – als seinerzeitiger Leiter der Abteilung Staats- und Rechtsfragen bei der Bezirksleitung K. der SED – an den Leiter der Bezirksverwaltung des MfS wurde in dem o.g. Schreiben wie folgt formuliert:

> „M. ist als Hauswirtschaftspfleger für täglich zwei Stunden bei der Volkssolidarität beschäftigt und erfüllt seine Aufgaben ungenügend. Genossin H. möchte wissen, ob sie ihm bedenkenlos kündigen darf.
>
> ...
>
> Ich bitte Dich, prüfen zu lassen, ob die Vermutung gegenwärtiger staatsfeindlicher bzw. ungesetzlicher Aktivitäten des M. Ansätze bietet, um Genossin H. zu helfen."

Das MfS hat daraufhin vier „Auskunftspersonen" ausführliche Berichte zur Persönlichkeit des genannten Bürgers erstellen lassen, wobei die Kreisdienststelle Z. in ihrem zusammenfassenden Bericht vom 28.11.1988 an die

Bezirksverwaltung K. des MfS allerdings nichts Nachteiliges über den Bürger zu vermelden wußte.

Herr B., MdL, hat sich bei seiner Anhörung am 6. Januar 1998 durch den Ausschuß für Geschäftsordnung und Immunitätsangelegenheiten aus verfahrensrechtlichen Gründen nicht zu diesem Vorgang geäußert.

b) Auch durch dieses Verhalten war Herr B., MdL, im Sinne des Art. 118 Abs. 1 Nr. 2 SächsVerf für das frühere Ministerium für Staatssicherheit der DDR tätig. Daß er insoweit unter Nutzung seiner beruflichen Stellung als Leiter der Abteilung für Staats- und Rechtsfragen der SED-Bezirksleitung K. aktiv wurde, ändert hieran nichts. Denn Art. 118 Abs. 1 Nr. 1 SächsVerf unterscheidet nicht nach hauptamtlicher oder inoffizieller, gewohnheits- oder gewerbsmäßiger oder aber nur punktueller Tätigkeit für das MfS und enthält auch keine Privilegierung für „Auftraggeber" des MfS. Vielmehr wurde auch „für das frühere MfS der DDR tätig", wer – wie hier Herr B., MdL, – diesem Organ der DDR als SED-Funktionär personenbezogene Sachverhalte mit der Aufforderung mitteilte, sie zu überprüfen und das Ergebnis – zur Unterstützung einer ins Auge gefaßten mißbräuchlichen Beendigung eines Arbeitsrechtsverhältnisses – mitzuteilen. Denn dadurch wurde eine Aktivität des MfS gegenüber einem Bürger – noch dazu, wie sich sodann herausstellte, gegenüber einem sogar aus der Sicht des MfS unbescholtenen Bürger – ausgelöst. Welchen Ausgang die Überprüfung letztlich nahm und ob das MfS – sozusagen überschießend – dabei angefallene Erkenntnisse ggf. zu eigenständigen Überwachungs- oder Repressionsmaßnahmen gegenüber dem Bürger genommen hätte, ist dabei ohne Belang. Es genügt insoweit die Feststellung, daß der Auftraggeber einer Überprüfung – wie hier Herr B. – damit rechnen mußte, daß dies gegebenenfalls geschehen würde, und dies durch sein Handeln mithin billigend in Kauf nahm.

Entgegen der Ansicht von Herrn B., MdL, stellt die Einbeziehung dieses Vorgangs keine Verletzung des verfassungsrechtlichen Gleichbehandlungsgebotes dar, auch wenn gegenüber anderen Mitgliedern des Sächsischen Landtages Vorwürfe der Zusammenarbeit mit dem MfS unter Ausnutzung ihrer dienstlichen Stellung bislang nicht laut geworden sind (s. aber auch die Beschlußempfehlung zur LT-Drs. 2/7381 – Antrag auf Erhebung der Abgeordnetenanklage gegen Herrn K., MdL). Denn hierbei handelt es sich lediglich um eine *tatsächliche* Ungleichheit, eben weil zu anderen Abgeordneten bislang keine derartigen Erkenntnisse aus Einsendungen von Bürgern oder allgemein zugänglichen Informationsquellen bekannt geworden sind (eine gezielte Nachforschung zu derartigen Sachverhalten hat seitens des SLT weder zu Herrn B., MdL, noch zu einem anderen Mitglied des Landtages stattgefunden). Dagegen stehen *von Rechts wegen* – und darauf kommt es allein an – alle 120 Mitglieder des Sächsischen Landtages gleichermaßen unter der Möglichkeit, daß im Falle des Bekanntwerdens derartiger Lebenssachverhalte auch gegen sie diesbezüglich ein Verfahren nach Art. 118 SächsVerf durchgeführt wird.

Zugleich hat Herr B., MdL, durch den hier in Rede stehenden Vorgang im Sinne des Art. 118 Abs. 1 Nr. 1 SächsVerf gegen die Grundsätze der Menschlichkeit oder Rechtsstaatlichkeit verstoßen, insbesondere die im Internationalen Pakt über bürgerliche und politische Rechte vom 19. Dezember 1966 (IPbR) und in der Allgemeinen Erklärung der Menschenrechte vom 10. Dezember 1948 (UN-AMR) enthaltenen Grundrechte verletzt. Denn durch den Auftrag an das MfS, mit dessen geheimdienstlichen Mitteln einen Bürger politisch zu überprüfen, und durch die darin liegende Beihilfe zu dem Versuch (der Funktionärin der Volkssolidarität), den betroffenen Bürger, gegen den keine durchgreifenden arbeitsrechtlichen Kündigungsgründe vorlagen, auf ungesetzliche Weise um sein Arbeitsrechtsverhältnis zu bringen, hat Herr B., MdL, den betroffenen Bürger – ohne dessen Wissen – insbesondere verletzt in dessen Grundrechten

– aus Art. 12 UN-AMR (Wortlaut s. oben 1 b);

– aus Art. 19 UN-AMR (Wortlaut s. oben 1 b);

– aus Art. 17 Abs. 1 IPbR (Wortlaut s. oben 1 b);

– aus Art. 19 Abs. 1 IPbR (Wortlaut s. oben 1 b);

– aus Art. 26 IPbR (Wortlaut s. oben 1 b).

Auch hier kommt es aus den bereits genannten Gründen nicht darauf an, ob für den betroffenen Bürger noch ein weitergehender Schaden entstanden ist.

3.) a) Schließlich hat Herr B., MdL, in seiner Eigenschaft als Leiter der Abteilung Staats- und Rechtsfragen der SED-Bezirksleitung K. im Spätsommer 1989 den Vorsitz einer Arbeitsgruppe des 1. Sekretärs dieser Bezirksleitung geführt, welcher neben anderen hohen SED-Funktionären (Abteilungsleiter Sicherheit, Chef der Bezirksverwaltung der Volkspolizei, Stellvertreter Inneres und Stellvertreter Abteilungsleiter Parteiorgane) auch der Leiter der Bezirksverwaltung des MfS angehörte. Aufgabe dieser Arbeitsgruppe war – im Lichte der seinerzeitigen Ausreisebestrebungen breiter Bevölkerungskreise aus der DDR – der „Zurückdrängungsprozeß" gegenüber den Ausreisewilligen; die Bezeichnung der Arbeitsgruppe lautete „Reisebüro". Dies alles ergibt sich zur Überzeugung des Ausschusses für Geschäftsordnung und Immunitätsangelegenheiten aus dem Protokoll des MfS, ZAIG, B/215 vom 31.8.1989 über eine Dienstbesprechung beim Minister für

Staatssicherheit, wie es auszugsweise in dem Buch von *Armin Mitter/Stefan Wolle,* „Ich liebe Euch doch alle! – Befehle und Lageberichte des MfS Januar–November 1989", 2. Aufl. Berlin 1990, wiedergegeben ist. Zur weiteren Ausleuchtung der Einzelheiten ist auf die Ausarbeitung von *Holger Horsch,* „Hat nicht wenigstens die Stasi die Stimmung im Lande gekannt? – MfS und SED im Bezirk K.", Schriftenreihe des BStU – Abteilung Bildung und Forschung, „BF informiert" Nr. 19, Berlin 1997, zu verweisen. Nach Schilderung der Existenz der Arbeitsgruppe (S. 11) heißt es dort über deren Aufgaben: „Gegen die Opposition wurde arbeitsteilig vorgegangen. Bei den Volkspolizei-Kreisämtern wurden Arbeitsstäbe gebildet, in denen das MfS mitwirkte. Ihre Aufgabe bestand darin zu verhindern, daß Ausreisewillige oder die neu entstandenen Gruppierungen mit eigenen Forderungen an Veranstaltungen teilnehmen. Die Abteilung Inneres sollte die Zulassung des Neuen Forums verhindern und den Umgang mit den Ausreisewilligen koordinieren. Die konspirativen Aufgaben hatte der Staatssicherheitsdienst zu lösen. Aus den mit geheimdienstlichen Mitteln zusammengetragenen Informationen waren ständig Lageeinschätzungen zu erarbeiten, die Handlungsgrundlage für die SED-Leitungen sein konnten. Über die Reaktion der Bevölkerung hatten die Kreisdienstleiter ‚politisch verantwortungsbewußt' ihre Kreissekretäre zu informieren. Das Bezirksparteiaktiv hatte schon am 6. September festgelegt, daß das MfS ‚Entscheidungsvorschläge zur personenkonkreten Arbeit mit den Initiatoren der Opposition' zu erarbeiten hatte, die von politischer Einflußnahme bis – im Einzelfall – strafprozeßualen Sanktionen reichten. ‚Alle Erscheinungen sind unter Einsatz aller Mittel aufzuklären und die Täter zu personifizieren'. In die sich bildenden Gruppierungen sollten inoffizielle Mitarbeiter eingeschleust werden, um den Geheimdienst in die Lage zu versetzen, Informationen an den Parteiapparat zu liefern. Ziel war es, die personell noch schwache Opposition durch Angriffe auf ihre Initiatoren zu zerschlagen". (S. 11 f.) Und weiter (zum Stand der Dinge im Oktober 1989): „Die Partei befand sich in einer tiefen Krise, die offensives Gegensteuern nicht mehr erlaubte. Die Arbeitsgruppe des 1. Sekretärs der SED-Bezirksleitung setzte daher auf eine mit MfS und Polizei abgestimmte differenzierende Arbeit mit der Opposition. Täglich fanden dazu Absprachen statt." (S. 21). Damit übereinstimmend (zum Stand im November 1989): „Wie mit der Opposition umzugehen war, wurde weiterhin durch die Arbeitsgruppe des 1. Sekretärs der SED-Bezirksleitung festgelegt." (S. 34). Die herausgehobene Rolle von Herrn B., MdL, in diesem Zusammenhang wurde nochmals deutlich, als unter dem Druck der Verhältnisse im November 1989 ein „Untersuchungsausschuß" zur Prüfung von Vorfällen im Oktober 1989 (Auseinandersetzungen von Staatsmacht und Demonstranten) eingesetzt wurde. Dazu heißt es in der Ausarbeitung von *Horsch:* „Ein Untersuchungsausschuß, der die Ereignisse in K. und P. prüfen sollte, mußte akzeptiert werden. An seiner Spitze stand allerdings der Abteilungsleiter Staat und Recht der SED-Bezirksleitung B., der in dieser Funktion die Arbeitsgruppe des 1. Sekretärs der Partei geleitet und das Vorgehen gegen Ausreisewillige und Opposition im Bezirk wesentlich mitbestimmt hatte. Er war damit einer der Verantwortlichen für die Ereignisse, die untersucht werden sollten." (S. 17).

Anhaltspunkte für die Annahme, daß diese Quellen nicht korrekt sein könnten, sind dem Ausschuß weder vorgetragen worden noch sonst ersichtlich. Auch Herr B., MdL, selbst, hat gegenüber dem Plenum die Existenz dieser Arbeitsgruppe nicht bestritten (Plenarprotokoll 2/67, S. 4888); seine Darstellung (aaO), der Abteilungsleiter für Staats- und Rechtsfragen – also er selbst – sei nur stellvertretender Vorsitzender der Arbeitsgruppe gewesen, steht im Widerspruch zu diesen Quellen und würde im übrigen – auch wenn man die Darstellung als zutreffend unterstellen wollte – an den aus diesem Vorgang zu ziehenden Folgerungen nichts ändern. Ansonsten hat Herr B., MdL, bei seiner ergänzenden Anhörung durch den Ausschuß am 16. 2.1998 aus verfahrensrechtlichen Gründen keine Ausführungen zu diesem Lebenssachverhalt gemacht.

b) Auch durch dieses Verhalten war Herr B., MdL, im Sinne des Art. 118 Abs. 1 Nr. 2 SächsVerf für das frühere Ministerium für Staatssicherheit der DDR tätig. Daß er insoweit unter Nutzung seiner beruflichen Stellung als Leiter der Abteilung für Staats- und Rechtsfragen der SED-Bezirksleitung K. aktiv wurde und daß bisher nicht auch gegen andere Mitglieder des Landtages vergleichbare Dokumente vorliegen, ändert hieran nichts (s. oben 2 b). Auch daß es hier nicht schon von vornherein um konkrete Maßnahmen des MfS gegenüber einzelnen Bürgern ging, führt nicht zu einer abweichenden Beurteilung. Denn solche Maßnahmen waren unvermeidlich das Ziel eines als „Zurückdrängungsprozeß" vom MfS selbst beschriebenen Vorgangs (s. die oben wiedergegebenen Zitate aus der Ausarbeitung von *Horsch*); für bloße allgemeine politische Appelle an die Bürger der DDR – etwa in den Medien –, im Lande zu bleiben, d. h. nicht über Drittländer auszureisen oder die legale Ausreise unmittelbar aus der DDR in die Bundesrepublik Deutschland zu beantragen, hätte es der Einschaltung des MfS nicht bedurft. Ob und inwieweit es angesichts der historischen Entwicklung im Spätsommer/Herbst 1989 noch zu solchen personenbezogenen Maßnahmen seitens des MfS gekommen ist, spielt dabei gleichfalls keine Rolle; das Ausbleiben derartiger Maßnahmen könnte daher Herrn B., MdL, nicht zugute gehalten werden. Denn auch hier gilt, daß mit der Tätigkeit der Arbeitsgruppe „Reisebüro", besetzt von SED, Staats-, Polizei- und MfS-Apparat, alle notwendigen Vorkehrungen getroffen waren, um ggf. solche Maßnahmen seitens des MfS zu ergreifen, und daß sich Herr B., MdL, – noch dazu als *Leiter* bzw. *stellvertreten-*

der Leiter dieser Arbeitsgruppe auf Bezirksebene und damit als einer der Hauptverantwortlichen für die Unterdrückung der Opposition im Bezirk K. im Sommer/Herbst 1989 – dies alles als billigend in Kauf genommen habend zurechnen lassen muß.

Zugleich hat Herr B., MdL, dadurch im Sinne des Art. 118 Abs.1 Nr. 1 SächsVerf gegen die Grundsätze der Menschlichkeit oder Rechtsstaatlichkeit verstoßen, insbesondere die im Internationalen Pakt über bürgerliche und politische Rechte vom 19. Dezember 1966 (IPbR) und in der Allgemeinen Erklärung der Menschenrechte vom 10. Dezember 1948 (UN-AMR) enthaltenen Grundrechte verletzt. Denn durch die organisierte Mitwirkung an einem „Zurückdrängungsprozeß", der auch mit den speziellen Mitteln des MfS gestaltet werden sollte, hat Herr B., MdL, das in seiner Macht stehende getan, um die ggf. konkret betroffenen Bürger durch Ausforschung ihrer etwaigen Ausreisevorhaben sowie durch Verhinderung derselben in ihren Grundrechten zu verletzen, insbesondere in den Grundrechten

- aus Art. 12 UN-AMR (Wortlaut s. oben 1 b);

- aus Art. 13 Nr. 2 UN-AMR, (Wortlaut s. oben 1 b);

- aus Art. 19 Abs. 1 UN-AMR (Wortlaut s. oben 1 b);

- aus Art. 12 Abs. 2 IPbR (Wortlaut s. oben 1 b);

- aus Art. 17 Abs. 1 IPbR (Wortlaut s. oben 1 b);

- aus Art. 19 Abs. 1 IPbR (Wortlaut s. oben 1 b);

- aus Art. 26 IPbR (Wortlaut s. oben 1 b).

Dabei genügt als Grundrechtsverletzung auch schon die – hier gegebene – Verletzung des Gehalts des jeweiligen Grundrechts als Institutsgarantie oder wertentscheidende Grundsatznorm. Auf die Frage, ob auch bereits eine Grundrechtsverletzung gegenüber einem individuellen Grundrechtsträger (Bürger) eingetreten war, kommt es im Rahmen des Art. 118 Abs. 1 Nr. 1 SächsVerf nicht an, da es insoweit nicht um den Individualrechtsschutz von Bürgern gegen (heutige) Grundrechtsverletzungen, sondern um die Konsequenzen aus einem politisch-moralisch als verwerflich empfundenen (früheren) Verhalten eines heutigen Abgeordneten geht. Ein solches negatives politisch-moralisches Urteil kann aber auch schon bei Verletzung des Gehalts eines Grundrechts als Institutsgarantie oder wertentscheidende Grundsatznorm gerechtfertigt sein.

Angesichts jedes der drei vorgenannten Lebenssachverhalte für sich allein, erst recht aber angesichts ihres Zusammentreffens erscheint die fortdauernde Innehabung des Landtagsmandats durch Herrn B., MdL, als untragbar im Sinne des Art. 118 Abs. 1, 2. Halbsatz SächsVerf.

Ausgangspunkt ist dabei – wie schon im Antrag LT-Drs. 2/7380 zutreffend hervorgehoben wird –, was das Bundesverfassungsgericht zur Frage der früheren Zusammenarbeit eines Mitglieds des Deutschen Bundestages mit dem Ministerium für Staatssicherheit der DDR ausgeführt hat:
„Das Ministerium für Staatssicherheit war ein zentraler Bestandteil des totalitären Machtapparates der DDR. Es fungierte als Instrument der politischen Kontrolle und Unterdrückung der gesamten Bevölkerung und diente insbesondere dazu, politisch Andersdenkende oder Ausreisewillige zu überwachen, abzuschrecken und auszuschalten. Diese Tätigkeit des Sicherheitsorgans der DDR zielte auf eine Verletzung der Freiheitsrechte, die für eine Demokratie konstituierend sind. Die Bespitzelung der Bevölkerung war ihrer Natur nach darauf angelegt, die Tätigkeit der handelnden Personen geheimzuhalten und zu verschleiern. Sind Abgeordnete in den Deutschen Bundestag gewählt worden, bei denen im Sinne des § 44 b Abs. 2 AbgG besondere Verdachtsmomente einer Tätigkeit für das MfS/AfNS aufgetaucht sind, so kann der Bundestag ein öffentliches Untersuchungsinteresse annehmen und davon ausgehen, daß das Vertrauen in das Repräsentationsorgan in besonderer Weise gestört wäre, wenn ihm Repräsentanten angehörten, bei denen der Verdacht besteht, daß sie in der beschriebenen Weise eine Diktatur unterstützt und Freiheitsrechte der Bürger verletzt haben." (BVerfGE 94, 351, 368).

Diese Erwägungen gelten uneingeschränkt auch für die Mitgliedschaft im Sächsischen Landtag.

Zwar kann im Lichte der nach Art. 118 SächsVerf herbeizuführenden schwerwiegenden Rechtsfolge – der verfassungsgerichtlichen Mandatsaberkennung – nicht jede Tätigkeit im Sinne des Art. 118 Abs. 1 Nr. 1 und/oder Nr. 2 SächsVerf automatisch zur Annahme der Unzumutbarkeit der Mandatsfortführung ausreichen und damit eine Abgeordnetenanklage rechtfertigen. Vielmehr bedarf es auch hier einer einzelfallbezogenen Abwägung, in die auch das Verhalten des betreffenden Abgeordneten seit der friedlichen Revolution einzustellen ist. Dennoch ist angesichts des hohen Ranges der Vertrauenswürdigkeit des Sächsischen Landtages als des Parlaments eines freiheitlich-demokratischen Rechtsstaates ein strenger Maßstab anzulegen, und zwar – nicht nur politisch, sondern auch im Rechtssinne – ein strengerer als im öffentlichen Dienst. Dies entspricht auch dem Willen des Verfassunggebers (vgl. *Schimpff/Rühmann,* Die Protokolle des Verfassungs- und Rechtsausschusses zur Entstehung der Verfassung des Freistaates Sachsen, 1997, 5. Klausurtagung S. 28f, 29) und steht im Einklang mit der in der Präambel niedergelegten Absicht der Sächsischen Verfassung, die Lehren aus den leidvollen Erfahrungen der nationalsozialistischen und kommunistischen Gewaltherrschaft zu ziehen. Denn der einzelne Abgeordnete ist nicht ein mehr oder weniger kleines Rad im Getriebe des öffentlichen Dienstes, welcher allemal – durch die Ministerverantwortlichkeit – der parlamentarischen Kontrolle unterliegt (vgl. Art. 39 Abs. 2 SächsVerf), sondern er ist Teil dieses überwachenden Organs, des Landtages, selbst und als solcher unmittelbar vom Volk berufen (Art. 3 Abs. 1 Satz 2 SächsVerf).

Dieser Landtag und seine Mitglieder müssen mithin den höchsten politisch-moralischen Ansprüchen genügen, soll ihr Wirken auch denjenigen Bürgern des Freistaates Sachsen zugemutet werden können, die in der DDR Opfer politischer Willkür waren oder die einen für das MfS tätig gewesenen bzw. in Menschenrechtsverletzungen verstrickt gewesenen heutigen Landtagsabgeordneten auch aus diesen Gründen als besondere Belastung empfinden müssen. Denn nur auf diese Weise wird sichergestellt, daß – auch in den Augen dieser besonders von den leidvollen Erfahrungen der kommunistischen Gewaltherrschaft betroffenen Bevölkerungskreise – die Integrität aller Abgeordneten sowie deren innere Bereitschaft, jederzeit die Bürgerrechte zu respektieren und sich den rechtsstaatlichen Regeln zu unterwerfen, glaubwürdig ist.

Demgegenüber greift der Hinweis nicht durch, daß Herr B., MdL, sein Mandat – wie alle Mitglieder des Sächsischen Landtages – in einer demokratischen Wahl erlangt hat, vor der er – wie er selbst vorträgt – seine Wähler über seine Verstrickung mit dem MfS (allerdings wohl nur beschränkt auf Grundzüge des zu 1.) erörterten Lebenssachverhalts, vgl. Plenarprotokoll 2/67, S. 4883) aufgeklärt habe. Denn es geht hier um die Vertrauenswürdigkeit des Parlamentes als Ganzem (s. die oben zitierten Ausführungen des Bundesverfassungsgerichts), über die zu disponieren weder der Wählermehrheit in einem Wahlkreis (für die Bestimmung des Wahlkreisabgeordneten) noch demjenigen Wähleranteil zukommt, der seine Stimme für eine Landesliste gibt, auf der – wie bei der Landtagswahl 1994 auf derjenigen der PDS – auch stasibelastete Kandidaten zu finden waren. Vielmehr betrifft diese Frage das (Wahl-)Volk des Freistaates Sachsen als Ganzes, also gerade auch seine Mehrheit, die im vorliegenden Fall weder Herrn B., MdL, als Direktkandidaten im Wahlkreis noch der Landesliste der PDS ihre Stimme gegeben hat.

Gemessen an diesen Maßstäben erscheint die fortdauernde Innehabung des Landtagsmandats durch Herrn B., MdL, als untragbar im Sinne des Art. 118 Abs. 1 SächsVerf. Zwar hat sich Herr B., MdL, in der Zeit seiner Zugehörigkeit zum Sächsischen Landtag ab Oktober 1990 dort sowie – soweit bekannt – auch außerhalb des Parlaments keine Verfehlungen gegen die freiheitliche demokratische Grundordnung zuschulden kommen lassen. Insbesondere kann ihm nicht zum Nachteil gereichen, daß er sich in engagierter Weise unter Nutzung der verfassungsrechtlichen, gesetzlichen und

Abgeordnetenanklage 293

geschäftsordnungsmäßigen Möglichkeiten für seine und seiner Partei und Fraktion politische Ziele eingesetzt hat und einsetzt, auch soweit diese Ziele auf eine Veränderung der derzeitigen verfassungsmäßigen Ordnung mit den erlaubten Mitteln einer parlamentarischen Demokratie ausgerichtet sind. Denn dieses Verhalten ist – wie auch bei jedem anderen Mitglied des Landtages seine rechtmäßige Mandatswahrnehmung – von seinem freien Mandat (Art. 38 Abs. 3 Satz 2 SächsVerf) gedeckt.

Jedoch hat sich Herr B., MdL, wie oben gezeigt, nicht nur in einem kurzen, teilweise noch in seine Zeit an der EOS fallenden Zeitraum als inoffizieller Mitarbeiter des MfS unter Lieferung von zahlreichen personenbezogenen Berichten betätigt. Vielmehr stellt sich dieser zurückliegende Vorgang im Rückblick als der Beginn einer biographischen Entwicklung dar, die sich bis unmittelbar in die Zeit der friedlichen Revolution erstreckte und dort ebenso sehr – nun aber mit den Machtmitteln eines Befehls- bzw. Auftraggebers gegenüber dem MfS – die Schädigung unschuldiger, politisch mißliebiger Personen erstrebte bzw. in Kauf nahm. In alledem hat sich Herr B., MdL, fortgesetzt als aktiver Unterstützer des totalitären SED-Zwangsregimes betätigt. Denn gerade auch die früheren MfS-Mitarbeiter und -Auftraggeber stellten eine tragende Stütze des repressiven Regimes der DDR dar und bedienten sich bei ihrer Tätigkeit menschenverachtender Methoden. Dies hat sich im Fall von Herrn B., MdL, in allen drei Lebenssachverhalten durch umfassende Prüfung bestätigt. Seine Entwicklung im Verhältnis zum MfS ist damit im Ergebnis als Steigerung gegenüber dem Beginn als informeller Mitarbeiter hin zum hochrangigen Auftraggeber anzusehen, keinesfalls dagegen als Abrücken von diesem ursprünglichen Verhalten als „Jugendsünde".

Dieser Eindruck wird auch bestätigt durch die Art und Weise, wie sich Herr B., MdL, zu seinem Verhalten als Inoffizieller Mitarbeiter – zu den beiden anderen Lebenssachverhalten hat er inhaltlich keine Stellung genommen – gegenüber dem Sächsischen Landtag und seinen Gremien eingelassen hat. Danach kann bis heute von Reue oder auch nur einem nachträglichen Abrücken von dieser Tätigkeit durch Herrn B., MdL, keine Rede sein (vgl. Plenarprotokoll 2/62, nichtöffentlicher Teil, vom 11. September 1997, S. 6 f, 32; Plenarprotokoll 2/67 vom 14. November 1997, S. 4881–4883; stenographisches Protokoll des Ausschusses für Geschäftsordnung und Immunitätsangelegenheiten, 7. Sitzung vom 6. Januar 1998, APr. 2/11/7, S. 10–12 und 10. Sitzung vom 16. Februar 1998, APr. 2/11/10, S. 3–20).

Angesichts dessen würde es die Vertrauenswürdigkeit des Sächsischen Landtages als Ganzem weiterhin unzumutbar belasten, wenn ihm Herr B., MdL, auch in Zukunft angehören würde. Die Erhebung der Abgeordnetenanklage gegen Herrn B., MdL, mit dem Ziel der Mandatsaberkennung ist daher gerechtfertigt und erforderlich.
...

In der Debatte des 2. Sächsischen Landtages zu dieser Beschlußempfehlung äußerte der Angeklagte, es sei richtig, daß er als Leiter der Abteilung Staats- und Rechtsfragen der SED-Bezirksleitung den Leiter der Bezirksverwaltung K. des MfS in einem Schreiben zu prüfen gebeten habe, „ob aktuelle Erkenntnisse zu staatsfeindlichen und inkriminierten Handlungen des G. M. vorliegen und sich daraus arbeitsrechtliche Konsequenzen zur Weiterbeschäftigung bei der Volkssolidarität ableiten" ließen. Das sei auf der Grundlage einer Vereinbarung geschehen, nach der Blockparteien und Massenorganisationen aus ihrer Sicht notwendige und gewünschte Sicherheitsüberprüfungen durch das MfS auf dem hier beschrittenen Weg einreichten. Davon sei heftig Gebrauch gemacht worden. Ebenso nahm er unter Hinweis auf den vorgelegten Buchauszug zu seiner Tätigkeit in der dort bezeichneten Parteikommission („Reisebüro") Stellung (Plenarprot. 2/75, S. 5477 ff).

2. Die Anklageschrift des Landtagspräsidenten faßt zu den angeklagten Lebenssachverhalten die in der Beschlußempfehlung des Bewertungsausschusses und die in der Beschlußempfehlung des Ausschusses für Geschäftsordnung und Immunitätsangelegenheiten getroffenen Feststellungen zusammen und übernimmt auch die dort getroffenen Wertungen des Verhaltens des Angeklagten vor und nach der friedlichen Revolution.

3. Der Angeklagte hatte bereits als Mitglied des 1. Sächsischen Landtages in öffentlicher Sitzung zum Vorwurf Stellung genommen, für das MfS tätig gewesen zu sein, und sich dazu am 24. Oktober 1991 in der 29. Plenarsitzung wie folgt geäußert (Plenarprotokoll 1/29, S. 1862):

„Die Handlungen, die in meinem Fall Gegenstand des Vorwurfes sind, derenthalben mir die Empfehlung zur Niederlegung des Mandates ausgesprochen wurde, liegen über 20 Jahre zurück. Ich war 17jährig, als ich im Juni 1968 eine sogenannte Schweigeverpflichtung unterzeichnete, und gerade zwei Monate 18 Jahre alt, als ich im November 1968 laut Aktenlage die sogenannte Verpflichtungserklärung unterschrieb, verbunden mit der Belehrung über die Verwendung eines Decknamens. Ich sage das nicht, um ein Generalpardon aus Altersgründen hier zu erheischen, schon deshalb nicht, weil ich seinerzeit diese beiden Unterschriften bewußt vollzogen habe. Ich sage es ganz einfach, weil dieser zeitliche Horizont für meine Entscheidung schon von wesentlicher Bedeutung ist.

... Mein damaliger Kontakt zum Ministerium für Staatssicherheit, konkret zur Kreisdienststelle A., Hauptabteilung Aufklärung, wie ich jetzt weiß aus dem Gespräch mit dem Bewertungsausschuß, kam im Frühjahr 1968 zustande im Zusammenhang mit meiner Tätigkeit für eine FDJ-Ordnungsgruppe in meinem Heimatort O. Einzelne Mitglieder dieser Ordnungsgruppe – die Mehrheit davon – waren neben der Absicherung von Jugendtanz und Sportveranstaltungen auch eingesetzt als sogenannte freiwillige Grenzhelfer an der Grenze, wie es seinerzeit hieß, zur befreundeten CSSR.

Ich wurde angesprochen, ob ich bereit bin, über Erkenntnisse aus dieser ehrenamtlichen Tätigkeit auch die Kreisdienststelle zu informieren. Ich möchte ehrlich sagen, daß ich zu diesem Zeitpunkt keinen Grund sah, weshalb ich mit diesem Organ – einem Ministerium der Deutschen Demokratischen Republik, keinem fremden Dienst, wie ich seinerzeit es beurteilen konnte und mußte – allzumal in dieser konkreten Sache, nicht zusammenarbeiten sollte.

Laut Aktenlage liegen von mir 37 handschriftliche Berichte vor, die vor allem mit dieser Grenzhelferarbeit zusammenhängen. In 16 – so informierte mich der Bewertungsausschuß – wird auch auf Personen Bezug genommen, wobei es in aller Regel um Bewohner sogenannter Grenzhäuser geht, deren allgemeiner Leumund zu schildern war.

Da ich aufgrund dieses langen Zeitabstandes überhaupt nicht mehr in der Lage war, auch nur annähernd nachzuvollziehen, was in diesen Berichten gestanden hat, bat ich unseren Vertreter im Bewertungsausschuß, mir unumwunden zu sagen, welche Aussage aus seiner Sicht in einem dieser Berichte oder in diesen Berichten insgesamt die böswilligste, möchte ich es mal formulieren, war, welche er als böswilligste bewertete. Er nannte mir den Satz: ‚In O. geht das Gerücht um, daß die Bürgerin Soundso von dem und dem Bürger schwanger sei.'

Abgesehen davon, daß man diese Information unterschiedlich werten kann, da sie sicherlich auch an verschiedenen anderen Stellen zu erfahren war – ich kann in diesem Fall wie in anderen Fällen nicht nachvollziehen, inwiefern ich jemand geschadet habe.

Ich will das nicht herunterspielen. Ich will auch nicht darauf zurückkommen, daß in diesen Berichten Informationen dominierten zu ‚Spuren im Schnee', zu ‚Holzschauern', zu ‚Heuschobern', die als Verbergungshindernis oder ähnliches dienen konnten. Ich habe diese Berichte geschrieben, und ich stehe dazu.

Im übrigen lautet der Einschätzungstenor der Gauck-Behörde, der mir übermittelt wurde: ‚Der Wunsch von Herrn B. war es, Kriminalist zu werden. Dieser Wunsch ging trotz Hilfe des MfS aus gesundheitlichen Gründen nicht in Erfüllung. Er wurde zur Absicherung von Jugendlichen an der Grenze zur ČSSR eingesetzt. Er berichtete über Jugendliche, im Einzelfall über Lehrer und die allgemeine Lage, dominierend Beschreibungen zu Häusern in Grenzlage. Der Schwerpunkt der Berichte liegt im Zeitraum Oktober 1968 bis August 1969.'

Diese Form der Zusammenarbeit mit der Kreisdienststelle des MfS A. wurde mit Antritt meines Grundwehrdienstes bei der NVA im November 1969 beendet. In den ersten Monaten meines Grundwehrdienstes in einem Mot.-Schützenregiment wurde ich vom sogenannten Sicherheitsoffizier unter Bezugnahme auf meine vorherigen informellen Kontakte zur Kreisdienststelle in A. aufgefordert, über andere Wehrdienstleistende zu informieren. Laut Aktenlage – ich selbst konnte mich daran beim besten Willen nicht mehr erinnern – liegt ein Bericht über einen Gefreiten vor, der als Postenführer in einem Munitionslager eingesetzt war, konkret vom April 1970. Auch hier bat ich um den vorwerfbarsten Satz. Unser Vertreter im Ausschuß nannte mir: ‚Der Gefreite Soundso sieht Westfernsehen.'

Da ich im weiteren nicht bereit war, über persönliche und dienstliche Angelegenheiten – ich habe den Satz so genannt, wie er da drin steht. Da ich im weiteren nicht bereit war, über persönliche und dienstliche Angelegenheiten anderer Armeeangehöriger, mit denen ich zusammenlebte, zu informieren, ganz einfach, weil ich eigentlich nachvollziehen konnte, daß die Sache drohte, menschlich unanständig zu werden, habe ich nach diesem Bericht jede informelle Tätigkeit für das MfS von mir aus beendet. Das heißt, ich bin zu vorgesehenen und bestellten Treffs in dieser Einheit nicht mehr erschienen, und wie mir übermittelt wurde, befindet sich in der Akte der Vermerk: ‚Nach NVA archiviert. Für andauernde Zusammenarbeit nicht geeignet.'

Aus der Akte geht weiter hervor, daß ich als IMS geführt wurde, daß ich keine besonderen Aufträge, keine Auszeichnungen und keine Zuwendungen erhielt. Als Motivation wird angegeben: Politische Überzeugung. Das stimmt, und dazu stehe ich, ohne meine damaligen Handlungen in irgendeiner Form als Ruhmesblatt in meinem Leben zu betrachten, allzumal ausgehend von den heutigen Erkenntnissen, die ich habe. Aber ich war für diese DDR, war und bin für diese sozialistische Idee und übernahm deshalb auch in der DDR in späteren Jahren Verantwortung. Ich habe auch schuld, weil ich eine völlig verfehlte Sicherheits- und Rechtsdoktrin, später als Leiter der Abteilung Staats- und Rechtsfragen, in der letzten Hälfte der 80er Jahre mitgetragen habe in der Bezirksleitung K. Meiner Auffassung nach war sie das eigentliche Übel und das MfS höchstens der komprimierte Ausdruck dieser falschen Sicherheits- und Rechtsdoktrin."

Schon am 18. April 1991 war der Angeklagte als Mitglied des 1. Sächsischen Landtages in öffentlicher Plenarsitzung durch den Abgeordneten A. (Bündnis 90/Grüne) mit der Feststellung konfrontiert worden, daß er „Abteilungsleiter für Staat und Recht ... in der SED-Bezirksleitung" gewesen sei, ohne dem zu widersprechen (Plenarprotokoll 1/16, S. 887; s. auch StM Soziales, Gesundheit und Familie Dr. Geisler, Plenarprotokoll 1/95, S. 6596). Ebenfalls in öffentlicher Plenarsitzung des 1. Sächsischen Landtages hatte der Angeklagte im übrigen am 28. April 1994 geäußert (Plenarprotokoll 1/95, S. 6614), ihm sei die Mitarbeit in einem Ausschuß verwehrt worden,

„weil ich vor knapp 25 Jahren für etwa 20 Monate Inoffizieller Mitarbeiter des Ministeriums für Staatssicherheit war und weil ich später, von 1986 bis 1989, Leiter der Abteilung Staats- und Rechtsfragen der SED-Bezirksleitung war; ein Faktum, das jeder Wähler 1990 eindeutig kannte. Jedem Wähler war zu dem Zeitpunkt klar, daß ich mit der Verantwortung für die Abteilung Staats- und Rechtsfragen nicht für den Chor der Kirchengemeinde in G. zuständig war. ... Es ist selbstverständlich, daß ich in dieser Verantwortung systemtragend war. Es ist selbstverständlich, daß ich in dieser Verantwortung weithin Verantwortung übernommen habe – auch für das, was man unter Sicherheitspolitik versteht, ohne jemals Mitglied einer gewählten Bezirksleitung, Mitglied eines Rates des Bezirkes oder ähnliches gewesen zu sein ...

Ich habe damals auch die Verantwortung gehabt als einer der Mitglieder dieser ehrenamtlichen Arbeitsgruppe für Übersiedlungsersuchen … Ich hielt es damals für falsch, daß Menschen, die Arzt waren, die für viele Jahre studiert haben in diesem Land, nach Westdeutschland gingen, obwohl hier Ärzte fehlten … Die Frage ist nicht, welche Papiere ich angefordert habe, sondern was ich damit gemacht habe …

Zur Diskussion steht generell die Bewertung der dienstlichen Kontakte zum MfS in diesem Haus; die steht noch aus …"

III.

1. Der Angeklagte beantragt, den Antrag auf Durchführung eines Verfahrens mit dem Ziel der Aberkennung des Mandats zurückzuweisen und die Anklage zur Hauptverhandlung nicht zuzulassen. Zur Begründung führt er aus:

Die Abgeordnetenanklage greife in die Souveränität des Repräsentativorgans ein und schwäche die parlamentarische Demokratie. Art. 118 Abs. 1 SächsVerf sehe seinem Wortlaut nach vor, daß der Sächsische Landtag die Durchführung eines Verfahrens zur Aberkennung des Mandats beantragen müsse. Das räume dem Verfassungsgerichtshof eine eigenständige Entscheidung über die Eröffnung des Verfahrens ein. Die Regelung des Verfahrens, insbes. der §§ 37 SächsVerfGHG, lasse den strafprozessualen Einschlag des Verfahrens erkennen. In Anlehnung an § 201 Abs. 1 StPO erhebt der Angeklagte deshalb Einwendungen gegen die Durchführung des Verfahrens.

Art. 118 Abs. 1 SächsVerf verstoße gegen höherrangiges Verfassungsrecht des Freistaates Sachsen, insbesondere Wahlrechtsgrundsätze, das freie Mandat gemäß Art. 39 Abs. 3 SächsVerf, den repräsentativen Status des Abgeordneten, Oppositionsrechte aus Art. 40 SächsVerf, das Behinderungsverbot des Art. 42 Abs. 2 SächsVerf und Art. 18 Abs. 1 SächsVerf; ferner verstoße die Durchführung eines Verfahrens gemäß Art. 118 Abs. 2 SächsVerf gegen die Volkssouveränität und das Demokratieprinzip, welche die nachträgliche Korrektur „plebiszitärer Elektorate" verbiete, ferner gegen Art. 3 Abs. 1 i.V. m. Art. 4 SächsVerf. Auch sei Art. 118 SächsVerf unvereinbar mit Art. 28 Abs. 1 und Art. 3 Abs. 1 GG. Der Wähler habe in Kenntnis der verfahrensgegenständlichen Vorwürfe seine Wahl getroffen. Dies dürfe nicht korrigiert werden. Der 1. Sächsische Landtag habe als Verfassunggebende Landesversammlung auch nicht über die verfassunggebende Gewalt verfügt und sei deshalb nicht befugt gewesen, von dem bereits vorgefundenen Grundbestand verfassungsrechtlicher Vorschriften im Freistaat Sachsen abzuweichen. Die Wirksamkeit des Art. 118 SächsVerf könne auch nicht auf das Prinzip der praktischen Konkordanz gestützt werden, da es der Grundrechtsdogmatik entstamme und Grundrechte des Angeklagten hier nicht berührt seien.

Das Verfahren zur Herbeiführung der Anklage habe unter Verletzung von Statusrechten des Angeklagten als Mitglied des Landtages stattgefunden. Es sei nicht zulässig, das Verfahren auf Geschäftsordnungsrecht zu stützen, erforderlich seien durchweg formelle Gesetze. Auch entbehre das Verfahren nach § 73 GeschO LT der notwendigen inhaltlichen Bestimmungen, wie sie sich aus der Rechtsprechung des Bundesverfassungsgerichts (BVerfGE 94, 351, 369 ff) ergäben.

Im Verfahren sei gegen zwingende prozessuale Bestimmungen verstoßen worden. Die Begründung des Bewertungsausschusses für seine Beschlußempfehlung genüge nicht den Anforderungen des § 1 Abs. 7 Satz 2 AbgG. Außerdem habe der Landtag gegen § 1 Abs. 3 Satz 5 AbgG verstoßen, der vorsehe, daß der Landtag über die Erhebung der Anklage in nichtöffentlicher Sitzung entscheide. Fehlerfolge beider Verstöße sei die Unwirksamkeit des Landtagsbeschlusses über die Erhebung der Abgeordnetenanklage.

Auch sei die Anklageerhebung unzulässig, weil der Bewertungsausschuß entgegen Art. 52 Abs. 1 SächsVerf und § 9 Abs. 2 GeschO LT nicht nach Proporz, sondern paritätisch besetzt gewesen sei und entgegen § 1 Abs. 3 Satz 3 AbgG eine Bewertung der dem Verfahren zu Grunde liegenden Tatsachen nicht vorgenommen habe. Außerdem habe das spätere Hinzufügen weiterer Sachverhalte durch Plenum oder andere Ausschüsse gegen wesentliche Verfahrensvorschriften verstoßen. Im übrigen habe der Ausschuß für Geschäftsordnung und Immunitätsangelegenheiten verkannt, daß durch das Verfahren die Immunität des Angeklagten berührt worden sei und deshalb die für Immunitätsangelegenheiten geltenden Grundsätze zu berücksichtigen gewesen seien.

Im übrigen seien die Voraussetzungen des Art. 118 Abs. 1 SächsVerf für eine Aberkennung des Mandats nicht gegeben. Die vom Angeklagten grundsätzlich – schon vor dem 1. Sächsischen Landtag – eingeräumte Tätigkeit für das MfS habe nur bis April 1970 angedauert. Deshalb gehe er davon aus, daß der objektive Tatbestand des Art. 118 Abs. 1 Nr. 2 SächsVerf erfüllt sei; in seiner Tätigkeit liege jedoch keine Verletzung des Tatbestandes der Nr. 1. Ausreichend sei nur eine erhebliche Zuwiderhandlung gegen die Grundsätze der Menschlichkeit und Rechtsstaatlichkeit. Dafür sei nichts vorgetragen.

Zur Behandlung des Vorganges des Herrn M. im Landtag rügt der Prozeßbevollmächtigte des Angeklagten das Verfahren auf dem Weg zur Anklageerhebung. Außerdem seien Kontakte zum MfS im Zusammenhang mit dienstlichen Obliegenheiten nicht als Tätigkeit „für das MfS" anzusehen. Ebensowenig liege insoweit etwas für eine erhebliche Zuwiderhandlung gegen die Grundsätze der Menschlichkeit und Rechtsstaatlichkeit vor. Das gleiche sei gegen die Anklage zum Komplex „Reisebüro" zu erinnern. Im übrigen stehe insoweit der Anklage § 38 Abs. 1 SächsVerfGHG entgegen. „Die Frage der Mitarbeit des Angeklagten" in der genannten Parteikommission der Bezirksleitung der SED des Bezirks K. in der Eigenschaft als Leiters der Abteilung Staats- und Rechtsfragen wie auch der Umstand der Tätigkeit dieser Kommission im Zusammenhang mit dem „Zurückdrängungsprozeß" sei im 1. und 2. Sächsischen Landtag Gegenstand öffentlicher Beratungen und dem 2. Landtag vor Eingang der Mitteilung des BStU über der Angeklagten bekannt gewesen. Das vom Prozeßvertreter des Angeklagten zum Beleg vorgelegte Faltblatt des Angeklagten, das dieser im Wahlkampf für den 2. Sächsischen Landtag verwandt habe, stellt zu seinen biographischen Daten fest: „1986–1989 Abteilungsleiter Staats- und Rechtsfragen SED-BL (in dieser Zeit dienstliche Kontakte zur Bezirksverwaltung des MfS K.)"; Angaben im Hinblick auf die genannte Parteikommission der Bezirksleitung der SED enthält es nicht.

Im übrigen sei eine Untragbarkeit der fortdauernden Innehabung des Mandats durch den Angeklagten nicht festzustellen. Insbesondere sei die Bedeutung des Zeitfaktors und des seinerzeit jugendlichen Alters des Angeklagten bei der gebotenen Einzelfallprüfung verkannt worden. Da eine Tätigkeit für die Staatssicherheit vor 1970 nach den vom Bundesverfassungsgericht entwickelten Grundsätzen regelmäßig nicht berücksichtigungsfähig und die Tätigkeit des Angeklagten als IM 1970 beendet worden sei, könne sie keine Untragbarkeit im Sinne des Art. 118 Abs. 1 SächsVerf begründen. Zudem müsse die Minderjährigkeit des Angeklagten zur Zeit der Anwerbung berücksichtigt werden, ebenso, daß der Angeklagte seine Zusammenarbeit mit dem MfS fast ausschließlich im Zusammenhang mit der Ableistung seines Grundwehrdienstes erbracht habe – eingegliedert in die NVA-typische Hierarchie, in der auch der MfS-Offizier als Vorgesetzter habe erscheinen müssen.

2. Der Landtagspräsident hat zum Vorbringen des Angeklagten Stellung genommen.

B.

I.

Die Anklage ist unzulässig. Da der Verfassungsgerichtshof zu dieser Entscheidung einstimmig gelangt ist, konnte er die Anklage ohne mündliche Verhandlung durch Beschluß nach § 10 SächsVerfGHG i. V. m. § 24 BVerfGG verwerfen.

Die Verwerfung a limine ist im Anklageverfahren der §§ 37 ff SächsVerf-GHG möglich. Nach § 10 Abs. 1 SächsVerfGHG sind, soweit dieses Gesetz nichts anderes bestimmt, auf das Verfahren vor dem Verfassungsgerichtshof die für das Bundesverfassungsgericht geltenden allgemeinen Verfahrensbestimmungen entsprechend anzuwenden. Zu diesen Bestimmungen gehört § 24 BVerfGG, dessen Anwendbarkeit durch eine besondere Bestimmung der §§ 11–16 SächsVerfGHG weder ausgeschlossen noch modifiziert wird. Die in § 24 BVerfGG geregelte Verwerfungsmöglichkeit wird vom Bundesverfassungsgericht unter Berufung auf Wortlaut, Sinn und Zweck auf alle Verfahren vor dem Bundesverfassungsgericht angewandt (vgl. BVerfGE 9, 334, 336 f). Jedenfalls für das Anklageverfahren ist dem im Rahmen des § 10 Abs. 1 SächsVerfGHG zu folgen. § 42 Abs. 1 SächsVerfGHG steht dem nicht entgegen.

II.

1. Der Verfassungsgerichtshof entscheidet nach Art. 118 SächsVerf i. V. m. § 7 Nr. 9 SächsVerfGHG über Anträge, Mitgliedern des Landtages das Mandat abzuerkennen. Der Rechtsweg ist nach Art. 118 Abs. 1 SächsVerf eröffnet, wenn dringender Tatverdacht, d. h. die große Wahrscheinlichkeit besteht, daß ein Mitglied des Landtages den Tatbestand der Nr. 1 bzw. der Nr. 2 dieser Vorschrift erfüllt hat, und wenn dem Landtag deshalb die fortdauernde Innehabung des Mandates durch dieses Mitglied als untragbar erscheint.

2. Weiter ist für die Zulässigkeit des Antrages nach Art. 118 Abs. 2 SächsVerf erforderlich, daß der Beschluß, die Anklage zu erheben, bei Anwesenheit von mindestens zwei Dritteln der Mitglieder des Landtages eine Zweidrittelmehrheit gefunden hat, die jedoch mehr als die Hälfte der Mitglieder betragen muß.

a) Hierdurch wird auch der Anklagegegenstand bestimmt. Landtagsmaterialien werden nur dadurch Bestandteil des in der Anklage bezeichneten Sachverhalts, daß sie an alle Mitglieder des Landtages ausgegeben werden. Allein die Möglichkeit der Einsichtnahme in Ausschußunterlagen genügt hier nicht. Dies folgt aus dem Zusammenhang der Absätze 1 und 2 des Art. 118 SächsVerf. Nach Abs. 1 ist der Landtag selbst Antragsteller eines Antrages, der nach Abs. 2 nur auf die Anklage lauten kann. Nicht etwa ist Antragsteller der Landtagspräsident, der nach § 37 Abs. 1 SächsVerfGHG aufgrund des Landtagsbeschlusses die Anklageschrift fertigt. Schon nach der Verfassung obliegt es damit dem Landtag selbst, durch die genaue Bezeichnung des Lebenssachverhaltes, auf dem die Anklage beruht, den Gegenstand der

Urteilsfindung abzugrenzen. Denn eine Anklage ohne Bezeichnung der dem Angeklagten zur Last gelegten Handlung oder Unterlassung kann es nicht geben, weil es sonst dem Verfassungsgerichtshof unter Durchbrechung des im Hauptsacheverfahren auch für ihn maßgeblichen Antragsprinzips zukäme, selbst den Entscheidungsgegenstand abzugrenzen.

Die verfassungsrechtlich dem Landtag zugewiesene Herrschaft über das Anklageverfahren und die Abgrenzung des Entscheidungsgegenstandes spiegelt sich in den §§ 37 ff SächsVerfGHG. Die aufgrund des Beschlusses des Landtages auf Erhebung der Anklage nach § 37 Abs. 1 SächsVerfGHG zu fertigende Anklageschrift muß nach § 37 Abs. 2 SächsVerfGHG die Handlung oder Unterlassung bezeichnen, auf der die Anklage beruht, und steckt damit die Grenzen des Sachverhalts ab, der dem Verfassungsgerichtshof zur Entscheidung unterbreitet ist (§ 43 Abs. 1 SächsVerfGHG). Gegenstand der Urteilsfindung ist danach nicht der in der Anklageschrift, sondern der in der Anklage bezeichnete Sachverhalt. Dies entspricht der Bindung des Landtagspräsidenten an den Beschluß gemäß Art. 118 SächsVerf, aufgrund dessen er die Anklageschrift zu fertigen und die Handlung oder Unterlassung zu bezeichnen hat, auf der die Anklage beruht. „Anklage" meint hier nicht etwa einen gegenüber dem Beschluß des Landtages verselbständigten Vorgang in der Hand des Landtagspräsidenten. Das wäre unvereinbar mit der Bestimmung, daß er die Anklageschrift aufgrund des Landtagsbeschlusses, also in Bindung an diesen fertigt. Dagegen spricht auch die Abgrenzung des Entscheidungsgegenstandes durch § 43 Abs. 1 SächsVerfGHG sowie der Umstand, daß allein dem Landtag die Befugnis zur Zurücknahme der Anklage eingeräumt ist (§ 39 SächsVerfGHG).

b) Diese verfassungsrechtlich dem Landtag zugewiesene Kompetenz zur Abgrenzung des Entscheidungsgegenstandes hindert eine Orientierung am strafprozessualen Tatbegriff. Der in der Anklage bezeichnete Sachverhalt im Sinne des § 43 Abs. 1 i.V.m. § 37 Abs. 2 SächsVerfGHG und der prozessuale Begriff der Tat im Sinne der §§ 200 und 264 StPO haben nicht denselben Gehalt, obwohl beide Begriffe in diesen Vorschriften übereinstimmend die Funktion erfüllen, den Gegenstand der Urteilsfindung und die Grenzen der Kognitionspflicht des Gerichts abzustecken. „Tat" im Sinne der genannten Vorschriften bezeichnet den „geschichtlichen Vorgang, auf welchen Anklage und Eröffnungsbeschluß hinweisen und innerhalb dessen der Angeklagte als Täter oder Teilnehmer einen Straftatbestand verwirklicht haben soll" (vgl. BVerfGE 45, 434, 435). Davon umfaßt werden auch Handlungen, die als Bestandteil des einheitlichen geschichtlichen Vorganges angesehen werden müssen, von denen Ankläger wie Gericht zunächst aber keine klaren oder überhaupt keine Vorstellungen haben, wie die (bisher) unbekannt gebliebenen Einzelhandlungen einer fortgesetzten Handlung (vgl. BVerfGE 56, 22, 31 ff, 35 f).

Demgegenüber können im Landtagsbeschluß über die Anklageerhebung nicht klar abgegrenzte und bezeichnete oder sogar überhaupt nicht bezeichnete Sachverhaltselemente nach Art. 118 Abs. 2 SächsVerf nicht Gegenstand der Urteilsfindung im Sinne des § 43 Abs. 1 SächsVerfGH sein, weil sie schon nicht Gegenstand der Anklageschrift sein dürfen. Sonst würde insoweit auch die ebenfalls im Anklageverfahren maßgebliche Begründungsobliegenheit gemäß § 10 SächsVerfGHG i. V. m. § 23 Abs. 1 Satz 2 BVerfGG leer laufen; denn die Begründung des dringenden Verdachts einer nach Art. 118 Abs. 1 SächsVerf tatbestandsmäßigen Handlung ist ohne klar abgegrenzte Bezeichnung des entsprechenden Lebenssachverhaltes nicht denkbar; gleiches gilt für das Begründungserfordernis im Hinblick auf die Untragbarkeit fortdauernder Mandatsinnehabung.

3. Unzulässig ist die Anklage nach § 38 Abs. 1 SächsVerfGHG, wenn sie nicht binnen eines Jahres erhoben wurde, seit der ihr zugrundeliegende Sachverhalt dem Landtag bekanntgeworden ist. Zugrundeliegender Sachverhalt im Sinne dieser Vorschrift ist derjenige Sachverhalt, welcher nach den vorstehenden Bemerkungen zulässig zum Gegenstand der Urteilsfindung sowohl hinsichtlich der Frage der Tatbestandsmäßigkeit gemäß Art. 118 Abs. 1 Nrn. 1, 2 SächsVerf als auch hinsichtlich der Feststellung gemacht wurde, ob die fortdauernde Innehabung des Mandates als untragbar erscheint. Auszugehen ist danach vom Inbegriff derjenigen Sachverhaltselemente, die Grundlage der Beschlußfassung im Landtag waren und jedenfalls im Beschlußwortlaut selbst, oder in der Beschlußempfehlung, wie sie Gegenstand der Abstimmung war, oder in beiden zusammengenommen ihren Niederschlag gefunden haben.

Im Sinne des § 38 Abs. 1 SächsVerfGHG bekannt geworden ist der maßgebliche Sachverhalt nicht erst, wenn dem Landtag als Ganzem Erkenntnisquellen und Lebenssachverhalt förmlich zur Kenntnis gebracht wurden. Sonst wäre die Ausschlußfrist manipulierbar (übereinstimmend zu § 50 BVerfGG für die Präsidentenanklage *Herzog,* in: Maunz/Dürig, Art. 61 GG, Rdn. 45). Vielmehr genügt es, daß der Sachverhalt „in der Öffentlichkeit ist", daß die Fakten zutage liegen, so daß der Sachverhalt den Mitgliedern des Landtages jederzeit zugänglich ist und es nur an ihnen liegt, wenn sie davon keine Kenntnis nehmen (ebenso *Geiger,* Anm. 3 zu § 50 BVerfGG, S. 178 f; *Herzog,* in: Maunz/Dürig, aaO). Die Ausschlußfrist soll verhindern, daß Anklagen verschleppt werden. Dies gebietet der Schutz der Unabhängigkeit des Mandates. Die Abgeordnetenanklage ist ein schwerwiegendes Instrument, dessen Handhabung Ansehen und Status des einzelnen Abgeordneten, aber auch die Stellung des Landtages, sein Ansehen, seine Repräsentationsfähigkeit und damit seine Funktionsfähigkeit erheblich berührt (vgl. auch BVerfGE 94, 351, 369 ff; BVerfG, Urt. v. 20.7.1998, 2 BvE 2/98, EuGRZ 1998, 452, 455 f = NJW 1998, 3042, 3043). Ebenso dient die Fristregelung des § 38 Abs. 1 SächsVerfGHG dem Zweck des Art. 118 SächsVerf, ein freiheitliches Erscheinungsbild des Landtages zu sichern und dauerhaftes Vertrauen der Bevölkerung in die Tätigkeit des Staates zu stärken, ganz besonders auch derjenigen Bürger, die Opfer politischer Willkür waren oder aus anderen Gründen für das MfS tätig gewesene Abgeordnete als besondere Belastung empfinden müssen (SächsVerfGH, Beschl. v. 20.2.1997, 25-IV-96, S. 17 ff – SächsVBl. 1997, 115). Gerade vor dem Hintergrund der im 3. Präambelabsatz hervorgehobenen leidvollen Erfahrungen kommunistischer Gewaltherrschaft muß ein für nötig erachtetes Verfahren nach Art. 118 SächsVerf auch unverzüglich eingeleitet werden. Die Ziele des Art. 118 SächsVerf werden umso weniger erreichbar, je länger das Mandat bereits besteht; nicht nur, weil damit ein Mitglied des Landtages, dessen fortdauernde Mandatsinnehabung als untragbar erscheint, gleichwohl dem Bürger zugemutet und dadurch Vertrauenswürdigkeit des Landtages möglicherweise nachhaltig gestört wird; sondern auch, weil die Aberkennung des Mandats materiell-verfassungsrechtlich unter dem Gesichtspunkt der Auslegung des Merkmals „untragbar" umso problematischer werden könnte, je länger das Mandat bereits besteht (vgl. die Regierungsbegründung zu § 38 Abs. 2 SächsVerfGHG, LT-Drs. 1/2486, S. 54).

4. Die vorliegende Anklage genügt diesen Voraussetzungen nicht.

a) Hinsichtlich des ersten in ihr bezeichneten Sachverhaltes, der Tätigkeit des Angeklagten als IMS für das MfS, ist die Anklage verfristet. Dieser Sachverhalt war u.a. in der 29. Plenarsitzung des 1. Sächsischen Landtages Gegenstand öffentlicher Erörterung; er ist im Protokoll der Sitzung öffentlich dokumentiert (Plenarprotokoll 1/29, TOP 11, S. 1867 f, 1869, 1870). Der Sachverhalt war dadurch „in der Öffentlichkeit" und auch dem 2. Sächsischen Landtag ohne weiteres zugänglich. Ihm ist deshalb der Sachverhalt im Sinne des § 38 Abs. 1 SächsVerf bereits am Tage seiner konstituierenden Sitzung, dem 6. Oktober 1994, bekanntgeworden. Die Ausschlußfrist war damit für den 2. Sächsischen Landtag am Tage der Anklageerhebung (§ 37 Abs. 1 Satz 2 SächsVerfGHG), dem 30. März 1998, abgelaufen.

Der insoweit der Anklage zugrundegelegte Lebenssachverhalt ist im Anklagesatz dahingehend zusammengefaßt, daß der Angeklagte in der in LT-Drs. 2/5413 dargestellten Art und Weise für das Ministerium für Staatssicherheit gearbeitet habe (Kategorie IMS – Informeller Mitarbeiter für Sicherheit). Damit ist das aus der Sicht der Anklage Wesentliche des Sachverhaltes bezeichnet. In vergleichbarer Weise faßt die Beschlußempfehlung des Bewertungsausschusses den für die Anklageempfehlung maßgeblichen Sachverhalt dahingehend zusammen, der Angeklagte habe seine Zusammenarbeit mit dem MfS zwar als Minderjähriger begonnen, seine Tätigkeit am Anfang der Armeezeit jedoch fortgesetzt, wobei er auch Personenberichte abgegeben habe. Auch der Ausschuß für Geschäftsordnung und Immunitätsangelegenheiten, dessen Beschlußempfehlung den Sachverhalt zusammenfaßt, welcher der Abstimmung über die Anklageerhebung im Landtag zugrunde gelegen hat, stützt sich auf diese Feststellungen der Beschlußempfehlung des Bewertungsausschusses, die er weiter dahin präzisiert, der Angeklagte habe sich bereits vor seiner Wehrdienstzeit bei der NVA zur inoffiziellen Zusammenarbeit mit dem MfS schriftlich verpflichtet und daraufhin schriftlich und mündlich zahlreiche Berichte geliefert, vor allem auch zu konkreten Verhältnissen natürlicher Personen, sowohl in der Nachbarschaft als auch ansonsten am Wohnort, insbesondere im Hinblick auf mögliche „Fluchtwünsche" in die damalige CSSR nach dem Einmarsch der Truppen des Warschauer Vertrages im Sommer 1968, und später auch zu Personen in seiner Einheit bei der NVA.

Konkrete Vorgänge, insbesondere einzelne Personenberichte, ihre möglicherweise denunziatorische, für den Betroffenen eher schädliche Tendenz oder aber das in ihnen deutlich werdende Bemühen, einer möglicherweise als unentrinnbar empfundenen Verstrickung wenigstens durch eher entlastende Auskünfte oder Berichte auszuweichen, sind nicht zum Gegenstand der Anklage gemacht. Auch nicht dadurch, daß z. B. Beschlußempfehlung und Bericht des Bewertungsausschusses (LT-Drs. 2/5413) in den Anlagen in pauschaler Form oder die Begründung des Ausschusses für Geschäftsordnung und Immunitätsangelegenheiten (LT-Drs. 2/8215) auf einzelne Aspekte der Tätigkeit für das MfS verweisen. Denn damit ist der spezifische Gehalt des jeweiligen Vorgangs dem Plenum des Landtages noch nicht offengelegt oder zugänglich gemacht und konnte deshalb auch nicht zur Grundlage der Abstimmung über die Anklageerhebung werden.

In seiner vornehmlich abstrakten, den konkreten Fall weitestgehend aussparenden Fassung ist der der Anklage zugrundegelegte Sachverhalt durch den Angeklagten selbst bereits am 24. Oktober 1991 in öffentlicher Plenarsitzung des Landtages dargelegt worden. Sowohl nach der Einsatzrichtung (Absicherung in den Kreisen der Jugend sowie Absicherung der Grenze/ NVA) als auch nach dem Tätigkeitsumfang in seinen beiden Einsatzbereichen gibt der Angeklagte hier im wesentlichen den in der Anklage bezeichneten Sachverhalt wieder. Daß seine Angaben zu einzelnen Teilaspekten, etwa der Anzahl bekanntgewordener Auskünfte oder Berichte, von denen der Anklage abweichen, ohne daß dadurch deren, etwa zahlenmäßiges, Gesamtgewicht berührt würde, muß angesichts der Übereinstimmung des angeklagten mit dem 1991 festgestellten Lebenssachverhalt im Grundsätzlichen außer Betracht bleiben.

b) Ebenfalls verfristet ist die Anklage hinsichtlich des dritten in ihr bezeichneten Sachverhaltes, der Tätigkeit des Angeklagten in einer Arbeitsgruppe des 1. Sekretärs der SED-Bezirksleitung K. im Zusammenhang mit dem „Zurückdrängungsprozeß" gegenüber Ausreisewilligen aus der DDR („Reisebüro"). Dieser Sachverhalt wurde in der 95. Plenarsitzung des 1. Sächsischen Landtages öffentlich vorgebracht und ist im Protokoll der Sitzung öffentlich dokumentiert (Plenarprotokoll 1/95, S. 6614). Auch dieser Sachverhalt war damit „in der Öffentlichkeit" und dem 2. Sächsischen Landtag ohne weiteres zugänglich. Ihm ist deshalb auch dieser Sachverhalt im Sinne des § 38 Abs. 1 SächsVerf bereits am Tage seiner konstituierenden Sitzung, dem 6. Oktober 1994, bekanntgeworden.

Der insoweit der Anklage zugrundegelegte Lebenssachverhalt ist im Anklagesatz dahin zusammengefaßt, der Angeklagte habe in seiner Eigenschaft als Leiter der Abteilung Staats- und Rechtsfragen der SED-Bezirksleitung K. im Spätsommer/Herbst 1989 den Vorsitz einer Arbeitsgruppe des 1. Sekretärs dieser Bezirksleitung geführt, welcher neben anderen hohen SED-Funktionären auch der Leiter der Bezirksverwaltung des MfS angehört habe; Aufgabe dieser Arbeitsgruppe sei – im Lichte der seinerzeitigen Ausreisebestrebungen breiter Bevölkerungskreise aus der DDR – der „Zurückdrängungsprozeß" gegenüber den Ausreisewilligen gewesen. In gleicher Weise faßt die Beschlußempfehlung des Ausschusses für Geschäftsordnung und Immunitätsangelegenheiten, welche der Abstimmung über die Anklageerhebung im Landtag zugrunde gelegen hat, den für die Anklage maßgeblichen Sachverhalt zusammen und präzisiert in bezug auf die Zielstellung für die Arbeitsgruppe sowie die Aufgabenverteilung für den Umgang mit Opposition und Ausreisewilligen. Konkrete Vorgänge, insbesondere irgendein individualisiertes Verhalten gerade des Angeklagten zu Lasten von Ausreisewilligen oder der Opposition, sind dagegen auch hier nicht zum Gegenstand der Anklage gemacht.

In dieser abstrakten Fassung ist der insoweit der Anklage zugrundegelegte Sachverhalt durch den Angeklagten selbst bereits am 28. April 1994 in öffentlicher Plenarsitzung des Landtages dargelegt worden. Ebenso wurde seine Tätigkeit als Leiter der Abteilung Staats- und Rechtsfragen der SED-Bezirksleitung mehrfach in öffentlichen Plenarsitzungen des 1. Sächsischen Landtages erwähnt und protokolliert. Ein Unterschied ergibt sich im wesentlichen nur insoweit, als der Angeklagte damals seine Funktion in dieser Arbeitsgruppe als Vorsitzender, wie die Anklage hervorhebt, oder als

Stellvertreter, so der Angeklagte im Anhörungsverfahren, offen ließ. Dies ist für die Übereinstimmung des Gesamtbildes des angeklagten und des damals eingeräumten Lebenssachverhaltes jedoch unwesentlich. Denn der Angeklagte machte auch damals mit dem Hinweis, „Verantwortung" in „dieser ehrenamtlichen Arbeitsgruppe für Übersiedlungsersuchen" gehabt zu haben und gegen den Weggang nach Westdeutschland eingestellt gewesen zu sein, deutlich, daß er keine untergeordnete Funktion wahrnahm und daß er etwas mit dem Ziel erreichen wollte, Ausreiseanträgen entgegenzuwirken. Die in der Anklage hervorgehobene Vorsitzendenfunktion des Angeklagten wäre nur dann geeignet, den in der Anklage bezeichneten Lebenssachverhalt als von dem vor dem 1. Sächsischen Landtag eingeräumten Sachverhalt verschieden erscheinen zu lassen, wenn mit dieser Funktion und der Art ihrer Wahrnehmung durch den Angeklagten nach dem in der Anklage bezeichneten Sachverhalt ein besonderes Maß der Verantwortung verbunden sein könnte. Dafür ist nichts ersichtlich, weil der hier maßgebliche Sachverhalt weder hinsichtlich der Aufgabenerfüllung der Arbeitsgruppe im Einzelfall und der dabei angewandten Mittel noch hinsichtlich der damit verbundenen Handlungsweisen gerade des Angeklagten konkretisiert wurde.

c) Für den zweiten in der Anklage bezeichneten Sachverhalt, das Vorgehen des Angeklagten im Falle des Herrn G. M. aus W., ist der Rechtsweg nicht eröffnet. Denn nach dem Vorbringen der Anklage besteht nicht der erforderliche dringende Tatverdacht, daß der Angeklagte den Tatbestand des Art. 118 Abs. 1 Nr. 1, bzw. der Nr. 2 SächsVerf erfüllt hat.

(1) Tätigkeit „für das frühere Ministerium für Staatssicherheit der DDR" im Sinne des Art. 118 Abs. 1 Nr. 2 SächsVerf ist schon nach dem Wortlaut der Vorschrift jede bewußte, finale Mitarbeit beim MfS (ebenso zum Sonderkündigungstatbestand des Einigungsvertrages BAG, AP Nr. 1 zu EinV Anl. I Kap. XIX = DtZ 1993, 126f; BAG, NJ 1993, 379 – st. Rspr.). Eine solche Tätigkeit kommt nicht nur bei formaler Einbindung in die Dienststruktur des MfS oder bei inoffizieller Mitarbeit in Betracht. Einzubeziehen sind auch sonstige Formen der tatsächlichen Zuarbeit ohne unmittelbare Zuordnung der eigenen Dienststelle zum MfS und ohne IM-Verpflichtung des Betroffenen (ebenso zu Art. 119 SächsVerf SächsOVG, SächsVBl. 1996, 219, 220, 1. Sp.). Deshalb kommt auch für Mitarbeiter einer SED-Parteileitung selbst in eigener Leitungsfunktion eine Tätigkeit „für" das MfS in Betracht. Allerdings mag es die Einordnung des MfS als „Organ des Ministerrates der DDR, das unter Führung der SED ... Aufgaben zum zuverlässigen Schutz der sozialistischen Staats- und Gesellschaftsordnung ... erfüllt" (Kleines politisches Wörterbuch, Neuausgabe 1988, „Staatssicher-

heit"), als näher liegend erscheinen lassen, daß zwischen SED und MfS das Verhältnis des Auftraggebers zum Beauftragten bestand, in dem das MfS für die Partei tätig zu werden hatte, und nicht umgekehrt. Doch ist offensichtlich, daß das MfS z. B. IM-Vorgänge beendet hat, weil es aus einer zwischenzeitlich eingetretenen Möglichkeit dienstlicher Kontakte zum Betroffenen – auch in einer parteiamtlichen Funktion – die gleiche Zuarbeit und den gleichen Ertrag wie vorher vom IM erwarten durfte.

Nicht zuletzt im Blick auf solche Formen der Zuarbeit entspricht es auch Sinn und Zweck des Art. 118 Abs. 1 SächsVerf, dienstliche Zusammenarbeit mit dem MfS in den Anwendungsbereich von dessen Nr. 2 einzubeziehen, wenn der tätig Gewordene bewußt und zielgerichtet etwas zur Erfüllung der dem MfS übertragenen Aufgaben beigetragen hat und es sich nicht um bloße dienstliche Kontakte ohne Zuarbeit für das MfS oder die bloße Erfüllung dienstlicher Berichtspflichten handelte. Denn unter dem Gesichtspunkt der Repräsentationsfähigkeit des Landtages und seiner Zumutbarkeit auch gegenüber den Opfern kommunistischer Gewaltherrschaft macht es keinen Unterschied, ob der betroffene Abgeordnete etwa als IM oder in dienstlicher Eigenschaft zur Erfüllung der konspirativen Aufgaben des MfS beitrug. Die Schädlichkeit und das Gewicht seines Beitrages zur Verfolgung mit den konspirativen Mitteln des totalitären Staates werden nicht dadurch gemindert, daß der Beitrag zu den „Erfolgen" des MfS aus einer dienstlichen Funktion heraus erbracht wurde.

Immer aber muß in solchen Fällen eine bewußte, finale, unterstützende Tätigkeit zur Erfüllung der dem MfS übertragenen Aufgaben der Konspiration gegeben sein. Sie fehlt in dem hier allein verfahrensgegenständlichen reinen Auftragsverhältnis, das nicht mit Zuarbeit oder Informationsbeschaffung für Zwecke des MfS verbunden ist.

Der in seiner Eigenschaft als Leiter der Abteilung Staats- und Rechtsfragen durch den Angeklagten geschriebene Brief in der Sache Volkssolidarität (Genossin H.) gegen Herrn G. M. aus W. sollte allein eine Überprüfung mit dem Ziel veranlassen festzustellen, „ob die Vermutung gegenwärtiger staatsfeindlicher bzw. ungesetzlicher Aktivitäten des M. Ansätze bietet, um Genossin H. zu helfen", das Arbeitsrechtsverhältnis zu beenden. Zu Erkenntnissen über solche Aktivitäten oder zu ihrer Substantiierung trägt der Brief nichts bei, auch nicht mit dem beigefügten Lebenslauf, der aus der Sicht des Briefes keine Aktivitäten, sondern das Persönlichkeitsbild des möglicherweise zu Schädigenden kennzeichnet. Und er will es ersichtlich auch nicht, sondern bezweckt allein, das MfS für ein Ziel der Volkssolidarität arbeiten zu lassen. Das zeigt auch die abschließende Dankesformel des Briefes. Damit besteht insoweit kein Verdacht einer im Sinne des Art. 118 Abs. 1 Nr. 2 SächsVerf tatbestandsmäßigen Handlung.

(2) Verstoß gegen die Grundsätze der Menschlichkeit oder Rechtsstaatlichkeit im Sinne des Art. 118 Abs. 1 Nr. 1 SächsVerf ist, wie schon der Wortlaut mit der Wahl des Begriffes „Grundsätze" an Stelle von „Gesetzen", „Regeln" oder einem vergleichbar weiten Begriff deutlich macht, die Verletzung von Regeln, die den Kerngehalt der Menschlichkeit oder der Rechtsstaatlichkeit betreffen. Nicht jede Verletzung eines Grund- oder Menschenrechts, wie es in der Allgemeinen Erklärung der Menschenrechte, dem Internationalen Pakt über bürgerliche und politische Rechte oder der Europäischen Menschenrechtskonvention niedergelegt ist, begründet bereits einen Verstoß gegen die Grundsätze der Menschlichkeit oder Rechtsstaatlichkeit.

Jedoch ist es geboten, als Verstoß im Sinne des Art. 118 Abs. 1 Nr. 1 SächsVerf die schuldhafte, schwerwiegende Verletzung elementarer Grundsätze der Menschlichkeit oder Rechtsstaatlichkeit anzusehen. Möglich ist sie im Einzelfall, insbesondere durch die Verletzung eines der natürlichen Menschenrechte, die untrennbar mit der Menschenwürde verbunden sind, ebenso aber auch durch die systematische Mißachtung und Verletzung sonstiger Grund- und Menschenrechte oder grundlegender rechtsstaatlicher Prinzipien, selbst wenn dem Einzelfall kein besonders herausragendes Gewicht zukommt.

In diesem Sinne hat bereits die Unterrichtung von Bundesrat und Bundestag durch die Bundesregierung den Begriff des Verstoßes gegen die Grundsätze der Menschlichkeit oder Rechtsstaatlichkeit im Sonderkündigungstatbestand der Anlage I Kap. XIX Sachgebiet A Abschnitt III Nr. 1 Abs. 5 EinV erläutert und festgestellt (BR-Drs. 605/90, BT-Drs. 11/7817, jeweils S. 180), Grund für eine außerordentliche Kündigung sei „danach ein Verstoß gegen elementare Grundsätze der Menschlichkeit oder Rechtsstaatlichkeit. Durch den Hinweis auf Normen des internationalen Rechts soll(e) verdeutlicht werden, daß es hier um die Beurteilung von Verhaltensweisen nach allgemein anerkannten Maßstäben geht."

Das stimmt mit der Auslegung überein, den der Begriff des Verstoßes gegen die Grundsätze der Menschlichkeit oder Rechtsstaatlichkeit bis dahin erfahren hatte, der auch schon vorher häufiger in der Rechtsordnung der Bundesrepublik Deutschland verwendet worden war, um Personen von Rechten oder Vergünstigungen auszuschließen, wenn sie in die nationalsozialistische oder eine kommunistische Gewaltherrschaft verstrickt waren (§ 3 Satz 1 Nr. 3a G 131, § 1 Abs. 1 HäftlingshilfeG, § 8 Abs. 1 Nr. 1 KriegsgefangenenentschädigungsG, § 3 Abs. 1, § 11 Nr. 2 a. F. BundesvertriebenenG, jetzt § 5 Nr. 1b n. F. BVFG). Auch hier wurde bereits zur inhaltlichen Feststellung der Grundsätze neben der grundgesetzlichen Anerkennung des Sittengesetzes und der „natürlichen Menschenrechte" auf die im Bundesgebiet anwendbaren völkerrechtlichen Vereinbarungen, die dem Schutze der natürlichen Menschenrechte dienen, zurückgegriffen, um Anhaltspunkte für die rückschauende Betrachtung zu gewinnen, ob ein Verstoß gegen die Grundsätze der Rechtsstaatlichkeit oder Menschlichkeit vorliegt (vgl. BVerwGE 15, 336, 338f; 19, 1, 4f; s. auch BVerfGE 12, 264, 270ff, und dazu BVerfGE 6, 132, 218ff). Auch hier wurden als „Grundsätze" nur solche fundamentalen Prinzipien verstanden, die in der Zeit des Nationalsozialismus auch gegen die Gesetze und Anordnungen der Machthaber Geltung hatten (vgl. BVerwGE 15, 336, 338f; 19, 1, 4f; BVerwG, ROW 1961, 257, 258; bestätigend BVerfGE 93, 213, 238, 239, 242–244).

Mit diesem durch die bisherige Rechtsentwicklung unter dem Grundgesetz geprägten Gehalt hat der Begriff des Verstoßes gegen die Grundsätze der Menschlichkeit oder Rechtsstaatlichkeit nicht nur Eingang in den Einigungsvertrag gefunden. Er ist auch Bestandteil des Art. 118 Abs. 1 Nr. 1 SächsVerf geworden, die ihn mit Art. 119 Abs. 1 Nr. 1 – insoweit mit der Regelung des Sonderkündigungsgrundes nach dem Einigungsvertrag vollständig textgleich – unter Erweiterung des Anwendungsbereiches für den öffentlichen Dienst übernommen und dann ebenfalls bei der Regelung der Abgeordneten- und der Ministeranklage herangezogen hat. Weder der Wortlaut noch die Entstehungsgeschichte des Art. 118 Abs. 1 Nr. 1 SächsVerf ergeben irgend einen Anhaltspunkt dafür, daß insoweit von dem – auch im Blick auf die Verhältnisse in der sowjetischen Besatzungszone und der DDR entwickelten – im deutschen Recht gewachsenen Begriffsinhalt abgewichen werden sollte.

Diesem Maßstab entspricht der hier in der Anklage bezeichnete Lebenssachverhalt nicht. Der Angeklagte hat, um einer Genossin der Volkssolidarität zu helfen, sich eines mißliebigen Arbeitnehmers zu entledigen, den Ermittlungsapparat des Staatssicherheitsdienstes eingeschaltet, obwohl das Arbeitsrechtsverhältnis keinerlei Bezug hatte zu Sicherheitsinteressen des Staates. Er setzte hierdurch den Betroffenen den rechtsstaatswidrigen Verfahren der Informationsgewinnung des MfS aus. Dieses Vorgehen des Angeklagten ist seinerseits rechtsstaatswidrig und menschlich verwerflich, erfüllt aber nicht die oben entwickelten Merkmale eines Verstoßes gegen Grundsätze der Menschlichkeit oder Rechtsstaatlichkeit.

III.

Angesichts der Unzulässigkeit der Anklage und der schon daraus für den Verfassungsgerichtshof folgenden Unzugänglichkeit inhaltlicher Prüfung der in der Anklage erhobenen Vorwürfe am Maßstab des Art. 118 SächsVerf und der dagegen vom Angeklagten erhobenen verfassungsrechtlichen Bedenken kann dahingestellt bleiben, ob sich aus dem Verfahren auf dem Weg zur Erhebung der Anklage weitere Gründe für die Unzulässigkeit der Anklage ergeben könnten oder ob das Verhalten des Angeklagten – soweit nicht bereits das Vorliegen dringenden Tatverdachts zu verneinen war (oben B II. 4. c) – den Tatbestand des Art 118 Abs. 1 Nr. 1, bzw. Nr. 2, SächsVerf erfüllt und die fortdauernde Innehabung des Mandats durch den Angeklagten als untragbar erscheinen läßt. Ebenso bleibt offen, ob und inwieweit damit die Anklagevorwürfe für die Zukunft verbraucht sind.

C.

Die Kostenentscheidung beruht auf § 16 Abs. 1 und 4 SächsVerfGHG.

Nr. 8

1. Zum Charakter und Zweck eines Normenkontrollverfahrens auf kommunalen Antrag gemäß Art. 90 SächsVerf.*

2. Zu den Anforderungen an einen zulässigen Antrag auf kommunale Normenkontrolle.*

3. Zur Möglichkeit der Verletzung eines Verwaltungsverbandes in eigenen Selbstverwaltungsrechten.*

Grundgesetz Art. 28 Abs. 2, 93 Abs. 1 Nr. 4 b

Bundesverfassungsgerichtsgesetz § 32

Verfassung des Freistaates Sachsen:
Art. 82 Abs. 2, 84 Abs. 1, 85 bis 89, 90

Sächsisches Verfassungsgerichtshofsgesetz §§ 7 Nr. 8, 10 Abs. 1, 15, 36

Sächsisches Gesetz über kommunale Zusammenarbeit § 7

Beschluß vom 3. Dezember 1998 – Vf. 36-VIII-98 –

in dem Verfahren über den Erlaß einer einstweiligen Anordnung in einem Normenkontrollverfahren auf kommunalen Antrag des Verwaltungsverbandes M.

* Nichtamtlicher Leitsatz

Entscheidungsformel:
Der Antrag auf Erlaß einer einstweiligen Anordnung wird abgelehnt.

Gründe:

I.

Der Antragsteller, der im Landkreis Zwickauer Land gelegene Verwaltungsverband Mosel, bestehend aus den Mitgliedsgemeinden Dennheritz, Lauenhain, Mosel, Oberrothenbach, Schlunzig und Wulm, begehrt den Erlaß einer einstweiligen Anordnung, mit der er im wesentlichen das Ziel verfolgt, bis zu einer Entscheidung des Verfassungsgerichtshofes über sein Normenkontrollverfahren auf kommunalen Antrag (Vf. 62-VIII-98) seine Auflösung zu verhindern.

Der Sächsische Landtag beschloß am 23. 7. 1998 das Gesetz zur Eingliederung von Gemeinden und Gemeindeteilen in die Stadt Zwickau (Eingliederungsgesetz Zwickau; SächsGVBl. S. 468), durch das u. a. die Mitgliedsgemeinden Mosel, Oberrothenbach und Schlunzig der Antragstellerin in die Stadt Zwickau eingegliedert und der Antragsteller aufgelöst wird. Dieses Gesetz lautet u. a. wie folgt:

...

§ 2

(1) Der Verwaltungsverband „Mosel" wird aufgelöst.
...

§ 3
Bestätigung von Eingliederungen

(1) Die zwischen dem 3. Oktober 1990 und dem 20. Juli 1998 geschlossenen Gebietsänderungsvereinbarungen der in § 1 genannten Gemeinden und der Gemeinden, mit denen die Stadt Zwickau Gebietsänderungsvereinbarungen geschlossen hat, werden hinsichtlich des gebietlichen Umfanges bestätigt. Dies gilt nicht, sofern
...

(2) Alle übrigen in dem in Abs. 1 genannten Zeitraum geschlossenen Gebietsänderungsvereinbarungen im Sinne dieser Vorschrift werden rückwirkend zum Zeitpunkt ihres Abschlusses aufgehoben, sofern sie nicht aus anderen Gründen aufgehoben worden sind.
...

§ 5
Auseinandersetzung

(1) Die Stadt Zwickau und der Landkreis Zwickauer Land regeln, soweit erforderlich, bis zu einem durch die obere Rechtsaufsichtsbehörde zu bestimmenden Zeit-

punkt, spätestens jedoch bis zum 30. April 1999, die Rechtsfolgen der Änderung ihrer Grenzen und die Auseinandersetzung durch Vereinbarung, die der Genehmigung der oberen Rechtsaufsichtsbehörde bedarf ...
...

§ 9
Ortschaftsverfassung

(1) Für das Gebiet jeder gemäß § 1 Nr. 1 bis 4 einzugliedernden Gemeinde ist eine Ortschaftsverfassung einzuführen, wenn nicht die jeweilige Gemeinde innerhalb von drei Monaten nach Verkündung dieses Gesetzes gegenüber der Stadt Zwickau darauf verzichtet. Die Hauptsatzung der Stadt Zwickau ist bis zum 1. Januar 1999 entsprechend zu ändern.

(2) Für die Dauer der laufenden Wahlperiode bilden die Gemeinderäte der gemäß § 1 Nr. 1 bis 4 einzugliedernden Gemeinden die Ortschaftsräte.

(3) Gemäß Abs. 1 eingeführte Ortschaftsverfassungen können ohne Zustimmung des Ortschaftsrates frühestens zur übernächsten regelmäßigen Wahl des Stadtrates aufgehoben werden.

(4) Der Gemeinderat einer gemäß § 1 Nr. 1 bis 4 einzugliedernden Gemeinde kann beschließen, daß dem Bürgermeister mit Wirksamwerden der Gebietsänderung bis zum Ablauf seiner Amtszeit das Amt des Ortsvorstehers übertragen wird.

§ 10
Erweiterung des Stadtrates

(1) Die Gemeinderäte der gemäß § 1 Nr. 1 bis 4 einzugliedernden Gemeinden ... wählen unverzüglich nach Verkündung dieses Gesetzes jeweils eine Person, die mit Wirksamwerden der Gebietsänderung in den Stadtrat der Stadt Zwickau übertritt. Die Zahl der Stadträte erhöht sich entsprechend.

(2) Wählbar ... sind die Mitglieder des Gemeinderates sowie der Bürgermeister.
...

§ 12
Entscheidung über die Übernahme des Personals

(1) Kommt innerhalb von vier Monaten nach In-Kraft-Treten der Neugliederung zwischen den beteiligten Körperschaften keine oder keine vollständige Einigung gemäß § 11 zustande, entscheidet die obere Rechtsaufsichtsbehörde.

(2) Vor der Entscheidung hat die obere Rechtsaufsichtsbehörde den Übernahmeausschuß anzuhören; dieser wird bei jeder oberen Rechtsaufsichtsbehörde gebildet.
...

§ 13
Haushaltswirtschaft der einzugliedernden Gemeinden

(1) Die gemäß § 1 Nr. 1 bis 4 einzugliedernden Gemeinden dürfen keine Maßnahmen treffen, die erhebliche finanzielle Verpflichtungen zur Folge haben oder ihr

Vermögen erheblich schmälern oder langfristig finanzwirksam sind. In dringenden Fällen kann die obere Rechtsaufsichtsbehörde Ausnahmen zulassen.

(2) Die allgemeinen Bestimmungen über die Gemeindewirtschaft bleiben unberührt.

§ 14
Stellenbewirtschaftung

(1) Die gemäß § 1 Nr. 1 bis 4 einzugliedernden Gemeinden dürfen

1. freie oder freiwerdende Stellen nicht besetzen mit Ausnahme der Stellen, für deren Besetzung bereits eine schriftliche Einstellungszusage gegeben wurde,
2. Höhergruppierungen von Angestellten und Arbeitern nur aufgrund eines entsprechenden rechtlichen Anspruchs durchführen.
§ 13 Abs. 1 Satz 2 gilt entsprechend.

(2) In den gemäß § 1 Nr. 1 bis 4 einzugliedernden Gemeinden findet bis zum In-Kraft-Treten der Gebietsänderung eine Wahl des Bürgermeisters nicht mehr statt.

§ 15
Freistellung von Abgaben

Für Rechtshandlungen, die bei der Durchführung dieses Gesetzes notwendig werden, werden Abgaben des Freistaates Sachsen und der seiner Aufsicht unterstehenden Körperschaften des öffentlichen Rechts nicht erhoben.

§ 16
Stichtag

Für die Anwendung von § 1 Nr. 5 bis 13 (Hinweis des Verfassungsgerichtshofes: betreffend Eingliederungen von Teilen des Gebietes von an die Stadt Zwickau angrenzenden Gemeinden) ist der Flurstücksbestand des Liegenschaftskatasters am 1. Juli 1997 maßgebend.

§ 19
In-Kraft-Treten

Die §§ 3, 5, 9, 10, 12 bis 15 und 17 treten am Tage nach der Verkündung dieses Gesetzes in Kraft. Im Übrigen tritt dieses Gesetz am 1. Januar 1999 in Kraft. ...

Gegen dieses Gesetz hat der Antragsteller Normenkontrolle auf kommunalen Antrag erhoben, zu deren Sicherung er eine einstweilige Anordnung folgenden Inhalts begehrt:

1. Die §§ 3, 5, 9, 10, 12 bis 16 des Eingliederungsgesetzes Zwickau treten bis zur Entscheidung über die Hauptsache außer Kraft.
2. Sollte bis zum 1.1.1999 über die Hauptsache nicht positiv entschieden sein, tritt das Gesetz zum 1.1.1999 insgesamt nicht in Kraft und bleibt gleichzeitig solange außer Kraft, bis eine Entscheidung über die Hauptsache getroffen wurde.

4. Die Amtszeit des Verbandsvorsitzenden wird bis zur Entscheidung über die Hauptsache verlängert.

5. Hilfsweise,
die aufnehmende Stadt Zwickau zu verpflichten, bis zum Erlaß der Entscheidung über die Verfassungsbeschwerde keine aufschiebbaren Entscheidungen oder Maßnahmen zu treffen, welche dem Antragsteller im Falle seines Obsiegens die Wiederherstellung seiner Selbständigkeit unzumutbar erschweren oder ihm nicht wiedergutzumachende Nachteile einbringen würden,

6. Hilfsweise,
der aufnehmenden Stadt Zwickau bis zur Entscheidung in der Hauptsache aufzugeben, bei der Aufstellung und Abwicklung des Haushaltes alle Vorgänge, welche den Antragsteller betreffen, zu kennzeichnen, soweit dies vom Aufwand her vertretbar ist.

7. ...

8. Hilfsweise,
der Stadt Zwickau für jeden Fall der Zuwiderhandlung gegen die Anträge 5 und 6 ein Ordnungsgeld bis zur Höhe von DM 500 000,00 oder eine gegen den Oberbürgermeister festzusetzende Ordnungshaft bis zu sechs Monaten anzudrohen.

Der Antragsteller hält den Erlaß einer solchen einstweiligen Anordnung für erforderlich. Er meint, es sei weniger nachteilig, wenn der Verfassungsgerichtshof eine einstweilige Anordnung erließe und der Antrag auf kommunale Normenkontrolle als unbegründet zu erachten wäre, als wenn die einstweilige Anordnung nicht erginge und die Hauptsache später Erfolg hätte.

Der Präsident des Sächsischen Landtages hat von einer Stellungnahme abgesehen. Die Sächsische Staatsregierung und die Stadt Zwickau halten den Antrag auf Erlaß einer einstweiligen Anordnung für unbegründet.

II.

Der Antrag auf Erlaß einer einstweiligen Anordnung (§§ 10 Abs. 1, 15 SächsVerfGHG i. V. m. § 32 BVerfGG) bleibt ohne Erfolg, da das Hauptsacheverfahren unzulässig ist und damit eine Folgenabwägung von vornherein nicht in Betracht kommt.

1. Ein zulässiger Antrag auf kommunale Normenkontrolle nach Art. 90 SächsVerf, §§ 7 Nr. 8, 36 SächsVerfGHG setzt voraus, daß der in Art. 82 Abs. 2, 90 SächsVerf bezeichnete Träger der Selbstverwaltung schlüssig vorbringt, durch die angegriffene gesetzliche Regelung möglicherweise unmittelbar in einem der in Art. 82 Abs. 2, 84 bis 89 SächsVerf genannten Selbstverwaltungsrechte verletzt zu sein (SächsVerfGH, Urt. v. 23.6.1994 –

Vf. 8-VIII-93 –, JbSächsOVG, 2, 52, 54 ff; *Degenhart/Meissner,* HdbSächsVerf, § 18 Rdn. 54).

Dies folgt daraus, daß das Normenkontrollverfahren nach Art. 90 SächsVerf die dort genannten subjektiven Rechte der Gemeinden, der Landkreise und der anderen Gemeindeverbände schützen und nicht – wie das Verfahren nach Art. 81 Abs. 1 Nr. 2 SächsVerf – in objektiver Weise klären soll, ob einfaches Landesrecht mit der Verfassung vereinbar ist.

Einem solchen Verständnis von Art. 90 SächsVerf steht nicht entgegen, daß die kommunale Normenkontrolle der Sächsischen Verfassung damit in ihrer Zielsetzung der – terminologisch anders ausgerichteten – kommunalen Verfassungsbeschwerde des Art. 93 Abs. 1 Nr. 4 b GG angeglichen wird:

a) Nach der Entstehungsgeschichte (dazu SächsVerfGH JbSächsOVG 2, 52, 56 f) sowie der systematischen Zuordnung zu den materiell-rechtlichen Regelungen der kommunalen Selbstverwaltung (Art. 84 ff SächsVerf) soll Art. 90 SächsVerf verfahrensmäßig den Schutz des Selbstverwaltungsrechts der in Art. 82 Abs. 2 SächsVerf bezeichneten Träger der Selbstverwaltung vor verfassungsrechtlich nicht gerechtfertigten Eingriffen des Gesetzgebers absichern.

Bestärkt wird diese Funktion von Art. 90 SächsVerf dadurch, daß der Wortlaut die Zulässigkeit des Antrages ausdrücklich an die Behauptung bindet, das angegriffene Gesetz verletze die Bestimmungen des Art. 82 Abs. 2 SächsVerf oder der Art. 84 bis 89 SächsVerf. Eine solche Ausformung der Antragsbefugnis ist einem abstrakten Normenkontrollverfahren fremd und weist auf dessen – der kommunalen Verfassungsbeschwerde angeäherten – subjektiv-rechtlichen Charakter hin (SächsVerfGH JbSächsOVG 2, 52, 54 ff).

b) Diese Ausrichtung der kommunalen Normenkontrolle wird auch deren Sinn und Zweck gerecht. In gleicher Weise wie die kommunale Verfassungsbeschwerde (Art. 93 Abs. 1 Nr. 4b GG) dient sie dazu, den Trägern der kommunalen Selbstverwaltung einen effektiven verfahrensrechtlichen Schutz gegen etwaige legislative Eingriffe in das Selbstverwaltungsrecht zu gewähren.

c) Verlagert aber die von Art. 93 Abs. 1 Nr. 4b GG abweichende Ausgestaltung von Art. 90 SächsVerf nicht dessen Zielrichtung in den Bereich abstrakter Normenkontrolle, hat der das Verfahren nach Art. 90 SächsVerf anrufende Antragsteller wie jeder andere Beteiligte, der in einem verfassungsgerichtlichen Verfahren Individualrechtsschutz verfolgt, nachvollziehbar vorzutragen, daß er durch die angegriffene gesetzliche Regelung möglicherweise unmittelbar in einem geschützten subjektiven Recht verletzt werde (SächsVerfGH JbSächsOVG 2, 52, 54, 56).

2. Diesen Anforderungen wird der im Verfahren Vf. 62-VIII-98 gestellte Antrag auf kommunale Normenkontrolle nicht gerecht.

Der Antragsteller zählt zwar als Gemeindeverband zu den in Art. 82 Abs. 2, 84 Abs. 1 Satz 1 SächsVerf genannten Trägern der kommunalen Selbstverwaltung. Ihm erwächst hieraus jedoch kein Bestandsschutz gegen seine Auflösung durch das Eingliederungsgesetz Zwickau.

a) Zu den durch Art. 82 Abs. 2, 84 Abs. 1 Satz 2 SächsVerf mit Selbstverwaltungsrechten ausgestatteten Gemeindeverbänden gehören auch Verwaltungsverbände i. S. v. §§ 3 ff des Sächsischen Gesetzes über kommunale Zusammenarbeit (SächsKomZG) vom 19. August 1993 (GVBl. S. 185, zuletzt geändert durch das Gesetz zur Ordnung der Verwaltungsverbände, Verwaltungsgemeinschaften und Zweckverbände im Freistaat Sachsen vom 15.1.1998 – GVBl. S. 2 –).

Als Gemeindeverbände i. S. v. Art. 28 Abs. 2 GG sind allerdings nach überwiegender Auffassung nur Gebietskörperschaften zu erachten (vgl. Niedersächsischer Staatsgerichtshof DVBl. 1981, 214, 215; OVG Koblenz NVwZ 1988, 1145f; *v. Münch/Löwer,* GG, 3. Aufl. 1995, Art. 28, Rdn. 84; *v. Mutius,* Kommunalrecht, 1996, Rdn. 144; a. A.: BK/*Stern,* Art. 28, Rdn. 80; offen gelassen in: BVerfGE 83, 363, 383). Dieses – durch den Wirkungszusammenhang mit Art. 28 Abs. 1 Satz 2 GG gestützte – Verständnis von Art. 28 Abs. 2 GG ist jedoch auf Art. 82 Abs. 2, 84 Abs. 1 Satz 2 SächsVerf nicht uneingeschränkt übertragbar.

aa) Zwar lassen sich aus den Protokollen des Verfassungsausschusses keine Erkenntnisse dazu gewinnen, daß der Sächsische Landtag dem Begriff „Gemeindeverbände" in der Sächsischen Verfassung einen anderen Regelungsgehalt als im Grundgesetz beigeben wollte. Die kumulative Erwähnung von Gemeinden, Landkreisen und anderen Gemeindeverbänden gibt aber nur Sinn, wenn mit letzteren andere Organisationseinheiten als Gemeinden und Landkreise gemeint sind.

bb) Welche kommunalen Zusammenschlüsse im einzelnen als Gemeindeverbände i. S. v. Art. 82 Abs. 2, 84 Abs. 1 Satz 2 SächsVerf zu verstehen sind, kann dahinstehen. Jedenfalls sind Verwaltungsverbände als stärkste Ausgestaltungsform kommunaler Zusammenarbeit mit einem eigenständigen Selbstverwaltungsrecht ausgestattet (ebenso: *Kunzmann/Haas/Baumann-Hasske,* SächsVerf, 2. Aufl., 1997, Art. 82 Rdn. 5; *Gern,* Sächsisches Kommunalrecht, 1994, Rdn. 1029; *Hegele/Ewert,* Kommunalrecht im Freistaat Sachsen, 2. Aufl., 1998, S. 31; a. A.: *Schlempp/Seeger-Stimpfl/Weisenberg,* Kommunalverfassungsrecht Sachsen, § 5 SächsKomZG, Anm. 1 und § 2 SächsKomZG, Anm. 2).

Dies beruht darauf, daß den Verwaltungsverbänden durch § 7 Sächs-KomZG erhebliche Teile des originären Aufgabenbereichs der Gemeinden, einschließlich des Erlasses kommunaler Rechtsetzungsakte, zugewiesen sind und weitere Aufgaben durch öffentlich-rechtlichen Vertrag übertragen werden können (§ 7 Abs. 2 Satz 1 SächsKomZG). Sind aber die Verwaltungsverbände berechtigt, die dem Kernbereich kommunaler Selbstverwaltung zuzuordnende Satzungsbefugnis an Stelle der Gemeinden auszuüben, müssen sie auch Träger kommunaler Selbstverwaltung sein.

b) Diese den Verwaltungsverbänden durch Art. 82 Abs. 2, 84 Abs. 1 Satz 2 SächsVerf verliehenen Selbstverwaltungsrechte schließen aber jedenfalls im Rahmen und in Folge einer Gebietsänderung einen Schutz gegen ihre Auflösung nicht ein.

aa) Da die Verwaltungsverbände nicht Sachwalter der Belange ihrer Mitgliedsgemeinden sind (vgl. Verfassungsgerichtshof Rheinland-Pfalz DÖV 1970, 602, 603), kommt ihnen nicht die Befugnis zu, Rechte ihrer von Gebietsveränderungen oder Eingliederungen betroffenen Mitgliedsgemeinden im Verfahren auf kommunale Normenkontrolle nach Art. 90 SächsVerf zu verfolgen. Ebensowenig sind sie durch Veränderungen im Bestand oder Gebiet ihrer Mitgliedsgemeinden in eigenen Rechten verletzt, da solche Maßnahmen ausschließlich in solche Rechte der Mitgliedsgemeinden eingreifen, die durch § 7 SächsKomZG nicht auf die Verwaltungsverbände übertragen wurden.

bb) Werden aber Verwaltungsverbände durch Eingriffe in das Gebiet ihrer Mitgliedsgemeinden in eigenen Rechten nicht berührt, kann ihnen auch kein eigener Bestandsschutz zukommen.

Dies folgt daraus, daß Art. 84 Abs. 1 Satz 2 SächsVerf den Gemeindeverbänden innerhalb „ihrer Zuständigkeit" die gleiche Rechtsstellung wie Gemeinden verleiht und sich damit die Selbstverwaltungsbefugnisse der Verwaltungsverbände auf die ihnen nach § 7 SächsKomZG zugewiesenen Aufgaben beschränken. Hiervon ausgehend stellt sich das kommunale Selbstverwaltungsrecht der Verwaltungsverbände als ein abgespaltener Teil des gemeindlichen Selbstverwaltungsrechts dar, erweitert also den Umfang der durch die Sächsische Verfassung insgesamt begründeten Selbstverwaltungsrechte nicht. Nur so ist auch zu verhindern, daß es durch eine Kumulierung inhaltsgleicher Selbstverwaltungsrechte zu Kollisionen zwischen jenen der Gemeinden und jenen der Verwaltungsverbände kommt, insbesondere bei kommunalen Gebietsveränderungen Selbstverwaltungsrechte der Gemeinden mit jenen der Verwaltungsverbände konkurrieren.

c) Ob die Auflösung des Antragstellers in Selbstverwaltungsrechte seiner Mitgliedsgemeinden eingreift und inwieweit deren Befugnis, Zusammenschlüsse nach dem Sächsischen Gesetz über kommunale Zusammenarbeit zu bilden, verfassungsrechtlichen Schutz genießt, kann dahinstehen.

d) Ebensowenig bedarf einer Entscheidung, ob und inwieweit Verwaltungsverbände gegen ihre willkürliche Auflösung gesichert sind (vgl. Niedersächsischer Staatsgerichtshof DVBl. 1981, 214 für Großraumverband). Erkennbar beruht nämlich auf sachgerechten Erwägungen, daß der Sächsische Landtag den Antragsteller in § 2 Abs. 1 des Eingliederungsgesetzes Zwickau auflöst. Dies folgt schon daraus, daß der Antragsteller mit der Eingliederung seiner Mitgliedsgemeinden Mosel, Oberrothenbach und Schlunzig in die kreisfreie Stadt Zwickau die Hälfte seiner Mitgliedsgemeinden verliert und die verbleibenden Mitgliedsgemeinden Dennheritz, Lauenhain und Wulm mit weniger als 3000 Einwohnern die in § 3 Abs. 3 Satz 4 SächsKomZG geforderte Zahl von mindestens 5.000 Einwohnern nicht erreichen.

III.

Die Entscheidung ergeht kostenfrei (§ 16 SächsVerfGHG).

Nr. 9

1. Die Verfassungswidrigkeit des § 11 Abs. 1 VVVG steht der Zulässigkeit eines Verfahrens vor dem Sächsischen Verfassungsgerichtshof, das auf der Grundlage dieser Vorschrift von den Vertrauenspersonen eines Volksantrags eingeleitet wurde, nicht entgegen.

2. Die erste Stufe des Volksgesetzgebungsverfahrens ist abgeschlossen, wenn der Landtag gemäß Art. 72 Abs. 1 Satz 1 SächsVerf den unveränderten Volksantrag abgelehnt hat. Die Feststellung der Zulässigkeit des Volksantrages durch den Verfassungsgerichtshof ist dann für die Fortführung des Volksgesetzgebungsverfahrens nicht mehr erforderlich.

3. § 10 Abs. 2 Satz 1 VVVG, nach dem der Landtagspräsident die formelle Zulässigkeit des Volksantrags zu prüfen und die Unzulässigkeit durch schriftlichen Bescheid festzustellen hat, verstößt nicht gegen die Sächsische Verfassung.

Volksantrag – Normenkontrollbefugnis des Verfassungsgerichtshofes   319

4. § 11 Abs. 1 VVVG verstößt insoweit gegen Art. 71 Abs. 2 Satz 3 SächsVerf, als in den Fällen, in denen der Landtagspräsident die formelle Unzulässigkeit des Volksantrages feststellt, die Last der Anrufung des Verfassungsgerichtshofes den Vertrauenspersonen auferlegt wird.

Verfassung des Freistaates Sachsen Art. 71 Abs. 1 und Abs. 2, 72 Abs. 1

Sächsisches Verfassungsgerichtshofsgesetz § 14 Abs. 2

Gesetz über Volksantrag, Volksbegehren und Volksentscheid: §§ 10 Abs. 2 Satz 1, 11 Abs. 1

Urteil vom 17. Dezember 1998 – Vf. 12-X-98 und 13-X-98 –

in dem Verfahren zu dem Antrag an den Verfassungsgerichtshof des Freistaates Sachsen gemäß § 11 Abs. 1 des Gesetzes über Volksantrag, Volksbegehren und Volksentscheid der Vertrauensperson des Volksantrages, Frau M., und der stellvertretenden Vertrauensperson, Herrn B.

Entscheidungsformel:

1. § 11 Abs. 1 des Gesetzes über Volksantrag, Volksbegehren und Volksentscheid (VVVG) vom 19. Oktober 1993 verstößt gegen Art. 71 Abs. 2 SächsVerf.

2. Der auf § 11 Abs. 1 VVVG gestützte Bescheid des Präsidenten des Sächsischen Landtages vom 17. Februar 1998 entfaltet keine Rechtswirkung.

3. Im übrigen werden die Anträge verworfen.

4. Diese Entscheidung ergeht kostenfrei. Der Freistaat Sachsen hat den Antragstellern die notwendigen Auslagen zu erstatten.

Gründe:

I.

Antragstellerin Frau M. ist Vertrauensperson, der Antragsteller Herr B. stellvertretende Vertrauensperson des Volksantrages betreffend den „Entwurf eines Gesetzes über das Leitbild, die Leitlinien und die Durchführung der Gemeindegebietsreform im Freistaat Sachsen". Am 18. Dezember 1997 übergaben sie dem Präsidenten des Sächsischen Landtages einen diesen Gesetzentwurf betreffenden Volksantrag. Diesem

LVerfGE 9

waren Unterschriften von den Volksantrag unterstützenden Personen beigefügt, von denen die Meldebehörden 58 691 als von stimmberechtigten Unterzeichnern stammend bestätigt hatten.

Mit Bescheid vom 17. Februar 1998 erklärte der Präsident des Sächsischen Landtages den Volksantrag für unzulässig. Zur Begründung führte er aus, ein den formellen Voraussetzungen genügender Volksantrag liege nicht vor, da wenigstens 31 696 Unterschriften von Unterzeichnern ungültig seien und es damit an der nach Art. 71 Abs. 1 Satz 2 SächsVerf erforderlichen Mindestunterstützung von 40 000 Stimmberechtigten fehle. Deren Stimmrecht sei von den Gemeinden zu Unrecht bestätigt worden, die unbeachtet gelassen hätten, dass die Unterschriftenbogen unvollständig, insbesondere ohne Eintragung des Ortes der Unterschriftsleistung, sowie zum Teil weder eigenhändig noch leserlich ausgefüllt gewesen seien.

Gegen diesen Bescheid haben die Antragsteller den Verfassungsgerichtshof des Freistaates Sachsen angerufen. Das für die Zulässigkeit des Volksantrages geforderte Quorum von 40 000 Stimmberechtigten, die den Volksantrag durch ihre Unterschrift unterstützten, habe vorgelegen. Die Stimmberechtigung sei zu Recht von den Gemeinden bestätigt worden. Diese hätten – wie sich bei verfassungskonformer Auslegung der §§ 5 Abs. 2, 6 und 7 VVVG ergebe – allein zu prüfen, ob die Unterstützung von wahlberechtigten Bürgern stamme. Ein Verstoß gegen § 5 Abs. 2 VVVG sei materiell unbeachtlich, wenn trotz fehlender Angaben oder der Unleserlichkeit einzelner Angaben eine eindeutige Identifizierung des Unterzeichners und die Feststellung seiner Stimmberechtigung durch die Meldebehörde möglich sei. Der Präsident des Sächsischen Landtages könne die Gültigkeit von Unterschriften nur dann verneinen, wenn er das Fehlen der Wahlberechtigung, eine falsche Unterschriftsleistung oder Mehrfachunterzeichnung feststelle. Ein weitergehendes Verständnis seines Prüfungsrechts bedeute eine unverhältnismäßige Einschränkung des Volksinitiativrechts. Das erforderliche Quorum sei auch erreicht, wenn dem Landtagspräsidenten ein weitergehendes Prüfungsrecht zustehe. Seine – nicht näher präzisierten Rügen – seien unzutreffend. Eine Lesbarkeit der Unterschrift sei nicht erforderlich. Es genüge ein die Identität des Unterzeichners kennzeichnender Schriftzug mit individuellem Charakter. Die Verwendung von Wiederholungszeichen sei nach deutschen Sprachregeln ein zulässiges Mittel zur Abkürzung und zur Vermeidung überflüssiger Wiederholungen. § 5 Abs. 3 VVVG lasse im übrigen eine Ausnahme vom Eigenhändigkeitsgebot zu.

Die Antragsteller beantragen,

> den Bescheid des Präsidenten des Sächsischen Landtages vom 17. Februar 1998 aufzuheben und festzustellen, daß die formellen Voraussetzungen des Volksantrages vorliegen.

Der Präsident des Sächsischen Landtages ist den Verfahren beigetreten. Er ist der Auffassung, der Bescheid vom 17. Februar 1998 sei rechtmäßig. Die Ungültigkeit einer Vielzahl von Unterschriften leite sich – neben der in seinem Ablehnungsbescheid vom 17. Februar 1998 genannten Begründung – auch daraus ab, daß auf wiederkehrende Angaben mehrerer Stimmberechtigter durch Verwendung von Wiederholungszeichen Bezug genommen worden sei, statt – wie in § 5 Abs. 2 VVVG vorausgesetzt – die Angaben vollständig und eigenhändig einzutragen.

Einer verfassungskonformen Auslegung der die formellen Voraussetzungen des Volksantrages regelnden Vorschriften des VVVG stehe deren klarer und eindeutiger Wortlaut entgegen. Zudem werde von den Antragstellern verkannt, daß durch die Einhaltung der an die Gültigkeit der Stimmabgabe geknüpften Förmlichkeiten nicht nur die Identifizierbarkeit der Stimmberechtigten gewährleistet, sondern darüber hinaus auch eine Fälschung von Unterschriften verhindert werden solle.

Auf Antrag der Vertrauensperson Frau M. hat der Sächsische Verfassungsgerichtshof mit Beschluß vom 25. Juni 1998 (Vf. 27-X-98) dem Präsidenten des Landtages des Freistaates Sachsen aufgegeben, den Volksantrag betreffend den „Entwurf eines Gesetzes über das Leitbild, die Leitlinien und die Durchführung der Gemeindegebietsreform im Freistaat Sachsen" nicht als unzulässig zu behandeln. Den Widerspruch des Landtagspräsidenten hat der Verfassungsgerichtshof mit Urteil vom 17. Juli 1998 zurückgewiesen. Der Präsident des Sächsischen Landtages veröffentlichte daraufhin den Volksantrag im Sächsischen Amtsblatt vom 20. Juli 1998 und gab den Gesetzentwurf als Drucksache in den Geschäftsgang des Landtages. Dieser stimmte in seiner 87. Plenarsitzung am 8. Oktober 1998 in zweiter und dritter Lesung mehrheitlich diesem Volksantrag nicht zu.

Der Verfassungsgerichtshof hat durch Beschluß vom 2. Dezember 1998 die Verfahren 12-X-98 und 13-X-98 zur gemeinsamen Verhandlung und Entscheidung verbunden.

II.

Die Anträge der Vertrauenspersonen sind nur zum Teil zulässig.

1. Die Antragsteller sind berechtigt, gegen den Bescheid des Landtagspräsidenten den Verfassungsgerichtshof anzurufen.
Dem steht die Verfassungswidrigkeit des § 11 Abs. 1 VVVG (unten III 2, 3) nicht entgegen. Soweit diese Vorschrift den Rechtsweg zum Verfassungsgerichtshof eröffnet, bietet nur dieses Verfahren die Möglichkeit, den Antragstellern effektiven Rechtsschutz zuteil werden zu lassen. Die Antragsteller nehmen im Volksantragsverfahren die Rechte des Volksgesetzgebers wahr.

2. Soweit die Antragsteller die Feststellung begehren, daß die formellen Voraussetzungen des Volksantrages vorliegen, sind ihre Anträge nicht mehr zulässig. Mit der Ablehnung des Gesetzentwurfes „über das Leitbild, die Leitlinien und die Durchführung der Gemeindegebietsreform im Freistaat Sachsen" durch den Sächsischen Landtag in seiner 87. Plenarsitzung am 8. Oktober 1998 haben sich die Anträge der Vertrauenspersonen erledigt. Das erforderliche Rechtsschutzbegehren für ihre Anträge ist damit entfallen (vgl. SächsVerfGH Jb SächsOVG 2, 103, 106). Diese waren deshalb zu verwerfen.

Mit der Ablehnung des Volksantrages durch den Landtag am 8. Oktober 1998 ist das Volksantragsverfahren nach Art. 71 SächsVerf abgeschlossen. Das Volksgesetzgebungsverfahren hat seine zweite Stufe erreicht, ohne daß die Feststellung der Zulässigkeit des Volksantrages noch erforderlich ist. Nach dem Wortlaut des Art. 72 Abs. 1 Satz 1 SächsVerf ist für die Beschlussfassung des Landtages kein zulässiger Volksantrag erforderlich; der Fortgang des Volksgesetzgebungsverfahrens wird – ohne jede Einschränkung – von der ablehnenden Entscheidung des Landtages abhängig gemacht. Mit dem Wortlaut des Art. 72 Abs. 1 Satz 1 SächsVerf steht auch Art. 71 Abs. 2 Satz 4 SächsVerf in Einklang, der den Fortgang des Volksgesetzgebungsverfahrens auch dann ausdrücklich vorschreibt, wenn die Verfassungsmäßigkeit des Volksantrages noch nicht geklärt ist.

Dies vermeidet, daß der Lauf der weiteren Fristen dieses Verfahrens, insbesondere auch der der Überlegungsfrist des § 16 Abs. 1 VVVG, mit der Unsicherheit über die Zulässigkeit des Volksantragsverfahrens belastet wird. Damit ist ausgeschlossen, daß ein von 450 000 gültigen Unterschriften getragenes und damit erfolgreiches Volksbegehren wegen Nichterreichen des Quorums von 40 000 gültigen Stimmen des Volksantrages für ungültig zu erklären ist.

3. Die Anträge der Vertrauenspersonen sind unbeschadet der Erledigung ihres primär verfolgten Begehrens zulässig, soweit sie damit nicht die Feststellung der Zulässigkeit des Volksantrages, sondern eine Sachentscheidung über die Verfassungsmäßigkeit der dem Bescheid des Landtagspräsidenten zugrunde liegenden einfachgesetzlichen Regelung und ggf. die Feststellung ihrer Verfassungswidrigkeit erstreben. Davon ist nach dem Vorbringen der Antragsteller in der mündlichen Verhandlung und ihrer Interessenlage auszugehen.

Es besteht für die Antragsteller auch nach dem Beschluß des Landtages vom 8. Oktober 1998 ein berechtigtes Interesse an einer verfassungsrechtlichen Klarstellung. Dem Verfahren nach Art. 71 Abs. 2 SächsVerf, § 11 Abs. 2 bis 4 VVVG kommt wie dem Organstreitverfahren über den subjektiven

Rechtsschutz hinaus die Funktion zu, ein reibungsloses Zusammenspiel der Verfassungsorgane – des Volksgesetzgebers einerseits, des Landtagspräsidenten als Teil des Sächsischen Landtages andererseits – untereinander zu gewährleisten. Im öffentlichen Interesse ist es geboten, das eingeleitete Verfahren insoweit durch eine Sachentscheidung zu beenden, als dadurch die Frage, ob der dem Bescheid des Landtagspräsidenten zugrunde liegende § 11 Abs. 1 VVVG verfassungsgemäß ist, für die Zukunft geklärt wird, weitere Streitigkeiten gleicher oder ähnlicher Art vermieden werden und das Zusammenwirken von Volksgesetzgeber und Landtagspräsident gefördert wird (vgl. SächsVerfGH Jb SächsOVG 2, 103, 107). Die mit dem Antragsverfahren aufgeworfene verfassungsrechtliche Frage, ob § 11 Abs. 1 VVVG mit Art. 70 ff SächsVerf vereinbar ist, hat der Verfassungsgerichtshof bisher nicht entschieden. Ihre Beantwortung ist für neuerliche Streitigkeiten von erheblicher Bedeutung. Die Normenkontrollbefugnis des Verfassungsgerichtshofes besteht unabhängig von der konkreten Verfahrensart (vgl. *Schmidt-Bleibtreu,* in: Maunz/Schmidt-Bleibtreu/Klein/Ulsamer, BVerfGG, § 48, Rdn 14).

III.

§ 11 Abs. 1 VVVG verstößt gegen Art. 71 Abs. 2 SächsVerf. Eine verfassungskonforme Auslegung ist nicht möglich.

1. Verfassungsrechtlich ist nicht zu beanstanden, dass der Landtagspräsident das ihm nach Art. 71 Abs. 2 Satz 2 SächsVerf übertragene Prüfungsverfahren mit einem die formelle Zulässigkeit des Volksantrages verneinenden Bescheid abgeschlossen hat. Nach Art. 73 Abs. 3 SächsVerf bestimmt das Nähere über Volksantrag, Volksbegehren und Volksentscheid ein Gesetz. Der darauf beruhende § 10 Abs. 2 S. 1 VVVG trägt dem Interesse der am Volksantragsverfahren Beteiligten angemessen Rechnung, das Ergebnis der Prüfung des Landtagspräsidenten nachvollziehbar überprüfen zu können.

2. Der Bescheid des Landtagspräsidenten vom 17. Februar 1998 beruht jedoch auf einer Rechtsgrundlage, die mit der Verfassung insoweit nicht in Einklang steht, als die Initiatoren des Volksantrages auf Grund des § 11 Abs. 1 VVVG darauf verwiesen worden sind, gegen den Bescheid des Landtagspräsidenten den Verfassungsgerichtshof anzurufen. Der Gesetzgeber konnte nicht für jene Fälle, in denen der Landtagspräsident die formelle Unzulässigkeit des Volksantrages feststellt, die Last der Antragstellung beim Verfassungsgerichtshof der Vertrauensperson auferlegen; denn insoweit trägt diese Last von Verfassungs wegen allein der Landtagspräsident.

Aus der wechselnden Begrifflichkeit des Art. 71 Abs. 2 Satz 2 SächsVerf – Zulässigkeit – und des Art. 71 Abs. 2 Satz 3 SächsVerf – Verfassungswidrigkeit – kann nicht eine unterschiedliche Regelung der allein beim Landtagspräsidenten liegenden Antragslast entnommen werden. Der Begriff Ver-fassungswidrigkeit erstreckt sich als Oberbegriff auch auf die Zulässigkeit (vgl. Verfassungsausschuß, 9. Klausurtagung; 4./5. April 1992, S. 60; SächsVerfGH, Beschluß vom 25. Juni 1998, Vf. 27-X-98).

Der Gesetzesvorbehalt des Art. 73 Abs. 3 SächsVerf rechtfertigt keine andere Beurteilung. Der dadurch eröffnete Regelungsspielraum besteht nur in den Grenzen des Art. 71 Abs. 2 SächsVerf, der eine abschließende Bestimmung über die Antragslast enthält.

Für eine Antragspflicht des Landtagspräsidenten spricht auch die Entstehungsgeschichte des Art. 71 Abs. 2 SächsVerf. Der „Gohrische Entwurf" beschränkte sich auf die Regelung, gegen die Entscheidung auf erster Stufe sei der Verfassungsgerichtshof anzurufen; die Frage, von wem der Antrag zu stellen sei, ließ er offen. Nahm der Verfassunggeber in Abkehr davon eine ausdrückliche Regelung der Antragspflicht in die Verfassung auf, so legte er damit ein Verfahren fest, das einer hiervon abweichenden einfachgesetzlichen Bestimmung entgegensteht.

3. Hinzu kommt, daß durch § 11 Abs. 1 VVVG der verfassungsrechtlich vorgegebene Verfahrensgegenstand ausgetauscht wird. Nach Art. 71 Abs. 2 Satz 3 SächsVerf ist der Volksantrag selbst Gegenstand der verfassungsgerichtlichen Überprüfung. Damit ist eine Regelung unvereinbar, die – wie § 11 Abs. 1 VVVG – statt dessen den Bescheid des Landtagspräsidenten zum Prüfungsgegenstand erhebt. Mit dieser Auswechslung des Verfahrensgegenstandes geht eine Verlagerung der verfahrensrechtlichen Risiken und Lasten einher. So hat nach § 11 Abs. 1 VVVG der Volksgesetzgeber dafür Sorge zu tragen, daß er durch einen fristgerechten Antrag ein vorzeitiges Ende des Volksgesetzgebungsverfahrens verhindert. Weiterhin wird ihm auferlegt, in einem anfechtungsähnlichen Verfahren eine mögliche Verletzung seiner Rechte darzulegen.

4. Eine verfassungskonforme Auslegung des § 11 Abs. 1 VVVG ist bei dem klaren Wortlaut des § 11 Abs. 1 VVVG nicht möglich. Sie liefe dem in § 11 Abs. 1 VVVG deutlich zum Ausdruck kommenden Willen des Gesetzgebers, alle Fälle der formellen Unzulässigkeit dem Verfahren nach § 11 Abs. 1 VVVG zu unterstellen, zuwider.

IV.

1. Eine Feststellung der Nichtigkeit einer Norm ist für dieses Verfahren nicht vorgesehen (§ 14 Abs. 2 SächsVerfGHG).

2. Zur Klarstellung war festzustellen, daß der Bescheid des Präsidenten des Sächsischen Landtages vom 17. Februar 1998 keine Rechtswirkungen entfaltet.

3. Da der Bescheid auf einer verfassungswidrigen Grundlage beruht, ist dem Verfassungsgerichtshof die inhaltliche Prüfung, ob insbesondere § 5 VVVG verfassungsgemäß und ob der Landtagspräsident an die Stimmrechtsbestätigung der Gemeinden gebunden ist, verwehrt. Auch wenn der Volksantrag durch den Landtag nicht abgelehnt worden wäre, wäre dies bei der dann gebotenen Sachentscheidung nicht möglich gewesen.

V.

Die Kostenentscheidung beruht auf § 16 Abs. 1 und Abs. 4 SächsVerfGHG.

Entscheidungen des Landesverfassungsgerichts Sachsen-Anhalt

Die amtierenden Richterinnen und Richter des Landesverfassungsgerichts für das Land Sachsen-Anhalt

Prof. Jürgen Goydke, Präsident
Burkhard Guntau, Vizepräsident
Dr. Edeltraut Faßhauer
Margrit Gärtner
Prof. Dr. Michael Kilian
Erhard Köhler
Prof. Dr. Harald Schultze

Stellvertreterinnen und Stellvertreter

Carola Beuermann
Dietrich Franke
Dietmar Fromhage
Wolfgang Pietzke
Prof. Dr. Stefan Smid
Dr. Peter Willms
Werner Zink

Nr. 1

1. Der Landesgesetzgeber von Sachsen-Anhalt darf vorsehen, daß in der Verwaltung eines Zweckverbands tätige Beamte oder Angestellte nicht zugleich dem Rat einer Mitgliedsgemeinde angehören können.

2. Eine solche von Art. 91 Abs. 2 der Landesverfassung zugelassene Regelung verstößt wegen der Besonderheiten des Zweckverbandsrechts auch dann nicht gegen den Gleichheitssatz, wenn für privatrechtliche Beteiligungen an Gesellschaften oder juristischen Personen die Unvereinbarkeit von Amt und Mandat nur für Beamte und Angestellte in Leitungsfunktionen und dies auch nur dann festgelegt ist, falls die Gemeinde mit über fünfzig Prozent an der Organisation beteiligt ist.

3. Einschränkungen auf der Grundlage des Art. 91 Abs. 2 der Landesverfassung müssen ein „System" wahren, um mit dem Gleichheitssatz vereinbar zu sein.

4. Einschränkungen auf der Grundlage des Art. 91 Abs. 2 der Landesverfassung sind „verhältnismäßig", wenn die Unvereinbarkeiten durch eine am Einzelfall orientierte Ausschlußregelung (wie § 31 der Gemeindeordnung für Sachsen-Anhalt) nicht hinreichend aufgefangen werden können.

5. Zur „Rückwirkung" („Rückbewirkung") von Unvereinbarkeitregelungen während der laufenden Amtsperiode.

Verfassung des Landes Sachsen-Anhalt Art. 8 Abs. 1; Art. 42 Abs. 1; 75; 89; 91 Abs. 2

Landesverfassungsgerichtsgesetz § 91 Abs. 2,

Gemeindeordnung Sachsen-Anhalt §§ 31, 40

Urteil vom 7. Juli 1998 – LVG 17/97 –

in dem Verfassungsbeschwerdeverfahren wegen § 40 Absatz 1 der Gemeindeordnung des Landes Sachsen-Anhalt vom 5.10.1993 (LSA-GVBl., S. 568) in der Fassung des Art. 1 Nr. 15 des Änderungsgesetzes vom 31.7.1997 (LSA-GVBl., S. 721).

Entscheidungsformel:

Die Verfassungsbeschwerde des Beschwerdeführers wird zurückgewiesen.
Die Entscheidung ergeht gerichtskostenfrei. Außergerichtliche Kosten werden nicht erstattet.

Gründe:

1. § 40 Abs. 1 der Gemeindeordnung des Landes Sachsen-Anhalt – LSA-GO – vom 5.10.1993 (LSA-GVBl., S. 568) hatte ursprünglich die Fassung:

§ 40
(Hinderungsgründe); dort Absatz 1:

(1) Mitglieder des Gemeinderates können nicht sein
1. a) Beamte und Angestellte der Gemeinde,
   b) Beamte und Angestellte, die bei einer Verwaltungsgemeinschaft angestellt sind, der die Gemeinde angehört,
   c) Beamte und Angestellte eines Zweckverbandes, dessen Mitglied die Gemeinde ist,
   d) leitende Beamte und leitende Angestellte einer juristischen Person oder sonstigen Organisation des öffentlichen oder Privatrechts, wenn die Gemeinde in einem beschließenden Organ dieser Organisation mehr als die Hälfte der Stimmen hat,
   e) Beamte und Angestellte einer Stiftung des öffentlichen Rechts, die von der Gemeinde verwaltet wird;

2. Beamte und Angestellte der Kommunalaufsichtsbehörde, leitende Beamte und leitende Angestellte der oberen und obersten Kommunalaufsichtsbehörde und des Landesrechnungshofes. ...

Art. 4 des Gesetzes zur Änderung des Gesetzes über die kommunale Gemeinschaftsarbeit und anderer kommunalrechtlicher Vorschriften vom 3.2.1994 (LSA-GVBl., S. 164) änderte die Regelung noch vor deren Inkrafttreten am 1.7.1994 (§ 154 Satz 1 GO-LSA) wie folgt:

§ 40
(Hinderungsgründe); dort Absatz 1:

(1) Mitglieder des Gemeinderates können nicht sein
1. a) hauptamtliche Beamte und Angestellte der Gemeinde, ausgenommen nichtleitende Bedienstete in Einrichtungen der Jugendhilfe und Jugendpflege, der Sozialhilfe, des Bildungswesens und der Kulturpflege, des Gesundheitswesens, des Forst-, Gartenbau- und Friedhofsdienstes, der Eigenbetriebe und ähnlicher Einrichtungen,

b) hauptamtliche Beamte und Angestellte, die bei einer Verwaltungsgemeinschaft angestellt sind, der die Gemeinde angehört; dies gilt während der Dauer der am 1. Juli 1994 beginnenden Wahlperiode nur für den Leiter des gemeinsamen Verwaltungsamtes,
c) Beamte und Angestellte eines Zweckverbandes, dessen Mitglied die Gemeinde ist,
d) leitende Beamte und leitende Angestellte einer juristischen Person oder sonstigen Organisation des öffentlichen oder Privatrechts, wenn die Gemeinde in einem beschließenden Organ dieser Organisation mehr als die Hälfte der Stimmen hat,
e) Beamte und Angestellte einer Stiftung des öffentlichen Rechts, die von der Gemeinde verwaltet wird;

2. a) Beamte und Angestellte der Kommunalaufsichtsbehörde; Nummer 1 Buchst. a gilt entsprechend
b) leitende Beamte und leitende Angestellte der oberen und obersten Kommunalaufsichtsbehörde und des Landesrechnungshofes. ...

Nachdem das Landesverfassungsgericht die Anwendbarkeit dieser Vorschriften im vorläufigen Rechtsschutz zunächst ausgesetzt (LVfG, Beschl. v. 10. 6. 1994 – LVG 14/94 –) und eine ähnliche Entscheidung für die Landkreisordnung getroffen hatte (LVfG, Beschl. v. 11. 7. 1994 – LVG 17/94 –), hat es im späteren Verfahren zur Hauptsache u. a. § 40 GO-LSA mit Rücksicht auf die Einschränkungen in der Übergangsregelung wegen Verstoßes gegen die Wahlgleichheit insgesamt für unvereinbar mit der Landesverfassung und für zeitweise unanwendbar erklärt (LVfG, Urt. v. 27. 10. 1994 – LVG 14/94 –, LVerfGE 2, 345 ff).

Durch Art. 1 Nr. 15 des Kommunalrechtsänderungsgesetzes vom 31.7.1997 (LSA-GVBl, S. 721) – KommRÄG 97 – hat der Landesgesetzgeber § 40 GO-LSA wie folgt geändert:

a) Absatz 1 Nummer 1 wird wie folgt geändert:
aa In Buchst. b wird das Semikolon nach dem Wort „angehört" und der nachfolgende Halbsatz aufgehoben.
bb Nach Buchstabe b wird folgender Buchstabe c eingefügt:
„c) leitende Beamte und leitende Angestellte im Dienst des Landkreises, dem die Gemeinde angehört"
cc Die bisherigen Buchst. c bis e werden Buchst. d bis f.

b) Absatz 1 Nummer 2 erhält folgende Fassung:
„2. Beamte und Angestellte, die vorbereitend oder entscheidend unmittelbar Aufgaben der Kommunal- oder Fachaufsicht oder der Rechnungsprüfung über die Gemeinde wahrnehmen."

c) Es wird folgender neuer Absatz 2 eingefügt:
„(2) Leitende Beamte und leitende Angestellte im Sinne des Absatzes 1 sind:
1. der Landrat und sein allgemeiner Vertreter,
2. sonstige Beamte auf Zeit,
3. die Dezernenten, Amtsleiter, ferner Beamte und Angestellte in vergleichbaren Funktionen sowie deren Vertreter und Vorstandsmitglieder, Verwaltungsleiter, Geschäftsführer und Inhaber vergleichbarer Funktionen sowie deren Vertreter."

d) Der bisherige Absatz 2 wird Absatz 3.

§ 31 Abs. 1 bis 3 GO-LSA, welche die Tatbestände des konkreten Mitwirkungsverbots in einzelnen Angelegenheiten regeln, haben (insoweit unverändert durch Art. 1 Nr. 12 KommRÄG 97) die Fassung:

§ 31
Mitwirkungsverbot

(1) Wer ehrenamtlich tätig ist, darf bei Angelegenheiten nicht beratend oder entscheidend mitwirken, wenn die Entscheidung ihm selbst, seinem Ehegatten, seinen Verwandten bis zum dritten oder Verschwägerten bis zum zweiten Grade oder einer von ihm kraft Gesetzes oder Vollmacht vertretenen Person einen besonderen Vorteil oder Nachteil bringen kann. Dies gilt nicht, wenn er an der Entscheidung der Angelegenheit lediglich als Angehöriger einer Berufs- oder Bevölkerungsgruppe beteiligt ist, deren gemeinsame Interessen durch die Angelegenheit berührt werden.

(2) Wer in einer Angelegenheit in anderer als öffentlicher Eigenschaft ein Gutachten abgegeben hat oder sonst tätig geworden ist, darf bei dieser Angelegenheit nicht in ehrenamtlicher Tätigkeit beratend oder entscheidend mitwirken. Das gleiche gilt für denjenigen, der
1. bei einer natürlichen oder juristischen Person des öffentlichen oder privaten Rechts oder einer Vereinigung gegen Entgelt beschäftigt ist, oder
2. bei einer juristischen Person oder bei einem nichtrechtsfähigen Verein als Mitglied des Vorstandes, des Aufsichtsrates oder eines vergleichbaren Organs tätig ist, sofern er diesem Organ nicht als Vertreter der Gemeinde angehört, oder
3. Gesellschafter einer Gesellschaft des bürgerlichen Rechts ist, wenn die unter Nummern 1 bis 3 Bezeichneten ein wirtschaftliches oder besonderes persönliches Interesse an der Erledigung der Angelegenheit haben.

(3) Lehrer dürfen nicht mitwirken, wenn über Angelegenheiten der Schulträgerschaft der Schule, an der sie tätig sind, beraten oder entschieden wird.
...

2. Der Beschwerdeführer wurde bei der Kommunalwahl 1994 in den Rat der Stadt Bernburg gewählt. Er ist beim Abwasserzweckverband „Saaleaue" in Bernburg angestellt, dessen Verbandsmitglied auch die Stadt Bern-

burg ist. In der Verwaltung des Verbands ist der Beschwerdeführer als Sachbearbeiter für Anlagen und Grundvermögen tätig.

3. Der Beschwerdeführer hat am 13.10.1997 Verfassungsbeschwerde erhoben. Er macht geltend: Die Neuregelung des § 40 GO-LSA hindere ihn daran, sein Mandat weiter auszuüben, das er schon seit 1990 wahrnehme. Die gesetzliche Einschränkung sei unverhältnismäßig. Nur in etwa 5% der Fälle würden Angelegenheiten des Zweckverbands betroffen; er enthalte sich dann immer der Mitwirkung. Ungleich geregelt sei insbesondere, daß bei juristischen Personen des Privatrechts nur leitende Beamte und leitende Angestellte ausgeschlossen würden, bei Zweckverbänden hingegen alle. Ungleich sei ferner, daß die Regelung für die juristischen Personen des Privatrechts erst greife, wenn die Gemeinde über die Hälfte der Stimmen verfüge, während er nicht mehr mitwirken dürfe, obwohl die Stadt Bernburg in der Zweckverbandsversammlung keine absolute Mehrheit habe.

Der Antragsteller beantragt,

§ 40 Abs. 1 Nr. 1 Buchst. d) der Gemeindeordnung des Landes Sachsen-Anhalt vom 5.10.1993 (LSA-GVBl., S. 568) in der Fassung des Art. 1 Nr. 15 des Änderungsgesetzes vom 31.7.1997 (LSA-GVBl., S. 721, 722) für nichtig zu erklären.

4. Die Landesregierung hat sich wie folgt geäußert:

Die angegriffene Einschränkung der Wählbarkeit halte sich in den durch Art. 91 Abs. 2 der Landesverfassung als Ausnahme von den Wahlgrundsätzen der Allgemeinheit und Gleichheit gezogenen Grenzen. Sie gehe auch nicht über das hinaus, was das Landesverfassungsgericht für zulässig gehalten habe. Es sei bereits entschieden, daß aus dem Verhältnis zwischen Zweckverband und Gemeinde ein Ausschlußgrund hergeleitet werden könne. Angesichts des durch Art. 91 Abs. 2 der Landesverfassung eingeräumten gesetzgeberischen Ermessens könne nur noch geprüft werden, ob der Gesetzgeber lediglich die leitenden Beamten und Angestellten habe ausschließen dürfen oder alle beim Zweckverband Tätigen. Die vorgenommene Differenzierung lasse keinen Verstoß gegen den besonderen Gleichheitssatz erkennen. Überall dort, wo gemeindliche Aufgaben der „Kernverwaltung" erledigt würden, sei die Unvereinbarkeit mit dem Ratsmandat festgelegt worden. Gleiches gelte für Tätigkeiten in der Kommunal- und Fachaufsicht oder der Rechnungsprüfung. In dieser besonderen Beziehung zur Gemeinde unterschieden sich die Tatbestände, die eine Unvereinbarkeit nur bei Leitungsfunktionen vorsähen.

Der Landtag hat keine Stellung genommen.

5. Wegen der Entstehungsgeschichte (vor allem des Art. 1 Nr. 13 des Entwurfs für ein Kommunalrechtsänderungsgesetz) wird besonders auf den Entwurf der Landesregierung (LT-Drs 2/2379 v. 13.6.1996), die Beschluß-

empfehlung des Ausschusses für Inneres (LT-Drs 2/3583 neu v. 28.5.1997) sowie die Niederschriften über die beiden Beratungen und die Beschlußfassung im Landtag (StenBer 2/42 v. 20.6.1996 und 2/62 v. 29.5.1997) Bezug genommen und wegen der Reichweite des Änderungsgesetzes auf die Begründung im Regierungsentwurf, auf den Erlaß vom 8.7.1997 des Ministeriums des Innern an die Regierungspräsidien des Landes sowie auf Nr. 254 der Mitteilungen des Städte- und Gemeindebundes Sachsen-Anhalt.

Die Verfassungsbeschwerde ist zulässig (1), aber nicht begründet (2).

1. Wie das Landesverfassungsgericht bereits entschieden hat (LVfG, Urt. v. 27.10.1994 – LVG 14/94 –, LVerfGE 2, 345, 357), handelt es sich bei Verfassungsbeschwerden, die Wahlrechte nach Landesverfassungsrecht betreffen, um „allgemeine Verfassungsbeschwerden" i. S. d. Art. 75 Nr. 6 der Verfassung des Landes Sachsen-Anhalt – LVerf-LSA – vom 16.7.1992 (LSA-GVBl., S. 600) und der §§ 2 Nr. 7; 47 ff des Gesetzes über das Landesverfassungsgericht – LVerfGG-LSA – vom 23.8.1993 (LSA-GVBl, S. 441), geändert durch Gesetze vom 14.6.1994 (LSA-GVBl, S. 700) und vom 22.10.1996 (LSA-GVBl., S. 332), über die das Landesverfassungsgericht ohne Rücksicht darauf zu entscheiden berufen ist, ob bundesrechtlich (auch) der Weg zum Bundesverfassungsgericht beschritten werden könnte (vgl. insoweit neuerdings auch: BVerfG, Beschl. v. 15.10.1997 – 2 BvN 1/95 –, NJW 1998, 1296 ff).

Die Verfassungsbeschwerde betrifft die zulässige Frage, ob die beanstandete Vorschrift mit dem sich aus Art. 89 LVerf-LSA ergebenden „passiven" Wahlrecht vereinbar ist. Hierbei handelt es sich um ein „staatsbürgerliches" Recht i. S. d. Art. 75 Nr. 6 LVerf-LSA und des § 2 Nr. 7 LVerfGG-LSA. Umfaßt werden „politische Mitwirkungsrechte", insbes. die von der Volkssouveränität vorausgesetzten Wahlrechte (vgl. insoweit auch Art. 2 Abs. 2 und Art. 8 LVerf-LSA; wie hier: *Mahnke,* LVerfGE, Art. 8, Rdn. 3, Art. 75 Rdn. 19; vgl. für das Bundeswahlrecht z. B.: BVerfG, Beschl. v. 21.6.1988 – 2 BvR 638/84 –, BVerfGE 78, 350, 357).

Das staatsbürgerliche Recht auf Gleichbehandlung im aktiven und passiven Wahlrecht folgt landesverfassungsrechtlich für Kommunalwahlen aus Art. 89 LVerf-LSA i. V. m. Art. 8 Abs. 1 LVerf-LSA (LVfG, LVerfGE 2, 345, 358).

Art. 89 LVerf-LSA verlangt in den Kommunen zwingend Volksvertretungen, die nach den Grundsätzen des Art. 42 Abs. 1 LVerf-LSA gewählt worden sind. Art. 89 LVerf-LSA enthält damit zugleich das subjektive Recht auf Teilhabe an Kommunalwahlen, wie es sich für die Landtagswahl aus Art. 42 Abs. 1 LVerf-LSA ergibt. Daß diese Rechte „formal gleich" allen Teilnehmern an Wahlen zustehen, folgt aus dem Grundsatz *gleicher* Wahl (Art. 42, 89 LVerf-LSA) sowie zusätzlich aus Art. 8 Abs. 1 LVerf-LSA. Soweit Art. 8

Abs. 1 LVerf-LSA gleiche staatsbürgerliche Rechte einräumt, handelt es sich um einen Sonderfall des allgemeinen Gleichheitssatzes (Art. 7 Abs. 1 LVerf-LSA).

Der oben vorgenommenen Ableitung subjektiver Rechte direkt aus Art. 8 Abs. 1 und Art. 89 LVerf-LSA – als *Sonder*fall des Art. 7 Abs. 1 LVerf-LSA – steht nicht entgegen, daß das Bundesverfassungsgericht stets nur auf den *allgemeinen* Gleichheitssatz des Art. 3 Abs. 1 GG abstellt und die Wahlgleichheit als dessen *Unter*fall behandelt (vgl. etwa: BVerfGE 58, 177, 188). Ursache hierfür ist allein, daß – anders als bei der landesrechtlichen Verfassungsbeschwerde nach Art. 75 Nr. 6 LVerf-LSA – die Verfassungsbeschwerde zum Bundesverfassungsgericht nach Art. 93 Abs. 1 Nr. 4a GG und § 90 Abs. 1 BVerfGG nur auf die Verletzung von Grundrechten oder ausdrücklich erwähnten Rechten gestützt werden kann; dort sind aber *staatsbürgerliche* Rechte nicht genannt (LVfG, LVerfGE 2, 345, 359).

Da (auch) das subjektive (Kommunal-)Wahlrecht bereits durch Art. 8 Abs. 1 und Art. 89 LVerf-LSA als Sonderfall des Gleichheitsgrundsatzes garantiert wird, ist der Rückgriff auf den allgemeinen Gleichheitssatz des Art. 7 Abs. 1 LVerf-LSA nicht mehr erforderlich (LVfG, LVerfGE 2, 345, 359).

Unmittelbar aus Art. 89 und ergänzend aus Art. 42 Abs. 1 LVerf-LSA folgt ferner, daß der Beschwerdeführer keine Einschränkungen hinnehmen muß, welche die „Allgemeinheit" der Kommunalwahl in verfassungswidriger Weise einschränken.

Gleichfalls bereits geklärt ist, daß Wahlvorschriften die Bürger in staatsbürgerlichen Rechten unmittelbar verletzen können (LVfG, LVerfGE 2, 345, 359 f).

Überwiegendes spricht in diesem Fall dafür, daß die Novelle vom 31.7.1997 das (passive) Wahlrecht des Beschwerdeführers (neu) berührt hat, obwohl Art. 1 Nr. 15 des Kommunalrechtsänderungsgesetzes vom 31.7.1997 (LSA-GVBl., S. 721) – KommRÄG 97 – den Wortlaut des Gesetzes für die Mitarbeiter im Zweckverband gegenüber der früheren Fassung nicht verändert, sondern die Regelung nur vom Buchstaben c) auf den Buchstaben d) verschoben, und bereits § 40 Abs. 1 Nr. 1 Buchst. c) der Gemeindeordnung des Landes Sachsen-Anhalt – LSA-GO – vom 5.10.1993 (LSA-GVBl, S. 568), geändert durch Art. 4 des Gesetzes zur Änderung des Gesetzes über die kommunale Gemeinschaftsarbeit und anderer kommunalrechtlicher Vorschriften – GKGÄG-LSA – vom 3.2.1994 (LSA-GVBl., S. 164) (mit dieser Änderung zitiert als: GO-LSA 93/94), die Unvereinbarkeit auf alle (und nicht nur auf die „leitenden") Beamten und Angestellten der Zweckverbände erstreckt hatte. Auch wenn das Landesverfassungsgericht in dem früheren Verfahren gemeint hat, die „alte" Regelung „lebe" gleichsam von selbst wieder auf, wenn die Übergangszeit des früheren § 40 Abs. 1 Nr. 1 Buchst. b) GO-LSA 93/94 abgelaufen sei (LVfG, LVerfGE 2, 345, 378), hat der Gesetzgeber jedenfalls eine „Neu-"Regelung getroffen, soweit er die nur als „geändert" behandelte Fassung des § 40 GO bereits während der laufenden Wahlperiode beschlossen und in Kraft gesetzt hat.

Daß der Gesetzgeber inhaltlich im wesentlichen die „alte" Regelung des § 40 Abs. 1 Nr. 1 Buchst. c) GO-LSA 93/94 „übernommen" hat – darauf deuten vor allem die Begründungen zum Regierungsentwurf (vgl. LT-Drs 2/2379 v. 13. 6.1996, Vorblatt, Buchst. A., S. 3 sowie Einzelbegründung zu Art. 1 Nr. 13 des Entwurf, S. 39 f) und die Erklärung des Innenministers anläßlich der Ersten Beratung (StenBer 2/42 v. 20. 6.1996, S. 3242) –, steht jedenfalls für die laufende Wahlperiode der Annahme nicht entgegen, es sei gleichwohl eine neue „Regelung" getroffen worden.

Die Frage muß nicht endgültig geklärt werden, weil sich erweisen wird (unten 2.), daß die Verfassungsbeschwerde jedenfalls keinen Erfolg hat, wenn von einer „Neu-"Regelung ausgegangen wird; anderenfalls wäre sie bereits unzulässig, weil sich der Beschwerdeführer gegen eine bereits in der Vergangenheit vorgenommene und in Zukunft lediglich wieder auflebende „Regelung" des § 40 Abs. 1 Nr. 1 Buchst. c) GO-LSA 93/94 wegen Ablaufs der Jahresfrist des § 48 LVerfGG-LSA nicht mehr hätte wehren können.

Die Verfassungsbeschwerde genügt den übrigen Zulässigkeitsanforderungen.

Die (einfach-gesetzliche) Vorschrift, durch welche sich der Beschwerdeführer verletzt fühlt, ist benannt. Auch das Verfassungsrecht, welches der Beschwerdeführer für beeinträchtigt hält, ist ausreichend bezeichnet. Hierfür ist nicht erforderlich, auf einen konkreten Artikel der Landesverfassung zu verweisen; denn § 49 LVerfGG-LSA verlangt nur die Angabe des *Rechts,* das verletzt sein soll. Dem ist genügt, wenn sich der Beschwerdeführer auf den Verlust seines (passiven) Wahlrechts beruft. Die konkrete einschlägige Bestimmung muß insbesondere in nicht ganz einfach zu ermittelnden Fällen nicht konkret bezeichnet werden (LVfG, LVerfGE 2, 345, 361).

Bezogen auf die Rechtsänderung, welche die Inkompatibilitätsbestimmungen neu in Kraft gesetzt hat, ist die Jahresfrist des § 48 LVerfGG-LSA eingehalten.

2. Die Verfassungsbeschwerde ist unbegründet.

Die Einschränkung des Wahlrechts ist nicht aus allgemeinen verfassungsrechtlichen Gründen nichtig (2.1). Der Gesetzgeber hat bei dem von ihm gewählten System auch nicht gegen das Willkürverbot verstoßen (2.2); das Ausmaß der Einschränkung erweist sich schließlich nicht als unverhältnismäßig (2.3). Das Änderungsgesetz vom 31.7.1997 ist dahin auszulegen, daß es den Beschwerdeführer nicht bereits gegenwärtig für die noch laufende Wahlperiode vor die Alternative stellt, seinen Beruf aufzugeben oder sein Mandat niederzulegen (2.4).

2.1. Der Grundsatz der Wahlgleichheit verbietet zwar grundsätzlich, einzelne oder Gruppen von ihrem Wahlrecht auszuschließen; Art. 91 Abs. 2 LVerf-LSA ermächtigt den Gesetzgeber aber, diesen Grundsatz zu durchbrechen und die Abgrenzung nach seinem Ermessen abstrakt zu bestimmen. Wessen Tätigkeit hiernach als unvereinbar mit einer Mandatsausübung festgelegt wird, kann nicht mit Erfolg geltend machen, bei seiner konkret ausgeübten Tätigkeit bestehe keine Interessenkollision.

Wie bereits in dem früheren Verfahren ausgeführt worden ist (LVfG, LVerfGE 2, 345, 362 f, m.w.N.), sind die Wahlgrundsätze der allgemeinen und gleichen Wahl durch ihren formalen Charakter gekennzeichnet und unterscheiden sich darin vom allgemeinen Gleichheitssatz. Allgemeinheit und Gleichheit der Wahl verlangen grundsätzlich, daß jedem das staatsbürgerliche Recht in formal möglichst gleicher Weise zusteht. Dem Gesetzgeber bleibt wegen dieser Formalisierung nur ein eng bemessener Spielraum für Differenzierungen, die jeweils eines besonderen rechtfertigenden zwingenden Grundes bedürfen.

Dieser auch für kommunale Wahlen geltende Grundsatz wird jedoch auf derselben Regelungsebene, nämlich bereits von Verfassungs wegen, durch Art. 91 Abs. 2 LVerf-LSA eingeschränkt, indem der Gesetzgeber ermächtigt wird, die Wählbarkeit von Bediensteten des öffentlichen Dienstes zu regeln (vgl. dazu im einzelnen bereits: LVfG, LVerfGE 2, 354, 363 ff). Für die konkrete Einschränkung innerhalb der Ermächtigung durch Art. 91 Abs. 2 LVerf-LSA bedarf es deshalb keines besonderen rechtfertigenden Grundes mehr (LVfG, LVerfGE 2, 354, 365).

Art. 91 Abs. 2 LVerf-LSA läßt sogar Regelungen zu, welche die Wählbarkeit faktisch ausschließen, wenn anders der Gefahr von Interessenkollisionen nicht wirksam begegnet werden kann (LVfG, LVerfGE 2, 354, 365, m.w.N.). Das gilt jedenfalls in allen Fällen, die noch als bloße „Unvereinbarkeiten" zwischen Amt und Mandat anzusehen sind (= Inkompatibilitäten). Sie unterscheiden sich von den echten „Unwählbarkeiten" (= Ineligibitäten) dadurch, daß der Betroffene die Wahl hat, für welche der konkurrierenden, miteinander unvereinbaren Tätigkeiten er sich entscheidet.

Daß eine solche „Unvereinbarkeit" auch zwischen dem Ratsmandat und der Tätigkeit in einem Zweckverband, dem die Gemeinde angehört, festgelegt werden darf, hat das Landesverfassungsgericht bereits in der früheren Entscheidung angedeutet (LVfG, LVerfGE 2, 354, 366).

2.2. Die Regelungen des § 40 GO-LSA sind „systemgerecht" und deshalb nicht als „willkürlich" zu beanstanden.

Regelungen aufgrund des Art. 91 Abs. 2 LVerf-LSA müssen den (besonderen) Gleichheitssatz beachten. Es gilt im Grundsatz nichts anderes als in den übrigen Fällen, in welchen die Verfassungsordnung dem Gesetzgeber Gestaltungsräume zubilligt. Diese werden durch die üblichen Verfassungsgrundsätze begrenzt: der Gesetzgeber darf nicht willkürlich verfahren, er muß sich innerhalb des Normzwecks halten und darf den Grundsatz der Verhältnismäßigkeit nicht verletzen. Die Grundsätze des Art. 8 Abs. 1 LVerf-LSA wirken auf die Regelung des Art. 91 Abs. 2 LVerf-LSA ein (vgl. im einzelnen: LVfG, LVerfGE 2, 354, 367, m.w. N.).

Die Verfassungsbestimmung läßt „Ungleichheit" zwar zwischen einerseits den in Art. 91 Abs. 2 LVerf-LSA genannten Gruppenzugehörigen und andererseits den übrigen Angehörigen des Volkes – also gleichsam: im Verhältnis nach *außen* – zu. Die Gruppenangehörigen *unter*einander und die unterschiedlichen Gruppen *zu*einander – also gleichsam: im Verhältnis nach *innen* – dürfen ohne sachlich einleuchtenden Grund nicht ungleich behandelt werden (LVfG, a a O).

Dies verlangt, daß der Gesetzgeber ein „System" wahren muß.

Diesen Anforderungen ist im Änderungsgesetz vom 31. 7. 1997 genügt.

2.2.1. Erkennbares Ziel des § 40 Abs. 1 Nr. 1 Buchst. a) (eigene Verwaltung), b) (gemeinsames Verwaltungsamt), d) (Zweckverband) und f) (Stiftungsverwaltung) GO-LSA ist es, die gleichzeitige Tätigkeit im Rat der Gemeinde und in der Verwaltung für die Gemeinde nicht zuzulassen. Dabei soll gleichbedeutend sein, ob der Verwaltende unmittelbar im Dienst der Gemeinde steht oder ob er deren Aufgaben jedenfalls mittelbar wahrnimmt. Dies geschieht nicht nur im gemeinsamen Verwaltungsamt (vgl. § 77 Abs. 7 GO-LSA), sondern in gleicher Weise auch in einem Zweckverband, auf den die gemeindlichen Aufgaben der Mitgliedsgemeinden übergehen (§ 9 Abs. 1 des Gesetzes über die kommunale Gemeinschaftsarbeit i.d.F. d. Bek. v. 26. 2. 1998 (LSA-GVBl, S. 81) – GKG-LSA 98 –).

Ohne Bedenken ist, daß der Gesetzgeber Mitarbeiter einer Stiftung, die von der Gemeinde verwaltet wird, den übrigen Gemeindebediensteten gleichstellt, weil sie in ihrer Abhängigkeit von der allgemeinen Verantwortlichkeit in der Gemeinde (Bürgermeister, Rat) den unmittelbar bei der Gemeinde Tätigen gleichstehen.

2.2.2. Soweit § 40 Abs. 1 Nr. 1 Buchst. e) GO-LSA die Unvereinbarkeit bei den juristischen Personen oder sonstigen Organisationen des Privatrechts auf leitende Tätigkeiten beschränkt und dies auch nur dann gelten läßt, wenn die Gemeinde eine gewisse beherrschende Stellung hat, liegt der Unterschied zum Zweckverband darin, daß die Gemeinde sich bei der Handlungsform des Privatrechts dessen Regeln unterwirft und sich lediglich auf Mitgliedschaftsrechte beschränkt, ohne daß die Gemeinde oder deren Rat auf die Verwaltungsgeschäfte der Organisation des Privatrechts oder auch nur auf das Stimmverhalten des entsandten Mitglieds rechtlich unmittelbaren Einfluß nehmen können. Die Zuständigkeit des Rats beschränkt sich hier auf die Bestellung oder Abberufung des Vertreters in der Mitgliederversammlung (§ 44 Abs. 3 Nr. 12 GO-LSA).

Diese Grundsätze gelten regelmäßig auch für die Organisationsformen des öffentlichen Rechts, also auch für die Körperschaften des öffentlichen Rechts.

Wenn der Gesetzgeber die Unvereinbarkeit bei der Körperschaft des öffentlichen Rechts „Zweckverband" (vgl. § 7 GKG-LSA 98) gleichwohl strenger regelt, so kann er dies ohne Verfassungsverstoß mit der besonderen Nähe zur Gemeindeorganisation begründen. Sie kommt nicht nur dadurch zum Ausdruck, daß § 40 Abs. 3 Nr. 17 GO-LSA die Mitgliedschaft in einem Zweckverband aus den sonstigen in kommunalen Verbänden besonders heraushebt (vgl. i. ü. § 40 Abs. 4 Nr. 2 GO-LSA), sondern folgt vor allem daraus, daß die Verbandsversammlung (§ 11 GKG-LSA 98), welche die Kontrolle über die dem Verbandsvorsitzenden unterstehende Verwaltung ausübt (§ 12 GKG-LSA 98 sowie § 16 Abs. 1 GKG-LSA 98 i.V.m. § 57 Abs. 1 Satz 2 GO-LSA), aus Vertretern der Mitgliedsgemeinden besteht, die nicht nur – wie nach der Gemeindeordnung sonst üblich – durch den Rat bestellt und abberufen werden, sondern zusätzlich während der Dauer ihrer Amtszeit auch von dessen Beschlüssen abhängig sind (§ 11 Abs. 2 Satz 4 GKG-LSA 98). Dies erhöht die Mitwirkungsmöglichkeiten des Gemeinderats und damit die Abhängigkeit der in der Verwaltung des Zweckverbands Tätigen vom Gemeinderat.

Diese Bindung ist allenfalls schwächer, besteht aber rechtlich in ähnlicher Weise wie die Abhängigkeit der Mitarbeiter im gemeinsamen Verwaltungsamt von den Beschlüssen der Mitgliedsgemeinde, für welche die Aufgaben lediglich wahrgenommen werden (§ 77 Abs. 7 Satz 2 GO-LSA).

Gemeinsam ist diesen Tatbeständen, daß „Kontrolleure" und „Kontrollierte" nicht identisch sein sollen.

In der Abhängigkeit von der Willensbildung im Gemeinderat unterscheiden sich die vom Beschwerdeführer nur rein tatsächlich verglichenen Fälle der Tätigkeiten einerseits in einer juristischen Person mit Gemeindebeteiligung und andererseits in einem Zweckverband. Wegen der höheren rechtlichen Abhängigkeit im Zweckverband durfte der Gesetzgeber auch die dort Tätigen ohne Rücksicht darauf ausschließen, mit welchem Gewicht die einzelne Gemeinde in der Verbandsversammlung vertreten ist.

2.2.3. Ohne Einfluß auf das Ergebnis im Verfahren des Beschwerdeführers ist, ob innerhalb der Gruppe der im gemeinsamen Verwaltungsamt Tätigen eine Unter-Differenzierung notwendig wäre. Eine Berührung der Verwaltungstätigkeit in der Verwaltungsgemeinschaft mit der Willensbildung im Gemeinderat ist nicht denkbar, wenn alle Aufgaben des eigenen Wirkungskreises von der Gemeinde auf die Verwaltungsgemeinschaft übertragen sind und deshalb auch die Willensbildung des Gemeinderats vollständig durch diejenige in der Verwaltungsgemeinschaft ersetzt wäre (vgl. insoweit zum früheren Recht der Verwaltungsgemeinschaft bereits: LVfG, LVerfGE 2, 345, 370); denn eine solche mögliche „Systemwidrigkeit" hätte jedenfalls keinen Einfluß auf das übrige Regelwerk. Insbesondere könnten hieraus keine Folgen für die Verfassungsmäßigkeit des § 40 Abs. 1 Nr. 1 Buchst. d) GO-LSA gezogen werden, weil das Zweckverbandsrecht eine dem § 77 Abs. 7 GO-LSA ähnliche Differenzierung nicht kennt. Da ein Differenzierungsdefizit ohne jede Auswirkung auf das übrige „System" sein würde, bedarf es auch keiner Entscheidung, ob – wie das Innenministerium geltend macht – diese allein eine Differenzierungsnotwendigkeit begründende Konstellation vollständigen Aufgabenübergangs wiederum gerade aus Verfassungsgründen gar nicht in Betracht kommen darf (unter Berufung wohl auf BVerfG, Urt. v. 24.7.1979 – 2 BvK 1/78 –, BVerfGE 52, 95, 124/125; Beschl. v. 26.10.1994 – 2 BvR 445/91 –, BVerfGE 91, 228, 241).

Einer besonderen Betrachtung bedürftig sind allein die in § 40 Abs. 1 Nr. 1 Buchst. a) GO-LSA genannten Sonderfälle; denn bei diesen handelt es sich um Einrichtungen teils nach besonderen Rechtsvorschriften (vgl. etwa das Eigenbetriebsgesetz vom 24.3.1997 [LSA-GVBl., S. 446], dort insbes. die Vorschriften über das „Sondervermögen" (§§ 12 ff); vgl. auch etwa zu Jugendhilfe und -pflege: die Regelungen über Horte *an Grundschulen* nach dem Hortgesetz vom 31.8.1993 [LSA-GVBl, S. 523]; das Kinderbetreuungsgesetz vom 26.6.1991 (LSA-GVBl., S. 126), zuletzt geändert durch Gesetz vom 17.12.1996 (LSA-GVBl., S. 416), dort insbes. § 3 zur Eigenständigkeit der Einrichtung), teils nach besonderem Satzungsrecht aufgrund des § 8 Nr. 1 GO-LSA, die – obgleich Teil der Gemeindeverwaltung – mit gewisser Selbständigkeit ausgestattet sind. Die Zuständigkeit des Rats beschränkt sich hier auf die organisatorischen Grundfragen (vgl. § 44 Abs. 3 Nrn. 3, 6 und 9 GO-LSA).

2.2.4. Soweit im übrigen die Unvereinbarkeit lediglich an Leitungsfunktionen anknüpft, ist – wie insbesondere die Definitionen dazu in § 40 Abs. 2 GO-LSA belegen – abgestuft, welchen Einfluß die in anderen Organisationen Tätigen auf diese haben und von welchem Gewicht deshalb im Verhältnis zur Gemeinde ihr Einfluß ist. In bezug auf die Landkreisverwaltung ist dabei nicht zu beanstanden, daß die mit Kommunal- oder Fachaufsicht über die Gemeinde in Berührung kommenden Bediensteten auch dann nicht dem Rat der Gemeinde angehören dürfen, wenn sie in keiner leitenden Funktion tätig sind (vgl. einerseits § 40 Abs. 1 Nr. 1 Buchst. c) GO-LSA und andererseits § 40 Abs. 1 Nr. 2 GO-LSA).

Die Regelungen der Landkreisordnung für das Land Sachsen-Anhalt – LKO-LSA – vom 5.10.1993 (LSA-GVBl., S. 598), zuletzt geändert durch Gesetz vom 31.7.1997 (LSA-GVBl., S. 721), geben keinen Anhaltspunkt für die Annahme, das für die Gemeindeordnung gefundene „System" könne gleichwohl Fehler enthalten, weil die beiden Kommunalgesetze nicht kongruent seien.

2.3. § 40 Abs. 1 Nr. 1 Buchst. d) GO-LSA verstößt auch nicht gegen den Grundsatz der Verhältnismäßigkeit.

Die systemgerechten Einschränkungen des passiven Wahlrechts sind geeignet, die gleichzeitige Wahrnehmung von Ämtern zu verhindern, die als inkompatibel angesehen werden dürfen.

Da dem Landesgesetzgeber Gestaltungsfreiheit innerhalb der verfassungsmäßigen Grenzen zusteht, muß auch bei der Erforderlichkeitsprüfung davon ausgegangen werden, daß das mit den Regelungen verfolgte Ziel der Verfassung entspricht. Dieses Ziel kann nicht durch weniger einschneidende Mittel erreicht werden. Insbesondere bietet § 31 GO-LSA keinen hinreichenden Schutz.

Aufgabe dieser Bestimmung wie der Unvereinbarkeitsregelungen ist es, Interessenkonflikte zu vermeiden, denen der Betroffene ausgesetzt sein würde. Außerdem dienen beide Bestimmungen dem Vertrauen der Wähler in die Unabhängigkeit der Gewählten und dem Schutz vor unsachlichen Einflüssen auf die Willensbildung in der Volksvertretung. § 31 Abs. 2 GO-LSA macht deutlich, daß dabei nicht nur persönliche Belange von Gewicht sein können, sondern gerade auch die Stellung des Betroffenen in seinem Beruf. Durch § 31 Abs. 2 GO-LSA können nicht die generellen, sich aus der beruflichen Stellung ergebenden Abhängigkeiten und Loyalitätskonflikte erfaßt werden, welche die Haltung des Betroffenen bei der Willensbildung im Gemeinderat beeinflussen und ihn möglicherweise nicht mehr „unvoreingenommen" urteilen lassen. Das gilt auch für § 31 Abs. 2 Satz 2 GO-LSA, der die besonderen Beschäftigungsverhältnisse nur dann erfaßt, wenn die dahinterstehende Organisation ein besonderes wirtschaftliches Interesse an dem Ergebnis hat. Eine solhe Qualität hätten insbesondere die reinen Kontrolltätigkeiten noch nicht, die der Gemeinderat gegenüber den durch § 40 Abs. 1 GO-LSA erfaßten Verwaltungen ausübt, und auch nicht die Abhängigkeiten, in welche der Gemeinderat durch die Aufsichtsbehörden geraten kann. Der

Interessenkonflikt, den § 40 Abs. 1 Nr. 1 Buchst. d) GO-LSA für Zweckverbände beseitigen will, kann insbesondere weder durch § 31 Abs. 2 Satz 2 Nr. 1 GO-LSA noch hinreichend durch die allgemeine Bestimmung des § 31 Abs. 1 Satz 1 GO-LSA erfaßt werden, weil der dort vorausgesetzte persönliche Vorteil in den seltensten Fällen nachweisbar wäre.

Die Notwendigkeit einer den § 31 GO-LSA ergänzenden Regelung kann der Beschwerdeführer deshalb auch nicht dadurch in Frage stellen, daß er gleichsam freiwillig immer dann auf Mitwirkung im Stadtrat Bernburg verzichtet hat, wenn es um Angelegenheiten des Zweckverbands ging.

Da es „systemgerecht" ist, die Mitwirkung im Gemeinderat an Wahl und Abwahl des weisungsabhängigen Vertretungsmitglieds für die Verbandsversammlung zum Anlaß eines Interessenkonflikts „Gemeinde" zu „Zweckverband" insgesamt nehmen, ist es auch nicht unverhältnismäßig im engeren Sinn, die Unvereinbarkeit für alle Beamten und Angehörigen des Zweckverbands festzulegen und nicht lediglich für solche mit Leitungsfunktionen.

2.4. Die Wirkung des § 40 Abs. 1 Nr. 1 Buchst. d) GO-LSA muß der Beschwerdeführer erst mit Ablauf der gegenwärtigen Wahlperiode gegen sich gelten lassen. Das folgt aus einer verfassungskonformen Auslegung des Änderungsgesetzes vom 31.7.1997 (zu den Voraussetzungen verfassungskonformer Auslegung vgl. etwa: BVerfG, Urt. v. 24.4.1985 – 2 BvF 2/83 –, BVerfGE 69, 1, 55 m.w.N.; Beschl. v. 26.4.1994 – 1 BvR 1299/89 –, BVerfGE 90, 263, 275 m.w.N.; Beschl. v. 24.5.1995 – 2 BvF 1/92 –, BVerfGE 93, 37 ff).

Soweit der Wortlaut, nach welchem die den § 40 GO-LSA verändernde Regelung des Art. 1 Nr. 15 KommRÄG ohne Übergangsbestimmungen sogleich in Kraft getreten ist (Art. 6 Abs. 1 KommRÄG: am 6.8.1997), dahin verstanden werden könnte, er erfasse auch die bereits und noch amtierenden Mandatsträger, ständen dieser Auslegung die bereits vom Gesetzgeber befürchteten verfassungsrechtlichen Bedenken entgegen. Selbst wenn das Amt nicht im eigentlichen Sinn „rückwirkend" entzogen würde, wäre doch eine vorhandene, in der Vergangenheit rechtmäßig durch Wahl begründete Position mit Sofort-Wirkung tatsächlich entwertet (vgl. zu einer solchen „tatbestandlichen Rückanknüpfung" im Verhältnis zu einer „Rückbewirkung von Rechtsfolgen": BVerfG, Beschl. v. 14.5.1996 – 2 BvL 2/83 –, BVerfGE 72, 200, 241/242, sowie zusammenfassend: *Fiedler,* „Neuorientierung der Verfassungsrechtsprechung zum Rückwirkungsverbot und zum Vertrauensschutz?", NJW 1988, 1624 ff). Ein die „Rückanknüpfung" im Rahmen der Verhältnismäßigkeitsprüfung rechtfertigender besonderer Grund (vgl. BVerfGE 72, 200, 242/243) ist im Gesetzgebungsverfahren nicht vorgebracht und auch nicht ersichtlich.

Öffentlicher Personennahverkehr – Aufgabenübertragung auf Kommunen   343

Das rechtfertigt es, das Gesetz anhand der Entstehungsgeschichte (Begründung zum Regierungsentwurf) so auszulegen, wie es das Innenministerium und der Städte- und Gemeindebund anwenden. Danach gilt das Gesetz zwar seit dem 6.8.1997 für alle neu entstehenden Konfliktsituationen (insbesondere im Fall des „Nachrückens"), greift aber nicht in die Positionen der bisherigen Mandatsträger ein.

3. Die Kostenentscheidung folgt aus § 32 LVerfGG-LSA.

Nr. 2

1. Art. 87 Abs. 3 LVerf-LSA gestattet nur, den Kommunen staatliche Aufgaben nach Weisung und – weitergehend als andere Landesverfassungen auch – Pflichtaufgaben zur eigenen Wahrnehmung aufzuerlegen, wenn für diese jeweils die Kostendeckung geregelt und Mehrbelastungen der Kommunen angemessen ausgeglichen werden.

2. Art. 87 Abs. 3 LVerf-LSA enthält einen besonderen Regelungsauftrag für den Gesetzgeber. Dieser erfüllt eine Schutzfunktion für die Kommunen in der Weise, daß er bei jeder Aufgabenübertragung die damit verbundenen finanziellen Belastungen berücksichtigen muß. Dabei sind die Kosten nachvollziehbar zu ermitteln und für die Kommunen sichtbar zu machen, in welcher Höhe sie an der Deckung der Kosten beteiligt werden.

3. Entscheidend ist die Eignung der Regelung zum Zweck der Berechnungssicherheit. Dabei müssen nicht alle Kosten, die bei den Kommunen im Zusammenhang mit der Aufgabe anfallen, seitens des Landes abgedeckt werden. Es ist verfassungsrechtlich unbedenklich, wenn den Kommunen eine „Interessenquote" bei der Kostendeckung verbleibt. Die Höhe einer solchen Quote ist dem Ermessen des Gesetzgebers anheimgestellt.

Verfassung des Landes Sachsen-Anhalt Art. 75 Nr. 7; 87 Abs. 1 und 3
  Gesetz zur Gestaltung des Öffentlichen Personennahverkehrs Sachsen-Anhalt
  §§ 15, 12 und 10 Abs. 1 und 2

Urteil vom 17. September 1998 – LVG 4/96 –

in dem Verfassungsbeschwerdeverfahren wegen der §§ 15, 12 und 10 Abs. 1 und 2 des Gesetzes zur Gestaltung des Öffentlichen Personennahverkehrs im Land Sachsen-Anhalt vom 24.11.1995 (LSA-GVBl., 339).

Entscheidungsformel:

1. § 15 ÖPNVG-LSA ist insoweit mit Art. 87 Abs. 3 LVerf-LSA nicht vereinbar, als er für die Kostenfaktoren des § 15 Abs. 3 ÖPNVG-LSA kein Verfahren zur Bestimmung der Kostenhöhe enthält.
Im übrigen wird die Verfassungsbeschwerde zurückgewiesen.

2. Die Entscheidung ergeht gerichtskostenfrei.

Die außergerichtlichen Kosten trägt das Land zu zwei Fünfteln, der Beschwerdeführer zu drei Fünfteln.

Gründe:

1. Die am 23. Dezember 1996 eingelegte Verfassungsbeschwerde richtet sich gegen verschiedene Bestimmungen des Gesetzes zur Gestaltung des Öffentlichen Personennahverkehrs im Land Sachsen-Anhalt, das am 1. Januar 1996 in Kraft getreten ist. Die beschwerdeführende Kommune ist der Auffassung, durch diese Bestimmungen in ihrem durch Art. 2 Abs. 3 sowie 87 Landesverfassung von Sachsen-Anhalt verbürgten Recht auf kommunale Selbstverwaltung beeinträchtigt zu sein.

Das genannte Gesetz wurde veranlaßt durch die Eisenbahn-Struktur-Reform der deutschen Eisenbahnen, die wiederum auf dem Bundesgesetz zur Neuordnung des Eisenbahnwesens (Eisenbahnneuordnungsgesetz – ENeuOG) vom 27. Dezember 1993 (BGBl. I S. 2378) beruht. Die bisherigen Staatsbetriebe Deutsche Bundesbahn und Deutsche Reichsbahn wurden in eine privatrechtliche Aktiengesellschaft – die Deutsche Bahn AG – umgestaltet. Ihre Aufgabe ist es, auf privatwirtschaftlicher Grundlage Schienenverkehrsleistungen im Personenfern- und -nahverkehr sowie im Güterverkehr anzubieten. Nach der Übertragung auch des Eigentums an den Schienenwegen gehört es ebenfalls zu den Aufgaben der Deutschen Bahn AG, diese Schienenwege zu unterhalten und auszubauen.

Teil des Gesetzespakets zur Bahnreform ist ein Gesetz, das speziell den öffentlichen Personennahverkehr neugestaltet, nämlich das in Art. 4 des ENeuOG enthaltene Gesetz zur Regionalisierung des öffentlichen Personennahverkehrs (Regionalisierungsgesetz – RegG). § 1 RegG legt dabei fest, daß die Sicherstellung einer ausreichenden Bedienung der Bevölkerung mit Verkehrsleistungen im öffentlichen Personennahverkehrs eine Aufgabe der Daseinsvorsorge ist. Die Stellen, denen diese Aufgabe zukommt, sind vom Landesgesetzgeber erst zu bestimmen. In § 3 des RegG wird festgelegt, daß zur Stärkung der Wirtschaftlichkeit der Verkehrsbedienung im öffentlichen Personennahverkehr die Zuständigkeiten für Planung, Organisation und Finanzierung des öffentlichen Personennahverkehrs möglichst zusammenzuführen sind. Die Länder haben auch insoweit das Nähere zu regeln. Sie können diese Aufgabe jedoch delegieren. § 4 RegG verknüpft die EG-Verordnung Nr. 1191/69 (ABl. EG Nr. 156 S. 1) in der Fassung der Verordnung Nr. 1893/91 (ABl. EG Nr. I. 169 S. 1) mit dem nationalen Recht. Danach können mit Verkehrsunternehmen Verträge über gemeinwirtschaftliche Verkehrsleistungen abgeschlossen werden; des weiteren können ihnen solche Leistungen gegen finanziellen Ausgleich auferlegt werden. Auch insoweit werden Finanzierungsregelungen mit der Aufgabenträgerschaft im öffentlichen Personennahverkehr verbunden, ebenso wird bestimmt, daß es Sache der Länder ist zu regeln, wer zuständige Behörde im Sinn der EG-Verordnung ist.

Folge dieser bundes- wie EG-rechtlichen Vorgaben war der Erlaß von Landesgesetzen zur Organisation und Finanzierung des öffentlichen Personennahverkehrs. Das in Ausführung dieser Vorgaben vom Landtag von Sachsen-Anhalt verabschiedete Gesetz zur Gestaltung des Öffentlichen Personennahverkehrs im Land Sachsen-Anhalt vom 24.11.1995 (LSA-GVBl., S. 339) – ÖPNVG-LSA – enthält als wesentliche Bestimmungen folgende Passagen:

§ 1
Grundsätze des Öffentlichen Personennahverkehrs:

(1) Öffentlicher Personennahverkehr ist eine Aufgabe der Daseinsvorsorge. Die Sicherstellung einer dem öffentlichen Interesse entsprechenden Bedienung der Bevölkerung mit Verkehrsleistungen und Erschließung des Landes mit Anlagen des Öffentlichen Personennahverkehrs ist eine Aufgabe der kommunalen Selbstverwaltung. Die Kommunen werden bei der Wahrnehmung der Aufgabe vom Land Sachsen-Anhalt unterstützt.
...

weiter:

§ 3
Aufgabenträger

(1) Die Landkreise und kreisfreien Städte gewährleisten in ihrem Gebiet eine dem öffentlichen Interesse entsprechende Bedienung der Bevölkerung mit Verkehrsleistungen und Erschließung mit Anlagen des Öffentlichen

Personennahverkehrs. Sie sind Aufgabenträger für den Öffentlichen Personennahverkehr im Sinne von § 8 Abs. 3 des Personenbeförderungsgesetzes und von § 1 Abs. 2 des Regionalisierungsgesetzes (Aufgabenträger). Sie sind zuständige Stelle im Sinne des § 8 Abs. 4 Satz 4 des Personenbeförderungsgesetzes.

Für den Schienenpersonennahverkehr gelten die besonderen Regelungen des Teils 2 des ÖPNVG-LSA.

Danach liegt die Organisation und Gewährleistung des Schienenpersonennahverkehrs im Lande Sachsen-Anhalt beim Land als dem „Besonderem Aufgabenträger":

§ 10
Organisation und Gewährleistung des Schienenpersonennahverkehrs

(1) Das für Verkehr zuständige Ministerium ist zuständige Behörde im Sinne von § 15 Abs. 1 Satz 2 des Allgemeinen Eisenbahngesetzes. Die Bestellung oder Vereinbarung der Verkehrsleistungen erfolgt nach Maßgabe von § 15 des Allgemeinen Eisenbahngesetzes. Im übrigen ist § 5 entsprechend anzuwenden.

(2) Das für Verkehr zuständige Ministerium bedient sich bei der Wahrnehmung der Aufgabe nach Absatz 1 der Nahverkehrsservice-Gesellschaft des Landes Sachsen-Anhalt, an der sich die Aufgabenträger beteiligen können. ...

§ 11
Besonderer Aufgabenträger

(1) Bis zur Gewährleistung des Schienenpersonennahverkehrs durch die Aufgabenträger nach § 3 wird diese Aufgabe von dem für Verkehr zuständigen Ministerium wahrgenommen (Besonderer Aufgabenträger). § 15 ist solange entsprechend anzuwenden. ...

(2) Die Aufgabenträger und der Besondere Aufgabenträger haben zur Übernahme der Gewährleistung des Schienenpersonennahverkehrs eine einvernehmliche Lösung anzustreben. Soweit bis zum 31. Dezember 2002 keine einvernehmliche Lösung zustande gekommen ist, hat die Landesregierung die Fähigkeit der Zusammenschlüsse nach § 2 Abs. 2 beziehungsweise des Zweckverbandes nach § 3 Abs. 3 zur Gewährleistung des Schienenpersonennahverkehrs zu prüfen. Verfügen diese über die notwendige Leistungsfähigkeit, wird die Landesregierung ermächtigt, ihnen durch Verordnung die Gewährleistung des Schienenpersonennahverkehrs zu übertragen. Diese Verordnung hat gleichzeitig die Finanzierung der Aufgabe zu regeln.

Schließlich:

§ 12
Plan des Schienenpersonennahverkehrs

(1) Der Besondere Aufgabenträger entwickelt den Plan des Schienenpersonennahverkehrs, soweit die Gewährleistung des Schienenpersonennahverkehrs nicht nach § 11 Abs. 2 übergegangen ist. ...

(2) Der Besondere Aufgabenträger leitet das Aufstellungsverfahren ein, indem er seine Planungsabsicht den übrigen Aufgabenträgern mitteilt. Die Mitteilung ist mit der Aufforderung zu verbinden, Vorschläge für den Entwurf des Plans des Schienenpersonennahverkehrs zu unterbreiten. Die Aufgabenträger hören die in § 7 Abs. 1 Genannten vor Abgabe ihrer Vorschläge an. Der Plan des Schienenpersonennahverkehrs hat die Vorschläge der übrigen Aufgabenträger zu beachten. Sofern von den Vorschlägen nicht nur unwesentlich abgewichen werden soll, ist der Entwurf des Plans des Schienenpersonennahverkehrs mit den übrigen Aufgabenträgern zu erörtern.

(3) Der Plan des Schienenpersonennahverkehrs ist unverzüglich erstmals aufzustellen. Er ist in geeigneten Zeiträumen, mindestens alle fünf Jahre, fortzuschreiben. Für wesentliche Änderungen und Ergänzungen des Plans des Schienenpersonennahverkehrs gelten die Vorschriften über seine Aufstellung entsprechend.

(4) Solange der Plan des Schienenpersonennahverkehrs für den Planbereich eines Nahverkehrsplanes gemäß § 6 gültig ist, beschränkt sich dieser auf den Straßenpersonennahverkehr. Der Plan des Schienenpersonennahverkehrs ist für den Nahverkehrsplan verbindliche Vorgabe; seine Berücksichtigung ist in ihm darzulegen.

(5) Bei Übergang der Aufgabe nach § 11 Abs. 2 ist die Planung für den Schienenpersonennahverkehr in den Nahverkehrsplan einzubeziehen. ...

Teil 4 des ÖPNVG enthält die Regelungen über die Finanzierung des Personennahverkehrssystems:

§ 15
Finanzierung des Öffentlichen Personennahverkehrs

(1) Die Finanzverantwortung für den Öffentlichen Personennahverkehr obliegt dem Aufgabenträger.

(2) Die dem Land aus dem Regionalisierungsgesetz zufließenden Mittel sind für den Öffentlichen Personennahverkehr, insbesondere für den Schienenpersonennahverkehr, zu verwenden. Sie werden im Hinblick auf die Gewährleistung einer dem öffentlichen Interesse entsprechenden Bedienung der Bevölkerung mit

Verkehrsleistungen im Öffentlichen Personennahverkehr durch landeseigene Mittel ergänzt. Die Mittel nach Satz 1 dürfen nicht zur Finanzierung bisher schon vom Land wahrgenommener Aufgaben verwendet werden. Das Land stellt aus den Mitteln nach § 8 Abs. 2 des Regionalisierungsgesetzes Mittel für Investitionen des Schienenpersonennahverkehrs in angemessenem Umfang nach Maßgabe des Ansatzes im Landeshaushaltsplan zur Verfügung.

(3) Der Aufgabenträger erhält vom Land Zuweisungen nach Maßgabe des Ansatzes im Landeshaushaltsplan

1. Zur Förderung des Öffentlichen Personennahverkehrs (Vorhaltekosten des Öffentlichen Personennahverkehrs),
2. zur Lastentragung von Fehlbeträgen aus Verpflichtungen nach der Verordnung (EWG) Nr. 1191/69 oder für Zahlungen im Hinblick auf wirtschaftlich vergleichbare Verträge im Sinne des § 5 Abs. 1,
3. für Kooperationshilfen,
4. für die Aufstellung von Nahverkehrsplänen,
5. für Investitionen in Infrastruktur und Fahrzeuge.

(4) Der Aufgabenträger erhält vom Land Zuweisungen nach Maßgabe des Ansatzes im Landeshaushaltsplan für zusätzliche Kosten auf Basis der Nahverkehrspläne für

1. Mehrkosten für die Errichtung von Taktverkehren,
2. Information und Marketing zum gesamten Angebot des Öffentlichen Personennahverkehrs im Nahverkehrsraum und seinen Schnittstellen zu benachbarten Nahverkehrsräumen,
3. die qualitative Verbesserung des Öffentlichen Personennahverkehrs im Sinne einer für die Fahrgäste attraktiven, ökologischen Alternative zum motorisierten Individualverkehr.

(5) Das für Verkehr zuständige Ministerium wird ermächtigt, durch Verordnung die Aufteilung der Zuweisungen nach Absatz 3 Nrn. 1 bis 4 unter Beachtung des Grades der Wahrnehmung der Aufgabenträgerschaft und der Qualität der Gewährleistung zu regeln. Die Verordnung kann vorsehen, daß ein Teil der Mittel vom Land für spezielle Förderungen, wie Anlauffinanzierungen, Modellversuche und die Errichtung von Verkehrskooperationen, vergeben werden kann. Weiterhin kann sie Mittel für überregional durchgebundene Nahverkehre sowie für die Aufgabenwahrnehmung nach § 10 Abs. 2 Satz 1 und § 11 Abs. 1 Satz 5 vorsehen.

(6) Das für Verkehr zuständige Ministerium erstellt nach Maßgabe des jeweiligen Haushaltsansatzes und unter Berücksichtigung der Investitionspläne der Aufgabenträger ein Investitionsprogramm, das alle Investitionen des Landes sowie alle vom oder über das Land zu vergebenden Zuwendungen für Investitionen für den Öffentlichen Personennahverkehr von fünf Jahren umfaßt und jährlich fortgeschrieben wird ...

(7) Sonstige gesetzliche Ausgleichsleistungen bleiben unberührt. ...

Öffentlicher Personennahverkehr – Aufgabenübertragung auf Kommunen   349

2. Nach Ansicht des Beschwerdeführers verletzt das Gesetz in mehreren zentralen Bestimmungen sein Selbstverwaltungsrecht aus Art. 2 Abs. 3; 87 LVerf-LSA:
Die Kommunalverfassungsbeschwerde sei zulässig, da der Beschwerdeführer eine Verletzung des Selbstverwaltungsrechts aus Art. 2 Abs. 3, 87 LVerf-LSA durch §§ 15, 12, 10 Abs. 1 S. 2 u. 1 ÖPNVG-LSA geltend mache. Die Finanzierungsregelung des § 15 ÖPNVG-LSA betreffe die Rechtsstellung des Antragstellers unmittelbar, ebenso die defizitäre Regelung der Mitwirkungsrechte in § 12 ÖPNVG-LSA, zudem verletze den Antragsteller die in § 10 Abs. 1 ÖPNVG-LSA geregelte Bestellerfunktion für den Schienenpersonennahverkehr. Diese Bestellerfunktion werde bereits mit Erlaß des Gesetzes von vornherein und auf Dauer in die exklusive Zuständigkeit des zuständigen Ministeriums gelegt und damit dem Antragsteller vorenthalten. Ihm werde ohne Umsetzungsmaßnahme jede Einwirkung auf die Bestellerfunktion versagt. Die Verletzung sei auch gegenwärtig: §§ 15, 12 ÖPNVG-LSA hätten mit Inkrafttreten am 1. 2. 1996 Wirkung geäußert, auch bei §§ 10 Abs. 1, 2 S. 1, 11 ÖPNVG-LSA sei dies der Fall, da bereits mit dem Inkrafttreten dieser Vorschriften ein definitiver Ausschluß des Antragstellers erfolgt sei. Ein Verweis auf spätere Klagemöglichkeiten greife nicht, der Antragsteller sei auf die hier erstrebte Rechtsschutzmöglichkeit beschränkt. § 15 ÖPNVG-LSA verletze das Recht auf Selbstverwaltung in der besonderen Ausprägung des Rechts auf finanzielle Eigenverantwortung nach Art. 87 Abs. 3 LVerf-LSA. Das ÖPNVG-LSA weise den Landkreisen und kreisfreien Städten umfangreiche und detaillierte Pflichtaufgaben im Rahmen des öffentlichen Personennahverkehrs zu, ohne in § 15 ÖPNVG-LSA für eine den verfassungsrechtlichen Anforderungen des Art. 87 Abs. 3 S. 2 und 3 LVerf-LSA entsprechende Kostenerstattung zu sorgen. § 12 ÖPNVG-LSA verletze das Selbstverwaltungsrecht aus Art. 87 Abs. 1 und 2 LVerf-LSA. Die Bestimmung sehe vor, daß die Kreise ihre Planung für den öffentlichen Personennahverkehr nicht nach eigenem Ermessen gestalten können, sondern den Schienenpersonennahverkehrsplan, den der Besondere Aufgabenträger Land ausarbeite, als zwingende und detailgenaue Vorgabe für seine Nahverkehrsplanung gelten lassen müssen. Insoweit werde der Planungsspielraum des Antragstellers auf Null reduziert, ohne daß ihm ein hinreichend qualifiziertes Mitwirkungsrecht an der Schienenpersonennahverkehrsplanung eingeräumt würde. § 10 Abs. 1 und Abs. 2 S. 1 ÖPNVG-LSA verletzten das Selbstverwaltungsrecht aus Art. 87 Abs. 1 und 2 LVerf-LSA. § 11 ÖPNVG-LSA sehe vor, daß spätestens nach Ablauf des Jahres 2002 die Kreise die Gewährleistung des Schienenpersonennahverkehrs als Selbstverwaltungsaufgabe übernähmen. Dabei behalte sich jedoch der Besondere Aufgabenträger Land gem. § 10 Abs. 1 ÖPNVG-LSA die Ausübung der wichtigen und finan-

ziell überaus bedeutsamen Bestellerfunktion für Schienenverkehrsleistungen über diesen Zeitpunkt hinaus weiter vor.

Die Kommunalverfassungsbeschwerde sei auch begründet.

§ 15 ÖPNVG-LSA sei verfassungswidrig:

Die Finanzhoheit der Kommunen sei eine Ausprägung der kommunalen Selbstverwaltungsgarantie, sie enthalte ein Recht auf angemessene, d. h. aufgabengerechte Finanzausstattung. Maßstab sei Art. 87 Abs. 3 LVerf-LSA. Voraussetzung der Kostendeckung sei das Bestehen von Pflichtaufgaben in eigener Verantwortung oder von staatlichen Aufgaben nach Weisung. Die Aufgabenzuweisung an die Kommunen erfolge durch Landesgesetz, hierbei komme dem Gesetzgeber ein Einschätzungsspielraum zu, es seien Sachgründe nötig. Hier würden Teilaufgaben auferlegt, und zwar in der Form einer Zuweisung von Pflichtaufgaben in eigener Verantwortung als Selbstverwaltungsaufgabe i. S. v. Art. 87 Abs. 3 S. 1, 1. Alt. LVerf-LSA. Es handle sich auch um die Zuweisung einer neuen Aufgabe, aus dem Recht der Deutschen Demokratischen Republik lasse sich nichts anderes herleiten. Zumindest als Pflichtaufgabe sei die Aufgabe neu. Sie sei durch Gesetz auferlegt; Pflichtaufgaben seien immer enger reglementiert. Eine solche Detailregelung bedeute aber stets eine neue Aufgabe. Die Kostendeckungsregelung trenne zwischen Art. 87 Abs. 3 S. 2, 3 und Art. 88 LVerf-LSA als einer zentralen, quantitativen Sicherung als Globalsicherung der Finanzen der Kommunen. Art. 87 Abs. 3 LVerf-LSA diene demgegenüber als zweiter Pfeiler der aufgabenorientierten Finanzausstattung nach dem Konnexitätsprinzip. Vorliegen müsse die Gleichzeitigkeit der Regelung einer Kostendeckung; Art. 87 LVerf-LSA komme insoweit eine „Warnfunktion" zu. Formal sei im Gesetz die Finanzierung geregelt, fraglich sei aber, ob sie den Vorgaben des Art. 87 Abs. 3 S. 2, 3 LVerf-LSA entspreche. Folge sei die Notwendigkeit eines angemessenen Ausgleichs für alle entstehenden Kosten ohne Rücksicht auf die finanzielle Leistungsfähigkeit der Kommunen. Es bestehe ein Ermessensspielraum für den Gesetzgeber bei der Art und Weise des Finanzausgleichs. Dieser müsse aber klar erkennbar sein. Die Anforderungen des Art. 87 LVerf-LSA seien im Gesetz nicht erfüllt worden. Zum Beispiel genüge ein schlichter Haushaltsvorbehalt nicht. Folge sei, daß § 15 ÖPNVG-LSA und die Aufgabenübertragung nach dem ÖPNVG-LSA verfassungswidrig seien; das Junktim des Art. 87 Abs. 3 LVerf-LSA sei nicht erfüllt.

Auch § 12 ÖPNVG-LSA sei verfassungswidrig:

Nach der Landesverfassung bestehe eine Vermutung für die Allzuständigkeit der Kreise (im Gegensatz zu Art. 28 Abs. 2 S. 2 GG). Die Planung nach § 12 ÖPNVG-LSA sei eine überörtliche Angelegenheit der Kreisebene und unterliege dem Schutzbereich der Selbstverwaltungsgarantie. Das Land beschränke diese durch §§ 11, 6, 12 Abs. 4 ÖPNVG-LSA. Folge sei eine Ver-

Öffentlicher Personennahverkehr – Aufgabenübertragung auf Kommunen   351

letzung des Selbstverwaltungsrechts der Kommunen und ein Eingriff in den Kernbereich. Eine historische Auslegung im Hinblick auf die Gesetzeslage der Deutschen Demokratischen Republik verbiete sich. Zwar liege – folge man der Subtraktionsmethode des Bundesverfassungsgerichts – kein Eingriff in den Kernbereich des Selbstverwaltungsrechts vor, es liege jedoch ein Verstoß gegen das Verhältnismäßigkeitsgebot bei Wahrung des äußeren Bereichs des Selbstverwaltungsrechts vor. Eine Kompensation dieses Defizits der Kommunen an Kompetenz über Mitwirkungsrechte fehle.

Schließlich sei auch § 10 Abs. 1 S. 2 ÖPNVG-LSA nicht mit der Landesverfassung vereinbar: § 10 ÖPNVG-LSA tangiere ebenfalls den Schutzbereich von Art. 2 Abs. 3; 87 Abs. 1 und 2 LVerf-LSA. Das Vorenthalten der Bestellerfunktion betreffe den Schutzbereich der Selbstverwaltungsgarantie; denn auch der Schienenpersonennahverkehr falle in den geschützten Aufgabenbereich des Antragstellers. Die Nichtübertragung der Bestellerfunktion sei daher verfassungswidrig, es bleibe den Landkreisen nur eine Restkompetenz.

3. Der Landtag hat keine Stellungnahme abgegeben.

Die Landesregierung hält die Kommunalverfassungsbeschwerde hinsichtlich § 10 ÖPNVG-LSA für unzulässig, hinsichtlich der §§ 12 und 15 ÖPNVG-LSA für unbegründet. Die Landesregierung erachtet die Rüge der Verfassungswidrigkeit von § 10 ÖPNVG-LSA als unzulässig, da der Beschwerdeführer von der Regelung nicht in seinen Rechten berührt werde. Der Schienennahverkehr gehöre aktuell nicht zu den Aufgaben der Kreise. Zudem gelte § 11 Abs. 2 S. 1 ÖPNVG-LSA, wonach ein Einvernehmen anzustreben sei (s. auch § 11 Abs. 2 S. 2 u. 3 ÖPNVG-LSA). Adressat dieser Vorschrift sei nicht der Beschwerdeführer, sondern der Träger eines erst noch zu bildenden Nahverkehrsraums oder ein Zweckverband.

Die übrigen Rügen seien unbegründet:

Eine institutionelle Schutzwirkung des Art. 2 Abs. 3; 87 Abs. 1 LVerf-LSA sei erst bei Aushöhlung des kommunalen Finanzwesens gegeben. Eine Garantie der Finanzausstattung der Kommunen sei im Sinne einer Ausstattungsgarantie grundsätzlich zu bejahen. Diese werde durch Art. 88 Abs. 2 und 3 LVerf-LSA operationalisiert, sei aber im Zusammenhang mit einer plural strukturierten Zusammensetzung kommunaler Einnahmen zu sehen; denn neben dem Bund hätten die Länder eine besondere Verantwortung für die Finanzausstattung. Das Land komme seiner Verpflichtung aus Art. 88 Abs. 1 S. 1 LVerf-LSA mehrfach nach. Notwendig sei eine Gesamtrechnung aller Einnahmen und Ausgabenverpflichtungen aus übertragenen Hoheitsaufgaben, pflichtiger wie freiwilliger Selbstverwaltungsaufgaben. Folge sei, daß Art. 88 Abs. 1 LVerf-LSA keine Garantie für die Deckung von Kosten

LVerfGE 9

aufgrund spezifischer Aufgaben enthalte. Das Konzept einheitlicher Finanzgarantie lasse grundsätzlich keinen Raum für Ansprüche von Kommunen auf Erstattung von Kosten für bestimmte Aufgaben. Es bestehe nur ein Anspruch auf eine allgemeine, aufgabenunabhängige Mindestausstattung. Die Verfassungspflicht aus Art. 88 Abs. 1 LVerf-LSA aktualisiere sich erst dann als Anspruch der Kommunen, wenn die Untergrenze für eine funktionsfähige Finanzausstattung insgesamt unterschritten wäre und die Kommunen damit strukturell handlungsunfähig würden. § 15 ÖPNVG-LSA bleibe nicht hinter den rechtlichen Anforderungen des Art. 87 Abs. 3 S. 2, 3 LVerf-LSA zurück: Art. 87 LVerf-LSA biete eine über Art. 88 LVerf-LSA hinausgehende Sicherheit für die Finanzausstattung der Kommunen. Danach sei Art. 87 Abs. 3 S. 2, 3 LVerf-LSA aufgabenakzessorisch konzipiert, dies jedoch nur im Sinne einer Bewahrung der Kommunen vor Auszehrung durch die Übertragung von Aufgaben und einer Abwehr beliebiger Umlenkung von Aufgaben, so daß etwa für die freiwilligen Selbstverwaltungsaufgaben kein finanzieller Spielraum mehr bleibe. Ihm komme daher die Funktion zu, Aufgabenwanderungsprozesse, die aufgrund Art. 87 Abs. 3 S. 1 LVerf-LSA grundsätzlich zulässig seien, von den dazu komplementären finanziellen Regelungen abhängig zu machen.

Diese Vorgaben des Art. 87 Abs. 3 LVerf-LSA seien beim öffentlichen Personennahverkehr (im folgenden ÖPNV) zu beachten: Der ÖPNV sei eine Aufgabe im Rahmen der Selbstverwaltung (§ 1 Abs. 1 S. 2 ÖPNVG-LSA); er sei eine pflichtige Aufgabe (§ 6 ÖPNVG-LSA) mit planerischer Gestaltungsfreiheit sowie eine Gewährleistungsaufgabe (§ 3 Abs. 1 S. 2 ÖPNVG-LSA). Jedoch bestehe keine ins Detail gehende Regelung, es bestünden für die Kommunen vielmehr Gestaltungsspielräume, welche nur einer Rechtsaufsicht unterlägen. Dabei sei kein Formenmißbrauch der Überbürdung von Aufgaben nach Weisung in Form nominell pflichtiger Selbstverwaltungsaufgaben zu beobachten. Zum Bestand der nach 1990 wieder eingeführten kommunalen Selbstverwaltung gehöre der ÖPNV in seiner Gänze nicht. Er sei allenfalls eine freiwillige Selbstverwaltungsaufgabe. Die Aufgabendefinition des § 3 Abs. 1 ÖPNVG-LSA stehe dem Gesetzgeber nach Maßgabe des Art. 87 Abs. 1 LVerf-LSA zu, eine Verletzung „geborener" Selbstverwaltungsaufgaben als Kernaufgaben komme daher nicht in Betracht. Erst durch das Gesetz sei der ÖPNV zu einer Aufgabe der kommunalen Selbstverwaltung geworden.

Die Landesverfassung habe sich für ein dualistisches Aufgabenmodell entschieden, Art. 87 Abs. 3 S. 2 LVerf-LSA beziehe sich sowohl auf pflichtige Selbstverwaltungsaufgaben wie auf übertragene staatliche Aufgaben. Die Bestimmung trete nicht isoliert neben die Verpflichtung nach Art. 88 Abs. 1 LVerf-LSA, vielmehr verleihe sie bei der Beteiligung an höherstufiger Planung materielle Rechte auf Berücksichtigung der Belange der Kommunen bei Entscheidungen. Es existiere keine Zwangsbindung an den Plan des Schienennahverkehrs, den Kommunen verblieben eigene Gestaltungsräume. Der Plan umfasse zwar verbindliche Vorgaben (§ 12 Abs. 4 S. 2 ÖPNVG-LSA), diese seien aber nur zu „berücksichtigen" (§ 12 Abs. 4, S. 2, 2. Hs. ÖPNVG-LSA). Es bestehe daher keine strikte Planungsleitlinie, sondern nur ein Optimierungsgebot. Damit sei eine Gefahr der Überformung eigener planerischer Gestaltungsvorstellungen der Kommunen gebannt. Die Funktion des Landes nach § 10 Abs. 1 ÖPNVG-LSA verstoße aktuell nicht materiell gegen das Recht der kommunalen Selbstverwaltung.

Im übrigen schränke die Regelung in § 10 ÖPNVG-LSA die Selbstverwaltungskompetenz auch nicht sachwidrig oder unverhältnismäßig ein: Der Schienenverkehr sei in die Nahverkehrsplanung einzubeziehen, § 12 Abs. 5 ÖPNVG-LSA. Damit könnten dessen Träger in erheblichem Umfang gestaltend auf dessen Qualität einwirken, somit konzeptionell und gestaltend mitentscheiden. Die Schwerpunkte lägen bei den Kommunen, dem Land als Besteller bleibe im wesentlichen eine Dienstleistungsfunktion. Der Verbleib gerade dieser Aufgabe beim Land sei sachgerecht: die Deutsche Bahn AG betreibe den Schienenpersonennahverkehr nahezu monopolartig. In ihrer Anbieterfunktion könne sie diese Macht gegenüber einer Vielzahl von Bestellern ausspielen. Daher sei eine Koordination durch das Land unumgänglich.

1. Die Verfassungsbeschwerde ist zulässig, soweit sie sich gegen die Bestimmungen der §§ 12 und 15 des Gesetzes zur Gestaltung des Öffentlichen Personennahverkehrs im Lande Sachsen-Anhalt – ÖPNVG-LSA – vom 24.11.1995 (LSA-GVBl., S. 339) wendet (1.1). Im übrigen ist sie unzulässig (1.2).

1.1 Der Landkreis Schönebeck ist beschwerdeberechtigt und hinsichtlich der Regelungen der §§ 12 und 15 ÖPNVG-LSA auch beschwerdebefugt.

1.1.1 Art. 75 Nr. 7 der Landesverfassung Sachsen-Anhalt – LVerf-LSA – vom 16.7.1992 (LSA-GVBl., S. 600) eröffnet den Kommunen und Gemeindeverbänden i.V.m. §§ 2 Nr. 8, 5 des Gesetzes über das Landesverfassungsgericht – LVerfGG-LSA – vom 23.8.1993 (LSA-GVBl., S. 441), geändert durch Gesetz vom 14.6.1994 (LSA-GVBl., S. 700) und vom 22.10.1996 (LSA-GVBl., S. 332) im Falle einer Verletzung des Rechts auf Selbstverwaltung nach Art. 2 Abs. 3 und Art. 87 LVerf-LSA durch Landesgesetz die Verfassungsbeschwerde. Der Landkreis Schönebeck ist nach Art. 87 Abs. 1 LVerf-LSA eine Kommune i.S.d. Art. 75 Nr. 7 LVerf-LSA, §§ 2, 51 Abs. 1 LVerfGG-LSA. Die Verfassungsbeschwerde hat einen zulässigen Beschwerdegegenstand, da sie sich als Rechtssatzverfassungsbeschwerde gegen einzelne Regelungen des ÖPNVG-LSA richtet.

1.1.2 Der Landkreis Schönebeck ist beschwerdebefugt, da er durch die Regelungen der §§ 12 und 15 ÖPNVG-LSA selbst, gegenwärtig und unmittelbar betroffen sein kann. Nach § 12 Abs. 4 S. 2 ÖPNVG-LSA stellt der vom Land als vorläufiger Besonderer Aufgabenträger gemäß § 12 Abs. 1 ÖPNVG-LSA zu entwickelnde Schienenpersonennahverkehrsplan für die kommunale Planung eine verbindliche Vorgabe dar. Dieser Plan wurde inzwischen auch erlassen (s. die Bekanntmachung des Ministeriums für Wohnungswesen, Städtebau und Verkehr vom 9.1.1998 – 42 – 30600, LSA-MBl Nr. 21/1998 vom 22.4.1998 –, S. 727). Die Planungshoheit der Kommune in ihrem Wirkungskreis ist grundsätzlich ein integraler Bestandteil der Selbstverwaltung. Eine gesetzliche Einschränkung der Planungshoheit bedarf der aufgrund einer Güterabwägung zu treffenden Feststellung, daß schutzwürdige überörtliche Interessen diese Einschränkung erfordern (dazu BVerfG, Beschl. v. 7.10.1980 – 2 BvR 584, 598, 599, 604/76 – BVerfGE 56, 298 ff, 309 ff). Es erscheint nicht von vornherein ausgeschlossen, daß die Regelung des § 12 Abs. 4 S. 2 ÖPNVG-LSA die Planungshoheit der Kommunen unverhältnismäßig einschränkt.

Gemäß Art. 87 Abs. 3 LVerf-LSA kann der Landesgesetzgeber den Kommunen Aufgaben übertragen, wenn ein angemessener Ausgleich für die finanzielle Mehrbelastung geschaffen wird. In § 15 ÖPNVG-LSA hat der Gesetzgeber für die Übertragung des Öffentlichen Personennahverkehrs als Pflichtaufgabe auf die Kommunen das Verfahren des Kostenausgleichs geregelt. Selbst wenn dem Gesetzgeber bei der Art und Weise der Kostenregelung ein Gestaltungsspielraum zusteht, so erscheint es vor dem Hintergrund der Finanzhoheit als wesentlicher Bestandteil der kommunalen Selbstverwaltung möglich, daß das Verfahren einen angemessenen Kostenausgleich nicht sicherstellt. Zum Selbstverwaltungsrecht gehört nach gefestigter Rechtsprechung des Bundesverfassungsgerichts (BVerfG, Beschl. v. 15.10.1985 – 2 BvR 1808-1810/82 –, BVerfGE 71, 25, 36 m.w.N.) und der Verfassungsgerichte der Länder (VerfGH NW, Urt. v. 6.7.1993 – VfGH 9,22/92 –, DVBl. 1993, 1205; VerfGH RP, Urt. v. 18.3.1992 – VGH 2/91 –, DVBl. 1992, 981; StGH BW, Urt. v. 14.10.1993 – GR 2/92 –, VBlBW 1994, 15; NdsStGH, Beschl. v. 13.8.1995 – StGH 2, 3, 6–10/93 –, DVBl. 1995, 1175; BayVfGH, Entschdg. v. 27.2.1997 – Vf. 17-VII-94 –, BayVBl. 1997, 303) die Finanzhoheit der Kommunen. Basis dafür ist die Landesverfassung, die eine finanzielle Grundausstattung der Gemeinden vorsieht.

Der Beschwerdeführer ist durch die Regelungen der §§ 12 und 15 ÖPNVG-LSA auch gegenwärtig und unmittelbar betroffen, da sich die Belastung unmittelbar aus dem Gesetz ergibt und kein weiterer Vollzugsakt erforderlich ist.

Öffentlicher Personennahverkehr – Aufgabenübertragung auf Kommunen   355

1.2 Soweit der Beschwerdeführer mit seiner Kommunalverfassungsbeschwerde die Regelung des § 10 ÖPNVG-LSA angreift, ist die Beschwerde mangels Beschwerdebefugnis unzulässig. Der Landesgesetzgeber greift mit der Regelung nicht in den eigenen Wirkungskreis der Kommunen ein. Der schienengebundene Personennahverkehr ist seiner Natur nach überörtlich.

Zwar hat der Landesgesetzgeber den Kommunen durch § 3 ÖPNVG-LSA die Aufgabe der Gewährleistung eines Öffentlichen Personennahverkehrs als Selbstverwaltungsaufgabe übertragen, allerdings hat er sich dabei in §§ 10 und 12 ÖPNVG-LSA die Bestellerfunktion und die Gewährleistungsfunktion vorbehalten. Da diese Funktionen nicht übertragen worden sind, sind sie, entgegen der Rechtsauffassung des Beschwerdeführers, auch nicht entzogen worden.

Gemäß § 11 Abs. 2 S. 1 ÖPNVG-LSA hat das Land als Besonderer Aufgabenträger mit den übrigen Aufgabenträgern des Öffentlichen Personennahverkehrs eine einvernehmliche Regelung anzustreben, die derzeit noch nicht erfolgt ist. Sollte das Einvernehmen bis zum 31.12.2002 scheitern, kommt eine Übertragung der besonderen Aufgaben auf die Zusammenschlüsse nach § 3 Abs. 2 ÖPNVG-LSA oder die Zweckverbände nach § 3 Abs. 3 ÖPNVG-LSA in Betracht. Der Beschwerdeführer wird also weder gegenwärtig noch unmittelbar durch die Regelung des § 10 ÖPNVG-LSA betroffen.

1.3 Diese landesrechtliche Verfassungsbeschwerde ist nicht durch die bundesrechtliche Rüge ausgeschlossen, Art. 28 Abs. 2 GG sei verletzt (vgl. Art. 93 Abs. 1 Nr. 4b GG); denn das Bundesverfassungsgericht kann gegen Landesgesetze subsidiär nur dann angerufen werden, wenn und soweit keine Verfassungsbeschwerde zu einem Landesverfassungsgericht erhoben werden kann (Art. 93 Abs. 1 Nr. 4b GG).

Art. 28 Abs. 2 GG verdrängt auch nicht in Verbindung mit Art. 31 GG die Garantie aus Art. 2 Abs. 3 und Art. 87 LVerf-LSA, denn das Bundesrecht enthält nur die Mindestgarantie kommunaler Selbstverwaltung und schließt inhaltsgleiches oder weitergehendes Landesverfassungsrecht nicht aus (LVfG, Urt. v. 31.5.1994, – LVG 2/93 –, LVerfGE 2, 227; s. a. BVerfG, Beschl. v. 15.10.1997 – 2 BvN 1/95 –, NJW 1998, 1296 ff.).

2. Die Verfassungsbeschwerde hat teilweise Erfolg, soweit sie sich gegen die Finanzierungsbestimmungen des § 15 Abs. 3 und 4 ÖPNVG-LSA richtet (2.1); soweit sie sich gegen § 12 ÖPNVG-LSA richtet, ist sie zurückzuweisen (2.2).

2.1 Art. 87 Abs. 3 LVerf-LSA enthält eine im Vergleich zu Art. 88 LVerf-LSA besondere Finanzgarantie (2.1.1). § 15 ÖPNVG-LSA ist mit

Art. 87 Abs. 3 LVerf-LSA unvereinbar, soweit durch das Gesetz über den öffentlichen Personennahverkehr „neue" Aufgaben übertragen werden (2.1.2). Die teilweise Unvereinbarkeit des § 15 Abs. 3, 4 ÖPNVG-LSA mit Art. 87 Abs. 3 LVerf-LSA führt nicht zur Nichtigkeit der übrigen Bestimmungen des Gesetzes über den öffentlichen Personennahverkehr, sondern verpflichtet den Landesgesetzgeber, die unvollkommene Regelung über Zuweisungen an die Kommunen zu vervollständigen (2.1.3).

2.1.1 Die systematische Stellung des Art. 87 Abs. 3 LVerf-LSA und der Wortlaut insbesondere des Satzes 2 dieser Bestimmung schließen es aus, diese Anordnung lediglich als Unterfall einer einheitlichen Finanzierung der Kommunen durch das Land nach Art. 88 LVerf-LSA anzusehen. Art. 87 Abs. 3 LVerf-LSA gestattet es nur dann, den Kommunen neue Aufgaben aufzuerlegen, wenn für diese jeweils die Kostendeckung geregelt und Mehrbelastungen der Kommunen angemessen ausgeglichen werden. Wie vergleichbare Bestimmungen anderer Landesverfassungen (vgl. zum Verhältnis der Art. 57 Abs. 4 und 58 der niders. Verfassung: NdsStGH, Urt. v. 25.11.1997 – StGH 14/95 u. a. –. DÖV 1998, 382ff = DVBl. 1998, 185ff; vgl. zu Art. 97 Abs. 3 der Verfassung des Landes Brandenburg: VfG Bbg., Urt. v. 18.12.1997, – VfG Bbg. 47/96 –, DÖV 1998, 336ff) verpflichtet die Verfassung des Landes Sachsen-Anhalt das Land, außer der durch Art. 88 LVerf-LSA geregelten sog. „Grundausstattung" besondere Regelungen über die Kosten zu treffen, welche durch übertragene Aufgaben entstehen. Über die niedersächsische und auch die brandenburgische Verfassung hinaus gilt das nach Art. 87 Abs. 3 Satz 2, 1. Alt. LVerf-LSA auch dann, wenn das Land den Kommunen „durch Gesetz Pflichtaufgaben in eigener Verantwortung" zuweist. Darunter fallen damit auch ehemals freiwillig wahrgenommene Selbstverwaltungsaufgaben, die das Land den Kommunen nunmehr zur Pflicht macht.

Art. 87 Abs. 3 LVerf-LSA erfüllt eine Schutzfunktion für die Kommunen in der Weise, daß der Gesetzgeber bei jeder Aufgabenübertragung die damit verbundenen finanziellen Belastungen berücksichtigen muß. Der Gesetzgeber kann diesem Schutzgebot nur nachkommen, wenn die Regelung über die Kostendeckung für die Kommunen erkennbar und nachprüfbar ist. Dabei sind die Kosten nachvollziehbar zu ermitteln und für die Kommunen sichtbar zu machen, in welcher Höhe sie an der Deckung der Kosten beteiligt werden (s. o. NdsStGH, DÖV 1998, 382, 383).

Die Kostenregelung muß aus verfassungsrechtlicher Sicht Mindestanforderungen genügen. Hierzu gehören Angaben, die den Kommunen Berechnungsmöglichkeiten in die Hände geben. Bei der Regelung der Kostendeckung der Kommunen verfügt der Gesetzgeber über einen weiten Spielraum. Welche Methode er wählt, ist seiner pflichtgemäßen Entscheidung

überlassen. Denkbar sind Festbeträge, Pauschalierungen, Quoten, Prozentsätze, Indizes, Kostenzuschüsse pro Personenkilometer u. ä.
Die Kostenregelung in Art. 87 Abs. 3 LVerf-LSA umfaßt weiterhin einen „angemessenen" Ausgleich. Dabei handelt es sich um einen unbestimmten Rechtsbegriff, der im jeweiligen Kostenregelungsgesetz auszufüllen ist. „Angemessen" bedeutet jedenfalls nicht, daß den Kommunen voller Kostenersatz zu leisten ist (NdsStGH, DÖV 1998, 382, 383). Es ist daher verfassungsrechtlich unbedenklich, wenn den Kommunen eine „Interessenquote" bei der Kostendeckung verbleibt. Entscheidend ist die Eignung der Regelung zum Zweck der Berechnungssicherheit.

2.1.2 Diesen Mindestanforderungen des Art. 87 Abs. 3 LVerf-LSA wird § 15 ÖPNVG-LSA nicht gerecht.

§§ 3; 15 ÖPNVG-LSA überträgt den Kommunen nicht nur neu die Aufgabe für den Schienenverkehr, sondern macht zugleich die schon bestehende freiwillige Aufgabe für den Straßenverkehr zur Pflichtaufgabe.

Der Schienenpersonennahverkehr gehörte nicht zum Kanon kommunaler Aufgaben; er wurde den Kommunen vom Land als der nach dem Regionalisierungsgesetz zuständigen Stelle als zusätzliche neue Aufgabe übertragen. Der öffentliche Straßenpersonennahverkehr mit einer Entfernung von max. 50 km und der Fahrtdauer von einer Stunde gehörte als freiwillig übernommene Aufgabe zum herkömmlichen Wirkungskreis der Kommunen; für ihn ist neu eine Pflichtigkeit begründet worden.

Die Deckungsregelung des § 15 Abs. 3, 4 ÖPNVG-LSA wird Art. 87 Abs. 3 LVerf-LSA nicht gerecht, weil sie den Anteil des Landes nicht vorhersehbar festlegt, sondern ihn dem jeweiligen „Ansatz im Landeshaushaltsplan" vorbehält.

Die Kostenregelung in § 15 Abs. 3 und 4 ÖPNVG-LSA beschränkt sich auf eine listenmäßige Aufzählung von Kostenarten, für die Mittel des Landes für die Kommunen bereitgestellt werden. So enthält z. B. § 15 Abs. 3 Nr. 1 ÖPNVG-LSA die allgemeine Kostenzuweisung „Zur Förderung des Öffentlichen Personennahverkehrs (Vorhaltekosten des Öffentlichen Personennahverkehrs)". Ein Maßstab oder fixe Größen, die eine Berechnung oder eine Größenordnung der Kostenerstattung zuließen, fehlt. Die Erstattung kann alle Größenordnungen bis hin zu 100% umfassen. Eine Berechnungssicherheit, die erst eine hinreichende Planungssicherheit ermöglicht, welche insbesondere die Finanzierungssicherheit einschließt, besteht daher für die Kommunen nicht.

Insgesamt ist eine solche Kostenregelung mit den Vorgaben der Verfassung an die Berechnungssicherheit nicht vereinbar. § 15 Abs. 3 ÖPNVG-LSA entspricht im Hinblick auf die übertragenen Aufgaben nicht den Anforderungen, die an eine Kostendeckungsregelung zu stellen sind. § 15 Abs. 3 ÖPNVG-LSA ist somit verfassungswidrig, soweit diese Bestimmung auf den von den Kommunen zu übernehmenden Schienenpersonennahverkehr bezogen ist.

Gemessen an diesen Grundsätzen entspricht auch § 15 Abs. 4 ÖPNVG-LSA diesen Anforderungen nicht, soweit das Land den Kommunen Zuweisungen nur abstrakt nach Kostenarten, etwa § 15 Abs. 4 Nr. 1 ÖPNVG-LSA „Mehrkosten für die Errichtung von Taktverkehren", gewährt und es an einer Trennung der Zuweisungen für den Schienen- und den Straßenpersonennahverkehr fehlt.

2.1.3 Die teilweise Unvereinbarkeit des § 15 Abs. 3, 4 ÖPNVG-LSA mit Art. 87 Abs. 3 LVerf-LSA führt nicht zur Nichtigkeit der übrigen Bestimmungen des Gesetzes über den öffentlichen Personennahverkehr, sondern verpflichtet den Landesgesetzgeber, die unvollkommene Regelung über Zuweisungen an die Kommunen zu vervollständigen. Dabei hat sich der Gesetzgeber an die vom Landesverfassungsgericht in diesem Urteil vorgegebenen Grundsätze zu richten.

2.2 § 12 ÖPNVG-LSA ist mit der Landesverfassung vereinbar. Die Vorschrift verstößt nicht gegen die Garantie kommunaler Selbstverwaltung.

Der Aufgabenträger i. S. d. § 3 Abs. 1 ÖPNVG-LSA wird durch die „Bindung" (§ 12 Abs. 4 ÖPNVG-LSA) an den vom Land als besonderem Aufgabenträger aufzustellenden Plan des Schienenpersonennahverkehrs (§ 12 Abs. 1 ÖPNVG-LSA) nur vorläufig bis zum Übergang der Gewährleistungsaufgabe nach den Regeln der §§ 3, 12 ÖPNVG-LSA betroffen; denn sobald die „Nahverkehrsräume" organisiert sind, geht die Aufgabe auf die für sie zuständigen Stellen über (vgl. §§ 11 Abs. 1 S. 1; 12 Abs. 1, 5 S. 1 ÖPNVG-LSA). Der besondere Plan für den Schienenverkehr wird dann Teil des allgemeinen Nahverkehrsplans in der Verantwortung des örtlichen Trägers (§§ 6, 12 Abs. 5 ÖPNVG-LSA).

Aber auch während dieser Übergangszeit wird Art. 87 Abs. 1 LVerf-LSA („in eigener Verantwortung") nicht verletzt. Es handelt sich um einen Fall abgestufter Planung, wie sie insbesondere für Fachplanungen typisch ist; das originäre Planungsrecht der Kommune für ihr Gebiet wird durch überörtliche Interessen überlagert (vgl. etwa die Verkehrswegeplanungen); die verfassungsrechtlich garantierte Planungshoheit der Kommune für ihr Gebiet, die sich auf „ihre Angelegenheiten" beschränkt (Art. 87 Abs. 1 LVerf-LSA), reduziert sich auf ein Anhörungsrecht im Rahmen der überörtlichen Planung.

Der Schienenpersonennahverkehr hat überörtliche Bedeutung. Das ergibt sich daraus, daß die Schienentrassen, die „bestellbaren" Nahverkehr vermitteln, die Gebiete mehrerer Kommunen der Kreisebene i. S. d. § 3 Abs. 1 ÖPNVG-LSA und sogar wahrscheinlich mehrere Nahverkehrsräume i. S. d. § 2 Abs. 6 ÖPNVG-LSA durchziehen und daß ein Verkehr innerhalb der 50-km-Zone bzw. einer Stundenbegrenzung (§ 2 Abs. 2 S. 2 ÖPNVG-LSA) einer einheitlichen Vorgabe dann besonders bedarf, wenn die verschiedenen Verkehrslinien in den Knotenpunkten vertaktet werden sollen (§ 1 Abs. 6 S. 2 ÖPNVG-LSA). Es ist nicht willkürlich, diese Planungsaufgabe innerhalb desselben Zeitraums dem Land zu übertragen, in welchem es auch die Aufgaben eines Besonderen Aufgabenträgers (§ 11 ÖPNVG-LSA) erfüllt.

Die aus dem Recht auf Selbstverwaltung fließenden Mitwirkungsrechte der Kommunen werden gewahrt: Das Land hat seine Planungsabsichten den übrigen Aufgabenträgern mitzuteilen (§ 12 Abs. 2 S. 1 ÖPNVG-LSA), die Träger zu eigenen Vorschlägen aufzufordern (§ 12 Abs. 2 S. 2 ÖPNVG-LSA), die eingehenden Vorschläge der übrigen Aufgabenträger „zu beachten" (§ 12 Abs. 2 S. 4 ÖPNVG-LSA) und notfalls den Entwurf des Plans zu erörtern, wenn von den Vorschlägen nicht nur unwesentlich abgewichen werden soll (§ 12 Abs. 2 S. 5 ÖPNVG-LSA).

Bei diesem Hintergrund ist auch mit Art. 87 Abs. 1 LVerf-LSA vereinbar, daß der so aufgestellte oder fortgeschriebene (§ 12 Abs. 3 ÖPNVG-LSA) Plan des Landes die Kommunen bindet, die nach seinen „verbindlichen Vorgaben" ihren (während der hier maßgeblichen Übergangszeit) auf den Straßenpersonennahverkehr beschränkten Nahverkehrsplan aufzustellen haben (§ 12 Abs. 4 ÖPNVG-LSA).

„Verbindliche Vorgabe" i. S. d. § 12 Abs. 4 S. 2 ÖPNVG-LSA bedeutet dabei nur, daß die Planung für die Schiene hinzunehmen und die Planung für die Straße wegen der Anschlüsse auf den Schienenplan abzustimmen ist. Auch die Zielsetzung des § 1 Abs. 6 S. 2 ÖPNVG-LSA verlangt nicht, daß zu jedem verkehrenden Schienenfahrzeug auch zu jedem Ort des Kreisgebiets jeweils ein „Taktanschluß" vorgehalten werden muß, sondern nur, daß die Fahrplanzeiten der in anderen Takten verkehrenden Busse auf die Zeiten der Züge abgestimmt werden müssen, um den Anschluß zu gewährleisten; denn § 1 Abs. 6 ÖPNVG-LSA stellt seine Forderung bereits selbst unter den Vorbehalt des Möglichen.

Eine unmittelbare Verletzung des Art. 87 Abs. 1 LVerf-LSA bereits durch die gesetzliche Regelung selbst kann der Beschwerdeführer schließlich nicht mit seiner Sorge begründen, das Land könne bis zum Jahr 2002 mit zahlreichen Entscheidungen ohne hinreichenden Einfluß der Kommune die Weichen stellen; denn insoweit handelt es sich lediglich um Einzelmaßnahmen, die das Gesetz ausfüllen und einer eigenständigen Kontrolle zugänglich sind, ohne daß die Gestaltungsmöglichkeiten des Landes über § 12 ÖPNVG-LSA bereits unumkehrbare Fakten schaffen; denn die Kommunen im „Nahverkehrsraum" sind nach Ende der Übergangszeit frei, auch den Schienenpersonennahverkehr nach ihren Vorstellungen zu organisieren (§§ 6, 7, 11 Abs. 2, 12 Abs. 1, 4 ÖPNVG-LSA). Sie sind lediglich durch interkommunale Abstimmungsgebote gebunden. Daß um dieser Abstimmungslast willen die vorhandene Gesellschaft nach § 10 Abs. 2 ÖPNVG-LSA die Aufgabe erhält zu koordinieren (§ 12 Abs. 5 ÖPNVG-LSA), verstößt um der überörtlichen Bedeutung des Schienenverkehrs willen nicht gegen die Selbstverwaltungsgarantie.

An dieser Beurteilung der Vereinbarkeit des § 12 ÖPNVG-LSA mit dem kommunalen Planungsrecht ändert auch der Inhalt des ersten Planes des Schienenpersonennahverkehrs für das Land Sachsen-Anhalt (Bek. MW v. 9.1.1998 – 42 – 30600 –, LSA-MBl. 727) nichts.

Den Kommunen werden bei der Ausgestaltung ihrer Aufgabe des Schienenpersonennahverkehrs seitens des Landes keine ihre Planungshoheit erdrosselnden und unzumutbaren Eingriffe auferlegt. Die Vorgaben des Plans enthalten allgemeine Direktiven eines effizienten Nahverkehrs und betonen besonders das Prinzip der Kooperation aller Beteiligten. Der Plan sieht wesentliche Verbesserungen für die Infrastruktur des Schienenpersonennahverkehrs im Land Sachsen-Anhalt vor. In Abschnitt I. werden die verkehrspolitischen Ziele genannt, u. a. eine Erhöhung des Angebotsstandards als einer möglichst vollwertigen Alternative zum motorisierten Individualverkehr sowie der Aufbau eines attraktiven Integralen Taktfahrplans. Die künftigen Angebote des Schienenpersonennahverkehrs sind bis zum Jahr 2002 bzw. 2010 an die Entwicklung der Siedlungs- und Wirtschaftsstrukturen anzupassen (III.). Dabei wird eine Abbestellung von Verkehrsleistungen von zu führenden Untersuchungen abhängig sein. Anzustreben ist eine erhebliche Steigerung des Verkehrsaufkommens im Schienennahverkehr (VI.), hierfür sieht der Plan eine ganze Reihe von Maßnahmen (VII.) vor, u. a. den Ausbau der Schieneninfrastruktur zum Erreichen attraktiver Reisegeschwindigkeiten, die Verbesserung der Ausstattung der Bahnhöfe, der Einsatz attraktiver Fahrzeuge mit hohen Reisegeschwindigkeiten, eine durchgehende, räumliche und zeitliche Vertretung aller Linien, ausreichende Bedienungsdichte oder die Verbesserung der Verknüpfung mit dem Straßenpersonennahverkehr durch Ausbau von Verkehrs- und Tarifkooperationen. Weitere Punkte des Plans befassen sich mit Standards und Anforderungen an den Schienenpersonennahverkehr (IX.), der Organisation der Gewährleistung des Verkehrsangebots durch Verkehrsverträge des Landes mit den Eisenbahnverkehrsunternehmen im freien Wettbewerb (X.) sowie mit der Verkehrskooperation zwischen den Aufgabenträgern und Verkehrsunternehmen nach dem Prinzip „ein Netz – ein Fahrplan – ein Tarif" (XI.) Insgesamt enthält der Plan bei seinen weitgefaßten Direktiven über einen allgemeinen Rahmen hinaus keine

Vorgaben des Landes, die zu einer besonderen Beschränkung der Möglichkeiten der Kommunen bei ihrer Planung des öffentlichen Personennahverkehrs führen.

Eine nach Grundsätzen des § 87 Abs. 3 LVerf-LSA zu beurteilende besondere finanzielle Belastung, die nicht von der Prüfung erfaßt wird, ob § 15 ÖPNVG-LSA verfassungsgemäß ist, wird allein für § 12 ÖPNVG-LSA nicht erkennbar.

Diese Bestimmung verstößt auch im übrigen nicht gegen die Verfassung. Soweit der Beschwerdeführer vorträgt, mit der Übertragung des öffentlichen Schienenpersonennahverkehrs ohne gleichzeitige Übertragung der Bestellerfunktion gehe eine dysfunktionale Aufgabenübertragung einher, da § 3 RegG die Zusammenfassung von Planungs-, Organisations- und Finanzierungszuständigkeiten vorschreibe, handelt es sich hierbei um Bundesrecht, das vor dem Landesverfassungsgericht nicht gerügt werden kann.

3. Die Kostenentscheidung beruht auf § 32 LVerfGG-LSA.

Nr. 3

1. Art. 28 Abs. 1 LVerf-LSA fördert ausschließlich die privaten Ersatzschulen, nicht hingegen die übrigen privaten Schulen.

2. Musikschulen sind auch keine sog. Ergänzungsschulen, da sie nicht das erforderliche Maß an allgemeiner Bildung vermitteln.

Verfassung des Landes Sachsen-Anhalt Art. 7 Abs. 1; 28 Abs. 1 und 2

Gesetz zur Förderung der Musikschulen Sachsen-Anhalt Art. 1 Nr. 1

Urteil vom 17. September 1998 – LVG 13/97 –

in dem Verfassungsbeschwerdeverfahren wegen Art. 1 Nr. 1 des Gesetzes zur Förderung von Musikschulen im Lande Sachsen-Anhalt vom 29. Mai 1997 (LSA-GVBl. 539)

Entscheidungsformel:

Die Verfassungsbeschwerde des Beschwerdeführers wird zurückgewiesen.
Die Entscheidung ergeht gerichtskostenfrei.
Außergerichtliche Kosten werden nicht erstattet.

Gründe:

Der Landtag von Sachsen-Anhalt beschloß am 24. 4.1997 das Gesetz zur Förderung von Musikschulen im Land Sachsen-Anhalt (vom 29. 5.1997, LSA-GVBl., S. 539), das am 5.6.1997 in Kraft trat. Durch Art. 1 Nr. 1 dieses Gesetzes wurde in das Schulgesetz des Landes Sachsen-Anhalt – SchulG-LSA – in der Fassung vom 27. 8.1996 (LSA-GVBl., S. 281) ein neuer § 85 mit der Überschrift „Musikschulen" eingefügt. § 85 Abs. 1 S.1 SchulG-LSA definiert den Begriff der Musikschule; Satz 2 dieses Absatzes stellt klar, dass für Musikschulen die übrigen Bestimmungen des Schulgesetzes nicht gelten. § 85 Abs. 3 SchulG-LSA sieht vor, daß das Land die Arbeit der Musikschulen fördert. § 85 Abs. 4 Nr. 2 SchulG-LSA ermächtigt das Kultusministerium, durch Rechtsverordnung die fachlichen, personellen und organisatorischen Voraussetzungen für eine Förderung durch das Land gemäß Abs. 3 zu regeln.

§ 85 Abs. 1 und Abs. 4 Nr. 2 SchulG-LSA lauten wie folgt:

„(1) Musikschulen sind Bildungseinrichtungen, deren wesentliche Aufgaben die Vermittlung einer musikalischen Grundbildung, die Herausbildung des Nachwuchses für das Laien- und Liebhabermusizieren, die Begabtenfindung und Begabtenförderung sowie die mögliche Vorbereitung auf ein Berufsstudium sind. Für sie gelten die übrigen Bestimmungen dieses Gesetzes nicht.

(4) Das Kultusministerium kann durch Verordnung die fachlichen, personellen und organisatorischen Voraussetzungen

...

2. für eine Förderung durch das Land gemäß Absatz 3 regeln."

Der Beschwerdeführer, der als gemeinnütziger Idealverein unter anderem Träger einer Musikschule in Teutschenthal ist, meint, § 85 Abs. 1 Satz 2 SchulG-LSA verstoße gegen Art. 28 Abs. 1; Art. 16 Abs. 1 und Art. 7 Abs. 1 der Landesverfassung (LVerf-LSA).

Musikschulen seien herkömmlich Ergänzungsschulen im Sinne von Art. 28 Abs. 1 LVerf-LSA. Ihnen diesen Status zu nehmen, sei ein unverhältnismäßiger Eingriff. Dieser entziehe ihm den Schutz von Art. 28 Abs. 1 LVerf-LSA sowie daraus resultierende mögliche Teilhaberechte. Selbst wenn der Gesetzgeber Musikschulen den Schulstatus nicht generell absprechen, sondern lediglich die Regeln des Schulgesetzes für unanwendbar hätte erklären wollen, müsse wegen dadurch verursachter, verschiedenartiger Nachteile von einem Eingriff gesprochen werden. Indem § 85 Abs. 1 Satz 2 SchulG-LSA Musikschulen aus dem Anwendungsbereich des Schulgesetzes herausnehme, spreche er ihnen die Eigenschaft als Ergänzungsschule ab, die ihnen bis zum Inkrafttreten des Gesetzes zur Förderung von Musikschulen zugekommen sei. Der Verein habe verschiedene Vorteile eingebüßt. Unter anderem arbeite er mit einem Transportsystem, das Schüler zum und vom Unterricht mit Kleinbussen befördere. Der diesbezügliche Schülerverkehr finde im Rahmen der sog. „Freistellungsverordnung" zum Personenbeförderungsgesetz statt. Die Verordnung gelte auch für Schulen und regele, daß Schulen in freier Trägerschaft ihren Fahrplan nach ihrem Ermessen gestalten könnten. Weiterhin entfielen alle Regelungen für den Reise-, Linien- und Gelegenheitsverkehr. Dazu komme noch, daß die Eltern der Schüler ihrer Privatmusikschule das Transportsystem bisher unentgeltlich hätten nutzen können.

Durch § 85 Abs. 1 Satz 2 SchulG-LSA entfalle ein von § 18c SchulG-LSA bisher vermittelter Konkurrenzschutz. Ferner würde einem von ihm gestellten Antrag auf staatliche Anerkennung als Ergänzungsschule die Grundlage entzogen werden. Auch § 4 Abs. 1 Nr. 21 des Umsatzsteuergesetzes knüpfe an die Eigenschaft einer Einrichtung als Schule an. Unterfiele er dem Umsatzsteuergesetz, wäre ein wirtschaftliches Betreiben der Musikschule nicht mehr möglich.

Die Nichtanwendung des Schulgesetzes auf Musikschulen verletze schließlich das Gleichheitsgebot des Art. 7 Abs. 1 LVerf-LSA, weil Musikschulen Ergänzungsschulen seien, andere Ergänzungsschulen dem SchulG-LSA unterfielen und für die Ausgrenzung der Musikschulen aus dem Anwendungsbereich des SchulG-LSA kein sachlicher Grund erkennbar sei.

Darüber hinaus verstoße die Verordnungsermächtigung in § 85 Abs. 4 Nr. 2 SchulG-LSA gegen das aus dem Demokratie- und Rechtsstaatsprinzip abgeleitete Postulat, daß im normativen Bereich die wesentlichen Regelungen vom parlamentarischen Gesetzgeber getroffen werden müßten. Der Landtag müsse die fachlichen, personellen und organisatorischen Voraussetzungen für eine staatliche Förderung von Musikschulen selbst regeln.

Der Beschwerdeführer beantragt,

§ 85 Abs. 1 Satz 2 des Schulgesetzes i. d. F. v. 27. 8. 1996 (LSA-GVBl., S. 281), eingefügt durch Art. 1 Nr. 1 des Gesetzes zur Förderung von Musikschulen in Sachsen-Anhalt vom 29.5.1997 (LSA-GVBl., S. 539), wegen Verstoßes gegen Art. 28 Abs. 1 und Art. 7 Abs. 1 LVerf-LSA für nichtig zu erklären.

Der Landtag hat keine Stellung genommen.

Die Landesregierung meint, die Verfassungsbeschwerde sei sowohl unzulässig als auch unbegründet. § 85 Abs. 1 Satz 2 SchulG-LSA entspreche schon immer der Rechtslage seit dem Inkrafttreten des Landesschulgesetzes; die Bestimmung habe nur deklaratorische Bedeutung. Der Beschwerdeführer betreibe weder eine Ersatz- noch eine Ergänzungsschule. Deshalb sei das Schulgesetz des Landes Sachsen-Anhalt auf sie nicht anwendbar.

1. Die Verfassungsbeschwerde ist zulässig.

1.1 Gegenstand der Verfassungsbeschwerde ist nur der Einwand, § 85 Abs. 1 Satz 2 des Schulgesetzes i. d. F. v. 27. 8.1996 (LSA-GVBl., S. 281) – SchG-LSA –, eingefügt durch Art. 1 Nr. 1 des Gesetzes zur Förderung von Musikschulen in Sachsen-Anhalt vom 29. 5.1997 (LSA-GVBl., S. 539) – MusikschulG-LSA –, regele verfassungswidrig, daß das Schulgesetz des Landes Sachsen-Anhalt nicht für Musikschulen gelte.

1.2 Dem Beschwerdeführer kann eine mangelnde Beschwerdebefugnis nicht entgegen gehalten werden. Art. 28 Abs. 1 der Verfassung des Landes Sachsen-Anhalt – LVerf-LSA – vom 16. 7.1992 (LSA-GVBl. 600) enthält eine Einrichtungsgarantie. Daneben räumt die Landesverfassung in Absatz 1 aber auch jedermann das Grundrecht ein, Schulen in freier Trägerschaft zu errichten, sowie in Absatz 2 den Ersatzschulen ein verfassungsrechtlich gewährleistetes subjektives Recht auf Leistung in Form von öffentlichen Zuschüssen. Mit Artikel 28 LVerf-LSA wollte der Verfassungsgeber keine andere Regelung schaffen, als sie das Grundgesetz in Art. 7 Abs. 4 enthält. Dies ergibt sich unmißverständlich aus der Entstehungsgeschichte der Landesverfassung. (Materialsammlung: „Verfassung des Landes Sachsen-Anhalt vom 16. Juli 1992" Band I, S. 627–632). Daß Art. 7 Abs. 4 GG eine Einrichtungsgarantie enthält, jedermann das Grundrecht gewährt, Privatschulen zu errichten und den Trägern von Privatschulen auch subjektive Rechte auf staatliche Förderung einräumt, hat das Bundesverfassungsgericht bereits mehrfach entschieden (BVerfG, Urt. v. 26. 3.1957 – 2 BvG 1/55 – BVerfGE 6, 309, 355; Beschl. v. 14.11.1969 – 1 BvL 24/64 –, BVerfGE 27, 195, 200; Urt. v. 8. 4.1987 – 1 BvL 8,16/84 –, BVerfGE 75, 40, 46). In seiner Entscheidung vom 9. 3.1994 (BVerfG, Beschl. v. 9. 3.1994 – 1 BvR 682,712/88 –, BVerfGE 90, 107, 114) hat es dazu ausgeführt :

> „Art. 7 Abs. 4 GG gewährleistet jedermann das Freiheitsrecht, Privatschulen – allerdings vorbehaltlich staatlicher Genehmigung – zu errichten."... „Es kann hier unerörtert bleiben, ob und welche Rechte sich aus der Garantie der Privatschule als Institution für den einzelnen Träger des Grundrechts aus Art. 7 Abs. 4 GG ergeben. Jedenfalls muß der Staat Vorsorge dagegen treffen, daß das Grundrecht als subjektives Recht wegen der seinem Träger durch Art. 7 Abs. 4 Satz 3 und 4 GG auferlegten Bindungen praktisch kaum noch wahrgenommen werden kann. Insofern kann sich aus Art. 7 Abs. 4 GG über dessen Abwehrcharakter hinaus ein Anspruch auf staatliche Förderung ergeben (vgl. auch BVerfGE 75, 40, 62f.)."

Für die Beschwerdebefugnis reicht es schon aus, daß die Einrichtungsgarantie neben der objektiv-rechtlichen Gewährleistung auch einen subjektiv-rechtlichen Gehalt aufweist.

Einordnung von Musikschulen unter den Schulbegriff 365

1.3 Verfassungsbeschwerde gegen ein Landesgesetz kann nur erheben, wer durch die angegriffene Vorschrift selbst, gegenwärtig und unmittelbar in seinen Rechtspositionen betroffen ist. Unmittelbarkeit bedeutet, daß das Gesetz ohne einen weiteren vermittelnden Akt in den Rechtskreis des Beschwerdeführers einwirkt (BVerfG, aaO). Sie ist aber zu verneinen, wenn die behauptete Beeinträchtigung sich schon durch einen früheren Gesetzgebungsakt eingestellt hat und der gerügte in Wahrheit diese Beeinträchtigung nur bestätigt. Für die Annahme der Zulässigkeit einer Verfassungsbeschwerde reicht dabei die bloße Möglichkeit eines Eingriffs aus; ob ein solcher Eingriff tatsächlich vorliegt, ist eine Frage der Begründetheit der Verfassungsbeschwerde.

Bedenken könnten hier schon bestehen, ob erst § 85 Abs. 1 SchulG-LSA einen Eingriff in Rechte des Beschwerdeführers bewirkt oder ob nicht bereits vor dem Inkrafttreten des Gesetzes zur Förderung der Musikschulen das Landesschulrecht für Musikschulen keine Geltung hatte und die Regelung des § 85 Abs. 3 SchulG-LSA insofern nur deklaratorische Bedeutung hat. Angesichts einer Verwaltungspraxis, die offenbar vor dem Inkrafttreten des Gesetzes Musikschulen wie Schulen im Sinne des Landesschulgesetzes behandelt hat, erscheint dem Gericht die unmittelbare Betroffenheit des Beschwerdeführers durch § 85 Abs. 1 Satz 2 SchulG-LSA zumindest möglich. Dies reicht für die Annahme der Zulässigkeit einer Verfassungsbeschwerde aus.

2. Die Verfassungsbeschwerde ist jedoch unbegründet.

2.1 Der Beschwerdeführer betreibt keine Schule im Sinne des Art. 28 Abs. 1 LVerf-LSA.

Danach muß das Recht zur Errichtung von Schulen in freier Trägerschaft gewährleistet werden. Wie bereits dargelegt, ergibt sich aus der Entstehungsgeschichte der Landesverfassung und dem Verfassungswortlaut, daß Art. 28 Abs. 1 LVerf-LSA keine anderweitige Regelung enthält als Art. 7 Abs. 4 GG.

Diese Bestimmung fördert aber ausschließlich die privaten Ersatzschulen, nicht hingegen die übrigen privaten Schulen, wie die sogenannten Ergänzungsschulen (vgl. BVerfG, Beschl. v. 9.3.1994 – 1 BvR 1369/90 –, BVerfGE 90, 128 ff, 138; *Maunz*, in: Maunz-Dürig, Grundgesetz-Kommentar, Art. 7, Rdn. 83).

Daß auch Art. 28 LVerf-LSA ausschließlich die Förderung der Ersatzschule in freier Trägerschaft geregelt hat, belegen der Verfassungswortlaut und die Entstehungsgeschichte (Materialsammlung aaO Band I S. 627–632; Band II S. 728–729; 966–968; 1253–1254).

Ob eine Privatschule „Ersatzschule" im Sinne von Art. 7 Abs. 4 Satz 1 GG ist, bestimmt sich, da Art. 28 Abs. 1 LVerf-LSA sich an Art. 7 Abs. 4 GG orientiert hat, maßgeblich nach Bundesverfassungsrecht. Ersatzschulen sind danach nur die Privatschulen, die nach dem mit ihrer Errichtung verfolgten Gesamtzweck als Ersatz für eine in dem Land vorhandene oder grundsätzlich vorgesehene öffentliche Schule dienen sollen (BVerfGE 90, 128, 139). Die vom Beschwerdeführer zum Beleg für seine (anders lautende) Auffassung herangezogene Entscheidung des Bundesverfassungsgerichts vom 14.11.1969 (BVerfGE 27, 195, 200 f) bestätigt ihn nicht, das Gegenteil ist der Fall.

Die zitierte Stelle betrifft nur die „Privatschule" im Gegensatz zur „öffentlichen Schule", verhält sich zur Errichtungsfreiheit und enthält keine andere Definition der „Ersatzschule" als die oben wiedergegebene. In welcher Weise die Ersatzschulen im Sinne der Definition des Bundesverfassungsgerichts rechtstechnisch zu behandeln sind, bleibt dem Landesgesetzgeber überlassen (BVerfGE 90, 128, 139).

Schon der Wortlaut und die Entstehungsgeschichte der Landesverfassung legen unmißverständlich fest, daß Schulen in freier Trägerschaft nur dann förderungswürdig sind, wenn sie *Ersatz für staatliche Schulen* sind.

Nach § 16 SchG-LSA sind Schulen in freier Trägerschaft Ersatzschulen, wenn sie in ihren Bildungs-, Ausbildungs- und Erziehungszielen öffentlichen Schulen gemäß dem zweiten Abschnitt des Schulgesetzes entsprechen. Nach § 3 SchulG-LSA sind staatliche Schulen entweder allgemeinbildenden oder berufsbildenden Schulen. Nach § 9 SchulG-LSA vermitteln berufsbildende Schulen berufliche Bildungsinhalte *und erweitern* die erworbene *allgemeine Bildung*.

Der Unterricht an einer Musikschule richtet sich ausschließlich auf die Vermittlung einer musikalischen Bildung. Die Vermittlung einer Allgemeinbildung wäre aber nach dem Schulgesetz sowohl für die allgemeinbildende als auch für die berufsbildende Schulen Mindestvoraussetzung für eine Ersatzschule.

Eine Verletzung des Art. 28 Abs. 1 LVerf-LSA durch Art. 1 Nr. 1 Musikschulgesetz scheidet daher aus.

2.2 Art. 1 Nr. 1 verstößt auch nicht gegen Art. 7 Abs. 1 LVerf-LSA, indem es das SchulG-LSA auf Musikschulen für nicht anwendbar erklärt.

Das Schulgesetz des Landes Sachsen Anhalt gilt nur für Schulen im Rechtssinn. „Schule" ist nach allgemeiner Auffassung „eine auf gewisse Dauer berechnete, an fester Stätte, unabhängig vom Wechsel der Lehrer und Schüler, in überlieferten Formen organisierte Einrichtung der Erziehung und des Unterrichts, die durch planmäßige und methodische Unterweisung eines größeren Personenkreises in einer Mehrzahl allgemeinbildender oder berufsbildender Fächer bestimmte Bildungs- und Erziehungsziele zu verwirklichen bestrebt ist und die nach Sprachsinn und allgemeiner Auffassung als Schule angesehen wird" (*Maunz*, aaO, Art. 7 Rdn. 9). Schulen im Rechtssinn sind Einrichtungen, die auf eine gewisse Dauer berechnet sind, ein zusammenhängendes Unterrichtsprogramm haben und allgemeinbildenden Unterricht erteilen (Lecheler, in Sachs, Grundgesetz, Art. 7 RdNr. 8). Zwar handelt es sich nach der Rechtsprechung (vgl. BVerwG, Beschl. v. 26.1.1987 – BVerwG 7 B 152.86 –, NVwZ 1987, 680; BayVGH, Beschl. v. 21.9.1994 – 7 B 93.1970 – JURIS –) auch dann um eine Schule im Rechtssinn, wenn der Umfang des allgemeinbildenden Unterricht nur gering ist, Voraussetzung für die Annahme des Schulcharakters einer Einrichtung bleibt gleichwohl ein Mindestmaß an allgemeinbildendem Unterricht.

Das Ziel des Unterrichts in einer allgemeinbildenden Schule ist es, möglichst vielseitige, grundlegende Kenntnisse und Fähigkeiten auf allen Wissensgebieten zu vermitteln. Dies ist bei einer Musikschule nicht der Fall.

Der Beschwerdeführer betreibt auch keine berufsbildende Schule.

Auch dafür wäre, wie dargelegt, ein Mindestmaß an allgemeinbildendem Unterricht zwingend erforderlich.

Berufsbildende Schulen dienen darüber hinaus schwerpunktmäßig einer Ausbildung der Schüler auf einen bestimmten Beruf. Musikschulen sind keine berufsbildenden Schulen, denn sie vermitteln keine über die musische Ausbildung hinausgehende Berufsvorbereitung. Auch diese Voraussetzung erfüllt die Einrichtung des Beschwerdeführers nicht. Selbst wenn es zutreffen sollte, daß verschiedene Universitäten den Nachweis eines wenigstens mehrjährigen Musikunterrichtes als Zulassungsvoraussetzung für ein Musikstudium verlangen, führt dies nicht dazu, der Einrichtung des Beschwerdeführers berufsbildenden Charakter zuzusprechen; denn Voraussetzung dafür wäre eine über die musikalische Ausbildung hinausgehende Berufsvorbereitung, wie sie etwa Musikfachschulen leisten. Darüber hinaus kann die Anforderung eines mehrjährigen Musikunterrichts nicht allein durch den Besuch einer Musikschule, sondern auch durch Einzelunterricht bei einem Privatlehrer oder ähnlichem erfüllen werden.

Fallen demnach die Musikschulen schon nicht unter den Schulbegriff, so kann eine Verletzung des Gleichbehandlungsgebotes im Bezug auf die allein einfachgesetzlich bestimmten Ergänzungsschulen nicht gegeben sein. Denn Ergänzungsschulen sind alle allgemeinbildenden oder berufsbildenden Schulen, die nicht die Qualität einer Ersatzschule erreichen (§ 18b SchulG-LSA).

Ergänzungsschulen sind nicht etwa, wie der Beschwerdeführer meint, alle Einrichtungen, die nach dem allgemeinen Sprachgebrauch als „Schule" bezeichnet werden, wie etwa Volkshochschulen, Tanzschulen oder Fahrschulen.

Diese Rechtslage ergab sich bereits aus dem Schulgesetz seit seinem Inkrafttreten. Die Regelung des § 85 Abs. 1 Satz 2 SchulG-LSA hat daher nur deklaratorische Bedeutung. Ein *Eingriff* in Rechte des Beschwerdeführers durch § 85 Abs. 1 Satz 2 SchulG-LSA liegt daher nicht vor.

Soweit der Beschwerdeführer durch § 85 Abs. 1 Satz 2 SchulG-LSA potentielle Rechte aus dem Umsatzsteuergesetz und dem Personenbeförderungsgesetz gefährdet sieht, kann die Landesverfassung nicht berührt sein; denn bei beiden Gesetzen handelt es sich um Bundesgesetze. Landesrecht kann dem Bundesgesetzgeber aber unter keinem Gesichtspunkt vorgeben, welchen Schulbegriff er seinen Gesetzen zugrundezulegen hat.

2.3 Art. 1 Nr. 1 MusikschulG-LSA verstößt auch nicht gegen Art. 79 Abs. 1 Satz 2 LVerf-LSA. Die Verordnung soll Kriterien für die Verteilung der Steuergelder aufstellen, die das Land in erheblichem Umfang für Musikschulen aufwendet. Damit soll der vorhandene Standard der Musikschulen gesichert und weiterentwickelt werden. Die Musikschuldefinition in § 85 Abs. 1 Satz 1 SchulG-LSA liefert zugleich Aufschlüsse über den Zweck und das Ausmaß der in § 85 Abs. 4 Nr. 2 SchulG-LSA erteilten Verordnungsermächtigung. Weitere Aufschlüsse geben die Beratungen im Landtag, die von einem weitgehenden Konsens der dort vertretenen Fraktionen getragen waren und die sich dahin zusammenfassen lassen, daß der besondere Wert von Musikschulen gerade für die musikalische Erziehung der Jugend gesichert werden, daß im Rahmen der finanziellen Möglichkeiten die Arbeit der Musikschulen weiterhin in einem erheblichen Umfang durch das Land gefördert werden und daß die Förderung von der Qualität der einzelnen Schule abhängen soll.

3. Die Kostenentscheidung folgt aus § 32 LVerfGG-LSA.

Nr. 4

1. Die Regelungen der §§ 16 S. 4 u. 5, 17 Abs. 2 und 18 Abs. 3 des Kinderbetreungsgesetzes (KiBeG) verstoßen nicht gegen das Bundesrecht (§§ 69 Abs. 1; 79 Abs. 1 SGB VIII). Die bundesgesetzlichen Regelungen sind ihrerseits mit dem Grundgesetz vereinbar (Art. 74 Abs. 1 Nr. 7; 84 Abs. 1 GG).

2. In Abgrenzung zu Art. 88 LVerf-LSA verpflichtet Art. 87 Abs. 3 LVerf-LSA, über die durch Art. 88 LVerf-LSA geregelte „Grundausstat-

tung" hinaus besondere Regelungen über die Kosten zu treffen, welche durch übertragene Aufgaben entstehen.
Art. 87 Abs. 3 LVerf-LSA ist nur anwendbar, wenn eine Handlungsverpflichtung statuiert wird, nicht hingegen, wenn lediglich eine Finanzierungsverpflichtung ohne Handlungsverpflichtung begründet wird. Die Bestimmung regelt den Fall, daß eine (originäre) staatliche Aufgabe auf die an sich nicht zuständige Kommune übertragen wird.

3. Nach Art. 88 Abs. 1 LVerf-LSA hat das Land nur dafür zu sorgen, daß die Kommunen über Finanzmittel verfügen, die zur angemessenen Erfüllung ihrer Aufgaben erforderlich sind.

4. Die §§ 17 Abs. 2 und 18 Abs. 3 KiBeG verstoßen nicht gegen Art. 87 Abs. 3 LVerf-LSA. Sie begründen reine Finanzierungsverpflichtungen, mit denen keine Handlungsverpflichtungen korrespondieren. Aus der bundesgesetzlich geregelten Gesamtverantwortung für die Jugendhilfe folgt auch die Gesamtfinanzierungpflicht. Die Normen regeln nur den jeweiligen Anteil von Land und Kreis an der beide gemeinsam („gesamtschuldnerisch") treffenden Gesamtverantwortung. Die damit verbundenen finanziellen Mehrbelastungen führen nicht dazu, daß der Beschwerdeführer die ihm im übrigen obliegenden Aufgaben nicht mehr angemessen erfüllen kann.

5. Mit § 16 S. 4 und 5 KiBeG werden zwar neue Aufgaben auf den Beschwerdeführer übertragen. Die Vorschrift verstößt trotz fehlender Kostenregelung gleichwohl nicht gegen Art. 87 Abs. 3 LVerf-LSA, weil sich bereits aus der bundesgesetzlichen Regelung des § 79 Abs. 1 SGB VIII die Kostentragungspflicht der Landkreise ergibt.

Verfassung des Landes Sachsen-Anhalt Art. 87 Abs. 3; 88 Abs. 1

Gesetz zur Föderung und Betreuung von Kindern Sachsen-Anhalt §§ 12; 16; 17; 18

Urteil vom 8. Dezember 1998 – LVG 10/97 –

in dem Verfassungsbeschwerdeverfahren wegen der §§ 12, 16, 17 und 18 des Gesetzes zur Förderung und Betreuung von Kindern vom 18. Juli 1996 (LSA-GVBl., S. 416)

Entscheidungsformel:

1. Die Verfassungsbeschwerde wird zurückgewiesen.
2. Die Entscheidung ergeht gerichtskostenfrei. Außergerichtliche Auslagen werden nicht erstattet.

Gründe:

Der Beschwerdeführer wendet sich gegen Bestimmungen des Gesetzes des Landes Sachsen-Anhalt zur Änderung des Gesetzes zur Förderung von Kindern in Tageseinrichtungen vom 18.7.1996 (LSA-GVBl., S. 224), zuletzt geändert durch das Haushaltsbegleitgesetz vom 17.12.1996 (LSA-GVBl., S. 416; 418) – jetzt: Gesetz zur Förderung und Betreuung von Kindern (KiBeG).

1. Durch das KiBeG wurde das Gesetz zur Förderung von Kindern in Tageseinrichtungen vom 26.6.1991 (LSA-GVBl., S. 126) (KiTAG) geändert und ergänzt. Sowohl nach § 7 Abs. 1 KiTAG, als auch nach § 8 Abs. 1 KiBeG sind Träger von (Kinder)-tageseinrichtungen u. a. Gemeinden, Zusammenschlüsse von Gemeinden (Nr. 1) und anerkannte Träger der Freien Jugendhilfe (Nr. 2). Nach § 12 Abs. 1 KiTAG bestand ein Rechtsanspruch auf einen Platz in einer Tageseinrichtung. Der Anspruch richtete sich gegen den örtlichen Träger der Jugendhilfe (§ 12 Abs. 1 Satz 1 KiTAG). Örtliche Träger der Jugendhilfe sind nach § 1 Abs. 1 Gesetz zur Ausführung des Kinder- und Jugendhilfegesetzes vom 26.8.1991 (LSA-GVBl., S. 297) (AGKJHG) die Landkreise und kreisfreien Städte, denen die Aufgabe als Pflichtaufgabe des eigenen Wirkungskreises obliegt (§ 1 Abs. 2 AGKJHG).

Vor Inkrafttreten des KiBeG (im wesentlichen zum 1.1.1997 – Art. IV Abs. 1 KiBeG –) hat der Bundesgesetzgeber das Kinder- und Jugendhilferecht geändert und neu geordnet (Gesetz zur Neuordnung des Kinder- und Jugendhilferechts vom 26.6.1990, BGBl. I S. 1163, geändert durch Art. 5 Gesetz zum Schutz des vorgeburtlichen/werdenden Lebens, zur Förderung einer kinderfreundlicheren Gesellschaft, für Hilfen im Schwangerschaftskonflikt und zur Regelung des Schwangerschaftsabbruchs vom 27.7.1992, BGBl. I S. 1398, zuletzt geändert durch das 2. Gesetz zur Änderung des 8. Buches Sozialgesetzbuch vom 15.12.1996, BGBl. I S. 1774 i.d.F. der Bekanntmachung des 8. Buches Sozialgesetzbuch vom 15.3.1997, BGBl. I S. 477 – SGB VIII –.

Nach § 12 Abs. 1 KiBeG haben die örtlichen Träger der öffentlichen Jugendhilfe für ein bedarfsgerechtes Angebot an Kindergarteneinrichtungen Sorge zu tragen. Die kreisangehörigen Gemeinden haben zu einer bedarfsgerechten Versorgung mit Plätzen der Kindertagesbetreuung beizutragen (§ 12 Abs. 2 KiBeG).

§ 12 KiBeG hat folgenden Wortlaut:

(1) Die örtlichen Träger der öffentlichen Jugendhilfe sind verantwortlich für die Vorhaltung einer an den Bedürfnissen von Familien und Kindern orientierten,

konzeptionell vielfältigen, leistungsfähigen, standardgemäßen, zahlenmäßig ausreichenden und wirtschaftlichen Struktur von Kindertageseinrichtungen.

(2) Die kreisangehörigen Gemeinden haben zu einer bedarfsgerechten Versorgung mit Plätzen der Kindertagesbetreuung beizutragen.

Die Finanzierung der Einrichtung war im KiTAG im wesentlichen wie folgt geregelt:
Die Bau- und Einrichtungskosten sollten die Träger der Einrichtungen zu 35% selbst finanzieren (§ 11 Abs. 3 KiTAG); das Land (§ 11 Abs. 1 KiTAG) und die Landkreise (§ 11 Abs. 4 KiTAG) sollten grundsätzlich einen Zuschuß von 30 bzw. 35% zu diesen Kosten gewähren. Zu den Personalkosten sollte das Land grundsätzlich einen Zuschuß von 60% zahlen (§ 17 Abs. 2 KiTAG).

Die Einzelheiten der Gewährung des Zuschusses waren geregelt in der VO über die Gewährung von Landeszuwendungen zu den Personalkosten von Kindertagesstätten vom 13.1.1992 (LSA-GVBl., S. 18), geändert durch die 2. VO vom 6.4.1995 (LSA-GVBl., S. 95) und die 3. VO zur Änderung der VO über die Gewährung von Landeszuschüssen zu den Personalkosten von Kindertageseinrichtungen vom 10.6.1996 (LSA-GVBl., S. 190). Diese Verordnung trat mit Verkündung des KiBeG außer Kraft (Art. 2 Abs. 2 Art. 4 Abs. 4 KiBeG).

Nach § 18 KiTAG konnten die Träger der Einrichtungen von den Erziehungsberechtigten Beiträge erheben. Im KiTAG nicht ausdrücklich geregelt war die Frage der Restfinanzierungspflicht für die nicht gedeckten Kosten, die aus der Betriebsführung entstehen konnten. In einem Runderlaß vom 1.6.1994 (LSA-MBl., S. 1460) hat das Ministerium des Innern im Hinblick auf § 79 SGB VIII die Ansicht vertreten, daß für die Defizite die örtlichen Träger der Jugendhilfe einzustehen hätten. Die Landkreise haben sich auf freiwilliger Basis an der Tragung der Betriebskostendefizite beteiligt, ohne insoweit eine Rechtspflicht anzuerkennen.

Nach § 11 Abs. 2 KiBeG gewährt das Land nunmehr – im Rahmen der verfügbaren Haushaltsmittel – einen Zuschuß zu den Investitionskosten bis zu 30 v. H., wenn der Träger der Einrichtung eine Gemeinde oder ein Zusammenschluß von Gemeinden ist, und in Höhe von bis zu 60 v. H., wenn ein freier Träger der Antragsteller ist. Nach § 11 Abs. 3 KiBeG haben die örtlichen Träger der Jugendhilfe die Investitionskosten mit einem Anteil von bis zu 30 v. H. zu fördern. Die Einrichtungsträger selbst müssen sich mit mindestens 10 v. H. an den Investitionskosten beteiligen (§ 11 Abs. 4 KiBeG).

Zu den Personalkosten zahlt das Land als Zuschuß bei einer Ganztagsbetreuung eine Pauschale von 500,00 DM pro Monat für einen Krippenplatz, von 360,00 DM pro Monat für einen Kindergartenplatz und von 115,00 DM pro Monat für einen Hortplatz (§ 17 Abs. 1 Satz 3 KiBeG). Bei einer Teilbetreuung werden entsprechend geringere Pauschalen bezahlt. Die Höhe der Pauschalen richtet sich dann nach § 4 Kinderbetreuungsverordnung vom 19.2.1997 (LSA-GVBl., S. 406 – KiBeVO –). Für das Jahr 1997 wurden die Pauschalen für die Ganztagsbetreuung auf 502,60 DM, 371,92 DM und 115,60 DM angehoben (§ 8 Abs. 1 KiBeVO). Für das Jahr 1998 wurden die Pauschalen noch einmal auf 514,16 DM, 380,48 DM und 118,26 DM angehoben (Art. 1 Nr. 3 lit. a VO über die Änderung der Kinderbetreuungsverordnung zum 12.11.1997 – LSA-GVBl., S. 968).

Die örtlichen Träger der öffentlichen Jugendhilfe haben den Einrichtungsträgern 50 v. H. der vom Land gezahlten Pauschalen zusätzlich zu zahlen (§ 17 Abs. 2 KiBeG). Die Gemeinden, in denen sich die Einrichtungen befinden, haben dem freien Träger die Betriebskosten bis auf einen Eigenanteil von 5 v. H. zu erstatten (nach Abzug der Pauschalzahlungen von Land und örtlichem Träger der Jugendhilfe und der Elternbeiträge – § 17 Abs. 5 KiBeG –).

§ 17 KiBeG hat folgenden Wortlaut:

(1) Das Land gewährt den Trägern von Kindertageseinrichtungen, die im Bedarfs- und Entwicklungsplan ausgewiesen sind, auf Antrag einen Zuschuß in Form einer landeseinheitlichen Pauschale für jeden gemäß dem Bedarfs- und Entwicklungsplan ausgewiesenen Betreuungsplatz. Die Pauschalen sowohl des Landes als auch der örtlichen Träger der öffentlichen Jugendhilfe sind für die beiden Zeitabschnitte nach § 9 Abs. 3 Satz 3 gesondert zu bemessen. Die Pauschale beträgt für einen Krippenplatz 500,00 DM je Monat, für einen Kindergartenplatz 370,00 DM je Monat. Für einen Hortplatz zahlt das Land eine Pauschale von 115,00 DM je Monat, soweit es sich nicht um eine Einrichtung handelt, die auf der Grundlage des Hortgesetzes betrieben wird. Die Pauschalen für Krippe und Kindergarten beziehen sich auf eine Ganztagsbetreuung. Bei einer Halbtags- oder anderer Teilbetreuung sind entsprechend ermäßigte Pauschalen zu zahlen. Eine Ganztagsbetreuung liegt dann vor, wenn die Kindertageseinrichtung mindestens 40 Stunden in der Woche geöffnet ist. Die Auszahlung der so ermittelten Pauschalen erfolgt halbjährlich in den Monaten Mai und November, in den Monaten Februar und August können Abschlagszahlungen geleistet werden.

(2) Der örtliche Träger der öffentlichen Jugendhilfe zahlt daneben auf Antrag an den Einrichtungsträger eine Pauschale in Höhe von 50 v. H. der jeweiligen Pauschale gemäß den Vorgaben nach Absatz 1 für jeden gemäß dem Bedarfs- und Entwicklungsplan ausgewiesenen Betreuungsplatz.

(3) ...

(4) ...

(5) Wird eine Kindertageseinrichtung entsprechend dem Bedarfs- und Entwicklungsplan durch einen freien Träger gem. § 8 Abs. 1 Nrn. 2 oder 3 betrieben, haben

Kinderbetreuungsgesetz – Aufgabenübertragung auf Landkreise   373

die Gemeinden, in denen sich die Einrichtung befindet, diesem freien Träger die für den Betrieb notwendigen Betriebskosten nach Abzug der Pauschalzahlung gemäß den Absätzen 1 und 2, der Elternbeiträge nach § 18 sowie eines nach dessen Leistungsfähigkeit bemessenen Eigenanteils des freien Trägers, höchstens jedoch 5 v. H., zu erstatten, sofern keine anderweitige Ausgleichsvereinbarung besteht. Absatz 3 gilt entsprechend.

(6) ...

(7) ...

Bei der Betreuung behinderter Kinder zahlt das Land als überörtlicher Träger der Sozialhilfe weitere Pauschalbeträge (§ 3 Abs. 1 KiBeVO), die sich aus der notwendigen Zusatzbetreuung ergeben.

Nach § 18 KiBeG haben die Erziehungsberechtigten dem Träger der Einrichtung einen angemessenen monatlichen Elternbeitrag zu entrichten. Der örtliche Träger der öffentlichen Jugendhilfe soll Erziehungsberechtigten mit geringem Einkommen den Elternbeitrag auf Antrag ermäßigen oder erlassen (§ 18 Abs. 3 S. 1 und 2 KiBeG). Der örtliche Träger der öffentlichen Jugendhilfe hat dem Einrichtungsträger den Differenzbetrag zu erstatten (§ 18 Abs. 3 S. 3 KiBeG).

§ 18 KiBeG hat folgenden Wortlaut:

(1) Die Erziehungsberechtigten der Kinder, die eine Kindertageseinrichtung besuchen, haben dafür dem Träger einen angemessenen monatlichen Elternbeitrag zu entrichten.

(2) Die Elternbeiträge werden von den Trägern der Einrichtungen nach Anhörung des Kuratoriums festgesetzt und erhoben. Die Beiträge der Eltern sind sozial verträglich zu gestalten und können nach den Elterneinkommen, dem Alter und der Zahl von Geschwistern der Kinder in Betreuungseinrichtungen gestaffelt werden. Zur Höhe und Staffelung der Elternbeiträge erläßt das Ministerium für Arbeit, Soziales und Gesundheit Empfehlungen.

(3) Der örtliche Träger der öffentlichen Jugendhilfe soll Erziehungsberechtigten mit geringem Einkommen (§ 11a des Bundeskindergeldgesetzes) den Elternbeitrag auf Antrag ermäßigen. Unter den Voraussetzungen des § 93 des Achten Buches Sozialgesetzbuch – Kinder- und Jugendhilfe – hat er den Elternbeitrag zu ermäßigen oder zu erlassen. Gleichzeitig hat der örtliche Träger der öffentlichen Jugendhilfe eine entsprechende Ausgleichszahlung spätestens zum Jahresende direkt an den Träger der betreffenden Kindertageseinrichtung zu leisten, wobei auf dessen Antrag hin vierteljährlich im voraus angemessene Abschlagszahlungen zu erbringen sind.

(4) Kosten, die in unmittelbarem Zusammenhang mit der Bereitstellung einer Mahlzeit entstehen, sind von den Erziehungsberechtigten gesondert zu bezahlen,

wobei auch insoweit die Möglichkeit der Ermäßigung oder des Erlasses auf Antrag unter den Bedingungen des Absatzes 3 besteht.

Nach § 16 KiTAG unterstanden die Tageseinrichtungen der staatlichen Aufsicht, die vom Landesjugendamt ausgeübt wurde. Die örtlichen Jugendämter unterstützen das Landesjugendamt bei der Aufsicht über die Tageseinrichtungen (§ 16 S. 3 KiTAG). In § 16 S. 4 KiBeG ist nunmehr geregelt, daß das Landesjugendamt einzelne unterstützende Aufsichtstätigkeiten dem örtlichen Träger der öffentlichen Jugendhilfe zur Ausführung übertragen soll.

§ 16 KiBeG hat folgenden Wortlaut:

> Die Kindertageseinrichtungen unterstehen der staatlichen Aufsicht. Sie wird vom Landesjugendamt wahrgenommen und erstreckt sich auf die Einhaltung der Vorschriften dieses Gesetzes und der aufgrund dieses Gesetzes erlassenen Verordnungen. Die Schulbehörden beraten das Landesjugendamt und die örtlichen Träger der öffentlichen Jugendhilfe im Hinblick auf die Hortbetreuung.
>
> Das Landesjugendamt soll einzelne unterstützende Aufsichtstätigkeiten dem örtlichen Träger der öffentlichen Jugendhilfe zur Ausführung übertragen. Dies gilt vor allem für Besichtigungen von Einrichtungen und für die Überprüfung der Einhaltung von Raumgrößen und Bauvorschriften.
>
> In derartigen Fällen hat der örtliche Träger der öffentlichen Jugendhilfe schriftlich dem Landesjugendamt zu berichten und einen Entscheidungsvorschlag zu unterbreiten.

2. Der Beschwerdeführer rügt eine Verletzung seines Rechts auf kommunale Selbstverwaltung nach Art. 2 Abs. 3, 87 LVerf-LSA. Er trägt im wesentlichen vor:

Die §§ 16 S. 4 und 5, 17 Abs. 2 und 18 Abs. 3 KiBeG verletzten den Beschwerdeführer in seinem Recht auf kommunale Selbstverwaltung aus Art. 2 Abs. 3 und Art. 87 der Verfassung des Landes Sachsen-Anhalt. Entgegen Art. 87 Abs. 3 der Landesverfassung regele das Gesetz nicht die Deckung der Kosten, die dem Beschwerdeführer dadurch entständen, daß der Landesgesetzgeber ihm mit den genannten Vorschriften neue Aufgaben und Ausgabenlasten auferlege. Außerdem fehle es an einem angemessenen Ausgleich der finanziellen Mehrbelastungen.

Bei der Beteiligung an der Ausübung der Aufsicht handele es sich auch im Hinblick auf § 16 S. 3 KiTAG um eine neue Aufgabe. Bei dieser früheren Regelung habe es sich lediglich um eine spezialgesetzlich geregelte Amtshilfepflicht gehandelt, die über die allgemeine Amtshilfepflicht der §§ 4f VwVfG-LSA nicht hinausgegangen sei. Jedenfalls handele es sich bei § 16 S. 4 und 5

KiBeG um eine Erweiterung der Aufgaben der örtlichen Träger der öffentlichen Jugendhilfe im Bereich der Aufsicht. Dafür fehle es aber an einer Kostendeckungsregelung.

§ 17 Abs. 2 KiBeG begründe einen unmittelbaren Finanzierungsanspruch der Träger der Einrichtungen insbesondere gegenüber dem Land und den örtlichen Trägern der öffentlichen Jugendhilfe. Es handele sich um eine neue gesetzliche Verpflichtung zu Lasten der Landkreise. Eine dem Art. 87 Abs. 3 S. 2 LVerf-LSA genügende Kostenausgleichsregelung sei nicht ersichtlich. In diesem Zusammenhang sei insbesondere die Ansicht des Landes unzutreffend, aus einer bundesgesetzlich normierten Gesamtverantwortung folge auch eine bundesrechtlich normierte Vollfinanzierungspflicht des Landkreises. Ungeachtet des gegen den örtlichen Träger der öffentlichen Jugendhilfe gerichteten Rechtsanspruchs auf einen Einrichtungsplatz, habe nach altem Recht kein unmittelbarer Anspruch der Einrichtungsträger auf Übernahme entstandener Aufwendungen bestanden. Allein durch den Abschluß von Vereinbarungen gem. § 77 KJHG sei in der Vergangenheit ein Finanzierungsanspruch des Einrichtungsträgers gegenüber dem örtlichen Träger der Jugendhilfe entstanden. Wenn der Gesetzgeber diese Verpflichtung nunmehr im Gesetz fixiere, ergebe sich daraus für den Landkreis eine neue Verpflichtung.

Mit § 18 Abs. 3 KiBeG habe der Landesgesetzgeber zu Lasten der Landkreise das grundsätzlich im Gebühren- und Beitragsrecht geltende Kostendeckungsprinzip aufgegeben. Dem komme zu Lasten der Landkreise auch deshalb besondere Bedeutung zu, weil dem Einrichtungsträger ein größerer Entscheidungsspielraum hinsichtlich der Bemessung der Elternbeiträge zukomme, den auch der Beschwerdeführer nicht beeinflussen könne. Es fehle auch in diesem Zusammenhang an einer Kostendeckungsregelung.

Der Beschwerdeführer beantragt,

> die §§ 16 S. 4 und 5, 17 Abs. 2 und 18 Abs. 3 KiBeG wegen Verletzung des Rechts des Beschwerdeführers auf Selbstverwaltung nach Art. 2 Abs. 3 und 87 der Verfassung des Landes Sachsen-Anhalt für verfassungswidrig und nichtig zu erklären.

3. Landtag und Landesregierung hatten Gelegenheit zur Stellungnahme. Der Landtag hat am 25.9.1997 beschlossen, keine Stellungnahme abzugeben.

Die Landesregierung hat sich zur Verfassungsbeschwerde des Beschwerdeführers im wesentlichen wie folgt geäußert:

Die Regelungen des SGB VIII (und insbesondere die Regelung des § 69 SGB VIII) seien, gemessen am Grundgesetz, verfassungsgemäß. Dem Bundesgesetzgeber habe die Gesetzgebungskompetenz für den Bereich der Kindertageseinrichtung zugestanden. Die Vorschriften des KiBeG beinhalteten als Ausführungsgesetz im Sinne von § 26 SGB VIII keine über den vom Bundesgesetzgeber vorgegebenen Rahmen hinausgehenden Verpflichtungen für die Landkreise, so daß schon deshalb ein Verstoß gegen Art. 87 Abs. 3 der Landesverfassung von Sachsen-Anhalt nicht vorliegen könne.

Den in § 16 S. 4 KiBeG genannten unterstützenden Aufsichtstätigkeiten komme im Hinblick auf die bundesgesetzlich geregelte Heimaufsicht nicht der Charakter einer vom Landesgesetzgeber geschaffenen zusätzlichen Verpflichtung zu.

Die Regelung des § 17 Abs. 2 KiBeG beinhalte ebenfalls keine Aufgabenzuweisung, sondern stelle eine Konkretisierung der finanziellen Regelbeteiligung der örtlichen Träger der öffentlichen Jugendhilfe dar. Ausgehend davon, daß die Übertragung der Gesamtverantwortung bereits auf Bundesrecht zurückzuführen sei, enthalte die Regelung des § 17 Abs. 2 KiBeG vielmehr eine Beschränkung der finanziellen Leistungspflicht zugunsten des Beschwerdeführers, die dieser nicht mit Aussicht auf Erfolg rügen könne.

Letztlich stelle auch § 18 Abs. 3 KiBeG keine eigenständige Aufgabenzuweisung im Sinne des Art. 87 Abs. 3 LVerf-LSA dar. § 18 KiBeG fülle den bundesgesetzlich in § 90 SGB VIII vorgegebenen Rahmen für die Erhebung von Beiträgen oder Gebühren aus. Es werde dem Landesgesetzgeber ausdrücklich die nähere Ausgestaltung überlassen. Davon werde in § 18 KiBeG in nicht zu beanstandender Weise Gebrauch gemacht. Dies betreffe nicht nur die Vorgabe, daß bei Eltern mit geringem Einkommen auf Antrag eine angemessene Ermäßigung erfolgen solle, sondern auch die Regelung, nach der auf Antrag dem Einrichtungsträger vierteljährlich angemessene Abschlagszahlungen zu gewähren seien. Die Regelung berücksichtige einerseits das Sozialstaatsgebot aus Art. 20 GG und die daraus folgende Verpflichtung zur Bestimmung sozialverträglicher Elternbeiträge. Sie trage andererseits dem Gesichtspunkt der Verwaltungsvereinfachung Rechnung, ohne den Landkreisen zusätzliche erhebliche Belastungen aufzuerlegen.

1. Die Verfassungsbeschwerde ist zulässig.

Der Landkreis Stendal ist beschwerdeberechtigt (1.1) und hinsichtlich der von ihm beanstandeten Regelungen der §§ 16 S. 4 und 5; 17 Abs. 2; 18 Abs. 3 KiBeG auch beschwerdebefugt (1.2). Bundesrechtliche Regelungen stehen seiner landesrechtlichen Verfassungsbeschwerde nicht entgegen (1.3).

1.1 Art. 75 Nr. 7 der Landesverfassung Sachsen-Anhalt – LVerf-LSA – vom 12.7.1992 (LSA-GVBl., S. 400) eröffnet den Kommunen und Gemeindeverbänden i. V. m. § 2 Nr. 8 des Gesetzes über das Landesverfassungsgericht (LVerfGG-LSA) vom 28.8.1993 (LSA-GVBl., S. 400), geändert durch Gesetz vom 14.6.1994 (LSA-GVBl., S. 400) und vom 22.10.1996

(LSA-GVBl., S. 332), im Falle einer Verletzung des Rechts auf Selbstverwaltung nach Art. 2 Abs. 3 und Art. 87 LVerf-LSA durch ein Landesgesetz die Verfassungsbeschwerde.

1.2 Der Landkreis Stendal ist auch beschwerdebefugt, da er durch die genannten Regelungen des KiBeG selbst, gegenwärtig und unmittelbar betroffen sein kann.

Mit § 16 S. 4 und 5 KiBeG wird die Möglichkeit geschaffen, vom Landesjugendamt einzelne Aufsichtstätigkeiten auf den örtlichen Träger der öffentlichen Jugendhilfe, also die Landkreise (§ 1 Abs. 1 AGKJHG-LSA) zur Ausführung zu übertragen. Eine Verfas-sungsbeschwerde ist grundsätzlich nur dann zulässig, wenn dafür ein Rechtsschutzbedürfnis besteht. Hinsichtlich der Übertragung einzelner Aufsichtstätigkeiten ist eine meßbare Beeinträchtigung der Planungs-, Organisations- oder Finanzhoheit zwar (kaum) feststellbar. Das Rechtsschutzbedürfnis ist indes dann anzunehmen, wenn der Beschwerdeführer durch den Rechtsetzungsakt beschwert, also selbst, gegenwärtig und unmittelbar betroffen ist (*Maunz/Schmidt-Bleibtreu/Klein/Ulsamer*, BVerfGG, 3. Aufl., § 90, Rdn. 184). Der Umfang der Beeinträchtigung kann im Rahmen der Prüfung der Begründetheit berücksichtigt werden, hindert die Annahme der Zulässigkeit der Verfassungsbeschwerde hingegen nicht.

Die Landkreise haben nach § 17 Abs. 2 KiBeG den Einrichtungsträgern (§ 8 Abs. 1 KiBeG) eine Pauschale für die im Bedarfs- und Entwicklungsplan ausgewiesenen Betreuungsplätze zu zahlen. Nach § 18 Abs. 3 S. 3 KiBeG haben die Landkreise den Einrichtungsträgern die Einnahmeausfälle zu erstatten, die daraus entstehen, daß die von den Erziehungsberechtigten zu zahlenden Beiträge (§ 18 Abs. 1 KiBeG) unter den Voraussetzungen von § 93 SGB VIII ermäßigt oder erlassen werden. Zum Selbstverwaltungsrecht gehört auch die Finanzhoheit der Kommunen (LVerfG-LSA, Urteil vom 17.9.1998 – LVG 4/96 –, S. 13, m.w.N. der Rechtsprechung des Bundesverfassungsgerichts und der Landesverfassungsgerichte der Länder, in diesem Band). Durch die Übertragung von Zahlungsverpflichtungen auf die Landkreise kann in die Finanzhoheit unangemessen eingegriffen worden sein.

Der Beschwerdeführer wird durch die §§ 16 S. 4 und 5; 17 Abs. 2; 18 Abs. 3 KiBeG auch gegenwärtig und unmittelbar betroffen, da sich die mögliche Belastung unmittelbar aus dem Gesetz ergibt und kein weiterer Vollzugsakt erforderlich ist.

1.3 Die landesrechtliche Verfassungsbeschwerde ist nicht durch die bundesrechtliche Rüge ausgeschlossen, Art. 28 Abs. 2 GG sei verletzt (vgl. Art. 93 Abs. 1 Nr. 4b GG); denn das Bundesverfassungsgericht kann gegen Landesgesetze subsidiär nur dann angerufen werden, wenn und soweit keine

Verfassungsbeschwerde zu einem Landesverfassungsgericht erhoben werden kann (Art. 93 Abs. 1 Nr. 4b GG).

Art. 28 Abs. 2 GG verdrängt auch nicht in Verbindung mit Art. 31 GG die Garantie aus Art. 2 Abs. 3 und Art. 87 LVerf-LSA, denn das Bundesrecht enthält nur die Mindestgarantie kommunaler Selbstverwaltung und schließt inhaltsgleiches oder weitergehendes Landesverfassungsrecht nicht aus (LVerfG-LSA aaO, S. 14).

2. Die Verfassungsbeschwerde ist jedoch unbegründet.

Der Bund hat durch die Regelung der Kindertageseinrichtungen in § 69 SGB VIII seine Gesetzgebungskompetenz nicht überschritten (2.1), und der Landesgesetzgeber hat sich im KiBeG, soweit es die Landkreise betrifft, an die bundesgesetzlichen Grenzen gehalten, die ihm bei der Konkretisierung von § 69 SGB VIII vorgegeben waren (2.2).

Die Regelungen, die der Landesgesetzgeber hinsichtlich der Landkreise im KiBeG getroffen hat, sind mit der Landesverfassung, insbesondere mit Art. 87 Abs. 3 LVerf-LSA (2.3.1) und auch mit Art. 87 Abs. 1 (2.3.2) vereinbar.

2.1 Eine Verletzung des Grundgesetzes liegt nicht vor. Dem Bund steht grundsätzlich die Gesetzgebungskompetenz für Kindertageseinrichtungen zu (2.1.1), und er hat insoweit auch die Kompetenz zu einer punktuellen Annexregelung bei der Bestimmung der Landkreise zu örtlichen Trägern der öffentlichen Jugendhilfe (2.1.2).

2.1.1 Die Kinder- und Jugendhilfe ist Teil der konkurrierenden Gesetzgebung (insbesondere Art. 74 Abs. 1 Nr. 7 GG). Sie steht den Ländern in diesem Bereich nur insoweit zu, als der Bundesgesetzgeber von seiner Gesetzgebungskompetenz keinen Gebrauch gemacht hat (Art. 72 Abs. 1 GG).

Der Bund hat das u. a. die Kindertageseinrichtungen regelnde SGB VIII auf Grundlage von Art. 74 Abs. 1 Nr. 7 GG erlassen. Ob diese Vorschrift eine gesetzliche Regelung über Kindertageseinrichtungen deckt, ist umstritten. Nach einer Ansicht unterfallen Art. 74 Abs. 1 Nr. 7 GG nicht solche Maßnahmen und Einrichtungen, die vornehmlich bildungspolitischen Zielen dienen. Von den Vertretern dieser Ansicht (*Maunz*, in: Maunz/Dürig, GG, Art. 74, Rdn. 116; *Isensee,* Das Recht auf einen Kindergartenplatz, DVBl. 1995, 1, 5) werden hierzu insbesondere die Schulen, aber auch Kindergärten gerechnet, da sie das Kindergartenwesen im wesentlichen bildungsbezogen verstehen.

Das Bundesverfassungsgericht (Urt. v. 18.7.1967 – 2 BvF 3, 4, 5, 6, 7, 8/62; 2 BvR 139, 140, 334, 335/62 –, BVerfGE 22, 180, 212f) war zunächst davon ausgegangen, daß öffentliche Fürsorge i.S. v. Art. 74 Abs. 1 Nr. 7 GG nicht nur Jugendfürsorge im engeren Sinne, sondern auch die Jugendpflege insgesamt umfasse, die das körperliche, geistige und sittliche Wohl aller Jugendlichen fördern wolle, ohne daß eine Gefährdung im Einzelfall vorzuliegen brauche. Maßnahmen der Jugendpflege sollten Entwicklungsschwierigkeiten der Jugendlichen begegnen und damit Gefährdungen vorbeugen werden. Der Begriff der öffentlichen Fürsorge i. S. d. GG sei dabei nicht eng auszulegen (BVerfG, Urt. v. 28. 5. 1993 – 2 BvF 2/90 und 4, 5/92 –, BVerfGE 88, 205, 329 a. E.).

Nunmehr vertritt das Bundesverfassungsgericht (Beschl. v. 10. 3. 1998 – 1 BvR 178/97 –, NJW 1998, 2128, 2129) die Meinung, daß das Kindergartenwesen insgesamt der öffentlichen Fürsorge zuzurechnen ist, auch wenn Kindergärten zugleich Bildungseinrichtungen im elementaren Bereich darstellten. Dieser Bildungsbezug entziehe die Regelung (im entschiedenen Fall § 90 Abs. 1 Nr. 3 SGB VIII) nicht der Gesetzgebungskompetenz des Bundes. Die fürsorgerischen und bildungsbezogenen Aspekte des Kindergartens seien untrennbar miteinander verbunden. Eine Aufspaltung der Gesetzgebungskompetenz anhand dieser Aspekte komme aus sachlichen Gründen nicht in Betracht. Der Schwerpunkt des Kindergartenwesens, von dem in einem solchen Fall die Bestimmung der Gesetzgebungskompetenz abhänge, sei nach wie vor eine fürsorgende Betreuung. Der vorschulische Bildungsauftrag stehe hinter diesem Bereich zurück. Eine einheitliche Zuordnung zum Bereich der öffentlichen Fürsorge sei daher zu bejahen.

Dieser Ansicht schließt sich das Landesverfassungsgericht im Ergebnis an. Anknüpfungspunkt für die Bestimmung der Zuständigkeit ist der Gesichtspunkt des überwiegenden Sachzusammenhangs (*Maunz*, in: Maunz/Dürig, GG, Art. 74, Rdn. 12, 115). Zwar ist der Anspruch auf einen Kindergartenplatz in § 24 SGB VIII geregelt. Bei dieser Vorschrift handelt es sich aber nur um einen Unterfall der Leistungen der Jugendhilfe (vgl. § 2 Abs. 2 SGB VIII). Ziel der Jugendhilfe ist die Erziehung zu einer eigenverantwortlichen und gemeinschaftsfähigen Persönlichkeit (§ 1 Abs. 1 SGB VIII). In diesen Zusammenhang gehört auch die Unterbringung in einer Kindertagesstätte. Selbst wenn man insoweit einen Bildungscharakter betont, folgt aus der Einbeziehung in die übrigen Angebote der Jugendhilfe der Zusammenhang zur öffentlichen Fürsorge i. S. von Art. 74 Abs. 1 Nr. 7 GG.

2.1.2 Daraus folgt aber zunächst nur die grundsätzliche Gesetzgebungskompetenz des Bundes für Kindertageseinrichtungen. Der Bundesgesetzgeber hat darüber hinaus bestimmt, daß die Träger der öffentlichen Jugendhilfe die Gesamtverantwortung für diesen Bereich tragen (§ 79 Abs. 1 SGB VIII). Er hat außerdem geregelt, daß örtliche Träger der öffentlichen Jugendhilfe die Kreise (und kreisfreien Städte) sind (§ 69 Abs. 1 S. 2 SGB VIII). Damit hat der Bundesgesetzgeber eine Regelung hinsichtlich der Kompetenz bei der Ausführung des SGB VIII getroffen. Bei der Ausführung von Bundesgesetzen regeln indes grundsätzlich die Länder sowohl die Einrichtung der Behörden als auch das Verwaltungsverfahren (Art. 84 Abs. 1 GG). Neben der ausdrücklichen Kompetenz des Bundes, durch zustimmungsbedürftiges Bundesgesetz die Behördeneinrichtung und das Verwaltungsverfahren zu regeln, kommt zusätzlich eine ungeschriebene Bundeskompetenz in Betracht, wenn der Bund ordnet, auf welcher allgemeinen Verwaltungsstufe (z. B. kommunale Ebene; hier: Kreis) das Bundesgesetz auszuführen ist (*Lerche*, in: Maunz/Dürig GG, Art. 84, Rdn. 58/59). Auch wenn der Bundesgesetzgeber nur den näheren Aufgabenkreis einer Behörde regelt, greift er in die Verwaltungshoheit der Länder ein. Wie Kompetenzvorschriften allgemein ist auch Art. 84 Abs. 1 GG nach der Zielsetzung der verfassungsrechtlichen Kompetenzverteilung, in deren Regelungszusammenhang er steht, strikt auszulegen (BVerfG, Beschl. v. 8. 4. 1987 – 2 BvR 909, 934, 935, 936, 938, 941, 942, 947/82; 64/83 und 142/84 –, BVerfGE 75, 105, 150).

Beauftragt der Bundesgesetzgeber eine Landesbehörde mit der Ausführung einer von ihm begründeten Aufgabe, schließt er u. U. ein nach dem jeweiligen Landesverfassungsrecht zuständiges Organ aus und hindert die Länder damit, die Ausführung der Aufgabe – etwa im kommunalen Bereich – nach eigenem, auf sinnvolle Gestaltung der Vollzugsorganisation ausgerichtetem Ermessen zu regeln (BVerfG, Urt. v. 28. 5. 1993 – 2 BvF 2/90 und 4, 5/92 –, BVerfGE 88, 203, 332). Art. 84 Abs. 1 GG erlaubt dem Bundesgesetzgeber die Zuweisung von Aufgaben an die Kommunen als Selbstverwaltungsaufgabe, wenn es sich um eine punktuelle Annexregelung zu einer zur Zuständigkeit des Bundesgesetzgebers gehörenden materiellen Regelung handelt und wenn diese Annexregelung für den wirksamen Vollzug der materiellen Bestimmungen des Gesetzes notwendig ist (BVerfG, Beschl. v. 9. 12. 1987, 2 BvL 16/84 – BVerfGE 77, 288, 299; BVerfG, Urt. v. 18. 7. 1967 – 2 BvF 2, 4, 5, 6, 7, 8/62; 2 BvR 139, 140, 334, 335/62 –, BVerfGE 22, 180, 210).

Im Gesetzgebungsverfahren über das Gesetz zur Neuordnung des Kinder- und Jugendhilferechts hatte zunächst der Bundesrat beantragt, daß Landesrecht bestimmen solle, wer Träger der öffentlichen Jugendhilfe ist, und zur Begründung ausgeführt: Eine Regelung der Behördenzuständigkeit bedürfe keiner bundesrechtlichen Festlegung. Es solle vielmehr dem Föderalismus Rechnung getragen werden, um auf die unterschiedliche kommunale Struktur in den einzelnen Ländern abstellen zu können (BT-Drs. 11/5948, S. 142, Nr. 61). In ihrer Erwiderung wies die Bundesregierung darauf hin, daß die Regelung für die Gewährleistung eines wirksamen Gesetzesvollzuges notwendig sei. Die Zuordnung der örtlichen Aufgaben der Kinder- und Jugendhilfe zu den Kreisen und kreisfreien Städten stimme überein mit der Behördenbestimmung in § 96 Abs. 1 S. 1 BSHG. Damit werde sichergestellt, daß die beiden gewichtigsten Aufgaben kommunaler Selbstverwaltung im Bereich der öffentlichen Fürsorge grundsätzlich in der Hand ein- und derselben Gebietskörperschaft läge. Eine vollständige Öffnung der Behördenzuständigkeit für den Landesgesetzgeber berge die Gefahr, daß kreisangehörige Gemeinden vom Landesgesetzgeber im großen Umfang gegen ihren Willen zu örtlichen Trägern bestimmt würden (BT-Drs. 11/6002, S. 9, Nr. 61).

Die im Gesetzgebungsverfahren von der Bundesregierung aufgezeigten Gründe rechtfertigen die Zuständigkeitsregelung des § 69 Abs. 1 S. 2 SGB VIII für die Gewährleistung des wirksamen Gesetzesvollzuges und sind damit als sachbezogene Annexregelung anzusehen (*Krug/Grüner/Dalichau*, SGB VIII, § 69, II 1.; BVerfGE 22, 180, 211 für § 12 Abs. 2 JWG alte Fassung). Zu berücksichtigen ist außerdem, daß § 69 Abs. 2 SGB VIII eine Öffnungsklausel enthält, nach der durch den Landesgesetzgeber auch kreisangehörige Gemeinden zu örtlichen Trägern der öffentlichen Jugendhilfe bestimmt werden können. Daß § 69 Abs. 1 S. 2 SGB VIII mithin nur einen Regelfall normiert und der Landesgesetzgeber davon abweichen kann, ist bei der Bemessung an Art. 84 Abs. 1 GG zu berücksichtigen. Es verstößt mithin nicht gegen Art. 84 Abs. 1 GG, daß der Bundesgesetzgeber die Kreise zu den örtlichen Trägern der öffentlichen Jugendhilfe bestimmt hat.

2.2 Der Landesgesetzgeber hat sich mit seinen Regelungen in diesem Bereich an den bundesgesetzlich vorgegebenen Rahmen gehalten.

2.2.1 Der Landesgesetzgeber hat zur Konkretisierung von § 69 Abs. 1 S. 3 SGB VIII bestimmt, daß das Land überörtlicher Träger der öffentlichen Jugendhilfe ist (§ 9 AGKJHG LSA). § 79 Abs. 1 SGB VIII weist den – örtlichen und überörtlichen – Trägern der öffentlichen Jugendhilfe die Gesamtverantwortung für die öffentliche Jugendhilfe zu.

Im Gesetzgebungsverfahren hat die Bundesregierung dazu ausgeführt: Entsprechend den Empfehlungen der Kommission zum 3. Jugendbericht (und auf der Grundlage der Entscheidung des Bundesverfassungsgerichts – BVerfGE 22, 180, 202 –) wird die bereits in § 5 Abs. 1 S. 1 JWG angedeutete Gesamtverantwortung der öffentlichen Jugendhilfe deutlicher hervorgehoben, sowie die Gewährleistungspflicht und die Verpflichtung zur Schaffung einer angemessenen personellen Grundausstattung in den Jugendämtern gesetzlich festgeschrieben (BT-Drs. 11/5948, S. 100 zu § 70).

Die Vorschrift des § 79 Abs. 1 SGB VIII weist den Trägern der öffentlichen Jugendhilfe damit die Gesamtverantwortung i. S. einer Letztverantwortung gegenüber den Leistungsberechtigten für die Erfüllung der gesetzlich geregelten Aufgaben der Jugendhilfe zu. Sie legt ihnen eine

Garantenstellung im Hinblick auf die tatsächliche Verfügbarkeit der notwendigen Einrichtungen, Dienste und Veranstaltungen auf und verpflichtet sie, die für die Erfüllung der Aufgaben nach diesem Gesetz zuständigen Behörden ausreichend auszustatten (*Wiesner/Kaufmann/Mörsberger/Oberloskamp/ Struck*, SGB VIII, § 79, Rdn. 1). Die Träger der öffentlichen Jugendhilfe tragen dabei auch hinsichtlich der Finanzierung die letzte Verantwortung (*Klinkhardt*, SGB VIII, 1. Aufl., § 79, Rdn. 2). Die öffentlichen Träger müssen garantieren, daß die vorgesehenen Leistungen erbracht und die anderen Aufgaben erledigt werden. Die Verantwortung und damit die gesamte Vorschrift gilt nicht nur für den örtlichen, sondern auch für den überörtlichen Träger (*Klinkhardt*, aaO, Rdn. 1).

Im Ergebnis bedeutet dies: Der Bundesgesetzgeber konnte den Rechtsanspruch auf einen Platz in einer Kindertageseinrichtung regeln (§§ 22, 24 SGB VIII), und er konnte die Gesamtverantwortung dafür den Trägern der öffentlichen Jugendhilfe auferlegen (§ 79 Abs. 1, 69 Abs. 1, 24 S. 3 SGB VIII). Der Bundesgesetzgeber hat hinsichtlich der Kindertageseinrichtungen von seiner Gesetzgebungskompetenz im Rahmen von § 24 S. 1 und 2 SGB VIII Gebrauch gemacht.

2.2.2 Nicht geregelt hat der Bundesgesetzgeber, wie Aufgaben (hier: § 16 S. 4 und 5 KiBeG) zwischen den (quasi gesamtschuldnerisch haftenden) örtlichen sowie überörtlichen Trägern der öffentlichen Jugendhilfe verteilt werden. Dies gilt in gleicher Weise für die finanziellen Lasten (§§ 17 Abs. 2, 18 Abs. 3 KiBeG). Nicht von der Bundesregelung (§ 24 S. 1 und S. 2 SGB VIII) erfaßt ist auch der Rechtsanspruch auf einen Platz in einer Kindertageseinrichtung für Kinder vom Schuleintritt bis zum vollendeten 14. Lebensjahr. Insoweit geht die Landesregelung (§ 2 Abs. 1 KiBeG) über die Bundesregelung hinaus.

Als erschöpfend i. S. v. Art. 72 Abs. 1 GG ist eine Regelung dann anzusehen, wenn neben ihr kein Raum mehr für eine landesrechtliche Regelung übrig bleibt (*Maunz*, in: Maunz/Dürig GG, Art. 72, Rdn. 14). Im vorliegenden Fall ist die Bundesregelung nicht abschließend hinsichtlich der Verteilung der Aufgaben und der Kostentragungspflicht zwischen dem örtlichen und überörtlichen Träger der öffentlichen Jugendhilfe. Da insoweit eine Regelung, die den Anspruch aus § 24 SGB VIII in der Sache nicht berührt, notwendig und sinnvoll ist, ist davon auszugehen, daß die §§ 79 Abs. 1, 69 Abs. 1 SGB VIII insoweit keine abschließende Regelung i. S. v. Art. 72 Abs. 1 GG enthalten. Der Landesgesetzgeber ist somit für die Verteilung der Aufgaben und finanziellen Lasten im Verhältnis zwischen dem überörtlichen und örtlichen Träger der öffentlichen Jugendhilfe zuständig.

Dies gilt in gleicher Weise für den über § 24 S. 1 und 2 SGB VIII hinausgehenden Rechtsanspruch von Kindern bis zur Vollendung des 14. Lebensjahres. Gerade im sozialen Bereich, in dem ohne direkte Verbindung mit einer Belastung Ansprüche zugunsten einzelner Bürger begründet werden, kann nicht festgestellt werden, daß der Bundesgesetzgeber dem Landesgesetzgeber die Möglichkeit verwehren wollte, weitere Leistungen zu gewähren.

2.3 Der danach für den Erlaß der beanstandeten Regelungen (§§ 16 S. 4 und 5, 17 Abs. 2, 18 Abs. 3 KiBeG) zuständige Landesgesetzgeber konkretisiert in der Sache lediglich eine Verpflichtung, die sich bereits direkt aus einem Bundesgesetz ergibt. Dies hat Auswirkungen auf den Prüfungsmaßstab, an dem die Verfassungsmäßigkeit der Regelung zu messen ist. Bei Anlegung eines solchen Maßstabes sind die Regelungen nicht zu beanstanden.

2.3.1 Nach Art. 87 Abs. 3 LVerf-LSA können den Kommunen durch Gesetz Pflichtaufgaben zur Erfüllung in eigener Verantwortung zugewiesen werden. Dies ist für die örtlichen Träger der Jugendhilfe in § 1 Abs. 2 AGKJHG LSA noch einmal ausdrücklich klargestellt. Mit Pflichtaufgaben ohne Weisung sind dabei lediglich solche Aufgaben gemeint, zu deren Erfüllung die Gemeinden verpflichtet sind (vgl. *Gern*, Deutsches Kommunalrecht, 2. Aufl., Rdn. 234 m.w.N.). Daraus ergibt sich indes nicht, was unter einer Aufgabe zu verstehen ist. Lediglich im § 16 S. 4 und 5 KiBeG ist geregelt, daß dem örtlichen Träger Aufsichtstätigkeiten übertragen werden können und dann eine Handlungsverpflichtung der Kreise darstellen. In §§ 17 Abs. 2 und 18 Abs. 3 KiBeG werden demgegenüber reine Finanzierungsverpflichtungen des Kreises geregelt, mit denen keine Handlungsverpflichtung korrespondiert.

Im Rahmen von Art. 30 GG wird nach Befugnissen und Aufgaben differenziert. Nach dem üblichen Sprachgebrauch sind unter Befugnissen die staatlichen Funktionen zu verstehen, die die Staatsorgane zu Eingriffen berechtigen, während sich die Bezeichnung Aufgabe auf Tätigkeitsbereiche erstreckt, zu deren Wahrnehmung der Staat teilweise verpflichtet, teilweise aber auch nur berechtigt ist (*Gubelt*, in: von Münch/Kunig, GG, 3. Aufl., Art. 30, Rdn. 6). Art. 104a Abs. 1 GG bestimmt, daß der Bund und die Länder gesondert die Ausgaben tragen, die sich aus der Wahrnehmung ihrer Aufgaben ergeben, d.h. die Ausgabenverantwortung folgt der Aufgabenverantwortung (*Maunz*, in: Maunz/Dürig, GG, Art. 104a, Rdn. 10; *Waechter*, Kommunalrecht, 2. Aufl., Rdn. 229). Auch Art. 87 Abs. 3 LVerf-LSA differenziert zwischen Aufgabenübertragung (S. 1) und Kostendeckungsregelung (S. 2). Daraus ist im Ergebnis zu folgern, daß Art. 87 Abs. 3 LVerf-LSA (und insbes. S. 2 und S. 3) überhaupt nur dann anwendbar ist, wenn eine Handlungsverpflichtung statuiert wird, nicht hingegen, wenn lediglich eine Finanzierungsverpflichtung ohne Handlungsverpflichtung begründet wird. Ob eine Förderpflicht (Finanzierungspflicht) dabei die Fortsetzung der

Sachaufgabe (Gesamtverantwortung für den Bereich Jugendhilfe) darstellt (BVerfG, Beschl. v. 7.2.1991 – 2 BvL 24/84 –, BVerfGE 83, 363, 385), kann dahinstehen. Art. 87 Abs. 3 LVerf-LSA verbindet die Sachaufgaben mit der Finanzierungsregelung. Eine konkrete Finanzierungsregelung als Ausgleich für eine auferlegte konkrete Finanzierungsverpflichtung wäre ein Widerspruch in sich, da die übertragene Finanzierungspflicht dann der Sache nach (jedenfalls zum Teil) beim Land verbliebe und die Übertragung im Ergebnis leerlaufen müßte. Der Ausgleich für die Übertragung einer Finanzierungspflicht (ohne konkrete Sachaufgabe) kann nur im Rahmen von Art. 88 Abs. 1 LVerf-LSA erfolgen, nicht aber im Rahmen von Art. 87 Abs. 3 S. 2 LVerf-LSA. Die Zahlungsverpflichtung aus §§ 17 Abs. 2 und 18 Abs. 3 KiBeG kann somit nicht anhand von Art. 87 Abs. 3 S. 2 und 3 LVerf-LSA überprüft werden, sondern lediglich anhand von Art. 2 Abs. 3, 87 Abs. 1 LVerf-LSA. Dies gilt auch insoweit, als der Anspruch auf einen Platz in einer Kindertageseinrichtung in § 2 KiBeG über die §§ 22, 24 SGB VIII hinausgeht. Auch insoweit besteht zu Lasten der Landkreise nur eine Finanzierungsverpflichtung. Demgegenüber ist die Übertragung von Aufsichtspflichten gemäß § 16 S. 4 und 5 KiBeG an Art. 87 Abs. 3 S. 2 und 3 LVerf-LSA zu messen.

In Abgrenzung zu Art. 88 LVerf-LSA verpflichtet die Verfassung des Landes Sachsen-Anhalt das Land, außer der durch Art. 88 LVerf-LSA geregelten „Grundausstattung", besondere Regelungen über die Kosten zu treffen, welche durch übertragene Aufgaben entstehen. Dies gilt auch dann (§ 87 Abs. 3 S. 2 1. Alternative LVerf-LSA), wenn das Land den Kommunen „durch Gesetz Pflichtaufgaben in eigener Verantwortung zuweist". Darunter fallen auch ehemals freiwillig wahrgenommene Selbstverwaltungsaufgaben, die das Land den Kommunen nunmehr zur Pflicht macht.

Art. 87 Abs. 3 LVerf-LSA erfüllt eine Schutzfunktion für die Kommunen in der Weise, daß der Gesetzgeber bei jeder Aufgabenübertragung die damit verbundenen finanziellen Belastungen berücksichtigen muß. Der Gesetzgeber kann diesem Schutzgebot nur dann nachkommen, wenn die Regelung über die Kostendeckung für die Kommunen erkennbar und nachprüfbar ist. Dabei sind die Kosten nachvollziehbar zu ermitteln und für die Kommunen sichtbar zu machen, in welcher Höhe sie an der Deckung der Kosten beteiligt werden. Die Kostenregelung muß aus verfassungsrechtlicher Sicht bestimmten Mindestanforderungen genügen. Hierzu gehören Angaben, die den Kommunen Berechnungsmöglichkeiten in die Hände geben. Bei der Regelung der Kostendeckung der Kommunen verfügt der Gesetzgeber über einen weiten Spielraum. Welche Methode er wählt, ist seiner pflichtgemäßen Entscheidung überlassen. Denkbar sind Festbeträge, Pauschalierungen, Quoten, Prozentsätze oder Kostenzuschüsse. Die Kostenregelung in Art. 87 Abs. 3

LVerf-LSA umfaßt weiterhin einen „angemessenen" Ausgleich. Dabei handelt es sich um einen unbestimmten Rechtsbegriff, der im jeweiligen Kostenregelungsgesetz auszufüllen ist. „Angemessen" bedeutet nicht, daß der Kommune voller Kostenersatz zu leisten ist. Es ist daher verfassungsrechtlich unbedenklich, wenn den Kommunen eine „Interessenquote" bei der Kostendeckung verbleibt. Entscheidend ist die Eignung der Regelung zum Zweck der Berechnungssicherheit (LVerfG, Urt. v. 17.9.1998, LVG 4/96, S. 15/16, m.w.N., in diesem Band).

2.3.2 Nach diesen Grundsätzen ist eine Verletzung der Landesverfassung nicht festzustellen.

2.3.2.1 § 16 Satz 4 und 5 KiBeG verletzt nicht Art. 87 Abs. 3 LVerfG-LSA.

Bei der Übertragung der Aufsichtstätigkeiten vom überörtlichen Träger auf den örtlichen Träger der öffentlichen Jugendhilfe handelt es sich um eine neue Aufgabe. Das KiTAG sah in eine solche Verpflichtung des Kreises nicht vor. Im § 16 S. 3 KiTAG war – insoweit ist der Argumentation des Beschwerdeführers zuzustimmen – lediglich eine spezialgesetzlich fixierte Amtshilfepflicht geregelt. Die Möglichkeit, einzelne Aufsichtspflichten vollständig auf die örtlichen Träger der öffentlichen Jugendhilfe zu übertragen, geht über eine bloß unterstützende Tätigkeit hinaus und muß somit als neue Verpflichtung gewertet werden. Eine Kostendeckungsregelung für die übertragenen Aufsichtstätigkeiten enthält weder das KiBeG selbst, noch eine andere Norm, (z. B. Finanzausgleichsgesetz; FAG; vom 31.1.1995 – LSA-GVBl., S. 41 –, zuletzt geändert durch Art. 2 Aufnahmegesetz und Gesetz zur Änderung des Finanzausgleichsgesetzes vom 21.1.1998 – LSA-GVBl., S. 10 –). Eine Kostenausgleichsregelung muß indes nur dann getroffen werden, wenn für die übertragenen Aufgaben auch ein angemessener Ausgleich geschaffen werden muß. Liegen die Voraussetzungen von Art. 87 Abs. 3 S. 3 LVerf-LSA nicht vor, entfällt die Notwendigkeit einer Kostentragungsregelung i. S. v. S. 2. Eine solche Regelung würde in diesem Fall leerlaufen, da eine Mehrbelastung der Kommune entweder nicht vorliegen kann oder eine Mehrbelastung von ihr selbst getragen werden muß. Allein das Fehlen einer Kostentragungsregelung führt noch nicht zur Verfassungswidrigkeit von § 16 S. 4 und 5 KiBeG.

Für die Frage einer Kostenausgleichsregelung i. S. v. Art. 87 Abs. 3 S. 2 LVerf-LSA ist zu berücksichtigen: Art. 87 Abs. 3 (S. 2 und 3) LVerf-LSA geht davon aus, daß eine (originär) staatliche Aufgabe auf die an sich nicht zuständige Kommune übertragen wird. Wie bereits dargelegt, besteht nach § 79 Abs. 1 SGB VIII aber eine Aufgabenallzuständigkeit für das Land und den Kreis. Die Regelung des § 16 KiBeG verteilt die Aufgaben lediglich zwischen diesen und konkretisiert seinerseits die Vorgaben des SGB VIII. § 16 S. 1 KiBeG konkretisiert (§ 49 SGB VIII) insoweit § 45 SGB VIII. Zuständig für die Maßnahmen nach den §§ 45 f SGB VIII ist der überörtliche Träger (§ 85 Abs. 2 Nr. 6 SGB VIII). Für den örtlichen Träger sieht § 87 a Abs. 3 SGB VIII indes eine Mitwirkungspflicht bei der Überprüfung von Einrichtungsträgern vor. § 16 S. 4 KiBeG begründet damit keine Aufgabe des Kreises im Verhältnis zum Land, sondern konkretisiert lediglich die bundes-gesetzliche Vorgabe. Ohne an dieser Stelle die Frage abschließend klären zu müssen, ob eine Konkretisierung bundesgesetzlicher Vorgaben durch den Landesgesetzgeber, mit dem zulässig eine Verpflichtung der Kommunen begründet wird, überhaupt in den Anwendungsbereich von Art. 87 Abs. 3 LVerf-LSA fällt, ergibt sich daraus eine originäre finanzielle (Grund-)Mitverpflichtung des Kreises, für die kein finanzieller Ausgleich verlangt werden kann.

Ohne auch in diesem Punkt eine abschließende Entscheidung hinsichtlich des Umfangs dieser Mitverpflichtung treffen zu müssen, müssen die Kommunen in einem solchen Fall jedenfalls die allgemeinen Verwaltungskosten tragen, während die Ausgabenverantwortung des Staates erst im Bereich der Sachkosten beginnt (vgl. dazu allgemein: *Petz*, Aufgabenübertragung und kommunale Selbstverwaltung, DÖV 1991, 320, 323). Mehr als allgemeine Verwaltungskosten sind mit der Übernahme einzelner Aufsichtstätigkeiten nicht verbunden. Etwas anderes ist nicht ersichtlich. § 16 S. 4 und 5 KiBeG verstößt somit nicht gegen Art. 87 Abs. 3 S. 2 und 3 LVerf-LSA.

2.3.2.2 Auch Art. 2 Abs. 3, 87 Abs. 1 LVerf-LSA sind nicht verletzt.

2.3.2.2.1 Gewährleistet wird durch diese Verfassungsbestimmungen das Recht auf kommunale Selbstverwaltung. Das Recht auf kommunale Verwaltung kann dabei sowohl durch die Entziehung als auch die Übertragung von Kompetenzen berührt werden (*Löwer*, in: von Münch/Kunig), GG, 3. Aufl., Art. 28, Rdn. 54. Die Selbstverwaltungsgarantie umfaßt dabei die Garantie für die lokale Aufgabenwahrnehmung örtlicher Angelegenheiten und die Garantie der Eigenverantwortlichkeit (*Löwer*, in: von Münch/Kunig aaO, Art. 28, Rdn. 45). Angelegenheiten der örtlichen Gemeinschaft sind danach diejenigen Bedürfnisse und Interessen, die in der örtlichen Gemeinschaft wurzeln oder auf sie einen spezifischen Bezug haben, die also den Gemeindeeinwohnern gerade als solchen gemeinsam sind, indem sie das Zusammenleben und -wohnen der Menschen in der (politischen) Gemeinde betreffen (BVerfG, Beschl. v. 23.11.1988 – 2 BvR 1619, 1628/88 –, BVerfGE 79, 127, 151 f).

Uneingeschränkt gewährleistet wird dabei der Kernbereich der Selbstverwaltungsgarantie (BVerfG, Urt. v. 10.12.1974 – 2 BvK 1/73, 2 BvR 902/73 –, BVerfGE 38, 258, 278).

Was zum Kernbereich zählt, läßt sich nicht allgemein, sondern nur von Fall zu Fall auch unter Berücksichtigung vor allem der geschichtlichen Entwicklung und der verschiedenen historischen Erscheinungsformen der kommunalen Selbstverwaltung feststellen (BVerfG, Beschl. v. 23. 6.1987 – 2 BvR 826/83 –, NVwZ 1988, 47, 48 f).

Erstmals umfassend kodifiziert wurde das Jugendhilferecht durch das Gesetz für Jugendwohlfahrt vom 9. 7.1922 (BGBl. I, 633, i. F.: RJWG – Zur historischen Entwicklung des Jugendhilferechts vor 1922 vgl. *Kunkel,* Grundlagen des Jugendhilferechts, 2. Aufl., Rdn. 2–6 –). Die Zuständigkeit war aufgeteilt auf die Jugendämter (§§ 3 f RJWG), die Landesjugendämter (§§ 12 f RJWG) und das Reichsjugendamt (§§ 15 f RJWG). Die Jugendämter wurden als Einrichtungen von Gemeinden oder Gemeindeverbänden errichtet (§ 8 S. 1 RJWG).

Im Gesetz zur Änderung von Vorschriften des Reichsjugendwohlfahrtsgesetzes vom 28. 8.1953 (BGBl. I, S. 1035) wurde § 8 RJWG neu gefaßt. Danach war die öffentliche Jugendhilfe eine Selbstverwaltungsaufgabe der Gemeinden und Gemeindeverbände (§ 8 Abs. 1 RJWG neue Fassung). Die Landkreise und kreisfreien Städte hatten Jugendämter zu errichten (§ 8 Abs. 2 RJWG neue Fassung).

Das Gesetz für Jugendwohlfahrt vom 11. 8.1961 (BGBl. I, 1206 – i. F. JWG –) enthielt eine § 8 Abs. 1 RJWG (neue Fassung) entsprechende Regelung in § 12 Abs. 1 JWG und übernahm auch die Regelung aus § 8 Abs. 2 RJWG (neue Fassung) in § 12 Abs. 2 JWG (zur Verfassungsmäßigkeit dieser Vorschrift und zur Verfassungswidrigkeit vom § 12 Abs. 1 JWG BVerfGE 22, 180, 212 f). Das JWG kannte keine ausdrückliche Regelung zur Gesamtverantwortung der öffentlichen Jugendhilfe, zur Gewährleistung und zur Grundausstattung *(Wiesner/Kaufmann/Mörsberger/Oberloskamp/Struck,* SGB VIII, § 79, Rdn. 2). Erst infolge des bereits mehrfach zitierten Urteils des Bundesverfassungsgerichts vom 18. 7.1967 (BVerfGE 22, 180 f), wurde die Gesamtverantwortung der Träger der öffentlichen Jugendhilfe in die gesetzliche Regelung (§ 79 Abs. 1 SGB VIII) aufgenommen (so ausdrücklich die Begründung der Bundesregierung, BT-Drs. 11/5048, S. 100 zu § 70).

Zum Kernbereich zählt im Ergebnis somit nur, daß die Landkreise an der Jugendhilfe überhaupt beteiligt sind. Demgegenüber rechnet dazu nicht ein bestimmter Aufgabenkanon innerhalb dieses Bereichs. Die Beteiligung der Landkreise an der Jugendhilfe läßt das KiBeG (insbesondere § 12 Abs. 1) unberührt. Die Übertragung einzelner Aufsichtsaufgaben berührt damit die Selbstverwaltungsgarantie nur außerhalb des Kernbereichs.

Außerhalb des Kernbereichs darf eine Aufgabe dann übertragen werden, wenn dies für die ordnungsgemäße Aufgabenerfüllung notwendig ist (VGH NW, Urt. v. 22. 9.1992 – VGH 3/91 –, NWVBl. 1993, 7, 9; zur Übertragung von der Gemeinde- auf die Kreisebene: BVerfG, Beschl. v. 23.11.1988, 2 BvR 1619, 1628/83; BVerfGE 79, 127, 153). Bei einer Aufgabenübertragung liegt keine Notwendigkeit in diesem Sinne vor, wenn es nur um Verwaltungsvereinfachung oder Kostenersparnis geht (BVerfG a a O). Auch unter diesen Voraussetzungen ist § 16 S. 4 und 5 KiBeG nicht zu beanstanden. Die Regelung gewährleistet vielmehr die dezentrale Kontrolle der einzelnen Einrichtungsträger, was zu einer Effizienzsteigerung beiträgt. Fehlentwicklungen können früher erkannt und beseitigt werden. Die – teilweise – Übertragung der grundsätzlich staatlichen Aufsichtsfunktion auf die Landkreise ist im Sinne einer sachgerechten Aufgabenerfüllung notwendig und verstößt nicht gegen Art. 2 Abs. 3, 87 Abs. 1 LVerf-LSA.

2.3.2.2.2 Die §§ 17 Abs. 2 und 18 Abs. 3 KiBeG verstoßen nicht gegen Art. 2 Abs. 3; 87 Abs. 1 LVerf-LSA.

Wie bereits ausgeführt, handelt es sich um reine Finanzierungsverpflichtungen, mit denen keine Handlungsverpflichtungen korrespondieren, so daß eine Überprüfung anhand von Art. 87 Abs. 3 LVerf-LSA nicht in Betracht kommt. Aus der bundesgesetzlich geregelten Gesamtverantwortung für die Jugendhilfe folgt auch die Gesamtfinanzierungsverpflichtung. Damit überträgt das Land nicht eine – originär – ihm selbst obliegende Finanzierungsverpflichtung, sondern regelt nur den jeweiligen Anteil von Land und Kreis an der beide gemeinsam („gesamtschuldnerisch") treffenden Gesamtverantwortung. Die verwaltungszuständigen Länder tragen zwar grundsätzlich (Art. 104a Abs. 2 GG) die Finanzverantwortung für bundesgesetzlich zwingend veranlaßte Kosten (BVerfG, Beschl. v. 15.7.1969 – 2 BvF 1/64 –, BVerfGE 26, 338, 390; BVerwG, Urt. v. 8.2.1974 – VII C 16.71 –, BVerwGE 44, 351, 365; *Löwer*, in: von Münch/Kunig, GG, 3. Aufl., Art. 28, Rdn. 93). Dies hindert die Länder indes jedenfalls dann nicht, die Kommunen an den bundesgesetzlich veranlaßten Kosten zu beteiligen, wenn die Kommunen selbst Aufgabenträger nach dieser bundesgesetzlichen Regelung sind.

An Art. 2 Abs. 3d; 87 Abs. 1 LVerf-LSA ist damit nicht das „Ob" der Beteiligung zu messen, sondern nur, ob durch die auf den Kreis entfallende Quote das kommunale Selbstverwaltungsrecht verletzt wird.

§ 17 Abs. 1 und Abs. 2 KiBeG (i.V.m. Art. 1 Ziff. 3 lit. a VO über die Änderung der Kinderbetreuungsverordnung vom 12.11.1997 – LSA-GVBl., S. 968 –) regeln konkrete Pauschalbeträge, die Land und Kreis an den jeweiligen Einrichtungsträger zu zahlen haben. Von den an die Einrichtungsträger zu zahlenden Beträgen übernimmt das Land zwei Drittel und der Kreis ein Drittel. Nicht quantifizierbar sind augenblicklich die Beträge, die als Ausfallhaftung für ermäßigte Elternbeiträge an den Einrichtungsträger gezahlt werden müssen. Der Beschwerdeführer nennt hierzu einen Betrag von

500 000 DM, ohne dies näher zu erläutern (Schriftsatz vom 4.5.1988; S. 2 unter 2.2.). Diese Beträge dürften auch von Kreis zu Kreis, gemessen an der wirtschaftlichen Leistungsfähigkeit der Erziehungsberechtigten, nicht unerheblich differieren. Festzuhalten ist an dieser Stelle, daß die Kreise in der Vergangenheit die Betriebskostendefizite, zu denen auch die Differenzbeträge aus ermäßigten Beiträgen rechnen (RdErl. des MI vom 1.6.1994, LSA-MBl. S. 1460 a. E., 1461), auf freiwilliger Basis getragen haben.

Zum Recht auf kommunale Selbstverwaltung gehört auch die Finanzhoheit der Gemeinden. Die gemeindliche Finanzhoheit untersteht dem allgemeinen Gesetzesvorbehalt aus Art. 87 Abs.1 LVerf-LSA. Insoweit kann die gemeindliche Finanzhoheit durch Gesetz eingeschränkt werden. Gesetz in diesem Sinne bedeutet sowohl Bundes- wie Landesgesetz, soweit die Gesetze im Rahmen der allgemeinen Gesetzeszuständigkeiten liegen. Die Grenze für einschränkende Gesetze ist der Kernbereich der kommunalen Selbstverwaltung (BVerfG, Urt. v. 10.12.1974 – 2 BvK 1/73, 2 BvR 902/73 –, BVerfGE 38, 258, 278).

Ist kein Ausgleich für eine konkret übertragene Aufgabe zu leisten, hat das Land lediglich dafür zu sorgen, daß die Kommunen über Finanzmittel verfügen, die zur angemessenen Erfüllung ihrer Aufgaben erforderlich sind (Art. 88 Abs. 1 LVerf-LSA). Den Kommunen muß eine angemessene Finanzausstattung zur Verfügung stehen, die sie in eigener Verantwortung verwalten können (vgl. VGH Rheinland-Pfalz, Urt. v. 18.3.1992 – VGH 2/91 –, DÖV 1992, 706). Die Gemeinden haben dabei grundsätzlich einen Anspruch auf ausreichende Finanzausstattung, soweit ihnen vom Staat, also vom Bund und den Ländern, Verwaltungsaufgaben zur Wahrnehmung bzw. Ausführung übertragen werden (*Scholz*, in: Maunz/Dürig, GG, Art. 28, Rdn. 84c).

Mittelbar nimmt der Bund für von ihm veranlaßte Aufgaben eine Verantwortung im horizontalen Finanzausgleich dadurch wahr, daß der Finanzbedarf der Gemeinden, abstrakt aufgabenorientiert (BVerfG, Urt. v. 27.5.1992 – 2 BvF 1/88, 1/89 und 1/90 –, BVerfGE 86, 148, 222), in die Landesbedarfsermittlung eingestellt (vgl. §§ 6f, Gesetz über den Finanzausgleich zwischen Bund und Ländern – Finanzausgleichsgesetz/FAG – vom 22.6.1993, BGBl I S. 944, 977 f) und dann durch die Finanzausgleichsgesetze der Länder für die einzelnen Gemeinden konkretisiert wird. Die Kosten für die Jugendhilfe werden damit – wenigstens – mittelbar bei der Finanzzuweisung von Bund und Land berücksichtigt.

Nach den Angaben des Beschwerdeführers haben die Zuweisungen des Landes für das Jahr 1997 nach dem Finanzausgleichsgesetz insgesamt 97 109 400 DM betragen und werden 1998 (geschätzt) 91 927 900 DM betragen. Die Zahlungen gemäß § 17 Abs. 2 KiBeG betrugen 1997 11 627 753 DM. Für das Jahr 1998 wird mit einem Betrag von 11 400 000 DM gerechnet

(Schriftsatz vom 4.5.1998, S. 1/5), hinzuzurechnen sind die Kosten im Zusammenhang mit § 18 Abs. 3, die der Landkreis – wie dargelegt – mit 500 000 DM angibt.

Soweit der Landkreis ausführt, daß die durch das KiBeG übertragenen Aufgaben (Schriftsatz vom 4.5.1998, S. 6) nachgewiesenermaßen zu meßbaren finanziellen Mehrbelastungen führen, kann dies als gegeben unterstellt werden. Der Landkreis übersieht indes, daß die Mehrbelastungen nicht an Art. 87 Abs. 3 S. 2 und 3 LVerf-LSA, sondern an Art. 2 Abs. 3, 87 Abs. 1 LVerf-LSA zu messen sind. Aus den vom Beschwerdeführer zu Art. 87 LVerf-LSA vorgelegten Zahlen ergibt sich nicht, daß er durch die Mindereinnahmen bzw. Mehrausgaben die ihm im übrigen obliegenden Aufgaben nicht mehr angemessen erfüllen konnte (vgl. dazu BVerfG, Beschl. v. 15.10.1985 – 2 BvR 1808, 1809, 1810/82 –, BVerfGE 71, 25, 37).

3. Die Verfassungsbeschwerde war somit insgesamt zurückzuweisen. Die Kostenentscheidung beruht auf § 32 LVerfGG-LSA.

Nr. 5

1. Die Regelungen der §§ 12 Abs. 2 und 17 Abs. 5 des Kinderbetreuungsgesetzes (KiBeG) verstoßen nicht gegen Bundesrecht (§ 69 Abs. 5 SBG VIII). Die bundesgesetzliche Regelung ist ihrerseits mit dem Grundgesetz vereinbar (Art. 74 Abs. 1 Nr. 7; 84 Abs. 1 GG).

2. Wird eine Aufgabe auf die Gemeinden übertragen, verlangt Art. 87 Abs. 3 LVerf-LSA, dass die Kostendeckungsregelung alle damit verbundenen Kostenarten verbindlich erfasst. Entscheidend ist die Eignung einer solchen Regelung zum Zwecke der Berechnungssicherheit. Daran fehlt es, wenn hinsichtlich einer wesentlichen Kostengruppe keine hinreichende Regelung besteht. Verfassungsrechtlich unbedenklich ist es, wenn den Kommunen eine „Interessenquote" verbleibt.

In bezug auf § 12 Abs. 2 KiBeG legt das Land seinen Anteil an den Investitionskosten für die Kommunen nicht vorhersehbar fest. Ferner fehlt ein Maßstab oder eine fixe Größe, die eine Berechnung oder eine Größenordnung der Kostenerstattung zulässt. Insoweit genügt § 12 Abs. 2 KiBeG nicht den Anforderungen des Art. 87 Abs. 3 LVerf-LSA und ist daher verfassungswidrig.

3. § 17 Abs. 5 KiBeG verstößt nicht gegen Art. 87 Abs. 3 LVerf-LSA, da es sich um eine reine Restfinanzierungsverpflichtung ohne Handlungsverpflichtung gegenüber den freien Trägern handelt.
Die Bestimmung verstößt auch nicht gegen Art. 2 Abs. 3; 87 Abs. 1 LVerf-LSA.
Die Übertragung der Finanzierungsverpflichtung führt nicht dazu, dass die Beschwerdeführerinnen die ihnen im übrigen obliegenden Aufgaben nicht mehr angemessen erfüllen können.

Verfassung des Landes Sachsen-Anhalt Art. 87 Abs. 1 und 3; 88
Gesetz zur Förderung und Betreuung von Kindern Sachsen-Anhalt:
§§ 12 Abs. 2; 17 Abs. 5

Urteil vom 8. Dezember 1998 – LVG 19/97 –

in dem Verfassungsbeschwerdeverfahren wegen §§ 12 Abs. 2 und 17 Abs. 5 des Gesetzes zur Förderung und Betreuung von Kindern vom 18. Juli 1996 (LSA-GVBl., S. 416)

Entscheidungsformel:

§ 12 Abs. 2 KiBeG ist insoweit mit Art. 87 Abs. 3 LVerf-LSA nicht vereinbar, als weder die Vorschrift selbst, noch § 11 KiBeG ein Verfahren zur Bestimmung der Zuschußhöhe hinsichtlich der Investitionskosten enthält.
Die weitergehende Verfassungsbeschwerde wird zurückgewiesen.
Die Entscheidung ergeht gerichtsgebührenfrei.
Das Land hat den Beschwerdeführerinnen jeweils zwei Fünftel ihrer notwendigen außergerichtlichen Kosten zu ersetzen.

Gründe:

Die Beschwerdeführerinnen wenden sich gegen Bestimmungen des Gesetzes des Landes Sachsen-Anhalt zur Änderung des Gesetzes zur Förderung von Kindern in Tageseinrichtungen vom 18.7.1996 (LSA-GVBl. S. 224), zuletzt geändert durch das Haushaltsbegleitgesetz vom 17.12.1996 (LSA-GVBl. S. 416; 418) – jetzt: Gesetz zur Förderung und Betreuung von Kindern (KiBeG).

1. Durch das KiBeG wurde das Gesetz zur Förderung von Kindern in Tageseinrichtungen vom 26.6.1991 (LSA-GVBl. S. 126) (KiTAG) geändert und ergänzt. Sowohl nach § 7 Abs. 1 KiTAG, als auch nach § 8 Abs. 1 KiBeG

sind Träger von (Kinder)-Tageseinrichtungen u. a. Gemeinden, Zusammenschlüsse von Gemeinden (Nr. 1) und anerkannte Träger der Freien Jugendhilfe (Nr. 2). Nach § 12 Abs. 1 KiTAG bestand ein Rechtsanspruch auf einen Platz in einer Tageseinrichtung. Der Anspruch richtete sich gegen den örtlichen Träger der Jugendhilfe (§ 12 Abs. 1 Satz 1 KiTAG). Örtliche Träger der Jugendhilfe sind nach § 1 Abs. 1 Gesetz zur Ausführung des Kinder- und Jugendhilfegesetzes vom 26. 8.1991 (LSA-GVBl., S. 297) (AGKJHG) die Landkreise und kreisfreien Städte, denen die Aufgabe als Pflichtaufgabe des eigenen Wirkungskreises obliegt (§ 1 Abs. 2 AGKJHG).

Vor Inkrafttreten des KiBeG (im wesentlichen zum 1.1.1997 – Art. IV Abs. 1 KiBeG –) hat der Bundesgesetzgeber das Kinder- und Jugendhilferecht geändert und neu geordnet (Gesetz zur Neuordnung des Kinder- und Jugendhilferechts vom 26.6.1990, BGBl. I S. 1163, geändert durch Art. 5 Gesetz zum Schutz des vorgeburtlichen/werdenden Lebens, zur Förderung einer kinderfreundlicheren Gesellschaft, für Hilfen im Schwangerschaftskonflikt und zur Regelung des Schwangerschaftsabbruchs vom 27.7.1992, BGBl. I S. 1398, zuletzt geändert durch das 2. Gesetz zur Änderung des 8. Buches Sozialgesetzbuch vom 15.12.1996, BGBl. I S. 1774, i. d. F. der Bekanntmachung des 8. Buches Sozialgesetzbuch vom 15. 3.1997 – BGBl. I S. 477 (SGB VIII).

Nach § 12 Abs. 1 KiBeG haben die örtlichen Träger der öffentlichen Jugendhilfe für ein bedarfsgerechtes Angebot an Kindergarteneinrichtungen Sorge zu tragen. Die kreisangehörigen Gemeinden haben zu einer bedarfsgerechten Versorgung mit Plätzen der Kindertagesbetreuung beizutragen (§ 12 Abs. 2 KiBeG).

§ 12 KiBeG hat folgenden Wortlaut:

> (1) Die örtlichen Träger der öffentlichen Jugendhilfe sind verantwortlich für die Vorhaltung einer an den Bedürfnissen von Familien und Kindern orientierten, konzeptionell vielfältigen, leistungsfähigen, standardgemäßen, zahlenmäßig ausreichenden und wirtschaftlichen Struktur von Kindertageseinrichtungen.
>
> (2) Die kreisangehörigen Gemeinden haben zu einer bedarfsgerechten Versorgung mit Plätzen der Kindertagesbetreuung beizutragen.

Die Finanzierung der Einrichtung war im KiTAG im wesentlichen wie folgt geregelt:

Die Bau- und Einrichtungskosten hatten die Träger der Einrichtungen zu 35% selbst finanzieren (§ 11 Abs. 3 KiTAG); das Land (§ 11 Abs. 1 KiTAG) und die Landkreise (§ 1 Abs. 4 KiTAG) gewährten grundsätzlich einen Zuschuß von 30 bzw. 35% zu diesen Kosten. Zu den Personalkosten gewährte das Land grundsätzlich einen Zuschuß von 60% (§ 17 Abs. 2 KiTAG).

Die Einzelheiten der Gewährung des Zuschusses waren geregelt in der VO über die Gewährung von Landeszuwendungen zu den Personalkosten von Kindertagesstätten vom 13.1.1992 (LSA-GVBl., S. 18), geändert durch die 2. VO vom 6.4.1995 (LSA-GVBl., S. 95) und die 3. VO zur Änderung der VO über die Gewährung von Landeszuschüssen zu den Personalkosten von Kindertageseinrichtungen vom 10.6.1996 (LSA-GVBl., S. 190). Diese Verordnung trat mit Verkündung des KiBeG außer Kraft (Art. 2 Abs. 2 Art. 4 Abs. 4 KiBeG).

Nach § 18 KiTAG konnten die Träger der Einrichtungen von den Erziehungsberechtigten Beiträge erheben. Im KiTAG nicht ausdrücklich geregelt war die Frage der Restfinanzierungspflicht für die nicht gedeckten Kosten, die aus der Betriebsführung entstehen konnten. In einem Runderlaß vom 1.6.1994 (LSA-MBl., S. 1460) hat das Ministerium des Innern im Hinblick auf § 79 SGB VIII die Ansicht vertreten, daß für die Defizite die örtlichen Träger der Jugendhilfe einzustehen hätten. Die Landkreise haben sich auf freiwilliger Basis an der Tragung der Betriebskostendefizite beteiligt, ohne insoweit eine Rechtspflicht anzuerkennen.

Nach § 11 Abs. 2 KiBeG gewährt das Land nunmehr – im Rahmen der verfügbaren Haushaltsmittel – einen Zuschuß zu den Investitionskosten bis zu 30 v. H., wenn der Träger der Einrichtung eine Gemeinde oder ein Zusammenschluß von Gemeinden ist, und in Höhe von bis zu 60 v. H., wenn ein freier Träger der Antragsteller ist. Nach § 11 Abs. 3 KiBeG haben die örtlichen Träger der Jugendhilfe die Investitionskosten mit einem Anteil von bis zu 30 v. H. zu fördern. Die Einrichtungsträger selbst müssen sich mit mindestens 10 v. H. an den Investitionskosten beteiligen (§ 11 Abs. 4 KiBeG).

§ 11 KiBeG hat folgenden Wortlaut:

(1) Der Träger stellt einen Finanzierungsplan für erforderliche Investitionsmaßnahmen auf. Dabei hat der örtliche Träger der öffentlichen Jugendhilfe den Einrichtungsträger zu beraten und zu unterstützen.

(2) Das Land fördert auf Antrag im Rahmen der verfügbaren Haushaltsmittel Investitionskosten von Kindertageseinrichtungen, soweit die Baumaßnahmen den Festlegungen des Bedarfs- und Entwicklungsplanes entsprechen. Der Zuschuß beträgt, soweit Antragsteller eine Gemeinde oder ein Zusammenschluß von Gemeinden ist, bis zu 30 v. H. und, wenn Antragsteller ein freier Träger im Sinne von § 8 Abs. 1 Nrn. 2 oder 3 ist, bis zu 60 v. H. der Investitionskosten.

(3) Die örtlichen Träger der öffentlichen Jugendhilfe fördern ihrerseits diese Investitionskosten mit einem Anteil von bis zum 30 v. H.

(4) Ein Einrichtungsträger im Sinne von § 8 Abs. 1 Nrn. 2 oder 3 hat sich an den gemäß Absätzen 2 bzw. 3 zu fördernden Investitionskosten mit mindestens 10 v. H. zu beteiligen.

(5) Investitionskosten für Kindertageseinrichtungen im Sinne der Absätze 2 und 3 sind die angemessenen Aufwendungen für Neubau, Sanierung, Umbau, Ausbau und Erweiterungsbau sowie für die Erstausstattung und Einrichtung von Kindertageseinrichtungen. Aufwendungen für den Erwerb und die Erschließung des Grundstücks gehören auch zu den Investitionskosten im Sinne dieses Gesetzes.

Zu den Personalkosten zahlte das Land als Zuschuß bei einer Ganztagsbetreuung zunächst eine Pauschale von 500,00 DM pro Monat für einen Krippenplatz, von 360,00 DM pro Monat für einen Kindergartenplatz und von 115,00 DM pro Monat für einen Hortplatz (§ 17 Abs. 1 Satz 3 KiBeG). Bei einer Teilbetreuung werden entsprechend geringere Pauschalen bezahlt. Die Höhe der Pauschalen richtet sich dann nach § 4 Kinderbetreuungsverordnung vom 19. 2. 1997 (LSA-GVBl., S. 406 – KiBeVO –). Für das Jahr 1997 wurden die Pauschalen für die Ganztagsbetreuung auf 502,60 DM, 371,92 DM und 115,60 DM angehoben (§ 8 Abs. 1 KiBeVO). Für das Jahr 1998 wurden die Pauschalen noch einmal auf 514,16 DM, 380,48 DM und 118,26 DM angehoben (Art. 1 Nr. 3 lit. a VO über die Änderung der Kinderbetreuungsverordnung zum 12. 11. 1997 – LSA-GVBl., S. 968 –).

Die örtlichen Träger der öffentlichen Jugendhilfe haben den Einrichtungsträgern 50 v. H. der vom Land gezahlten Pauschalen zusätzlich zu zahlen (§ 17 Abs. 2 KiBeG). Die Gemeinden, in denen sich die Einrichtungen befinden, haben dem freien Träger die Betriebskosten bis auf einen Eigenanteil von 5 v. H. zu erstatten (nach Abzug der Pauschalzahlungen von Land und örtlichem Träger der Jugendhilfe und der Elternbeiträge – § 17 Abs. 5 KiBeG –).

§ 17 KiBeG hat folgenden Wortlaut:

(1) Das Land gewährt den Trägern von Kindertageseinrichtungen, die im Bedarfs- und Entwicklungsplan ausgewiesen sind, auf Antrag einen Zuschuß in Form einer landeseinheitlichen Pauschale für jeden gemäß dem Bedarfs- und Entwicklungsplan ausgewiesenen Betreuungsplatz. Die Pauschalen sowohl des Landes als auch der örtlichen Träger der öffentlichen Jugendhilfe sind für die beiden Zeitabschnitte nach § 9 Abs. 3 Satz 3 gesondert zu bemessen. Die Pauschale beträgt für einen Krippenplatz 500,00 DM je Monat, für einen Kindergartenplatz 370,00 DM je Monat. Für einen Hortplatz zahlt das Land eine Pauschale von 115,00 DM je Monat, soweit es sich nicht um eine Einrichtung handelt, die auf der Grundlage des Hortgesetzes betrieben wird. Die Pauschalen für Krippe und Kindergarten beziehen sich auf eine Ganztagsbetreuung. Bei einer Halbtags- oder anderer Teilbetreuung sind entsprechend ermäßigte Pauschalen zu zahlen. Eine Ganztagsbetreuung liegt dann vor, wenn die Kindertageseinrichtung mindestens 40 Stunden in der Woche geöffnet ist. Die Auszahlung der so ermittelten Pauschalen erfolgt halbjährlich in den Monaten Mai und November, in den Monaten Februar und August können Abschlagszahlungen geleistet werden.

Kinderbetreuungsgesetz – Aufgabenübertragung auf Gemeinden

(2) Der örtliche Träger der öffentlichen Jugendhilfe zahlt daneben auf Antrag an den Einrichtungsträger eine Pauschale in Höhe von 50 v. H. der jeweiligen Pauschale gemäß den Vorgaben nach Absatz 1 für jeden gemäß dem Bedarfs- und Entwicklungsplan ausgewiesenen Betreuungsplatz.

(3) ...

(4) ...

(5) Wird eine Kindertageseinrichtung entsprechend dem Bedarfs- und Entwicklungsplan durch einen freien Träger gem. § 8 Abs. 1 Nrn. 2 oder 3 betrieben, haben die Gemeinden, in denen sich die Einrichtung befindet, diesem freien Träger die für den Betrieb notwendigen Betriebskosten nach Abzug der Pauschalzahlung gemäß den Absätzen 1 und 2, der Elternbeiträge nach § 18 sowie eines nach dessen Leistungsfähigkeit bemessenen Eigenanteils des freien Trägers, höchstens jedoch 5 v. H., zu erstatten, sofern keine anderweitige Ausgleichsvereinbarung besteht. Absatz 3 gilt entsprechend.

(6) ...

(7) ...

Bei der Betreuung behinderter Kinder zahlt das Land als überörtlicher Träger der Sozialhilfe weitere Pauschalbeträge (§ 3 Abs. 1 KiBeVO), die sich aus der notwendigen Zusatzbetreuung ergeben.

2. Mit der Verfassungsbeschwerde rügen die Beschwerdeführerinnen die Verletzung von Art. 2 Abs. 3; 87 der Landesverfassung des Landes Sachsen-Anhalt.

Die Beschwerdeführerinnen tragen im wesentlichen vor:

Ihr Recht auf Selbstverwaltung werde durch § 12 Abs. 2 und 17 Abs. 5 KiBeG verletzt. Die Verfassungsbeschwerde sei zulässig, da ein Eingriff in das Selbstverwaltungsrecht auch dann vorliege, wenn den Gemeinden zusätzliche Aufgaben übertragen würden, welche die gemeindlichen Mittel in erheblichem Umfang beanspruchten, und dadurch die Kapazität zur Wahrnehmung von echten Selbstverwaltungsaufgaben geschmälert werde.

Die Verfassungsbeschwerde sei auch begründet, denn die Aufgabenübertragung auf die Gemeinden sei rechtswidrig.

Zwar sei der Landesgesetzgeber grundsätzlich für die Aufgabenzuweisung zuständig, weil die §§ 24; 69 Abs. 1 Satz 2; Abs. 5 Satz 1 SGB VIII ihrerseits wegen Verstoßes gegen Art. 74 Abs. 1 Nr. 7 GG grundgesetzwidrig seien. Der Landesgesetzgeber habe aber das Konnexitätsprinzip aus Art. 87 Abs. 3 LVerf-LSA mißachtet. Er habe den Beschwerdeführern auf dem Gebiet des Kindertagesstättenwesens Aufgaben zugewiesen, ohne gleichzeitig für die finanzielle Mehrbelastung einen angemessenen Ausgleich zu schaffen.

Im Hinblick auf § 12 Abs. 2 KiBeG stelle weder § 17 Abs. 1 KiBeG, noch § 11 KiBeG eine Kostentragungsregelung dar. Der § 17 Abs. 1 KiBeG regle die Kostentragung lediglich für die laufenden Betriebskosten. Auch § 11 KiBeG sei keine solche Kostentragungsregelung. Dies ergebe sich aus der systematischen Stellung vor § 12 Abs. 2 KiBeG. Die Vorschrift sei im übrigen aus § 10 KiTAG hervorgegangen, der aber nur freiwillige Investitionsentscheidungen der Kommune zum Inhalt gehabt habe. Eine eigenständige Kostendeckungsregelung für die neu eingeführten Pflichtaufgaben fehle somit.

Auch für die Verpflichtung zur Tragung der Defizite gem. § 17 Abs. 5 KiBeG sehe weder § 17 Abs. 1, noch § 18 KiBeG eine Kostentragungsregelung vor. Die dort ausgewiesenen Pauschalbeträge würden an die (freien) Träger gezahlt, nicht aber an die Beschwerdeführerinnen. Mit der Erstattungspflicht werde den Beschwerdeführerinnen auch eine Aufgabe zugewiesen. Sie hätten die Haushaltspläne und Jahresabschlußrechnungen der freien Träger zu kontrollieren, um die notwendigen von den nicht notwendigen Betriebskosten, sondern und den erstattungsfähigen Fehlbetrag ermitteln zu können. Damit erledigten sie eine bestimmte Verwaltungsangelegenheit und nähmen eine konkrete Aufgabe wahr.

Die Verfassungsbeschwerde sei auch dann begründet, wenn man die Verfassungswidrigkeit der §§ 24, 69 SGB VIII verneine. In diesem Fall würden sowohl § 12 Abs. 2, als auch § 17 Abs. 5 KiBeG gegen § 69 Abs. 5 SGB VIII verstoßen. Mit dieser Vorschrift habe der Bundesgesetzgeber abschließend die Kompetenzordnung der Jugendhilfe geregelt. Die Beschwerdeführerinnen gehörten aber nicht zu den Trägern der öffentlichen Jugendhilfe, so daß ihnen durch den Landesgesetzgeber Aufgaben in diesem Bereich nicht als Pflichtaufgaben auferlegt werden könnten.

Die Beschwerdeführerinnen beantragen,

> die §§ 12 Abs. 2 und 17 Abs. 5 KiBeG wegen Verletzung des Rechts auf Selbstverwaltung nach Art. 2 Abs. 3, Art. 87 Verfassung des Landes Sachsen-Anhalt für verfassungswidrig und nichtig zu erklären.

3. Der Landtag hatte Gelegenheit zur Stellungnahme. Er hat von Ausführungen abgesehen. Die Landesregierung hat im wesentlichen vorgetragen:
Die Verfassungsbeschwerde sei unbegründet.

Dem Bundesgesetzgeber habe die Gesetzgebungskompetenz zum Erlaß der Regelungen des SGB VIII zugestanden. Der Landesgesetzgeber habe sich in dem vom Bundesgesetzgeber (§ 69 Abs. 5 S. 1 und 4 SGB VIII) eröffneten Regelungsrahmen gehalten.

Die Regelungen des KiBeG verstießen nicht gegen Art. 87 Abs. 3 LVerf-LSA. Zum einen würden den Beschwerdeführerinnen keine neuen Aufgaben zur Erfüllung in eigener Verantwortung übertragen. Selbst wenn

Kinderbetreuungsgesetz – Aufgabenübertragung auf Gemeinden 397

man von einer solchen Aufgabenübertragung ausgehe, sei eine Regelung der Kostentragung durch den Landesgesetzgeber erfolgt. Zu gewähren sei insoweit lediglich ein angemessener, aber kein vollständiger Ausgleich. Dabei müsse berücksichtigt werden, daß der Gesetzgeber bei pflichtgemäßer Ausübung seines Ermessens davon habe ausgehen können, daß durch die Regelungen des KiBeG die Gemeinden keine finanzielle Mehrbelastung treffen werde. Der Gesetzgeber habe insbesondere nicht in den Kernbereich der Selbstverwaltung eingegriffen, weil mit einer – unterstellten – Mehrbelastung nicht die Handlungsfähigkeit der Gemeinden unter eine nicht mehr tolerable Schwelle falle.

Letztlich habe der Landesgesetzgeber auch nicht das Aufgabenverteilungsprinzip verletzt.

1. Die Verfassungsbeschwerde ist zulässig.

Die Beschwerdeführerinnen sind beschwerdeberechtigt (1.1) und hinsichtlich der von Ihnen beanstandeten Regelungen der §§ 12 Abs. 2 und 17 Abs. 5 KiBeG auch beschwerdebefugt (1.2). Bundesrechtliche Regelungen stehen ihrer landesrechtlichen Verfassungsbeschwerde nicht entgegen (1.3).

1.1 Art. 75 Nr. 7 der Landesverfassung Sachsen-Anhalt – LVerf-LSA – vom 16.7.1992 (LSA-GVBl., S. 600) eröffnet den Kommunen und Gemeindeverbänden i.V.m. § 2 Nr. 8 des Gesetzes über das Landesverfassungsgericht (LVerfGG-LSA) vom 23.8.1993 (LSA-GVBl., S. 441), geändert durch Gesetz vom 14.6.1994 (LSA-GVBl., S. 700) und vom 22.10.1996 (LSA-GVBl., S. 332) im Falle einer Verletzung des Rechts auf Selbstverwaltung nach Art. 2 Abs. 3 und Art. 87 LVerf-LSA durch ein Landesgesetz die Verfassungsbeschwerde.

1.2 Die Beschwerdeführerinnen sind beschwerdebefugt, da sie durch die genannten Regelungen des KiBeG selbst, gegenwärtig und unmittelbar betroffen sein können.

Mit § 12 Abs. 2 KiBeG wird den kreisangehörigen Gemeinden die Mitwirkung an der Sicherstellungsaufgabe für eine bedarfsgerechte Versorgung mit Plätzen der Kindertagesbetreuung übertragen. Die Planungshoheit der Kommunen in ihrem Wirkungskreis ist grundsätzlich ein integraler Bestandteil der Selbstverwaltung. Eine gesetzliche Einschränkung der Planungshoheit bedarf der aufgrund einer Güterabwägung zu treffenden Feststellung, daß schutzwürdige überörtliche Interessen diese Einschränkung erfordern (BVerfG, Beschl. v. 7.10.1980 – 2 BvR 584, 598, 599, 604/96 –, BVerfGE 56, 258, 309). Es erscheint nicht von vornherein ausgeschlossen, daß die Regelung des § 12 Abs. 2 KiBeG die Planungshoheit der Kommunen unverhältnismäßig einschränkt.

Nach § 17 Abs. 5 KiBeG haben die Gemeinden den Einrichtungsträgern die Betriebskostendefizite zu erstatten. Zum Selbstverwaltungsrecht rechnet auch die Finanzhoheit der Kommunen (LVerfG-LSA, Urt. v. 17. 9. 1998 – LVG 4/96 –, S. 13, m. w. N. der Rechtsprechung des BVerfG und der Verfassungsgerichte der Länder, in diesem Band). Durch die Übertragung von Zahlungsverpflichtungen auf die kreisangehörigen Gemeinden kann in die Finanzhoheit unangemessen eingegriffen worden sein.

Die Beschwerdeführerinnen werden durch die § 12 Abs. 2 und § 17 Abs. 5 auch gegenwärtig und unmittelbar betroffen, da sich die mögliche Belastung unmittelbar aus dem Gesetz ergibt und kein weiterer Vollzugsakt erforderlich ist.

1.3 Die landesrechtliche Verfassungsbeschwerde ist nicht durch die bundesrechtliche Rüge ausgeschlossen, Art. 28 Abs. 2 GG sei verletzt (vgl. Art. 93 Abs. 1 Nr. 4b GG); denn das Bundesverfassungsgericht kann gegen Landesgesetze subsidiär nur dann angerufen werden, wenn und soweit keine Verfassungsbeschwerde zu einem Landesverfassungsgericht erhoben werden kann (Art. 93 Abs. 1 Nr. 4 b GG).

Art. 28 Abs. 2 GG verdrängt auch nicht in Verbindung mit Art. 31 GG die Garantie aus Art. 2 Abs. 3 und Art. 87 LVerf-LSA, denn das Bundesrecht enthält nur die Mindestgarantie kommunaler Selbstverwaltung und schließt inhaltsgleiches oder weitergehendes Landesverfassungsrecht nicht aus (LVerfG-LSA a a O, S. 14 m. w. N.).

2. Die Verfassungsbeschwerde ist teilweise begründet.

Der Bund hat durch die Regelung der Kindertageseinrichtungen in § 69 SGB VIII seine Gesetzgebungskompetenz nicht überschritten (2.1), und der Landesgesetzgeber hat sich mit dem KiBeG an die bundesgesetzlichen Grenzen gehalten, die ihm bei der Konkretisierung von § 69 SGB VIII vorgegeben waren (2.2).

Die Regelungen, die der Landesgesetzgeber im KiBeG getroffen hat, sind allerdings mit der Landesverfassung nur teilweise vereinbar (2.3).

2.1 Eine Verletzung des Grundgesetzes liegt nicht vor. Dem Bund steht grundsätzlich die Gesetzgebungskompetenz für Kindertageseinrichtungen zu (2.1.1), und er hat insoweit auch die Kompetenz zu einer Annexregelung (2.1.2).

2.1.1 Die Regelungen des KiBeG müssen im Zusammenhang mit den Vorgaben der Bundesregelung im SGB VIII gesehen werden. Ist die Kinder- und Jugendhilfe Teil der konkurrierenden Gesetzgebung (insbes. Art. 74 Abs. 1 Nr. 7 GG), steht den Ländern die Gesetzgebungskompetenz in diesem Punkt nur insoweit zu, als der Bundesgesetzgeber von seiner Gesetzgebungskompetenz keinen Gebrauch gemacht hat (Art. 72 Abs. 1 GG). Dies setzt wiederum voraus, daß die bundesrechtlichen Regelungen ihrerseits verfassungsgemäß sind, also insbesondere dem Bundesgesetzgeber die Gesetzgebungskompetenz zustand.

Das SGB VIII erging auf Grundlage von Art. 74 Abs. 1 Nr. 7 GG. Ob diese Vorschrift eine gesetzliche Regelung über Kindertageseinrichtungen deckt, ist umstritten. Nach einer Ansicht unterfallen Art. 74 Abs. 1 Nr. 7 GG nicht solche Maßnahmen und Einrichtungen, die vornehmlich bildungspolitischen Zielen dienen. Von den Vertretern dieser Ansicht (*Maunz*, in: Maunz/Dürig, GG, Art. 74, Rdn. 116; *Isensee*, Der Rechtsanspruch auf einen Kindergartenplatz, DVBl. 1995, 1, 5) werden hierzu insbesondere die Schulen, aber auch Kindergärten gerechnet, da sie das Kindergartenwesen im wesentlichen bildungsbezogen verstehen.

Das Bundesverfassungsgericht (Urt. v. 18.7.1967 – 2 BvF 3, 4, 5, 6, 7, 8/62; 2 BvR 139, 140, 334, 335/62 –; BVerfGE 22, 180f, 212) war zunächst davon ausgegangen, daß öffentliche Fürsorge i.S.v. Art. 74 Abs. 1 Nr. 7 GG nicht nur Jugendfürsorge im engeren Sinne, sondern auch die Jugendpflege insgesamt umfasse, die das körperliche, geistige und sittliche Wohl aller Jugendlichen fördern wolle, ohne daß eine Gefährdung im Einzelfall vorzuliegen brauche. Maßnahmen der Jugendpflege sollten Entwicklungsschwierigkeiten der Jugendlichen begegnen und damit Gefährdungen vorbeugen. Der Begriff der öffentlichen Fürsorge i.S.d. GG sei dabei nicht eng auszulegen (BVerfG, Urt. v. 28.5.1993 – 2 BvF 2/90 und 4, 5/92 –, BVerfGE 88, 205, 329 a. E.).

Nunmehr vertritt das Bundesverfassungsgericht (Beschluß vom 10.3.1998, 1 BvR 178/97, NJW 1998, 2128, 2129) die Meinung, daß das Kindergartenwesen insgesamt der öffentlichen Fürsorge zuzurechnen ist, auch wenn Kindergärten zugleich Bildungseinrichtungen im elementaren Bereich darstellten. Dieser Bildungsbezug entziehe die Regelung (im entschiedenen Fall § 90 Abs. 1 Nr. 3 SGB VIII) nicht der Gesetzgebungskompetenz des Bundes. Die fürsorgerischen und bildungsbezogenen Aufgaben des Kindergartens seien untrennbar miteinander verbunden. Eine Aufspaltung der Gesetzgebungskompetenz anhand dieser Aspekte komme aus sachlichen Gründen nicht in Betracht. Der Schwerpunkt des Kindergartenwesens, von dem in einem solchen Fall die Bestimmung der Gesetzgebungskompetenz abhänge, sei nach wie vor eine fürsorgende Betreuung. Der vorschulische Bildungsauftrag stehe hinter diesem Bereich zurück. Eine einheitliche Zuordnung zum Bereich der öffentlichen Fürsorge sei daher zu bejahen.

Dieser Ansicht schließt sich das Landesverfassungsgericht im Ergebnis an. Anknüpfungspunkt für die Bestimmung der Zuständigkeit ist der

Gesichtspunkt des überwiegenden Sachzusammenhangs (*Maunz,* in: Maunz/ Dürig, GG, Art. 74, Rdn. 12, 115). Zwar ist der Anspruch auf einen Kindergartenplatz in § 24 SGB VIII geregelt. Bei dieser Vorschrift handelt es sich aber nur um einen Unterfall der Leistungen der Jugendhilfe (vgl. § 2 Abs. 2 SGB VIII). Ziel der Jugendhilfe ist die Erziehung zu einer eigenverantwortlichen und gemeinschaftsfähigen Persönlichkeit (§ 1 Abs. 1 SGB VIII). In diesen Zusammenhang gehört auch die Unterbringung in einer Kindertagesstätte. Selbst wenn man insoweit einen Bildungscharakter betont, folgt aus der Einbeziehung in die übrigen Angebote der Jugendhilfe der Zusammenhang zur öffentlichen Fürsorge i. S. v. Art. 74 Abs. 1 Nr. 7 GG.

2.1.2 Daraus folgt aber zunächst nur die grundsätzliche Gesetzgebungskompetenz des Bundes im Bereich Kindertageseinrichtungen. Der Bundesgesetzgeber hat darüber hinaus bestimmt, daß kreisangehörige Gemeinden, die nicht örtliche Träger sind, für den örtlichen Bereich Aufgaben der Jugendhilfe wahrnehmen können (§ 69 Abs. 5 S. 1 SGB VIII). Landesrecht kann Näheres regeln (§ 69 Abs. 5 S. 4 SGB VIII).

Die Vorschrift des § 69 Abs. 5 SGB VIII verstößt nicht gegen Art. 84 Abs. 1 GG. § 69 Abs. 5 S. 1 SGB VIII bestimmt, daß die kreisangehörigen Gemeinden Aufgaben der Jugendhilfe wahrnehmen können. Unabhängig davon, ob man in der Bestimmung, auf welcher allgemeinen Verwaltungsstufe (hier: Gemeindeebene) ein Bundesgesetz auszuführen ist, eine Bestimmung über die Einrichtung einer Behörde, eine Bestimmung des Verwaltungsverfahrens oder eine zusätzliche ungeschriebene Bundeskompetenz sieht (*Lerche,* in: Maunz/Dürig GG, Art. 84, Rdn. 58/59), fehlt es jedenfalls an einer Regelung i. S. v. Art. 84 Abs. 1 GG. Ein (Bundes-)Gesetz regelt das Verfahren der Landesbehörde, wenn es verbindlich die Art und Weise sowie die Form ihrer Tätigkeit zur Ausführung seiner Bestimmungen vorschreibt. In diesen Fällen wird in die Verwaltungshoheit der Länder eingegriffen und nicht nur ihre verfassungsrechtliche Pflicht zur Ausführung des Bundesgesetzes (Art. 83 GG) betroffen (BVerfG, Beschl. v. 8. 4. 87 – 2 BvR 909, 934, 935, 936, 938, 941, 942, 947/82, 64/93 und 142/84 –, BVerfGE 75, 105, 150). § 69 Abs. 5 S. 1 SGB VIII (i. V. m. S. 4) schafft nur die Grundlage für die Länder, den Gemeinden Aufgaben der Jugendhilfe aufzuerlegen, schafft aber nicht gleichzeitig eine Verpflichtung dazu. In § 69 Abs. 5 S. 3 Halbsatz 2 SGB VIII wird ausdrücklich klargestellt, daß die Gesamtverantwortung der örtlichen Träger der öffentlichen Jugendhilfe unberührt bleibt. Verbindlich für das Land geregelt beim Vollzug des SGB VIII ist somit nur die Beteiligung der Kreise, nicht aber der Gemeinden. Die Länder können das Bundesgesetz nur durch die örtlichen und überörtlichen Träger (ohne Beteiligung der Gemeinden) ausführen lassen. § 69 Abs. 5 SGB VIII unterscheidet sich damit grundlegend von dem vom Bundesverfassungsgericht (E 22, 180, 209 f) für verfassungswidrig erklärten § 12 Abs. 1 JWG (alte Fassung), der verbindlich vorsah, daß die öffentliche Jugendhilfe eine Selbstverwaltungsangelegenheit der Gemeinden darstelle. § 69 Abs. 5 SGB VIII verstößt somit nicht gegen Art. 84 Abs. 1 GG.

2.2 Die Landesregelung des KiBeG verstößt nicht gegen die bundesrechtliche Regelung in § 69 Abs. 5 SGB VIII.

Der Regelungsgehalt von § 69 Abs. 5 SGB VIII ist allerdings umstritten. In der Literatur wird davon ausgegangen, daß der Wortlaut von § 69 Abs. 5 SGB VIII es der Entscheidung der kommunalen Gebietskörperschaft überlasse, ob sie im örtlichen Bereich Aufgaben der Jugendhilfe wahrnehmen wolle. Gegen eine Interpretation von § 69 Abs. 5 S. 1 SGB VIII, die Länder seien befugt, durch Gesetzesbefehl allgemein die Gemeinden zu ortsgebundenen Tätigkeiten zu verpflichten, spreche nicht nur der Wortlaut, sondern auch die bundesrechtliche Kompetenzordnung der Jugendhilfe. Stärker noch als das JWG betone das SGB VIII die zweistufige Trägerstruktur und weite den Spielraum zur Zulassung kreisangehöriger Gemeinden als Träger auf ihren Antrag aus. Im Lichte dieser Trägerstruktur erscheine die Wahrnehmung von Aufgaben der Jugendhilfe durch kreisangehörige Gemeinden ohne eigenes Jugendamt als Ausnahme, nicht als eine durch das Landesrecht bestimmbare Regel (*Wiesner/Kaufmann/Mörsberger/Oberloskamp/Struck*, SGB VIII, § 69, Rdn. 50). Für die Gemeinde stelle die Wahrnehmung einer Aufgabe im Bereich der Jugendhilfe einen Akt kommunaler Daseinsvorsorge dar, zu dem sie – anders als im Fall des § 96 Abs. 1 S. 2 BSHG – nicht verpflichtet sei (*Klinkert*, SGB VIII, 1. Aufl., § 69, Rdn. 11 m.w.N.). Eine bundesrechtliche Verpflichtung der kreisangehörigen Gemeinden, selbst für den jeweiligen Einzugsbereich die Versorgung zu übernehmen, verstoße gegen § 69 SGB VIII (*Wiesner/Kaufmann/Mörsberger/Oberloskamp/Struck*, aaO, vor § 22, Rdn. 29).

Demgegenüber hat das Bundesverfassungsgericht (Kammer-Beschluß vom 15.11.1993 – 2 BvR 199/91 –, LKV 1994, 145) im Rahmen einer kommunalen Verfassungsbeschwerde einer kreisangehörigen Gemeinde gegen das Thüringer Gesetz über Tageseinrichtungen für Kinder als Landesausführungsgesetz zum Kinder- und Jugendhilfegesetz vom 22.6.1991 ausgeführt: Die Inpflichtnahme der kreisangehörigen Gemeinde (im konkreten Fall die Überleitung von Beschäftigungsverhältnissen des pädagogischen Personals von den Landkreisen auf die Gemeinden gemäß § 31 des genannten Ausführungsgesetzes – GVBl.-Thüringen 1991, S. 113, 118 –) verstoße nicht gegen Bundesrecht. Der kreisangehörigen Gemeinde werde durch die angegriffene Vorschrift nicht entgegen § 69 Abs. 1 bis 3 SGB VIII zur Trägerin der öffentlichen Jugendhilfe bestimmt, sondern ihr werde lediglich die Wahrnehmung einer bestimmten Aufgabe der Jugendhilfe auferlegt. Dies aber sei durch § 69 Abs. 5 S. 4 (i. V. m. S. 1) SGB VIII gedeckt.

Auch das Landesverfassungsgericht geht davon im Ergebnis aus. Im ursprünglichen Entwurf der Bundesregierung für ein Gesetz zur Neuordnung des Kinder- und Jugendhilferechts hieß es in § 61 Abs. 5 S. 2 (BT-Drs. 11/5948, S. 21): Bei der Planung und Durchführung dieser Leistungen und Aufgaben (S. 1 des Entwurfs entsprach im wesentlichen dem Gesetz gewordenen Wortlaut von § 69 Abs. 5 S. 1 SGB VIII) hat sie (= kreisangehörige Gemeinde) das Einvernehmen des örtlichen Trägers einzuholen, dessen Gesamtverantwortung bleibt unberührt. Dies entsprach der Begründung der Bundesregierung (BT-Drs. 11/5948, S. 94, 95). In seiner Stellungnahme dazu hat der Bundesrat ausgeführt (BT-Drs. 11/5948, S. 142): Die Tätigkeit der kreisangehörigen Gemeinden auf dem Gebiet der Jugendhilfe in vollem Umfang vom „Einvernehmen" des Kreisjugendamtes abhängig zu machen, stelle einen zu weitgehenden Eingriff in das kommunale Selbstverwaltungsrecht dar. Es genüge, wenn Planung und Durchführung der Aufgabe in den wesentlichen Punkten mit dem Kreisjugendamt abgestimmt würden. Die Bundesregierung hat sich dieser Stellungnahme angeschlossen (BT-Drs. 11/6002, S. 9, zu 62) und dem Änderungsvorschlag mit dem Gesetz gewordenen Wortlaut von § 69 Abs. 5 S. 1 SGB VIII Rechnung getragen.

Im Gesetzgebungsverfahren hat sich die Stellung der kreisangehörigen Gemeinden auf dem Gebiet der Jugendhilfe immer weiter gegenüber der Einflußnahme durch den örtlichen Träger verselbständigt. Diese Entwicklung ist auch vor dem Hintergrund des § 47c JWG (alte Fassung) zu sehen. Danach konnte die Landesgesetzgebung bestimmen, daß örtliche Einrichtungen geschaffen wurden, die das Jugendamt bei der Erfüllung seiner Aufgaben unterstützen sollten. Die Bestimmung diente der Dezentralisierung und Entlastung der Jugendämter und sollte eine möglichst ortsnahe Erfüllung der Jugendamtsaufgaben gewährleisten (*Potrykus* JWG, 2. Aufl., § 47c, Anm. 2). Diese Einrichtungen waren in der Regel nicht den kreisangehörigen Gemeinden zugeordnet („Ortswaisenräte"). In der Entwicklung der geltenden gesetzlichen Regelung sind die Gemeinden (im Gegensatz zum JWG, nachdem das Bundesverfassungsgericht – E 22, 180, 209 – § 12 Abs. 1 JWG alte Fassung für nichtig erklärt hatte) wieder in den Aufgabenbereich der Jugendhilfe eingebunden worden und ihre Stellung wurde im Gesetzgebungsverfahren zum SGB VIII – wie dargelegt – gegenüber den örtlichen Trägern der Jugendhilfe gestärkt. Tatsächlich sind die kreisangehörigen Gemeinden als Träger von Einrichtungen der Jugendhilfe tätig. Dies war auch Grundlage des Gesetzgebungsverfahrens. So hat die Bundesregierung in der Begründung zu § 61 Abs. 5 (Entwurf) ausdrücklich darauf hingewiesen, daß die Tätigkeit kreisangehöriger Gemeinden öffentliche Jugendhilfe sei und den Bestimmungen dieses Entwurfs unterliege (BT-Drs. 11/5948, S. 95). Vor diesem Hintergrund kann die Vorschrift des § 69 Abs. 5 SGB VIII nur so ausgelegt werden, daß die Länder den kreisangehörigen Gemeinden einzelne Aufgaben der Jugendhilfe auch als Verpflichtung auferlegen können, wenn das Regel-/Ausnahmeverhältnis gewahrt bleibt und die Gesamt/Letzt/Verantwortung des örtlichen Trägers nicht berührt wird. Eine Auslegung, daß die kreisangehörigen Gemeinden im Bereich der Jugendhilfe lediglich freiwillig tätig werden und diese Beteiligung auch aufgegeben werden könnte, widerspricht dem rechtstatsächlichen Zustand, den das SGB VIII gestalten wollte. Soweit in der Literatur auf die zweistufige Trägerstruktur des SGB VIII hingewiesen wird, bedarf dies keiner weiteren Erörterung. Bei Übertragung von einzelnen Aufgaben unter Beachtung der Letztverantwortung der Träger der öffentlichen Jugendhilfe bleibt die vom Gesetz gewollte (und an dieser Stelle unterstellte) zweistufige Trägerstruktur unberührt.

Mit dem Bundesverfassungsgericht ist damit davon auszugehen, daß der Landesrechtsvorbehalt in § 69 Abs. 5 S. 4 SGB VIII die Übertragung einzelner Aufgaben und Pflichten auf die kreisangehörigen Gemeinden als Verpflichtung deckt. Diesen Rahmen verläßt die Landesregelung nicht. Mit § 12 Abs. 2 KiBeG wird den Gemeinden lediglich eine Sicherstellungsfunktion auferlegt, die neben die Verpflichtung des örtlichen Trägers tritt. Nach § 17 Abs. 5 KiBeG haben die Gemeinden an der Finanzierung der freien Träger – auch nur – mitzuwirken (neben den Zahlungen der Pauschalen von Land und Kreis, den Elternbeiträgen und dem Eigenanteil des freien Trägers). Aus dem Gesamtbereich der Aufgaben der Jugendhilfe werden lediglich – wichtige – Teilbereiche auf die Gemeinden übertragen. Die Landesregelung (§§ 12 Abs. 2, 17 Abs. 5 KiBeG) verstößt mithin nicht gegen Bundesrecht (§ 69 Abs. 5 SGB VIII).

2.3 Die Vorschrift des § 12 Abs. 2 KiBeG verstößt teilweise gegen Art. 87 Abs. 3 LVerf-LSA; § 17 Abs. 5 KiBeG ist dagegen verfassungsrechtlich nicht zu beanstanden.

2.3.1 Der Landesgesetzgeber ist für die Übertragung einzelner Aufgaben der Jugendhilfe auf die Gemeinden zuständig. Der Bundesgesetzgeber hat insoweit nur die Möglichkeit dazu geschaffen, ohne die Aufgaben näher zu definieren. In diesem Zusammenhang hat er von seiner Gesetzgebungskompetenz (Art. 74 Abs. 1 Nr. 7, 72 Abs. 1 GG) keinen Gebrauch gemacht. Damit ist die Zuständigkeit des Landesgesetzgebers gegeben, was § 69 Abs. 5 S. 4 SGB VIII – deklaratorisch – klarstellt.

Nach Art. 87 Abs. 3 LVerf-LSA können den Kommunen durch Gesetz Pflichtaufgaben zur Erfüllung in eigener Verantwortung zugewiesen werden.

Dies ist für die örtlichen Träger der öffentlichen Jugendhilfe in § 1 Abs. 2 AGKJHG-LSA noch einmal ausdrücklich klargestellt. Mit Pflichtaufgaben ohne Weisung sind dabei lediglich solche Aufgaben gemeint, zu deren Erfüllung die Gemeinden verpflichtet sind (vgl. *Gern,* Deutsches Kommunalrecht, 2. Aufl., Rdn. 234 m.w.N.). Daraus ergibt sich indes nicht, was unter einer Aufgabe zu verstehen ist. Lediglich in § 12 Abs. 2 KiBeG ist geregelt, daß die Kommunen an der Sicherstellungsaufgabe mitzuwirken haben. Daraus kann sich die Verpflichtung ergeben, Plätze in Kindertageseinrichtungen einzurichten. Aus § 12 Abs. 2 KiBeG folgt demnach für die Gemeinden eine Handlungsverpflichtung. In § 17 Abs. 5 ist demgegenüber eine reine Finanzierungsverpflichtung der Gemeinden geregelt, denen keine Handlungsverpflichtung korrespondiert.

In Art. 30 GG wird nach Befugnissen und Aufgaben differenziert. Nach dem üblichen Sprachgebrauch sind unter Befugnissen die staatlichen Funktionen zu fassen, die die Staatsorgane zu Eingriffen berechtigen, während sich die Bezeichnung Aufgaben auf Tätigkeitsbereiche erstreckt, zu deren Wahrnehmung der Staat teilweise verpflichtet, teilweise aber auch nur berechtigt ist (*Gubelt,* in: von Münch/Kunig, GG, 3. Aufl., Art. 30, Rdn. 6). Art. 104 a Abs. 1 GG bestimmt, daß der Bund und die Länder gesondert die Ausgaben tragen, die sich aus der Wahrnehmung ihrer Aufgaben ergeben, d. h. die Ausgabenverantwortung folgt der Aufgabenverantwortung (*Maunz,* in: Maunz/Dürig, GG, Art. 104 a, Rdn. 10; *Waechter,* Kommunalrecht, 2. Aufl., Rdn. 229). Auch Art. 87 Abs. 3 LVerf-LSA differenziert zwischen Aufgabenübertragung (S. 1) und Kostendeckungsregelung (S. 2). Daraus ist im Ergebnis zu folgern, daß Art. 87 Abs. 3 LVerf-LSA (und insbes. S. 2 und S. 3) überhaupt nur dann anwendbar ist, wenn eine Handlungsverpflichtung statuiert wird, nicht hingegen, wenn lediglich eine Finanzierungsverpflichtung ohne Handlungsverpflichtung begründet wird. Ob eine Förderpflicht (Finanzierungspflicht) dabei die Fortsetzung der Sachaufgabe (Sicherstellungsaufgabe) darstellt (BVerfG, Beschl. v. 7.2.1991 – 2 BvL 24/84 –, BVerfGE 83, 363, 385), kann dahinstehen. In Art. 87 Abs. 3 LVerf-LSA wird die Sachaufgabe mit der Finanzierungsregelung verbunden. Die Sachaufgabe im Hinblick auf § 17 Abs. 5 KiBeG liegt dabei nicht darin, die Haushaltspläne und Jahresabschlüsse der freien Träger zu kontrollieren, um die notwendigen von den nicht notwendigen Betriebskosten zu sondern und den erstattungsfähigen Fehlbetrag ermitteln zu können (so das der Beschwerdeschrift als Anlage beigefügte Gutachten, S. 99). Aufgabe i. S. v. Art. 87 Abs. 3 LVerf-LSA würde in diesem Zusammenhang den Betrieb einer Einrichtung bedeuten und meint nicht untergeordnete Prüfungsmaßnahmen im Zusammenhang mit der Durchführung der Finanzierungsverpflichtung.

Eine Finanzierungsregelung als Ausgleich für eine konkret auferlegte Finanzierungsverpflichtung wäre ein Widerspruch in sich, da die übertragene Finanzierungspflicht dann in der Sache (jedenfalls zum Teil) beim Land verbliebe und die Übertragung im Ergebnis leerlaufen müßte. Der Ausgleich für die Übertragung einer Finanzierungspflicht (ohne konkrete Sachaufgabe) kann daher nur im Rahmen von Art. 88 Abs. 1 LVerf-LSA erfolgen, nicht aber im Rahmen von Art. 87 Abs. 3 S. 2 LVerf-LSA.

2.3.2 § 12 Abs. 2 KiBeG verstößt nach diesen Grundsätzen teilweise gegen Art. 87 Abs. 3 S. 2 und 3 LVerf-LSA; § 17 Abs. 5 KiBeG ist demgegenüber mit der Landesverfassung vereinbar.

2.3.2.1 In Abgrenzung zu Art. 88 LVerf-LSA verpflichtet die Verfassung des Landes Sachsen-Anhalt das Land, außer der durch Art. 88 LVerf-LSA geregelten „Grundausstattung" besondere Regelungen über die Kosten zu treffen, welche durch übertragene Aufgaben entstehen. Dies gilt auch dann (Art. 87 Abs. 3 S. 2 erste Alternative LVerf-LSA), wenn das Land den Kommunen „durch Gesetz Pflichtaufgaben in eigener Verantwortung zuweist". Darunter fallen auch ehemals freiwillig wahrgenommene Selbstverwaltungsaufgaben, die das Land den Kommunen nunmehr zur Pflicht macht.

Art. 87 Abs. 3 LVerf-LSA erfüllt seine Schutzfunktion für die Kommunen in der Weise, daß der Gesetzgeber bei jeder Aufgabenübertragung die damit verbundenen finanziellen Belastungen berücksichtigen muß. Der Gesetzgeber kann diesem Schutzgebot nur nachkommen, wenn die Regelung über die Kostendeckung für die Kommunen erkennbar und nachprüfbar ist. Dabei sind die Kosten nachvollziehbar zu ermitteln und für die Kommunen sichtbar zu machen, in welcher Höhe sie an der Deckung der Kosten beteiligt werden. Die Kostenregelung muß aus verfassungsrechtlicher Sicht bestimmten Mindestanforderungen genügen. Hierzu gehören Angaben, die den Kommunen Berechnungsmöglichkeiten in die Hände geben. Bei der Regelung der Kostendeckung der Kommunen verfügt der Gesetzgeber über einen weiteren Spielraum. Welche Methode er wählt, ist seiner pflichtgemäßen Entscheidung überlassen. Denkbar sind Festbeträge, Pauschalierungen, Quoten, Prozentsätze oder Kostenzuschüsse. Die Kostenregelung in Art. 87 Abs. 3 LVerf-LSA umfaßt weiterhin einen „angemessenen" Ausgleich. Dabei handelt es sich um einen unbestimmten Rechtsbegriff, der im jeweiligen Kostenregelungsgesetz auszufüllen ist. „Angemessen" bedeutet nicht, daß den Kommunen voller Kostenersatz zu leisten ist. Es ist daher verfassungsrechtlich unbedenklich, wenn den Kommunen eine „Interessenquote" bei der Kostendeckung verbleibt. Entscheidend ist die Eignung der Regelung zum Zweck der Berechnungssicherheit (LVerfG, Urt. v. 17.9.1998, LVG 4/96, S. 15/16, m.w.N., in diesem Band).

Soweit die beschwerdeführenden Gemeinden die Ansicht vertreten, die §§ 11 Abs. 2 und Abs. 3 und 17 Abs. 1 und 2 KiBeG beinhalteten keine Kostendeckungsregelung im Hinblick auf die Sicherstellungsaufgabe gemäß § 12 Abs. 2 KiBeG (Beschwerdeschrift S. 28/29), kann dem nicht gefolgt werden. Zu prüfen ist in diesem Zusammenhang der Fall, daß die Gemeinde im Rahmen der Sicherstellungsaufgabe – und damit nicht freiwillig (§ 8 Abs. 1 Nr. 1 KiBeG) – Kindertageseinrichtungsplätze bereitstellen muß. Unstreitig fördert das Land im Rahmen verfügbarer Haushaltsmittel die Investitionskosten von freiwillig errichteten Kindertageseinrichtungen, wenn der Träger einer Gemeinde ist, mit einem Anteil bis zu 30 v. H. (§ 11 Abs. 2 S. 1 KiBeG). Im gleichen Umfang fördert auch der Kreis diese Einrichtungen (§ 11 Abs. 3 KiBeG). Hinsichtlich der laufenden Betriebskosten ergibt sich die Förderpflicht aus § 17 Abs. 1 und Abs. 2 KiBeG. Es ist nichts dafür ersichtlich (insbesondere kann dazu auch aus der systematischen Stellung vom § 11 Abs. 2, Abs. 3 bzw. § 17 Abs. 1, Abs. 2 KiBeG im Verhältnis zu § 12 Abs. 2 KiBeG nichts hergeleitet werden), daß sich die Förderpflicht des Landes und des Kreises ausschließlich auf die Fälle erstreckt, in denen die Gemeinde freiwillig eine Einrichtung errichtet, während die Förderpflicht dann nicht eingreifen soll, wenn die Einrichtung im Rahmen der Sicherstellungsaufgabe erfolgen muß. Gründe, die eine solche – mit dem Wortlaut des Gesetzes nicht zu vereinbarende – Auslegung der §§ 11, 17 KiBeG rechtfertigen würden, sind nicht ersichtlich. Die §§ 11 Abs. 2 und Abs. 3; 17 Abs. 1 und Abs. 2 KiBeG beinhalten mithin grundsätzlich im Hinblick auf § 12 Abs. 2 KiBeG die von Art. 87 Abs. 3 S. 2 LVerf-LSA geforderte Kostendeckungsregelung.

Mit der Förderung von Investitionskosten (§ 11 KiBeG) und der laufenden Betriebskosten (§ 17 KiBeG) werden zwar alle Kostenarten erfaßt, die beim Betrieb einer Kindertageseinrichtung anfallen können. § 11 Abs. 2 KiBeG steht aber unter dem Vorbehalt der verfügbaren Haushaltsmittel. Das Land legt seinen Anteil an den Investitionskosten damit nicht für die Kommunen vorhersehbar fest. Darüber hinaus soll die Förderung „bis zu" 30 v. H. (ebenso für die Förderung durch den Kreis – § 11 Abs. 3 KiBeG –, dessen Anteil allerdings nicht unter einem Haushaltsvorbehalt steht) erfolgen. Ein Maßstab oder eine fixe Größe, die eine Berechnung oder eine Größenordnung der Kostenerstattung zuließe, fehlt. Der Zuschuß kann alle Größenordnungen bis zu 30 v. H. umfassen. Eine Berechnungssicherheit, die erst eine hinreichende Planungssicherheit ermöglicht, welche insbesondere die Finanzierungssicherheit einschließt, besteht daher für die Kommunen nicht (LVerfG, Urteil vom 17. 9. 1998 – LVG 4/96 –, S. 16 a. E., 17 zu § 15 Abs. 3 und 4 ÖPNVG-LSA). Insbesondere werden keine Anknüpfungspunkte genannt, aus denen die Kommunen verläßlich erkennen könnten, wann mit keiner Förderung zu rechnen ist und wann eine Förderung von 30 v. H. (bzw. 60 v. H.) erfolgt.

Anknüpfungspunkte ergeben sich dafür auch nicht aus § 11 Abs. 5 KiBeG. Dort werden zwar einzelne förderungswürdige Vorhaben aufgelistet. Es existiert aber keine Regelung hinsichtlich der Höhe der Förderung der damit verbundenen Aufwendungen. § 11 Abs. 5 KiBeG soll lediglich § 11 Abs. 2 und Abs. 3 KiBeG hinsichtlich des Förderungsbereiches konkretisieren, enthält aber selbst keine Finanzierungsregelung.

Anders verhält es sich mit der Förderung der laufenden Betriebskosten. Art. 17 Abs. 1, Abs. 2 KiBeG (i. V. m. Art. 1, Nr. 3 lit. a Verordnung über die Änderung der Kinderbetreuungsverordnung vom 12.11.1997 – LSA-GVBl., S. 968 –) nennen feste Pauschalbeträge für jeden Einrichtungsplatz. § 17 Abs. 1 S. 1 KiBeG knüpft dabei an die Festlegung im Bedarfs- und Entwicklungsplan an. Aus diesen Faktoren folgt für die Gemeinde Planungssicherheit, da sie im voraus verläßlich ermitteln kann, in welchem Umfang das Land und der Kreis die Einrichtung hinsichtlich der Betriebskosten fördern werden.

Daraus folgt indes nicht, daß den Anforderungen von Art. 87 Abs. 3 S. 2 LVerf-LSA genügt ist. Wird eine Aufgabe auf die Gemeinden übertragen, muß die Kostendeckungsregelung alle damit verbundenen Kostenarten verbindlich erfassen. Bei der Prüfung der Frage, ob eine Kostenregelung einen angemessenen Ausgleich i. S. v. Art. 87 Abs. 3 S. 2 LVerf-LSA schafft, ist es verfassungsrechtlich zwar unbedenklich, wenn den Kommunen eine „Interessenquote" bei der Kostendeckung verbleibt. Entscheidend ist aber die Eignung einer solchen Regelung zum Zwecke der Berechnungssicherheit (LVerfG, aaO, S. 16). Dies kann aber dann nicht angenommen werden, wenn hinsichtlich einer wesentlichen Kostengruppe keine hinreichende Regelung besteht. Abzustellen ist auf den Gesamtumfang der Kosten, wenn sich dem verbleibenden Teil (Betriebskosten) im Hinblick auf die Gesamtkosten nicht eindeutig entnehmen läßt, daß damit ein angemessener Ausgleich sichergestellt und der restliche Teil (Investitionskosten) die zulässige Interessenquote der Gemeinde repräsentieren soll. Dies kann für den vorliegenden Fall schon deshalb nicht zutreffen, weil das Verhältnis von Betriebs- und Investitionskosten nicht erkennbar ist.

§ 12 Abs. 2 KiBeG ist demnach mit Art. 87 Abs. 3 LVerf-LSA insoweit nicht vereinbar, als es an einer Regelung hinsichtlich der Kostendeckung fehlt. Die teilweise Unvereinbarkeit von § 12 Abs. 2 KiBeG führt jedoch nicht zur Nichtigkeit der übrigen Bestimmungen des Gesetzes, sondern verpflichtet den Landesgesetzgeber, die unvollkommene Regelung über die Beteiligung des Landes und der Kreise an den im Rahmen der Sicherstellungsaufgabe anfallenden Kosten der Gemeinde zu vervollständigen (LVG, aaO, S. 17).

2.3.2.2 § 17 Abs. 5 KiBeG verstößt nicht gegen Art. 2 Abs. 3; 87 Abs. 1 KiBeG. Wie bereits dargelegt, handelt es sich bei § 17 Abs. 5 KiBeG um eine reine Restfinanzierungsverpflichtung gegenüber den freien Trägern, denen keine Handlungsverpflichtung korrespondiert. Die Verfassungsmäßigkeit der Vorschrift ist somit allein an Art. 2 Abs. 3; Art. 87 Abs. 1 LVerf-LSA zu messen. Daß es verfassungsrechtlich nicht zu beanstanden ist, wenn das Land auf der Basis von § 69 Abs. 5 SGB VIII den kreisangehörigen Gemeinden einzelne Verpflichtungen auf dem Gebiet der Jugendhilfe auferlegt, wurde bereits dargelegt. Dazu zu zählen sind auch Finanzierungsverpflichtungen gegenüber den freien Trägern, soweit es sich nur um eine Ausfallhaftung für Restbeträge handelt, die Hauptverantwortung – auch für die Finanzierung – bei den Trägern der öffentlichen Jugendhilfe verbleibt. Nach § 17 Abs. 5 KiBeG haben die Gemeinden den freien Trägern die Defizite zu erstatten, die nach Abzug der Zahlung der Pauschale von Land und Kreis, den Elternbeiträgen (Differenzhaftung ebenfalls beim Kreis – § 18 Abs. 3 KiBeG –) und des Eigenanteils des Einrichtungsträgers verbleiben. Es ist weder dargelegt, noch ersichtlich, daß die Ausfallhaftung zu Lasten der Gemeinde im Verhältnis zu den übrigen Einnahmen der freien Träger überwiegt.

An Art. 2 Abs. 3; 87 Abs. 1 LVerf-LSA ist somit nicht das „Ob" der Kostenbeteiligung zu messen, sondern nur, ob durch den auf die Gemeinde entfallenden Kostenanteil das kommunale Selbstverwaltungsrecht betroffen wird.

Zum Recht auf kommunale Selbstverwaltung gehört auch die Finanzhoheit der Gemeinden. Die gemeindliche Finanzhoheit untersteht dem allgemeinen Gesetzesvorbehalt (Art. 87 Abs. 1 LVerf-LSA). Insoweit kann die gemeindliche Finanzhoheit durch Gesetz eingeschränkt werden. Gesetz in diesem Sinne bedeutet sowohl Bundes- wie Landesgesetz, soweit die Gesetze im Rahmen der allgemeinen Gesetzeszuständigkeiten liegen. Die Grenze einschränkender Gesetze liegt beim Kernbereich der kommunalen Selbstverwaltung (BVerfG, Urt. v. 10.12.1974 – 2 BvK 1/73, 2 BvK 902/73 –, BVerfGE 38, 258, 278).

Ist kein Ausgleich für eine konkret übertragene Aufgabe zu leisten, hat das Land lediglich dafür zu sorgen, daß die Kommunen über Finanzmittel verfügen, die zur angemessenen Erfüllung ihrer Aufgaben erforderlich sind (Art. 88 Abs. 1 LVerf-LSA). Den Kommunen muß eine angemessene Finanzausstattung zur Verfügung stehen, die sie in eigener Verantwortung verwalten können (vgl. VerfGH Rheinland-Pfalz, Urt. v. 18.3.1992 – VGH 2/91 –, DÖV 1992, 706). Die Gemeinden haben grundsätzlich einen Anspruch auf ausreichende Finanzausstattung, soweit ihnen vom Staat, also vom Bund und den Ländern, Verwaltungsaufgaben zur Wahrnehmung bzw. Ausführung übertragen werden (*Scholz*, in: Maunz/Dürig, GG, Art. 28, Rdn. 84c).

Mittelbar nimmt der Bund für von ihm veranlaßte Aufgaben eine Verantwortung im horizontalen Finanzausgleich dadurch wahr, daß der Finanzbedarf der Gemeinden, abstrakt aufgabenorientiert (BVerfG, Urt. v. 27.5.1992 – 2 BvF 1/98, 1/89 und 1/90 –, BVerfGE 86, 148, 222), in die Landesbedarfsermittlung eingestellt (vgl. § 6f Gesetz über den Finanzausgleich zwischen Bund und Ländern – Finanzausgleichsgesetz – vom 23.6.1993; BGBl. I S. 944, 977f) und durch die Finanzausgleichsgesetze der Länder für die einzelnen Gemeinden konkretisiert wird. Die Kosten der Jugendhilfe werden damit wenigstens mittelbar bei den Finanzzuweisungen von Bund und Land berücksichtigt.

Die Kommunen haben insoweit vorgetragen (Beschwerdeschrift S. 17–19), daß sie auf Grundlage des KiBeG Mehraufwand und Mehrkosten zu tragen haben, der im wesentlichen (z. B. Sangerhausen) darauf beruhe, daß sie nunmehr Zahlungen zu erbringen hätten, die zuvor vom Kreis als örtlichem Träger der Jugendhilfe aufgebracht worden seien, bzw. (z. B. Zeitz) bislang keine freiwilligen Zahlungen durch die Gemeinde erfolgten, nunmehr im Hinblick auf § 17 Abs. 5 KiBeG dazu aber eine Verpflichtung bestehe (zusammenfassend S. 99f des als Anlage der Beschwerdeschrift beigefügten Gutachtens).

Soweit die kreisangehörigen Gemeinden ausführen, daß die durch das KiBeG übertragenen Aufgaben nachgewiesenermaßen zu meßbaren finanziellen Mehrbelastungen führen, kann dies als gegeben unterstellt werden. Die Beschwerdeführerinnen übersehen indes, daß die Mehrbelastung nicht an Art. 87 Abs. 3 (S. 2 u. 3) LVerf-LSA, sondern an Art. 2 Abs. 3; 87 Abs. 1 LVerf-LSA zu messen ist. Aus den von den Beschwerdeführerinnen zu Art. 87 LVerf-LSA vorgelegten Zahlen ergibt sich nicht, daß sie durch die Mindereinnahmen bzw. Mehrausgaben die ihnen im übrigen obliegenden Aufgaben nicht mehr angemessen erfüllen können (vgl. dazu BVerfG, Beschl. v. 15.10.1985 – 2 BvR 1808, 1809, 1810/82 –, BVerfGE 71, 25, 37).

Die Verfassungsbeschwerde hat daher nur im dargelegten Umfang Erfolg. Aus der teilweisen Verfassungswidrigkeit von § 12 Abs. 2 KiBeG folgt nicht zugleich die Verfassungswidrigkeit anderer Vorschriften, weil die Regelung nicht Teil eines geschlossenen Finanzierungssystems ist (vgl. LVerfG, Urt. v. 27.10.1994 – LVG 14, 17, 19/94 –, LVGE 2, 345, 373f). Die fehlende Kostendeckungsregelung hinsichtlich der Sicherstel-lungsaufgabe berührt die Ausfallhaftung gegenüber den freien Trägern im Rahmen von § 17 Abs. 5 KiBeG nicht.

3. Die Kostenentscheidung beruht auf § 32 LVerfGG-LSA.

Entscheidungen des
Thüringer Verfassungsgerichtshofs

Die amtierenden Richterinnen und Richter
des Thüringer Verfassungsgerichtshofs

Gunter Becker, Präsident
Hans-Joachim Bauer
Christian Ebeling
Reinhard Lothholz
Thomas Morneweg
Gertrud Neuwirth
Prof. Dr. Ulrich Rommelfanger
Manfred Scherer
Prof. Dr. Rudolf Steinberg

Stellvertreterinnen und Stellvertreter

Dr. Hans-Joachim Strauch
Dr. Hartmut Schwan
Prof. Dr. Erhard Denninger
Dipl. Ing. Christiane Kretschmer
Renate Hemsteg von Fintel
Rudolf Metz
Dr. Dieter Lingenberg
Prof. Dr. Heribert Hirte
Prof. Dr. Karl-Ulrich Meyn

Nr. 1

1. Die Verfassungsräume des Bundes und der Länder stehen grundsätzlich selbständig nebeneinander. Art. 28 Abs. 1 Satz 1 GG erklärt für die Länder lediglich die Beachtung der dort genannten Prinzipien als verbindlich. Dabei mag es geboten sein, im Rahmen der Ausdeutung des Gehalts des Art. 28 Abs. 1 Satz 1 GG auf andere Verfassungsprinzipien des Grundgesetzes zurückzugreifen, wenn diese Prinzipien Essentialia des Homogenitätsprinzips konkretisieren und die Landesverfassung insoweit eine Lücke aufweist. Die Thüringer Verfassung enthält in Art. 54 Abs. 1 und 2 eigene Regelungen zur Abgeordnetenentschädigung sowie dem dabei zu beobachtenden Verfahren. In diesem Fall ist aufgrund der Selbständigkeit der Verfassungsräume für einen Rückgriff auf spezifische bundesverfassungsrechtliche Normen und Grundsätze kein Raum. Grenzen landesverfassungsrechtlicher Gestaltungsbefugnisse ergeben sich dann allein aus Art. 28 Abs. 1 Satz 1 GG.

2. Das in Art 54 Abs. 1 und 2 ThürVerf vorgesehene Verfahren der Diätenanpassung steht nicht in Widerspruch zu dem in Art. 28 Abs. 1 Satz 1 GG angesprochenen Demokratieprinzip.

3. Die Thüringer Verfassung unterwirft in Art. 54 die Diätengesetzgebung verschiedenen Begrenzungen.

a) Notwendig ist zum einen eine hinreichend transparente Regelung durch Gesetz. Dabei muß das Verfahren der Entscheidungsfindung so gestaltet sein, daß sowohl die Grundentscheidung über Art und Umfang der Entschädigung (Grundentschädigung, Aufwandsausgleich und Versorgung), wie auch die sich auf sie beziehenden Folgeentscheidungen der Öffentlichkeit transparent gemacht werden und Gegenstand einer öffentlichen Angemessenheitsdiskussion sein können.

b) Zum anderen markiert die durch die Verfassung in Art. 54 Abs. 1 Satz 1 gewollte „Angemessenheit" der Abgeordnetenentschädigung sowohl eine Untergrenze und im Zusammenspiel mit der in Abs. 2 geforderten Anbindung der Diätenanpassung an die „allgemeine Einkommensentwicklung" auch eine verfassungsrechtliche Obergrenze für Abgeordnetenentschädigungsregelungen.

c) Das in Art. 54 Abs. 2 ThürVerf normierte Gebot, die Anpassung der Abgeordnetenentschädigung an die allgemeine Einkommensentwicklung zu koppeln, ist als verfassungsrechtliche Verpflichtung zur Verwendung möglichst repräsentativer Einkommensindizes zu verstehen. Soweit der Gesetzgeber hierbei bestimmte Einkommensgruppen unberücksichtigt läßt, muß diese Außerachtlassung sachlich geboten sein. Das in der Vorschrift angesprochene Anpassungsverfahren darf nicht dazu führen, daß die an ausgewählten Berufsgruppen orientierte Anpassung der Diäten sich in einem Schereneffekt von der allgemeinen Einkommensentwicklung abkoppelt.

d) Die Regelungen des ThürAbgG zur Diätenanpasssung in §§ 5 Abs. 1, 26 sind derzeit verfassungsrechtlich nicht zu beanstanden. Sie berücksichtigen zwar bestimmte Einkommensgruppen bei der Festlegung der allgemeinen Einkommensentwicklung nicht. Diese Außerachtlassung ist indes durch den Stand der derzeitigen statistischen Methodik begründet und beruht damit auf Sachgründen. Verbesserte Erhebungsmethoden lösen allerdings eine Nachbesserungspflicht des Gesetzgebers aus.

4. Die durch Art. 54 Abs. 2 ThürVerf gebotene Orientierung der Aufwandsentschädigung an der allgemeinen Preisentwicklung steht Pauschalierungen nicht entgegen.

5. Art. 54 ThürVerf schließt die Gewährung einer Altersentschädigung nicht aus. Aus dem Zusammenspiel von Art. 54 Abs. 1 und 2 ThürVerf ergibt sich, daß Abgeordnete weder eine unangemessen hohe Grundentschädigung erhalten dürfen noch soll eine nicht an der allgemeinen Einkommensentwicklung orientierte Anpassung der Entschädigungsleistungen zu einer sachlich nicht gerechtfertigten Besserstellung der Abgeordneten führen. Als Annex der Grundentschädigung darf die Altersentschädigung also weder selbst unangemessen privilegierend sein noch darf ihre Veränderung zu einer unangemessen hohen Grundentschädigung führen. Art. 54 ThürVerf läßt damit lediglich eine begrenzte Altersentschädigung zu.

a) Als begrenzt ist eine Altersentschädigung anzusehen, welche die durch die Mandatstätigkeit entstehende Versorgungslücke schließt. Sie kann je nach Dauer der Parlamentszugehörigkeit auch zu einer Vollversorgung werden.

b) Die Bestimmungen des ThürAbgG über die Altersversorgung liegen außerhalb dieser verfassungsrechtlichen Vorgaben. Die Kumulation von Entstehungszeitpunkt und Höhe des Mindestversorgungsanspruchs, der Steigerungsrate und dem Zeitpunkt des Versorgungsbeginns stellt keine begrenzte und deshalb keine angemessene Entschädigung im Sinne von Art. 54 Abs. 1 ThürVerf dar.

Verfassung des Freistaats Thüringen Art. 54 Abs. 1, 2
Thüringer Abgeordnetengesetz §§ 5 Abs. 1, 26

Urteil vom 16. Dezember 1998 – VerfGH 20/95 –

in dem Normenkontrollverfahren der PDS-Fraktion im Thüringer Landtag betreffend das Thüringer Abgeordnetengesetz

Entscheidungsformel:

1. § 13 Abs. 1 sowie § 14 des Thüringer Abgeordnetengesetzes in der Fassung der Bekanntmachung vom 16. März 1995 (GVBl. S. 121) sind mit der Thüringer Verfassung unvereinbar. Im übrigen wird der Normenkontrollantrag zurückgewiesen.
2. Die genannten Vorschriften können bis zu einer gesetzlichen Neuregelung, längstens bis zum Zusammentritt des Dritten Thüringer Landtags weiter angewandt werden.
3. Der Freistaat Thüringen hat der Antragstellerin ein Viertel ihrer notwendigen Auslagen zu erstatten.

Gründe:

A.

Die PDS-Fraktion im Thüringer Landtag wendet sich im Wege der abstrakten Normenkontrolle gegen Regelungen des Thüringer Abgeordnetengesetzes, die die Entschädigung für die Abgeordnetentätigkeit betreffen. Sie rügt die Vereinbarkeit der durch das Gesetz festgelegten Indexierung der Grundentschädigung und der Aufwandsentschädigung sowie der Regelungen über die Altersentschädigung mit der Thüringer Verfassung und stellt die Bundesverfassungsmäßigkeit von Art. 54 Abs. 1 und 2 ThürVerf in Frage.

I.

Art. 54 Abs. 1 ThürVerf hat folgenden Wortlaut:

„Die Abgeordneten haben Anspruch auf eine angemessene, ihre Unabhängigkeit sichernde Entschädigung. Auf den Anspruch kann nicht verzichtet werden."

Art. 54 Abs. 2 ThürVerf lautet:

„Die Höhe der Entschädigung verändert sich jährlich auf der Grundlage der jeweils letzten Festlegung nach Maßgabe der allgemeinen Einkommens-, die der Aufwandsentschädigung nach der allgemeinen Preisentwicklung im Freistaat."

Art. 54 Abs. 4 schließlich hat folgenden Wortlaut:

„Das Nähere regelt das Gesetz."

Die einschlägigen Vorschriften des Thüringer Abgeordnetengesetzes lauten:

§ 5
Entschädigungen

„(1) Abgeordnete erhalten eine steuerpflichtige monatliche Entschädigung (Grundentschädigung), die sich mit Wirkung vom 1. November 1994 aus einem Betrag von 4 900 Deutsche Mark gemäß der letzten Festlegung zum 1. März 1992 zuzüglich des aus den Einkommensentwicklungsraten nach Maßgabe von Art. 54 Abs. 2 der Verfassung des Freistaats Thüringen in Verbindung mit § 26 Abs. 1 dieses Gesetzes resultierenden Betrages ergibt und somit 7 007 Deutsche Mark beträgt, welche zwölfmal im Jahr gezahlt wird."

§ 26
Anpassung der Grund- und Aufwandsentschädigung

„(1) Die Höhe der Grundentschädigung verändert sich jährlich entsprechend dem Durchschnitt der Veränderung der Bruttoverdienste von abhängig Beschäftigten in Thüringen nach Maßgabe von Absatz 3.

(2) Die Höhe der Aufwandsentschädigung nach § 6 Abs. 2 verändert sich jährlich entsprechend der Entwicklung der Lebenshaltungskosten aller Arbeitnehmerhaushalte in Thüringen nach Maßgabe von Absatz 3.

(3) Das Landesamt für Statistik ermittelt
1. die allgemeine Einkommensentwicklung nach Maßgabe
   a) des Gesetzes über die Lohnstatistik in der jeweils geltenden Fassung für die Bereiche des Produzierenden Gewerbes, des Handels sowie des Kredit- und Versicherungsgewerbes,
   b) der Tarifverträge für Arbeiter und Angestellte des öffentlichen Dienstes,
   c) des Rechts der Beamtenbesoldung,
   jeweils bezogen auf den Zeitraum vom 1. November bis zum 31. Oktober,

d) des Gesetzes über die Lohnstatistik in der jeweils geltenden Fassung für den Bereich der Landwirtschaft bezogen auf den Zeitraum vom 1. Oktober bis zum 30. September,
2. die allgemeine Preisentwicklung nach Maßgabe des Gesetzes über die Preisstatistik in der jeweils geltenden Fassung bezogen auf den Zeitraum vom 1. November bis zum 31. Oktober.
Die sich hieraus ergebenden Einkommens- und Preisentwicklungsraten teilt das Landesamt für Statistik dem Präsidenten des Landtags am Anfang des auf das Bezugsjahr folgenden Jahres mit. Dieser unterrichtet danach den Landtag in einer Drucksache und die Öffentlichkeit im Gesetz- und Verordnungsblatt für den Freistaat Thüringen hierüber sowie über die sich daraus ergebenden Veränderungen der Grund- und Aufwandsentschädigung. Sie treten jeweils mit Wirkung vom 1. November des der Bekanntgabe vorausgehenden Jahres in Kraft."

§ 6
Aufwandsentschädigung

„(1) Abgeordnete erhalten zur Abgeltung der durch das Mandat bedingten Aufwendungen eine Amtsausstattung, die Geld- und Sachleistungen umfaßt. Zu den Sachleistungen gehört die kostenlose Nutzung aller im Landtagsgebäude vorhandenen Einrichtungen zur Gewährleistung ihrer Abgeordnetentätigkeit.

(2) Die Geldleistungen, die sich mit Wirkung vom 1. November 1994 aus den jeweils bisher geltenden Beträgen gemäß der letzten Festlegung zum 1. März 1992 zuzüglich der aus der Preisentwicklungsrate nach Maßgabe von Art. 54 Abs. 2 der Verfassung des Freistaats Thüringen in Verbindung mit § 26 Abs. 2 dieses Gesetzes resultierenden Beträgen ergeben, werden in einer monatlichen steuerfreien Kostenpauschale mit folgenden Bestandteilen zusammengefaßt:
1. allgemeine Kosten, insbesondere für die Betreuung des Wahlkreises (z. B. Bürokosten, Porto, Telefon und sonstiges) in Höhe von 1 803,20 Deutsche Mark;
2. Mehraufwendungen aus der Tätigkeit am Sitz des Landtags in Höhe von 563,50 Deutsche Mark;
3. Fahrten in Ausübung des Mandats zum Sitz des Landtags, unabhängig von den §§ 9 und 10 dieses Gesetzes, bei einer Entfernung des Wohnortes oder eines vom Abgeordneten zu benennenden Abgeordnetenbüros bis zum Sitz des Landtags
...
Bei Abgeordneten, denen ein landeseigener Dienstwagen zur ausschließlichen Verfügung steht, entfällt die Regelung zu Satz 1 Nr. 3."

§ 13
Anspruch auf Altersentschädigung

„(1) Abgeordnete erhalten nach ihrem Ausscheiden nach einer Zugehörigkeit zum Landtag von mindestens sechs Jahren mit Vollendung des 55. Lebensjahres Altersentschädigung.

(2) Für den Anspruch auf Altersentschädigung gilt § 11 Abs. 2 Satz 1 und 2 entsprechend.

(3) Während einer erneuten Zugehörigkeit zum Landtag ruht der Anspruch auf Altersentschädigung."

§ 14
Höhe der Altersentschädigung

„Die Altersentschädigung beträgt 29 vom Hundert der Grundentschädigung. Sie erhöht sich für jedes weitere volle Jahr der Mitgliedschaft über die Mindestzeit nach § 13 hinaus um drei vom Hundert bis zur Höchstgrenze von 75 vom Hundert."

II.

Die Antragstellerin beantragt:

§ 5 Abs. 1 und § 6 Abs. 2, jeweils i. V. m. § 26, sowie § 13 Abs. 1 des Gesetzes über die Rechtsverhältnisse der Abgeordneten des Thüringer Landtags (Thüringer Abgeordnetengesetz) in der Neubekanntmachungsfassung vom 9. 3. 1995, GVBl. S. 121, ist nichtig bzw. zumindest mit der Verfassung unvereinbar.

Hilfsweise beantragt sie,

das Verfahren auszusetzen und gemäß Art. 100 Abs. 1 oder Abs. 3 GG die Entscheidung des Bundesverfassungsgerichts über die Verfassungsmäßigkeit des Art. 54 Abs. 2 ThürVerf einzuholen.

1. Die Antragstellerin ist der Auffassung, die auf Art. 54 Abs. 2 ThürVerf gestützte Indexierung der Grund- und Aufwandsentschädigung widerspreche den bundesverfassungsrechtlichen Vorgaben der Art. 28 Abs. 1, 48 Abs. 3 GG.

Art. 54 Abs. 2 ThürVerf müsse und könne aber bundesverfassungskonform so ausgelegt werden, daß die Norm keinen Automatismus in der Diätenanpassung beinhalte. Demnach sei Art. 54 Abs. 2 ThürVerf so zu verstehen, daß die allgemeine Einkommensentwicklung nur die Zielrichtung einer möglichen Anpassung benenne, daß aber die Umsetzung dieser Zielvorstellung nur dann bundesverfassungskonform sei, wenn die Frage, inwieweit die Maßgabe konkret umzusetzen sei, einer gesonderten Beratung und Beschlußfassung im Parlament vorbehalten sei. In Art. 54 Abs. 2 ThürVerf sei mithin ungeachtet des Wortlauts der Norm das Erfordernis einer selbständigen parlamentarischen Entscheidung über die Diätenanpassung hineinzulesen.

Da die §§ 5 Abs. 1, 6 und 26 ThürAbgG demgegenüber von einem Automatismus ausgingen, der eine Anpassung der Diäten ohne Einschaltung des Parlaments ermögliche, verstießen die Vorschriften gegen die bundesverfassungskonform ausgelegte Norm des Art. 54 Abs. 2 ThürVerf.

Dabei ergebe sich die Bundesverfassungswidrigkeit der angegriffenen Regelungen aus den vom Bundesverfassungsgericht im sog. Diätenurteil aufgestellten Grundsatzerwägungen. Das Gericht habe dort nämlich den Standpunkt eingenommen, das Parlament sei verpflichtet, jede Veränderung in der Höhe der Entschädigung im Plenum zu diskutieren und vor den Augen der Öffentlichkeit als eine selbständige politische Frage zu entscheiden. Dem widerspreche eine Indexierung, da hier die Erhöhung automatisch erfolge und gerade nicht von einer selbständigen Entscheidung des Parlaments getragen sei. Dabei habe das Gericht in seinem Diätenurteil die Gefahr einer Entscheidung des Parlaments in eigener Sache bei der Diätenerhöhung gesehen und insoweit als Korrektiv die Notwendigkeit einer öffentlichen Entscheidung des Parlaments über jede Erhöhung aktiviert. Nur durch die Herstellung von Öffentlichkeit könne die bei einer Entscheidung in eigener Sache notwendige Kontrolle ausgeübt werden. Durch die Thüringer Regelung würden aber genau diese Schutzfunktionen vereitelt. Das Parlament werde der vom Bundesverfassungsgericht betonten Notwendigkeit einer selbständigen Entscheidung enthoben. Eine irgendwie geartete demokratische Kontrolle durch die Öffentlichkeit falle ebenfalls aus. Damit widersprächen die Vorgaben der Thüringer Verfassung eindeutig den Vorgaben des Bundesverfassungsgerichts.

Das zugunsten der Regelung angeführte Argument, damit werde der Gesetzgeber vom „Fluch der Entscheidung in eigener Sache" befreit, greife nicht. Denn das Bundesverfassungsgericht habe das Problem der Notwendigkeit der Entscheidungen in eigener Sache als Konsequenz des Grundsatzes vom Vorbehalt des Gesetzes gesehen und in voller Kenntnis dessen eine eigene Entscheidung des Parlaments gefordert.

Die durch Art. 54 Abs. 2 ThürVerf vorgesehene „einmalige" Entscheidung über die Diätenerhöhung widerspreche dem Rechtsstaats- und dem Demokratieprinzip. Weder dürfe es eine Gesetzgebung auf Vorrat geben noch werde ein solches Verfahren der geforderten selbständigen Entscheidung über jede Erhöhung der Abgeordnetendiäten gerecht.

Das Bundesverfassungsgericht habe seine Ausführungen zwar zu Art. 48 Abs. 3 GG gemacht, doch würden diese Grundsätze über Art. 28 Abs. 1 GG „materialiter" zu Landesverfassungsrecht. Das Gericht habe ausdrücklich klargestellt, daß die von ihm zu Art. 48 Abs. 3 GG entwickelten Grundsätze zu den Essentialien des demokratischen Prinzips gehörten, das über Art. 28 Abs. 1 GG auch die Landesverfassungen binde. Offengelassen habe das Gericht allerdings, wie sich dies auf die Interpretation solcher landesverfassungsrechtlicher Vorschriften auswirke, die selber Regelungen hinsichtlich der Abgeordnetenentschädigung enthielten.

Nach der Rechtsprechung des Bundesverfassungsgerichts würden bestimmte bundesverfassungsrechtliche Rechtssätze, zu denen auch Art. 28

Abs. 1 i.V.m. Art. 48 Abs. 3 GG gehöre, materialiter auch dann zu Landesverfassungsrecht, wenn sie in der landesrechtlichen Verfassungsurkunde nicht ausdrücklich aufgeführt seien. Folge man dieser Auffassung, ergäbe sich für die Thüringer Verfassung eine Kollision verschiedener Verfassungsvorschriften. Auf der einen Seite die Regelung in Art. 54 Abs. 2 ThürVerf mit der dort normierten Indexierungslösung und auf der anderen Seite die vom Bundesverfassungsgericht zu Art. 48 Abs. 3 GG entwickelten Grundsätze zur Abgeordnetenentschädigung, die über Art. 28 Abs. 1 GG zu Landesverfassungsrecht geworden seien. Dieser Konflikt sei unter Berücksichtigung der Ewigkeitsgarantie des Art. 83 Abs. 3 ThürVerf zu lösen. Da dort die Verfassung zu erkennen gebe, daß den in Art. 44 Abs. 1, 45 und 47 Abs. 4 ThürVerf normierten Demokratie- und Rechtsstaatsprinzip besondere Bedeutung zukomme, könne die dem widersprechende Indexlösung des Art. 54 Abs. 2 ThürVerf keinen Bestand haben.

Gelange der Verfassungsgerichtshof zu der Auffassung, daß bundesverfassungsrechtliche Vorschriften als bundesverfassungsrechtliches Landesverfassungsrecht Geltung beanspruchen könnten, stelle sich das aufgeworfene Spannungsverhältnis als Kollisionsproblem von Landes- und Bundesrecht dar. Insoweit fehle dem Thüringer Verfassungsgerichtshof die Entscheidungsbefugnis. Die Antragstellerin beantragt insoweit hilfsweise, die Aussetzung des Verfahrens sowie die Einholung der Entscheidung des Bundesverfassungsgericht gemäß Art. 100 Abs. 1 oder Abs. 3 GG.

Der Verfassungsgerichtshof könne aber auch Art. 54 Abs. 2 ThürVerf bundesverfassungskonform dahingehend auslegen, daß die Vorschrift keinen Automatismus der Abgeordnetenentschädigung normiere. Vielmehr sei die allgemeine Einkommens- und Preisentwicklung so zu interpretieren, daß damit lediglich eine Orientierung bzw. Zielrichtung angegeben werde. Die Beantwortung der Frage, ob und wie diese Maßgaben umzusetzen seien, müsse demgegenüber aus verfassungsrechtlichen Gründen dem Parlament überlassen bleiben. Mit diesen Maßgaben könne Art. 54 Abs. 2 ThürVerf verfassungsrechtlichen Bestand haben.

Die Indexierung der Aufwandsentschädigung wird von der Antragstellerin nicht im einzelnen angegriffen, allerdings im Kontext der Ausführungen zu der Grundentschädigung in Frage gestellt.

2. Verfassungswidrig sei – so die Antragstellerin – auch die Regelung der Altersversorgung in § 13 ThürAbgG. Diese sei in doppelter Hinsicht unangemessen großzügig.

Anders als etwa die Bundestagsabgeordneten erhielten Thüringer Abgeordnete bereits nach 2 Wahlperioden einen erheblich höheren Prozentsatz ihrer Entschädigung als Altersentschädigung. Außerdem setzten die Zahlungen bereits mit dem vollendeten 55. Lebensjahr ein. Es sei kein überzeugender Grund ersichtlich, der die hierin liegende Besserstellung der Abgeordneten gegenüber anderen Berufsgruppen, insbesondere gegenüber den Rentenempfängern und Versorgungsberechtigten nach Beamtenrecht rechtfertigen könne.

Insgesamt könne daher die Altersentschädigung nicht mehr als „angemessen" im Sinne von Art. 54 Abs. 1 ThürVerf angesehen werden. Sie sei deshalb verfassungswidrig.

III.

Von den gemäß § 43 VerfGHG Äußerungsberechtigten hat sich der Thüringer Landtag geäußert. Er hält den Normenkontrollantrag für unzulässig und unbegründet.

1. Der Antrag sei unzulässig, soweit er das Grundgesetz als Prüfungsmaßstab ansehe. Die Kontrollkompetenz des Thüringer Verfassungsgerichtshofes beschränke sich allein auf die Überprüfung von Landesrecht am Maßstab der Thüringer Verfassung. Der Antrag gehe davon aus, daß die Regelungen über die Abgeordnetenentschädigung nicht mit den vom Bundesverfassungsgericht im sog. Diätenurteil aus den Art. 48 Abs. 3 GG i.V.m. Art. 28 Abs. 1 Satz 1 GG abgeleiteten Grundsätzen vereinbar seien. Die Homogenitätserfordernisse des Art. 28 Abs. 1 Satz 1 GG würden indes als Bundesrecht für, aber nicht in den Ländern gelten. Über die Vereinbarkeit der Thüringer Verfassung mit Art. 28 Abs. 1 Satz 1 GG könne der Thüringer Verfassungsgerichtshof mithin nicht entscheiden.

Soweit mittelbar die Thüringer Verfassung angegriffen und vorgetragen werde, diese sei bundesverfassungskonform auszulegen, verwandele die Antragsschrift den Maßstab abstrakter Normenkontrollverfahren, die Landesverfassung, zu deren Gegenstand. Zur Entscheidung, ob die Thüringer Landesverfassung grundgesetzkonform sei, sei allein das Bundesverfassungsgericht berufen.

2. Darüber hinaus sei die Normenkontrolle aber auch unbegründet. Die Indexierung der Grundentschädigung, wie sie durch § 5 Abs. 1 i.V.m. § 26 Abs. 1 und 3 ThürAbgG festgeschrieben werde, stelle lediglich die Umsetzung der verfassungsrechtlichen Vorgabe des Art. 54 Abs. 2 ThürVerf dar. Zu beachten sei, daß sich die Diätenerhöhung in einem steten Dilemma befinde. Einerseits ziehe jede Diätenerhöhung den Vorwurf der „Selbstbedienung" nach sich, andererseits sei das Parlament nach dem Grundsatz vom Vorbehalt des Gesetzes gezwungen, über diese Frage selbst zu entscheiden. In der Thüringer Verfassung sei dies in einer mit demokratischen und rechts-

staatlichen Erfordernissen in Einklang stehenden Weise gelöst worden. Verfassunggeber und Gesetzgeber regelten alle normativen Elemente der Veränderung selbst. Weil dem Landesamt für Statistik keine politische Entscheidung zukomme, habe der Gesetzgeber auch keine Entscheidungsbefugnisse aus der Hand gegeben, so daß die Regelung mit demokratischen Anforderungen vereinbar sei.

Rechtsstaatlich sei sie den Regelungen im Bund bzw. in anderen Bundesländern überlegen, weil dem Parlament keine Sonderrolle mehr zukomme. Die Veränderung der Diäten ergebe sich automatisch, ohne daß es eines Dazwischentretens des Parlaments oder Dritter bedürfe.

Da damit die Index-Regelung des § 26 ThürAbgG im Prinzipiellen mit Art. 54 Abs. 2 ThürVerf übereinstimme, könnten sich allenfalls im Detail Divergenzen ergeben. Bei unbefangener Betrachtungsweise ergebe sich zwischen der Verfassungsvorschrift und der einfachgesetzlichen Umsetzung eine Diskrepanz. Während der Verfassungstext auf die „allgemeine Einkommensentwicklung" im Freistaat bezug nehme, grenze § 26 ThürAbgG die zur Festlegung des Index heranzuziehende Gruppe ein. Die Vorschrift nehme nur Einkommen aus unselbständiger Tätigkeit in Bezug, stelle hierbei weiter eingrenzend auf Einkommen nur aus bestimmten Tätigkeiten ab und orientiere sich ausschließlich an Erwerbseinkommen.

Die zwischen Art. 54 Abs. 2 ThürVerf und § 26 ThürAbgG bestehende „scheinbare Diskrepanz" sei indes verfassungsrechtlich unbedenklich.

Der Begriff der „allgemeinen Einkommensentwicklung" stelle lediglich eine „offene Formel" dar, deren Konkretisierung dem einfachen Gesetzgeber überantwortet sei. Der Begriff der „allgemeinen Einkommensentwicklung" könne dabei nicht so verstanden werden, daß Maßstab der Indexierung die Entwicklung der allgemeinen Einkommen im Sinne einer Berücksichtigung des Einkommens aller sei. Vielmehr beziehe sich die Formulierung in Art. 54 Abs. 2 ThürVerf bereits unter sprachlichem Aspekt auf die Entwicklung und nicht auf die Allgemeinheit.

Für eine dem entgegenstehende Auslegung könne auch nicht die Verwendung des Wortes „Einkommen" in Ansatz gebracht werden. Denn der Einkommensbegriff des Steuerrechts – verstanden als der Gesamtbetrag der Einkünfte – sei „amtlich bereits mit Kontroversen" belastet und könne deshalb „nicht ohne weiteres" für die Auslegung des Art. 54 Abs. 2 ThürVerf in Ansatz gebracht werden.

Sinn und Zweck des Art. 54 Abs. 2 ThürVerf gingen dahin, das Parlament einerseits einer Entscheidung über die Diätenanpassung zu entheben, in dem diese an vorgegebene Kriterien angelehnt würde. Anderseits fordere die Norm, daß für die Bezüge der Abgeordneten kein Sonderrecht gelte, sondern die Anpassung der Entschädigung der Entwicklung der Gesellschaft folgen solle. Dabei dürfe die Vorschrift aber nicht so ausgelegt werden, daß sie nicht mehr nachvollziehbar werde. Art. 54 Abs. 2 ThürVerf sei deshalb so zu verstehen, daß bei der Ermittlung der allgemeinen Einkommensentwicklung nur auf solche Einkommen abgestellt werden dürfe, deren Ermittlung auf sog. „harten Statistiken" beruhe. Unter Beachtung dieser Vorgaben gebe die Verfassung in Art. 54 Abs. 2 ThürVerf lediglich einen unbestimmten Rechtsbegriff vor, bei dessen Ausfüllung dem Gesetzgeber eine „Gestaltungs- und Typisierungsbefugnis" zustehe, die der einfache Gesetzgeber zutreffend nachgezeichnet habe.

Die Begrenzung auf Einkommen aus unselbständiger Tätigkeit und damit die Außerachtlassung von Einkommen aus selbständiger Tätigkeit sei gerechtfertigt, weil es nur für diese Einkommensgruppe harte statistische Erhebungen gäbe. Infolgedessen sei die gesetzliche Differenzierung nicht gleichheitswidrig motiviert, sondern beruhe auf pragmatischen Erwägungen.

Daß § 26 Abs. 1 ThürAbgG hierbei auf die Bruttoeinkommen abstelle, sei verfassungsrechtlich ebenfalls nicht zu beanstanden. Es sei fraglich, ob der Nettoansatz gerechter sei, so daß er sich nicht als evident sachgerechter Ansatz anböte.

Im Rahmen des gesetzgeberischen Gestaltungsermessens halte es sich auch, daß durch § 26 Abs. 3 Satz 1 Nr. 1 ThürAbgG für die Ermittlung der allgemeinen Einkommensentwicklung nur auf bestimmte unselbständige Tätigkeiten abgestellt werde. Denn zum einen existierten nur für die dort genannten Einkommen „bundeseinheitliche repräsentative Erhebungen" und zum anderen würden durch die gesetzliche Regelung 72,6 % der Erwerbseinkommen erfaßt, so daß eine hinreichend repräsentative Auswahl der Einkommen erfolgt sei.

Auch die durch § 26 Abs. 1 und 3 ThürAbgG bedingte weitere Eingrenzung auf Erwerbseinkommen und die dadurch erfolgende Außerachtlassung von Transfereinkommen (wie Renten und Pensionen) sowie Unterstützungsleistungen (wie Arbeitslosengeld und Sozialhilfe etc.) führe nicht zu einem verfassungswidrigen Abweichen vom Begriff der allgemeinen Einkommensentwicklung in Art. 54 Abs. 2 ThürVerf. Denn die Beachtung der genannten Einkommensgruppen führe nur zu einer marginalen Änderung. Überdies trüge die Nichtberücksichtigung der genannten Einkommensarten dem Umstand Rechnung, daß die Abgeordnetentätigkeit als Beruf, als „full-time-job", qualifiziert werden müsse. Zudem entwickelten sich diese Unterstützungsleistungen ihrerseits brutto- und nicht nettolohnbezogen.

Schließlich sei auch das bei der Abgeordnetenentschädigung stets zu beachtende Transparenzgebot nicht verletzt. Übertrage man insoweit die zur Rechtslage nach dem Grundgesetz ergangene Rechtsprechung des Bundesverfassungsgerichts auf die landesrechtlichen Vorschriften Thüringens, könne nicht der Vorwurf erhoben werden, das Gesetz sei in einem für die Öffentlichkeit undurchschaubaren Verfahren beschlossen worden. Vielmehr habe im Landtag eine Debatte gerade über das Diätenanpassungsgesetz stattgefunden.

Ein Verstoß gegen das Transparenzgebot scheide selbst dann aus, wenn man seine Wirksamkeit auch auf das Verfahren der Indexanpassung ausdehnen wollte. Denn das Landesamt für Statistik erhebe die Daten ohne einen Spielraum für eigene Wertungen oder Schätzungen. Es teile sie dem Landtagspräsidenten mit, der den Landtag in einer Drucksache und die Öffentlichkeit im Gesetz- und Verordnungsblatt für den Freistaat Thüringen unterrichte.

Im Ergebnis sei daher ein Verfassungsverstoß hinsichtlich § 5 Abs. 1 i.V.m. § 26 Abs. 1 und 3 ThürAbgG nicht festzustellen.

3. Aus den gleichen Erwägungen heraus, die die Verfassungsmäßigkeit der Grundentschädigung trügen, sei auch die durch § 6 Abs. 2 i.V.m. § 26 ThürAbgG bedingte Anpassung der Aufwandsentschädigung verfassungsrechtlich unbedenklich.

4. Die gemäß § 13 ThürAbgG gewährte Alterentschädigung sei ebenfalls verfassungsgemäß.

Hinsichtlich der Angemessenheit der Alterentschädigung müsse von der „herrschenden Auslegungspraxis" abgewichen werden. Die Abgeordnetenentschädigung diene in erster Linie dazu, die Unabhängigkeit des Abgeordneten zu sichern. Es sei aber nicht ohne weiteres ersichtlich, inwiefern dieser Schutzzweck der gesetzlichen Entschädigungsvorschriften durch eine zu hohe Entschädigung tangiert werde. Infolgedessen könne Art. 54 Abs. 2 ThürVerf keine verfassungsrechtlich relevante Obergrenze der Abgeordnetenentschädigung und damit auch der Altersversorgung entnommen werden.

Selbst wenn man dies aber in Anlehnung an die Rechtsprechung des Bundesverfassungsgerichts und die Auffassung des Schrifttums tue, sei § 13 Abs. 1 ThürAbgG verfassungsgemäß. Für die Beurteilung der Angemessenheit müsse die Regelung mit derjenigen anderer Bundesländer und den bundesrechtlichen Vorschriften verglichen werden, wobei diesem Vergleich aber nur indizieller Charakter zuzubilligen sei.

Bei der Bewertung von § 13 Abs. 1 ThürAbgG dürfe nicht isoliert auf das Mindestalter abgestellt werden, sondern es müsse die gesetzliche Regelung der Alterentschädigung insgesamt bewertet werden. Neben dem Mindestalter sei daher der Sockelbetrag der Alterentschädigung, die Steigerungsquote sowie die Höhe der maximalen Alterentschädigung in die Bewertung einzubeziehen. Dabei ergebe sich, daß sich die Thüringer Regelung durchaus im Rahmen des Üblichen halte. Zwar liege das Mindestalter in § 13

ThürAbgG tatsächlich niedrig, doch sei diese Regelung im Bundesdurchschnitt keinesfalls singulär, da etwa Hessen ebenfalls eine reguläre Grenze von 55 Jahren normiere und im Bund sowie mehreren Bundesländern in bestimmten Fallkonstellationen eine Herabsetzung der Altersgrenze auf 55 Jahre möglich sei.

Hinzu komme, daß Thüringen gemeinsam mit Hessen die niedrigste Steigerungsquote kenne. Schließlich seien in anderen Bundesländern in Teilbereichen sogar günstigere Regelungen als in Thüringen vorzufinden.

Insgesamt könne daher ein Verstoß der angegriffenen Vorschriften gegen die Thüringer Verfassung nicht festgestellt werden.

5. Der Normenkontrollantrag könne aber auch dann keinen Erfolg haben, wenn man die Thüringer Regelung auf ihre Vereinbarkeit mit vom Bundesverfassungsgericht entwickelten bundesrechtlichen Vorgaben prüfe.

Hierzu bekräftigt der Thüringer Landtag zunächst seine Auffassung, daß sich bundesrechtliche Fragen der Kompetenz des Thüringer Verfassungsgerichtshofes entzögen. Art. 28 Abs. 1 GG bilde für den Thüringer Verfassungsgerichtshof kein Maßstabsrecht. Nach der Rechtsprechung des Bundesverfassungsgerichts, der zuzustimmen sei, gelte Art. 28 Abs. 1 GG nur für die Länder, stelle aber selbst kein Landesverfassungsrecht dar. Zwar habe das Gericht in seinem zu einer Regelung der Abgeordnetenentschädigung im Saarland ergangenen Diätenurteil die Auffassung vertreten, die aus Art. 48 Abs. 3 GG entwickelten Grundsätze zählten zu den Essentialien des demokratischen Prinzips, das in Art. 28 Abs. 1 GG als ein für die verfassungsmäßige Ordnung in den Ländern wesentlicher Bestandteil gefordert werde. Doch sei diese Entscheidung des Gerichts vor dem Hintergrund zu werten, daß die seinerzeitige saarländische Verfassung keine Regelung hinsichtlich der Abgeordnetenentschädigung enthalten habe. Das Gericht habe hierbei ausdrücklich offengelassen, wie zu entscheiden sei, wenn die Landesverfassung die fragliche Materie selbst regle.

Infolgedessen sei der Thüringer Verfassunggeber durch Art. 28 Abs. 1 GG nicht gehindert gewesen, die Abgeordnetenentschädigung wie geschehen zu normieren. Überdies bedeute Homogenität im Sinne von Art. 28 Abs. 1 GG nicht Deckungsgleichheit; die Vorschrift normiere vielmehr Grundsätze, die Ausnahmen zuließen.

Selbst wenn man aber von einem Durchgriff der Homogenitätserfordernisse ausgehe, seien die angegriffenen Regelungen nicht zu beanstanden.

Das Bundesverfassungsgericht habe in seinem Diätenurteil zwei Grundsätze aufgestellt, die bei der Festlegung der Diäten von Belang seien. Einmal erfordere das Demokratieprinzip eine besondere Entscheidung des Parlaments und zum anderen gebiete es die Transparenz des Verfahrens. Weitere Vorgaben – insbesondere solche nach einer jährlichen Entscheidung über die Höhe der Diäten – ließen sich der Entscheidung nicht entnehmen.

Die in der Entscheidung angeführten Grundsätze der Transparenz und der Öffentlichkeit seien gewahrt. Der Willensbildungsprozeß, der der rechtlichen Normierung der Indexierungslösung für Abgeordnetendiäten vorausgegangen sei, sei in doppelter Weise durchschaubar gewesen. Die Diätenregelung sei mehrfach Gegenstand von Aussprachen im Thüringer Landtag und in seinen Ausschüssen gewesen. Zudem sei das Thüringer Modell der Abgeordnetenentschädigung in der Öffentlichkeit diskutiert worden, bevor das Volk in der Volksabstimmung der Verfassung zugestimmt habe. Daher stehe das Thüringer Modell im Ergebnis auch mit grundgesetzlichen Anforderungen in Einklang.

Die Normenkontrollanträge seien infolgedessen zurückzuweisen.

IV.

Das Gericht hat Auskünfte des Statistischen Bundesamtes, des Thüringer Landesamtes für Statistik und der Landesversicherungsanstalt Thüringen auf der Grundlage eines Fragenkatalogs eingeholt. Der Verfassungsgerichtshof hat am 18. September 1998 über den Normenkontrollantrag der Antragstellerin mündlich verhandelt.

B.

Der Normenkontrollantrag ist zulässig.

I.

Die Erhebung von Rügen, die mit der Verletzung von Bundesrecht begründet sind, führt nicht zur Unzulässigkeit des Normenkontrollantrages. Zwar ist Verfahrensgegenstand eines vor einem Landesverfassungsgericht geführten abstrakten Normenkontrollverfahrens grundsätzlich nur die Frage der Vereinbarkeit von Landesrecht mit der Landesverfassung (*Jutzi*, in: Linck/Jutzi/Hopfe, Die Verfassung des Freistaats Thüringen, 1994, Art. 80 Rdn. 22). Jenseits der prinzipalen Entscheidungszuständigkeit muß ein Landesverfassungsgericht als Vorfrage aber auch prüfen, ob die Landesverfassung mit höherrangigem Recht vereinbar ist (BVerfGE 96, 345, 374). Die Prüfung der Voraussetzungen einer dann möglicherweise notwendigen Vorlage des Verfahrens an das Bundesverfassungsgericht gehört zur Kompetenz ja zur Pflicht des Landesverfassungsgerichts (BVerfGE 96, 345, 375; BerlVerfGH, NJW 1993, 513, 514).

II.

Der Verfassungsgerichtshof ist nicht gehindert, seine Prüfungs- und Entscheidungskompetenz auch auf die nicht ausdrücklich angegriffene Vorschrift des § 14 ThürAbgG zu erstrecken. Denn auch hinsichtlich dieser Vorschrift bestehen – wie von Art. 80 Abs. 1 Nr. 4 ThürVerf vorausgesetzt – Zweifel bzw. Meinungsverschiedenheiten über die Vereinbarkeit mit der Thüringer Verfassung. Dies ergibt sich zwar nicht unmittelbar aus dem insoweit verengten Antrag der Antragstellerin. Im Verfahren der abstrakten Normenkontrolle besteht indes – wie bereits § 44 ThürVerfGHG zeigt – keine strikte Bindung des Verfassungsgerichtshofes an den Wortlaut des Antrags. Zwar kommt auch in den verfassungsgerichtlichen Verfahren dem Antrag eine prozeßleitende Funktion zu (vgl. Art. 80 Abs. 1 Nr. 4 ThürVerf). Für das Verfassungsprozeßrecht gilt aber, daß dieser Grundsatz aufgrund der Besonderheit der verfassungsgerichtlichen Verfahren durchbrochen wird. Weil diese Verfahren nicht nur dem Schutz subjektiver Rechte, sondern (überwiegend) auch dem Schutz des objektiven Verfassungsrechts zu dienen bestimmt sind, wird der konkrete Verfahrensgegenstand entscheidend vom jeweiligen Verfahrenszweck bestimmt (*Lang*, Subjektiver Rechtsschutz im Wahlprüfungsverfahren, 1997, S. 193; *Benda/Klein*, Verfassungsprozeßrecht, 1991, § 8 Rdn. 141). Das abstrakte Normenkontrollverfahren dient nicht der Durchsetzung subjektiver Rechte des Antragstellers, sondern stellt ein objektives Verfahren zum Schutz der Rechtsordnung vor verfassungswidrigen Rechtssätzen dar (BVerfGE 1, 208, 219; 1, 396, 407; 2, 143, 152; 2, 213, 217; 52, 63, 80). Infolgedessen löst sich das Bundesverfassungsgericht in ständiger Rechtsprechung im Normenkontrollverfahren vom Antrag und prüft die angegriffenen Vorschriften unter allen rechtlichen Aspekten auf ihre Verfassungsmäßigkeit (vgl. BVerfGE 1, 14, 41; 7, 305, 311; 37, 363, 396 f; 67, 299, 313, 86, 148, 211; 93, 37, 65; aus dem Schrifttum *Stuth*, in: Umbach/Clemens, BVerfGG, 1992, § 76 Rdn. 27; *Ulsamer*, in: Maunz u. a., BVerfGG, Loseblatt, Stand 1993, § 76 Rdn. 37 f; *Lechner/Zuck*, BVerfGG, 4. Aufl. 1996, Vor § 76 Rdn. 20 sowie § 76 Rdn. 4). Über die Normen, die der Antragsteller durch seinen Antrag ausdrücklich zur verfassungsgerichtlichen Prüfung gestellt hat, hinaus eröffnet § 78 Satz 2 BVerfGG dem Verfassungsgericht die Möglichkeit, weitere, d. h. nicht ausdrücklich im Antrag angegriffene, Bestimmungen des gleichen Gesetzes dann für nichtig zu erklären, wenn sie aus denselben Gründen wie die gerügte Vorschrift mit dem Grundgesetz unvereinbar sind, was eine Ausweitung des Prüfungsumfanges bedingt (vgl. BVerfGE 4, 178, 186; 4, 387, 398). Diese für das bundesverfassungsrechtliche Normenkontrollverfahren geltenden Grundsätze können angesichts der übereinstimmenden Regelungsinhalte in § 78 Satz 2 BVerfGG und § 44 ThürVerfGHG auch auf das landesrechtliche Normenkontrollverfahren vor dem Thüringer Verfassungsgerichtshof angewandt werden.

§ 44 ThürVerfGHG begründet freilich ebensowenig wie § 78 Satz 2 BVerfGG eine Kompetenz des Gerichts, andere Bestimmungen des Gesetzes aus anderen Gründen für nichtig zu erklären (BVerfGE 4, 387, 398; 7, 320, 326; 17, 38, 62; *Stuth,* in: Umbach/Clemens, BVerfGG, 1992, § 78 Rdn. 25; *Lechner/Zuck,* BVerfGG, 4. Aufl. 1996, § 78 Rdn. 6).

Unter Beachtung dieser Vorgaben ist eine Ausdehnung des Prüfungsgegenstandes zulässig. Denn die Regelungen des Thüringer Abgeordnetengesetzes über die Altersentschädigung in den §§ 13 und 14 sind identischen verfassungsrechtlichen Bedenken ausgesetzt (Vereinbarkeit mit dem Gebot angemessener Entschädigung bzw. dem Erfordernis einer nur begrenzten Altersentschädigung). Den hierbei anzuwendenden verfassungsrechtlichen Maßstab stellt in beiden Fällen Art. 54 Abs. 1 und 2 ThürVerf dar.

C.

Der Normenkontrollantrag hat teilweise Erfolg.

Die Regelungen über die Indexierung der Grund- (§ 5 Abs. 1 i.V.m. § 26 Abs. 1 und 3 ThürAbgG) und der Aufwandsentschädigung (§ 6 Abs. 2 i.V.m. § 26 ThürAbgG) sind verfassungsrechtlich nicht zu beanstanden. Die die Altersentschädigung betreffenden Vorschriften der §§ 13 Abs. 1 und 14 ThürAbgG sind mit Art. 54 Abs. 1 ThürVerf unvereinbar.

I.

Die Ausgestaltung der Indexierung der Grundentschädigung (§ 5 Abs. 1 i.V.m. § 26 Abs. 1 und 3 ThürAbgG) ist mit der Thüringer Verfassung vereinbar.

1. Den Maßstab zur Entscheidung über die zur Ausfüllung des Art. 54 ThürVerf erlassenen Bestimmungen des Thüringer Abgeordnetengesetzes bilden allein die Vorschriften der Thüringer Verfassung. In dem föderativ gestalteten Bundesstaat des Grundgesetzes stehen die Verfassungsbereiche des Bundes und der Länder grundsätzlich selbständig nebeneinander (BVerfGE 96, 231, 242). Entsprechendes gilt für die Verfassungsgerichtsbarkeit des Bundes und der Länder (vgl. BVerfGE 6, 376, 381 f; 22, 267, 270; 60, 175, 209).

2. Die Kompetenzverteilung zwischen dem Bundesverfassungsgericht und dem Thüringer Verfassungsgerichtshof steht einer Entscheidung durch den Verfassungsgerichtshof nicht entgegen. Insbesondere besteht keine Ver-

pflichtung, das Normenkontrollverfahren auszusetzen und die Entscheidung des Bundesverfassungsgerichts über die Vereinbarkeit von Art. 54 Abs. 1 und 2 ThürVerf mit Bundesrecht einzuholen.

a) Nach Art. 100 Abs. 1 GG wäre das Verfahren auszusetzen und vorzulegen, wenn der Verfassungsgerichtshof zu dem Ergebnis gelangte, daß Art. 54 ThürVerf nicht mit Bundes- bzw. Bundesverfassungsrecht vereinbar wäre. Art. 100 Abs. 1 GG gilt auch für Landesverfassungsgerichte, wobei hierfür nicht entscheidend ist, ob die in Frage stehenden Gesetze Gegenstand der Normenkontrolle sind oder lediglich auf der „Vorfragenebene" relevant werden (BVerfGE 69, 112, 117 f).

aa) Diese Voraussetzung liegt nicht vor. Bundesverfassungsrechtlich ist gegen Art. 54 ThürVerf nichts zu erinnern.

Dies ergibt sich nicht bereits aus der betont föderativen Verfassung des Grundgesetzes, wonach die Verfassungsräume des Bundes und der Länder selbständig nebeneinander stehen (BVerfGE 4, 178, 189; 6, 376, 381 f; 22, 267, 270; 60, 175, 209). Denn aufgrund der in Art. 20 Abs. 1 GG festgelegten bundesstaatlichen Ordnung des Grundgesetzes enthält die Verfassung auch normative Sicherungen der Einheit des Bundesstaates, wobei der dabei im Vordergrund stehenden Homogenitätsvorschrift des Art. 28 Abs. 1 GG eine doppelte Funktion innewohnt: Sie begrenzt zwar die Verfassungsautonomie der Länder, ermöglicht sie aber auch. Art. 28 Abs. 1 GG kommt dabei die Aufgabe zu, ein Mindestmaß an Homogenität der Verfassungen zu gewährleisten (BVerfGE 36, 342, 361; SächsVerfGH, DVBl. 1996, 102, 103). Er läßt damit zugleich den Bundesländern eigene Gestaltungsspielräume.

Die von Art. 28 Abs. 1 GG geforderte Homogenität wird als Übereinstimmung wesentlicher Merkmale zweier Vergleichsobjekte verstanden (*Löwer,* in: v. Münch/Kunig (Hrsg.), GGK II, 3. Aufl. 1995, Art. 28 Rdn. 6; *Maunz,* in: Isensee/Kirchhof (Hrsg.), Handbuch des Staatsrechts, Bd. IV, 1990, § 95 Rdn. 1), die nach der Rechtsprechung des Bundesverfassungsgerichts weder als Konformität noch als Uniformität interpretiert werden darf (BVerfGE 27, 44, 56; aus neuerer Zeit BVerfGE 90, 60, 85). Den Ländern wird durch Art. 28 Abs. 1 GG lediglich die Beachtung bestimmter Grundsätze vorgeschrieben (BVerfGE 27, 44, 56; 41, 88, 119; *Löwer,* a a O, Art. 28 Rdn. 15). Da die in Art. 28 Abs. 1 Satz 1 GG genannten Begriffe Typenbegriffe sind, läßt die geringe Normierungsdichte des Homogenitätsgebots dem Landesverfassunggeber umfangreiche Variationsmöglichkeiten offen (*Stern,* in: BK, Stand 1995, Art. 28, Rdn. 21; *Löwer,* a a O, Art. 28 Rdn. 15; *Klein,* DVBl. 1993, 1329, 1330). Die Ausgestaltung der Grundsätze verbleibt in der Kompetenz des Landes und trifft nur auf diejenigen Grenzen, die sich aus dem Erfordernis eines gewissen Maßes an Homogenität der Bundesverfassung und der Landesverfassungen ergeben (BVerfGE 41, 88, 119; Sächs-VerfGH, DVBl. 1996, 102, 103; *Graf Vitzthum*, VVDStRL 46 (1988) 1, 29; *Klein*, DVBl. 1993, 1329, 1330). Diesen Standpunkt hat das Bundesverfassungsgericht kürzlich bekräftigt und ausgesprochen, es greife gerade im staatsorganisationsrechtlichen Bereich in die Kontrollkompetenz der Landesverfassungsgerichte solange nicht ein, wie bei deren Einrichtung die Homogenitätsanforderungen des Art. 28 Abs. 1 GG beachtet würden (BVerfGE 96, 231, 244).

Die Regelung in Art. 54 Abs. 2 ThürVerf hält sich innerhalb dieses Rahmens. Sie steht insbesondere nicht mit dem Wesensmerkmal „demokratisch" in Art. 28 Abs. 1 Satz 1 GG in Widerspruch.

Die Öffentlichkeit und Transparenz staatlicher Entscheidungsvorgänge kann als Bestandteil des demokratischen Prinzips angesehen werden (BVerfGE 70, 324, 358; VerfGH NW, DVBl. 1995, 921, 922; *Kloepfer*, in: Isensee/Kirchhof (Hrsg.), Handbuch des Staatsrechts, Bd. II, § 35 Rdn. 19). Das Bundesverfassungsgericht hat diesen Gedanken im Hinblick auf das aus demokratischer Sicht spannungsreiche Gebiet der Entscheidung in eigener Sache bei der Abgeordnetenentschädigung in die Formulierung gekleidet, in einem solchen Fall verlange das demokratische Prinzip, daß der gesamte Willensbildungsprozeß für den Bürger durchschaubar sei und das Ergebnis vor den Augen der Öffentlichkeit beschlossen werde. Denn dies sei die einzige wirksame Kontrolle. Die parlamentarische Demokratie basiere auf dem Vertrauen des Volkes, Vertrauen ohne Transparenz, die erlaube zu verfolgen, was geschehe, sei nicht möglich (BVerfGE 40, 296, 327).

Die Thüringer Verfassung genügt den dargestellten Transparenzerwägungen und damit dem Demokratieprinzip des Grundgesetzes. Es ist angesichts der Diskussion über die damals geplante Indexierung in den Ausschüssen und im Landtag (*Linck*, ZParl 1995, 372, 378) kein Anhaltspunkt ersichtlich, das Verfahren der Verfassunggebung in Zweifel zu ziehen. Unter dem Blickwinkel des Demokratieprinzips ist zudem von Belang, daß die Regelung in der Thüringer Verfassung gegenüber der bundesverfassungsrechtlichen Rechtslage den Vorteil aufweist, daß das Volk letztverbindlich über Art. 54 Abs. 2 ThürVerf entschieden hat.

bb) Ein Widerspruch zu Bundesrecht und damit eine Vorlageverpflichtung nach Art. 100 Abs. 1 GG ergibt sich auch nicht im Hinblick auf die Vorschrift des § 3 WährG.

Zweck dieser Norm ist es, die inflationsfördernde Anbindung an Indizes unbeschadet einer Genehmigung durch die Deutsche Bundesbank zu untersagen. Im Ergebnis ist eine Kollision zwischen der Indexierung in Art. 54

ThürVerf und dem WährG aber bereits deshalb zu verneinen, weil § 3 WährG auf den vorliegenden Sachverhalt keine Anwendung findet. Die Vorschrift betrifft ausweislich ihres Wortlauts nur „eingegangene", d. h. rechtsgeschäftlich vereinbarte Geldschulden, nicht jedoch gesetzlich zuerkannte Leistungsansprüche (*Fögen,* NJW 1953, 1321, 1323; *ders.,* Geld- und Währungsrecht; *Rommelfanger,* ThürVBl. 1993, 173, 183).

b) Auch eine Vorlageverpflichtung gemäß Art. 100 Abs. 3 GG besteht nicht. Die Vorschrift ist nur einschlägig, wenn ein Landesverfassungsgericht bei der Auslegung des Grundgesetzes von einer Entscheidung des Bundesverfassungsgerichts abweichen will. Dabei gehören zum Grundgesetz im Sinne von Art. 100 Abs. 3 GG nicht nur die in die Verfassungsurkunde ausdrücklich aufgenommenen Normen, sondern auch alle Verfassungsgrundsätze, die Rechtsprechung und Literatur der Verfassung im Wege der Auslegung entnehmen (*Rühmann,* in: Umbach/Clemens, BVerfGG, 1992, § 85 Rdn. 29). Die Vorlagepflicht greift aber nur ein, wenn es zu einer Abweichung kommt. Als Abweichung im Sinne von Art. 100 Abs. 3 GG ist jede im Ergebnis unterschiedliche Auslegung der betreffenden Vorschrift des Grundgesetzes zu verstehen (*Rühmann,* aaO, § 85 Rdn. 56; *Stern,* in: BK, Stand 1995, Art. 100 Rdn. 306).

Keine Abweichung liegt demnach vor, wenn die in Frage stehende Vorschrift des Grundgesetzes auf das Landesverfassungsrecht überhaupt keine Auswirkung hat (vgl. *Degenhart,* in: Sachs (Hrsg.), GG, 2. Aufl. 1998, Art. 100 Rdn. 29). Dies ist hier der Fall. Die vom Bundesverfassungsgericht zu Art. 48 Abs. 3 GG entwickelten Grundsätze wirken nicht auf solche Landesverfassungen ein, die – wie die Thüringer Verfassung – eine eigene Regelung der Anpassung der Abgeordnetenentschädigung aufweisen.

Damit setzt der Thüringer Verfassungsgerichtshof sich nicht in Widerspruch zu dem sogenannten Diätenurteil des Bundesverfassungsgerichts (BVerfGE 40, 296 ff). Allerdings hat dieses in der genannten Entscheidung den Standpunkt eingenommen, die Abgeordnetenentschädigung dürfe nicht in einem Indexierungsverfahren festgelegt werden, das sich nicht als bloß technisch formales Mittel zur Bemessung der Höhe der Entschädigung darstellt, sondern der Intention nach dazu bestimmt sei, das Parlament der Notwendigkeit zu entheben, jede Veränderung in der Höhe der Entschädigung im Parlament zu diskutieren und vor den Augen der Öffentlichkeit darüber als einer selbständigen politischen Frage zu entscheiden (BVerfGE 40, 296, 316 f). Diese zunächst zur Rechtslage nach Art. 48 Abs. 3 GG entwickelten Ausführungen hat das Gericht auf die saarländische Rechtslage übertragen. Zwar enthalte die Verfassung des Saarlandes keine Regelung über die Entschädigung der Abgeordneten. Die aus Art. 48 Abs. 3 GG entwickelten

Grundsätze würden über Art. 28 Abs. 1 GG aber auch für das Saarland, das keine eigene verfassungsrechtliche Regelung über die Abgeordnetenentschädigung kenne, gelten (BVerfGE 40, 296, 319).

Da die Thüringer Verfassung – anders als die Saarländische Verfassung – allerdings eine ausdrückliche Regelung über die Abgeordnetenentschädigung enthält, erfassen die Ausführungen des Bundesverfassungsgerichts den zu entscheidenden Fall nicht ausdrücklich. Es wird jedoch die Auffassung vertreten, daß sich die bundesverfassungsrechtliche Wertung nicht lediglich gegenüber einer lückenhaften Landesverfassung durchsetze, sondern dieses Ergebnis auch aufrechterhalten werden müsse, wenn die Landesverfassung entsprechende Regelungen aufweise. Soweit eine grundgesetzkonforme Auslegung der jeweiligen landesverfassungsrechtlichen Bestimmung möglich sei, sei diese vorzunehmen (*v. Arnim,* Das neue Abgeordnetengesetz Rheinland-Pfalz, 1978, S. 4 f; *Wieland,* Rechtsgutachten zur Verfassungsmäßigkeit des Abgeordnetengesetzes des Landes Rheinland-Pfalz, S. 19). Bundesverfassungsrechtlichen Vorgaben widersprechendes Landesverfassungsrecht sei jenseits der Grenzen bundesverfassungskonformer Auslegung gemäß Art. 31 GG nichtig (vgl. *v. Arnim* in: Schneider/Zeh (Hrsg.), Parlamentsrecht und Parlamentspraxis, 1989, § 16 Rdn. 26). An die Stelle der bundesverfassungswidrigen landesverfassungsrechtlichen Bestimmungen trete dann unmittelbar Art. 48 Abs. 3 GG – ebenso wie wenn von vornherein keine landesverfassungsrechtliche Bestimmung bestanden hätte (so *v. Arnim,* in: BK, Stand 1995, Art. 48 Rdn. 14).

Dieser Ansicht stimmt der Thüringer Verfassungsgerichtshof nicht zu. Es begegnet zwar keinen verfassungsrechtlichen Bedenken, daß im Rahmen der Ausdeutung des Gehalts des Art. 28 Abs. 1 GG auf andere Verfassungsprinzipien des Grundgesetzes zurückgegriffen wird, wenn diese die Prinzipien des Art. 28 Abs. 1 GG konkretisieren und die Landesverfassung insoweit eine Lücke aufweist. Sofern die Landesverfassung indes eine dem spezifischen Anwendungsbereich der bundesverfassungsrechtlichen Regelung (hier Art. 48 Abs. 3 GG) entsprechende Vorschrift aufweist, ist für einen Rückgriff auf die konkrete bundesverfassungsrechtliche Norm kein Raum. Grenzen landesverfassungsrechtlicher Gestaltungsbefugnisse ergeben sich dann allein aus Art. 28 Abs. 1 GG.

Dies hat das Bundesverfassungsgericht im Diätenurteil vom 5. November 1975 noch offengelassen (BVerfGE 40, 296, 319), in späteren Entscheidungen indes zu erkennen gegebenen, daß insoweit die Trennung der Verfassungsräume und die Schonung der Landesverfassungsgerichtsbarkeit die Prüfungskompetenz des Bundesverfassungsgerichts begrenzen können (BVerfGE 96, 231, 242 sowie bereits BVerfGE 41, 88, 119; 60, 175, 209).

Nach der erwähnten Grundsatzentscheidung aus dem Jahre 1975 hatte sich das Gericht 1983 mit einer gegen das baden-württembergische Abgeordnetengesetz gerichteten Verfassungsbeschwerde zu befassen, wobei hier die Besonderheit bestand, daß die Landesverfassung selbst Regelungen zur Abgeordnetenentschädigung enthielt. Der Senat verwarf die Beschwerde als unzulässig. Der klagende Abgeordnete habe seine Rechte im Wege des Organstreitverfahrens vor dem Landesverfassungsgericht geltend machen müssen. Er habe mit seiner Beschwerde Regelungen des Abgeordnetengesetzes angegriffen, die die nähere Ausgestaltung des durch Art. 40 Satz 1 der Verfassung des Landes Baden-Württemberg garantierten Anspruchs des Landtagsabgeordneten auf eine angemessene Entschädigung beträfen. Die Nachprüfung solcher vom Landesgesetzgeber in eigener Kompetenz erlassener Gesetze auf ihre Vereinbarkeit mit der Landesverfassung sei – wie das Gericht in BVerfGE 36, 301, 318 bereits entschieden habe – indessen grundsätzlich Sache der Landesverfassungsgerichte. Durch die Anwendung des landesverfassungsrechtlichen Maßstabes auf die Abgeordnetenentschädigung durch ein Landesverfassungsgericht werde die Entscheidung des Bundesverfassungsgerichts vom 5. November 1975 (BVerfGE 40, 296, 319) nicht in Frage gestellt. Das Gericht habe dort nur über die Anwendbarkeit der aus Art. 48 Abs. 3 GG hergeleiteten Grundsätze für das Saarland, das über keine eigene entsprechende Verfassungsbestimmung verfügt, entschieden und ausdrücklich die Frage offen gelassen, wie sich seine Interpretation des Art. 48 Abs. 3 GG in Verbindung mit Art. 28 Abs. 1 Satz 1 GG auf entsprechende Entschädigungsregelungen in Landesverfassungen auswirkt. Bestehe – wie hier – die Möglichkeit, die Tragweite landesverfassungsrechtlicher Entschädigungsregelungen durch ein dafür in erster Linie zuständiges Landesverfassungsgericht prüfen zu lassen, so gebühre diesem die Beurteilung der zur Prüfung gestellten Norm (vgl. BVerfGE 64, 301, 318; ähnlich HVerfG, Urt. v. 23. Juni 1997, Az HVerfG 1/96, S. 11).

Die Gegenauffassung würde weder dem bundesverfassungsrechtlichen Grundsatz getrennter Verfassungsräume noch dem vom Bundesverfassungsgericht betonten Kooperationsverhältnis zwischen Landes- und Bundesverfassungsgerichtsbarkeit gerecht. Auf dieser Linie hat das Bundesverfassungsgericht ausgeführt, in dem föderativ gestalteten Bundesstaat des Grundgesetzes stünden die Verfassungsbereiche des Bundes und der Länder selbständig nebeneinander und daraus gefolgert, daß der Bereich der Verfassungsgerichtsbarkeit der Länder vom Bundesverfassungsgericht möglichst unangetastet bleiben müsse (BVerfGE 96, 231, 242).

Eine die Vorlageverpflichtung auslösende Ausnahme von diesen Grundsätzen liegt nicht vor.

3. Die Ausgestaltung der Indexierung der Grundentschädigung hält sich innerhalb der dem Gesetzgeber durch Art. 54 Abs. 1 und 2 ThürVerf gezogenen Grenzen.

a) Aus dem Thüringer Landesverfassungsrecht ergeben sich – neben den in Art 54 Abs. 1 ThürVerf enthaltenen Voraussetzungen der Angemessenheit – verschiedene, die einfachrechtliche Diätengesetzgebung steuernde Vorgaben:

aa) Die besondere Problematik der Abgeordnetenentschädigung liegt darin, daß bei ihr regelmäßig die Begünstigten selbst über ihre Entschädigung befinden. Die Abgeordneten entscheiden sowohl über die Höhe der Grundentschädigung als auch über deren strukturelle Ausgestaltung, insbesondere also auch über das Verfahren der Diätenanpassung in „eigener Sache", so daß der Verdacht der Befangenheit entsteht (*v. Arnim* aaO, § 16 Rdn. 28; *Stern*, Staatsrecht Bd. I, 2. Aufl. 1984, S. 1065 f; *Trute*, in: v. Münch/Kunig (Hrsg.), GGK II, 3. Aufl. 1995, Art. 48 Rdn. 28). Diese Situation ist durch den allgemeinen Grundsatz vom Vorbehalt des Gesetzes bedingt, wie er in den Regelungen der Art. 54 Abs. 4 ThürVerf oder auf Bundesebene durch Art. 48 Abs. 3 Satz 3 GG zum Ausdruck kommt. Wie nicht zuletzt diese verfassungsgesetzlichen Ermächtigungen zeigen, können deshalb allein aus dem Umstand der „Entscheidung in eigener Sache" keine durchgreifenden verfassungsrechtlichen Bedenken abgeleitet werden (BVerfGE 40, 296, 327). In Thüringen hat der Gesetzgeber dem Gesetzesvorbehalt durch den Erlaß des Thüringer Abgeordnetengesetzes genüge getan.

bb) Die beschriebene Zwangslage, daß das Parlament beim Erlaß eines Gesetzes über die Regelung der Abgeordnetenentschädigung in eigener Sache entscheidet, gebietet weitere verfassungsrechtliche Sicherungen.

Derartige zusätzliche Sicherungen einer sachgerechten Entscheidung über Art und Umfang der Abgeordnetenentschädigung können nur in dem vom Gesetzgeber bei diätenerheblichen Entscheidungen zu beachtenden Verfahren gefunden werden. Es muß so gestaltet sein, daß sowohl die Grundentscheidung über Art und Umfang der Entschädigung (Grundentschädigung, Aufwandsausgleich und Versorgung), wie auch die sich auf sie beziehenden Folgeentscheidungen der Öffentlichkeit transparent gemacht werden und Gegenstand einer öffentlichen Angemessenheitsdiskussion sein können.

Auch das Bundesverfassungsgericht hat zur bundesverfassungsrechtlichen Rechtslage ausgeführt, daß es sich in einer parlamentarischen Demokratie nicht vermeiden lasse, daß das Parlament hinsichtlich der Diäten in eigener Sache entscheide. In einem solchen Falle verlange aber das demokratische und rechtsstaatliche Prinzip des Art. 20 GG gewisse Vorkehrungen zur

Vermeidung von Mißbräuchen. Hierzu zähle, daß über die Höhe und das Verfahren der Diätenanpassung grundsätzlich durch ein Parlamentsgesetz entschieden werde, daß hierbei der gesamte Willensbildungsprozeß für den Bürger durchschaubar bleiben und das Ergebnis vor den Augen der Öffentlichkeit beschlossen werden müsse. Vertrauen ohne Transparenz, die erlaube zu verfolgen, was geschehe, sei nicht möglich (BVerfGE 40, 296, 327). Das Schrifttum ist dieser Wertung des Gerichts gefolgt, so daß nach allgemeiner Auffassung die Entscheidung der Abgeordneten über die Diäten dem sog. Transparenzgebot unterworfen wird (vgl. nur *Magiera*, in: Sachs (Hrsg.), GG, 2. Aufl. 1998, Art. 48 Rdn. 27).

Das bei allen diätenerheblichen Entscheidungen des Gesetzgebers zu beachtende Transparenzgebot ist durch Art. 54 in die Thüringer Verfassung übernommen. Dabei beansprucht das Transparenzgebot für alle Diätenregelungen Geltung, bezieht sich also sowohl auf die Festlegung der Grundentschädigung als auch auf das Verfahren der Diätenanpassung (BVerfGE 40, 296, 327).

b) Die in § 5 Abs. 1 ThürAbgG normierte Grundentschädigung entspricht den verfassungsrechtlichen Vorgaben.

aa) Die Vorschrift benennt die Höhe der Grundentschädigung und gibt dazu die Berechnungsgrößen an. Daß sie sich dazu des in § 26 Abs. 1 ThürAbgG geregelten Verfahrens bedient, ist unerheblich, weil die Bezugnahme nur im Sinne eines erläuternden Hinweises zum Zustandekommen der 7 007 DM erfolgt ist, die Höhe der Grundentschädigung für den damaligen Zeitpunkt also bestimmt festlegt. Damit ist dem Transparenzgebot Genüge getan.

bb) Die in § 5 Abs. 1 ThürAbgG auf 7 007 DM bestimmte Grundentschädigung entspricht dem in Art. 54 Abs.1 ThürVerf festgelegten Gebot einer angemessenen, die Unabhängigkeit sichernden Entschädigung.

Nach Art. 54 Abs. 1 ThürVerf haben die Abgeordneten Anspruch auf eine angemessene, ihre Unabhängigkeit sichernde Entschädigung. Dem Terminus „Angemessenheit" der Entschädigung läßt sich eine verfassungsrechtliche Unter- und – im Zusammenspiel mit Art. 54 Abs. 2 ThürVerf – auch eine Obergrenze für Entschädigungsregeln entnehmen. Art. 54 Abs. 1 ThürVerf ist wortgleich mit Art. 48 Abs. 3 Satz 1 GG. Obgleich sich in der gesetzlichen Formulierung „Entschädigung" noch die Herkunft der Diäten als Ausgleich von durch die Übernahme des Mandats entstehenden „Schäden" spiegelt, besteht Einigkeit, daß den Diäten heute weitgehend eine andere Funktion zukommt (grundlegend BVerfGE 40, 296, 312 f; 76, 256, 342 sowie diese Entscheidungen vorbereitend BVerfGE 32, 157, 164; aus dem Schrifttum etwa *Magiera*, in: Sachs (Hrsg.), GG, 2.

Aufl. 1998, Art. 48 Rdn. 18; *Maunz,* in: Maunz/Dürig, GG, Stand 1994, Art. 48 Rdn. 16).

Das Bundesverfassungsgericht hat für die Rechtslage unter dem Grundgesetz ausgeführt, die in Art. 48 Abs. 3 GG geforderte angemessene, die Unabhängigkeit der Abgeordneten sichernde Entschädigung müsse für diese und deren Familien während der Dauer der Zugehörigkeit zum Parlament eine ausreichende Existenzgrundlage abgeben können. Die Entschädigung müsse der Bedeutung des Amtes unter Berücksichtigung der damit verbundenen Verantwortung und Belastung und des diesem Amt im Verfassungsgefüge zukommenden Ranges gerecht werden. Die Bemessung des parlamentarischen Einkommens dürfe die Entscheidungsfreiheit des Abgeordneten und die praktische Möglichkeit, sich seiner parlamentarischen Tätigkeit auch um den Preis, Berufseinkommen ganz oder teilweise zu verlieren, widmen zu können, nicht gefährden. Die Alimentation sei also so zu bemessen, daß sie auch für den, der, aus welchen Gründen auch immer, kein Einkommen aus einem Beruf habe, aber auch für den, der infolge des Mandats Berufseinkommen ganz oder teilweise verliere, eine Lebensführung gestatte, die der Bedeutung des Amtes angemessen sei (BVerfGE 40, 296, 315). Jeder Abgeordnete entscheidet danach für sich, ob er sein Mandat als full-time-job wahrnimmt, so daß die Entschädigung so zu bemessen ist, daß die Unabhängigkeit des Mandats gesichert ist. Inwieweit zusätzlich Art. 54 Abs. 2 ThürVerf die Vollalimentation verfassungsrechtlich festschreibt, kann daher offenbleiben. Die nach Thüringer Verfassungsrecht mögliche Vollalimentation wird von der Antragstellerin nicht angegriffen.

cc) Verfassungsrechtliche Bedenken sind auch nicht begründet, soweit § 5 Abs. 1 ThürAbgG den Vollalimentationsbetrag in Höhe von 7007 DM bestimmt.

Nach allgemeiner Auffassung, der auch für die Rechtslage nach Art. 54 Abs. 1 ThürVerf zustimmen ist, ist mit der Formel, die Entschädigung müsse dem Abgeordneten eine Lebensführung ermöglichen, die der Bedeutung des Amtes angemessen sei, die Annahme einer verfassungsrechtlichen Untergrenze der Entschädigungshöhe verbunden. Ebenso wie Art. 48 Abs. 3 Satz 1 GG (vgl. etwa *v. Mangoldt/Klein/Achterberg/Schulte,* GG, 3. Aufl. 1991, Art. 48, Rdn. 53) verbietet deshalb auch Art. 54 Abs. 1 ThürVerf, den Abgeordneten etwa nur die für das Existenzminimum unbedingt notwendigen Finanzmittel zur Verfügung zu stellen. Es besteht kein Zweifel daran, daß der in § 5 ThürAbgG festgelegte Betrag von 7007 DM der Alimentationsfunktion gerecht wird, auch soweit sie die Sicherung einer unabhängigen Mandatswahrung gewährleisten will und soweit der Betrag im Rahmen des Erhöhungsverfahrens nach § 26 Abs. 1, 3 ThürAbgG in künftigen Grundentschädigungsbeträgen fortwirkt.

dd) Verfassungsrechtlich unbedenklich ist die Höhe des in § 5 Abs. 1 ThürAbgG bestimmten Ausgangsbetrages auch im Hinblick auf eine Obergrenze.

Die Thüringer Verfassungsbestimmungen binden die Abgeordnetenentschädigung an eine verfassungsrechtliche Obergrenze. Hierfür spricht bereits die Verwendung des Begriffs der „Angemessenheit" in Art. 54 Abs. 1 ThürVerf. Durch den Begriff der „Angemessenheit" ist notwendig eine Begrenzung angesprochen. Etwas messen läßt sich nur in bezug auf etwas anderes. Diese Überlegung wird gestützt durch die Ausführungen des Bundesverfassungsgerichts zu Art. 48 Abs. 3 GG, wonach dem Gesetzgeber bei der Festlegung der Entschädigung ein Gestaltungsspielraum zustehe, dessen Grenzen aus der Besonderheit dieses Rechtsgebiets zu entwickeln seien (BVerfGE 76, 256, 342), so daß die Ausgestaltung der Abgeordnetenentschädigung an verfassungsrechtliche (Höchst)Grenzen stößt.

Entscheidend für die Annahme einer verfassungsrechtlichen Obergrenze der Diäten jedenfalls nach der Thüringer Rechtslage spricht der Regelungszusammenhang des Art. 54 ThürVerf. Die Rechtslage im Freistaat ist dadurch bestimmt, daß die verfassungsrechtlichen Begriffe der „Angemessenheit der Entschädigung" in Art. 54 Abs. 1 ThürVerf einerseits und die durch Art. 54 Abs. 2 ThürVerf bedingte Anbindung der Diätenanpassung an die „allgemeine Einkommensentwicklung" nach Art. 54 Abs. 2 ThürVerf andererseits, wechselbezüglich zu interpretieren sind. Weil jede Verfassung als Einheit zu verstehen ist (dazu *Stern*, Staatsrecht, Bd. 2, 2. Aufl. 1984, S. 132), sind deren Normen in Beachtung der „inneren Harmonie des Verfassungswerks" (BVerfGE 6, 309, 361) und in praktischer Konkordanz zueinander (vgl. *Hesse*, Grundzüge des Verfassungsrechts der Bundesrepublik Deutschland, 20. Aufl. 1995, § 2 Rdn. 71; *Linck*, in: Linck/Jutzi/Hopfe, Die Verfassung des Freistaats Thüringen, 1994, Art. 54, Rdn. 10) auszulegen; sie dürfen nicht in einem Widerspruch zueinander interpretiert werden. Deswegen bezieht die Anbindung der Diätenerhöhung an die allgemeine Einkommensentwicklung sich zurück auf die Festlegung der Obergrenze der Grundentschädigung nach Art. 54 Abs. 1 ThürVerf, § 5 ThürAbgG. So wäre etwa eine willkürlich erhöhte und nicht den allgemeinen Einkommensverhältnissen in Thüringen entsprechende Festlegung der Grundentschädigung in § 5 ThürAbgG bereits für sich nicht verfassungsrechtskonform. Sie würde sich über die Anpassungsregelung in Art. 54 Abs. 2 ThürVerf dahin auswirken, daß künftig sich ergebende Erhöhungsbeträge nicht der nach Art. 54 Abs. 2 ThürVerf maßgeblichen allgemeinen Einkommensentwicklung entsprächen.

Der in § 5 ThürAbgG bestimmte, auch für die Erhöhungsberechnungen maßgeblicheGrundentschädigungsbetrag ist in seiner Höhe verfassungsrechtlichen Bedenken nicht ausgesetzt. Die Antragstellerin greift den monatlichen Diäten-Betrag von 7 007 DM nicht als überhöht an. Es sind auch sonst keine Gründe erkennbar, weswegen, bezogen auf das Jahr 1995 und die Aufgaben eines Abgeordneten des Thüringer Landtags, ein monatlicher Diätenbezug von 7 007 DM überhöht sein sollte.

Insoweit ist zu berücksichtigen, daß dem Gesetzgeber bei der Bestimmung der Höhe der Grundentschädigung ein Konkretisierungsspielraum zusteht, der die verfassungsgerichtliche Kontrolle auf die Feststellung evidenter Mißbrauchsfälle begrenzt (allg. Auffassung, vgl. nur *Schulze-Fielitz*, in: Dreier (Hrsg.), Grundgesetz Bd. II, 1998, Art. 48, Rdn. 20). Die Festlegung einer allgemeinen und zahlenmäßig konkreten Obergrenze erscheint deshalb nicht möglich. Als Maßstäbe werden insoweit entweder der Abgeordnetenentschädigung vergleichbare Einkommen angeführt (so im Bericht und den Empfehlungen der vom Bundestag eingesetzten Unabhängigen Kommission zur Überprüfung des Abgeordnetenrechts, BT-Drs. 12/5020, S. 8 ff, wo beispielsweise auf die Einkommen anderer Verfassungsorgane, der kommunalen Wahlbeamten und die Einkommen, die in leitenden Positionen in der Wirtschaft erzielt werden, abgestellt wird) oder es wird eine Unangemessenheit der Entschädigung angenommen, wenn ihre Gewährung außerhalb der ratio legis der Entschädigungsvorschriften liegt, die nur darauf abzielten, die Unabhängigkeit des Abgeordneten zu sichern und anderen als diesen Zwecken (etwa versteckter Parteienfinanzierung) nicht dienen dürfe (vgl. zu diesem Aspekt *Magiera,* in: Sachs, GG, 2. Aufl. 1998, Art. 48, Rdn. 20).

Vor diesem Hintergrund stellt sich die in § 5 Abs. 1 ThürAbgG bestimmte Höhe der Entschädigung als angemessen dar. Weder liegt sie außerhalb des Einkommens der genannten Vergleichsgruppen noch läßt sich aus der Höhe der Grundentschädigung ableiten, die Entschädigung diene nicht dazu, die Unabhängigkeit der parlamentarischen Tätigkeit zu sichern.

c) Die Regelungen zur Veränderung der Grundentschädigung in § 5 Abs. 1 ThürAbgG i.V.m. § 26 Abs. 1 und 3 ThürAbgG sind verfassungsrechtlich gleichfalls nicht zu beanstanden.

Die Anpassungsbestimmungen wahren das Transparenzgebot.

aa) Die Rechtslage in Thüringen unterscheidet sich von vergleichbaren Normierungen darin, daß die Regelung über die Anpassung der Abgeordnetenentschädigung sich nicht nur im Thüringer Abgeordnetengesetz findet, sondern daß das Indexierungsverfahren in Art. 54 Abs. 2 ThürVerf selbst Gegenstand verfassungsrechtlicher Regelung geworden ist. Gegenüber dieser Regelung treten Bedenken im Hinblick auf eine Entscheidung in eigener Sache, die zu der Forderung nach Einhaltung des Transparenzgebots geführt haben, in den Hintergrund. Denn in bezug auf das Verfassungsgesetz kann nicht von einer Entscheidung in eigener Sache gesprochen werden. Der Verfassunggeber ist auch dann nicht identisch mit dem Parlament, wenn die Verfassung dieses als Verfassunggeber und – veränderer bestimmt. Denn das Verfahren der Verfassunggebung und – veränderung unterliegt anderen Maßgaben als die Ausübung der dem Landtag als Gesetzgebungsorgan übertragenen Befugnisse. Als Verfassunggeber repräsentiert der Landtag das Volk als Ursprung der Staatsgewalt (Art. 45 Satz 1 ThürVerf) umfassend, während er als einfaches Gesetzgebungsorgan in seinen Handlungsmöglichkeiten durch den Grundsatz der Gewaltenteilung (Art. 47 Abs. 1 ThürVerf) beschränkt ist und einer unmittelbaren Verfassungsbindung unterliegt. Zudem ist die Verfassung Thüringens im Wege des Volksentscheids bestätigt worden. Letztverbindlich hat damit das Volk über die Entschädigung der Abgeordneten entschieden (Art. 106 Abs. 4 ThürVerf). Der Umstand, daß ein Teil der der Verwirklichung des verfassungsrechtliche Transparenzgebots dienenden Regelungen in der Landesverfassung selbst enthalten ist, bedeutet im Bundesstaat nicht, daß er damit rechtlich unangreifbar wäre. Möglich bleibt der Widerspruch zur Bundesverfassung und zum Gesetzesrecht des Bundes. Daß die Vorschriften des Landesverfassungsrechts mit Bundesrecht vereinbar sind, ist bereits festgestellt.

Im Hinblick auf das Verfahren der Diätenanpassung verschiebt sich das Problem der Entscheidung in eigener Sache damit von der verfassungsrechtlichen Ebene auf die Ausgestaltung der Indizes durch das Thüringer Abgeordnetengesetz. Dabei wäre dem Erfordernis der Transparenz dann Rechnung getragen, wenn sich das konkrete Indexierungsverfahren als bloß technisch-formale Umsetzung der verfassungsgesetzlichen Vorgaben darstellen würde. Eine solche Umsetzung wäre auch nach Auffassung des Bundesverfassungsgerichts keinen verfassungsrechtlichen Bedenken ausgesetzt (BVerfGE 40, 296, 316). Demgegenüber stößt eine einfachrechtliche Regelung, die der Stelle, welche das Datenmaterial erfaßt und auswertet, wertende Entscheidungen über die Erhöhung der Diäten übertragen würde, auf verfassungsrechtliche Bedenken. Denn das Parlament darf sich nicht seiner Verantwortung für die Entscheidung über die Diätenanpassung entziehen und sie Dritten übertragen (BVerfGE 40, 296, 316).

bb) Der verfassungsrechtliche Rahmen der Anpassung der Abgeordnetenentschädigung wird entscheidend durch das Erfordernis der Anpassung an die „allgemeine Einkommensentwicklung" in Art. 54 Abs. 2 ThürVerf vorgegeben. Dieser Begriff ist inhaltlich faßbar, durch den Gesetzgeber konkretisierbar und damit umsetzbar. Er entspricht damit dem Transparenzgebot.

(1) Das Verfahren der Diätenanpassung entspricht darin dem Transparenzgebot, daß ein Außenstehender es in seiner Gestaltung überblicken und seine Ergebnisse kritisch würdigen kann. Ob die Zweistufigkeit des Verfah-

rens seine Übersichtlichkeit überhaupt mindert, braucht nicht entschieden zu werden. Jedenfalls ist der Ablauf der Diätenanpassung ohne weiteres aus Art. 54 Abs. 2 ThürVerf dahingehend feststellbar, daß die Abgeordnetenentschädigung im Jahresabstand anzupassen ist und daß die Anpassungsgrundlagen ein Landesgesetz enthält, welches nach Maßgabe des oben Gesagten die Werte benennt, welche die Höhe der angepaßten Entschädigung ergeben. § 26 Abs. 2 ThürAbgG bestimmt die Anpassungsparameter in einer ohne weiteres erkennbaren und aus allgemein zugänglichen Materialien überprüfbaren Weise. Wie die bisherige Umsetzung des § 26 ThürAbgG zeigt, ist die Kritik Außenstehender am Ergebnis des Anpassungsprozesses ohne weiteres möglich.

(2) Der Wortsinn der Verfassungsvorschrift spricht dafür, als Maßstab der Diätenanpassung die Entwicklung des allgemeinen Einkommens heranzuziehen, d.h. die Entwicklung des Durchschnitts aller Einkommen unter Berücksichtigung aller Einkünfte. Art. 54 Abs. 2 ThürVerf enthält mithin eine Verpflichtung zu einer möglichst umfassenden, jedenfalls aber hinreichend repräsentativen Berücksichtigung aller Einkommen bei der Festlegung der Anpassung. Der im Schrifttum vertretenen Auffassung, der Formulierung „allgemeine Einkommensentwicklung" in Art. 54 Abs. 2 ThürVerf lasse sich kein Gebot zu einer möglichst umfassenden Berücksichtigung der verschiedenen Einkommensarten entnehmen, da der verwandte Begriff der „Allgemeinheit" sich bereits unter sprachlichem Aspekt nur auf die „Entwicklung", nicht aber auf die „Einkommen" beziehe (so *Linck,* ThürVBl. 1995, 104, 105) kann angesichts des entgegenstehenden Wortlauts nicht gefolgt werden.

Die historische Auslegung erforscht die Regelungsabsicht des Verfassunggebers aus der Entstehungsgeschichte der auszulegenden Norm (ThürVerfGH, LVerfGE 4, 413, 416). Bei der Schaffung der Thüringer Verfassung bestand Einigkeit darüber, daß durch die Indexierung keine überproportionalen Zuwächse beabsichtigt waren, sondern daß sich die Diäten proportional zu der allgemeinen Einkommensentwicklung verändern sollten (Präsident des Thüringer Landtags Müller, Sitzung des Landtags vom 21.4.1993, Protokoll, S. 5872). Sinn der Anbindung der Diätenanpassung an die allgemeine Einkommensentwicklung sollte sein, einen Schereneffekt zu verhindern. Die Diäten der Abgeordneten des Thüringer Landtags sollten von einem als angemessen erachteten, in § 5 ThürAbgG festgelegten Sockelbetrag aus sich nicht besser, aber auch nicht schlechter entwickeln als die Einkommen derjenigen, welche die Abgeordneten im Landesparlament repräsentieren.

Im Rahmen der systematischen Auslegung ist zunächst Art. 54 Abs. 2 ThürVerf auf Art. 54 Abs. 1 ThürVerf zurückzubeziehen. Da Art. 54 Abs. 1

ThürVerf eine verfassungsrechtliche Obergrenze für die Abgeordnetenentschädigung enthält, muß der Begriff der allgemeinen Einkommensentwicklung in Art. 54 Abs. 2 ThürVerf so interpretiert werden, daß es über das durch die Vorschrift vorgesehene Anpassungsverfahren nicht dadurch zu einer unangemessen hohen Grundentschädigung kommen kann, daß die an ausgewählten Berufsgruppen orientierte Anpassung der Diäten sich in einem Schereneffekt von der allgemeinen Einkommensentwicklung wegentwickelt. Die einfachrechtliche Ausgestaltung der Anpassung der Entschädigung i. S. v. Art. 54 Abs. 2 ThürVerf darf zu keiner unangemessenen Entschädigung i. S. v. Art. 54 Abs. 1 ThürVerf führen. Als an der allgemeinen Einkommensentwicklung orientierter Maßstab kommt mithin nur ein solcher in Betracht, der hinreichend repräsentativ die erzielten Einkommen im Freistaat erfaßt (vgl. *Huber,* ThürVBl. 1995, 80, 82).

Die teleologische Auslegung fragt nach dem Sinn und Zweck einer gesetzlichen Regelung. Die Indexierung der Abgeordnetenentschädigung verfolgt einen doppelten Zweck. Sie soll die Abgeordneten am allgemeinen Wachstum der Einkommen proportional beteiligen und sie gleichzeitig vom Fluch der Entscheidung in eigener Sache befreien. Dieser entlastende, der Idee nach die Diätenanpassung bereits dem Vorwurf der Befangenheit und der Selbstbedienung entziehende Aspekt der Regelung würde verfehlt, wenn das das einfache Gesetz verantwortende Parlament über die Definition vom verfassungsrechtlichen Begriff der Allgemeinheit abweichender Indizes doch wieder in den Verdacht geriete, sich selbst zu begünstigen. Auch deshalb muß der Begriff der „allgemeinen Einkommensentwicklung" in Art. 54 Abs. 2 ThürVerf so verstanden werden, daß schon der Eindruck einer Besserstellung der Abgeordneten vermieden wird. Diesem Ziel entspricht es, wenn die Abgeordneten an der „allgemeinen", im Sinne von für alle gleichen, d. h. repräsentativen Einkommensentwicklung partizipierten, nicht aber, wenn sie in den Verdacht der „Rosinenpickerei" gerieten, weil zur Bestimmung der allgemeinen Einkommensentwicklung nur bestimmte Einkommensgruppen herangezogen werden.

Damit führt die Auslegung des Begriffs der allgemeinen Einkommensentwicklung zu dem Ergebnis, daß Art. 54 Abs. 2 ThürVerf dem Landesgesetzgeber über Art. 54 Abs. 4 ThürVerf den Auftrag gegeben hat, die Diätenanpassung so zu regeln, daß möglichst umfassend alle Einkommen aller Bevölkerungsgruppen Berücksichtigung finden.

(3) Dies stellt den Landesgesetzgeber nicht vor eine unlösbare Aufgabe. Er hat dabei zwei Aspekte zu beachten, einerseits die allgemeinen Einkommensverhältnisse auf möglichst breiter Basis festzustellen, andererseits diese Basis doch aus allgemein verfügbaren statistischen Daten zu ermitteln.

cc) Die Vorgabe möglichster Erfassungsbreite bei zureichender statistischer Zuverlässigkeit wird aus Art. 54 ThürVerf in einer verfassungsrechtlich nicht zu beanstandenden Weise in §§ 5, 26 ThürAbgG ausgeführt.

(1) Gemäß § 26 Abs. 1 ThürAbgG wird die „allgemeine Einkommensentwicklung" zunächst anhand des Einkommens abhängig Beschäftigter ermittelt. Dadurch wird vom verfassungsrechtlichen Begriff der „Allgemeinheit" abgewichen, weil die Gruppe der Freiberufler und Selbständigen unberücksichtigt bleibt (z. B. *Linck,* ZParl 1995, 372, 375).

Diese Abweichung ist verfassungsrechtlich nicht zu beanstanden. Eine verfassungsrechtliche Verpflichtung zur Berücksichtigung der Einkommen der Selbständigen und Freiberufler besteht nicht. Denn die Außerachtlassung dieser Berufsgruppen beruht darauf, daß für diese Gruppen kein – von wertenden Einflüssen Dritter freies – statistisches Material zur Verfügung steht. So sehen die gesetzlichen Regelungen des lohnstatistischen Systems keine Erhebung lohnstatistischer Angaben für Freiberufler und Selbständige vor (Gutachterliche Stellungnahme des Statistischen Landesamtes, S. 5). Dies ist derzeit statistisch auch nicht möglich. Einkommenserhebungen für die genannten Berufsgruppen werden mit jährlicher Periodizität zwar im Rahmen des sog. Mikrozensus sowie den Volkswirtschaftlichen Gesamtrechnungen erhoben. Die hierbei gewonnenen Ergebnisse müssen indes im vorliegenden Zusammenhang außer Betracht bleiben. Schon grundsätzlich gilt, daß das Zusammenfügen von Ergebnissen aus verschiedenen statistischen Erhebungen zu einem Gesamtergebnis bei Einkommensangaben nicht vertretbar ist (Gutachterliche Stellungnahme des Statistischen Landesamtes, S. 7).

Gegen eine Verwertung der im Rahmen des Mikrozensus erhobenen Daten sprechen zudem die folgenden Erwägungen. Die dort gewonnenen Daten können als Vergleichswerte zur Entwicklung von Einkommen aus unselbständiger Arbeit nicht verwendet werden, da auch Einkommen aus Vermögen und Transferleistungen in den Einkommensdaten der Freiberufler und Selbständigen enthalten sind. Neben dem Einkommen aus Erwerbstätigkeit fließen in die Berechnung auch Einnahmen aus eigenem Vermögen, Zinsen, eingenommenen Pachten sowie Leistungen in Form des Arbeitslosengeldes und der -hilfe, der Rente, der Pensionen und des Unterhaltes durch Angehörige ein (Gutachterliche Stellungnahme des Statistischen Landesamtes, S. 6). Darüber hinaus werden die Einkommensangaben durch Selbsteinstufung der Befragten in vorgegebenen Einkommensklassen (Gruppenbereich 300–500 DM) gewonnen. Dabei wird bei allen Berechnungen innerhalb der Einkommensklassen von einer Gleichverteilung ausgegangen. Eine Berechnung des arithmetischen Mittels als Durchschnittswert ist deshalb bei den Einkommensdaten aus dem Mikrozensus aus methodischen Gründen nicht möglich (Gutachterliche Stellungnahme des Statistischen Landesamtes, S. 6).

Vergleichbare Bedenken stehen derzeit einer Verwertung der im Rahmen der Volkswirtschaftlichen Gesamtrechnungen erhobenen Daten entgegen. Die Einkommen der Freiberufler und Selbständigen werden in den Volkswirtschaftlichen Gesamtrechnungen im Wege einer Saldenrechnung zwischen dem verfügbaren Einkommen und den übrigen Einkommensquellen der privaten Haushalte als „entnommene Gewinne aus Unternehmen ohne eigene Rechtspersönlichkeit" errechnet (Gutachterliche Stellungnahme des Statistischen Bundesamtes, S. 3).

Grundsätzlich sind deshalb diese Berechnungsergebnisse nicht als Maßstab für Einkommensentwicklungen geeignet (Gutachterliche Stellungnahme des Statistischen Landesamtes, S. 6).

(2) Daß § 26 Abs. 1 ThürAbgG bei der Ermittlung des Anpassungsindexes nicht auf die Netto-, sondern auf die Bruttoverdienste abstellt, ist im Blick auf Art. 54 Abs. 2 ThürVerf ebenfalls nicht zu beanstanden.

Der Sinn der durch diese Regelung angeordneten Anbindung der Diätenanpassung an die allgemeine Einkommensentwicklung liegt darin, die Repräsentanten entsprechend der im Freistaat vorhandenen Standards zu entschädigen. Im Zusammenspiel mit Art. 54 Abs. 1 ThürVerf wird damit eine verfassungsrechtliche Grenze gegenüber einer Einkommensentwicklung der Abgeordneten, die sich in einem Schereneffekt von der allgemeinen Einkommenslage wegentwickeln würde, errichtet.

Im Hinblick auf die Steuerbelastung besteht die Gefahr einer solchen ungleichen Entwicklung der Einkommen indes nicht. Allgemein gilt zwar, daß aufgrund des progressiven Verlaufs der Lohn- und Einkommenssteuer sowie der Veränderung der Beitragssätze und -bemessungsgrenzen in der gesetzlichen Sozialversicherung die Nettoverdienste langsamer steigen als die Bruttoverdienste (Gutachterliche Stellungnahme des Statistischen Landesamtes, S. 11). Die Abgeordnetenbezüge unterliegen indes analog den Verdiensten aus unselbständiger Tätigkeit der Steuerprogression.

Zu einer tendenziellen Besserstellung der Abgeordneten führt zwar die Nichtberücksichtigung der Sozialabgaben. Eine verfassungsrechtliche Verpflichtung zur Berücksichtigung der Nettoeinkommen besteht gleichwohl nicht. Denn für den Freistaat liegen derzeit keine statistischen Ergebnisse über Nettoeinkommen vor, die für die Berechnung von Einkommensindizes geeignet sind (Gutachterliche Stellungnahme des Statistischen Landesamtes, S. 11). Im Rahmen des lohnstatistischen Systems wird mit lediglich sechsjähriger Periodizität die Gehalts- und Lohnstrukturerhebung im produzierenden

Gewerbe, Handel, Kredit- und Versicherungsgewerbe durchgeführt. Die Verwendbarkeit bei der Ermittlung der jährlichen Entwicklungsrate für Nettoeinkommen abhängig Beschäftigter ist durch diesen Erhebungsstand nicht gegeben (Gutachterliche Stellungnahme des Statistischen Landesamtes, S. 11). Statistische Angaben zum Nettoeinkommen für andere Berufsgruppen, insbesondere für die Beschäftigten und Beamten im Öffentlichen Dienst, sind vergleichbar nicht zu ermitteln bzw. sind für die Berechnung von Einkommensindizes ungeeignet (Gutachterliche Stellungnahme des Statistischen Landesamtes, S. 11).

(3) Als verfassungsrechtlich unbedenklich erscheint auch, daß aufgrund von § 26 Abs. 3 ThürAbgG nur das Erwerbseinkommen von abhängig Beschäftigten als für die allgemeine Einkommensentwicklung maßstäblich angesehen wird. Dies führt dazu, daß Unterstützungsleistungen (wie Arbeitslosengeld, -hilfe und Sozialhilfe) aber auch Renten, Pensionen etc. unberücksichtigt bleiben. Damit weicht die gesetzliche Regelung auch insoweit vom verfassungsrechtlichen Begriff der „Allgemeinheit" ab (*Linck,* in: Linck/ Jutzi/Hopfe, Die Verfassung des Freistaats Thüringen, 1994, Art. 54, Rdn. 8).

Es kann dahinstehen, ob gegenüber dieser Begrenzung verfassungsrechtliche Bedenken deswegen nicht durchgreifen, weil die Abgeordnetentätigkeit ungeachtet ihrer Qualifikation als Beruf zwar keine im synallagmatischen Verhältnis stehende Dienstleistung darstelle, sie aber analog zu solchen zu behandeln sei (*Linck,* ZParl 1995, 372, 375). Denn auch wenn man die Berücksichtigung der genannten Einkommen für geboten hielte, beruhte deren Außerachtlassung nicht auf sachfremden Erwägungen. Die amtliche Statistik verfügt nach den Angaben des Statistischen Landesamtes über keinerlei Statistiken zur Höhe der Rente und deren Veränderung (vgl. Gutachterliche Stellungnahme des Statistischen Landesamtes, S. 8). Im Zusammenhang mit Anfragen des Statistischen Landesamtes bei der Bundesversicherungsanstalt für Angestellte und bei der Landesversicherungsanstalt in Erfurt wurde zwar deutlich, daß es möglich sein könnte, die durchschnittliche Rentenhöhe und deren Entwicklung für einen „fiktiven Rentner" zu berechnen. Diesem Vorhaben stünden indes methodische Bedenken entgegen (Vielzahl der einzustellenden Rentenbestandteile, z. B. Auffüllbeträge, Witwenrenten etc.), die den Aussagegehalt des für den „fiktiven Rentner" berechneten Rentenbetrages und seine Entwicklung für die Einkommensindizes nicht geeignet erscheinen lassen (vgl. Gutachterliche Stellungnahme des Statistischen Landesamtes, S. 8).

Gleiches gilt für die Einkommen der Sozialhilfeempfänger und der Arbeitslosen.

Hinsichtlich der Sozialhilfeempfänger wird zwar eine Statistik als Bundesstatistik geführt. Die dortigen Erhebungen sind indes nicht geeignet, die Einkommensentwicklung der Sozialhilfeempfänger nachzuweisen. Laufende Hilfe zum Lebensunterhalt wird haushaltsbezogen an die sogenannte Bedarfsgemeinschaft gewährt, die sowohl aus einer als auch aus mehreren Personen bestehen kann. In diesem Falle werden alle Familienangehörigen zu Sozialhilfeempfängern. Die Hilfe zum Lebensunterhalt wird dabei als Differenzbetrag zwischen dem Bruttobedarf einer Bedarfsgemeinschaft und den Einkünften der Gemeinschaft gezahlt. Die Einbeziehung der Sozialhilfeempfänger in die Ermittlung der Einkommensentwicklung würde zu Mehrfachzählungen führen (vgl. Gutachterliche Stellungnahme des Statistischen Landesamtes, S. 8 f).

Das Thüringer Landesamt für Statistik verfügt ebenfalls über keine statistischen Angaben zum Arbeitslosengeld bzw. zur Arbeitslosenhilfe und deren Entwicklung. Angaben darüber liegen nur dem Landesarbeitsamt Sachsen-Anhalt/Thüringen vor. Durchschnittsbezüge pro Jahr und daraus resultierende Entwicklungsraten sind nach einer vom Statistischen Landesamt dort eingeholten Auskunft nicht vorhanden. Ursache hierfür sind ähnliche Bedingungen wie sie für die Ermittlung der Einkommen aus Sozialhilfe dargestellt wurden (vgl. Gutachterliche Stellungnahme des Statistischen Landesamtes, S. 9). Verfassungsrechtlich ist die Berücksichtigung dieser Einkommen sowie der Einkommen aus Renten und Pensionen auch deshalb nicht zwingend erforderlich, weil deren Berücksichtigung nicht zu einer signifikanten Veränderung der Werte führen würde (so die Gutachterliche Stellungnahme des Statistischen Landesamtes, S. 9).

(4) Schließlich ist es verfassungsrechtlich unbedenklich, daß durch § 26 Abs. 3 ThürAbgG die Ermittlung der allgemeinen Einkommensentwicklung nur anhand bestimmter Erwerbseinkommen ermittelt wird. Denn die dort genannten Bereiche können als hinreichend repräsentativ angesehen werden (vgl. Gutachterliche Stellungnahme des Statistischen Landesamtes, S. 9).

dd) Soweit der Verfassungsgerichtshof die Außerachtlassung von bestimmten Einkommen deshalb für gerechtfertigt hält, weil etwa hinsichtlich der Nettoeinkommen und der Einkommen der Selbständigen, Freiberufler, Rentner und Pensionsberechtigten derzeit eine hinreichende statistische Erfassung nicht möglich ist, können Verbesserungen der statistischen Erhebungsmethoden Anlaß geben, das geltende Recht zu überprüfen. Es wird dem Gesetzgeber obliegen, die notwendigen Vorkehrungen im Wege der Nachbesserung zu treffen (BVerfGE 97, 271, 292; 23, 50, 61; 50, 290, 335; 73, 118, 180; *Steinberg*, Der Staat, Bd. 26 [1987], S. 161 ff).

II.

Auch die Indexierung der Aufwandsentschädigung ist verfassungsrechtlich nicht zu beanstanden.

Daß die Antragsschrift keine ausdrückliche Begründung ihrer verfassungsrechtlichen Bedenken gegen die Indexierung der Aufwandsentschädigung enthält, ist wegen des objektiven Verfahrensgegenstandes des Normenkontrollverfahrens unschädlich. Der Thüringer Verfassungsgerichtshof prüft die zur Überprüfung gestellten Normen ungeachtet der im Antrag unterbreiteten Auffassung unter allen rechtlichen Aspekten auf ihre Verfassungsmäßigkeit. § 26 Abs. 2 ThürAbgG weicht zwar vom verfassungsrechtlichen Begriff der „allgemeinen Preisentwicklung" in Art. 54 Abs. 2 ThürVerf ab. Denn während es dort heißt, die Aufwandsentschädigung verändere sich jährlich auf der Grundlage der allgemeinen Preisentwicklung stellt § 26 Abs. 2 ThürAbgG auf die Entwicklung der Lebenshaltungskosten aller Arbeitnehmerhaushalte ab.

Die für den einfachen Gesetzgeber aufgrund der Thüringer Verfassung geltenden Grenzen sind dadurch indes nicht überschritten. Insbesondere ist aufgrund der gesetzlichen Regelungen in § 26 Abs. 2 ThürAbgG weder eine Verfehlung von Gleichheitsmaßstäben noch die Gewährung von im Sinne des Art. 54 Abs. 1 ThürVerf unangemessenen Leistungen ersichtlich. Die Gewährung bewußt niedrigerer Entschädigungen stößt in verfassungsrechtlicher Hinsicht nur auf die Grenze unangemessen niedriger Entschädigungsregelungen. Davon kann ersichtlich nicht ausgegangen werden.

Die Indexierung der Aufwandsentschädigung im Thüringer Abgeordnetengesetz ist auch mit den vom Bundesverfassungsgericht zur Steuerfreiheit von Aufwandsentschädigungen aufgestellten Grundsätzen vereinbar.

Das Bundesverfassungsgericht hat in mehreren Entscheidungen aus Art. 3 Abs. 1 GG Grenzen der Gewährungen von steuerfreien Aufwandsentschädigungen abgeleitet. Für das vorliegende Verfahren ist zwar zuvörderst der Gleichheitsmaßstab des Art. 2 Abs. 1 ThürVerf zur Anwendung zu bringen. Zur Ausfüllung des dort normierten allgemeinen Gleichheitssatzes können freilich die vom Bundesverfassungsgericht zur gleichlautenden Vorschrift des Art. 3 Abs. 1 GG entwickelten Grundsätze der Steuerfreiheit von Aufwandsentschädigungen herangezogen werden.

Nach Auffassung des Bundesverfassungsgerichts darf

1. nur der sachlich begründete, also tatsächlich entstandene und
2. nur der besondere, also nicht der allgemeine, bei jeder Berufstätigkeit anfallende Aufwand ersetzt werden, sofern er
3. sachlich angemessen ist.

Abgeordnetenentschädigung 447

In diesem Rahmen darf der Gesetzgeber pauschalieren, wobei indes auch der Möglichkeit der Pauschalierung Grenzen gesetzt sind, die sich daraus ergeben, daß die Pauschalierung am tatsächlichen Aufwand orientiert sein muß (BVerfGE 40, 296, 328; 49, 1, 2). Die Regelungen in § 6 Abs. 1 Nr. 1 und 2 ThürAbgG halten sich innerhalb dieses Rahmens.

III.

Gemäß § 13 ThürAbgG erhalten die Abgeordneten nach ihrem Ausscheiden aus dem Landtag nach einer Zugehörigkeit von mindestens sechs Jahren mit Vollendung des 55. Lebensjahres Altersentschädigung. Nach § 14 des Gesetzes beträgt die Altersentschädigung 29 % der Grundentschädigung und erhöht sich für jedes weitere Jahr der Parlamentszugehörigkeit um 3 % bis zur Höchstgrenze von 75 % der Grundentschädigung. Diese Regelungen sind auf Grund der in ihnen liegenden Kumulation der den Altersentschädigungsanspruch der Höhe nach begründenden Umstände mit Art. 54 Abs. 1 ThürVerf nicht vereinbar.

1.a) Die Abgeordnetenentschädigung in Thüringen besteht – ähnlich wie im Bund – aus zwei Hauptbestandteilen: der Grundentschädigung mit Alimentationscharakter sowie der Aufwandsentschädigung, wobei bei der ersteren weiter unterschieden werden kann zwischen der eigentlichen Entschädigung (Aktivenentschädigung) und der Altersversorgung (vgl. zu dieser Unterscheidung auf Bundesebene *v. Arnim*, aaO, § 16 Rdn. 45). Die Altersversorgung der Abgeordneten stellt sich als Bestandteil der Grundentschädigung dar (BVerfGE 40, 296, 311; *v. Mangoldt/Klein/Achterberg/Schulte*, GG, 3. Aufl. 1991, Art. 48, Rdn. 52), als dessen verfassungsrechtliche Grundlagen Art. 21 Abs. 1 Satz 1, 48 Abs. 3 Satz 1 i.V.m. Art. 38 Abs. 1 Satz 2 GG genannt werden (vgl. BVerfGE 32, 157, 157f; *Schmidt-Bleibtreu/Klein*, GG, 8. Aufl. 1995, Art. 48, Rdn. 15; *Grundmann*, DÖV 1994, 329, 330). Die grundsätzliche Zulässigkeit der Altersversorgung steht nicht in Streit (BVerfGE 32, 157, 164f; 40, 296, 311; *v. Arnim*, aaO, § 16 Rdn. 8; *Achterberg*, Parlamentsrecht, 1984, S. 270). Dabei unterliegt auch eine Altersentschädigung denjenigen verfassungsrechtlichen Schranken, die für die Grundentschädigung gelten.

b) Art. 54 Abs. 1 und 2 ThürVerf lassen lediglich eine „begrenzte" Altersversorgung zu. Verfassungsrechtliche Grenzen der Altersentschädigung lassen sich unter verschiedenen Aspekten herleiten.

aa) Zunächst ist der enge Zusammenhang zwischen der Grund- und der Altersentschädigung hervorzuheben. Wenn die Altersentschädigung Annex der Grundentschädigung ist, letztere aber – wie bereits festgestellt – „angemessen" sein muß und nur nach Maßgabe der allgemeinen Einkommensentwicklung angepaßt werden darf, gelten beide verfassungsrechtlichen Maßstäbe auch für die Altersentschädigung. Art. 54 Abs. 1 ThürVerf gibt dabei ebenso wie die gleichlautende Vorschrift des Art. 48 Abs. 3 GG für die Altersentschädigung sowohl eine Höchst- als auch eine Mindestgrenze vor (*Determann*, BayVBl. 1997, 385, 393; *Huber*, ThürVBl. 1995, 80, 83).

bb) Die Konkretisierung einer aus der maßgeblichen Vorschrift des Art. 54 ThürVerf entfalteten verfassungsrechtlichen Obergrenze kann anhand der folgenden, zur parallelen bundesverfassungsrechtlichen Rechtslage entwickelten Aspekte vorgenommen werden.

Das Bundesverfassungsgericht hat verschiedentlich zur Zulässigkeit und den Grenzen von Altersentschädigungsregelungen Stellung genommen. Einmal hat das Gericht im sog. Diätenurteil ausgeführt, daß Art. 48 Abs. 3 GG den Abgeordneten nur einen Anspruch auf angemessene Entschädigung während der Dauer ihrer Zugehörigkeit zum Parlament gewährt (BVerfGE 40, 296, 315; 76, 256, 342; *Fischer*, Abgeordnetendiäten und staatliche Fraktionsfinanzierung in den fünf neuen Bundesländern, 1995, S. 94). Was mit dieser Formulierung ausgedrückt werden sollte, wird deutlich, wenn man eine zuvor ergangene Entscheidung einbezieht, deren Gegenstand ebenfalls Entschädigungsregelungen des Abgeordnetengesetzes waren, und in der sich das Bundesverfassungsgericht explizit zur verfassungsrechtlichen Zulässigkeit und Begrenzung der Altersentschädigung erklärt hat. Das Bundesverfassungsgericht hatte dort zunächst in Leitsatz 2 der Entscheidung die grundsätzliche Zulässigkeit der Altersentschädigung bejaht und sodann im Begründungsteil der Entscheidung von der verfassungsrechtlichen Möglichkeit einer „begrenzten Altersversorgung" gesprochen (BVerfGE 32, 157, 165). Die Festlegung einer Obergrenze muß ausgehend vom Verfassungstext, dem Sinn und Zweck der Entschädigungsregelungen sowie den Besonderheiten der Abgeordnetentätigkeit gewonnen werden.

Zunächst ist darauf zu verweisen, daß der maßgebliche Verfassungstext nicht von Versorgung, sondern von Entschädigung spricht, ein Begriff, dessen Sinngehalt eher auf die Abgeltung von Schäden oder Einbußen hindeutet, die mit der Übernahme eines Mandats verbunden sind, als auf ein Entgelt für geleistete Dienste (*Schneider*, in: AK-GG, 2. Aufl. 1989, Art. 48, Rdn. 10). Entschädigt werden soll der besondere Nachteil, der durch die Abgeordnetentätigkeit entsteht (*Determann*, BayVBl. 1997, 385), durch sie soll aber keine Besserstellung gegenüber dem vorherigen Zustand bewirkt werden, sondern ein gleichwertiger Ersatz (für die Rechtslage zu Art. 14 Abs. 3 GG vgl. *Wendt*, in: Sachs (Hrsg.), GG, 2. Aufl. 1998, Art. 171).

Das Bundesverfassungsgericht hat im Diätenurteil zwar ausgeführt, daß sich der Charakter der Entschädigung gewandelt habe und heute als Gehalt aus der Staatskasse zu qualifizieren sei (BVerfGE 40, 296, 311). Dies bedeutet aber nicht, daß dem Entschädigungsgedanken bei der Bemessung der Höchstgrenzen der Altersversorgung keine Bedeutung zukäme, weswegen das Gericht auch lediglich eine begrenzte Altersentschädigung als zulässig ansieht (BVerfGE 32, 157, 165). Als begrenzt ist eine Entschädigung anzusehen, die grundsätzlich keine Vollversorgung darstellt, sondern einen bestimmten Teil des Alterseinkommens abdeckt. Damit ist diejenige Lücke in der Altersversorgung angesprochen, die für Abgeordnete dadurch entsteht, daß sie im Parlament tätig sind und für diese Zeit überwiegend ihren Beruf aufgeben müssen. Für diese Sichtweise läßt sich anführen, daß die Mitgliedschaft im Parlament grundsätzlich nur einen Teil des Berufslebens der Abgeordneten ausmacht, so daß sich Ansprüche auf Altersversorgung auch nur auf einen entsprechenden Teil der Gesamtversorgung erstrecken dürfen. Dies spricht dafür, die altersmäßige Absicherung auf diejenigen Zeiten zu begrenzen, in denen Abgeordnete aufgrund dieser Tätigkeit gehindert sind, selbst Altersversorgungsrücklagen zu bilden. Dabei mag eine punktgenaue Abgrenzung verfassungsrechtlich nicht geboten sein. Unzulässig ist aber eine umfassende und selbständige Altersversorgung.

Infolgedessen kann nur eine solche Altersversorgung als angemessen angesehen werden, welche die durch die Mandatstätigkeit entstehende Versorgungslücke schließt (vgl. *Fischer* aaO, S. 94f; *Grundmann,* DÖV 1994, 329, 335). Die Gewährung einer Altersentschädigung führt dann zu einer verfassungsrechtlich nicht gewollten unangemessenen Privilegierung der Abgeordneten, wenn sie, anstatt in der Zusammenschau mit einer ansonsten erworbenen Versorgung eine angemessene Alterssicherung zu erreichen, zu einer die spätere Lebensführung allein absichernden Versorgungsleistung wird.

Die Richtigkeit der Annahme einer in diesem Sinne begrenzten Altersentschädigung wird auch durch eine Rückbeziehung der Altersentschädigung als Teil der Grundentschädigung auf die ratio des Art. 54 Abs. 1 und 2 ThürVerf bestätigt. Nach dessen Intention sollen Abgeordnete weder eine unangemessen hohe Grundentschädigung erhalten, noch soll eine nicht an der allgemeinen Einkommensentwicklung orientierte Anpassung der Entschädigungsleistungen zu einer sachlich nicht gerechtfertigten Besserstellung der Abgeordneten führen. Die Altersentschädigung darf also selbst nicht unangemessen privilegierend sein und (ihre Veränderung) darf nicht zu einer unangemessen hohen Gesamtgrundentschädigung führen.

Da Gegenstand des anhängigen Normenkontrollverfahrens die Vereinbarkeit des Thüringer Abgeordnetengesetzes mit der Thüringer Verfassung ist, ergeben die Regelungen zur Altersentschädigung von Abgeordneten in den anderen Bundesländern oder im Bund keinen Beurteilungsmaßstab, es kann ihnen jedoch, soweit sie eine verbreitete Regelung darstellen, indizielle Wirkung zukommen.

2. Unter Anwendung dieser Maßstäbe kann die durch §§ 13 und 14 ThürAbgG gewährte Altersentschädigung auch unter Berücksichtigung eines weiten Gestaltungsspielraums des Gesetzgebers in ihrer Gesamtheit nicht mehr als begrenzte und darum angemessene Entschädigung im Sinne von Art. 54 Abs. 1 ThürVerf angesehen werden.

Die einfachrechtliche Ausgestaltung bietet das Bild einer selbständigen Altersversorgung und verstößt damit sowohl gegen das Gebot einer nur begrenzten Altersversorgung als auch gegen das Verbot der Gewährung unangemessen hoher Entschädigungsleistungen. Die in den §§ 13 und 14 ThürAbgG enthaltenen Regelungen der Mindestversorgung, der Steigerungsquoten und des Zeitpunkts des Versorgungsbeginns sind jeder für sich gesehen zwar weitreichend, sie könnten aber noch dem Gestaltungsspielraum des Gesetzgebers zugerechnet werden. Es sind die Auswirkungen des Zusammentreffens mehrerer für die Berechnung des Anspruchs maßgebender Kriterien, die zur Verfassungswidrigkeit der Altersversorgungsregelung führen.

a) Durch § 13 i. V. m. § 14 ThürAbgG erwirbt ein Mitglied des Landtags – die Besonderheiten der Regelung bezüglich der Mitglieder des ersten Landtags bleiben hier außer Betracht – bereits nach einer Zugehörigkeit von sechs Jahren einen relativ hohen Mindestversorgungsanspruch in Höhe von 29 %. Im Vergleich zu den Ansprüchen, die außerhalb der parlamentarischen Tätigkeit realisiert werden, stellt dies eine erhebliche Besserstellung dar. Der nach sechs Jahren entstehende Anspruch, statistisch etwa nach einem Fünftel eines normalen Arbeitslebens (*Fischer* aaO, S. 96; Stellungnahme der Landesversicherungsanstalt Thüringen, S. 7) erreicht 29 % der Grundentschädigung, was gegenwärtig einem Betrag in Höhe von 2 032,03 DM entspricht. Geht man von der anerkannt durchschnittlichen Mitgliedschaft im Parlament von 10 Jahren aus (vgl. BVerfGE 76, 256, 342), so ergibt sich bereits ein Anspruch auf Ruhegeld in Höhe von 2 872,87 DM. Damit erwirbt ein Thüringer Landtagsabgeordneter nach 10 Jahren Tätigkeit im Parlament ab dem 55. Lebensjahr einen Ruhegeldanspruch, der bereits im Bereich der durchschnittlichen monatlichen Bruttoeinkommen von nach § 26 Abs. 3 Nr. 1 a) und d) ThürAbgG in Bezug genommener abhängig Beschäftigter liegt (vgl. die Angaben des Statistischen Landesamtes aus dem Jahre 1996). Ein dem durch § 13 Abs. 1 ThürAbgG gewährten Mindestversorgungsanspruch vergleichbarer Anspruch ist in der gesetzlichen Rentenversicherung nach sechs Jahren nicht annähernd zu erreichen. Die Beamtenversorgung kennt zwar in § 14 Abs. 4

BeamtVG einen amtsbezogenen Mindestversorgungsanspruch, sie ist allerdings auch auf eine lebenszeitliche Alimentation ausgerichtet.

b) Die in § 14 Satz 2 ThürAbgG vorgesehene Steigerungsrate von jährlich 3 % führt dazu, daß bereits nach 22 Jahren der Höchstversorgungsanspruch von 75 % der Grundentschädigung erreicht wird, während Beamte und andere Arbeitnehmer den Höchstversorgungssatz allenfalls nach 40 anrechnungsfähigen Jahren erreichen können. (vgl. *Fischer* a a O, 1995, S. 96).

Nach derzeitiger Berechnung beträgt die Höchstversorgung der Thüringer Abgeordneten 5 711,25 DM. Ein Versicherter der gesetzlichen Rentenversicherung müßte, um einen monatlichen Rentenanspruch in Höhe von ca. 5 700,00 DM zu erwerben, 78 Jahre lang jeweils Höchstbeiträge erbringen (vgl. Stellungnahme der Landesversicherungsanstalt Thüringen, S. 7. In der gesetzlichen Rentenversicherung wird von einem Versicherungsleben von maximal 45 Arbeitsjahren ausgegangen, vgl. a a O).

c) Verfassungsrechtliche Bedenken gegen die durch §§ 13, 14 ThürAbgG gewährte Altersentschädigung ergeben sich noch aus einem weiteren Aspekt. In Abweichung zum Beginn der Ansprüche aus der gesetzlichen Rentenversicherung oder bei Pensionen entsteht der Anspruch auf Ruhegeld bereits generell mit 55 Jahren, ohne daß nach der Dauer der Mitgliedschaft im Parlament differenziert wird (*Grundmann*, DÖV 1994, 329, 333). Dadurch bleibt unberücksichtigt, daß die aufgrund der Mitgliedschaft im Parlament erworbenen Ruhegeldansprüche in der Regel nicht die alleinige Alterssicherung der Abgeordneten ausmachen.

d) Wie bereits im Zusammenhang mit der Erörterung zur Obergrenze der Grundentschädigung ausgeführt, besteht eine Wechselwirkung von Anbindung der Diätenerhöhung an die allgemeine Einkommensentwicklung und Festlegung einer Obergrenze der Grundentschädigung. Damit muß sich auch die Altersentschädigung als Teil der Grundentschädigung an diesem Parameter messen lassen. Mögen die jeweiligen Regelungen der Mindestversorgung, der Steigerungsquoten und des Zeitpunkts des Versorgungsbeginns für sich genommen dabei noch dem Gestaltungsspielraum des Gesetzgebers zuzuordnen sein, so überschreitet deren Kumulierung die durch Art. 54 ThürVerf statuierte angemessene Entschädigung. Die einfachrechtliche Ausgestaltung bietet das Bild einer selbständigen Altersversorgung und verstößt damit sowohl gegen das Gebot einer nur begrenzten und darum angemessenen Altersversorgung als auch gegen das Verbot der Gewährung unangemessen hoher Entschädigungsleistungen.

e) Aus dem besonderen Status des Abgeordneten ergeben sich keine Gesichtspunkte, welche die Altersentschädigungsregelungen in ihrer Gesamtheit begründen könnten.

Wie das Bundesverfassungsgericht zu Art. 48 GG festgestellt hat (vgl. BVerfGE, 76, 256, 342), liegt auch der Regelung in Art. 54 Abs.1 und 2 ThürVerf das Leitbild der Privilegienfeindlichkeit zugrunde. Dies schließt sachlich gerechtfertigte Besserstellungen nicht aus.

Ein spezifisches Sicherungsbedürfnis für Abgeordnete (vgl. zu diesem Gedanken den Bericht der vom Präsidenten des Hessischen Landtags eingesetzten Kommission zur Beratung über die Angemessenheit der Abgeordnetenentschädigung vom 5.4.1989, S. 31 f, zitiert nach *Fischer* aaO, S. 96 mit Fn. 441) ist als sachlicher Rechtfertigungsgrund nicht anzuerkennen. Ein besonderes Sicherungsbedürfnis könnte bestehen, wenn die Abgeordneten in ihrer Mehrzahl ohne jede berufliche Bildung und Erfahrung ihre Abgeordnetentätigkeit beginnen würden, im Parlament die meiste Zeit ihrer beruflichen Existenz verbrächten und danach ohne berufliche Perspektive im Alter entscheidend auf die während der Parlamentstätigkeit erworbenen Ruhegeldansprüche angewiesen wären. Das Gegenteil ist der Fall. Regelmäßig haben Abgeordnete bereits vor Aufnahme der Abgeordnetentätigkeit eine Altersversorgung erworben (*Grundmann* aaO, 329, 332). Auch stellt die Mandatszeit für die meisten Parlamentarier angesichts einer durchschnittlichen Verweildauer im Parlament von etwa 10 Jahren nur eine vorübergehende, teilweise Unterbrechung des Berufslebens dar (BVerfGE 76, 256, 342). Es kann demnach nicht davon ausgegangen werden, daß eine gesicherte Altersversorgung allein durch die parlamentarische Tätigkeit erworben wird.

3. Die festgestellte Verfassungswidrigkeit der Vorschriften über die Altersversorgung führt vorliegend zur Unvereinbarkeit der § 13 Abs. 1 sowie § 14 des ThürAbgG (vgl. § 44 Thür VerfGHG). Eine Nichtigerklärung scheidet mit Rücksicht auf die Gestaltungsfreiheit des Gesetzgebers aus, weil mehrere Möglichkeiten zur Beseitigung des Verfassungsverstoßes bestehen (vgl. BVerfGE 61, 43, 68 m.w.N.). Es muß im Hinblick darauf, daß gerade die Kumulation der gewährten Versorgungsbestandteile die Verfassungswidrigkeit begründet, dem Gesetzgeber überlassen bleiben, in welcher Weise der Verstoß gegen die Angemessenheit der gewährten Altersentschädigung beseitigt wird. Im Hinblick auf den dadurch entstehenden Gestaltungsspielraum des Gesetzgebers scheidet eine Nichtigerklärung der angegriffenen Normen aus (BVerfGE 28, 227, 242 f; 62, 374, 392; 73, 40, 101; 93, 37, 84).

In Folge der Feststellung der Unvereinbarkeit war es geboten, die im Urteilstenor ausgesprochene Übergangsregelung zu treffen.

D.

Das Verfahren ist gemäß § 28 Abs. 1 ThürVerfGHG kostenfrei. Der Freistaat Thüringen hat der Antragstellerin ihre notwendigen Auslagen zu einem Viertel zu erstatten (§ 29 Abs. 2 ThürVerfGHG).

E.

Die Entscheidung ist einstimmig ergangen.

Sachregister

Abgeordnetenklage
MfS-Tätigkeit, Verstöße gegen Grundsätze der Menschlichkeit 274 ff
Ablehnung eines Richters
Gesetzlicher Richter für eine Entscheidung 268
Abschiebung
und allgemeine Gefährdungslagen 69
und Rechtsschutzgarantie mittels Zwischenverfügung 61
Abweichung
von BVerfG-Entscheidung durch Landesverfassungsgericht 431
Adoption
Annahme eines Volljährigen, Anhörung beteiligter leiblicher Eltern 254
Äthiopien
Politische Verfolgung 89 ff
Alimentationsfunktion
und Abgeordnetendiäten 436
Allgemeine Erklärung der Menschenrechte 308
Allgemeinheit
Verfassungsrechtlicher Begriff der – 444
Altersentschädigung
für Abgeordnete 447 ff
Amt und Mandat
Inkompatibilitäten, Ineligibilitäten 337
Vorschriften über Unvereinbarkeit 111 ff
Angemessenheit
von Abgeordnetendiäten 417 ff
Angestellte des öffentlichen Dienstes
und Inkompatibilitätsregelungen 118 ff
Anhörung
Kommunale Spitzenverbände 139

Anspruchsversagung
als Grundrechtsverletzung 210
Arbeitnehmer
Versorgungsansprüche 451
Arbeitnehmerüberlassung
Nicht erlaubte – 103
Arbeitsgerichtsbarkeit
Nichtzulassungsbeschwerde und Rechtswegerschöpfung 85 ff
Arbeitslosengeld
und Einkommensentwicklung 444 f
Arbeitszeitreduzierung
Beamtenklage auf – 201 ff
Asylklage
Verfassungsrechtliche Anforderungen an Abweisung wegen offensichtlicher Unbegründetheit 70 ff
Asylrecht
Landesverfassungsrechtliches Grundrecht (Saarland) und Art. 16 a GG 241
Asylrechtsreform 1993
und Frage verbleibenden landesrechtlichen Schutzes 241
Asylverfahren
und Berufungsmöglichkeit 93
Aufgaben
als staatliche Funktion 383, 404
Aufgabenübertragung
an Gemeinden durch förmliches Gesetz 14
und Kostendeckung 132
Auftragsangelegenheiten
Kommunalaufgaben 11 f
Aufwandsentschädigung
für Abgeordnete 446 ff
Ausgabenverantwortung
und Aufgabenverantwortung 383, 404

LVerfGE 9

Ausgleichsmandate
und Wahlgleichheit 27
Ausländer
Freizügigkeitsrecht 77
Auslegung
Teleologische – 441
Aussetzung des Verfahrens
Inhaltsgleiches Landesgrundrecht und anhängiges BVerfG-Verfahren 199
Baden-Württemberg
Aufgabenübertragung und Kostendeckung 11 f
Tierkörperbeseitigungsgesetz 4 ff
Beamte
Gemeindebeamte und Inkompatibilitätsregelungen 118 ff
Versorgungsansprüche 451
Befugnisse
als staatliche Funktion 383, 404
Behördeneinrichtung
Ausführung von Bundesgesetzen 380, 400
Behördlicher Vollzugsakt
eines Gesetzes 229, 233
Beitrittsgebiet
Notargebühren, ermäßigte 52
Berlin
Bezirkliche Belange und Wahlrechtsgestaltung 28
Wahlprüfungsverfahren 23 ff
Wahlrecht, Bezirks- und Landeslisten 28
Berlin (Landesverfassung)
Berufsausübung, kein eigenständiges Grundrecht in der – 50
Bezirksverordnetenversammlung, Stellung 58
Freiheitsgarantie 43
Gesetzlicher Richter 62
Grundrechte, zugleich landesverfassungsrechtlich gewährleistete 43, 48
Menschenwürde 43
Organstreitverfahren 58

Rechtliches Gehör 79
Rechtsweggarantie 76
Berufsausbildende Schulen 367
Berufswahlfreiheit
und Freiheit der Berufsausübung 50
Berufungsverwerfung
Gegenvorstellung und Frist für die Erhebung der Verfassungsbeschwerde 145 ff
Berufungszulassung
Landesgrundrechtliche Überprüfung 92 ff
Beschlagnahmeanordnung
Grundrechtsverletzung durch eine – 107
Beschlußverfahren
und Rechtswegerschöpfung 151
Beschwerde
Außerordentliche Beschwerde wegen greifbarer Gesetzeswidrigkeit 253
Beschwerdeverfahren
Gegenvorstellung und Frist für die Verfassungsbeschwerde 29 ff
und Zwischenverfügung, Abgrenzung 61
Beweiserhebung
durch Untersuchungsausschuß 219
Beweismittel
Beschlagnahmeanordnung und Bezeichnung der – 107
Bezirksverordnetenversammlung (Berlin)
Beteiligtenfähigkeit, fehlende im Organstreitverfahren 56 ff
Bezirksversammlung (Hamburg)
Chancengleichheit der Parteien 162, 188
Funktion 165 f
Sperrklauselregelung 163 ff, 188
Bindungswirkung
BVerfG-Nichtannahmebeschluß, fehlende – 52
Brandenburg
Gemeindefinanzierung 122 ff
Kommunalwahlgesetz und Inkompatibilitätsregelungen 111 ff
Landkreise, Aufgabenzuweisung 138

LVerfGE 9

Sachregister

Brandenburg (Landesverfassung)
Geschäftsräume, gesetzliche 108
Grundsatz des fairen und zügigen Verfahrens 106
Kommunale Selbstverwaltung 137
Landesangelegenheiten, durch Gemeinden wahrgenommene 132
Rechtsweggarantie 92
Wahlrecht, Beeinträchtigung des passiven 114 ff
Wohnung, Unverletzlichkeit 102 ff
Bürgermeister
Kreistagszugehörigkeit ehrenamtlicher – 120
Bund und Länder
Aufgaben – und Ausgabenverantwortung 383, 404
Verfassungsbereiche, nebeneinander stehende 428
Verfassungsgerichtsbarkeit: Prüfungskompetenz auf Bundes- und Landesebene 50
Bundesanstalt für Angestellte
Anwendung materiellen Bundesrechts und Landesverfassungsgerichtsbarkeit 272
Bundesbehörde
Anwendung materiellen Bundesrechts und Landesverfassungsgerichtsbarkeit 241, 272
Bundesrecht
Asylrecht Art. 16a GG und landesverfassungsrechtliche Grundlage 241
Ausführung von Bundesgesetzen 380
Finanzausgleichsgesetz 409
und Homogenitätsgrundsatz 429
Inkompatibilitätsregelungen, Ineligibilität 117
Kindertagesstätten, Regelung 378, 398
und landesverfassungsrechtliche Prüfungsbefugnis 43, 45, 63, 92, 97, 108, 197, 208, 252

Landesverfassungsrechtliche Kontrolle im Normenkontrollverfahren 426
Landesverfassungsgerichtliches Vorlagerecht an das BVerfG (Art. 100 Abs. 1 GG) 49
Vorrang Art. 31 GG 197 f, 241
Bundesstaatliche Ordnung
und Sicherung der Einheit des Bundesstaates 429
Bundesverfassungsgericht
Abgeordnetendiäten 437
Abgeordnetenversorgung und Privilegienfeindlichkeit 452
Abschließende Entscheidungszuständigkeit 50
Altersentschädigung für Abgeordnete 449
Aufwandsentschädigung für Abgeordnete 446
Aussetzung des Verfahrens bis zur Entscheidung des – 199
Beitrittsgebiet und ermäßigte Notargebühren 53 f
Berufswahl, Berufsausübung 51
Chancengleichheit politischer Parteien 161, 187
Diätenurteil 431
Finanzhoheit und kommunale Selbstverwaltung 354
Freiheitsgrundrecht und faires Verfahren 44
Gesetzlicher Richter 62
Homogenitätsanforderungen und Kontrollkompetenzen der Landesverfassungsgerichte 430
Kindergartenwesen 378, 399
Kommunale Selbstverwaltung durch Bundesgesetzgeber-Aufgabenzuweisung 380
Landesgrundrechte, mit dem GG inhaltsgleiche 199
Landesrecht, subsidiäre Anrufung des – 355, 378, 398
und Landesverfassungsgerichtsbarkeit, Kooperationsverhältnis 433

Landesverfassungsgerichtliches Vorlagerecht an das BVerfG (Art. 100 Abs. 1 GG) 49
Landesverfassungsgerichte, Prüfungskompetenz 50
Menschlichkeit und Rechtsstaatlichkeit 309
Nichtannahmebeschluß ohne Bindungswirkung 52
Normenkontrollverfahren und Prüfungsumfang 427
Örtliche Gemeinschaft, Angelegenheiten 386
Organverfahren, Beteiligte 58
Politische Partei, Anerkennung 174
Privatschulen, Einrichtungsgarantie und Förderungsanspruch 364
Rastede-Entscheidung 138
Rechtsweggarantie und Instanzenzug 208 f
Rückwirkung 342
Staatsbürgerliche Rechte und Grundrechte 335
Unmittelbare Betroffenheit durch einen Hoheitsakt 232 f
Verhältniswahl und Wahlrechtsgleichheit 163, 188
Vorlage wegen bundesrechtswidrigen Landesverfassungsrechts 429
Vorlagepflicht des Landesverfassungsgerichts wegen beabsichtiger Abweichung von einer Entscheidung des – 431
Wahlberechtigte, Recht auf Wahlgleichheit 27
Wahlgleichheit und allgemeiner Gleichheitsgrundsatz 335
Chancengleichheit
der Parteien 161, 187
Demokratie
und Minderheitenschutz 219
Demokratieprinzip
und Entscheidung in eigener Sachen (Abgeordnetendiäten) 434 f

Staatliche Entscheidungsvorgänge und – 430
Diätenurteil
des BVerfG 431
Dienstleistung
und Abgeordnetentätigkeit 444
Divergenzbeschwerde
Nichtzulassungsbeschwerde und Rechtswegerschöpfung 87
Duldungsanspruch
aufgrund unanfechtbarer Zwischenverfügung 61 f
Durchsuchungsanordnungen
Mindestanforderungen 102 ff
Ehrenamtliche Bürgermeister
Kreistagszugehörigkeit 120
Eidesstattliche Versicherung
Einstellung der Vollziehung, verfassungsgerichtliche Überprüfung ablehnender Entscheidung 39
Eilverfahren
und Zwischenverfügungen 67
Einheit des Bundesstaates
und bundesstaatliche Ordnung 429
Einigungsvertrag
Menschlichkeit, Rechtsstaatlichkeit, Verstoß gegen Grundsätze 309
und Sonderkündigungstatbestände 88
Einkommensentwicklung
und Abgeordnetendiäten 437
Einkommenserfassung
Statistische Methoden 445
Einrichtungsgarantie
und Verfassungsbeschwerde 364
Einschätzungsprägorative
des Gesetzgebers 141
Einstweilige Anordnung
Gesetzesentwürfe, unterbleibende weitere Behandlung 260 ff
vor Hauptsacheanhängigkeit 36
Hauptsachebegehren, offensichtlich unbegründetes 264
im Organstreitverfahren 262
Widerspruch gegen eine – 245 ff

Sachregister

Zwischenverfügung zur Wahrung effektiven Rechtsschutzes 61 f
Eisenbahn-Struktur-Reform 344
Entschädigung
einer Abgeordnetentätigkeit 448
Entscheidungsvorgänge
Transparenz und Öffentlichkeit staatlicher – 430
EPRP-Mitglieder
Politische Verfolgung 89 ff
Ergänzungsschulen 365 f
Ermächtigung
zur Inkompatibilitätsregelung 116
Ersatzschulen 364 ff
Europarecht
Öffentlicher Personennahverkehr 345
Evidenzkontrolle
Aussichtslose Prozeßführung 86
Exekutivamt
und Mitgliedschaft in Kommunalvertretung 121
Fachgerichtsbarkeit
Außerordentlicher Rechtsbehelf und Subsidiarität der Verfassungsbeschwerde 147, 151
Gegenvorstellung und Frist für die Verfassungsbeschwerde 29 ff
Rechtsschutzmöglichkeiten, ungewisse 83 ff
und Rechtswegerschöpfung 151
und Subsidiarität der Verfassungsbeschwerde 35
Verfassungsrechtliche Kontrolle von Entscheidungen 39
und Würdigung von Parteivorbingen 95 ff
Zuständigkeitsüberschreitung und gesetzlicher Richter 59 ff
Faires Strafverfahren 44, 106
Finanzausgleich
und Gemeindefinanzbedarf 389, 409
Kommunaler –
s. dort
Finanzausstattungsgarantie
für Gemeinden 19

Finanzausstattung
und kommunale Selbstverwaltung 133
Finanzhoheit
Kommunale Selbstverwaltung 134, 354, 389, 408
Kreisumlage 134 ff
Mehr- oder Minderbelastungen (Kreisumlage) 135 ff
Finanzierungsverantwortung
Verwaltungszuständige Länder 388
Föderalismus
und Einheit des Bundesstaates 429
Freiheitsgarantie
und Strafverfahren 43
Freiwillige Gerichtsbarkeit
und landesverfassungsrechtliche Grundrechte 252
Freizügigkeitsrecht
für Ausländer 77
Frist
Abgeordnetenklage 302
Gegenvorstellung und Erhebung der Verfassungsbeschwerde 29 ff, 145 ff
Gesetzesänderung mit neuer Beschwerde 115
Gebietskörperschaften
und Gemeindeverbände 316 f
Gebührenermäßigung
aufgrund Kostenprivilegien 45 ff
Gegenvorstellung
und Frist für die Erhebung der Verfassungsbeschwerde 29 ff, 145 ff
Gegenwärtige Betroffenheit
von einem Eingriff 115
Gemeindefinanzierungsgesetz
und Kostenregelung wegen Zusatzbelastung 136
Gemeinden
s. a. Landkreise; Kommunen
Aufgabenübertragung durch förmliches Gesetz 14
Aufgabenübertragung und Kostendeckung 14
Auftragsverwaltung, neue Selbstverwaltungsaufgaben 12

Inkompatibilitäten 338
Jugendhilfeaufgaben als Daseinsvorsorge 401
und Landkreise, Verhältnis 118
Privatrechtsbetätigungen 339
Gemeindeverbände
als Gebietskörperschaften 316
Kommunale Selbstverwaltung und Bestandsschutz für einen – 316
und Verwaltungsverbände 316 f
Gemeines Wohl
und Gemeindeausstattung 141
Gerichtliche Entscheidung
EGGVG §§ 23 ff 106
Nichtigkeitsklage wegen nicht vorschriftmäßiger Besetzung 35
StPO § 98 Abs. 2 S. 2 StPO 106
Geschäftsräume
Grundrechtsträger bei Eingriffen 108
Gesetz
und behördlicher Vollzugsakt 229, 233
Gesetzesumfang
Normenkontrollverfahren und geprüfter – 427
Gesetzesvollzug
und Bundesrechtliche Zuständigkeitsregelung 381
Gesetzesvorbehalt
und Entscheidung in eigener Sache (Abgeordnetendiäten) 434
Gesetzeswidrigkeit
Außerordentliche Beschwerde wegen greifbarer Gesetzeswidrigkeit 253
Gesetzgeber
Einschätzungsprärogative 141
Gesetzgeberisches Unterlassen
Nichteinbeziehung in eine vorteilhafte Regelung, kein Fall des – 232
Gesetzgebung
Abgeordnetendiäten und Konkretisierungsspielraum 438
und Volksgesetzgebungsverfahren 260 ff

Gesetzgebungszuständigkeit
und Gesichtspunkt des überwiegenden Sachzusammenhangs 378, 399
Gesetzliche Rentenversicherung
und Abgeordnetenversorgung 450 f
Gesetzlicher Richter
Ablehnungsgesuch und Zuständigkeit 268
Willkürliche Zuständigkeit 66
Zwischenverfügung als prozeßleitende Verfügung 61 f
Gewaltenteilung
und Ziel kommunaler Normenkontrollklage 10
Gleichheitsgrundsatz
Gesetzgeberisches Ermessen 53
Notargebühren, ermäßigte 52
Rechtsanwendung, unterschiedliche 211
und Wahlgleichheit 335
Grundentschädigung
der Abgeordneten 435
Grundrechte
Anspruchsversagung als Grundrechtsverletzung 210
Einrichtungsgarantie 364
Landesverfassungsrechtliche, mit GG übereinstimmende 43, 48, 198, 241 f, 252
und staatsbürgerliche Rechte, Frage der Verfassungsbeschwerde 335
Grundrechtsträger 107 f
Grundsätzliche Bedeutung
einer Rechtssache 93
Grundstücksgeschäfte
und Kostenprivilegien 45 ff
Haft
Eidesstattliche Versicherung, verfassungsgerichtliche Überprüfung 39
und Rechtswegerschöpfung 152
Hamburg
Wahlanfechtungsverfahren (Bezirksversammlung) 157 ff, 168 ff

Sachregister

Hamburg (Landesverfassung)
Chancengleichheit der Parteien 162 f, 187
Landesrecht, Verbindlichkeit und Prüfungsrecht 161, 186
Hauptsache
und einstweilige Anordnung 36
Haushaltsjahr
Kommunale Verfassungsbeschwerde und Ablauf eines – 134
Haushaltsrecht
Rechtssicherheit, verläßliche Haushaltswirtschaft 145
Haushaltswesen
und kommunale Selbstverwaltung 134
Hessen (Landesverfassung)
Bindung an Grundrechte 198
und Bundesrecht 198
Einsetzung eines Untersuchungsausschusses 219
Organstreitverfahren 218
Rechtliches Gehör 210
Rechtsweggarantie 208
Homogenität
und Verfassungsautonomie der Länder 429
Indexierung
von Abgeordnetenentschädigungen 428 ff
Ineligibilität 117
Inkompatibilitätsregelung
Rechtfertigender Grund 111 ff
Instanzenzug
und Rechtsweggarantie 208
Interessenkollisionen
Amt und Mandat 111 f
und Wahlrechtsausschluß 337 ff
Jugendhilferecht
s. Kinder- und Jugendhilferecht
Rechtsentwicklung 387
Kinder- und Jugendhilferecht
Aufsichtstätigkeiten 385
Bundesrechtliche Neuordnung 370, 392
Daseinsvorsorge 401

Gesamtverantwortung und Gesamtfinanzierungsverpflichtung 388, 400
Gesetzgebungskompetenz 378, 398 f
Kindertageseinrichtungen
s. dort
Kreisangehörige Gemeinden, Tätigkeiten 401 f
Örtliche Träger 379 f
Ortsgebundene Tätigkeiten 401
Träger 380 f
Überörtlicher Träger als Gesamtverantwortlicher 381
Kindergartenwesen
als öffentliche Fürsorge 378, 399
Kindertageseinrichtungen
s. a. Kinder- und Jugendhilferecht
Aufgabenverteilung örtliche/überörtliche Träger 382
Gesetzgebungskompetenz 382, 398 ff
Rechtsanspruch 382
Klage
Aussichtslosigkeit einer Asylklage 77
Kommunalaufgaben
Dualismus 11
Weisungsgebundenheit 13
Kommunalaufsicht 118
Kommunale Gleichbehandlung
Gebot der – 144
Kommunale Neugliederung
Volksgesetzgeber und – 265 f
Kommunale Selbstverwaltungsgarantie
und Anhörung betroffener Körperschaften 140
Aufgabenübertragung und Aufgabenfinanzierung 16
Aufgabenwahrnehmung, gesetzliche Ausgestaltung 132
Aufgabenwahrnehmung und Eigenverantwortlichkeit 136
Auftragsverwaltung, neue Selbstverwaltungsaufgaben 12
Aushöhlungsverbot 140
Bezirksverordnetenversammlung (Berlin) 59

LVerfGE 9

Bundesgesetzgeber, Aufgabenzuweisung als – 380
Bundesrechtliche Mindestgarantie und weitergehendes Landesverfassungsrecht 355, 378, 398
Einheitlichkeit von Aufgaben- und Ausgabenverantwortung 144
Einschätzungsprärogative des Gesetzgebers 141
Finanzausstattung 133
Finanzausstattung, angemessene 389, 408
Finanzaustattungsgarantie 19
Finanzhoheit 134, 354, 389, 398, 408
Gewährleistung 386
Grundausstattung, Mehrbelastungen 356
Interessenkollisionen 119
Kernbereich 386 f, 408
Kernbereich, unantastbarer 140 f
und kommunale Verfassungsbeschwerde 131, 314, 353
Kostenregelungen, Mindestanforderungen 356 f
Kreisumlage 134 f
Landkreisaufgaben 138
Mitwirkungsrechte 359
Öffentliche Fürsorge 381
Örtliche Gemeinschaft, Angelegenheiten 386
Pflichtaufgaben in eigener Verantwortung 383, 403
Planungshoheit im eigenen Wirkungskreis 354, 397
Planungsrecht und überörtliche Interessen 358
Tierkörperbeseitigung 13
Überörtliche Interessen 358 f
Verfassungsrechtliche Grundlage 137
Verhältnismäßigkeit von Eingriffen in die – 142
von Verwaltungsverbänden 317
Zuweisung neuer Aufgaben 11

Kommunale Spitzenverbände
Anhörung 139

Kommunale Verfassungsbeschwerde
Antragsberechtigung 10
Antragsteller 353, 376
Beschwerdebefugnis 132, 397
Beschwerdebefugnis, fehlende bei überörtlichen Angelegenheiten 355
Finanzhoheit, verletzte 133 ff
Kommunale Selbstverwaltung, Verstoß 131 ff
Rechtsschutzbedürfnis 133, 377
und Kommunale Verfassungsbeschwerde Art. 93 Abs. 1 Nr. 4b) GG 315
Verletzung kommunaler Selbstverwaltung, schlüssiges Vorbringen 314 f
Verpflichtungsklage, nicht vorgesehene 10

Kommunale Wahlen
Interessenkollision und Wahlrechtsausschluß 337 ff
und Inkompatibilitätsregelungen 111 ff

Kommunaler Finanzausgleich
Mehrbelastung aus Aufgabenübertragung 15 ff

Kommunales Amt
und Kreistagsmandat, Interessenkollisionen 118

Kommunalvertretung
und Exekutivamt 121

Konkretisierungsspielraum
bei Abgeordnetendiäten 438

Kostendeckung
Kommunale Aufgaben nach Weisung, Pflichtaufgaben und – 343 ff

Kostenlast
und Kommunalaufgaben 13, 15

Kostenschuldner
Privileg 46

Kreise
s. Landkreise

Kündigung
im öffentlichen Dienst in der Nach-Wende-Zeit 88

Landesbehörden
Beauftragung durch Bundesgesetzgeber 380, 400

Landesrecht
BVerfG-Anrufung, subsidiäre 355, 378, 398
Finanzausgleichsgesetz 409
Grundrechte, inhaltsgleiche mit dem Grundgesetz 43, 48, 198, 241 f, 252
Tierkörperbeseitigung 4 ff
Landesverfassungsgerichtsbarkeit
s. a. Verfassungsbeschwerde
Abschließende Entscheidungszuständigkeit 50
BVerfG-Vorlage wegen beabsichtigter Abweichung von einer BVerfG-Entscheidung 431
Normenkontrolle und Art. 100 Abs. 1 GG 161, 186
und Homogenitätsbedingung 430
Vorlage an das BVerfG wegen bundesrechtswidrigen Landesverfassungsrechts 429
Landesverfassungsrecht
Grenzen der Gestaltungsbefugnisse 432
und Verfassungsautonomie der Länder 429
Vorlagebefugnis an das BVerfG (Art. 100 Abs. 1 GG) 49
Landkreise
s. a. Gemeinden; Kommunen
Ausgleichsaufgaben und Hilfestellungen für einzelne Gemeinden 138
und Gemeinden, Verhältnis 118
Hochzonungsproblem 138
und Inkompatibilitätsregelungen 117 f
Kreisinterner Ausgleich als Eingriff in die kommunale Selbstverwaltung 142 ff
und Kreisumlage 134 f
Kreisumlage und kommunale Selbstverwaltung 137
Öffentliche Fürsorge 380 f
Rastede-Entscheidung 138
Schülerbeförderung 233
Tierkörperbeseitigung 4 ff

Übergmeindliche Aufgaben, Ergänzungs- und Ausgleichsaufgabe 138
Zweckverbände 17
Landrat
und Kreistag 118
Leistungsanspruch
und Grundrechtsverletzung 210 f
Mandatsverlust
aufgrund Abgeordnetenklage 274 ff
Mandatswahrung
und Abgeordnetendiäten 436
Mecklenburg-Vorpommern (Landesverfassung)
Öffentliche Bildungseinrichtungen, freier Zugang 225 ff
Mecklenburg-Vorpommern
Schulgesetz, Schulförderung 225 ff
Menschenrechte
Allgemeine Erklärung 308
Menschlichkeit
Verstoß gegen Grundsätze 308
MfS-Tätigkeit
und Abgeordnetenklage 274 ff
Mietrecht
und Fachgerichtsbarkeit 101
Mietverhältnis
Eigenbedarf und Bemühungen um Ersatzwohnraum 100 ff
Minderheitenschutz
Einsetzung eines Untersuchungsausschusses 219
Musikschulen
Förderung 361 ff
Nichtigkeitserklärung
aufgrund Normenkontrollverfahrens für nicht angegriffene Normen 427
Nichtigkeitsklage
Subsidiarität der Verfassungsbeschwerde und ZPO – 35
Nichtzulassungsbeschwerde
und Rechtswegerschöpfung 85 ff
Nichtzulassungsbeschluß
und Rechtsweggarantie 208
Normenkontrolle (abstrakte)
Antragsbefugnis, fehlende 235

Bundesrecht und landesverfassungsrechtliche Kontrolle 426
und BverfG-Vorlage 426
durch Landesverfassungsgericht 161, 186
Prüfungsgegenstand, Antragsumfang 427
Schutz objektiven Verfassungsrechts 427
Notargebühren
Regelungen zur Bemessung als Berufsausübungsregeln 51
und Kostenprivilegien 45 ff
Öffentliche Aufgaben
Aufgabenübertragung an Gemeinden 14
Öffentliche Fürsorge
Kinder- und Jugendhilferecht s. dort
Öffentlicher Dienst
Bewährung in der Nach-Wende-Zeit 88
Kommunalwahlrecht und Inkompatibilitätsregelungen 111 ff
Wählbarkeit von Bediensteten, Einschränkungen 337
Öffentlicher Personennahverkehr
Daseinsvorsorge 345
Offensichtlich unbegründete Asylklage
Verfassungsrechtliche Anforderungen 70 ff
Organstreitverfahren
Bezirksverordnetenversammlung, nicht beteiligtenfähige 56 ff
Parlamentarischer Gesetzgeber und Volksgesetzgeber 263
Prozeßstandschaft 263 f
Untersuchungsausschuß, Minderheitenrechte 217 f
Verfassungsrechtliches Rechtsverhältnis 58
Organtreue 265
Parlament
und Abgeordnetenklage 301
Ausgleichsmandate und Überhangmandate, verfassungsrechtliche Problematik 28

und staatliche Entscheidungsvorgänge 430
und Untersuchungsausschuß 218
Volksantrag und Gesetzgebungsverfahren des – 260 ff
und Volksgesetzgeber 265
Parteivorbringen
Würdigung in der Fachgerichtsbarkeit 95 ff
Pflichtverteidiger
Beiordnung einer weiteren – 41 ff
Planungshoheit
im eigenen Wirkungskreis 397
Politische Partei
Chancengleichheit 161, 187
Eigenschaft als – 174 f
Pressefreiheit
und Wahlkampfanzeigen 177
Privatautonomie
und Pressefreiheit 178
Privatrecht
Gemeindliches Handeln 339
Privatschulen
Einrichtungsgarantie 364 f
Privatsphäre
Durchsuchungsanordnung, Mindestanforderungen 109
Grundrechtsträger bei Eingriffen in räumliche – 107
Prognosen
bei Asylanerkennung 78
Kostendeckungsregelungen 16 f
Prozeßführung
Evidenzkontrolle weiterer – 86
Prozeßleitende Verfügungen
Zwischenverfügungen als unanfechtbare – 62
Prozeßordnung
und Rechtsschutzgarantie 209
Prozeßrecht
Bundesrecht und landesverfassungsrechtlich inhaltsgleiche Verfahrensgrundrechte 197

Prozeßstandschaft
Vertrauensperson für Volksgesetzgeber 263 f
Prozeßverschleppung
und Richterablehnung 268
Räumliche Privatsphäre
Grundrechtsträger bei Eingriffen 107
Rechtliches Gehör
Adoptionsverfahren und beteiligte leibliche Eltern 254
Aktenbestand, Beweismittel 79
Beteiligtenrechte aufgrund − 98
Gegenvorstellung mit der Behauptung verletzten − 29 ff
Nachholung oder herzustellende Verfahrensposition 254
und Nichtzulassungsbeschluß 210
Sachvortrag, nicht berücksichtigter 79
im Strafbefehlsverfahren 258 f
und unrichtige Tatsachenfeststellung 79
Rechtsanwendung
Gleichheitsgrundsatz und unterschiedliche − 211
Rechtsschutzinteresse
Kommunale Verfassungsbeschwerde 133, 377
Organstreitverfahren 218
Volksantragsverfahren 322
Rechtsschutzgarantie
Gewähr eines effektiven Rechtsschutzes 151
Volksantrag 321
Zwischenverfügung zur Sicherung effektiver − 61
Rechtsstaatlichkeit
und Durchsuchungsanordnung, Mindestanforderungen 109
und Minderheitenschutz 219
Verstoß gegen Grundsätze 308
Rechtsverhältnis
Verfassungsrechtliches − 58
Rechtswegerschöpfung
Außerordentliche Beschwerde wegen greifbarer Gesetzeswidrigkeit 253

und außerordentlicher Rechtsbehelf 35
Durchsuchung, Art und Weise 106
Evidenzkontrolle durch das VerfG 86
Nichtzulassungsbeschwerde, auf Divergenz gestützte 85 ff
Rücknahme eines Rechtsbehelfs, fehlende − 86
Strafhaft, drohende 152
Strafrechtliches Beschlußverfahren 151
Zumutbarkeitsgesichtspunkt 86
Rechtsweggarantie
Aussichtslosigkeit einer Asylklage 77
Berufungszulassung, abgelehnte 93
und effektiver Rechtsschutz 208
und Instanzenweg 208
und Nichtzulassungsbeschluß 208
und Prozeßordnung 209
Wahlberechtigte, Recht auf Wahlgleichheit 27
Richterablehnung
und gesetzlicher Richter 268
Rücknahme eines Rechtsbehelfs
als Nichterschöpfung des Rechtsweges 86
Rückwirkung
Rückanknüpfung, Rückbewirkung von Rechtsfolgen 342
Rundfunkanstalten
und Wahlkampf 178
Saarland (Landesverfassung)
Asylgrundrecht 239 ff
Sachsen
Kommunale Zusammenarbeit 316
Volksantrag, Verhältnis Landtag und Volksgesetzgeber 260 ff
Sachsen (Landesverfassung)
Abgeordnetenklage 274 ff
Gemeindeverbände, Verwaltungsverbände 316
Gesetzlicher Richter 268
Kommunale Selbstverwaltung 314
Landtagspräsident, Entscheidung über Zulässigkeit eingereichter Volksanträge 249

Menschlichkeit und Rechtsstaatlichkeit,
  Verstoß gegen Grundsätze 309
Parlamentarischer Gesetzgeber und
  Volksgesetzgeber 260 ff
Rechtliches Gehör 252, 258
Volksantrag, für verfassungswidrig
  gehaltener 249
Sachsen-Anhalt
Kinderförderung, Kinderbetreuung in
  Tageseinrichtungen 368 ff, 391 ff
Musikschulen, Förderung 361 ff
Öffentlicher Personennahverkehr,
  Schienennahverkehr 345
Sachsen-Anhalt (Landesverfassung)
Grundausstattung, Kostenregelung für
  übertragene Aufgaben 384, 404 f
Kommunale Aufgaben nach Weisung,
  Pflichtaufgaben und Kostendeckung
  343 ff
Kommunale Pflichtaufgaben in eigener
  Verantwortung 383, 403
Kommunale Verfassungsbeschwerde
  376, 397
Kommunalwahlen und Wahlgrundsätze
  324
Private Ersatzschulen, Ergänzungs-
  schulen (Förderung) 361 ff
Wahlgrundsätze und Unvereinbarkeits-
  regeln 329 ff
Sachzusammenhang
Gesichtspunkt des überwiegenden –
  378, 399
Schülerbeförderung
und freier Zugang zu öffentlichen
  Bildungseinrichtungen 225 ff
Schule
im Rechtssinne 366 f
Schulen in freier Trägerschaft
Einrichtungsgarantie 364 f
Selbstverwaltung
s. Kommunale Selbstverwaltung
SGB VIII
Jugendhilfeaufgaben im örtlichen
  Bereich 401
Kindertagesstätten, Regelung 378, 399

Sozialgerichtsbarkeit
Anwendung materiellen Bundesrechts
  und Landesverfassungsgerichtsbarkeit
  272
Sozialhilfeempfänger
und Einkommensentwicklung 444 f
Sperrklausel
Verhältniswahl und Zulässigkeit
  einer – 163
Sri Lanka
Politische Verfolgung 78
Staatliche Entscheidungsvorgänge
Transparenz, Öffentlichkeit 430
Staatliche Funktionen
Aufgaben, Befugnisse 383, 403
Staatsbürgerliche Rechte
und Grundrechte, Frage der Ver-
  fasungsbeschwerde 335
Stadtkreise
Tierkörperbeseitigung 4 ff
Zweckverbände 17
Stiftungsverwaltung
Inkompatibilitäten 338 ff
Strafbefehlsverfahren
und rechtliches Gehör 255 ff
Strafgerichtliche Entscheidung
Gegenvorstellung und Frist für
  Erhebung der Verfassungs-
  beschwerde 145 ff
Strafhaft
und Rechtswegerschöpfung 152
Strafprozeßordnung
und Untersuchungsausschuß 220
Strafprozessualer Tatbegriff
und Abgeordnetenklage 301
Strafverfahren
und Durchsuchungsanordnung 102 ff
und Freiheitsgrundrecht 44
Pflichtverteidiger, Beiordnung eines
  weiteren 41 ff
Subsidiarität
Landesrecht und BVerfG-Anrufung
  355, 378, 398
der Verfassungsbeschwerde und
  außerordentlicher Rechtsbehelf 147

Sachregister

der Verfassungsbeschwerde durch
  anderweitiges fachgerichtliches Verfahren 35
Systemwidriges Regelwerk 340
Tageseinrichtungen
  Kinderförderung, Kinderbetreuung
    368 ff, 391 ff
Tatbegriff
  Strafverfahren, Abgeordnetenklage 301
Teleologische Auslegung 441
Thüringen
  Abgeordnetenentschädigung 414 ff
Thüringen (Landesverfassung)
  Abgeordnetenentschädigung 414 ff
  Normenkontrollverfahren, Prüfungsbefugnis des Verfassungsgerichts
    427
Tierkörperbeseitigung 4 ff
Transparenzgebot
  Abgeordnetendiäten 435
Überhangmandate
  und Wahlgleichheit 27
Unmittelbare Betroffenheit
  Verfassungsbeschwerde gegen ein Gesetz 225 ff, 365
Unmittelbarer Eingriff
  in eine Rechtsposition 115
Unterlassen des Gesetzgebers
  Nichteinbeziehung in eine vorteilhafte Regelung, kein Fall des – 232
Unterrichtsziel
  und Schulbegriff 366 f
Untersuchungsausschuß
  Effektivitätsgebot 220
  als Hilfsorgan des Parlaments 218
  Verfahrensgestaltung 219 f
Verfassungsbeschwerde (Berlin)
  Bundesrecht und Prüfungsbefugnis des VGH 43, 45, 63
  Gegenvorstellung beim Fachgericht und Zweimonatsfrist 29 ff
  Hilfsweise im Wahlprüfungsverfahren erhobene – 27
  Vorlagerecht des VGH an das BVerfG (Art. 100 Abs. 1 GG) 49

Verfassungsbeschwerde (Brandenburg)
  Bundesrecht, überprüfbares 92, 97, 108
  Frist 115
  Gegenvorstellung und Fristablauf 145 ff
  Vorabentscheidung in Ausnahmefällen
    152
  Wählbarkeitsrecht, verletztes 114
Verfassungsbeschwerde (Hessen)
  Bundesrecht und inhaltsgleiches Landesrecht, Prüfungskompetenz
    195 ff, 208
  Darlegungspflicht des Antragstellers
    208
Verfassungsbeschwerde (Mecklenburg-Vorpommern)
  Unmittelbare Betroffenheit von einem Gesetz 232 f
Verfassungsbeschwerde (Sachsen)
  Bundesrecht, angewendetes materielles durch Bundesbehörde und fehlende Gerichtsbarkeit für – 272
  Bundesrecht und Prüfungsbefugnis des VGH 252, 258
  Schriftlichkeitserfordernis 257
Verfassungsbeschwerde (Sachsen-Anhalt)
  Einrichtungsgarantie und Beschwerdebefugnis (Schulerrichtung) 364
  Wahlrechte nach Landesverfassungsrecht und Zulässigkeit allgemeiner –
    334
Verfassungsbeschwerde
  Kommunale –
    s. dort
Verfassungsgerichtsbarkeit
  Bund und Länder, nebeneinanderstehende Bereiche 428
  Bundes- und Landesverfassungsgerichtsbarkeit, Kooperationsverhältnis
    433
  Bundesrecht und landesverfassungsgerichtliche Kontrolle im Normenkontrollverfahren 426
  Prüfungskompetenzen auf Bundesebene und Landesebene 50

Staatsbürgerliche Rechte und Grundrechte 335
Verfassungsrechtliches Rechtsverhältnis
und Beteiligtenfähigkeit im Organstreitverfahren 58
Verfassungsrecht
Normenkontrollverfahren und Schutz des – 427
Verhältnismäßigkeit
Kommunale Selbstverwaltung, Eingriffe 142 ff
Wahlrechtseinschränkung 341
Verhältniswahl
und Gleichheit des Wahlrechts 163
Sperrklauseln 163 ff, 188
Verpflichtungsklage
Kommunale Normenkontrolle, ausgeschlossene – 10
Versorgungsansprüche
Abgeordnete 449
Verteidiger
Beiordnung eines weiteren Pflichtverteidigers 41 ff
Vertrauensperson
Repräsentant des Volksgesetzgebers 263
Verursacherprinzip
und Kommunalaufgaben 13, 15
Verwaltungsangelegenheiten
Aufgabenübertragung an Gemeinden 14
Verwaltungsgerichtsbarkeit
Beschwerdezulassung und Rechtsweggarantie 209
Gesetzlicher Richter bei prozeßleitenden Verfügungen 61 f
Zwischenverfügung zur Wahrung effektiven Rechtsschutzes 61
Verwaltungsverbände
und kommunale Selbstverwaltung 316
Verwaltungsverfahren
Ausführung von Bundesgesetzen 380, 400
Viehseuchen 6
Völkerrecht
und Schutz der Menschenrechte 309

Volksantrag
Effektiver Rechtsschutz 321
und paralmentarisches Gesetzgebungsverfahren 260 ff
und Prüfungsrecht des Landtagspräsidenten 320
Verfassungswidriger – 245 ff
Vollzugsakt
als unmittelbarer Eingriff 233
Vorlage an das BVerfG
durch ein Landesverfassungsgericht (Art. 100 Abs. 1 GG) 49
wegen beabsichtigter Abweichung von einer BVerfG-Entscheidung durch Landesverfassungsgericht 431
wegen bundesrechtswidrigen Landesverfassungsrechts 429
Wählervereinigung
Eigenschaft als – 174 f
Wahlanfechtungsverfahren
Durchführung der Wahl 179
Ergebnisermittlung 181
Ergebnisfeststellung 184
Öffentlichkeit der Stimmenauszählung 180
Verfassungsmäßigkeit einer Wahlrechtsvorschrift, Prüfung 161
Verhalten Dritter 178
Wahlfälschung 181
Wahlfehler 172
Wahlkampfbehinderung 176
Wahlvorschläge, Überprüfung 174
Wahldurchführung
und Wahlanfechtungsverfahren 179
Wahlergebnis
Wahlanfechtungsverfahren wegen fehlerhafter Feststellung des – 181, 184
Wahlfälschung
und Wahlanfechtungsverfahren 181
Wahlkampfbehinderung
und Wahlrechtsverfahren 176
Wahlprüfungsverfahren
Einspruchsberechtigte 26
als objektive Rechtskontrolle 26

Wahlrecht
Allgemeinheit und Gleichheit des aktiven/passiven Wahlrechts 162
Ausgleichsmandate und Wahlrechtsgleichheit 27
Ausgleichsmandate und Überhangmandate, verfassungsrechtliche Problematik 27
Chancengleichheit der Parteien 161, 187
Demokratische Wahlen, sonstige 162
Erfolgswertgleichheit der Stimmen 28
Gleichheitsgrundsatz, allgemeiner und Wahlgleichheit 335
Ineligibilität 117
Interessenkollision und Wahlrechtsausschluß 337 ff
Mandatsausübung, tatsächliche 116
Mehrheitswahl, Verhältniswahl 163, 188
Sperrklauseln 163 ff, 188
Subjektive Rechte und Wahlprüfungsverfahren 26
und Verfassungsbeschwerde 335
Wahlrechtsgleichheit, passives Wahlrecht 115 ff

Wiederaufnahme des Verfahrens
und Rechtswegerschöpfung 35
Wiedereinsetzung in den vorigen Stand
Strafbefehlsverfahren und Bedingungen für eine – 259
Willkürverbot
und gesetzlicher Richter 66
und Gleichheitsgrundsatz 53
Parteivorbringen, Würdigung in der Fachgerichtbarkeit 95 ff
Wohnung
Unverletzlichkeit 102 ff
Zeugenvereidigung
im Untersuchungsausschuß 219
Zulassung einer Berufung
Verfassungsrechtliche Prüfung einer ablehnenden Entscheidung 93
Zuständigkeitsregeln
Verfassungsrechtliche Kontrolle 64
Zweckverbände
Inkompatibilitäten 338 ff
von Stadt und Landkreisen 17
Zwischenverfügungen
Begriffswahl als Problem 69
als unanfechtbare prozeßleitende Verfügungen 62

Gesetzesregister

Bundesrecht

Asylverfahrensgesetz i. d. F. der Bekanntmachung vom 27. Juli 1993 (BGBl. S. 1361) – AsylVfG –	§ 78 Abs. 1 § 78 Abs. 3 Nr. 1	Nr. 9 (B) Nr. 2 (Bbg)
Bürgerliches Gesetzbuch vom 18. August 1896 (BGBl. III 400-2) – BGB –	§ 1772 Abs. 1 Satz 1	Nr. 2 (S)
Bundesverfassungsgerichtsgesetz – BVerfGG –	§ 31 Abs. 1 § 33 Abs. 1	Nr. 1 (He) Nr. 1 (He)
Bundeswahlgesetz vom 7. Mai 1956 (BGBl. I S. 383) mit späteren Änderungen – BWG –	§ 6 Abs. 4	Nr. 1, 2 (H)
Grundgesetz für die Bundesrepublik Deutschland vom 23. Mai 1949 (BGBl. S.1) – GG –	Art. 100	Nr. 6 (B)
	Art. 13	Nr. 4 (Bbg)
	Art. 19 Abs. 4 Satz 1	Nr. 2 (Bbg)
	Art. 28 Abs. 1 Satz 2	Nr. 5 (Bbg)
	Art. 28 Abs. 2 Satz 2	Nr. 6 (Bbg)
	Art. 137 Abs. 1	Nr. 5 (Bbg)
	Art. 20 Abs. 2	Nr. 1, 2 (H)
	Art. 21 Abs. 1 Satz 1	Nr. 1, 2 (H)
	Art. 28 Abs. 1 Satz 1	Nr. 1, 2 (H)
	Art. 28 Abs. 1 Satz 2	Nr. 1, 2 (H)
	Art. 31	Nr. 1, 2 (H)
	Art. 38 Abs. 1 Satz 1	Nr. 1, 2 (H)
	Art. 100 Abs. 1	Nr. 1, 2 (H)
	Art. 31	Nr. 1 (He)
	Art. 74 Abs. 1 Nr. 1	Nr. 1 (He)
	Art. 100 Abs. 3 1. Alt.	Nr. 1 (He)
	Art. 142	Nr. 1 (He)

	Art. 28 Abs. 2	Nr. 8 (S)
	Art. 93 Abs. 1 Nr. 4b	Nr. 8 (S)
	Art. 103 Abs. 1	Nr. 2, 3 (S)
	Art. 142	Nr. 1 (SL)
	Art. 31	Nr. 1 (SL)
	Art. 28 Abs. 1 Satz 1	Nr. 1 (Thür)
	Art. 48 Abs. 3	Nr. 1 (Thür)
	Art. 100 Abs. 3	Nr. 1 (Thür)
Gesetz über die Angelegenheiten der freiwilligen Gerichtsbarkeit i.d.F. der Bekanntmachung vom 20. Mai 1898 (RGBl. S. 771) – FGG –	§ 27 Abs. 1 Satz 1	Nr. 2 (S)
	§ 56e Satz 3	Nr. 2 (S)
Gesetz über die Kosten in Angelegenheiten der freiwilligen Gerichtsbarkeit i. d. F. der Bekanntmachung vom 26. Juli 1956 (BGBl. S. 960) – KostO –	§ 144a	Nr. 6 (B)
Zivilprozeßordnung i.d.F. der Bekanntmachung vom 12. September 1950 (BGBl. I S. 532) – ZPO –	§ 579	Nr. 3 (B)
Arbeitsgerichtsgesetz i. d. F. der Bekanntmachung vom 2. Juli 1979 (BGBl. I S. 853, ber. S. 1036) – ArbGG –	§ 72 Abs. 2 Nr. 2	Nr. 1 (Bbg)
	§ 72a Abs. 1	Nr. 1 (Bbg)
Strafprozeßordnung i. d. F. der Bekanntmachung vom 7. April 1987 (BGBl. I S. 1074) – StPO –	§ 102	Nr. 4 (Bbg)
	§ 105 Abs. 1	Nr. 4 (Bbg)
	§ 313 Abs. 2	Nr. 7 (Bbg)
	§ 322a Satz 2	Nr. 7 (Bbg)
	§ 44	Nr. 3 (S)
	§ 45	Nr. 3 (S)
Tierkörperbeseitigungsgesetz vom 2. September 1975 (BGBl. I S. 2313) – TierKBG –		Nr. 1 (BW)
Gesetz über das Bundesverfassungsgericht i. d. F. der Bekanntmachung vom 11. August 1993 (BGBl. I, S. 1473) – BVerfGG –	§ 23 Abs. 1	Nr. 3 (S)
	§ 24	Nr. 7 (S)
	§ 32	Nr. 4, 8 (S)
	§ 32 Abs. 3	Nr. 1 (S)
Währungsgesetz vom 20. Juni 1948 (WiGBl. Beilage Nr. 5 S. 1) – WährG –	§ 3	Nr. 1 (Thür)

Landesrecht

Baden-Württemberg

Verfassung des Landes Baden-Württemberg v. 11. November 1953 (GBl. S. 173 – LV –	Art. 71 Abs. 3	Nr. 1 (BW)
Finanzausgleichsgesetz i. d. F. vom 5. Dezember 1988 (GBl. S. 398) – FAG –		Nr. 1 (BW)
Ausführungsgesetz zum Tierkörperbeseitigungsgesetz vom 24. April 1978 (GBl. S. 227) AGTierKBG	§ 1, 5	Nr. 1 (BW)

Berlin

Verfassung von Berlin vom 23. November 1995 (GVBl. S. 779) – VvB –	Art. 6	Nr. 1 (B)
	Art. 7	Nr. 5 (B)
	Art. 8 Abs. 1	Nr. 4, 5 (B)
	Art. 9	Nr. 5 (B)
	Art. 10 Abs. 1	Nr. 6 (B)
	Art. 15 Abs. 1	Nr. 9 (B)
	Art. 15 Abs. 4	Nr. 1, 9 (B)
	Art. 15 Abs. 5 Satz 2	Nr. 8 (B)
	Art. 17	Nr. 6, 9 (B)
	Art. 84 Abs. 2	Nr. 7 (B)
	Art. 99 a	Nr. 7 (B)
Gesetz über den Verfassungsgerichtshof vom 18. November 1990 (GVBl. S. 2246; GBABl. S. 510) – VerfGHG –	§ 14 Nr. 1	Nr. 7 (B)
	§ 31	Nr. 4 (B)
	§ 36	Nr. 7 (B)
	§ 40 Abs. 2 Ziff. 7	Nr. 1 (B)
	§ 51	Nr. 2, 3 (B)

Brandenburg

Verfassung des Landes Brandenburg vom 20. August 1992 (GVBl. I S. 298) – LV –	Art. 6 Abs. 1	Nr. 2 (Bbg)
	Art. 6 Abs. 2	Nr. 2, 7, 8 (Bbg)
	Art. 12 Abs. 1	Nr. 3 (Bbg)
	Art. 15	Nr. 4 (Bbg)
	Art. 22 Abs. 1	Nr. 5 (Bbg)
	Art. 22 Abs. 5 Satz 3	Nr. 5 (Bbg)
	Art. 52 Abs. 3	Nr. 3 (Bbg)
	Art. 97 Abs. 1	Nr. 6 (Bbg)

474   Gesetzesregister

	Art. 97 Abs. 3	Nr. 6 (Bbg)
	Art. 97 Abs. 4	Nr. 6 (Bbg)
	Art. 99	Nr. 6 (Bbg)
Gesetz zur Regelung der Zuweisungen des Landes Brandenburg an die Gemeinden und Landkreise im Haushaltsjahr 1997 vom 18. Dezember 1996 (GVBl. I S. 382) – Gemeindefinanzierungsgesetz 1997 – GFG 1997 –	§ 7 Abs. 3	Nr. 6 (Bbg)
Gesetz zur Regelung der Zuweisungen des Landes Brandenburg an die Gemeinden und Landkreise im Haushaltsjahr 1998 vom 22. Dezember 1997 (GVBl. I S. 154) – Gemeindefinanzierungsgesetz 1998 – GFG 1998 –	§ 7 Abs. 5	Nr. 6 (Bbg)
Gesetz über die Kommunalwahlen im Land Brandenburg i. d. F. der Bekanntmachung vom 20. Mai 1998 (GVBl. I S. 130) – Brandenburgisches Kommunalwahlgesetz – KWahlG –	§ 12 Abs. 2 Satz 1 Nr. 2	Nr. 5 (Bbg)
	§ 51 Abs. 2	Nr. 5 (Bbg)
Art. 2 der Kommunalverfassung des Landes Brandenburg vom 15. Oktober 1993 (GVBl. I S. 398, 433) – Landkreisordnung – LKrO –	§ 2 Abs. 1	Nr. 6 (Bbg)
	§ 65 Abs. 1	Nr. 6 (Bbg)
	§ 65 Abs. 3	Nr. 6 (Bbg)
Gesetz über das Verfassungsgericht des Landes Brandenburg i. d. F. der Bekanntmachung vom 22. November 1996 (GVBl. I S. 344) – Verfassungsgerichtsgesetz Brandenburg – VerfGGBbg –	§ 45 Abs. 2	Nr. 1, 7, 8 (Bbg)
	§ 47 Abs. 1	Nr. 7 (Bbg)

Hamburg

Verfassung der Freien und Hansestadt Hamburg vom 6. Juni 1952 (Bl. I 100-a) mit Änderungen – HVerf –	Art. 6 Abs. 2	Nr. 1 (H)
	Art. 9	Nr. 2 (H)
	Art. 64	Nr. 1 (H)
Gesetz über das Hamburgische Verfassungsgericht i. d. F. vom 2. September 1996 (GVBl. S. 224) – HVerfGG –	§ 14 Nr. 1–4	Nr. 1 (H)
	§ 14 Nr. 5	Nr. 2 (H)
	§ 66	Nr. 1 (H)
	§ 67	Nr. 1 (H)
Gesetz über die Wahl zur hamburgischen Bürgerschaft i. d. F. vom 22. Juli 1986 (GVBl. S. 223) mit späteren Änderungen – BüWG –	§ 22	Nr. 2 (H)
	§ 23	Nr. 2 (H)

Gesetzesregister

Gesetz über die Wahl zu den Bezirksversammlungen i. d. F. vom 22. Juli 1986 (GVBl. S. 230) mit späteren Änderungen – BezWG –	§ 4 Abs. 1 § 23 § 24	Nr. 1 (H) Nr. 2 (H) Nr. 2 (H)
Wahlordnung für die Wahlen zur hamburgischen Bürgerschaft und zu den Bezirksversammlungen vom 29. Juli 1986 (GVBl. S. 237, 258, 266) – HmbWO –	§ 23 Abs. 3 § 31 Abs. 2 Satz 2 § 31 Abs. 6 § 39 Abs. 5 § 40 Abs. 1 Nr. 5	Nr. 2 (H) Nr. 2 (H) Nr. 2 (H) Nr. 2 (H) Nr. 2 (H)
Hamburgisches Mediengesetz vom 20. April 1994 (GVBl. S. 113) mit späteren Änderungen –	§ 31 Abs. 1	Nr. 2

Hessen

Verfassung des Landes Hessen vom 1. Dezember 1946 (GVBl. 1946 S. 229) – HV –	Art. 1 Art. 2 Abs. 1 Art. 2 Abs. 3 Art. 4 Art. 20 Abs. 1 Satz 1 Art. 26 Art. 92 Art. 126 Abs. 2 Art. 131 Abs. 1 Art. 131 Abs. 3 Art. 153 Abs. 2	Nr. 2 (He) Nr. 2 (He) Nr. 1 (He) Nr. 2 (He) Nr. 1 (He) Nr. 1 (He) Nr. 3 (He) Nr. 2 (He) Nr. 1 (He) Nr. 1 (He) Nr. 1 (He)
Gesetz über den Staatsgerichtshof des Landes Hessen vom 30. November 1994 (GVBl. 1994 S. 684) – StGHG –	§ 16 Abs. 1 Satz 2 § 42 § 43 § 44	Nr. 1 (He) Nr. 3 (He) Nr. 1, 2 (He) Nr. 1, 2 (He)

Mecklenburg-Vorpommern

Verfassung des Landes Mecklenburg-Vorpommern vom 23. Mai 1993 (GVOBl. S. 372) – LV –	Art. 53 Nr. 6 Art. 72 Abs. 1	Nr. 1 (MV) Nr. 1 (MV)
Gesetz über das Landesverfassungsgericht Mecklenburg-Vorpommern vom 19. Juli 1994 (GVOBl. 1994 S. 734) – LVerfGG –	§ 11 Abs. 1 Nr. 8 § 51 Abs. 1	Nr. 1 (MV) Nr. 1 (MV)

Schulgesetz für das Land Mecklenburg-Vorpommern vom 15. Mai 1996 (GVOBl. 1996 S. 205) – SchulG MV –	§ 113	Nr. 1 (MV)
Kommunalverfassung für das Land Mecklenburg-Vorpommern i. d. F. der Bekanntmachung vom 13. Januar 1998 (GVOBl. 1998 S. 29) – KV MV –	§ 89 Abs. 1	Nr. 1 (MV)

Saarland

Verfassung des Saarlandes vom 15. Dezember 1947 (Amtsbl. S. 1077, zuletzt geändert durch Gesetz Nr. 1366 vom 27. März 1996 (Amtsbl. S. 422) – SVerf –	Art. 11 Abs. 2, 3	Nr. 1 (SL)
Gesetz Nr. 645 über den Verfassungsgerichtshof des Saarlandes vom 17. Juli 1958 (Amtsbl. S. 735) i. d. F. der Bekanntmachung vom 19. November 1982 (Amtsbl. S. 917), zuletzt geändert durch Gesetz Nr. 1327 vom 26. Januar 1994 (Amtsbl. S. 509) – VerfGHG –	§ 55 Abs. 3	Nr. 1 (SL)

Sachsen

Verfassung des Freistaates Sachsen vom 27. Mai 1992 (GVBl. S. 243) – SächsVerf –	Art. 18 Abs. 1	Nr. 5 (S)
	Art. 70 Abs. 1	Nr. 1 (S)
	Art. 70 Abs. 2	Nr. 4 (S)
	Art. 71	Nr. 1, 4 (S)
	Art. 71 Abs. 1	Nr. 1, 9 (S)
	Art. 71 Abs. 2	Nr. 1, 4, 9 (S)
	Art. 72 Abs. 1	Nr. 1, 9 (S)
	Art. 72 Abs. 2	Nr. 4, 5 (S)
	Art. 78 Abs. 2	Nr. 2, 3 (S)
	Art. 81 Abs. 1 Nr. 1	Nr. 4 (S)
	Art. 81 Abs. 1 Nr. 4	Nr. 6 (S)
	Art. 82 Abs. 1	Nr. 8 (S)
	Art. 84 Abs. 1	Nr. 8 (S)
	Art. 85	Nr. 8 (S)
	Art. 86	Nr. 8 (S)
	Art. 87	Nr. 8 (S)
	Art. 88	Nr. 8 (S)
	Art. 89	Nr. 8 (S)

	Art. 90	Nr. 8 (S)
	Art. 118	Nr. 7 (S)
Gesetz über den Verfassungsgerichtshof des Freistaates Sachsen vom 18. Februar 1993 (GVBl. S. 177, ber. in GVBl. S. 495) – SächsVerfGHG –	§ 7 Nr. 8	Nr. 8 (S)
	§ 7 Nr. 9	Nr. 7 (S)
	§ 10	Nr. 1, 3, 4, 7, 8 (S)
	§ 14 Abs. 2	Nr. 9 (S)
	§ 15	Nr. 8 (S)
	§ 27 Abs. 1	Nr. 6 (S)
	§ 27 Abs. 2 Satz 1	Nr. 2 (S)
	§ 31 Abs. 2	Nr. 2, 3 (S)
	§ 36	Nr. 8 (S)
	§ 37	Nr. 7 (S)
	§ 38 Abs. 1	Nr. 7 (S)
	§ 42 Abs. 1	Nr. 7 (S)
	§ 43 Abs. 1	Nr. 7 (S)
Gesetz über Volksantrag, Volksbegehren und Volksentscheid vom 19. Oktober 1993 (GVBl. S. 949) – VVVG –	§ 3 Satz 2	Nr. 4 (S)
	§ 10 Abs. 1	Nr. 4 (S)
	§ 10 Abs. 2	Nr. 9 (S)
	§ 11	Nr. 4 (S)
	§ 11 Abs. 1	Nr. 4, 9 (S)
Sächsisches Gesetz über kommunale Zusammenarbeit vom 19. August 1993 (GVBl. S. 815, ber. GVBl. 1993 S. 1103) zuletzt geändert durch Art. 2 1. Gesetz zur Euro-bedingten Änderung des Sächsischen Landesrechts vom 19. Oktober 1998 (GVBl. S. 505) – SächsKomZG –	§ 7	Nr. 8 (S)

Sachsen-Anhalt

Gemeindeordnung des Landes Sachsen-Anhalt vom 5. Oktober 1993 (LSA-GVBl. S. 568) i. d. F. des Art. 4 des GKG-Änderungsgesetzes vom 3. Februar 1994 (LSA-GVBl. S. 164) – Gemeindeordnung – GO-LSA	§ 31	Nr. 1 (SA)
	§ 40	Nr. 1 (SA)
Gesetz zur Förderung und Betreuung von Kindern vom 18. Juli 1996 (LSA-GVBl. S. 416) – KiBeG –	§ 12	Nr. 4, 5 (SA)
	§ 16	Nr. 4 (SA)
	§ 17	Nr. 4, 5 (SA)
	§ 18	Nr. 4 (SA)

Gesetz zur Förderung von Musikschulen vom 29. Mai 1996 (LSA-GVBl. S. 539) – Musikschulgesetz –	Art. 1 Nr. 1	Nr. 3 (SA)
Gesetz zur Gestaltung des Öffentlichen Personennahverkehrs vom 24. November 1995 (LSA-GVBl. S. 339) – ÖPNVG-LSA –	§ 10 § 12 § 15	Nr. 2 (SA) Nr. 2 (SA) Nr. 2 (SA)
Verfassung des Landes Sachsen-Anhalt vom 16. Juli 1992 (LSA-GVBl. S. 600) – LVerfG –	Art. 7 Art. 8 Art. 28 Art. 42 Art. 75 Art. 87 Art. 88 Art. 89 Art. 91	Nr. 3 (SA) Nr. 1 (SA) Nr. 3 (SA) Nr. 1 (SA) Nr. 1, 2 (SA) Nr. 2, 4, 5 (SA) Nr. 4, 5 (SA) Nr. 1 (SA) Nr. 1 (SA)

Thüringen

Verfassung des Freistaats Thüringen vom 25. Oktober 1993 (GVBl. S. 625) – ThürVerf –	Art. 80 Abs. 1 Nr. 4 Art. 105 Satz 2	Nr. 1 (Thür) Nr. 1 (Thür)
Gesetz über die Rechtsverhältnisse der Abgeordneten des Thüringer Landtags vom 9. März 1995 (GVBl. S. 121) – ThürAbgG –	§ 5 Abs. 1 § 6 §§ 13, 14 § 26 § 44	Nr. 1 (Thür) Nr. 1 (Thür) Nr. 1 (Thür) Nr. 1 (Thür) Nr. 1 (Thür)